评价公司质量，促进健康成长
把握运行脉搏，精准防范风险
瞄准发展之魂，有效提升价值

——中国上市公司质量/ESG指数：资本市场健康发展的晴雨表

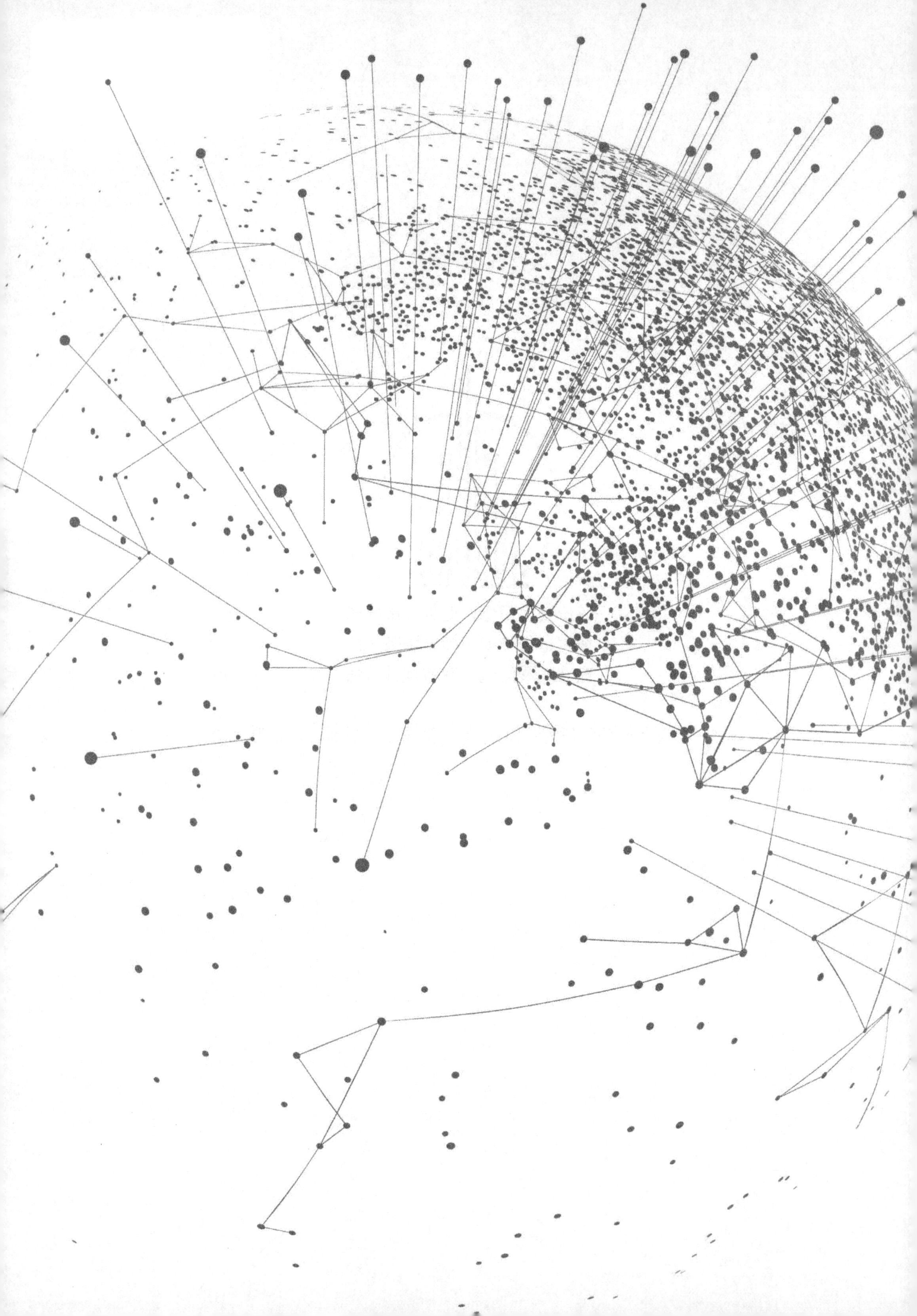

中国公司治理50人论坛图书

中国上市公司质量/ESG 指数报告.No.4，2024

Report on the Quality/ESG Index of Chinese Listed Companies. No.4, 2024

高明华　郑欣圆　赵璐瑶◎著

中国纺织出版社有限公司

内 容 提 要

《中国上市公司质量/ESG 指数报告 . No.4，2024》是第三方评价机构——北京师范大学公司治理与企业发展研究中心开发的第 4 部全样本、全方位、多角度评价中国上市公司质量 /ESG 的指数研究报告。

本报告基于《国务院关于进一步提高上市公司质量的意见》的基本精神，以及 ESG 信息披露全球发展趋势，从公司治理、社会责任和环境保护三个维度，使用 132 个具体指标，利用各种公开渠道，采集基础数据和指标数据近 120 万，在此基础上，运用科学的方法，计算出了 2023 年 5061 家上市公司（剔除截至 2024 年 3 月 31 日因上市不足一年而导致信息披露不完整以及截至 2024 年 7 月 10 日本报告开始撰写时退市和暂停上市的公司）的质量/ESG 指数，并进行了总体排名，以及地区、省份（含典型省份）、行业（含典型行业）、所有制、最终控制人、上市板块、沪深 300/ 非沪深 300 等多角度的比较。全部被评价上市公司的质量/ESG 指数数据（包括总排名，以及按地区、省份、行业、所有制、最终控制人和上市板块的排名）可以通过北京师范大学公司治理与企业发展研究中心获取。

本报告计算的中国上市公司质量 /ESG 指数是一种相对值，是把各维度最高实际分值设为 100 分重新计算的结果，它只是说明“A 公司的质量或 ESG 水平比 B 公司高”，或者“B 公司的质量或 ESG 水平比 A 公司低”，而不能说明不同公司之间的具体差距有多大。

本报告有助于推动对 ESG 的认知和信息披露工作，有助于监管机构充分了解上市公司质量/ESG 存在的缺陷和不足，使监管更加有的放矢；有助于帮助投资者降低信息不对称程度，精准进行 ESG 投资，有效避免投资风险，提升投资收益；有助于帮助公司了解自身与其他公司存在的差距，提升公司竞争力，增强对投资者的吸引力；有助于引导股票价格客观反映公司真实绩效，避免股市崩盘风险；有助于帮助欲进行混改的企业寻找高质量的合作股东，助推混改取得成功；有助于为上市公司研究提供大数据支持，保证研究结论的客观性和实践性。

图书在版编目（CIP）数据

中国上市公司质量 /ESG 指数报告 . No.4，2024 / 高明华，郑欣圆，赵璐瑶著 . -- 北京：中国纺织出版社有限公司，2024. 11. -- ISBN 978-7-5229-2250-8

Ⅰ . F279.246

中国国家版本馆 CIP 数据核字第 2024VF0526 号

责任编辑：史 岩　　责任校对：高 涵　　责任印制：储志伟

中国纺织出版社有限公司出版发行
地址：北京市朝阳区百子湾东里A407号楼　邮政编码：100124
销售电话：010—67004422　传真：010—87155801
http://www.c-textilep.com
中国纺织出版社天猫旗舰店
官方微博 http://weibo.com/2119887771
北京虎彩文化传播有限公司印刷　各地新华书店经销
2024年11月第1版第1次印刷
开本：889×1194　1/16　印张：31.75
字数：795千字　定价：288.00元

高明华教授简介

高明华：北京师范大学公司治理与企业发展研究中心主任，经济与工商管理学院教授（二级），博士生导师，中国公司治理50人论坛学术委员会执行主任兼秘书长。经济学博士（南开大学），经济学博士后（北京大学）。曾任国家社科基金重大项目首席专家，兼任教育部工商管理类专业教学指导委员会委员，国务院国资委－中国社科院国有经济研究智库学术委员，中国上市公司协会学术顾问委员会委员，清华大学中国现代国有企业研究院学术委员，四川省公司治理研究会名誉会长，深圳市公司治理研究会学术顾问，中国财政学会国有资产治理专业委员会顾问，中国行为法学会企业治理分会副会长，中国产权协会董事分会主要发起人和理事，中国经济体制改革研究会理事，上海证券交易所首届信息披露咨询委员会委员，中国贸促会全国企业合规委员会专家委员，凤凰财经研究院特邀经济学家，海南仲裁委员会仲裁员，ISO环境、社会、治理协调委员会（ISO/ESG CC）中国专家组成员，多家学术机构的学术委员或研究员，多个政府机构和企业的咨询专家，多家主流媒体的特约专家，参与多项国家政策的制定和讨论。先后就职于南开大学、北京大学和中国银行总行。

2001年初，高明华创立北京师范大学公司治理与企业发展研究中心，这是最早的公司治理专门研究机构之一。早在20世纪90年代初期，作为最早研究中国公司治理问题的学者之一，高明华就提出了国有资产三级运营体系的设想，对国企公司治理进行了较深入的探索。其关于国有资产三级运营体系、国企分类改革和分类治理、国企负责人分类和分层、董事会治理、企业负责人自我约束等观点均为国家及有关政府机构所采纳。30多年来，作为中国公司治理理论的探索者和先行者，高明华及其研究团队取得了丰硕的成果，奠定了其在学术界的领先地位。2007年，在国内外率先提出“中国公司治理分类指数”概念，并创立“中国公司治理分类指数数据库”，推出“中国公司治理分类指数系列报告”，目前已出版6类23部指数报告，出版指数报告类型和数量均居国内首位，并建成了国内最大规模的公司治理分类指数专业性数据库。中国公司治理分类指数系列被国内外专家认为是“可以列入公司治理评级史册的重要研究成果”。2021年，又首次成功开发“中国上市公司质量/ESG指数”，目前已出版4部。2014年10月，发起成立“中国公司治理论坛”。2020年与其他专家共同发起成立“中国公司治理50人论坛”。

高明华主持及参与的国内外各类重要课题有40余项，独立、合作出版著译作64部，发表论文和研究报告400余篇。相关成果（包括合作）曾获第十届和第十一届孙冶方经济科学奖等各种奖励，其代表性著述主要有：《关于建立国有资产运营体系的构想》（1994）、《权利配置与企业效率》（1999）、《公司治理：理论演进与实证分析》（2001）、《公司治理学》（2009）、《中国国有企业公司治理分类指引》（2016）、《政府规制与国有垄断企业公司治理》（2016）、《公司治理与国有企业改革》（2017）、《深入推进国有经济战略性调整研究——基于国有企业分类改革的视角》（2020）、《发展混合所有制经济研究——基于公司治理的视角》（2021）、“中国上市公司质量/ESG指数报告系列”（2021～2024，4部）、“中国上市公司治理分类指数报告系列”（2009～2024）（包括高管薪酬、自愿性信息披露、财务治理、企业家能力、董事会治理和中小投资者权益保护6类，23部），主编《治理译丛》（4部）和《公司治理与国企改革丛书》（8部）。

研究方向：公司治理、资本市场、国资监管与国企改革、民营企业发展等。

中国公司治理50人论坛

《中国上市公司质量/ESG指数报告. No.4，2024》
课　题　组

课 题 组 组 长： 高明华

课题组副组长： 郑欣圆　赵璐瑶

撰稿与图表制作： 高明华

数据采集和录入： 吴　雪　赵璐瑶　谭祖坤　郑欣圆　李　扬　邵梦影　蔡慧莹　陈柯谚　李艳芳　冷沐晗　程恒森　徐子怡　曹向东　张宇浩　赵智勇　马文聿　唐晓颖　王留洋　郭子佳　温佳棋　王婷婷　杨晓茵　周静予　关晓莹　李萌宇　李莹珏　卢慧珊　李艾乐　张家轩　彭羊梓仪

数　据　核　实： 吴　雪　赵璐瑶　谭祖坤　郑欣圆　李　扬　邵梦影　蔡慧莹　陈柯谚　程恒森　曹向东

数据库开发和维护： 胡存琛　张中一　何习文　陆徐行　刘国东

目录
CONTENTS

第1章 导 论

2024 年 7 月，党的二十届三中全会通过了《中共中央关于进一步全面深化改革，推进中国式现代化的决定》，进一步提出和强调完善中国特色现代企业制度，弘扬企业家精神，健全推动经济高质量发展体制机制，这是中国企业尤其是上市公司建立中国特色现代企业制度的行动指南。

早在 2020 年 10 月，国务院发布《关于进一步提高上市公司质量的意见》（国发〔2020〕14 号）（以下简称“《意见》”），为客观评价中国上市公司的质量，我们在 2021 年开发了“中国上市公司质量指数”，并形成了《中国上市公司质量指数报告 .No.1,2021》，并于 2021 年底出版。

随着全球加速进入绿色转型轨道，国际组织和各国政府高度重视 ESG（环境保护、社会责任和公司治理）信息披露和风险管理。2023 年 6 月，国际可持续发展准则理事会（ISSB）发布 ESG 报告准则。中国尽管尚未出台专门的 ESG 报告规则，但在 2018 年新版《上市公司治理准则》和定期报告内容与格式准则中，已涉及了 ESG 的部分内容。2024 年，发布 ESG 报告或可持续发展报告的上市公司已有 2200 多家。国有企业自第一次发布社会责任报告至今更是已有十年以上。由于 ESG 能够决定一个企业是否能够融入国际体系，也会影响企业自身竞争力的强弱，因此，在不久的将来，发布 ESG 报告或可持续发展报告或社会责任报告，并践行 ESG 准则，将成为国有企业和上市公司必然的选择。

我们认为，企业高质量发展与 ESG（尤其是其中的公司治理）紧密相关，甚至可以视为同一问题。基于此，我们在 2021 年“中国上市公司质量指数”的基础上，进行扩充和完善，在 2022 年编制并出版《中国上市公司质量 /ESG 指数报告 . No.2，2022》。本年度进一步对个别指标进行微调，形成了本年度的《中国上市公司质量 /ESG 指数报告 . No.4，2024》。

1.1 ESG为什么“火爆”

ESG是近年来国际经济领域兴起的一个概念，是Environment（环境）、Social（社会）和Governance（治理）三个英文字母的缩写。准确地说，ESG中的“E”是指环境保护（Environment protection），“S”是指社会责任（Social responsibility），“G”是指公司治理（Corporate governance）。

当下，用“火爆”来形容ESG是一点儿也不为过的，因为它能够为相关方带来收益。

2004年，应时任联合国秘书长安南之邀，由联合国全球契约组织（Global Compact，由安南在2000年发起成立的企业社会责任倡导机构）协调，由来自9个国家的24个金融机构共同发起、撰写和签署了《有心者胜：连接金融市场与变化中的世界》（Who Cares Wins——Connecting Financial Markets to a Changing World），正式提出了ESG概念。除了全球契约组织外，还有联合国环境规划署可持续金融计划（UNEP Financial Initiative）等合作机构的参与。基于组织者的性质，ESG的提出可以界定为是一种企业社会责任倡议，也是一种责任投资理念。

ESG的提出，带动了诸如ESG基金等投资产品的出现，且发展迅速。而ESG投资产品必须基于ESG评价，ESG评价又基于ESG信息披露，ESG信息披露则为利益相关方和相关机构了解企业提供了便利。

对于金融企业来说，通过设计ESG评价指标体系，可以引导企业及时披露全面的ESG信息，从而有助于开发更有投资价值的ESG产品，并从中获取可观的收益。

对于投资者尤其是机构投资者而言，基于ESG信息，可以更理性地选择所投资的企业以及能带来更多回报的投资组合，尤其是有利于投资者选择更具长期投资价值的产品和企业。不仅如此，也为他们参与公司治理（尤其是决策和监督）提供了更多方便，降低了参与治理的成本，并使参与治理更具有针对性。而对公司治理的参与又会进一步带来更稳健、更持续的收益回报。

对于监管机构而言，基于ESG信息涵盖范围较广的特点，可以及时发现公司潜在的决策和经营风险，并做出风险预警，防患于未然，更好地保护投资者和其他利益相关者的权益，维护资本市场的有效运行。同时，基于ESG信息披露所暴露的各种风险，有助于建立更完善的法律制度，促使国家绿色发展。另外，ESG信息的全面性，也有利于降低监管成本。

对于分析师而言，ESG信息使得分析师在分析中可以加入社会责任和环境保护因素，使其分析更加客观公正，且具有长期投资引导作用。由于分析师关注是投资者选择所投资企业的重要参考，因此会吸引更多的用户使用分析师产品。

对于公众而言，他们是企业社会责任和环境保护的直接受益者。对于公众公司，尤其是上市公司，通过ESG信息披露，公众可以及时了解企业行为对自己权益的影响，反过来也会影响企业行为。公众通过ESG信息，可以更方便地对侵害自己权益的企业发起维权诉讼，进而督促企业停止其侵害行为。而如果企业ESG做得好，则可以使公众提高对企业品牌的忠诚度。

对于企业而言，它们构成了ESG生态圈的根基，因为其他参与者的“矛头”均指向企业，企业需要做的，就是如何将ESG各种“矛头”转变为发展的动力。ESG工作到位，将会吸引更多的各类投资者，从而获得巨大的融资优势，降低融资成本，最终有利于提升自己的市场竞争力。对于传统能源、化工和建筑等碳排放大户来说，ESG理念也会促进这些企业的积极转型。在竞争压力下，企业也会将ESG视作自我更新、形成差异化竞争优势、留住优质员工的契机。对于试图“走出去”的企业，ESG也更容易赢得国外消费者和投资者的青睐。

1.2 防止ESG夸大化

ESG是社会责任和环境保护相关机构提出的一个概念，这使得国内外对企业的社会责任和环境保护有不断放大的倾向，而对公司治理则有弱化倾向。

一些国际机构推出的准则往往只包括社会责任和环境保护，尽管称为ESG，但却不包括公司治理，或公司治理内容偏少，这也容易产生误解。如ISSB（国际可持续准则理事会）发布的ESG报告准则只有两项，分别为IFRS S1——《可持续发展相关财务信息披露的一般要求》（General Requirements for Disclosure of Sustainability-related Financial Information）和IFRS S2——《气候相关信息披露》（Climate-related Disclosures），也就是只包括环境保护（气候变化）和社会责任，尽管提到了公司治理，但却基本不包括公司治理，这无疑不是真正的ESG信息披露准则。

国内情况也大致类似。国内从事ESG评级和标准制定的机构中，很多是社会责任或环境保护相关机构，他们对公司治理缺乏深入研究，对公司治理存在不少错误的理解，这使他们把ESG主要理解为绿色低碳和社会责任。

无论是国外还是国内，很多ESG基金中，大多是社会责任基金或环境保护基金，由于缺乏公司治理的支撑，回报率令人失望，甚至严重亏损。在他们设计的指标体系中，对公司治理方面的指标存在不少不科学的成分，比如把一些公司管理指标混同为公司治理指标。而且，在权重确定上，对公司治理赋权偏低，能给1/3的权重就已经算高了。

而且，由于ESG投资产品和ESG评级具有导向作用，加之某些机构强制性推行ESG信息披露，ESG似乎成为“政治正确”的代名词，从而导致大量ESG“漂绿”现象，这种“漂绿”本质上是一种造假行为。原因在于：实践中，不同行业，甚至同一行业的不同企业，社会责任和环境保护（尤其是环境保护）的可比性是很差的，有的甚至完全不可比。有的行业的环境保护问题无足轻重，比如金融业，其环境保护基本可以忽略不计。但由于必须发布ESG报告，或纳入评级，则不得不把诸如绿色信贷、绿色投资等绿色产品纳入ESG中，但这些产品只是用于服务其他行业或企业的，而非自身的环境保护问题；或者把一些相对“小当量”的指标纳入ESG中，如节能办公、节省电耗等。诸如互联网、服务业、高新技术企业等不少行业，或多或少也都有这种情况。然而，如果没有这部分内容，或者这部分内容很少，在ESG评级中，就会得分很低；在ESG投资产品选股中，就不能纳入这些企业，于是，“漂绿”就产生了。

ESG投资、评级或信息披露，可能会产生很高的成本：一是“漂绿”行为可能会对投资者和其他利益相关者产生误导，使其做出错误的或不科学的决策，从而导致权益受损。二是“漂绿”存在合规风险，一旦被发现，企业或相关人员会遭到行政或法律处罚，不仅需要承担由此对利益相关者所造成的损失，还会对企业经营和声誉产生负面影响。三是为迎合ESG评级或满足ESG信息披露要求，企业不得不雇佣更多的人、花费更多的精力和时间来编制ESG报告，或者支付很高费用聘请外部专门机构来编制ESG报告。尽管有些内容在本公司是不存在或可以忽略不计或无足轻重的，但也要编织很多“适当”的语言来解释，或者说一些无用的“废话”，以使报告看起来更“丰满”。

正是由于存在上述问题，ESG招致越来越多的企业家和机构的抨击。某家大型公司的首席可持续官在2022年的一场论坛上公开抱怨，“在我们填报各种ESG问卷的时候，地球已经毁灭了。”在欧美，进入2023年以来，投资者连续在ESG领域撤资，ESG投资正逐步失去动力。以美国为例，2022年和2023年，有多达30多个州提出“反ESG法案”，虽然最终通过的不多，但却已经使“ESG变成一句最新的脏话”，一些企业不得不抛弃ESG称谓。摩根大通、道富、先锋、富达等资产管理公司,2023年多数ESG相关提议都未获得通过，很多ESG投资产品由于不赚钱而不得不撤除。

尤其是不断恶化的国际经济环境，使企业家和机构对ESG的抱怨与不满的声音此起彼伏。

1.3 ESG应向公司治理本源回归

ESG理念很重要，但实践中却存在相当程度的偏离，并出现了夸大社会责任和环境保护的现象。

其实，ESG并不是一个必需的概念，因为公司治理的一个重要理论基础是利益相关者理论，这里的利益相关者中，除了股东（投资者）外，还包括员工、供应商、客户、债权人、政府、社区（社会）等，也就是说，公司治理已经包括了社会责任（含环境保护），E、S、G三者并不是并列关系，而是包含关系，即G包含S，S包含E。基于利益相关者的公司治理也被称为广义的公司治理，也是目前广为认可的公司治理理念。

比如，国际社会普遍认同的《G20/OECD公司治理原则》，2015年第3版第Ⅳ章“利益相关者的作用”（The role of stakeholders in corporate governance）、2023年12月第4版第Ⅵ章“可持续性与韧性”

（Sustainability and resilience），都是专门的社会责任内容（含环境保护）。前述 ISSB 发布的 ESG 报告准则之所以没有公司治理，其重要原因应该就是已经存在这个《G20/OECD 公司治理原则》，且其共识度和影响力更大，ISSB 没有必要再另起炉灶推出自己的公司治理标准。

还如，国际经典的公司治理教科书也同样涵盖社会责任内容。如已经四次修订的、Bob Tricker 所著的“Corporate Governance：Principles，Policies，and Practices”（Oxford University Press），都设有专章讨论社会责任、可持续性以及商业道德问题。

再如，在世界银行和国际货币基金组织对金融业公司治理的评估标准中，社会责任都是其中的重要内容，因为它本质上采用的就是《G20/OECD 公司治理原则》。

当然，ESG 概念也并非完全没有必要，它把社会责任和环境保护从公司治理中独立出来，使得人们更加关注社会责任和环境保护，但此时的公司治理就变得偏狭义了，即以投资者权益保护为核心的公司治理。

但是，必须认识到，ESG 尽管把 E、S 和 G 并列，但核心和根本是公司治理，无论是环境保护还是社会责任，其决策都要符合公司治理规则，否则就有不合规的治理风险。公司治理做不好，就不可能谈社会责任和环境保护。

社会责任可以分为两种：一是强制性社会责任，这属于法律或政策规定的社会责任，不执行就是违法或违规行为，如依法纳税、保护员工工作安全、禁止污染物随意排放等。既然是法律或政策规定的社会责任，则与 ESG 概念存在与否没有关系。二是自愿性社会责任，即没有列入强制性范围的其他社会责任，如捐资助学、扶贫等，这类行为达到一定的额度，其决策就必须要经过公司的董事会或股东会，否则，就会违反公司治理规则，甚至可能引发投资者诉讼。因此，不符合公司治理规则的社会责任是不能提倡的，更不能推崇。

正因为公司治理在 ESG 中的根本性地位，在 ESG 评价中，公司治理必须赋予较高的权重。例如，标普 ESG 评价中，根据不同行业的特点，公司治理权重通常在 40% ～ 60%。在笔者的 ESG 评价中，赋予公司治理的权重是 55%。

而且，ESG 中，公司治理也是最具有国际共识的方面，最需要采用（不是单纯借鉴）的是《G20/OECD 公司治理原则》，因为这个原则是中国与其他国家共同签署的，且承诺共同遵守。

ESG 中，公司治理评价并不因行业不同而不同，尤其对上市公司，公司治理评价标准是相同的。而对于社会责任的共识，相对于公司治理来说要差很多。比如自愿性社会责任就不能以绝对额来衡量，要立足于自身的经济基础。所以，社会责任首先应该是经济责任，经济责任是企业其他社会责任的前提。对于环境保护，不同行业更是难以比较，尤其是传统行业与新经济形态（如互联网）、金融业、服务业等行业的差异非常大，因此，很难有共同的环境保护评价指标体系。这同样反映出公司治理在 ESG 中的根本性地位。

总之，对于 ESG 来说，虽然社会责任和环境保护很重要，但要理性对待，要立足于本企业和所在行业的实际，不能搞一刀切，履行社会责任和环境保护要以公司治理合规为前提。

1.4 ESG与公司质量的关系

关于ESG和公司质量的关系，二者基本上可视为等同。在2020年10月国务院发布的《意见》中，强调提升“上市公司质量”，但纵览全文，该《意见》强调比较多的是公司治理内容（如投资者权益保护；股东会、董事会、监事会、经理层的合规运作；信息披露；激励与约束；风险控制等），同时也特别指出要切实履行社会责任。尽管没有专门提到环境保护，但无疑就像上文所说的，环境保护是涵盖在社会责任中的，另外，《意见》还特别提出要支持科技型、创新型企业。根据该《意见》，我们于2021年从公司治理、社会责任、企业创新、绩效与价值四个维度构建了中国上市公司质量指数指标体系，共计122个具体指标（2022年年度扩充到132个指标）。其实，这个指标体系也可以说是更严格的ESG指标体系。这是因为，我们认为，社会责任应该包括经济责任、创新责任、对利益相关者的责任、合规及社会责任信息披露责任。绩效与价值就是企业的经济责任，好的经济绩效是任何上市公司都追求的，也是企业履行其他很多社会责任的基础；创新包括制度创新和技术创新，均具有明显的外溢效应，因此企业应该履行创新责任，以唤起企业的创新意识并付诸行动；利益相关者对企业贡献了专用性资产，因此，企业要对其利益相关者尽责，即要保护所有利益相关者的权益；企业应该在法规框架下行事，要接受利益相关者的监督，因此，企业履行社会责任应该符合规则，并进行充分的信息披露。在我们构建的上市公司质量指标体系中，对利益相关者的责任，以及合规及社会责任信息披露责任是涵盖在公司治理中的，环境保护则是涵盖在社会责任中的，这样，在我们构建的上市公司质量指数指标体系中，把对利益相关者的责任以及合规和社会责任信息披露责任的内容独立出来，与原来独立的经济责任和创新责任内容重新组合为新的社会责任指标体系，同时把原来社会责任中的环境保护内容独立出来，形成环境保护指标体系，剩余的公司治理内容形成新的公司治理指标体系，这就形成了上市公司ESG指标体系。也就是说，我们构建的上市公司质量指数指标体系也就是ESG指标体系，二者是统一的。于是，自2022年起，原来的《中国上市公司质量指数报告》就改成了《中国上市公司质量/ESG指数报告》。

1.5　如何提高上市公司质量/ESG水平

ESG 概念的提出，涉及三个问题：一是 ESG 评价；二是 ESG 信息披露；三是 ESG 价值投资。没有科学的 ESG 评价体系，就不可能有更好的 ESG 信息披露（因为不知道披露什么）。当然，有了 ESG 信息披露，ESG 评价就会有数据支撑，但不能因此就说 ESG 信息披露才是基础，因为 ESG 评价需要科学设计，其对 ESG 信息披露具有导向作用。进一步，没有科学的 ESG 评价，以此为依据的 ESG 投资也就不可能成功。目前全国有接近 500 只 ESG 基金，做得好的不多。即使是像美国这样的发达国家，ESG 基金也大都亏损或微利。原因就是没有科学的 ESG 评价体系，过于偏重于“E”和“S”，因此，ESG 的核心工作是 ESG 的科学评价。

既然上市公司质量和 ESG 二者的指标体系是统一的，就可以从“E”“S”和“G”三个方面来提高上市公司质量。如前所述，三个方面中，“G”是最重要的，是“E”和“S”的基础；其次是社会责任；最后是环境保护。之所以把环境保护的重要性置于最后，是因为不是所有企业都有环境保护问题，即使都存在环境保护问题的企业，环境保护应达到的最大程度也有很大差异。因此，我们按照“E”“S”和“G”三个方面的重要性来阐述如何提高上市公司质量水平。

一是强化公司治理。《意见》从“提高上市公司治理水平”“推动上市公司做优做强”“健全上市公司退出机制”“解决上市公司突出问题”“提高上市公司及相关主体违法违规成本”和“形成提高上市公司质量的工作合力”六个方面提出了提高上市公司质量的具体举措。该《意见》中，提高公司治理水平是排在第一位的内容，其中提及的方面是公司治理的核心内容，如切实保障投资者的合法权益；股东会、董事会、监事会、经理层要依法合规运作；董事、监事和高级管理人员要忠实勤勉履职；严格执行内控制度，提升内控有效性等。

然而，不能认为公司治理只是《意见》中“提高上市公司治理水平”中涉及的方面，其实其他几个方面的不少内容也是公司治理的应有之义，如“推动上市公司做优做强”中的健全激励约束机制，“健全上市公司退出机制”中的防止财务造假、利益输送、操纵市场，“解决上市公司突出问题”中的控股股东和实际控制人对上市公司的资金占用，“提高上市公司及相关主体违法违规成本”中的增加制度供给（尤其是法律制度供给），“形成提高上市公司质量的工作合力”中的控股股东、实际控制人、董事、监事和高级管理人员要各尽其责，公平对待所有股东，等等。可以说，在很大程度上，提高上市公司质量，最根本的就是要提高上市公司治理的质量。这同样也意味着，提高 ESG 水平，关键是提高公司治理水平。

公司治理包括很多维度，最重要的维度包括投资者权益保护、董事会治理、企业家能力及激励和财务治理。对于上市公司来说，投资者是最核心的利益相关者。随着股权的多元化，来自中小投资者的投资越来越成为上市公司资金的主要来源，而来自控股股东的资金占比却不断下降（尽管他们仍然对公司拥有控制力量），因此，保护投资者尤其是保护中小投资者的权益有利于保证上市公司的稳定发展。董事会经常被视为公司的核心治理主体，由于董事会负责公司的战略决策，并监督经理层落实战略决策，对经理层也有咨询职能，因此，董事会治理的有效性直接关系着公司发展的正确方向。企业家是一个公司的活力源，其中总经理（西方国家通常称为 CEO）是企业家的核心。总经理作为公司的最高行政长官，由于发达市场经济体的公司董事会基本由独立董事构成，包括绝大部分的董事长都是独立董事，因此，总经理就成为企业高质量发展的灵魂。中国企业的总经理尽管大都没有被赋予 CEO 的权力，但总经理成为真正意义的 CEO，享有独立的企业经营控制权并独立承担责任是必然的发展趋势，因此，如何培育和发挥总经理的最大能力是企业高质量发展必须要重视的因素。财务治理关系着公司财务的稳健性和安全性，以及内部控制的有效性，较高的财务治理质量不仅能够合理配置各财务主体的权责利，有力控制各个财务环节，有效监督财务行为，还能适当激励财务主体，因此也是公司高质量发展的重要保障。

二是强化社会责任。《意见》提出，上市公司要诚实守信、规范运作，切实履行社会责任。可见，社会责任是企业高质量发展中不可忽视的重要方面。

从 20 世纪 90 年代以来已经形成共识的广义公司治理理论来看，社会责任是公司治理的重要组成部分。把社会责任纳入公司治理中，这本身就意味着，社会责任对企业发展尤其对企业可持续发展至关重要。2019 年 8 月 19 日，美国“商业圆桌会议”（Business Roundtable）发表《公司的目的》的宣言，强调企业要更重视履行对社会的责任，不能独尊股东利益。这项宣言已经获得美国 188 位顶尖企业 CEO 的联合签署，足见重视社会责任已成全球共识。

中国当前产品安全、环境污染、员工和消费者权益受侵害等问题频发，比如，疫苗造假事件、资本无序扩张严重侵蚀消费者利益、部分网络公司泄露客户私人信息或直接利用客户私人信息谋取私利等，这表明企业的生存发展不能仅仅以企业利益最大化为第一考量，不能为了赚钱而突破道德底线和法律红线，不能以牺牲公众和客户的生命财产安全为代价。企业在发展过程中之所以会产生企业利益和社会利益之间的冲突，一个很重要的方面是企业社会责任意识的缺失。长期以来，法规不到位和执法不力，使得不少公司看重“热钱”“快钱”，过度追求短期利润，而不惜牺牲其他利益相关者的利益。

长期以来，包括不少企业家在内的很多人都对履行社会责任存在一种错误的认识，只简单地把盈利、纳税和吸收劳动力就业等少数几个方面，看作是企业履行社会责任的重要标准，认为比其他企业盈利多、纳税多、吸收劳动力多，就是比其他企业履行了更多的社会责任。这种观点是比较狭隘的。如前所述，企业的社会责任可以分为强制性社会责任和自愿性社会责任，前者也可以称为义务性质的社会责任，后者也可以称为非义务性质的社会责任（亦可称为狭义的社会责任）。[1] 然而，问题在于，由于法律空白较多，或者弹性较大，处罚较轻，以及信息不对称，使得一些本属于义务性质的社会责任，在一些企业眼中却成为自愿性的社会责任，如产品质量、员工工作环境等，缺乏清晰地判断合法与否的界限，一些企业甚至聘用专门人员寻找法律空白地带，这是这些年产品质量低劣、员工工作环境恶劣等问题频出的重要原因。

---

[1] 高明华. 国企不能为“表率”不顾程序、法规 [J]. 董事会，2017（8）.

当然，企业把盈利、纳税作为社会责任的一个方面也并无问题，只是企业盈利一定要以合规为前提。这其实属于企业的经济责任范畴，而盈利是企业经济责任的重要方面。对上市公司来说，企业的经济责任可以从会计绩效和市场绩效两个方面来衡量。会计绩效是包括盈利在内的财务表现，是企业创造的直接收益；市场绩效是市场对企业创造价值和发展前景的认可度。前者是企业价值的基础，后者是企业价值体现在市场中的价格。企业既要保证会计绩效的真实性，也要保证市场价值与其真实会计绩效的吻合度，这两个方面共同构成了企业发展的资金支撑。如果会计绩效长期低迷，或者出现造假和欺瞒，就会失去更多的投资者，企业发展就会遭遇资金瓶颈，甚至于走向崩溃的边缘或破产。把会计绩效与市场价值作为企业的经济责任，是因为它们作为企业经济发展的成果，是企业履行纳税、吸收更多劳动力、进行社会捐赠等社会责任的基础。换言之，企业的经济责任应该纳入企业社会责任中。

《意见》还指出，要大力培育科技型、创新型企业，支持制造业单项冠军、专精特新“小巨人”等企业发展壮大。企业的发展需要创新，创新越活跃，企业发展就越充满生机和活力。这意味着，企业创新也应该纳入社会责任范畴，原因在于企业创新具有很强的外溢效应，即创新可以加剧市场竞争，提高社会生产力，为社会创造更多的财富。

谈到创新，人们第一直觉可能就是技术创新。其实，技术创新仅仅是创新的一个方面。熊彼特把创新分为技术创新、产品创新、市场创新、原材料供应或生产方式的创新，以及组织创新等五个方面，其中组织创新也可以称为制度创新。这五种创新是相互联系而不是彼此独立的，尤其随着技术的发展，五种创新越来越紧密地联系在一起。其中，制度创新和技术创新是最为关键的，没有制度保障，其他方面的创新就可能只是昙花一现，难以为继。

相对制度创新，技术创新相对容易衡量，也是经常被拿来作为评价一个企业持续发展能力的重要指标。截至 2023 年 12 月 31 日，5061 家上市公司样本中，研发投入强度平均只有 2.38%，比上年提高 0.3 个百分点，而发达国家，尤其是日本和美国，公司研发投入强度超过 20% 是比较普遍的现象，有的甚至高达 40% 以上。因此，鼓励技术创新，加大技术创新投入力度，应该提升到一个企业的战略高度。

企业技术创新水平的提升，除了自身因素外，更重要的因素还有两个方面：第一个方面是竞争压力，没有足够大的竞争压力，就难以产生技术创新的动力。但竞争压力未必一定会导致技术创新，也可以通过移植别人的技术来缓解。然而，在越来越强化知识产权保护的国际环境下，移植别人技术的空间越来越狭小，而且不可能完全依赖于别人的技术而立于不败之地。这就要求有第二个方面，即国家和企业要有足以激发人们进行技术创新欲望的制度安排。那么如何激发创新欲望呢？其一，需要活跃的、自由的创新氛围，允许“试错”，甚至允许可能带来的损失；其二，需要建立起一套鼓励技术创新的知识产权保护制度，要使技术创新的收益远高于由此付出的成本；其三，需要鼓励合作创新，因为合作创新可以缩短创新时间，提高创新速度，降低创新成本和创新风险，为此应当改革目前的研究成果评价制度，要承认创新人才对创新收益具有平等的所有权，[1] 从而为企业技术创新提供持续的动力。

履行社会责任值得表彰，但不合规的社会责任却是应该严格禁止的。比如企业捐赠，如果超过公

---

[1] 高明华. 创新能力与创新欲望——“钱学森之问”的思考 [J]. 经济学家茶座，2009（6）.

司章程规定的额度而未经股东会审议通过，或者直接由个人决定，就是不合规的。为保证社会责任的合规性，加强社会责任信息披露，接受公众监督就是不可或缺的。

概括地说，企业的经济责任、创新责任、对企业利益相关者的责任、合规及信息披露责任构成社会责任的全部内容。履行社会责任是企业可持续发展的重要方面，应该成为一个成熟企业秉持的基本理念。

三是强化环境保护。如前所述，从严格的理论意义上，环境保护属于社会责任范畴，出于 ESG 评价的考虑，人们把它独立出来，这样有利于企业树立环境保护的意识，也顺应了实现碳中和与碳达峰目标的要求。

但是，评价企业环境保护的水平，理论上很简单，但实际做起来，相比上述的公司治理和社会责任都更加困难。道理很简单，就是不同行业甚至同一行业的不同企业，环境保护的差异性很大。目前上市公司涉及 19 个行业，每个行业对环境保护的要求都不同，要建立一个统一的评价标准非常困难，而没有统一的评价标准，就难以具有可比性，而可比性是不同公司环境保护评价的重要目的。比如金融业很少有环境保护的问题，如果硬往上靠的话，恐怕只能从是否支持绿色产业发展以及支持力度上来评估，但从严格意义上说，它不属于企业自身的环境保护问题。当然，金融业也会涉及温室气体排放效应问题，但相对于其他行业，这种效应无疑小很多，有的金融企业甚至可以忽略不计，但不能由此认为其环境保护相对于其他企业更差。由此，尽管环境保护可以找出很多指标，但不能过度扩大，要基于数据的可得性和可比性原则来选择合适的指标，在目前情况下，可供选择的具有可比性的环境保护指标并不多。当然，随着环境保护的意识不断增强，将来会有越来越多的上市公司披露环境保护的相关信息，届时环境保护的指标体系可以进一步完善。

1.6　上市公司质量/ESG指数的相对性

中国上市公司质量 /ESG 评价是通过计算指数来进行的。从前述提高上市公司质量 /ESG 的三个方面看，我们进行上市公司质量评价有天然的优势，这就是我们已坚持 18 年之久的“中国上市公司治理分类指数”。由于我们的“中国上市公司治理分类指数”是基于广义的公司治理理论，因此，在我们的既有公司治理评价中，前面所列三个方面，即公司治理、社会责任（包含在公司治理中）和环境保护（包含在社会责任中）实际上都已经进行了多年的评价，这就为我们进行“中国上市公司质量 /ESG 评价”打下了坚实的基础，而不是从头开始。

但二者又有不同。“中国上市公司治理分类指数”基本上是一种绝对差距评价，即评价标准是国际上先进的公司治理规范，如《G20/OECD 公司治理准则》以及公司治理相关法律（如《公司法》《证券法》等），即“我公司的治理水平距离规范的公司治理还有多大差距”。尽管这些规范也在不断改进中，我们评价的标准也会随之调整，但总体上相对稳定。

而“中国上市公司质量 /ESG 指数”则有所不同。尽管其中的公司治理有相对稳定的、先进的国际规范，但社会责任（本报告在“中国上市公司治理分类指数”基础上对社会责任指标体系有所扩充）和环境保护并没有一致认同的、各行业都适用的所谓先进标准，恐怕永远也不会有共识的先进标准。因此，本报告计算的中国上市公司质量 /ESG 指数是一种相对值，它只是说明“A 公司的质量或 ESG 水平比 B 公司高”，或者“B 公司的质量或 ESG 水平比 A 公司低”，不能说明不同公司之间的具体差距有多大。

相对值计算主要体现在具体指标（本报告标注的四级指标）与公司质量 /ESG 最终指数值之间各层维度上（公司治理、社会责任和环境保护三个方面有不尽相同的层次划分）。即在计算出来的各维度初始值的基础上，把各维度初始值最高的那家公司的分值分别设为 100 分，然后对其他公司的各维度分值重新计算分值，形成公司治理、社会责任和环境保护三个方面的相对分值，最后通过加权，得到中国上市公司质量 /ESG 指数。这个公司质量 /ESG 指数是最终值，不再把最高值设为 100 分后重新计算各公司分值。

1.7 评价上市公司质量/ESG有何意义

上市公司是资本市场发展的基石。提高上市公司质量或 ESG 水平是提高资本市场投资价值的源泉，对于增强资本市场的吸引力和活力，充分发挥资本市场优化资源配置功能，保护投资者特别是中小投资者的合法权益，促进我国资本市场健康稳定发展，具有十分重要的意义。

《意见》指出，国发〔2005〕34 号文件（即 2005 年 10 月国务院批转中国证监会《关于提高上市公司质量的意见》）印发以来，我国上市公司数量显著增长、质量持续提升，在促进国民经济发展中的作用日益凸显。但也要看到，上市公司经营和治理不规范、发展质量不高等问题仍较突出，与建设现代化经济体系、推动经济高质量发展的要求还存在差距。同时，面对严峻的国际形势以及国内经济下行压力，上市公司生产经营和高质量发展面临新的考验。

寻找差距就需要评价，以便找到并及时弥补上市公司质量不高的“缺口”，这就是开发“中国上市公司质量 /ESG 指数”的意义所在。具体来说，包括如下方面：

①帮助监管机构充分了解上市公司质量 /ESG 存在的缺陷和不足，促使监管机构加强上市公司质量 /ESG 的立法和执法工作，使监管更加有的放矢，防范风险于未然。

②帮助投资者降低信息不对称程度，有效规避投资风险，发现有长期价值的投资对象，提高投资收益，提升投资信心，增强社会稳定性。

③帮助公司了解自身与其他公司存在的差距，及时采取整改措施，提升自己的竞争力，增强对投

资者的吸引力，避免公司股价过度波动。

④防止股市炒作，避免股市崩盘风险，促使资本市场真实反映公司信息，引导股票价格客观反映公司真实绩效，推动资本市场实现稳定发展并走向成熟。

⑤帮助公司认清 ESG 的本质，回归理性，尤其要认识到公司治理在 ESG 中的核心地位，以及不同行业社会责任和环境保护的差异（尤其是环境保护的差异），切忌过度夸大社会责任和环境保护。

⑥帮助欲进行混合所有制改革的企业寻找符合自身实际的、高质量的、有可持续发展能力的合作股东，助推混合所有制改革取得成功。

⑦帮助公司融入国际资本市场体系，从而有助于中国产品的出口和吸引海外投资。

⑧为上市公司研究提供数据支持，保证研究结论的客观性和实践性。

第2章 中国上市公司质量/ESG指数指标体系、评价方法和评价范围

本研究力求全面、客观、真实地评价中国上市公司发展的质量或 ESG 水平，借此为进一步提高中国上市公司质量，建立完善的 ESG 信息披露制度提供政策依据和努力方向，这就需要一套科学、可行、可比、可持续的评价指标体系及对应的评价方法，并在将来能够延续这一评价。可以说，指标体系和评价方法是中国上市公司质量 /ESG 评价研究的基础性工程。

2.1 中国上市公司质量/ESG指数指标体系选择的基本依据

早在 2005 年 10 月，国务院批转中国证监会《关于提高上市公司质量的意见》，就提高上市公司质量有关问题提出，提高认识，高度重视提高上市公司质量工作；完善公司治理，提高上市公司经营管理和规范运作水平；注重标本兼治，着力解决影响上市公司质量的突出问题；采取有效措施，支持上市公司做优做强；完善上市公司监督管理机制，强化监管协作；加强组织领导，营造促进上市公司健康发展的良好环境等若干意见。该意见印发以来，我国上市公司数量显著增长、提升质量成为共识，在促进国民经济发展中的作用日益凸显。

2018 新版《上市公司治理准则》第三条指出，上市公司应当贯彻落实创新、协调、绿色、开放、共享的发展理念，弘扬优秀企业家精神，积极履行社会责任，形成良好的公司治理实践。总体上，近几年我国上市公司的治理不断加强，ESG 理念也在越来越多的上市公司中得以践行。

但同时，上市公司治理不规范、社会责任观念淡薄、发展质量不高等问题仍较突出，与建设现代化经济体系、推动经济高质量发展的要求还存在差距。为此，2020 年 10 月，国务院印发《关于进一步提高上市公司质量的意见》，提出提高上市公司治理水平，推动上市公司做优做强，健全上市公司退出机制，解决上市公司突出问题，提高上市公司及相关主体违法违规成本，形成提高上市公司质量的工作合力，共同营造支持上市公司高质量发展的良好环境六个方面 17 项重点举措。

基于《关于提高上市公司质量的意见》《关于进一步提高上市公司质量的意见》以及《上市公司治理准则》（2018 年修订版）等相关政策和规则，充分考虑全球化趋势以及我国上市公司质量 /ESG 发展的现状和未来目标，结合数据的科学性、可行性（可获得性）、可比性、可连续性，从公司治理、社会责任、环境保护三个维度出发，我们制定了一套科学有效的上市公司质量 /ESG 评价指标体系，以期对中国上市公司质量或 ESG 水平做出客观评价，并为进一步提高上市公司质量或 ESG 水平提供政策依据。

需要特别指出的是，对全部上市公司的质量 /ESG 进行评价不同于单独对某个具体公司的质量 /ESG 进行评价。对全部上市公司的质量 /ESG 评价的目的是进行比较，包括横向比较和纵向比较。横向比较是为了找出同一年度不同公司的质量 /ESG 的差距，而纵向比较是为了发现某一公司的质量 /ESG 在不同年度是否有所改进以及不同公司的质量 /ESG 改进程度的差异。然而，单独对某个具体公司的质量 /ESG 评价的目的只是呈现本公司的质量 /ESG 的当期状况以及不同年度的变化，由于不同公司的差异性很大，所以各公司单独的质量 /ESG 评价难以进行横向比较。

因此，在设计指标体系时，不同于单独对某个具体公司的质量 /ESG 的评价，对全部上市公司的质量 /ESG 评价的指标体系设计必须本着科学、可行、可比和可持续的原则。科学即要准确反映公司质量 /ESG 的本质和核心；可行即公司质量 /ESG 指标数据在所有或大部分公司能够可得；可比即不同公司的质量 /ESG 可以横向比较，而数据可得是可比的前提；可持续即同一公司的质量 /ESG 能够纵向可比，否则就难以观察公司的质量 /ESG 是否有所改进或退步，这就需要指标体系的相对稳定。而在对某个具体公司的质量 /ESG 进行评价时，则可以根据公司所在行业和企业本身的特点，在上述评价指标的基础上可以有所扩充，以全面反映该公司的质量 /ESG 的状况。

2.2 中国上市公司质量/ESG指数指标体系

中国上市公司质量 /ESG 指数指标体系包括三个维度，即公司治理（*CG*）、社会责任（*SR*）、环境保护（*EP*）。其中，公司治理维度指标体系是在我们历年开发的“中国上市公司治理分类指数”指标体系基础上，把其中的社会责任（含环境保护）内容独立出去，并进一步优化、压缩、重新组合而成，而在得分上又使用了相对值（见后文关于相对分值的计算），因此，本报告的“公司治理”得分与“中国上市公司治理分类指数”的得分并不等同，但总体得分趋势是一致的；社会责任维度指标体系是把“中国上市公司治理分类指数”中的社会责任内容独立出来后，再把其中的环境保护内容独立出去，并进一步扩充和完善而成；环境保护维度指标体系是把“中国上市公司治理分类指数”的社会责任内容独立出来，再把其中的环境保护内容独立出来，并进一步扩充和完善而成。

另外，仍然需要说明的是，从 20 世纪 90 年代以来得到普遍共识的广义公司治理角度来看，公司治理包括社会责任，社会责任又包括环境保护，由于社会责任和环境保护在公司高质量发展中日渐突出的重要地位，本报告把这两个方面独立出来，与公司治理并列。这与我们历年中国上市公司治理分类指数评价中，把社会责任（含环境保护）作为公司治理的重要构成部分是不同的。

经过调整和扩充，最终形成公司治理、社会责任、环境保护三个维度，132 个具体指标。

2.2.1 公司治理维度（*CLCQI/ESGI-CG*）指标体系

公司治理维度（*CG*）（一级指标）包括投资者权益保护（*MII*）、董事会治理（*BG*）、总经理能力及激励（*EAI*）、财务治理（*FG*）四个二级指标，共计 81 个具体指标（由于各维度划分层次不同，具体指标统一都作为四级指标）。

2.2.1.1 投资者权益保护（*MII*）

本报告以中国《上市公司治理准则》（2018）为基准，同时基于国际通行的投资者权益保护规范，从知情权（*MIK*）以及决策与监督权（*MIE*）两个三级指标，21 个四级指标来评价投资者权益保护质量。其中，知情权三级指标包括 10 个四级指标；决策与监督权三级指标包括 11 个四级指标，参见表 2-1。

表2-1 投资者权益保护指标体系

二级指标	三级指标	四级指标	评分标准
投资者权益保护（*MII*）	知情权（*MIK*）	1. 是否按时披露公司定期报告	包括一季度报、半年报、三季度报和年报，每项分值 0.25 分
		2. 年报预披露时间与实际披露时间是否一致	A. 基本一致（延后在 10 天之内，包括提前，1 分）； B. 差距较大（延后在 10 ～ 30 天，0.5 分）； C. 差距很大（延后在 30 天以上，0 分）
		3. 预告业绩与实际业绩是否一致	A. 实际的数据落入预测区间（1 分）； B. 没有落入预测区间（0 分）
		4. 上市公司是否开通微信 / 微博 / 网站 / 投资者咨询电话或在线互动平台	重点关注网站、微信或微博、投资者咨询电话或在线互动平台三项，每一项分别赋分为 0.34 分、0.33 分、0.33 分；任何一项都没有，得 0 分
		5. 分析师关注度	用会计年度内分析师发布研究报告的次数衡量，标准化处理为 0 ～ 1 区间数值
		6. 是否详细披露独立董事过去 3 年的任职经历	A. 详细披露（1 分）； B. 笼统披露（0.5 分）； C. 未披露（0 分）
		7. 是否披露可预见的财务风险因素	A. 是（1 分）；B. 否（0 分）
		8. 是否披露存在重大内部控制缺陷	A. 重大缺陷（-1 分）； B. 重要缺陷（-0.7 分）； C. 一般缺陷（-0.35 分）； D. 无缺陷（0 分）
		9. 股东会（包括临时股东会）投票机制的说明	A. 完全披露（1 分）； B. 未完全披露（0.5 分）； C. 未披露（0 分）
		10. 是否存在股价异动	A. 否（0 分）；B. 是（-1 分）
	决策与监督权（*MIE*）	11. 是否采用网络投票制	A. 是（1 分）；B. 否（0 分）
		12. 是否实行累积投票制	A. 是（1 分）；B. 否（0 分）
		13. 是否采用中小投资者表决单独计票	A. 是（1 分）；B. 否（0 分）
		14. 独立董事比例	A. 独立董事比例≥ 2/3（1 分）； B. 1/2 ≤独立董事比例 <2/3（0.7 分）； C. 1/3 ≤独立董事比例 <1/2（0.35 分）； D. 独立董事比例 <1/3（0 分）
		15. 独立董事是否担任本公司董事长	A. 是（1 分）；B. 否（0 分）

续表

二级指标	三级指标	四级指标	评分标准
投资者权益保护（MII）	决策与监督权（MIE）	16. 有无单独或者合计持有公司 10% 以上股份的中小股东（不含控股股东）提请召开临时股东会并成功举办	A. 是（1 分）；B. 否（0 分）
		17. 有无单独或者合计持有公司 3% 以上股份的股东（不含控股股东）提出议案并提交股东会（含临时股东会）	A. 是（1 分）；B. 否（0 分）
		18. 三个委员会是否设立（审计、提名、薪酬）	A. 0 个（0 分）； B. 1 个（0.35 分）； C. 2 个（0.7 分）； D. 3 个（1 分）
		19. 独立董事的董事会实际出席率	公司所有独立董事实际出席董事会次数的总和 / 公司所有独立董事应出席董事会次数的总和
		20. 董事长是否来自大股东单位	A. 否（1 分）；B. 是（0 分）
		21. 是否有中小股东收益权的制度安排（分红权）	A. 是（1 分）；B. 否（0 分）

对于投资者权益保护指标体系，简要解释如下：

（1）知情权

知情权主要考察投资者对于公司经营决策关键信息的知情权，包括第 1 ～ 10 个指标。其中，指标 1 ～ 3 从定期报告角度，评价投资者对公司经营定期报告知情权的掌握情况；指标 4 ～ 7 从投资者参与决策所需要的其他重要信息来评价投资者的知情权；指标 8 从内部控制角度反映投资者对公司风险的知情权；指标 9 考察公司股东会投票机制（包括法定投票、累积投票、网络投票、举手表决、代理投票等）方面的信息披露情况；指标 10 从股价波动角度反映投资者的知情权。

（2）决策与监督权

决策与监督权主要考察投资者行使权利和监督代理人的情况，包括第 11 ～ 21 个指标。其中，指标 11 ～ 13 直接反映投资者行使权利和监督代理人的情况；指标 14 ～ 21 间接反映投资者行使权利和监督代理人的情况。需要特别说明是指标 16 和指标 17。单独或者合计持有公司 10% 以上股份的股东提请召开临时股东会、单独或者合计持有公司 3% 以上股份的股东提出议案是股东的法定权利，但在中国目前很多情况下，中小股东行使这两项权利往是因为自身利益受到侵害或公司出现了问题，而不是正常情况下中小股东出于公司更好发展提出更好建议的考虑，如果是后者，表明中小股东很关心公司发展，也表明董事会很尊重中小股东的意见，愿意接受中小股东的监督，因此，我们对这两个指标赋分 1 分的情况附加了条件，即中小股东提请召开股东会并能够成功举办、提出议案能够被董事会采纳并提交股东会。另外，根据新《公司法》，股东提案的条件从原来的单独或者合计持有 3% 修改为单独或者合计持有 1%，但由于本年度评价的时间范围是 2023 年，而新《公司法》正式实施的时间是 2024 年 7 月 1 日，因此，本年度报告仍然沿用 3% 的法律规定。

2.2.1.2 董事会治理（*BG*）

本报告以董事会治理质量评价为核心，以中国《上市公司治理准则》（2018）为基准，综合考虑《公司法》《证券法》《关于上市公司独立董事制度改革的指导意见》《上市公司独立董事管理办法》等国内有关上市公司董事会治理的法律法规，以及《G20/OECD公司治理准则》（2023）和标准普尔公司治理评级系统等国际组织和机构有关公司治理的准则指引，借鉴国内外已有的董事会评价指标体系，从董事会结构及独立董事设置（*BSI*）、董事会行为及激励与约束（*BBIR*）两个三级指标，28个四级指标对董事会治理质量进行评价。其中董事会结构及独立董事设置三级指标包括15个四级指标；董事会行为及激励与约束三级指标包括13个四级指标，参见表2-2。

表2-2 董事会治理指标体系

二级指标	三级指标	四级指标	评分标准
董事会治理（*BG*）	董事会结构及独立董事设置（*BSI*）	1. 外部董事比例	A. 独立董事比例≥2/3（1分）； B. 独立董事比例<2/3，外部董事（含独立董事）比例≥1/2（0.7分）； C. 1/3≤外部董事（含独立董事）比例<1/2（0.35分）； D. 外部董事（含独立董事）比例<1/3（0分）
		2. 有无外部非独立董事	A. 有（1分）；B. 无（0分）
		3. 董事长和总经理两职是否分离	A. 是（1分）；B. 否（0分）
		4. 有无职工董事	A. 有职工董事且披露职工董事姓名（1分）； B. 有职工董事但没有标明具体姓名（0.5分）； C. 没有职工董事（0分）
		5. 董事学历	A. 硕士及以上（1分）； B. 本科（0.7分）； C. 专科（0.35分）； D. 高中及以下（0分）； E. 未披露（0分） 取全部董事学历得分的平均值
		6. 年龄超过60岁（包括60岁）的董事比例	A. 比例≥1/3（0分）；B. 比例<1/3（1分）
		7. 审计委员会设置情况	A. 设置且独立董事比例为100%（1分）； B. 设置且独立董事比例达到50%（0.7分）； C. 设置但独董比例低于50%或未披露独董比例（0.35分）； D. 未设置或未披露（0分）
		8. 薪酬委员会设置情况	A. 设置且独立董事比例为100%（1分）； B. 设置且独立董事比例达到50%（0.7分）； C. 设置但独董比例低于50%或未披露独董比例（0.35分）； D. 未设置或未披露（0分）
		9. 提名委员会设置情况	A. 设置且独立董事比例为100%（1分）； B. 设置且独立董事比例达到50%（0.7分）； C. 设置但独董比例低于50%或未披露独董比例（0.35分）； D. 未设置或未披露（0分）

续表

二级指标	三级指标	四级指标	评分标准
董事会治理（BG）	董事会结构及独立董事设置（BSI）	10. 合规委员会设置情况	A. 在董事会下设置（1分）； B. 在经营层下设置（0.5分）； C. 未设置或未披露（0分）
		11. 审计委员会主席是否由独立董事担任	A. 是（1分）； B. 否（0分）； C. 未披露（0分）
		12. 独立董事中有无财务专家	A. 有（1分）；B. 无（0分）
		13. 独立董事中有无法律专家	A. 有（1分）；B. 无（0分）
		14. 独立董事中有无其他企业高管	A. 有（1分）；B. 无（0分）
		15. 在多家公司担任独立董事情况（包括本公司）	A. 只有1家（1分）； B. 2～3家（0.5分）； C. 4家及以上（0分）
	董事会行为及激励与约束（BBIR）	16. 内部董事与外部董事是否有明确的沟通制度	A. 是（1分）；B. 否（0分）
		17. 投资者关系建设情况	A. 详细披露投资者关系沟通细节或接待措施（1分）； B. 只说明有《投资者关系管理制度》，但没有具体内容（0.5分）； C. 关于投资者关系建设没有任何说明或者笼统说明（0分）
		18. 是否存在董事会提交的决议事项或草案被股东会撤销或者否决的情况	A. 否（1分）；B. 是（0分）
		19.《董事会议事规则》的说明	A. 详细介绍议事规则（1分）； B. 只作一般性说明（0.5分）； C. 未披露任何信息（0分）
		20. 董事会是否有明确的高管考评和激励制度	A. 是（1分）；B. 否（0分）
		21. 股东会（包括临时股东会）股东出席率	A. 完全披露（1分）； B. 未完全披露（0.5分）； C. 未披露（0分）
		22. 是否有明确的董事考评和激励制度	A. 是（1分）；B. 否（0分）
		23. 是否公布董事考评/考核结果	A. 是（1分）；B. 否（0分）
		24. 是否披露董事薪酬情况	A. 逐一披露（1分）； B. 笼统披露（0.5分）； C. 未披露（0分）
		25. 是否有董事会备忘录	A. 是（1分）；B. 否（0分）
		26. 是否有董事行为准则相关的规章制度	A. 是（1分）；B. 否（0分）
		27. 所有董事是否明确保证年报内容的真实性、准确性和完整性或不存在异议	A. 是（1分）；B. 否（0分）
		28. 独立董事津贴是否超过10万元（税前，不包括10万）	A. 是（0分）；B. 否（1分）

对于董事会治理指标体系，简要解释如下：

（1）董事会结构及独立董事设置

董事会结构及独立董事设置三级指标衡量董事会成员构成和机构设置，以及独立董事专业素质和履职情况，侧重从形式上评价董事会结构的有效性和独立董事的独立性，包括第1～15个四级指标。其中，指标1和指标2衡量董事会构成中独立董事和外部董事情况；指标3衡量董事长的独立性；指标4衡量董事会中有无职工利益的代表；指标5和指标6衡量董事成员的学历和年龄构成；指标7～10衡量董事会下设专门委员会情况，主要包括审计、薪酬、提名和合规四个委员会；指标11“审计委员会主席是否由独立董事担任”之所以单独提出来，是因为审计委员会的设置主要是为了提高公司财务信息的可靠性和诚信度，提高审计师的独立性，防范舞弊或其他违规和错误等，对于审计委员会来说，它的独立性可以说是确保审计委员会有效性的前提，审计委员会的主席由独立董事来担任相对其他专门委员会来说更重要；指标12～14反映独立董事的背景及来源；指标15反映独立董事的时间、精力投入程度，同时在多家公司担任独立董事可能会限制独立董事时间和精力的分配。

（2）董事会行为及激励与约束

董事会行为及激励与约束三级指标侧重考察董事行为以及董事激励和约束相关制度的建立和执行情况，主要从实质上来衡量董事会的实际履职及其保障机制，包括第16～28个四级指标。其中，指标16衡量外部董事信息获取及其与内部董事沟通制度的建设情况；指标17考察董事会作为投资人的代理人对投资者关系的重视和维护情况；指标18评价董事会的决策质量和违反股东意志的情况；指标19衡量董事会运作的规范性；指标20反映董事会关于高管考评制度的建立情况，因为对高管的考评是董事会的重要职能；指标21评价董事会作为股东会的召集人，对股东会召开效果的披露情况。指标22～24考察董事考评和薪酬制度的建立和执行情况。《G20/OECD公司治理准则》(2023)、《标准普尔公司治理评价系统》，以及中国的《上市公司治理准则》对于董事薪酬制度都有相关规定。中国《上市公司治理准则》第五十七条规定，董事会、监事会应当向股东会报告董事、监事履行职责的情况、绩效评价结果及其薪酬情况，并由上市公司予以披露。指标25考察董事会的履职程序是否完备，董事会备忘录一旦经董事会通过，便对董事具有法律约束力。中国《上市公司治理准则》第三十二条规定，董事会会议记录应当真实、准确、完整，出席会议的董事、董事会秘书和记录人员应当在会议记录上签名。董事会会议记录应当妥善保存。《上市公司独立董事管理办法》还指出，独立董事履职情况记入工作记录。指标26考察董事行为准则等制度的完备和执行，《G20/OECD公司治理准则》(2023)中指出，董事会成员应该能够有效地履行自己的职责。指标27考察董事对年报真实性的承诺和责任担当。《G20/OECD公司治理准则》(2023)明确指出，董事会应该负有监督公司风险管理系统和确保报告系统完整性的最终责任。该指标对独立董事（涉及明晰责任问题）和董事会整体均具有约束作用。指标28从报酬上反映独立董事独立于公司的情况，独立董事要保证其独立性，就不应该以从公司领取报酬为目的，津贴只是对独立董事履职的一种象征性鼓励，与公司规模或利润无关。10万元津贴标准的制定参考了纽约证券交易所对独立董事10万美元津贴的相关规定。

2.2.1.3 总经理能力及激励（EAI）

在市场经济发达国家，总经理（CEO）是企业发展的灵魂和核心（董事长作为董事会的一员，经常由独立董事担任，并非企业的核心）。经理层决策与董事会决策的显著不同在于，前者是总经理负责制，决策由总经理最终决定；而后者是一人一票制。因此，本报告不是对经理层的整体能力进行评价，而基本上是对总经理的个人能力进行评价。当然，总经理的能力离不开经理层其他成员的贡献，有的指标本身就包括其他成员的贡献。

总经理能力及激励不再进行三级指标划分。在我们历年的“中国上市公司治理分类指数”评价中，企业家能力指数是作为一个单独的指数类型，评价对象也是总经理，包括总经理的人力资本能力、关系网络能力、社会责任能力，以及战略领导能力。在本报告中，我们将其中的社会责任能力放到了单独的、与公司治理维度并列的社会责任维度中，并进行指标的适当扩充和完善。其他三个维度通过整合、优化、补充形成本报告中公司治理维度的“总经理能力及激励”二级指标。其中，人力资本是总经理能力的基础，可以通过其受教育程度、相关工作经验、在位工作时间等来测量；总经理的战略领导能力对企业发展具有关键作用，尤其是在当今企业内外部环境瞬息万变的时代，总经理是否具有战略领导能力成为企业能否获得持续发展的决定性因素；关系网络能力也是总经理能力的一个重要方面，一个企业的成败往往与总经理是否拥有广泛的社会交往和联系紧密相关，许多研究发现，公司高管的社会背景作为公司的一个特征性质会对公司价值产生影响；对总经理的激励则是能力发挥的促进和保障因素。总经理能力及激励指标体系具体由 13 个四级指标组成，参见表 2-3。

表2-3　总经理能力及激励指标体系

二级指标	四级指标	评价标准
总经理能力及激励（*EAI*）	1. 总经理最高学历	A. 硕士及以上（1 分）； B. 本科（0.7 分）； C. 专科（0.35 分）； D. 高中及以下（0 分）； E. 未披露（0 分）
	2. 总经理工作年限	A. 0 ～ 10 年（0 分）； B. 10 ～ 20 年（0.35 分）； C. 20 ～ 30 年（0.7 分）； D. 30 年及以上（1 分）
	3. 总经理工作经历的变更	A. 3 家及以上（1 分）； B. 1 ～ 2 家（0.5 分）； C. 0 家（0 分）
	4. 总经理是否担任其他公司的独立董事	A. 是（1 分）；B. 否或未披露（0 分）
	5. 总经理是否有海外留学经历（半年以上）	A. 是（1 分）；B. 否或未披露（0 分）
	6. 总经理是否有海外工作经历（半年以上）	A. 是（1 分）；B. 否或未披露（0 分）
	7. 总经理选聘路径	A. 外部选聘（1 分）； B. 内部提拔（0 分）； C. 未披露（0 分）
	8. 总经理是否获得过相关荣誉称号	A. 全国及省级（1 分）； B. 地市及以下（0.5 分）； C. 否或未披露（0 分）
	9. 总经理是否在行业协会任职	A. 全国及省级（1 分）； B. 地市及以下（0.5 分）； C. 否或未披露（0 分）

续表

二级指标	四级指标	评价标准
总经理能力及激励（*EAI*）	10. 总经理贡献	实际企业业绩与估计企业业绩的差值。标准化处理为 0 ～ 1 区间数值
	11. 国际化程度	海外收入 / 总收入，标准化处理为 0 ～ 1 区间数值
	12. 高管薪酬支付是否合理	根据作者同期“高管薪酬指数”①中“激励区间”进行判断，如激励适中，则得 1 分；过度或不足，则得 0 分
	13. 公司是否采用股票期权激励政策	A. 是（1 分）；B. 否（0 分）

注：①作者同期完成的“中国上市公司高管薪酬指数”以调整后的高管薪酬与营业总收入的比值作为高管薪酬合理性评价标准，并按照四分之一分位数法将所有上市公司分为激励不足、激励适中和激励过度三类。

对于总经理能力与激励指标体系，简要解释如下：

总经理能力与激励二级指标包括 13 个四级指标（不再划分三级指标），可以通过总经理的受教育程度、相关工作经验、在位工作时间、是否有完善的社会关系、贡献情况、薪酬支付情况以及是否设置股权激励政策等来测量。其中，指标 1 和指标 5 从受教育角度评价总经理能力；指标 2 从工作年限角度评价总经理能力；指标 3、4、6 和 7 从总经理个人工作经历角度评价其能力，这里需要补充说明的是，指标 7 中，集团内或企业内的选派、大股东派出并任命的总经理均视为内部任命；指标 8 和指标 9 评价总经理在行业中的关系网络能力；指标 11 评价总经理在任期间公司的国际化水平；指标 12 和指标 13 评价对总经理的激励，这是总经理能力发挥的重要促进因素；指标 10“总经理贡献”指的是剔除企业资产规模、负债比率、增长机会、第一大股东持股比例、政府补贴和行业等影响因素后，总经理对企业业绩的实际贡献，反映了总经理努力的实际结果，该指标利用企业业绩回归的残差（即实际企业业绩与估计企业业绩的差值）代表总经理贡献，由于残差有正有负，因此我们将残差形式的总经理贡献指标进一步标准化，将其转化为位于 [0，1] 区间的数字。

2.2.1.4　财务治理（*FG*）

本报告基于国际财务报告准则和通行的财务治理规范，同时参考中国既有法律和规定，从财务监督（*FS*）和财务控制（*FC*）两个三级指标，19 个四级指标来评价财务治理的质量。其中，财务监督三级指标包括 10 个四级指标，财务控制三级指标包括 9 个四级指标见表 2-4。

表2-4　财务治理指标体系

二级指标	三级指标	四级指标	评分标准
财务治理（*FG*）	财务监督（*FS*）	1. 关联交易是否提交（临时）股东会讨论通过	A. 是（1 分）；B. 否（0 分）
		2. 独立董事薪酬和高管股票期权是否通过（临时）股东会	A. 两项都通过股东会（如果没有高管股票期权，则只计独立董事薪酬一项）（1 分）； B. 独立董事报酬和股票期权中任一项通过股东会（0.5 分）； C. 两项都没有通过股东会（0 分）
		3. 两权分离度①	现金流权 / 控制权（两权分离度是所有权与控制权的比值。其中，控制权又称投票权，用控制链条上最弱的一环表示；所有权又称现金流权，用控制链条上各所有权比例的乘积表示）

续表

二级指标	三级指标	四级指标	评分标准
财务治理（FG）	财务监督（FS）	4. 董事会是否提出清晰的财务目标	A. 是（1分）；B. 否（0分）
		5.CFO或财务总监或总会计师是否具有财会类高级职称或相关资格认证	A. 是（1分）；B. 否或未披露（0分）
		6. 公司网站是否及时披露当年财务报告	A. 是（1分）；B. 否（0分）
		7. 公司网站是否披露过去连续三年财务报告	A. 是（1分）；B. 否（0分）
		8. 公司是否披露公司发展前景的相关信息	A. 是（1分）；B. 否（0分）
		9. 当公司会计政策发生变化时，是否做出解释	A. 未变更（1分）； B. 变更并作出解释（0.5分）； C. 变更但未作解释（0分）
		10. 公司是否因违规而被证监会、证交所等监管部门公开批评、谴责或行政处罚	A. 否（0分）； B. 是（-1分）
	财务控制（FC）	11. 董事会或股东会是否定期评估内部控制	A. 有《报告》且有出处或全文（1分）； B. 有《报告》但无出处或全文（0.5分）； C. 没有《报告》(0分）
		12. 各专门委员会是否在内部控制中起作用	A. 是（1分）；B. 否（0分）
		13. 董事会或股东会是否披露具体内部控制措施	A. 详细说明（1分）； B. 笼统说明（0.5分）； C. 无说明（0分）
		14. 风险控制委员会设置情况	A. 设置且独董比例不低于2/3（1分）； B. 设置但独董比例低于2/3（0.7分）； C. 设置但未披露独董比例（0.35分）； D. 未设置或未披露（0分）
		15. 公司财务弹性②	采用"经营活动产生的现金流量净额/总资产"表示财务弹性。标准化处理为0～1区间数值
		16. 公司对外部资金依赖程度③	采用"(投资产生的现金流出－经营活动产生的现金流出)/投资产生的现金流出"表示外部资金依赖程度。标准化处理为0～1区间数值
		17. 是否ST	A. 否（0分）；B. 是（-1分）
		18. 外部审计是否出具标准无保留意见	A. 是（1分）；B. 否（0分）
		19. 公司是否披露关联方交易状况	A. 是（1分）；B. 否（0分）

注：①本报告采用与拉－波塔、洛佩兹－德－西拉内斯和施莱弗（La Porta，Lopez-de-Silanes & Shleifer，1999）类似的方法[1]，通过层层追溯上市公司股权控制链（Control Chain）的方式来找出最终控制人。两权分离度是所有权与控制权的比值。其中，控制权又称投票权，用控制链条上最弱的一环表示；所有权又称现金流权，用控制链条上各所有权比例的乘积表示。②本报告采用"经营活动产生的现金流量净额/总资产"表示财务弹性。③本报告采用"(投资产生的现金流出－经营活动产生的现金流出)/投资产生的现金流出"表示外部资金依赖度。

对于财务治理指标体系，简要解释如下：

（1）财务监督

财务监督三级指标主要考察上市公司各利益相关主体的财务决策权落实情况，包括第1～10个四

---

[1] La Porta，Lopez-de-Silanes and Shleifer，1999. Corporate ownership around the world"，*The Journal of Finance*，Vol. 54，No. 2. pp. 471-517.

个指标。其中，指标 1 ～ 3 评价股东是否有效执行了财务决策权；指标 4 评价董事会是否有效执行了财务决策权；指标 5 评价 CFO 或财务总监或总会计师是否有效执行了财务决策权；指标 6 ～ 10 评价上市公司财务信息披露质量。这里需要说明的是“指标 9：当公司会计政策发生变化时，是否做出解释”，我们认为，严格意义上讲，在法律、法规以及国家会计制度既定的情况下，会计政策是不允许随意变更的。上市公司会计政策变更本身就是财务治理质量较差的表现，如果上市公司变更了会计政策且未做出任何解释，则情况就更加严重了。

（2）财务控制维度

财务控制三级指标主要考察上市公司是否有一个健全的内部控制体系和风险控制体系，包括第 11 ～ 19 个四级指标。其中，指标 11 ～ 13 评价上市公司内部控制制度及其运行的有效性；指标 14 评价上市公司风险控制委员会的建立和健全情况；指标 15 ～ 17 评价上市公司的财务风险状况；指标 18 评价上市公司外部审计监督机制运行状况；指标 19 评价上市公司关联方交易控制情况。

2.2.2 社会责任维度（*CLCQI/ESGI-SR*）指标体系

2022 年，我们对历年开发的“中国上市公司治理分类指数”和 2021 年开发的“中国上市公司质量指数”中的社会责任（含环境保护）维度、绩效与价值维度、企业创新维度进行整合，把其中的环境保护内容独立出来，然后进行扩充和完善，形成了企业的经济责任（*EER*）、创新责任（*EIR*）、对利益相关者的责任（*SHR*）、合规及信息披露责任（*SCR*）四个二级指标（不再划分三级指标），44 个四级指标构成的新的社会责任指标体系。如《导论》所述，把会计绩效与市场价值作为企业的经济责任，是因为它们作为企业经济发展的成果，是企业履行纳税、吸收更多劳动力、进行社会捐赠等社会责任的基础。而把企业创新也纳入社会责任范畴，是因为企业创新具有很强的外溢效应，即创新可以加剧市场竞争，提高社会生产力，为社会创造更多的财富。

本年度（2024 年度）继续采用 2022 年度指标体系，但对个别指标的评分标准进行了微调（从 0/1 或 0/-1 变量变成程度变量）。4 个二级指标中，经济责任包括 9 个四级指标，创新责任包括 12 个四级指标，对利益相关者的责任包括 12 个四级指标，合规及信息披露责任包括 11 个四级指标见表 2-5。

表2-5　企业社会责任指标体系

二级指标	四级指标	评价标准
经济责任（*EER*）	1. 盈利能力	使用总资产净利率来衡量，进行行业调整及标准化处理为 0 ～ 1 区间数值
	2. 发展能力	使用本年度营业总收入增长率减去上一年度营业总收入增长率来衡量，进行行业调整及标准化处理为 0 ～ 1 区间数值
	3. 营运能力	使用应收账款周转率来衡量，进行行业调整及标准化处理为 0 ～ 1 区间数值
	4. 净利润	行业调整及标准化处理为 0 ～ 1 区间数值，如有负值，记为 0
	5. 净资产	行业调整及标准化处理为 0 ～ 1 区间数值，如有负值，记为 0

续表

二级指标	四级指标	评价标准
经济责任（*EER*）	6. 相对价值	使用托宾 *Q* 值来衡量，其中托宾 *Q* 值等于公司市值（每个季度最后一天的平均值）除以资产总计，进行行业调整及标准化处理为 0 ～ 1 区间数值
	7. 每股价值	由每股收益来衡量，每股收益等于净利润本期值除以实收资本本期期末值，进行行业调整及标准化处理为 0 ～ 1 区间数值
	8. 股票年度回报	由考虑现金红利再投资的个股年度回报率来衡量，进行行业调整及标准化处理为 0 ～ 1 区间数值
	9. 公司市值	使用每个季度最后一天市值的平均值，进行行业调整及标准化处理为 0 ～ 1 区间数值。如有负值情况，记为 0
创新责任（*EIR*）	10. 研发投入强度	使用研发投入金额与营业总收入的比例来衡量，进行行业调整及标准化处理为 0 ～ 1 区间数值
	11. 研发人员占比	研发人员数量占公司员工总数的比例，进行行业调整及标准化处理为 0 ～ 1 区间数值
	12. 研发投入	行业调整及标准化处理为 0 ～ 1 区间数值
	13. 研发人员	行业调整及标准化处理为 0 ～ 1 区间数值
	14. 专利申请数量	本年度独立 / 联合申请的发明数量、实用新型数量、外观设计数量的总和，进行行业调整及标准化处理为 0 ～ 1 区间数值
	15. 有效专利数量占比	本年度累计授权专利数量占累计申请专利数量的比例，进行标准化处理为 0 ～ 1 区间数值
	16. 创新产出强度	使用专利申请数除以营业总收入的比值加 1 再取对数来衡量，进行行业调整及标准化处理为 0 ～ 1 区间数值
	17. 是否设置总工程师 / 首席技术官	A. 是（1 分）；B. 否（0 分）
	18. 是否有对科技人员的激励制度	A. 是（1 分）；B. 否（0 分）
	19. 企业管理效率	使用营业总收入与管理费用的比率来衡量，进行行业调整及标准化处理为 0 ～ 1 区间数值
	20. 企业运营效率	使用企业总资产周转率来衡量，进行行业调整及标准化处理为 0 ～ 1 区间数值
	21. 市场营销效率	使用营业总收入与销售费用的比率来衡量，进行行业调整及标准化处理为 0 ～ 1 区间数值
对利益相关者的责任（*SHR*）	22. 税收占营业总收入的比重	行业调整及标准化处理为 0 ～ 1 区间数值
	23. 现金分红总额	行业调整及标准化处理为 0 ～ 1 区间数值
	24. 现金分红比	最近三年现金分红累计分配利润与最近三年实现的可分配利润的比例。标准化处理为 0 ～ 1 区间数值
	25. 员工报酬增长率是否不低于公司营业收入增长率	A. 是（1 分）；B. 否（0 分）
	26. 员工福利	期末员工福利费除以期末员工数量后做行业调整及标准化处理为 0 ～ 1 区间数值
	27. 企业有无安全管理体系或系统	A. 有（1 分）；B. 无或未披露（0 分）

续表

二级指标	四级指标	评价标准
对利益相关者的责任（*SHR*）	28. 产品是否通过产品质量认证	A. 有（1分）；B. 无或未披露（0分）
	29. 偿债能力	使用资产负债率的倒数来衡量，进行行业调整及标准化处理为0～1区间数值
	30. 企业是否在本年度捐赠慈善事业	A. 是（1分）；B. 否或未披露（0分）
	31. 慈善捐款占营业总收入的比重	行业调整及标准化处理为0～1区间数值
	32. 是否设立专门的社会责任或ESG管理部门	A. 是（1分）；B. 否或未披露（0分）
	33. 董事和高管是否在公益机构兼职（如理事等）	A. 是（1分）；B. 否或未披露（0分）
合规及信息披露责任（*SCR*）	34. 本年度董事和高管是否被证监会谴责	A. 否（0分）；B. 是（-1分）
	35. 本年度是否有关于产品质量的重大投诉或因此被处罚事件	A. 否（0分）； B. 存在未决诉讼（-0.5分）； C. 是（-1分）
	36. 本年度是否有关于生产安全的重大投诉或因此被处罚事件	A. 否（0分）； B. 存在未决诉讼（-0.5分）； C. 是（-1分）
	37. 本年度是否有逃漏税行为或因此被处罚事件	A. 否（0分）；B. 是（-1分）
	38. 有无债权人（如贷款）诉讼	A. 没有（0分）； B. 存在未决诉讼（-0.5分）； C. 有（-1分）
	39. 股东诉讼及赔偿情况	A. 无股东诉讼（0分）； B. 有股东诉讼无赔偿或存在未决诉讼（-0.5分）； C. 有股东诉讼且有赔偿（-1分）
	40. 是否披露社会责任报告或ESG报告或可持续发展报告	A. 披露社会责任报告或可持续发展报告或ESG报告（1分）； B. 只披露参与社会公益或环保情况（0.5分）； C. 未披露任何信息（0分）
	41. 债权人情况	A. 披露（1分）； B. 部分披露（0.5分）； C. 未披露（0分）
	42. 债务人情况	A. 披露（1分）； B. 部分披露（0.5分）； C. 未披露（0分）
	43. 供应商情况	A. 披露（1分）； B. 部分披露（0.5分）； C. 未披露（0分）
	44. 客户情况	A. 披露（1分）； B. 部分披露（0.5分）； C. 未披露（0分）

对于社会责任指标体系，简要解释如下：

（1）经济责任

经济责任二级指标主要考察上市公司的会计和市场表现，是一个上市公司为社会创造价值的财务基础，包括第 1 ～ 9 个四级指标。

其中，指标 1 ～ 5 考察上市公司的会计表现或绩效。具体而言，指标 1 通过总资产净利率来评价上市公司本年度的盈利能力；指标 2 通过总收入相较于上一年的变化来评价上市公司本年度的发展能力；指标 3 通过应收账款周转率来评价上市公司本年度的营运能力；指标 4 和指标 5 反映上市公司的绩效水平。前三个指标是评价公司的相对会计绩效，而后两个指标则是评价上市公司的绝对会计绩效。

指标 6 ～ 9 考察上市公司的市场价值表现。具体而言，指标 6 通过托宾 Q 值来评价上市公司的相对价值；指标 7 通过每股收益来评价上市公司的每股价值；指标 8 通过考虑现金红利再投资的个股年度回报率来评价上市公司的股票年度回报；指标 9 是上市公司的绝对市场价值。前三个指标是评价上市公司的相对市场绩效，而最后一个指标则是评价上市公司的绝对市场绩效。

不论是会计表现还是市场表现，都既考虑相对指标或效率指标，也考虑绝对指标，目的是考虑企业规模的差异性，以期能够综合反映企业的经济责任。

（2）创新责任

创新责任主要考察企业在制度和技术方面的创新程度，以反映其对新质生产力发展的现实和潜在能力，包括第 10 ～ 21 个四级指标。

其中，指标 10 ～ 13 考察上市公司对于企业创新性活动的投入程度。具体而言，指标 10 和指标 12 评价上市公司研发费用的投入力度，包括相对力度和绝对力度；指标 11 和指标 13 评价上市公司研发人员的投入力度，也包括相对力度和绝对力度。同时包括相对力度和绝对力度，是为了考虑不同规模企业评价的客观性。如果仅有相对力度指标而没有绝对力度指标，则对于规模较大的企业可能不太公平，因为研发投入的成果具有溢出效应。

指标 14 ～ 16 考察上市公司技术创新活动的效果。具体而言，指标 14 评价上市公司的专利申请数量，反映企业创新活动的直接成果，这属于绝对产出；指标 15 评价上市公司最终获得的有效专利数量，反映企业创新活动的有效成果；指标 16 评价上市公司创新活动的产出强度。

指标 17、18 考察上市公司关于创新相关制度的设置情况。具体而言，指标 17 评价上市公司内部是否设置专门主管技术研发的总工程师或首席技术官；指标 18 评价上市公司内部对于创新研发人员是否有相应的激励制度。

指标 19 ～ 21 考察上市公司管理创新的效果。具体而言，指标 19、21 分别评价上市公司的企业管理效率和市场营销效率；指标 20 评价上市公司整体的运营效率。需要特别指出的是，所有金融业上市公司都没有指标 19（企业管理效率）的数据，所以，在计算金融业上市公司创新责任分值时，对该指标做剔除处理。

（3）对利益相关者的责任

对利益相关者的责任主要考察企业对各个利益相关者是否承担了社会责任以及承担的程度，包括第 22 ～ 33 个四级指标。其中，指标 22 考察企业对国家的责任；指标 23、24 考察企业对股东的责任；指标 25 ～ 27 考察企业对员工的责任；指标 28 考察企业对顾客的责任；指标 29 考察企业对供应商的责任；指标 30 ～ 33 考察企业的公益责任。

（4）合规及信息披露责任

合规及信息披露责任主要考察企业的社会责任行为是否合乎国家相关法规，以及是否披露了社会责任行为，包括第 34 ～ 44 个四级指标。其中，指标 34 ～ 39 考察企业的董事和高管的行为，以及企业在产品质量、生产安全、纳税义务、对债权人和股东的权益保护方面的合规或因违规而被处罚的情况；指标 40 ～ 44 考察企业在社会责任或 ESG 报告、债权人、债务人、供应商和客户方面的信息披露情况。

2.2.3 环境保护维度（*CLCQI/ESGI-EP*）指标体系

2022 年，我们把历年开发的“中国上市公司治理分类指数”和 2021 年开发的“中国上市公司质量指数”中的环境保护内容从社会责任维度中独立出来，并进行扩充和完善，便形成了本报告的环境保护维度指标体系。本年度继续沿用该指标体系。

由于不同行业环境保护的差异很大，因此对于不同的行业，企业环境保护的内容和评价指标体系应该有所区别，而具体到企业，则可以根据企业实际进行调整。评价是为了比较，从而只能选择具有可行性（数据可得性）和可比性的指标，而不能为了科学性而大量或较多选择没有使用价值的指标。

起初，我们参考国际相关规则和国内外既有的研究成果，设计了如表 2-6 所示的环境保护指标体系。该指标体系包括环境保护目标、环境保护绩效、环境保护投入和产出、环境保护法律责任和环境保护信息披露五个维度，共有 23 个具体指标。

表2-6 企业环境保护指标体系

评价维度	具体指标	评价标准
环境保护目标	1. 企业是否有明确的碳达峰目标	A. 是（1 分）；B. 否（0 分）
	2. 企业是否有明确的碳中和目标	A. 是（1 分）；B. 否（0 分）
	3. 企业是否有明确的降低能耗目标	A. 是（1 分）；B. 否（0 分）
	4. 企业是否有明确的降低污染物排放目标	A. 是（1 分）；B. 否（0 分）
环境保护绩效	5. 企业是否通过环境认证	A. 是（1 分）；B. 否（0 分）
	6. 周边居民对企业环境满意度	按实际调查
	7. 员工对企业环境满意度	按实际调查
	8. 监管机构对企业环境的评价	按实际评价
环境保护投入和产出	9. 绿色业务收入在营业收入中的比例	行业调整及标准化处理为 0 ～ 1 区间数值
	10. 绿色业务投资额	行业调整及标准化处理为 0 ～ 1 区间数值
	11. 绿色技术研发投入	行业调整及标准化处理为 0 ～ 1 区间数值
	12. 绿色技术研发专利（产出）	行业调整及标准化处理为 0 ～ 1 区间数值
	13. 绿色投资在本年度总投资中的比例	行业调整及标准化处理为 0 ～ 1 区间数值
	14. 绿色投资额	行业调整及标准化处理为 0 ～ 1 区间数值

续表

评价维度	具体指标	评价标准
环境保护法律责任	15. 本年度是否有环境保护的重大投诉或因此被处罚事件	A. 否（0分）；B. 是（-1分）
	16. 员工中是否发生环境职业病（如尘肺病等）	A. 无（1分）；B. 有（-1分）
	17. 万元产值能源消费是否小于国家标准	A. 是（1分）；B. 否（0分）
	18. 万元产值污染物排放是否小于国家标准	A. 是（1分）；B. 否（0分）
	19. 万元产值温室气体排放是否小于国家标准	A. 是（1分）；B. 否（0分）
环境保护信息披露	20. 是否披露生产过程中的污染物排放与处置情况	A. 是（1分）；B. 否（0分）
	21. 是否披露生产过程中的能源和资源消耗情况	A. 是（1分）；B. 否（0分）
	22. 是否披露温室气体排放的详细情况	A. 是（1分）；B. 否（0分）
	23. 是否披露绿色投资领域及金额	A. 是（1分）；B. 否（0分）

然而，在实际采集上市公司数据时，发现由于各个行业环境保护的差异非常大，表2-6中的很多指标不具有可比性，或者数据缺失很严重，可行性很差，有的行业甚至基本不存在环境保护问题或者可以忽略不计。基于此，本着数据的可行性（可得性）、可比性和可持续性原则，我们仅从中挑选了7个四级指标（不再划分二级指标和三级指标），构成了环境保护的指标体系见表2-7。当然，随着环境保护的意识不断增强，将来会有越来越多的上市公司披露环境保护的相关信息，届时环境保护的指标体系可以进一步扩充和完善。

表2-7　环境保护指标体系

一级指标	四级指标	评价标准
环境保护（*EP*）	1. 企业是否有明确的降低能耗和污染物排放的目标	A. 是（1分）；B. 否（0分）
	2. 企业是否通过 ISO 14001 环境认证	A. 是（1分）；B. 否（0分）
	3. 是否有绿色（含环境保护）业务或投资	A. 是（1分）；B. 否（0分）
	4. 本年度是否有环境保护的重大投诉或因此被处罚事件	A. 否（0分）；B. 是（-1分）
	5. 是否披露生产过程中的污染物排放与处置情况	A. 是（1分）；B. 否（0分）
	6. 是否披露生产过程中的能源和资源消耗情况	A. 是（1分）；B. 否（0分）
	7. 是否披露温室气体排放的详细情况	A. 是（1分）；B. 否（0分）

对于环境保护指标体系，简要解释如下：

指标1考察企业环境保护的目标；指标2考察企业环境保护的绩效；指标3考察企业环境保护的投入；指标4考察企业环境保护的法律责任；指标5～7考察企业环境保护的信息披露。

2.3 中国上市公司质量/ESG指数计算方法

2.3.1 公司治理维度（*CLCQI/ESGI-CG*）计算方法

2.3.1.1 投资者权益保护（*MII*）

首先考虑计分方法。按计分方法分类，投资者权益保护指标体系中的 21 个四级指标可以分为三类：一是 0/1（或 -1/0）变量，使用该种计分方法的四级指标有 11 个，包括指标 3、7、10、11 ～ 13、15 ～ 17、20 和 21；二是程度变量，按照某个指标的质量高低对指标进行分层，使用该种计分方法的四级指标有 8 个，包括指标 1、2、4、6、8、9、14 和 18；三是连续变量，有的比例指标数据本身就是连续数据，在 [0，1] 区间，可以直接采用原始数据，这类指标有 1 个，即指标 19；有的指标数据尽管是连续数据，但超越 [0，1] 区间，通过标准化[1]折算到 [0，1] 区间，这类指标有 1 个，即指标 5。

接着考虑权重的确定。我们认为，本报告所选择的投资者权益保护的两个三级指标和 21 个四级指标并无孰轻孰重的区分，因此，为了避免主观性偏差，在计算投资者权益保护各层指标分值时，都采用算术平均值（即等权重）处理方法来设定指标权重，即首先针对某个三级指标内的所有四级指标进行等权重计算，然后对两个三级指标进行等权重计算，以此得出投资者权益保护二级指标分值。具体计算方法如下：

①四级指标赋值：根据表 2-1 对每个四级指标进行打分和计算，使每个四级指标的取值均位于 0 ～ 1 的数值区间。

②计算两个三级指标分值：对隶属于同一个三级指标的四级指标的得分进行简单平均，并转化为百分制，得到两个三级指标，即投资者知情权、投资者决策与监督权的分值。具体计算公式如下：

$$MIK = \frac{1}{10}\left(\sum_{i=1}^{10} M_i + 2\right) \times 100$$

$$MIE = \frac{1}{11}\sum_{i=11}^{21} M_i \times 100$$

其中，*MIK* 代表知情权三级指标，*MIE* 代表决策与监督权三级指标。

[1] 标准化的方法为：标准化数值 =（指标得分 - 样本最小值）/（样本最大值 - 样本最小值）.

需要特别说明的是，由于知情权三级指标中有 2 个四级指标（指标 8、10）是负分取值，为了保证该三级指标分值位于 [0，100] 区间，在对该三级指标计算分值时，对负值进行简单调整，即对负分指标加上一个相应的正值，具体就是在 *MIK* 加上正值 2，从而使该三级指标分值落在 [0，100] 区间。

但是，这种方法对于获得负分（即应处罚或谴责）的企业，无异于是一种“奖励”。因此，为保证真实性和客观性，在知情权三级指标计算出分值后，需要对这些企业扣减与负分相对应的分值。对于每个负分项，扣减的分值是：$1/n\times100$，式中，n 是负分项所在三级指标中所包含的指标数，此处 n=10。

具体而言，在知情权三级指标（*MIK*）中，有 10 个四级指标，其中有 2 个负分指标（四级指标 8、10），对得负分的企业，需要在该三级指标分值中扣减 1/10 × 100 分。需要注意的是，指标 8 是程度指标，企业有 -1、-0.7、-0.35 和 0 四个不同得分，对于得分 -0.7 的企业，扣减 0.7/10 × 100 分；对于得分 -0.35 的企业，则扣减 0.35/10 × 100 分。如果扣减后该三级指标分值出现负分情况，则该三级指标分值最低设为 0 分。

在导论中，我们认为中国上市公司质量 /ESG 指数评价是一种相对值评价，具体做法是，在对三级指标进行负分调整之后，对每个三级指标以样本公司中该三级指标分值最大值为基础，计算其余样本公司的相对分值。具体计算方法为：（每个公司的三级指标分值 / 该三级指标分值的最大值）× 100。

③计算二级指标分值：将两个三级指标相对分值进行加总并进行简单平均，便得到投资者权益保护二级指标分值，其计算公式为：

$$MII=\frac{1}{2}(MIK+MIE)$$

式中，*MII* 代表投资者权益保护二级指标。

得出投资者权益保护二级指标分值后，再次计算相对分值，即以样本公司中投资者权益保护二级指标分值最大值为基础，计算其余样本公司的相对分值。具体计算方法为：（每个公司的投资者权益保护二级指标分值 / 该二级指标分值最大值）× 100。

2.3.1.2 董事会治理（*BG*）

首先是计分方法。董事会治理二级指标中的 28 个四级指标，按赋值方法可以分为两类。第一类是 0/1（或 -1/0）变量，使用该种赋值方法的四级指标有 16 个，包括指标 2、3、6、11 ～ 14、16、18、20、22、23、25 ～ 28，这类指标以董事会治理有效性作为判断依据，有利于董事会治理有效性得 1 分，否则 0 分，例如指标“3. 董事长和总经理两职是否分离”，董事长和总经理两职分离有利于董事长和总经理各自独立性的发挥，本指标如果选“是”则赋值 1 分，否则赋值 0 分。需要说明的是，有些指标，如“11. 审计委员会主席是否由独立董事担任”，对于董事会的独立性非常重要，应该向其委托人（即全体股东）披露，对于未披露者，要赋值 0 分，以促使公司向全体股东披露这些信息。第二类是程度变量，按照某个指标的质量高低对指标分层赋值，使用该种赋值方法的四级指标有 12 个，包括指标 1、4、5、7 ～ 10、15、17、19、21、24。另外需要说明的是，指标 1 考虑了外部非独立董事，这是中国很多公司的一种制度设置，即外部董事包括独立董事和外部非独立董事，尽管外部非独立董事不具有独立性，但相比内部执行董事，其具有更好的中立性。

其次是权重确定。我们认为，本报告所选择的董事会治理两个三级指标和 28 个四级指标并无孰轻孰重的区分。因此，为了避免主观性偏差，在计算董事会治理各层指标分值时，都采用算术平均值（即等权重）处理方法来设定指标权重，即首先针对某个三级指标内的所有四级指标进行等权重计算，然后对所有三级指标进行等权重计算，以此得出董事会治理二级指标分值。具体计算方法如下：

①四级指标赋值：根据表 2-2 对每个上市公司的四级指标 B_i（i=1, 2, ···, 28）进行打分和计算，使每个四级指标的取值均位于 0 ～ 1 的数值区间。

②计算两个三级指标分值：对隶属于同一个三级指标的四级指标的得分进行简单平均，并转化为百分制，得到两个三级指标，即董事会结构及独立董事设置、董事会行为及激励与约束的分值。具体计算公式如下：

$$BSI = \frac{1}{15}\sum_{i=1}^{15} B_i \times 100$$

$$BBIR = \frac{1}{13}\sum_{i=16}^{28} B_i \times 100$$

其中，BSI 代表董事会结构及独立董事设置三级指标，$BBIR$ 代表董事会行为及激励与约束三级指标。

在对三级指标分值计算之后，同样对每个三级指标以样本公司中该三级指标分值最大值为基础，计算其余样本公司的相对分值。具体计算方法为：（每个公司的三级指标分值 / 该三级指标分值的最大值）× 100。

③计算二级指标分值：对两个三级指标（董事会结构及独立董事设置、董事会行为及激励与约束）的相对分值简单平均，得到董事会治理二级指标分值。

$$BG = \frac{1}{2}(BSI + BBIR)$$

式中，BG 代表董事会治理二级指标。

得出董事会治理二级指标分值后，再次计算相对分值，即以样本公司中董事会治理二级指标分值最大值为基础，计算其余样本公司的相对分值。具体计算方法为：（每个公司的董事会治理二级指标分值 / 该二级指标分值的最大值）× 100。

2.3.1.3 总经理能力及激励（*EAI*）

首先是计分方法。总经理能力及激励二级指标有 13 个四级指标（总经理能力及激励不设三级指标）可以分为四类：第一类是 0/1 变量，使用该种计分方法的四级指标有 6 个，包括指标 4 ～ 7、12 和指标 13。第二类是程度变量，按照某个指标的质量高低对指标进行分层，使用该种计分方法的四级指标有 5 个，包括指标 1、2、3、8 和指标 9。第三类变量为连续变量，为便于分析，我们将其标准化为 [0, 1] 区间，使用该种计分方法的四级指标只有 1 个，为指标 10。第四类变量是比值，使用该变量的四级指标只有 1 个，为指标 11。考虑到该指标过小，为便于分析，也进行了标准化。

本报告总经理能力与激励二级指标分值的具体计算方法如下：

①四级指标赋值：根据表 2-3 对每个上市公司的 13 个四级指标 E_i 进行打分和计算，使各个四级指标的取值均位于 0 ～ 1 的数值区间。

②计算对应的二级指标分值：将四级指标得分进行相加，然后将该四级指标的得分转化成百分制，

得到总经理能力与激励二级指标的分值。具体计算公式如下：

$$EAI=\frac{1}{13}\sum_{i=1}^{13}E_i\times 100$$

其中，*EAI* 代表总经理能力与激励二级指标。

得出总经理能力与激励二级指标分值后，同样计算相对分值，即以样本公司中总经理能力与激励二级指标分值最大值为基础，计算其余样本公司的相对分值。具体计算方法为：（每个公司的总经理能力与激励二级指标分值 / 该二级指标分值的最大值）× 100。

2.3.1.4 财务治理（***FG***）

首先是计分方法。财务治理二级指标有 19 个四级指标，可以分为四类：一是 0/1（或 -1/0）变量，使用该种计分方法的四级指标有 11 个，包括指标 1、4 ～ 8、10、12、17 ～ 19。二是程度变量，按照某个指标的质量高低对指标进行分层，使用该种计分方法的四级指标有 5 个，包括指标 2、9、11、13、14。三是连续变量，为便于分析，我们将其标准化，使用该种计分方法的二级指标有 2 个，包括指标 15 和指标 16。四是实际值变量，即实际值就是得分，这类只有一个指标，即指标 3。

然后是权重确定。我们认为，本报告所选择的财务治理两个三级指标和 19 个四级指标并无孰轻孰重的区分，因此，为了避免主观性偏差，在计算财务治理各层指标分值时，都采用算术平均值（即等权重）处理方法来设定指标权重，即首先针对某个三级指标内的所有四级指标进行等权重计算，然后对所有三级指标进行等权重计算，以此得出财务治理二级指标分值。具体计算方法如下：

①四级指标赋值：根据表 2-4 对各个四级指标 F_i（i=1,2,⋯,19）进行打分和计算，使各个四级指标的取值均位于 0 ～ 1 的数值区间。

②计算两个三级指标分值：对隶属于同一个三级指标的四级指标的得分进行简单平均，并转化为百分制，得到两个二级指标，即财务监督和财务控制的分值。具体计算公式如下：

$$FS=\frac{1}{10}\left(\sum_{i=1}^{10}F_i+1\right)\times 100$$

$$FS=\frac{1}{9}\left(\sum_{i=11}^{19}F_i+1\right)\times 100$$

其中，*FS* 代表财务监督三级指标，*FC* 代表财务控制三级指标。

需要特别说明的是，在财务监督和财务控制两个三级指标中，各有一个四级指标有负分取值（即指标 10 和指标 17），为了保证每个三级指标分值都位于 [0，100] 区间，在对每个三级指标分值进行计算时，对负值进行简单调整，即对每个负分指标各加上一个相应的正值 1，从而使每个三级指标分值都落在 [0，100] 区间。

但是，这种方法对于获得负分（即应处罚或谴责）的企业，无异于是一种“奖励”。因此，为保证真实性和客观性，在财务监督和财务控制两个三级指标分值计算出来后，需要对这些企业扣减与负分相对应的分值 1/*n* × 100，式中，*n* 是财务监督和财务控制两个三级指标各自的指标数目，此处 *n* 分别为 10 和 9。如果扣减后该三级指标分值出现负分情况，则该三级指标分值最低为 0 分。

在对三级指标进行负分调整之后，再计算相对分值，即对每个三级指标以样本公司中该指标分值最大值为基础，计算其余样本公司的相对分值。具体计算方法为：（每个公司的三级指标分值 / 该三级指标分值的最大值）× 100。

③计算二级指标分值：将两个三级指标（财务监督、财务控制）的相对分值简单平均，得到财务治理二级指标分值：

$$FG=\frac{1}{2}(FS+FC)$$

式中，*FG* 代表财务治理二级指标。

得出财务治理二级指标得分后，同样计算相对分值，即以样本公司中财务治理二级指标分值最大值为基础，计算其余样本公司的相对分值。具体计算方法为：（每个公司的财务治理二级指标分值 / 该二级指标分值的最大值）× 100。

2.3.1.5 公司治理维度分值计算方法（*CG*）

在得出投资者权益保护（*MII*）、董事会治理（*BG*）、总经理能力及激励（*EAI*）和财务治理（*FG*）四个二级指标的相对分值之后，运用主成分分析法，又结合专家打分（因主成分分析法适用性较低），分别赋予投资者权益保护（*MII*）、董事会治理（*BG*）、总经理能力及激励（*EAI*）、财务治理（*FG*）30%、30%、20%、20% 的权重，得出公司治理维度（一级指标）（*CG*）的分值。具体计算公式如下：

$$CG=0.3\times MII+0.3\times BG+0.2\times EAI+0.2\times FG$$

得出公司治理维度分值后，再计算相对分值，即以样本公司中公司治理维度分值最大值为基础，计算其余样本公司的相对分值。具体计算方法为：（每个公司的公司治理维度分值 / 公司治理维度分值的最大值）× 100，此即为公司治理分项指数或类指数。

2.3.2 社会责任维度（*CLCQI/ESGI-SR*）计算方法

首先是计分方法。社会责任维度（一级指标）指标体系中的 44 个四级指标可以分为三类：一是 0/1（或 -1/0）变量，使用该种计分方法的四级指标有 10 个，包括指标 17、18、25、27、28、30、32 ～ 34、37。二是程度变量，按照某个指标的质量高低对指标进行分层，使用该种计分方法的四级指标有 9 个，包括指标 35、36、38 ～ 44。三是连续变量，为便于分析，我们将其标准化，使用该种计分方法的四级指标有 25 个，包括指标 1 ～ 16、19 ～ 24、26、29、31。

然后是权重确定。我们认为，四个二级指标及各自对应的四级指标（本类指标不划分三级指标）难以区分孰重孰轻，即使区分，也难免有主观性，于是我们将四个二级指标确定为等权重。具体方法如下：

①四级指标赋值：根据表 2-5 对各个四级指标进行打分和计算，使各个四级指标的取值均位于 0 ～ 1 的数值区间。

②计算四个二级指标分值：对隶属于同一个二级指标的四级指标的得分进行简单平均，并转化为百分制，得到四个二级指标，即经济责任、创新责任、对利益相关者的责任、合规及信息披露责任的分值。具体计算公式如下：

$$EER=\frac{1}{9}\left(\sum_{i=1}^{9}S_i\right)\times 100$$

$$EIR=\frac{1}{12}\left(\sum_{i=10}^{21}S_i\right)\times 100$$

$$SHR=\frac{1}{12}\left(\sum_{i=22}^{33}S_i\right)\times 100$$

$$SCR=\frac{1}{11}\left(\sum_{i=34}^{44}S_i+6\right)\times 100$$

其中，*EER* 代表经济责任二级指标，*EIR* 代表创新责任二级指标，*SHR* 代表对利益相关者的责任二级指标，*SCR* 代表合规及信息披露责任二级指标。

需要特别说明的是，由于合规及信息披露责任二级指标中有 6 个四级指标（指标 34 ～ 39）是负分取值，为了保证该二级指标分值位于 [0，100] 区间，在对该二级指标计算分值时，对负值进行简单调整，即对负分指标加上一个相应的正值，具体就是在 *SCR* 加上正值 6，从而使该二级指标分值落在 [0，100] 区间。

但是，这种方法对于获得负分（即应处罚或谴责）的企业，无异于是一种“奖励”。因此，为保证真实性和客观性，在合规及信息披露责任二级指标计算出分值后，需要对这些企业扣减与负分相对应的分值。对于每个负分项，扣减的分值是：$1/n\times 100$，式中，n 是负分项所在二级指标中所包含的指标数，此处 n=11。

具体而言，在合规及信息披露责任二级指标（*SCR*）中，有 11 个四级指标，对于四级指标 34 ～ 39 中得负分的企业，需要在该二级指标中扣减 $1/11\times 100$ 分。需要注意的是，四级指标 35、36、38 和 39 是程度指标，企业有 -1、-0.5 和 0 三个不同得分，对于得分 -0.5 的企业，扣减 $0.5/11\times 100$ 分。如果扣减后该二级指标分值出现负分情况，则该二级指标分值最低设为 0 分。

得出社会责任维度四个二级指标分值后，再计算相对分值，即以样本公司中社会责任维度四个二级指标的分值最大值为基础，计算其余样本公司的相对分值。具体计算方法为：（每个公司社会责任维度二级指标分值 / 该二级指标分值的最大值）× 100。

③计算社会责任维度分值：对于构成社会责任维度的四个方面，我们认为经济责任是最重要的方面，因为经济责任是其他三方面责任的基础，或者说，没有经济责任，其他责任都是难以履行的，尤其对上市公司而言更是如此，因为上市公司是股权多元化的企业，其中的社会资本对会计绩效和市场表现的追求都是摆在首位的。因此，我们给予经济责任 40% 的权重，而对其他三方面责任给予相同的 20% 的权重，由此得到社会责任维度分值：

$$SR=0.4\times EER+0.20\times EIR+0.20\times SHR+0.20\times SCR$$

得出社会责任维度分值后，再计算相对分值，即以样本公司中社会责任维度分值最大值为基础，计算其余样本公司的相对分值。具体计算方法为：（每个公司的社会责任维度分值 / 社会责任维度分值的最大值）× 100，此即为社会责任分项指数或类指数。

2.3.3 环境保护维度（*CLCQI/ESGI–EP*）计算方法

首先是计分方法。环境保护维度（一级指标）指标体系中,7个四级指标全部是0/1(或0/-1）变量。

然后是权重确定。我们认为，7个四级指标（本类指标不划分二级指标和三级指标）难以区分孰重孰轻，即使区分，也难免有主观性，于是我们将7个四级指标确定为等权重。具体方法如下：

①四级指标赋值：根据表2-7对各个四级指标 E_i（1, 2, 3, …, 7）进行打分和计算，使各个四级指标的取值均位于0～1的数值区间。

②计算环境保护维度分值：将环境保护维度（*EP*）7个四级指标的分值加总并简单平均，得到环境保护维度分值：

$$EP = \frac{1}{7}\left(\sum_{i=1}^{7} E_i + 1\right) \times 100$$

需要特别说明的是，在环境保护维度7个四级指标中，有一个是负分取值（即指标4)，为了保证环境保护维度分值位于[0，100]区间，在对环境保护维度分值进行计算时，对负值进行了简单调整，即对负分指标加上一个相应的正值1。

但是，这种方法对于获得负分（即应处罚或谴责）的企业，无异于是一种“奖励”。因此，为保证真实性和客观性，在环境保护维度分值计算出来后，需要对这些企业扣减与负分相对应的分值 $1/n \times 100$，式中，n 是环境保护维度四级指标的数目，此处 n=7。如果扣减后环境保护维度分值出现负分情况，则取最低为0分。

得出环境保护维度分值后，再计算相对分值，即以样本公司中环境保护维度分值最大值为基础，计算其余样本公司的相对分值。具体计算方法为：（每个公司的环境保护维度分值 / 环境保护维度分值的最大值）× 100，此即为环境保护分项指数或类指数。

2.3.4 中国上市公司质量/ESG指数（*CLCQI/ESGI*）计算方法

以上计算出公司治理、社会责任和环境保护三个分项指数（相对值）后，就涉及如何计算中国上市公司质量 /ESG 指数的问题，唯一的问题是三个分项指数的权重如何确定。

我们尝试使用主成分分析法获取公司治理、社会责任和环境保护三个分项指数的权重。采用KMO和Bartlett两种方法检验主成分分析法的适用程度，结果表明主成分分析法对样本数据的适用程度不高。

尽管主成分方法对于确定三个分项指数的权重不太合适，但也得出了三个分项指数的大体权重，在此基础上，我们又结合专家打分法，最终确定了三个分项指数的权重，分别是：公司治理分项指数55%，社会责任分项指数35%，环境保护分项指数10%。

中国上市公司质量 /ESG 指数公式为：

$$CLCQI/ESGI = 0.55 \times CG + 0.35 \times SR + 0.10 \times EP$$

式中，*CLCQI/ESGI* 代表中国上市公司质量 /ESG 指数。

由于各层指标已经进行了相对分值计算，上述公式计算所得分值不再进一步计算相对值，为最终指数值。

特别需要说明的是，2022 年度报告在 2021 年度报告基础上，把社会责任、企业创新、绩效与价值三个分项指数的指标体系进行了调整，形成社会责任和环境保护两个分项指数，而公司治理分项指数保持不变，由此计算出了 2022 年度上市公司质量 /ESG 指数。为便于与 2021 年度进行比较，也同步把 2021 年度上市公司质量指数指标体系做了对应调整，进而重新计算了 2021 年度上市公司质量 /ESG 指数。2023 年度和本年度（2024 年度）指标体系没有变化，只是对个别指标的评分标准进行了微调（从 0/1 或 0/−1 变量变成程度变量），因此，可以直接与 2022 年和 2021 年两个年度进行比较。

2.4　中国上市公司质量/ESG指数评价范围及相关概念

2.4.1　评价范围

本报告的数据截至 2023 年 12 月 31 日，评价样本也是截至这个日期的沪深北全部 A 股上市公司。截至 2023 年 12 月 31 日，沪深北三市 A 股上市公司有 5346 家。考虑到年报的完整性，剔除截至 2024 年 3 月 31 日上市不足 1 年的 245 家公司，同时剔除截至 2024 年 7 月 10 日本报告撰写日前终止上市及暂停上市的公司 40 家，得到最终样本 5061 家。最终样本占沪深北全部 A 股上市公司的 94.67%，可以说，基本等同于全样本评价。5061 家 A 股上市公司中，深市主板 1475 家，深市创业板 1235 家，沪市主板 1659 家，沪市科创板 508 家，北交所 184 家。金融业 124 家，非金融业 4937 家。

2.4.2　相关概念

中国上市公司质量 /ESG 指数评价，可能因控股类型、地区、行业，以及是否沪深 300 公司等方面的不同而有所差异，因此，需要对数据统计和指数计算中涉及的相关概念做出界定。

（1）控股或所有制类型

本报告将所有公司按控股情况分为国有绝对控股公司、国有强相对控股公司、国有弱相对控股公司、国有参股公司和无国有股份公司五种类型。参照《股份有限公司国有股股东行使股权行为规范意见》第五条规定，并结合本报告研究的实际情况，我们对这五种所有制类型的界定是：

A. 国有绝对控股公司：国有股东为第一股东，前十大股东中国有股持股比例下限为 50%（不含 50%）；

B. 国有强相对控股公司：国有股股东为第一股东，前十大股东中国有股持股比例上限为 50%（含 50%），下限为 30%（不含 30%）；

C. 国有弱相对控股公司：国有股股东为第一大股东，前十大股东中国有股持股比例小于 30%（含 30%）；

D. 国有参股公司：有国有股东，但国有股比例不符合上述三条标准；

E. 无国有股份公司：上述四种情形以外的公司。

在上述五类公司中，最后两类其实就是典型的民有或民营控股上市公司，或称非国有控股上市公司。

（2）实际控制人或最终控制人

本报告把实际控制人或最终控制人分为六类：中央企业（含监管机构）、地方国有企业（含监管机构）、集体企业、民营企业、境外企业、自然人。对于年报中没有标注实际控制人或最终控制人，或者标注“无实际控制人”的公司，通过企查查，对第一大股东（含一致行动人）进行层层追溯来认定其实际控制人或最终控制人。对于标注为“无实际控制人”，根据中国实际，我们认为在事实上是不存在的，“无实际控制人”只是形式上的存在。

（3）地区

按照中华人民共和国行政区域划分，中国内地有 31 个省、自治区和直辖市（不包括中国台湾、中国香港和中国澳门）。这些行政区域又可以划分为东部、中部、西部和东北四个地区，其中，东部地区包括北京、福建、广东、海南、河北、江苏、山东、上海、天津、浙江 10 个行政区域；中部地区包括安徽、河南、湖北、湖南、江西、山西 6 个行政区域；西部地区包括重庆、甘肃、广西、贵州、内蒙古、宁夏、青海、陕西、四川、西藏、新疆、云南 12 个行政区域；东北地区包括黑龙江、吉林、辽宁 3 个行政区域。

（4）行业

中国证监会 2012 年修订的《上市公司行业分类指引》将上市公司行业分为 19 个门类，具体分类结构与代码如下：A. 农、林、牧、渔业；B. 采矿业；C. 制造业；D. 电力、热力、燃气及水生产和供应业；E. 建筑业；F. 批发和零售业；G. 交通运输、仓储和邮政业；H. 住宿和餐饮业；I. 信息传输、软件和信息技术服务业；J. 金融业；K. 房地产业；L. 租赁和商务服务业；M. 科学研究和技术服务业；N. 水利、环境和公共设施管理业；O. 居民服务、修理和其他服务业；P. 教育；Q. 卫生和社会工作；R. 文化、体育和娱乐业；S. 综合。在本报告的 5061 家样本上市公司中，19 个行业均有上市公司。

在 19 个大类行业中，制造业是上市公司最多的行业。在本报告的 5061 家公司样本中，制造业企业共 3373 家。按照中国证监会 2012 年修订的《上市公司行业分类指引》，制造业还可以细分为 31 个小类，分别是 C13. 农副食品加工业；C14. 食品制造业；C15. 酒、饮料和精制茶制造业；C16. 烟草制品业；C17. 纺织业；C18. 纺织服装、服饰业；C19. 皮革、毛皮、羽毛及其制品和制鞋业；C20. 木材加工和木、竹、藤、棕、草制品业；C21. 家具制造业；C22. 造纸和纸制品业；C23. 印刷和记录媒介复制业；C24. 文教、工美、体育和娱乐用品制造业；C25. 石油加工、炼焦和核燃料加工业；C26. 化学原料和化学制品制造业；C27. 医药制造业；C28. 化学纤维制造业；C29. 橡胶和塑料制品业；C30. 非金属矿物制品业；C31. 黑色金属冶炼和压延加工业；C32. 有色金属冶炼和压延加工业；C33. 金属制品业；C34. 通用设备制造业；C35. 专用设备制造业；C36. 汽车制造业；C37. 铁路、船舶、航空航天和其他运输设备制造业；C38. 电气机械和器材制造业；C39. 计算机、通信和其他电子设备制造业；C40. 仪器仪表制造业；C41. 其他制造业；C42. 废弃资源综合利用业；C43. 金属制品、机械和设备修理业。当前样本中，制造业上市公司涉及 29 个小类，尚没有 C16（烟草制品业）和 C43（金属制品、机械和设备修理业）上市公司。因篇幅所限，本报告没有对制造业细分类行业进行进一步统计，但背后作为本报告支撑的数据库有明确的细分。

（5）沪深 300

“沪深 300”全称是“沪深 300 成分股指数”，于 2005 年 4 月 8 日正式发布。

选择成分股公司的方法是：一是规模大、流动性好；二是上市交易时间超过一个季度；三是非 ST、*ST 股票，非暂停上市股票；四是公司经营状况良好，最近一年无重大违法违规事件、财务报告无重大问题；五是股票价格无明显异常波动或市场操纵；六是剔除其他经专家认定不能进入指数的股票。

从计算方法看，公司绩效、公司市值是进入沪深 300 成分股指数公司的重要参数，被认为是机构投资者乃至整个市场的投资取向标杆。

沪深 300 成分股指数公司每半年更新一次，分别是 1 月初和 6 月或 7 月初。本报告的沪深 300 是 2024 年 6 月最新更新的沪深 300 家成分股公司。由于其中的华勤技术（603296）上市不满一年，不符合我们选择样本的要求，因此予以剔除，最终样本是 299 家。299 家沪深 300 成分股公司中，金融业 50 家，非金融业 249 家。

2.4.3　特别说明

近两年评价中的环境保护分项指数各指标数据采集于公司发布的年报、社会责任报告、可持续发展报告或 ESG 报告等各种公开信息，而 2020 年和 2021 年两个年度的环境保护分项指数的各指标数据则主要采集于公司发布的社会责任报告或 ESG 报告，由于发布可持续发展报告或 ESG 报告的公司近两年不断增多，导致各年度的数据源差异较大，加之报告涵盖的内容不统一，因此，各年度环境保护分项指数的可比性不强，尤其是近两年与 2020 年和 2021 年的可比性更差。

从评价结果看，近两年环境保护分项指数均值比之前两年的差异确实很大，主要就是由数据源的大幅扩大导致的，对此应该引起特别注意。这也说明，目前发布的可持续报告或 ESG 报告可能过多地偏重于环境保护信息披露。同时，近两年更多的公司发布社会责任报告、可持续发展报告或 ESG 报告，主要与国际社会和国内监管机构越来越重视可持续发展或 ESG 信息披露有紧密关系，这也会推动社会责任分项指数的提高，但社会责任更多的还是与经济绩效有关，与这些报告的发布关联度并不高。

预期在未来一段时间内，上市公司发布社会责任报告、可持续发展报告或 ESG 报告的数量会持续增加。由于对社会责任的认识难以统一，环境保护更是存在行业间的巨大差异，因此难以形成统一的社会责任报告或 ESG 报告信息披露标准，从而导致 ESG 指数评价中，社会责任（S）和环境保护（E）两个分项指数具有较大的波动性和跳跃性，尤其是环境保护（E）分项指数更甚，因而也会在一定程度上影响 ESG 指数的变化。

第3章
中国上市公司质量/ESG指数总体水平

由于金融业和非金融业在社会责任和环境保护（尤其是环境保护）方面的差异性非常大，因此，本报告把金融业与非金融业分开进行分析比较。

3.1 非金融业上市公司质量/ESG指数总体水平

2020 ～ 2023 年，中国非金融业上市公司质量 /ESG 指数总体水平（均值）比较参见表 3-1。

表3-1 2020～2023年非金融业上市公司质量/ESG指数均值比较

年份	公司质量/ESG指数	公司治理分项指数	社会责任分项指数	环境保护分项指数
2020	62.6395	77.2130	51.9717	19.8218
2021	60.4796	81.2713	39.0056	21.2842
2022	68.6904	82.0777	49.6618	61.6606
2023	68.9330	81.5180	49.7689	66.7901

资料来源：北京师范大学公司治理与企业发展研究中心（高明华教授主持）“中国上市公司质量 /ESG 指数数据库”。

图 3-1 显示了 2020 ～ 2023 年非金融业上市公司质量 /ESG 指数及三个分项指数的均值比较情况。

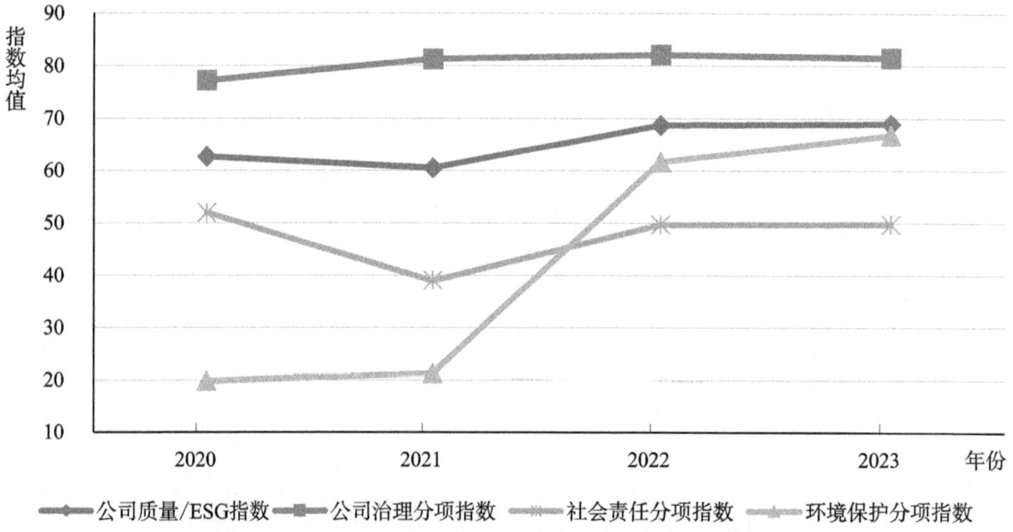

图3-1 2020～2023年非金融业上市公司质量/ESG指数总体水平

由表 3-1 和图 3-1 可知，从非金融业上市公司质量 /ESG 指数看，2021 年出现下降，2022 年和 2023 年连续上升。相比 2020 年，2023 年提高 6.2935 分；相比 2022 年，2023 年小幅提高 0.2426 分。

从公司治理分项指数看，2020 ～ 2022 年连续上升，2023 年小幅下降。相比 2020 年，2023 年提高 4.3050 分；相比 2022 年，2023 年下降 0.5597 分。

从社会责任分项指数看，2021 年大幅下降，2022 年和 2023 年连续上升。相比 2020 年，2023 年下降 2.2028 分；相比 2022 年，2023 年提高 0.1071 分，升幅很小。

从环境保护分项指数看，2020 ～ 2023 年连续上升。相比 2020 年，2023 年提高 46.9683 分；相比 2022 年，2023 年提高 5.1295 分。

环境保护分项指数均值的大幅变化，原因已在第 1 章说明，即 2023 年评价时（针对 2022 年），指标数据源从之前的社会责任报告或 ESG 报告，扩大到年报、社会责任报告、可持续发展报告或 ESG 报告等更多的数据源，加之发布社会责任报告、可持续发展报告或 ESG 报告的公司数量近两年较大幅度增加，使得近两年与之前年份的可比性大大减弱了，但科学性和准确性大大提高了。当然，这在一定程度上也会提升总体的公司质量 /ESG 指数，但由于环境保护分项指数的权重只有 10%，对总体的公司质量 /ESG 指数的影响不会太大，因此，公司质量 /ESG 指数与前两年仍然具有很强的可比性。至于近两年社会责任分项指数均值的提高，尽管也与国际社会、国内监管机构和企业越来越重视 ESG 信息披露，更多的公司发布了社会责任报告或可持续发展报告或 ESG 报告有关，但二者的关联度远低于环境保护分项指数与发布可持续发展报告或 ESG 报告的关联度，社会责任更多的还是与经济绩效有关，由此也可以看出目前发布的可持续报告或 ESG 报告可能过多地偏重于环境保护信息披露。

3.2　金融业上市公司质量/ESG指数总体水平

2023 年，中国金融业上市公司质量 /ESG 指数总体水平（均值）参见表 3-2。由于金融业上市公司 2020 年与 2021 ～ 2023 年三年相比较，在社会责任和环境保护方面的评价体系，以及样本量差异很大，因此，仅比较 2021 ～ 2023 年三个年度。

表3-2　2021～2023年金融业上市公司质量/ESG指数均值比较

年份	公司质量/ESG指数	公司治理分项指数	社会责任分项指数	环境保护分项指数
2021	71.0785	85.8895	57.0238	38.8095
2022	70.5561	84.1149	49.9218	68.2028
2023	71.9752	84.6320	52.2091	71.5438

资料来源：北京师范大学公司治理与企业发展研究中心（高明华教授主持）“中国上市公司质量 /ESG 指数数据库”。

图 3-2 显示了 2021 ～ 2023 年金融业上市公司质量 /ESG 指数及三个分项指数的均值比较情况。

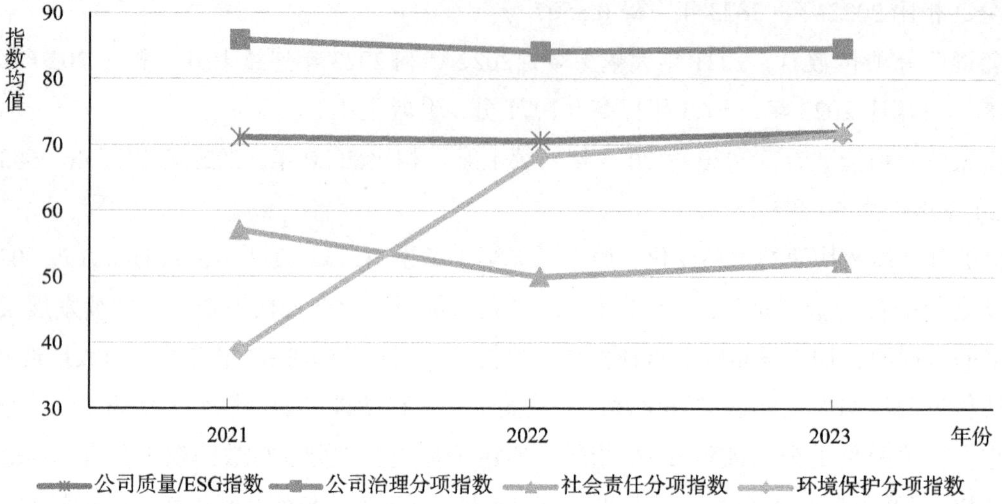

图3-2　2021～2023年金融业上市公司质量/ESG指数总体水平

由表 3-2 和图 3-2 可知，相比 2021 年，2023 年金融业上市公司质量 /ESG 指数均值提高 0.8967 分。其中公司治理和社会责任两个分项指数分别下降 1.2575 分和 4.8147 分，而环境保护分项指数均值则大幅提高 32.7343 分，原因与上述非金融业相同。相比 2022 年，2023 年金融业上市公司质量 /ESG 指数均值提高 1.4191 分，三个分项指数都上升，升幅最大的是环境保护分项指数，上升 3.3410 分。近两年金融业上市公司社会责任分项指数均值比 2021 年下降较多，这与该时段非金融业社会责任分项指数均值的较大幅度上升形成鲜明对比，这可能意味着金融业在履行社会责任、发布社会责任报告或可持续发展报告或 ESG 报告方面确实不如非金融业。

第4章 中国非金融业上市公司质量/ESG指数-地区排名及比较

本章对 2020 ～ 2023 年非金融业四个地区、31 个省份的上市公司质量 /ESG 指数及三个分项指数分别进行排名和比较，排名仅针对 2023 年非金融业上市公司质量 /ESG 指数及三个分项指数的均值。

4.1 公司质量/ESG指数的地区排名及比较

2020 ～ 2023 年，非金融业四个地区上市公司质量 /ESG 指数排名及比较参见表 4-1。

表4-1 2020～2023年非金融业四个地区上市公司质量/ESG指数均值比较

年份	东部	中部	西部	东北
2020	62.8561	62.3762	62.3485	60.5964
2021	60.7295	60.1120	60.1890	57.9200
2022	68.8879	68.4707	68.5207	66.0812
2023	69.0847	68.8229	68.6791	67.0102

资料来源：北京师范大学公司治理与企业发展研究中心（高明华教授主持）“中国上市公司质量 /ESG 指数数据库”。

图 4-1 显示了 2023 年非金融业四个地区上市公司质量 /ESG 指数均值的排名和比较。

注：条形图左边的数字是 2023 年排名，右边是得分。

图4-1 2023年非金融业四个地区上市公司质量/ESG指数均值排名及比较

由表 4-1 和图 4-1 可知，2023 年，非金融业四个地区上市公司质量 /ESG 指数均值从高到低依次为东部、中部、西部和东北。与 2020 年相比，2023 年非金融业四个地区上市公司质量 /ESG 指数均值全部上升，升幅相差不大，都略超 6 分。升幅最大的地区是中部，上升 6.4467 分；升幅最小的地区是东部，上升 6.2286 分。相比 2022 年，2023 年非金融业四个地区上市公司质量 /ESG 指数均值也全部上升，升幅也相差不大，都没有超过 1 分。升幅最大的地区是东北，上升 0.9290 分；升幅最小的地区是西部，上升 0.1584 分。

进一步比较 2020 ～ 2023 年非金融业 31 个省份上市公司质量 /ESG 指数均值的变化，参见表 4-2。

表4-2　2020～2023年非金融业不同省份上市公司质量/ESG指数均值比较

省份	2020年	2021年	2022年	2023年	2023年排名
青海	62.9092	58.2512	69.8907	70.6290	1
内蒙古	61.9782	60.9346	69.3640	70.4522	2
河北	61.4522	60.6268	69.1330	69.7336	3
山西	61.6658	59.5106	68.2789	69.4766	4
福建	63.1352	61.3607	69.3163	69.4421	5
广东	63.7010	60.7216	68.7105	69.3935	6
江西	62.1635	60.1075	68.2131	69.3901	7
山东	62.6256	60.8525	69.4819	69.2569	8
河南	62.3190	60.4628	69.4558	69.2412	9
天津	64.3864	61.3535	69.2405	69.2087	10
北京	63.9476	61.5127	68.7523	69.1313	11
重庆	63.4381	60.7358	67.9625	69.0512	12
浙江	62.2297	60.1837	68.9680	69.0130	13
四川	62.2710	61.0286	69.2346	68.9557	14
贵州	62.5147	59.6377	69.5889	68.9255	15
上海	62.6041	61.4210	69.1917	68.8692	16
安徽	63.3048	61.3916	69.6476	68.8563	17
湖南	62.0869	59.7454	68.1140	68.7856	18
江苏	61.8595	60.0911	68.4704	68.7035	19
新疆	61.6697	59.3607	67.5494	68.5225	20
陕西	62.6144	60.3222	68.9124	68.4494	21
云南	63.9264	60.9860	69.1908	68.3963	22
宁夏	61.5311	58.4041	69.4904	68.3516	23
甘肃	61.3380	58.3641	66.2993	68.1168	24
湖北	62.1009	58.9714	66.8930	68.0127	25
广西	61.5888	59.7997	66.9428	67.9432	26
辽宁	60.2960	57.6435	65.6195	67.1731	27

续表

省份	2020年	2021年	2022年	2023年	2023年排名
黑龙江	60.8251	58.3581	67.4409	66.9650	28
海南	59.7946	58.6475	68.7477	66.8550	29
吉林	60.9590	58.0393	65.8876	66.7607	30
西藏	61.5939	59.3673	67.4137	66.1295	31

资料来源：北京师范大学公司治理与企业发展研究中心（高明华教授主持）“中国上市公司质量 /ESG 指数数据库”。

由表 4-2 可知，2023 年，非金融业上市公司质量 /ESG 指数均值排在前三位的省份是青海、内蒙古和河北，青海最高，均值为 70.6290 分；排在最后三位的省份是西藏、吉林和海南，西藏最低，均值为 66.1295 分。相比 2020 年，2023 年非金融业 31 个省份上市公司质量 /ESG 指数均值全部上升。升幅最大的省份是内蒙古，上升 8.4740 分；升幅最小的省份是云南，上升 4.4699 分。相比 2022 年，2023 年非金融业 31 个省份中，有 18 个省份上市公司质量 /ESG 指数均值上升，升幅最大的省份是甘肃，上升 1.8175 分；有 13 个省份下降，降幅最大的省份是海南，下降 1.8927 分。

需要注意的是，由于不同省份上市公司在不同行业的分布不同，而 ESG 中的社会责任和环境保护的可比性较差（尤其是不同行业环境保护的可比性更差），因此这里列出的名次仅供参考。

4.2 公司治理分项指数的地区排名及比较

2020 ～ 2023 年，非金融业四个地区上市公司治理分项指数排名及比较参见表 4-3。

表4-3 2020～2023年非金融业四个地区上市公司治理分项指数均值比较

年份	东部	中部	西部	东北
2020	77.6204	76.7273	76.3491	74.3676
2021	81.6776	80.4597	80.5936	78.5672
2022	82.3533	81.5952	81.6491	79.7209
2023	81.6628	81.1940	81.7212	78.9919

资料来源：北京师范大学公司治理与企业发展研究中心（高明华教授主持）“中国上市公司质量 /ESG 指数数据库”。

图 4-2 显示了 2023 年非金融业四个地区上市公司治理分项指数均值的排名和比较。

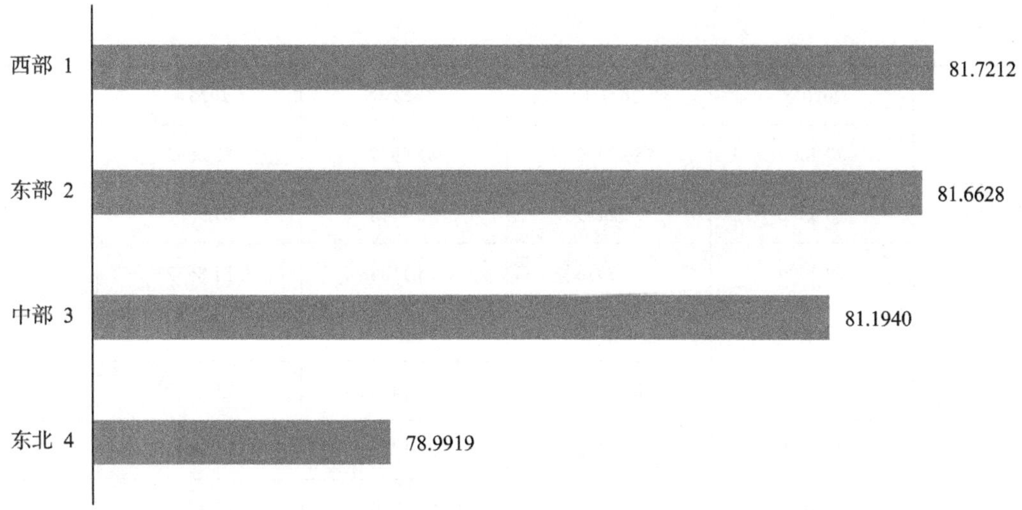

注：条形图左边的数字是 2023 年排名，右边是得分。

图4-2　2023年非金融业四个地区上市公司治理分项数均值排名及比较

由表 4-3 和图 4-2 可知，2023 年，非金融业四个地区上市公司治理分项指数均值从高到低依次为西部、东部、中部和东北。相比 2020 年，2023 年非金融业四个地区上市公司治理分项指数均值全部上升，升幅都在 5 分左右。升幅最大的地区是西部，上升 5.3721 分；升幅最小的地区是东部，上升 4.0424 分。相比 2022 年，2023 年非金融业有三个地区上市公司治理分项指数均值下降，降幅都未超过 1 分，降幅最大的地区是东北，下降 0.7290 分，降幅最小的地区是中部，下降 0.4012 分；只有一个地区上升，升幅微小，仅为 0.0721 分。

进一步比较 2020 ～ 2023 年非金融业 31 个省份上市公司治理分项指数均值的变化，参见表 4-4。

表4-4　2020～2023年非金融业不同省份上市公司治理分项指数均值比较

省份	2020年	2021年	2022年	2023年	2023年排名
甘肃	75.9458	80.1986	81.1406	83.0257	1
内蒙古	77.0591	80.9306	82.6198	82.9679	2
重庆	77.6431	82.4466	82.1817	82.7445	3
天津	79.0073	81.9538	83.2349	82.5237	4
青海	74.9629	77.2683	80.4821	82.4879	5
山西	75.7939	79.7463	81.6232	82.4312	6
河北	75.6748	80.6569	81.2026	82.3807	7
新疆	74.4024	79.3655	80.7174	82.3517	8
福建	77.7774	82.2391	82.9460	82.2806	9
广西	76.5550	81.8938	80.8825	82.2549	10
山东	77.4795	81.9346	82.0838	82.0983	11

续表

省份	2020年	2021年	2022年	2023年	2023年排名
云南	77.4609	80.2410	81.9927	82.0642	12
上海	76.8290	82.2159	82.4148	81.9302	13
广东	79.2009	82.3916	83.1108	81.8652	14
江西	76.5023	80.5595	81.0629	81.7262	15
湖南	77.1484	80.6621	81.7490	81.6788	16
浙江	76.9196	80.9212	82.1496	81.6480	17
河南	75.9697	79.0186	81.6209	81.4403	18
四川	77.0894	80.7757	82.0910	81.2741	19
北京	78.4580	82.2389	82.3931	81.2472	20
陕西	75.8899	80.3481	81.6071	81.1755	21
贵州	75.6300	80.0336	81.3604	81.0795	22
江苏	76.3535	80.7665	81.5544	81.0549	23
安徽	77.7070	81.8109	82.4102	81.0299	24
海南	73.5414	77.5545	81.1760	80.3924	25
宁夏	75.0332	78.5015	81.4575	80.2440	26
湖北	76.2903	79.9817	80.7355	80.0875	27
黑龙江	75.8393	79.3815	81.9288	79.8975	28
辽宁	73.7453	78.1027	79.0495	78.8289	29
西藏	74.5103	80.6975	80.9684	78.6482	30
吉林	74.2520	78.7041	79.2761	78.5826	31

资料来源：北京师范大学公司治理与企业发展研究中心（高明华教授主持）"中国上市公司质量/ESG指数数据库"。

由表4-4可知，2023年，非金融业上市公司治理分项指数均值排在前三位的省份是甘肃、内蒙古和重庆，甘肃最高，均值为83.0257分；排在最后三位的省份是吉林、西藏和辽宁，吉林最低，均值为78.5826分。相比2020年，2023年非金融业31个省份上市公司治理分项指数均值全部上升。升幅最大的省份是新疆，上升7.9493分；升幅最小的省份是广东，上升2.6643分。相比2022年，2023年非金融业中31个省份中，有11个省份上市公司治理分项指数均值上升，升幅最大的省份是青海，上升2.0058分；有20个省份下降，降幅最大的省份是西藏，下降2.3202分。

4.3　社会责任分项指数的地区排名及比较

2020～2023 年，非金融业四个地区上市公司社会责任分项指数均值排名及比较参见表 4-5。

表4-5　2020～2023年非金融业四个地区上市公司社会责任分项指数均值比较

年份	东部	中部	西部	东北
2020	51.9427	52.0301	52.3478	51.0781
2021	39.0057	39.5006	39.1131	36.8657
2022	49.7165	49.9139	49.7528	47.3271
2023	50.0041	49.8869	48.6558	48.1564

资料来源：北京师范大学公司治理与企业发展研究中心（高明华教授主持）"中国上市公司质量 /ESG 指数数据库"。

图 4-3 显示了 2023 年非金融业四个地区上市公司社会责任分项指数均值的排名和比较。

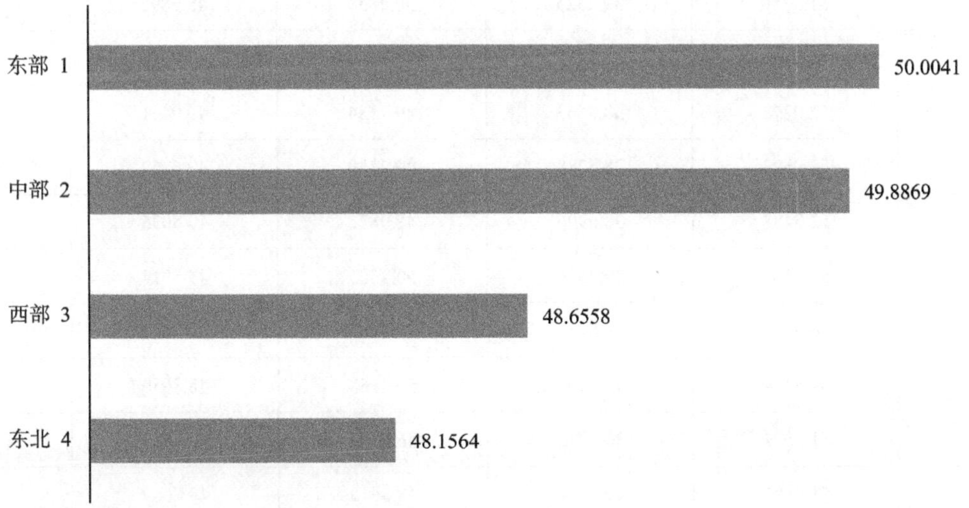

注：条形图左边的数字是 2023 年排名，右边是得分。

图4-3　2023年非金融业四个地区上市公司社会责任分项指数均值排名及比较

由表 4-5 和图 4-3 可知，2023 年，非金融业四个地区上市公司社会责任分项指数均值从高到低依次为东部、中部、西部和东北。与 2020 年相比，2023 年非金融业四个地区上市公司社会责任分项指数均值全部下降，降幅最大的地区是西部，下降 3.6920 分；降幅最小的地区是东部，下降 1.9386 分。相比 2022 年，2023 年非金融业中，东北和东部两个地区上市公司社会责任分项指数均值上升，升幅分别是 0.8293 分和 0.2876 分，升幅都不大；西部和中部下降，降幅分别是 1.0970 分和 0.0270 分，降幅也都不大。如前所述，上市公司社会责任分项指数尽管与近两年有较多的公司发布社会责任报告或可持续发展报告或 ESG 报告有关，但更多的还是与经济绩效有关。

进一步比较 2020 ～ 2023 年非金融业 31 个省份上市公司社会责任分项指数均值的变化，参见表 4-6。

表4-6　2020～2023年非金融业不同省份上市公司社会责任分项指数均值比较

省份	2020年	2021年	2022年	2023年	2023年排名
河北	52.5044	39.9423	50.7474	51.2414	1
河南	53.4785	41.5466	50.8728	51.1899	2
北京	53.9544	40.2870	50.4707	50.9722	3
安徽	53.1007	40.8518	50.6768	50.7693	4
宁夏	49.9818	38.1717	51.2195	50.6892	5
四川	51.1570	40.6517	51.3317	50.4163	6
内蒙古	51.5722	40.5081	50.6646	50.3426	7
贵州	53.8405	39.2280	50.9478	50.1917	8
天津	53.8769	39.7764	49.0211	50.1000	9
江苏	51.4391	39.4665	49.6680	50.0755	10
江西	50.9484	39.3599	49.3759	50.0055	11
山东	51.5750	39.2325	50.4833	49.9895	12
广东	51.5148	38.0415	49.2170	49.9614	13
福建	52.0272	38.8663	49.7334	49.9421	14
浙江	50.9823	38.5288	49.2259	49.6252	15
山西	52.3488	38.6996	48.9872	49.5035	16
上海	52.7510	39.2696	50.2003	49.5014	17
湖南	50.6100	38.8265	50.3962	49.0302	18
陕西	54.5114	40.0409	50.4768	48.8650	19
辽宁	51.1574	36.4072	46.9371	48.7858	20
湖北	51.6607	37.4611	48.3613	48.7669	21
新疆	53.4523	39.5471	49.2139	48.2126	22
云南	54.3920	39.5360	50.1991	48.1449	23
黑龙江	49.5883	37.6733	46.2958	47.7482	24

续表

省份	2020年	2021年	2022年	2023年	2023年排名
海南	50.5147	38.9873	48.9052	47.7290	25
青海	55.0846	39.4445	51.1749	47.6836	26
吉林	52.2236	36.9979	48.7076	47.3708	27
广西	50.2892	36.7237	46.9552	46.8645	28
重庆	52.7268	37.6308	47.8252	46.2973	29
西藏	51.9108	36.5808	48.4356	45.9151	30
甘肃	50.7467	36.0465	46.0734	45.9032	31

资料来源：北京师范大学公司治理与企业发展研究中心（高明华教授主持）“中国上市公司质量 /ESG 指数数据库”。

由表 4-6 可知，2023 年，非金融业上市公司社会责任分项指数均值排在前三位的省份是河北、河南和北京，河北最高，均值为 51.2414 分；排在最后三位的省份是甘肃、西藏和重庆，甘肃最低，均值为 45.9032 分。相比 2020 年，2023 年非金融业 31 个省份中，只有宁夏上市公司社会责任分项指数均值略升 0.7074 分，其他 30 个省份全部下降。降幅最大的省份是青海，下降 7.4010 分；降幅最小的省份是四川，下降 0.7407 分。相比 2022 年，2023 年非金融业 31 个省份中，有 14 个省份上市公司社会责任分项指数均值上升。升幅最大的省份是辽宁，上升 1.8487 分，升幅都不大；有 17 个省份下降，降幅最大的省份是青海，下降 3.4913 分，降幅较大。如前所述，上市公司社会责任分项指数尽管与近两年有较多的公司发布社会责任报告或可持续发展报告或 ESG 报告有关，但更多的还是与经济绩效有关。

需要注意的是，由于目前对社会责任的共识远未形成，尤其是自愿性的社会责任，因此这里列出的名次仅供参考。

4.4　环境保护分项指数的地区排名及比较

2020 ～ 2023 年，非金融业四个地区上市公司环境保护分项指数排名及比较参见表 4-7。由于 2023 年以来环境保护分项指数指标数据源不断扩大，尤其是 2023 年发布的 2022 年可持续发展报告或 ESG 报告突然增加很多，导致数据源的不同，使得各年份环境保护分项指数的可比性较差，尤其是近两年该分项指数与 2020 年和 2021 年可比性更差（具体原因参见第 1 章说明），所以对于各地区环境保护分项指数仅对 2023 年和 2022 年进行比较，之前年份的数据仅供参考。

表4-7　2020～2023年非金融业四个地区上市公司环境保护分项指数均值比较

年份	东部	中部	西部	东北
2020	19.8494	19.6567	20.3478	18.1690
2021	21.5477	20.3390	21.7292	18.0502
2022	61.9281	61.2347	62.0021	56.7019
2023	66.6869	67.0581	67.0292	67.0996

资料来源：北京师范大学公司治理与企业发展研究中心（高明华教授主持）“中国上市公司质量 /ESG 指数数据库”。

图4-4显示了2023年非金融业四个地区上市公司环境保护分项指数均值的排名和比较。可以看到，2023年，非金融业上市公司环境保护分项指数均值从高到低依次为东北、中部、西部和东部。

注：条形图左边的数字是2023年排名，右边是得分。

图4-4　2023年非金融业四个地区上市公司环境保护分项指数均值排名及比较

2020～2023年非金融业31个省份上市公司社会责任分项指数均值的变化参见表4-8，也仅对2023年和2022年进行比较（2020年和2021年的数据仅供参考）。

表4-8　2020～2023年非金融业不同省份上市公司环境保护分项指数均值比较

省份	2020年	2021年	2022年	2023年	2023年排名
青海	24.0000	19.4805	77.1429	85.7143	1
重庆	22.8000	22.1939	60.2381	73.3766	2
内蒙古	15.4545	22.4490	61.9048	72.0000	3
吉林	18.4211	18.0272	52.3810	69.6049	4
江西	22.5532	20.2381	63.4694	69.3878	5
湖北	20.6000	18.7013	55.6206	68.9620	6
广东	21.1037	20.9168	57.7357	68.8119	7

续表

省份	2020年	2021年	2022年	2023年	2023年排名
山西	16.5714	21.0526	62.4060	68.1319	8
西藏	24.4444	21.8045	59.2857	68.0272	9
贵州	20.7407	18.8940	70.0893	67.6471	10
辽宁	18.3099	19.4444	57.1429	67.4216	11
浙江	20.8018	21.9193	65.5659	67.3780	12
福建	21.4815	25.2602	62.8931	67.0807	13
湖南	19.4175	17.9198	55.1339	67.0168	14
陕西	17.9592	21.1640	63.6161	67.0020	15
四川	19.6694	23.7395	61.1842	66.0929	16
山东	19.6059	20.5714	66.6667	66.0652	17
北京	19.1167	21.8087	57.7129	66.0508	18
江苏	18.6139	18.5625	62.3170	65.9691	19
河南	18.1818	24.6127	67.5883	65.3259	20
安徽	19.8077	20.9751	65.8513	65.2060	21
河北	14.5455	22.8571	67.0996	64.8980	22
上海	18.8530	24.5785	62.9344	64.8214	23
宁夏	27.6923	18.6813	67.6190	64.7619	24
云南	22.8571	30.1587	65.2510	64.1026	25
甘肃	18.0645	16.3866	55.4622	63.8655	26
新疆	20.4000	18.6813	59.2992	63.5468	27
黑龙江	17.5758	15.1261	61.7647	63.0952	28
广西	18.8235	19.0476	60.2317	63.0037	29
天津	20.7547	23.5714	63.0385	62.8571	30
海南	16.6667	23.4694	69.8413	59.3407	31

资料来源：北京师范大学公司治理与企业发展研究中心（高明华教授主持）“中国上市公司质量/ESG 指数数据库”。

由表 4-8 可知，2023 年，非金融业上市公司环境保护分项指数均值排在前三位的省份是青海、重庆和内蒙古，青海最高，均值为 85.7143 分；排在最后三位的省份是海南、天津和广西，海南最低，均值为 59.3407 分。相比 2022 年，2023 年非金融业 31 个省份中，有 22 个省份上市公司环境保护分项指数上升，升幅最大的省份是吉林，上升 17.2239 分；有 9 个省份下降，降幅最大的省份是海南，下降 10.5006 分。与前面的结论一样，近两年有较多的公司发布社会责任报告或可持续发展报告或 ESG 报告，显然这些报告可能过多地偏重于环境保护方面的信息披露。

需要注意的是，由于不同省份上市公司的行业分布差异很大，而环境保护在不同行业的可比性很差，因此这里列出的名次仅供参考。

第5章
中国非金融业上市公司质量/ESG指数-典型省份比较

本章选择北京、广东、江苏、山东、上海五个典型省份，对这五个典型省份的上市公司质量 /ESG 指数及三个分项指数，从总体和所有制角度进行年度比较分析。选择典型省份的基本原则：一是上市公司较多，便于分析；二是投资者注度较高。需要注意的是，由于不同省份上市公司在不同行业的分布不同，而不同行业 ESG 中的社会责任和环境保护（尤其是环境保护）的可比性很差，因此，本章只进行同一省份的年度纵向比较（本章列出的名次仅供参考）。同时，即使是同一省份的不同年度，因上市公司数量变化也会带来不同行业分布的变化，因此，同一省份的不同年度的可比性也是有限的。另外，由于国际社会、监管机构和企业对可持续发展或 ESG 的重视，近两年发布社会责任报告或可持续发展报告或ESG 报告的公司增加很快，不同年份信息量的较大差异也导致不同年份（尤其是 2021 年及之前年份）的可比性较弱。因此，本章只对 2021 ～ 2023 年进行比较，之前年份不纳入比较。

5.1 北京市

5.1.1 总体比较

表 5-1 显示了 2021 ～ 2023 年北京市非金融业上市公司质量 /ESG 指数均值及三个分项指数均值的变化。

表5-1 2021～2023年北京市非金融业上市公司质量/ESG指数：总体比较

年份	公司质量/ESG指数		公司治理分项指数		社会责任分项指数		环境保护分项指数	
	指数均值	名次	指数均值	名次	指数均值	名次	指数均值	名次
2021	61.5127	1	82.2389	4	40.2870	5	21.8087	12
2022	68.7523	16	82.3931	7	50.4707	11	57.7129	26
2023	69.1313	11	81.2472	20	50.9722	3	66.0508	18

注：表中名次是指在 31 个省份中的名次。

资料来源：北京师范大学公司治理与企业发展研究中心（高明华教授主持）“中国上市公司质量 /ESG 指数数据库”。

由表 5-1 可见，从公司质量 /ESG 指数均值看，2012 ～ 2023 年逐年上升。相比 2021 年，2023 年上升 7.6186 分；相比 2022 年，2023 年上升 0.3790 分。

从公司治理分项指数均值看，2021 ～ 2023 年先升后降，但变化幅度很小。相比 2021 年，2023 年下降 0.9917 分；相比 2022 年，2023 年下降 1.1459 分。

从社会责任分项指数均值看，2021 ～ 2023 年逐年上升。相比 2021 年，2023 年较大幅度上升 10.6852 分；相比 2022 年,2023 年上升 0.5015 分。2023 年相比 2021 年的较大幅度上升主要源于 2022 年相比 2021 年的较大幅度上升（升幅为 10.1837 分），主要原因是 2023 年发布 2022 年社会责任报告或可持续发展报告或 ESG 报告的公司增加很多，导致数据源的急剧扩大。另外，也与企业社会责任意识的提高有关。

从环境保护分项指数均值看，2021 ～ 2023 年逐年升幅都很大。相比 2021 年，2023 年上升 44.2421 分；相比 2022 年，2023 年上升 8.3379 分。如同社会责任分项指数一样，2023 年相比 2021 年的大幅上升主要源于 2022 年相比 2021 年的大幅上升（升幅达 35.9042 分），主要原因是 2023 年发布 2022 年社会责任报告或可持续发展报告或 ESG 报告的公司增加很多，导致数据源的急剧扩大。从环境保护分项指数的大幅上升，也可以看出，目前公司发布的可持续发展报告或 ESG 报告更多地偏重于环境保护信息披露。

5.1.2　所有制比较

表 5-2 显示了 2021 ～ 2023 年北京市国有控股和非国有控股的上市公司质量 /ESG 指数均值的变化。

表5-2　2021～2023年北京市非金融业上市公司质量/ESG指数：所有制比较

年份	国有控股公司		非国有控股公司	
	指数均值	名次	指数均值	名次
2021	62.7763	4	60.6975	7
2022	71.7081	4	67.0045	22
2023	70.0072	10	68.5814	14

注：表中名次是指在 31 个省份中的名次。

资料来源：北京师范大学公司治理与企业发展研究中心（高明华教授主持）“中国上市公司质量 /ESG 指数数据库”。

由表 5-2 可知，2021 ～ 2023 年，北京市国有控股公司的质量 /ESG 指数均值先升后降。相比 2021 年，2023 年上升 7.2309 分；相比 2022 年，2023 年下降 1.7009 分。非国有控股公司的质量 / ESG 指数均值连续上升。相比 2021 年，2023 年上升 7.8839 分，升幅略高于同期国有控股公司；相比 2022 年，2023 年上升 1.5769 分。

表 5-3 显示了 2021 ～ 2023 年北京市国有控股和非国有控股的上市公司治理分项指数均值的变化。

表5-3　2021～2023年北京市非金融业上市公司治理分项指数：所有制比较

年份	国有控股公司		非国有控股公司	
	指数均值	名次	指数均值	名次
2021	83.2095	5	81.6127	8
2022	84.7935	4	80.9739	17
2023	82.8665	16	80.2305	22

注：表中名次是指在 31 个省份中的名次。

资料来源：北京师范大学公司治理与企业发展研究中心（高明华教授主持）“中国上市公司质量 /ESG 指数数据库”。

由表 5-3 可知，2021 ～ 2023 年，北京市国有控股公司治理分项指数均值先升后降。相比 2021 年，2023 年下降 0.3430 分；相比 2022 年，2023 年下降 1.9270 分。非国有控股公司治理分项指数均值连续下降。相比 2021 年，2023 年下降 1.3822 分；相比 2022 年，2023 年下降 0.7434 分。

表 5-4 显示了 2021 ～ 2023 年北京市国有控股和非国有控股的上市公司社会责任分项指数均值的变化。

表5-4　2021～2023年北京市非金融业上市公司社会责任分项指数：所有制比较

年份	国有控股公司		非国有控股公司	
	指数均值	名次	指数均值	名次
2021	40.8188	7	39.9439	4
2022	52.1566	6	49.4739	10
2023	51.1044	8	50.8892	4

注：表中名次是指在 31 个省份中的名次。

资料来源：北京师范大学公司治理与企业发展研究中心（高明华教授主持）“中国上市公司质量 /ESG 指数数据库”。

由表 5-4 可知，2021 ～ 2023 年，北京市国有控股公司社会责任分项指数均值先升后降。相比 2021 年，2023 年上升 10.2856 分；相比 2022 年，2023 年下降 1.0522 分。非国有控股公司社会责任分项指数均值连续上升。相比 2021 年，2023 年上升 10.9453 分；相比 2022 年，2023 年上升 1.4153 分。2023 年相比 2021 年的较大幅度上升主要源于 2022 年相比 2021 年的较大幅度上升（两类公司升幅都在 10 分左右），主要原因如前所述，即 2023 年发布 2022 年社会责任报告或可持续发展报告或 ESG 报告的公司增加很多，导致数据源的急剧扩大。另外，也与 2022 年疫情下社会责任意识的提高有关。

表 5-5 显示了 2021 ～ 2023 年北京市国有控股和非国有控股的上市公司环境保护分项指数均值的变化。

表5-5　2021～2023年北京市非金融业上市公司环境保护分项指数：所有制比较

年份	国有控股公司		非国有控股公司	
	指数均值	名次	指数均值	名次
2021	27.2449	8	18.3015	19
2022	68.1687	16	51.5306	29
2023	65.4405	19	66.4339	14

注：表中名次是指在 31 个省份中的名次。

资料来源：北京师范大学公司治理与企业发展研究中心（高明华教授主持）“中国上市公司质量 /ESG 指数数据库”。

由表 5-5 可知，2021 ～ 2023 年，北京市国有控股公司环境保护分项指数均值先升后降。相比 2021 年，2023 年大幅上升 38.1956 分；相比 2022 年，2023 年下降 2.7282 分。非国有控股公司环境保护分项指数均值连续上升。相比 2021 年，2023 年大幅上升 48.1324 分；相比 2022 年，2023 年较大幅度上升 14.9033 分。2023 年相比 2021 年的大幅上升主要源于 2022 年相比 2021 年的大幅上升（两类公司升幅都在 33 分以上），主要原因如前所述，即 2023 年发布 2022 年社会责任报告或可持续发展报告或 ESG 报告的公司增加很多，导致数据源的急剧扩大。从环境保护分项指数的大幅上升，也可以看出，目前公司发布的可持续发展报告或 ESG 报告更多地偏重于环境保护信息披露。

5.2　广东省

5.2.1　总体比较

表 5-6 显示了 2021 ～ 2023 年广东省非金融业上市公司质量 /ESG 指数均值及三个分项指数均值的变化。

表5-6　2021～2023年广东省非金融业上市公司质量/ESG指数：总体比较

年份	公司质量/ESG指数		公司治理分项指数		社会责任分项指数		环境保护分项指数	
	指数均值	名次	指数均值	名次	指数均值	名次	指数均值	名次
2021	60.7216	11	82.3916	2	38.0415	23	20.9168	17
2022	68.7105	18	83.1108	2	49.2170	19	57.7357	25
2023	69.3935	6	81.8652	14	49.9614	13	68.8119	7

注：表中名次是指在 31 个省份中的名次。

资料来源：北京师范大学公司治理与企业发展研究中心（高明华教授主持）“中国上市公司质量 /ESG 指数数据库”。

由表 5-6 可见，从公司质量 /ESG 指数均值看，2012 ～ 2023 年逐年上升。相比 2021 年，2023 年上升 8.6719 分；相比 2022 年，2023 年上升 0.6830 分。

从公司治理分项指数均值看，2021 ～ 2023 年先升后降，但变化幅度很小。相比 2021 年，2023 年下降 0.5264 分；相比 2022 年，2023 年下降 1.2456 分。

从社会责任分项指数均值看，2021 ～ 2023 年逐年上升。相比 2021 年，2023 年较大幅度上升 11.9199 分；相比 2022 年，2023 年上升 0.7444 分。与北京市一样，广东省 2023 年相比 2021 年的较大幅度上升主要源于 2022 年相比 2021 年的较大幅度上升（升幅为 11.1755 分），主要原因是 2023 年发布 2022 年社会责任报告或可持续发展报告或 ESG 报告的公司增加很多，导致数据源的急剧扩大。另外，也与 2022 年疫情下社会责任意识的提高有关。

从环境保护分项指数均值看，2021 ～ 2023 年逐年升幅都很大。相比 2021 年，2023 年上升 47.8951 分；相比 2022 年，2023 年上升 11.0762 分。如同社会责任分项指数一样，2023 年相比 2021 年的大幅上升主要源于 2022 年相比 2021 年的大幅上升（升幅达 36.8189 分），主要原因是 2023 年发布 2022 年社会责任报告或可持续发展报告或 ESG 报告的公司增加很多，导致数据源的急剧扩大。与北京市一样，从广东省上市公司环境保护分项指数的大幅上升，也可以看出，目前公司发布的可持续发展报告或 ESG 报告更多地偏重于环境保护信息披露。

5.2.2 所有制比较

表 5-7 显示了 2021 ～ 2023 年广东省国有控股和非国有控股的上市公司质量 /ESG 指数均值的变化。

表5-7 2021～2023年广东省非金融业上市公司质量/ESG指数：所有制比较

年份	国有控股公司		非国有控股公司	
	指数均值	名次	指数均值	名次
2021	61.9702	9	60.4094	9
2022	71.0630	5	68.1292	14
2023	70.2224	8	69.1824	7

注：表中名次是指在 31 个省份中的名次。

资料来源：北京师范大学公司治理与企业发展研究中心（高明华教授主持）“中国上市公司质量 /ESG 指数数据库”。

由表 5-7 可知，2021 ～ 2023 年，广东省国有控股公司的质量 /ESG 指数均值先升后降。相比 2021 年，2023 年上升 8.2522 分；相比 2022 年，2023 年下降 0.8406 分。非国有控股公司的质量 /ESG 指数均值连续上升。相比 2021 年，2023 年上升 8.7730 分，升幅略高于同期国有控股公司；相比 2022 年，2023 年上升 1.0532 分。

表 5-8 显示了 2021 ～ 2023 年广东省国有控股和非国有控股的上市公司治理分项指数均值的变化。

表5-8 2021～2023年广东省非金融业上市公司治理分项指数：所有制比较

年份	国有控股公司		非国有控股公司	
	指数均值	名次	指数均值	名次
2021	83.5883	3	82.0924	4
2022	84.3781	5	82.7977	1
2023	84.0016	4	81.3211	9

注：表中名次是指在 31 个省份中的名次。

资料来源：北京师范大学公司治理与企业发展研究中心（高明华教授主持）“中国上市公司质量 /ESG 指数数据库”。

由表 5-8 可知，2021 ～ 2023 年，广东省国有控股公司治理分项指数均值先升后降。相比 2021 年，2023 年上升 0.4133 分；相比 2022 年，2023 年下降 0.3765 分。非国有控股公司治理分项指数均值先升后降。相比 2021 年，2023 年下降 0.7713 分；相比 2022 年，2023 年下降 1.4766 分。

表 5-9 显示了 2021 ～ 2023 年北京市国有控股和非国有控股的上市公司社会责任分项指数均值的变化。

表5-9　2021～2023年广东省非金融业上市公司社会责任分项指数：所有制比较

年份	国有控股公司		非国有控股公司	
	指数均值	名次	指数均值	名次
2021	38.4248	21	37.9457	22
2022	50.3935	17	48.9263	17
2023	49.5190	16	50.0741	9

注：表中名次是指在 31 个省份中的名次。

资料来源：北京师范大学公司治理与企业发展研究中心（高明华教授主持）“中国上市公司质量 /ESG 指数数据库”。

由表 5-9 可知，2021 ～ 2023 年，广东省国有控股公司社会责任分项指数均值先升后降。相比 2021 年，2023 年上升 11.0942 分；相比 2022 年，2023 年下降 0.8745 分。非国有控股公司社会责任分项指数均值连续上升。相比 2021 年，2023 年上升 12.1284 分；相比 2022 年，2023 年上升 1.1478 分。2023 年相比 2021 年的较大幅度上升主要源于 2022 年相比 2021 年的较大幅度上升（两类公司升幅都在 11 分左右），主要原因如前所述，即 2023 年发布 2022 年社会责任报告或可持续发展报告或 ESG 报告的公司增加很多，导致数据源的急剧扩大。另外，也与 2022 年疫情下社会责任意识的提高有关。

表 5-10 显示了 2021 ～ 2023 年广东省国有控股和非国有控股的上市公司环境保护分项指数均值的变化。

表5-10　2021～2023年广东省非金融业上市公司环境保护分项指数：所有制比较

年份	国有控股公司		非国有控股公司	
	指数均值	名次	指数均值	名次
2021	25.4797	12	19.7761	14
2022	70.1737	13	54.6625	25
2023	66.8990	12	69.2990	8

注：表中名次是指在 31 个省份中的名次。

资料来源：北京师范大学公司治理与企业发展研究中心（高明华教授主持）“中国上市公司质量 /ESG 指数数据库”。

由表 5-10 可知，2021 ～ 2023 年，广东省国有控股公司环境保护分项指数均值先升后降。相比 2021 年，2023 年大幅上升 41.4193 分；相比 2022 年，2023 年下降 3.2747 分。非国有控股公司环境保护分项指数均值连续上升。相比 2021 年，2023 年大幅上升 49.5229 分；相比 2022 年，2023 年较大幅度上升 14.6365 分。2023 年相比 2021 年的大幅上升主要源于 2022 年相比 2021 年的大幅上升（两类公司升幅都在 34 分以上），主要原因如前所述，即 2023 年发布 2022 年社会责任报告或可持续发展报告或 ESG 报告的公司增加很多，导致数据源的急剧扩大。与北京市一样，从广东省上市公司环境保护分项指数的大幅上升，也可以看出，目前公司发布的可持续发展报告或 ESG 报告更多地偏重于环境保护信息披露。

5.3 江苏省

5.3.1 总体比较

表 5-11 显示了 2021 ～ 2023 年江苏省非金融业上市公司质量 /ESG 指数均值及三个分项指数均值的变化。

表5-11 2021～2023年江苏省非金融业上市公司质量/ESG指数：总体比较

年份	公司质量/ESG指数		公司治理分项指数		社会责任分项指数		环境保护分项指数	
	指数均值	名次	指数均值	名次	指数均值	名次	指数均值	名次
2021	60.0911	17	80.7665	13	39.4665	11	18.5625	27
2022	68.4704	19	81.5544	18	49.6680	16	62.3170	17
2023	68.7035	19	81.0549	23	50.0755	10	65.9691	19

注：表中名次是指在 31 个省份中的名次。

资料来源：北京师范大学公司治理与企业发展研究中心（高明华教授主持）“中国上市公司质量 /ESG 指数数据库”。

由表 5-11 可见，从公司质量 /ESG 指数均值看，2012 ～ 2023 年逐年上升。相比 2021 年，2023 年上升 8.6124 分；相比 2022 年，2023 年上升 0.2331 分。

从公司治理分项指数均值看，2021 ～ 2023 年先升后降，但变化幅度很小。相比 2021 年，2023 年上升 0.2884 分；相比 2022 年，2023 年下降 0.4995 分。

从社会责任分项指数均值看，2021 ～ 2023 年逐年上升。相比 2021 年，2023 年较大幅度上升 10.6090 分；相比 2022 年，2023 年上升 0.4075 分。与上述两个省份一样，江苏省 2023 年相比 2021 年的较大幅度上升主要源于 2022 年相比 2021 年的较大幅度上升（升幅为 10.2015 分），主要原因是 2023 年发布 2022 年社会责任报告或可持续发展报告或 ESG 报告的公司增加很多，导致数据源的急剧扩大。另外，也与 2022 年疫情下社会责任意识的提高有关。

从环境保护分项指数均值看，2021 ～ 2023 年逐年上升。相比 2021 年，2023 年上升 47.4066 分；相比 2022 年，2023 年上升 3.6521 分。如同社会责任分项指数一样，2023 年相比 2021 年的大幅上升主要源于 2022 年相比 2021 年的大幅上升（升幅达 43.7545 分），主要原因是 2023 年发布 2022 年社会责任报告或可持续发展报告或 ESG 报告的公司增加很多，导致数据源的急剧扩大。与上述两个省份一样，从江苏省上市公司环境保护分项指数的大幅上升，也可以看出，目前公司发布的可持续发展报告或 ESG 报告更多地偏重于环境保护信息披露。

5.3.2 所有制比较

表 5-12 显示了 2021 ～ 2023 年江苏省国有控股和非国有控股的上市公司质量 /ESG 指数均值的变化。

表5-12 2021～2023年江苏省非金融业上市公司质量/ESG指数：所有制比较

年份	国有控股公司		非国有控股公司	
	指数均值	名次	指数均值	名次
2021	61.5460	10	59.7743	16
2022	69.8058	18	68.2179	11
2023	69.9706	11	68.4164	18

注：表中名次是指在 31 个省份中的名次。

资料来源：北京师范大学公司治理与企业发展研究中心（高明华教授主持）"中国上市公司质量 /ESG 指数数据库"。

由表 5-12 可知，2021 ～ 2023 年，江苏省国有控股公司的质量 /ESG 指数均值连续上升。相比 2021 年，2023 年上升 8.4246 分；相比 2022 年，2023 年上升 0.1648 分。非国有控股公司的质量 /ESG 指数均值也连续上升。相比 2021 年，2023 年上升 8.6421 分，升幅略高于同期国有控股公司；相比 2022 年，2023 年上升 0.1985 分。

表 5-13 显示了 2021 ～ 2023 年江苏省国有控股和非国有控股的上市公司治理分项指数均值的变化。

表5-13 2021～2023年江苏省非金融业上市公司治理分项指数：所有制比较

年份	国有控股公司		非国有控股公司	
	指数均值	名次	指数均值	名次
2021	82.3718	7	80.4170	15
2022	83.0507	11	81.2715	14
2023	82.9121	15	80.6341	20

注：表中名次是指在 31 个省份中的名次。

资料来源：北京师范大学公司治理与企业发展研究中心（高明华教授主持）"中国上市公司质量 /ESG 指数数据库"。

由表 5-13 可知，2021 ～ 2023 年，江苏省国有控股公司治理分项指数均值先升后降。相比 2021 年，2023 年上升 0.5403 分；相比 2022 年，2023 年下降 0.1386 分。非国有控股公司治理分项指数均值也是先升后降。相比 2021 年，2023 年上升 0.2171 分；相比 2022 年，2023 年下降 0.6374 分。

表 5-14 显示了 2021 ～ 2023 年江苏省国有控股和非国有控股的上市公司社会责任分项指数均值的变化。

表5-14　2021～2023年江苏省非金融业上市公司社会责任分项指数：所有制比较

年份	国有控股公司		非国有控股公司	
	指数均值	名次	指数均值	名次
2021	39.5226	15	39.4542	8
2022	49.1638	24	49.7633	7
2023	49.9915	13	50.0946	8

注：表中名次是指在 31 个省份中的名次。

资料来源：北京师范大学公司治理与企业发展研究中心（高明华教授主持）“中国上市公司质量 /ESG 指数数据库”。

由表 5-14 可知，2021 ～ 2023 年，江苏省国有控股公司社会责任分项指数均值连续上升。相比 2021 年，2023 年上升 10.4689 分；相比 2022 年，2023 年上升 0.8277 分。非国有控股公司社会责任分项指数均值也是连续上升。相比 2021 年,2023 年上升 10.6404 分；相比 2022 年,2023 年上升 0.3313 分。2023 年相比 2021 年的较大幅度上升主要源于 2022 年相比 2021 年的较大幅度上升（两类公司升幅都在 10 分左右），主要原因如前所述，即 2023 年发布 2022 年社会责任报告或可持续发展报告或 ESG 报告的公司增加很多，导致数据源的急剧扩大。另外，也与 2022 年疫情下社会责任意识的提高有关。

表 5-15 显示了 2021 ～ 2023 年广东省国有控股和非国有控股的上市公司环境保护分项指数均值的变化。

表5-15　2021～2023年江苏省非金融业上市公司环境保护分项指数：所有制比较

年份	国有控股公司		非国有控股公司	
	指数均值	名次	指数均值	名次
2021	24.0864	14	17.3599	26
2022	69.2063	14	61.0144	12
2023	68.7192	8	65.3460	20

注：表中名次是指在 31 个省份中的名次。

资料来源：北京师范大学公司治理与企业发展研究中心（高明华教授主持）“中国上市公司质量 /ESG 指数数据库”。

由表 5-15 可知,2021 ～ 2023 年，江苏省国有控股公司环境保护分项指数均值先升后降。相比 2021 年，2023 年大幅上升 44.6328 分；相比 2022 年，2023 年下降 0.4871 分。非国有控股公司环境保护分项指数均值连续上升。相比 2021 年，2023 年大幅上升 47.9861 分；相比 2022 年，2023 年上升 4.3316 分。2023 年相比 2021 年的大幅上升主要源于 2022 年相比 2021 年的大幅上升（两类公司升幅都在 43 分以上），主要原因如前所述，即 2023 年发布 2022 年社会责任报告或可持续发展报告或 ESG 报告的公司增加很多，导致数据源的急剧扩大。与上述两个省份一样，从江苏省上市公司环境保护分项指数的大幅上升，也可以看出，目前公司发布的可持续发展报告或 ESG 报告更多地偏重于环境保护信息披露。

5.4 山东省

5.4.1 总体比较

表 5-16 显示了 2021 ～ 2023 年山东省非金融业上市公司质量 /ESG 指数均值及三个分项指数均值的变化。

表5-16　2021～2023年山东省非金融业上市公司质量/ESG指数：总体比较

年份	公司质量/ESG指数		公司治理分项指数		社会责任分项指数		环境保护分项指数	
	指数均值	名次	指数均值	名次	指数均值	名次	指数均值	名次
2021	60.8525	9	81.9346	7	39.2325	15	20.5714	18
2022	69.4819	5	82.0838	11	50.4833	9	66.6667	7
2023	69.2569	8	82.0983	11	49.9895	12	66.0652	17

注：表中名次是指在 31 个省份中的名次。

资料来源：北京师范大学公司治理与企业发展研究中心（高明华教授主持）“中国上市公司质量 /ESG 指数数据库”。

由表 5-16 可见，从公司质量 /ESG 指数均值看，2012 ～ 2023 年先升后降。相比 2021 年，2023 年上升 8.4044 分；相比 2022 年，2023 年下降 0.2250 分。

从公司治理分项指数均值看，2021 ～ 2023 年连续上升，但变化幅度很小。相比 2021 年，2023 年上升 0.1637 分；相比 2022 年，2023 年上升 0.0145 分。

从社会责任分项指数均值看，2021 ～ 2023 年先升后降。相比 2021 年，2023 年较大幅度上升 10.7570 分；相比 2022 年，2023 年下降 0.4938 分。与上述三个省份一样，山东省 2023 年相比 2021 年的较大幅度上升主要源于 2022 年相比 2021 年的较大幅度上升（升幅为 11.2508 分），主要原因是 2023 年发布 2022 年社会责任报告或可持续发展报告或 ESG 报告的公司增加很多，导致数据源的急剧扩大。另外，也与 2022 年疫情下社会责任意识的提高有关。

从环境保护分项指数均值看，2021 ～ 2023 年先升后降。相比 2021 年，2023 年上升 45.4938 分；相比 2022 年，2023 年下降 0.6015 分。如同社会责任分项指数一样，2023 年相比 2021 年的大幅上升主要源于2022年相比2021年的大幅上升（升幅达46.0953分），主要原因是2023年发布2022年社会责任报告或可持续发展报告或ESG报告的公司增加很多，导致数据源的急剧扩大。与上述三个省份一样，从山东省上市公司环境保护分项指数的大幅上升，也可以看出，目前公司发布的可持续发展报告或ESG报告更多地偏重于环境保护信息披露。

5.4.2 所有制比较

表5-17显示了2021～2023年山东省国有控股和非国有控股的上市公司质量/ESG指数均值的变化。

表5-17　2021～2023年山东省非金融业上市公司质量/ESG指数：所有制比较

年份	国有控股公司		非国有控股公司	
	指数均值	名次	指数均值	名次
2021	61.3506	14	60.6413	8
2022	71.0148	6	68.8923	2
2023	69.6575	14	69.0895	8

注：表中名次是指在31个省份中的名次。

资料来源：北京师范大学公司治理与企业发展研究中心（高明华教授主持）"中国上市公司质量/ESG指数数据库"。

由表5-17可知，2021～2023年，山东省国有控股公司的质量/ESG指数均值先升后降。相比2021年，2023年上升8.3069分；相比2022年，2023年下降1.3573分。非国有控股公司的质量/ESG指数均值连续上升。相比2021年，2023年上升8.4482分，升幅略高于同期国有控股公司；相比2022年，2023年上升0.1972分。

表5-18显示了2021～2023年山东省国有控股和非国有控股的上市公司治理分项指数均值的变化。

表5-18　2021～2023年山东省非金融业上市公司治理分项指数：所有制比较

年份	国有控股公司		非国有控股公司	
	指数均值	名次	指数均值	名次
2021	82.4636	6	81.7102	6
2022	83.3762	9	81.5868	10
2023	83.2478	12	81.6180	6

注：表中名次是指在31个省份中的名次。

资料来源：北京师范大学公司治理与企业发展研究中心（高明华教授主持）"中国上市公司质量/ESG指数数据库"。

由表5-18可知，2021～2023年，山东省国有控股公司治理分项指数均值先升后降，但变化都很小。相比2021年，2023年上升0.7842分；相比2022年，2023年下降0.1284分。非国有控股公司治理分项指数均值先降后升，变化也很小。相比2021年，2023年下降0.0922分；相比2022年，2023年上升0.0312分。

表 5-19 显示了 2021 ～ 2023 年山东省国有控股和非国有控股的上市公司社会责任分项指数均值的变化。

表5-19　2021～2023年山东省非金融业上市公司社会责任分项指数：所有制比较

年份	国有控股公司		非国有控股公司	
	指数均值	名次	指数均值	名次
2021	38.7567	18	39.4342	9
2022	50.7642	14	50.3752	4
2023	49.3503	18	50.2566	7

注：表中名次是指在 31 个省份中的名次。

资料来源：北京师范大学公司治理与企业发展研究中心（高明华教授主持）“中国上市公司质量 /ESG 指数数据库”。

由表 5-19 可知，2021 ～ 2023 年，山东省国有控股公司社会责任分项指数均值先升后降。相比 2021 年，2023 年上升 10.5936 分；相比 2022 年，2023 年下降 1.4139 分。非国有控股公司社会责任分项指数均值也是先升后降。相比 2021 年，2023 年上升 10.8224 分；相比 2022 年，2023 年下降 0.1186 分。2023 年相比 2021 年的较大幅度上升主要源于 2022 年相比 2021 年的较大幅度上升（两类公司升幅都在 11 分左右），主要原因如前所述，即 2023 年发布 2022 年社会责任报告或可持续发展报告或 ESG 报告的公司增加很多，导致数据源的急剧扩大。另外，也与 2022 年疫情下社会责任意识的提高有关。

表 5-20 显示了 2021 ～ 2023 年山东省国有控股和非国有控股的上市公司环境保护分项指数均值的变化。

表5-20　2021～2023年山东省非金融业上市公司环境保护分项指数：所有制比较

年份	国有控股公司		非国有控股公司	
	指数均值	名次	指数均值	名次
2021	24.3070	13	18.9873	17
2022	73.9048	6	63.8828	6
2023	65.9864	16	66.0981	16

注：表中名次是指在 31 个省份中的名次。

资料来源：北京师范大学公司治理与企业发展研究中心（高明华教授主持）“中国上市公司质量 /ESG 指数数据库”。

由表 5-20 可知，2021 ～ 2023 年，山东省国有控股公司环境保护分项指数均值先升后降。相比 2021 年，2023 年大幅上升 41.6794 分；相比 2022 年，2023 年下降 7.9184 分。非国有控股公司环境保护分项指数均值连续上升。相比 2021 年，2023 年大幅上升 47.1108 分；相比 2022 年，2023 年上升 2.2153 分。2023 年相比 2021 年的大幅上升主要源于 2022 年相比 2021 年的大幅上升（两类公司升幅都在 44 分以上），主要原因如前所述，即 2023 年发布 2022 年社会责任报告或可持续发展报告或 ESG 报告的公司增加很多，导致数据源的急剧扩大。与上述三个省份一样，从山东省上市公司环境保护分项指数的大幅上升，也可以看出，目前公司发布的可持续发展报告或 ESG 报告更多地偏重于环境保护信息披露。

5.5 上海市

5.5.1 总体比较

表 5-21 显示了 2021 ～ 2023 年上海市非金融业上市公司质量 /ESG 指数均值及三个分项指数均值的变化。

表5-21 2021～2023年上海市非金融业上市公司质量/ESG指数：总体比较

年份	公司质量/ESG指数		公司治理分项指数		社会责任分项指数		环境保护分项指数	
	指数均值	名次	指数均值	名次	指数均值	名次	指数均值	名次
2021	61.4210	2	82.2159	5	39.2696	14	24.5785	4
2022	69.1917	11	82.4148	5	50.2003	13	62.9344	14
2023	68.8692	16	81.9302	13	49.5014	17	64.8214	23

注：表中名次是指在 31 个省份中的名次。

资料来源：北京师范大学公司治理与企业发展研究中心（高明华教授主持）“中国上市公司质量 /ESG 指数数据库”。

由表 5-21 可见，从公司质量 /ESG 指数均值看，2012 ～ 2023 年先升后降。相比 2021 年，2023 年上升 7.4482 分；相比 2022 年，2023 年下降 0.3225 分。

从公司治理分项指数均值看，2021 ～ 2023 年先升后降，但变化幅度很小。相比 2021 年，2023 年下降 0.2857 分；相比 2022 年，2023 年下降 0.4846 分。

从社会责任分项指数均值看，2021 ～ 2023 年先升后降。相比 2021 年，2023 年较大幅度上升 10.2318 分；相比 2022 年，2023 年下降 0.6989 分。与上述四个省份一样，上海市 2023 年相比 2021 年的较大幅度上升主要源于 2022 年相比 2021 年的较大幅度上升（升幅为 10.9307 分），主要原因是 2023 年发布 2022 年社会责任报告或可持续发展报告或 ESG 报告的公司增加很多，导致数据源的急剧扩大。另外，也与 2022 年疫情下社会责任意识的提高有关。

从环境保护分项指数均值看，2021 ～ 2023 年连续上升。相比 2021 年，2023 年上升 40.2429 分；相比 2022 年，2023 年上升 1.8870 分。如同社会责任分项指数一样，2023 年相比 2021 年的大幅上升主要源于 2022 年相比 2021 年的大幅上升（升幅达 38.3559 分），主要原因是 2023 年发布 2022 年社会责任报告或可持续发展报告或 ESG 报告的公司增加很多，导致数据源的急剧扩大。与上述四个省份一样，从上海市上市公司环境保护分项指数的大幅上升，也可以看出，目前公司发布的可持续发展报告或 ESG 报告更多地偏重于环境保护信息披露。

5.5.2　所有制比较

表 5-22 显示了 2021 ～ 2023 年上海市国有控股和非国有控股的上市公司质量 /ESG 指数均值的变化。

表5-22　2021～2023年上海市非金融业上市公司质量/ESG指数：所有制比较

年份	国有控股公司		非国有控股公司	
	指数均值	名次	指数均值	名次
2021	60.9773	16	61.6151	1
2022	70.2628	14	68.7840	6
2023	69.0321	22	68.8019	11

注：表中名次是指在 31 个省份中的名次。

资料来源：北京师范大学公司治理与企业发展研究中心（高明华教授主持）“中国上市公司质量 /ESG 指数数据库”。

由表 5-22 可知，2021 ～ 2023 年，上海市国有控股公司的质量 /ESG 指数均值先升后降。相比 2021 年，2023 年上升 8.0548 分；相比 2022 年，2023 年下降 1.2307 分。非国有控股公司的质量 / ESG 指数均值连续上升。相比 2021 年，2023 年上升 7.1868 分，升幅略小于同期国有控股公司；相比 2022 年，2023 年上升 0.0179 分。

表 5-23 显示了 2021 ～ 2023 年上海市国有控股和非国有控股的上市公司治理分项指数均值的变化。

表5-23　2021～2023年上海市非金融业上市公司治理分项指数：所有制比较

年份	国有控股公司		非国有控股公司	
	指数均值	名次	指数均值	名次
2021	82.0743	10	82.2779	3
2022	83.0488	12	82.1735	6
2023	83.0883	13	81.4514	8

注：表中名次是指在 31 个省份中的名次。

资料来源：北京师范大学公司治理与企业发展研究中心（高明华教授主持）“中国上市公司质量 /ESG 指数数据库”。

由表 5-23 可知，2021 ～ 2023 年，上海市国有控股公司治理分项指数均值连续上升，但变化都很小。相比 2021 年，2023 年上升 1.0140 分；相比 2022 年，2023 年上升 0.0395 分。非国有控股公司治理分项指数均值连续下降，变化也很小。相比 2021 年，2023 年下降 0.8265 分；相比 2022 年，2023 年下降 0.7221 分。

表 5-24 显示了 2021 ～ 2023 年上海市国有控股和非国有控股的上市公司社会责任分项指数均值的变化。

表5-24　2021～2023年上海市非金融业上市公司社会责任分项指数：所有制比较

年份	国有控股公司		非国有控股公司	
	指数均值	名次	指数均值	名次
2021	37.5003	24	40.0437	3
2022	50.0375	20	50.2622	5
2023	48.5267	24	49.9043	11

注：表中名次是指在 31 个省份中的名次。

资料来源：北京师范大学公司治理与企业发展研究中心（高明华教授主持）“中国上市公司质量 /ESG 指数数据库”。

由表 5-24 可知，2021 ～ 2023 年，上海市国有控股公司社会责任分项指数均值先升后降。相比 2021 年，2023 年上升 11.0264 分；相比 2022 年，2023 年下降 1.5108 分。非国有控股公司社会责任分项指数均值也是先升后降。相比 2021 年，2023 年上升 9.8606 分；相比 2022 年，2023 年下降 0.3579 分。2023 年相比 2021 年的较大幅度上升主要源于 2022 年相比 2021 年的较大幅度上升（两类公司升幅都在 11 分左右），主要原因如前所述，即 2023 年发布 2022 年社会责任报告或可持续发展报告或 ESG 报告的公司增加很多，导致数据源的急剧扩大。另外，也与 2022 年疫情下社会责任意识的提高有关。

表 5-25 显示了 2021 ～ 2023 年上海市国有控股和非国有控股的上市公司环境保护分项指数均值的变化。

表5-25　2021～2023年上海市非金融业上市公司环境保护分项指数：所有制比较

年份	国有控股公司		非国有控股公司	
	指数均值	名次	指数均值	名次
2021	27.1137	9	23.4694	4
2022	70.7283	11	59.9680	14
2023	63.4921	24	65.3710	19

注：表中名次是指在 31 个省份中的名次。

资料来源：北京师范大学公司治理与企业发展研究中心（高明华教授主持）“中国上市公司质量 /ESG 指数数据库”。

由表 5-25 可知，2021 ～ 2023 年，上海市国有控股公司环境保护分项指数均值先升后降。相比 2021 年，2023 年大幅上升 36.3784 分；相比 2022 年，2023 年下降 7.2362 分。非国有控股公司环境保护分项指数均值连续上升。相比 2021 年，2023 年大幅上升 41.9016 分；相比 2022 年，2023 年上升 5.4030 分。2023 年相比 2021 年的大幅上升主要源于 2022 年相比 2021 年的大幅上升（两类公司升幅都在 36 分以上），主要原因如前所述，即 2023 年发布 2022 年社会责任报告或可持续发展报告或 ESG 报告的公司增加很多，导致数据源的急剧扩大。与上述四个省份一样，从上海市上市公司环境保护分项指数的大幅上升，也可以看出，目前公司发布的可持续发展报告或 ESG 报告更多地偏重于环境保护信息披露。

第6章
中国非金融业上市公司质量/ESG指数-行业排名及比较

本章对 2020 ～ 2023 年非金融业 17 个行业上市公司质量 /ESG 指数及三个分项指数分别进行排名和比较，排名仅针对 2023 年非金融业上市公司质量 /ESG 指数及三个分项指数的均值。

6.1 公司质量/ESG指数的行业排名及比较

2020 ～ 2023 年，非金融业 17 个行业上市公司质量 /ESG 指数排名及比较参见表 6-1。

表6-1 2020～2023年非金融业不同行业上市公司质量/ESG指数均值比较

行业名称	2020年	2021年	2022年	2023年	2023年排名
采矿业（B）	63.6017	61.2850	70.5130	70.4148	1
科学研究和技术服务业（M）	64.9190	62.2379	69.3815	69.9762	2
建筑业（E）	63.0541	60.2832	67.7725	69.6977	3
制造业（C）	62.7134	60.8253	69.4319	69.2947	4
电力、热力、燃气及水生产和供应业（D）	63.0058	60.6620	69.5390	68.9256	5
住宿和餐饮业（H）	63.0442	60.3122	68.2658	68.7270	6
交通运输、仓储和邮政业（G）	63.8801	61.2647	69.1778	68.5416	7
信息传输、软件和信息技术服务业（I）	62.7722	60.3847	66.7515	68.4204	8
水利、环境和公共设施管理业（N）	62.8849	59.4615	67.6598	67.9916	9
卫生和社会工作（Q）	62.5717	58.6552	67.6005	67.9173	10
农、林、牧、渔业（A）	62.3352	58.6125	66.0601	67.7683	11
批发和零售业（F）	60.8756	58.5301	65.4363	66.9058	12
租赁和商务服务业（L）	61.3078	58.0684	64.7930	66.3063	13
房地产业（K）	61.4888	58.6256	65.6205	66.2606	14
综合（S）	59.4196	55.6774	63.9157	65.7542	15
文化、体育和娱乐业（R）	62.1330	57.5140	63.9614	65.6174	16
教育（P）	62.1039	56.3106	64.8890	64.1006	17

注：居民服务、修理和其他服务业（O）只有 1 家上市公司，难以代表该行业整体水平，故排名时剔除。

资料来源：北京师范大学公司治理与企业发展研究中心（高明华教授主持）“中国上市公司质量 /ESG 指数数据库”。

图 6-1 显示了 2023 年非金融业不同行业上市公司质量 /ESG 指数均值的排名和比较。

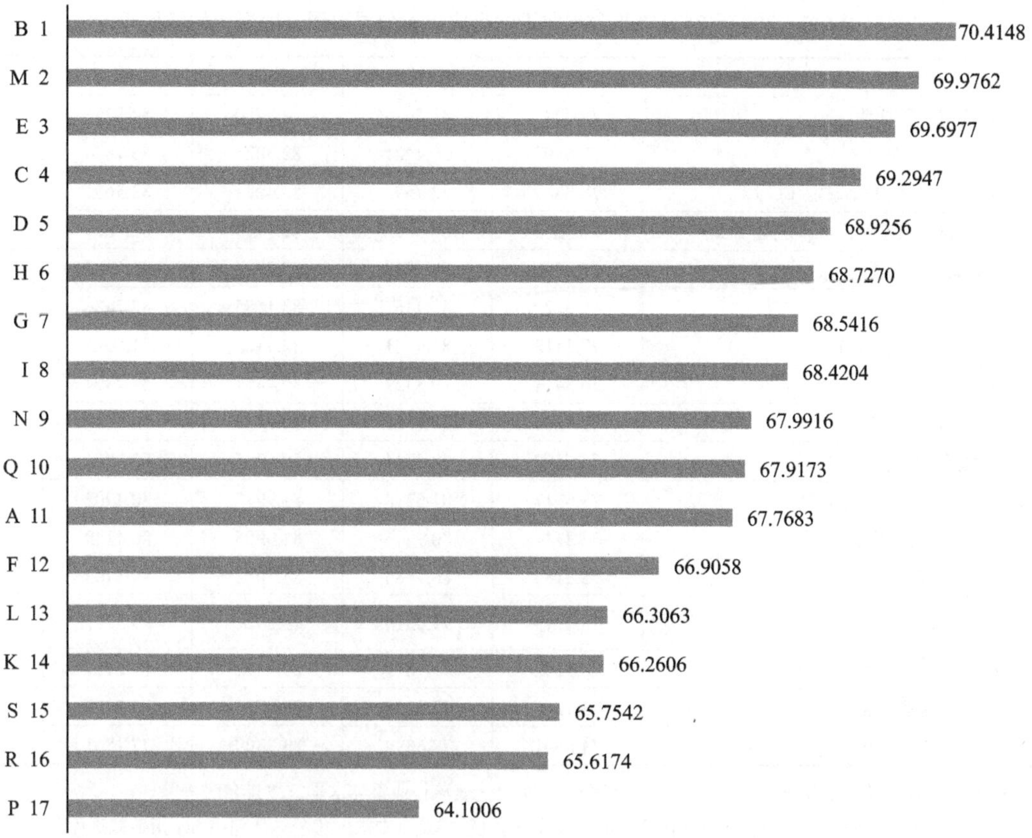

注：条形图左边的数字是 2023 年排名，右边是得分。

图6-1　2023年非金融业不同行业上市公司质量/ESG指数均值排名及比较

由表 6-1 和图 6-1 可知，2023 年，非金融业上市公司质量 /ESG 指数均值排在前三位的行业是采矿业（B）、科学研究和技术服务业（M），以及建筑业（E），采矿业（B）最高，均值为 70.4148 分；排在最后三位的行业是教育（P）、文化、体育和娱乐业（R），以及综合（S），教育（P）最低，均值为 64.1006 分。相比 2020 年，2023 年非金融业 17 个行业上市公司质量 /ESG 指数均值都上升，升幅最大的行业是采矿业（B），上升 6.8131 分；升幅最小的行业是教育（P），上升 1.9967 分。相比 2022 年，2023 年非金融业 17 个行业中，有 12 个行业上升，升幅最大的行业是建筑业（E），上升 1.9253 分；有 5 个行业下降，降幅最大的行业是教育（P），下降 0.7884 分。

6.2　公司治理分项指数的行业排名及比较

2020 ～ 2023 年，非金融业 17 个行业上市公司治理分项指数排名及比较参见表 6-2。

表6-2　2020～2023年非金融业不同行业上市公司治理分项指数均值比较

行业名称	2020年	2021年	2022年	2023年	2023年排名
住宿和餐饮业（H）	75.7223	85.7725	84.7780	84.8235	1
采矿业（B）	77.0493	80.4421	82.3825	83.7854	2
交通运输、仓储和邮政业（G）	78.8889	82.7592	83.4231	83.3651	3
电力、热力、燃气及水生产和供应业（D）	77.3253	80.6012	82.1929	82.6059	4
卫生和社会工作（Q）	77.3708	78.6778	82.2802	82.5688	5
科学研究和技术服务业（M）	79.5129	83.4462	83.1685	82.2486	6
制造业（C）	77.3112	81.4201	82.3180	81.6945	7
农、林、牧、渔业（A）	76.5471	79.3329	80.4451	81.4394	8
建筑业（E）	77.9481	80.8551	80.7443	80.9629	9
批发和零售业（F）	75.7497	80.5744	80.6345	80.7064	10
信息传输、软件和信息技术服务业（I）	77.6917	81.6218	81.9977	80.4902	11
水利、环境和公共设施管理业（N）	77.3744	80.9946	81.0905	80.4129	12
租赁和商务服务业（L）	75.8188	80.7786	81.2082	79.8703	13
房地产业（K）	75.1745	79.6310	79.6922	79.8291	14
文化、体育和娱乐业（R）	76.3102	79.7619	80.4472	79.2711	15
综合（S）	74.1256	75.5022	78.0735	78.7922	16
教育（P）	74.6601	78.6589	83.3309	77.1561	17

注：居民服务、修理和其他服务业（O）只有1家上市公司，难以代表该行业整体水平，故排名时剔除。

资料来源：北京师范大学公司治理与企业发展研究中心（高明华教授主持）“中国上市公司质量/ESG指数数据库”。

图6-2显示了2023年非金融业不同行业上市公司治理分项指数均值的排名和比较。

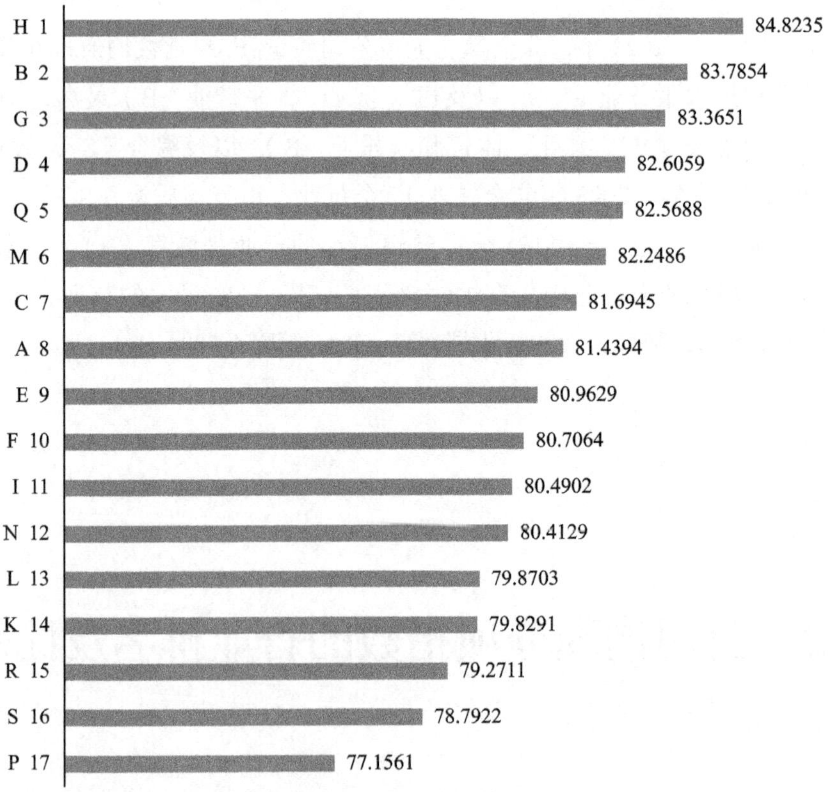

注：条形图左边的数字是2023年排名，右边是得分。

图6-2　2023年非金融业不同行业上市公司治理分项指数均值排名及比较

由表 6-2 和图 6-2 可知，2023 年，非金融业上市公司治理分项指数均值排在前三位的行业是住宿和餐饮业（H）、采矿业（B），以及交通运输、仓储和邮政业（G），住宿和餐饮业（H）最高，均值为 84.8235 分；排在最后三位的行业是教育（P）、综合（S），以及文化、体育和娱乐业（R），教育（P）最低，均值为 77.1561 分。相比 2020 年，2023 年非金融业 17 个行业上市公司治理分项指数均值都上升，升幅最大的行业是住宿和餐饮业（H），上升 9.1013 分；升幅最小的行业是教育（P），上升 2.4960 分。相比 2022 年，2023 年非金融业 17 个行业中，有 9 个行业上市公司治理分项指数的均值上升，升幅最大的行业是采矿业（B），上升 1.4029 分；有 8 个行业下降，降幅最大的行业是教育（P），下降 6.1748 分。

6.3 社会责任分项指数的行业排名及比较

2020 ～ 2023 年，非金融业 17 个行业上市公司社会责任分项指数排名及比较参见表 6-3。

表6-3 2020～2023年非金融业不同行业上市公司社会责任分项指数均值比较

行业名称	2020年	2021年	2022年	2023年	2023年排名
采矿业（B）	56.4930	40.8542	52.5414	52.0013	1
建筑业（E）	53.4611	40.2323	50.5397	50.6997	2
制造业（C）	51.8716	39.6772	50.2252	50.6965	3
科学研究和技术服务业（M）	55.0530	40.9914	51.1261	50.3496	4
信息传输、软件和信息技术服务业（I）	51.2678	38.8861	49.5128	49.6194	5
电力、热力、燃气及水生产和供应业（D）	53.1483	38.5665	49.1146	48.0838	6
水利、环境和公共设施管理业（N）	52.5689	38.0144	49.1058	48.0376	7
卫生和社会工作（Q）	48.8421	36.1267	49.0901	46.6113	8
交通运输、仓储和邮政业（G）	52.8321	36.9473	48.0589	46.5366	9
农、林、牧、渔业（A）	51.9619	38.0365	48.0873	46.1746	10
综合（S）	49.0015	35.4084	45.8007	45.3453	11
批发和零售业（F）	50.2743	35.2251	46.2874	44.7566	12
住宿和餐饮业（H）	56.2363	34.0368	46.5163	44.7015	13
租赁和商务服务业（L）	50.4056	34.4887	45.3288	44.5956	14
房地产业（K）	51.9370	35.7345	46.5076	44.4722	15
文化、体育和娱乐业（R）	52.4836	33.8835	43.9512	42.6988	16
教育（P）	54.9740	33.1991	42.2037	40.4708	17

注：居民服务、修理和其他服务业（O）只有 1 家上市公司，难以代表该行业整体水平，故排名时剔除。

资料来源：北京师范大学公司治理与企业发展研究中心（高明华教授主持）“中国上市公司质量 /ESG 指数数据库”。

图 6-3 显示了 2023 年非金融业不同行业上市公司社会责任分项指数均值的排名和比较。

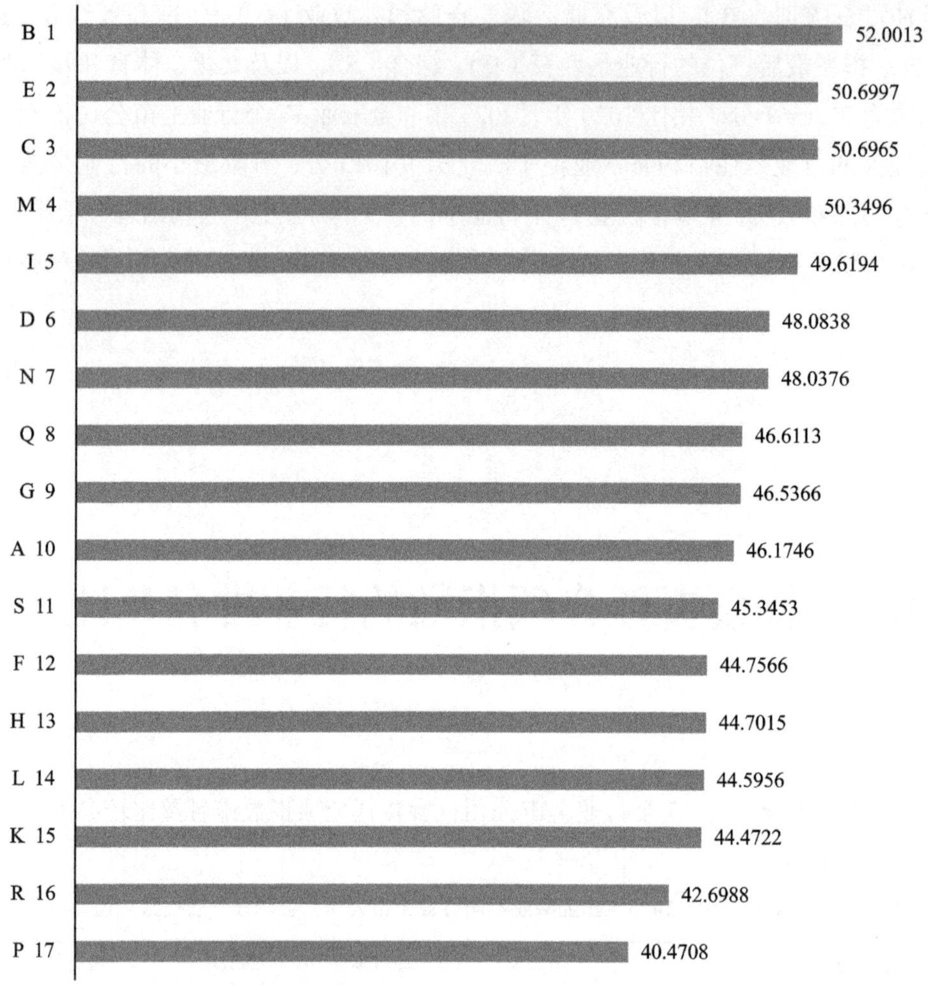

注：条形图左边的数字是 2023 年排名，右边是得分。

图6-3　2023年非金融业不同行业上市公司社会责任分项指数均值排名及比较

由表 6-3 和图 6-3 可知，2023 年，非金融业上市公司社会责任分项指数均值排在前三位的行业是采矿业（B）、建筑业（E）和制造业（C），采矿业（B）最高，均值为 52.0013 分；排在最后三位的行业是教育（P）、文化、体育和娱乐业（R），以及房地产业（K），教育（P）最低，均值为 40.4708 分。相比 2020 年，2023 年非金融业 17 个行业上市公司社会责任分项指数均值全部下降，降幅最大的行业是教育（P），下降 14.5032 分，这应该与“双减”政策紧密相关；降幅最小的行业是制造业（C），下降 1.1750 分。相比 2022 年，2023 年非金融业 17 个行业中，只有 3 个行业上市公司社会责任分项指数均值上升，升幅最大的行业是制造业（C），但也仅略升 0.4714 分；其他 14 个行业全部下降，降幅最大的行业是卫生和社会工作（Q），下降 2.4788 分。2023 年相比 2022 年有如此多的行业上市公司社会责任分项指数下降，应该与 2023 年经济下行关系密切。对于卫生和社会工作（Q），则与疫情结束恢复正常秩序紧密相关，盈利少了，自然社会责任也就减少了。

6.4　环境保护分项指数的行业排名及比较

2020～2023年，非金融业17个行业上市公司环境保护分项指数排名及比较参见表6-4。由于近两年环境保护分项指数指标数据源不断扩大，导致各年度环境保护分项指数的可比性不强，尤其是近两年该分项指数与2020年和2021年的可比性更差（具体原因参见第1章说明），所以对于环境保护分项指数仅对2023年和2022年进行比较，之前年份的数据仅供参考。

表6-4　2020～2023年非金融业不同行业上市公司环境保护分项指数均值比较

行业名称	2020年	2021年	2022年	2023年	2023年排名
教育（P）	18.0000	14.2857	42.8571	75.0000	1
建筑业（E）	14.7126	17.3160	56.7423	74.2323	2
科学研究和技术服务业（M）	19.1837	19.9546	57.4468	71.1712	3
文化、体育和娱乐业（R）	17.9310	17.8571	43.3255	70.7373	4
水利、环境和公共设施管理业（N）	19.2982	16.0940	58.7302	69.5140	5
批发和零售业（F）	16.1728	18.8538	48.8681	68.5243	6
农、林、牧、渔业（A）	20.4762	16.6667	49.8480	68.1548	7
房地产业（K）	19.6491	23.2143	55.1213	67.8925	8
信息传输、软件和信息技术服务业（I）	20.9804	18.8255	43.2331	67.8401	9
租赁和商务服务业（L）	19.6552	15.6909	42.6339	67.6923	10
电力、热力、燃气及水生产和供应业（D）	18.7500	28.3313	71.4286	66.6303	11
制造业（C）	20.3719	21.5721	65.7822	66.1895	12
综合（S）	15.0000	17.5824	49.4505	65.4762	13
住宿和餐饮业（H）	17.1429	12.2449	53.5714	64.2857	14
交通运输、仓储和邮政业（G）	20.0000	28.1553	64.7444	64.0306	15
卫生和社会工作（Q）	29.2308	27.3810	51.6484	61.9048	16
采矿业（B）	14.5205	27.4286	68.1319	61.3240	17

注：居民服务、修理和其他服务业（O）只有1家上市公司，难以代表该行业整体水平，故排名时剔除。

资料来源：北京师范大学公司治理与企业发展研究中心（高明华教授主持）“中国上市公司质量/ESG指数数据库”。

图 6-4 显示了 2023 年非金融业 17 个行业上市公司环境保护分项指数均值的排名及比较。由表 6-4 和图 6-4 可以看到，2023 年，非金融业上市公司环境保护分项指数均值最高的三个行业分别是教育（P）、建筑业（E），以及科学研究和技术服务业（M），最高的行业是教育（P），均值是 75.0000 分；均值最低的三个行业分别是采矿业（B）、卫生和社会工作（Q），以及交通运输、仓储和邮政业（G），最低的行业是采矿业（B），均值是 61.3240 分。相比 2022 年，2023 年非金融业 17 个行业中，有 14 个行业上市公司环境保护分项指数均值上升，升幅最大的行业是教育（P），上升 32.1429 分；有 3 个行业下降，降幅最大的行业是采矿业（B），下降 6.8078 分。2023 年相比 2022 年有如此多的行业上市公司环境保护分项指数上升，这进一步说明目前发布的可持续发展报告或 ESG 报告可能过多地偏重于环境保护信息披露。

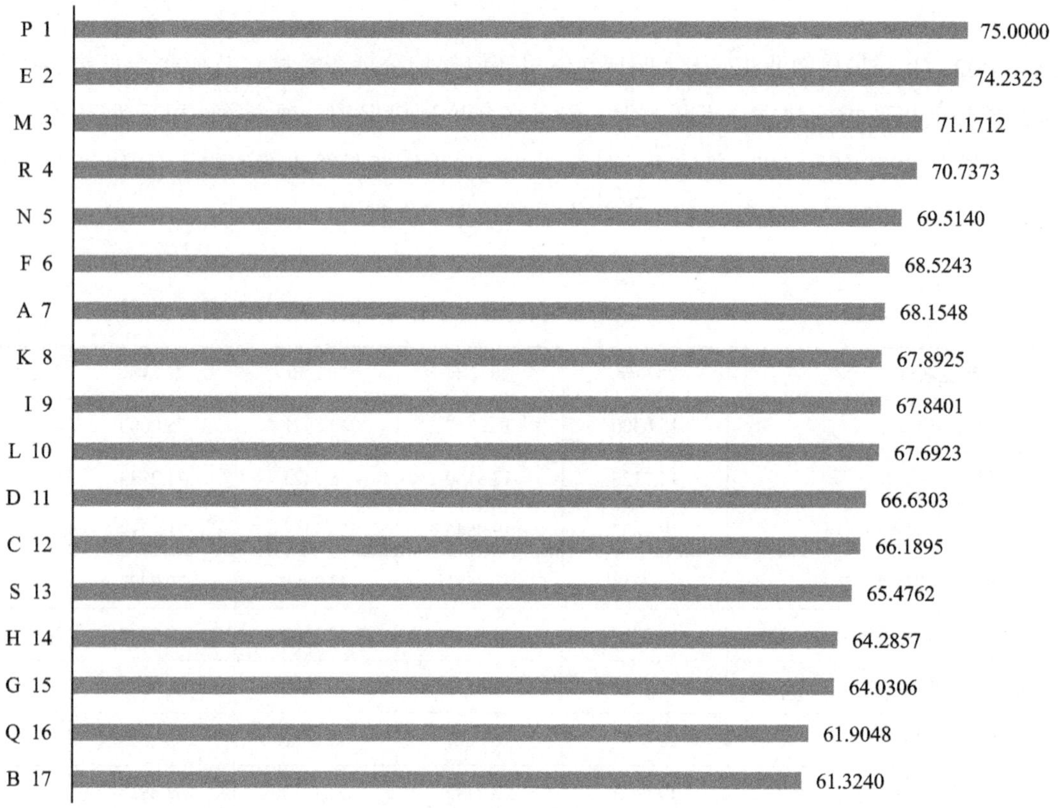

注：条形图左边的数字是 2023 年排名，右边是得分。

图6-4　2023年非金融业不同行业上市公司环境保护分项指数均值排名及比较

第7章
中国非金融业上市公司质量/ESG指数-典型行业比较

本章选择采矿业（B）、医药制造业（C27）、汽车制造业（C36）、电力、热力、燃气及水生产和供给业（D）、信息传输、软件和信息技术服务业（I）五个典型行业，对这五个典型行业的上市公司质量 /ESG 指数及三个分项指数，从总体和所有制角度进行年度比较分析。选择典型行业的基本原则：一是上市公司较多，便于分析；二是投资者关注度较高；三是在 ESG 方面具有较典型意义。由于制造业样本上市公司数量占比高达 66.65%，有多达 29 个细分行业（不包括尚未有上市公司的两个行业），各行业具有较大差异，因此，在其中选择了医药制造业（C27）和汽车制造业（C36）两个细分行业。

需要注意的是，对于 ESG，由于不同行业上市公司在社会责任和环境保护（尤其是环境保护）方面的可比性很差，有的行业还有细分行业，因此，本章只进行同一行业的年度纵向比较（本章列出的名次仅供参考）。同时，即使是同一行业的不同年度，因上市公司数量变化也会带来不同细分行业分布的变化，因此，同一行业的不同年度的可比性也是有限的。另外，由于国际社会、监管机构和企业对可持续发展或 ESG 的重视，近两年发布社会责任报告或可持续发展报告或 ESG 报告的公司增加很快，不同年份信息量的较大差异，也导致不同年份（尤其是 2021 年及之前年份）的可比性较弱。因此，本章只对 2021 ～ 2023 年进行比较，之前年份不纳入比较。

7.1 采矿业（B）

7.1.1 总体比较

表 7-1 显示了 2021 ～ 2023 年采矿业（B）上市公司质量 /ESG 指数均值及三个分项指数均值的变化。

表7-1 2021～2023年采矿业（B）上市公司质量/ESG指数：总体比较

年份	公司质量/ESG指数		公司治理分项指数		社会责任分项指数		环境保护分项指数	
	指数均值	名次	指数均值	名次	指数均值	名次	指数均值	名次
2021	61.2850	2	80.4421	11	40.8542	2	27.4286	3
2022	70.5130	1	82.3825	5	52.5414	1	68.1319	2
2023	70.4148	1	83.7854	2	52.0013	1	61.3240	17

注：表中名次是指在 17 个行业中的名次［对只有 1 家上市公司的居民服务、修理和其他服务业（O）不纳入排名］。
资料来源：北京师范大学公司治理与企业发展研究中心（高明华教授主持）“中国上市公司质量 /ESG 指数数据库”。

由表 7-1 可见，从公司质量 /ESG 指数均值看，2021 ～ 2023 年先升后降。相比 2021 年，2023 年上升 9.1298 分；相比 2022 年，2023 年下降 0.0982 分。

从公司治理分项指数均值看，2021 ～ 2023 年连续上升，但各年升幅都不大。相比 2021 年，2023 年上升 3.3433 分；相比 2022 年，2023 年上升 1.4029 分。

从社会责任分项指数均值看，2021 ～ 2023 年先升后降。相比 2021 年，2023 年较大幅度上升 11.1471 分；相比 2022 年，2023 年下降 0.5401 分。2023 年相比 2021 年的较大幅度上升主要源于 2022 年相比 2021 年的较大幅度上升（升幅为 11.6872 分），主要原因是 2023 年发布 2022 年社会责任报告或可持续发展报告或 ESG 报告的公司增加很多，导致数据源的急剧扩大。另外，也与 2022 年疫情下社会责任意识的提高有关。

从环境保护分项指数均值看，2021 ～ 2023 年先升后降。相比 2021 年，2023 年上升 33.8954 分；相比 2022 年，2023 年下降 6.8079 分。如同社会责任分项指数一样，2023 年相比 2021 年的大幅上升主要源于 2022 年相比 2021 年的大幅上升（升幅达 40.7033 分），主要原因是 2023 年发布 2022 年社会责任报告或可持续发展报告或 ESG 报告的公司增加很多，导致数据源的急剧扩大。从环境保护分项指数的大幅上升，也可以看出，目前公司发布的可持续发展报告或 ESG 报告更多地偏重于环境保护信息披露。

7.1.2　所有制比较

表 7-2 显示了 2021 ～ 2023 年采矿业（B）国有控股和非国有控股的上市公司质量 /ESG 指数均值的变化。

表7-2　2021～2023年采矿业（B）上市公司质量/ESG指数：所有制比较

年份	国有控股公司		非国有控股公司	
	指数均值	名次	指数均值	名次
2021	63.0431	1	58.4963	10
2022	72.0093	1	67.9849	6
2023	70.9497	2	69.2628	2

注：表中名次是指在 17 个行业中的名次［对只有 1 家上市公司的居民服务、修理和其他服务业（O）不纳入排名］。
资料来源：北京师范大学公司治理与企业发展研究中心（高明华教授主持）"中国上市公司质量 /ESG 指数数据库"。

由表 7-2 可知，2021 ～ 2023 年，采矿业（B）国有控股公司的质量 /ESG 指数均值先升后降。相比 2021 年，2023 年上升 7.9066 分；相比 2022 年，2023 年下降 1.0596 分。非国有控股公司的质量 /ESG 指数均值连续上升。相比 2021 年，2023 年上升 10.7665 分，升幅高于同期国有控股公司；相比 2022 年，2023 年上升 1.2779 分。

表 7-3 显示了 2021 ～ 2023 年采矿业（B）国有控股和非国有控股的上市公司治理分项指数均值的变化。

表7-3　2021～2023年采矿业（B）上市公司治理分项指数：所有制比较

年份	国有控股公司		非国有控股公司	
	指数均值	名次	指数均值	名次
2021	81.5080	9	78.7514	13
2022	83.4725	6	80.5406	10
2023	84.5809	2	82.0718	5

注：表中名次是指在 17 个行业中的名次［对只有 1 家上市公司的居民服务、修理和其他服务业（O）不纳入排名］。
资料来源：北京师范大学公司治理与企业发展研究中心（高明华教授主持）"中国上市公司质量 /ESG 指数数据库"。

由表 7-3 可知，2021 ～ 2023 年，采矿业（B）国有控股公司治理分项指数均值连续上升。相比 2021 年，2023 年上升 3.0729 分；相比 2022 年，2023 年上升 1.1084 分。非国有控股公司治理分项指数均值也是连续上升。相比 2021 年，2023 年上升 3.3204 分；相比 2022 年，2023 年上升 1.5312 分。

表 7-4 显示了 2021 ～ 2023 年采矿业（B）国有控股和非国有控股的上市公司社会责任分项指数均值的变化。

表7-4 2021～2023年采矿业（B）上市公司社会责任分项指数：所有制比较

年份	国有控股公司		非国有控股公司	
	指数均值	名次	指数均值	名次
2021	42.8111	1	37.7502	7
2022	54.2448	1	49.6632	4
2023	53.7655	1	48.2015	6

注：表中名次是指在 17 个行业中的名次［对只有 1 家上市公司的居民服务、修理和其他服务业（O）不纳入排名］。
资料来源：北京师范大学公司治理与企业发展研究中心（高明华教授主持）“中国上市公司质量 /ESG 指数数据库”。

由表 7-4 可知，2021 ～ 2023 年，采矿业（B）国有控股公司社会责任分项指数均值先升后降。相比 2021 年，2023 年上升 10.9544 分；相比 2022 年，2023 年下降 0.4793 分。非国有控股公司社会责任分项指数均值也是先升后降。相比 2021 年，2023 年上升 10.4513 分；相比 2022 年，2023 年下降 1.4617 分。2023 年相比 2021 年的较大幅度上升主要源于 2022 年相比 2021 年的较大幅度上升（两类公司升幅都超过 11 分），主要原因如前所述，即 2023 年发布 2022 年社会责任报告或可持续发展报告或 ESG 报告的公司增加很多，导致数据源的急剧扩大。另外，也与 2022 年疫情下社会责任意识的提高有关。

表 7-5 显示了 2021 ～ 2023 年采矿业（B）国有控股和非国有控股的上市公司环境保护分项指数均值的变化。

表7-5 2021～2023年采矿业（B）上市公司环境保护分项指数：所有制比较

年份	国有控股公司		非国有控股公司	
	指数均值	名次	指数均值	名次
2021	32.2981	1	19.7044	5
2022	71.1370	3	63.0542	3
2023	56.1224	17	72.5275	4

注：表中名次是指在 17 个行业中的名次［对只有 1 家上市公司的居民服务、修理和其他服务业（O）不纳入排名］。
资料来源：北京师范大学公司治理与企业发展研究中心（高明华教授主持）“中国上市公司质量 /ESG 指数数据库”。

由表 7-5 可知，2021 ～ 2023 年，采矿业（B）国有控股公司环境保护分项指数均值先升后降。相比 2021 年，2023 年大幅上升 23.8243 分；相比 2022 年，2023 年下降 15.0146 分。非国有控股公司环境保护分项指数均值连续上升。相比 2021 年，2023 年大幅上升 52.8231 分；相比 2022 年，2023 年上升 9.4733 分。2023 年相比 2021 年的大幅上升主要源于 2022 年相比 2021 年的大幅上升（两类公司升幅都在 38 分以上），主要原因如前所述，即 2023 年发布 2022 年社会责任报告或可持续发展报告或 ESG 报告的公司增加很多，导致数据源的急剧扩大。从环境保护分项指数的大幅上升，也可以看出，目前公司发布的可持续发展报告或 ESG 报告更多地偏重于环境保护信息披露。

7.2　医药制造业（C27）

7.2.1　总体比较

表 7-6 显示了 2021 ～ 2023 年医药制造业（C27）上市公司质量 /ESG 指数均值及三个分项指数均值的变化。

表7-6　2021～2023年医药制造业（C27）上市公司质量/ESG指数：总体比较

年份	公司质量/ESG指数		公司治理分项指数		社会责任分项指数		环境保护分项指数	
	指数均值	名次	指数均值	名次	指数均值	名次	指数均值	名次
2021	61.3105	7	81.7815	7	40.0129	9	23.2622	10
2022	69.7989	11	82.0571	19	50.8213	5	68.8008	12
2023	69.0436	17	81.9095	11	50.2891	10	63.9217	24

注：表中名次是指在 29 个制造业细分行业中的名次。

资料来源：北京师范大学公司治理与企业发展研究中心（高明华教授主持）“中国上市公司质量 /ESG 指数数据库”。

由表 7-6 可见，从公司质量 /ESG 指数均值看，2021 ～ 2023 年先升后降。相比 2021 年，2023 年上升 7.7331 分；相比 2022 年，2023 年下降 0.7553 分。

从公司治理分项指数均值看，2021 ～ 2023 年先升后降，但变化幅度很小。相比 2021 年，2023 年上升 0.1280 分；相比 2022 年，2023 年下降 0.1476 分。

从社会责任分项指数均值看，2021 ～ 2023 年先升后降。相比 2021 年，2023 年较大幅度上升 10.2762 分；相比 2022 年，2023 年下降 0.5322 分。与采矿业（B）一样，医药制造业（C27）2023 年相比 2021 年的较大幅度上升主要源于 2022 年相比 2021 年的较大幅度上升（升幅为 10.8084 分），主要原因是 2023 年发布 2022 年社会责任报告或可持续发展报告或 ESG 报告的公司增加很多，导致数据源的急剧扩大。另外，也与 2022 年疫情下社会责任意识的提高有关。

从环境保护分项指数均值看，2021 ～ 2023 年先升后降。相比 2021 年，2023 年上升 40.6595 分；相比 2022 年，2023 年下降 4.8791 分。如同社会责任分项指数一样，2023 年相比 2021 年的大幅上升主要源于2022年相比2021年的大幅上升（升幅达45.5386分），主要原因是2023年发布2022年社会责任报告或可持续发展报告或ESG报告的公司增加很多，导致数据源的急剧扩大。与采矿业（B）一样，从医药制造业（C27）上市公司环境保护分项指数的大幅上升，也可以看出，目前公司发布的可持续发展报告或ESG报告更多地偏重于环境保护信息披露。

7.2.2 所有制比较

表7-7显示了2021～2023年医药制造业（C27）国有控股和非国有控股的上市公司质量/ESG指数均值的变化。

表7-7 2021～2023年医药制造业（C27）上市公司质量/ESG指数：所有制比较

年份	国有控股公司		非国有控股公司	
	指数均值	名次	指数均值	名次
2021	62.2281	10	61.0931	8
2022	71.9732	9	69.3197	9
2023	70.9208	8	68.5440	16

注：表中名次是指在29个制造业细分行业中的名次。
资料来源：北京师范大学公司治理与企业发展研究中心（高明华教授主持）"中国上市公司质量/ESG指数数据库"。

由表7-7可知,2021～2023年，医药制造业（C27）国有控股公司的质量/ESG指数均值先升后降。相比2021年，2023年上升8.6927分；相比2022年，2023年下降1.0524分。非国有控股公司的质量/ESG指数均值也是先升后降。相比2021年，2023年上升7.4509分，升幅略小于同期国有控股公司；相比2022年，2023年下降0.7757分。

表7-8显示了2021～2023年医药制造业（C27）国有控股和非国有控股的上市公司治理分项指数均值的变化。

表7-8 2021～2023年医药制造业（C27）上市公司治理分项指数：所有制比较

年份	国有控股公司		非国有控股公司	
	指数均值	名次	指数均值	名次
2021	82.5757	9	81.5933	9
2022	83.6487	11	81.7063	17
2023	83.9621	6	81.3633	12

注：表中名次是指在29个制造业细分行业中的名次。
资料来源：北京师范大学公司治理与企业发展研究中心（高明华教授主持）"中国上市公司质量/ESG指数数据库"。

由表7-8可知，2021～2023年，医药制造业（C27）国有控股公司治理分项指数均值连续上升。相比2021年，2023年上升1.3864分；相比2022年，2023年上升0.3134分。非国有控股公司治理分项指数均值先升后降。相比 2021 年，2023 年下降 0.2300 分；相比 2022 年，2023 年下降 0.3430 分。

表 7-9 显示了 2021 ～ 2023 年医药制造业（C27）国有控股和非国有控股的上市公司社会责任分项指数均值的变化。

表7-9　2021～2023年医药制造业（C27）上市公司社会责任分项指数：所有制比较

年份	国有控股公司		非国有控股公司	
	指数均值	名次	指数均值	名次
2021	40.1143	11	39.9889	7
2022	51.6651	12	50.6353	6
2023	51.0242	13	50.0934	10

注：表中名次是指在 29 个制造业细分行业中的名次。
资料来源：北京师范大学公司治理与企业发展研究中心（高明华教授主持）"中国上市公司质量 /ESG 指数数据库"。

由表 7-9 可知，2021 ～ 2023 年，医药制造业（C27）国有控股公司社会责任分项指数均值先升后降。相比 2021 年，2023 年上升 10.9099 分；相比 2022 年，2023 年下降 0.6409 分。非国有控股公司社会责任分项指数均值也是先升后降。相比 2021 年，2023 年上升 10.1045 分；相比 2022 年，2023 年下降 0.5419 分。2023 年相比 2021 年的较大幅度上升主要源于 2022 年相比 2021 年的较大幅度上升（两类公司升幅都在 11 分左右），主要原因如前所述，即 2023 年发布 2022 年社会责任报告或可持续发展报告或 ESG 报告的公司增加很多，导致数据源的急剧扩大。另外，也与 2022 年疫情下社会责任意识的提高有关。

表 7-10 显示了 2021 ～ 2023 年医药制造业（C27）国有控股和非国有控股的上市公司环境保护分项指数均值的变化。

表7-10　2021～2023年医药制造业（C27）上市公司环境保护分项指数：所有制比较

年份	国有控股公司		非国有控股公司	
	指数均值	名次	指数均值	名次
2021	27.7143	8	22.2072	6
2022	78.8360	9	66.5889	14
2023	68.8312	12	62.6152	25

注：表中名次是指在 29 个制造业细分行业中的名次。
资料来源：北京师范大学公司治理与企业发展研究中心（高明华教授主持）"中国上市公司质量 /ESG 指数数据库"。

由表 7-10 可知,2021 ～ 2023 年，医药制造业（C27）国有控股公司环境保护分项指数均值先升后降。相比 2021 年，2023 年大幅上升 41.1169 分；相比 2022 年，2023 年下降 10.0048 分。非国有控股公司环境保护分项指数均值也是先升后降。相比 2021 年，2023 年大幅上升 40.4080 分；相比 2022 年，2023 年下降 3.9737 分。2023 年相比 2021 年的大幅上升主要源于 2022 年相比 2021 年的大幅上升（两类公司升幅都在 44 分以上），主要原因如前所述，即 2023 年发布 2022 年社会责任报告或可持续发展报告或 ESG

报告的公司增加很多，导致数据源的急剧扩大。与采矿业（B）一样，从医药制造业（C27）上市公司环境保护分项指数的大幅上升，也可以看出，目前公司发布的可持续发展报告或 ESG 报告更多地偏重于环境保护信息披露。2023 年相比 2022 年环境保护分项指数下降，尤其是国有控股公司下降较多，应该与疫情结束后医药制造业（C27）恢复正常生产和销售秩序有关，公司业绩出现了下降。

7.3 汽车制造业（C36）

7.3.1 总体比较

表 7-11 显示了 2021 ～ 2023 年汽车制造业（C36）上市公司质量 /ESG 指数均值及三个分项指数均值的变化。

表7-11 2021～2023年汽车制造业（C36）上市公司质量/ESG指数：总体比较

年份	公司质量/ESG指数		公司治理分项指数		社会责任分项指数		环境保护分项指数	
	指数均值	名次	指数均值	名次	指数均值	名次	指数均值	名次
2021	59.8444	23	80.1851	24	39.0136	17	20.8791	16
2022	68.5147	18	81.0343	23	48.7944	21	68.6779	13
2023	68.1642	25	80.9157	25	48.8308	22	65.6977	20

注：表中名次是指在 29 个制造业细分行业中的名次。

资料来源：北京师范大学公司治理与企业发展研究中心（高明华教授主持）“中国上市公司质量 /ESG 指数数据库”。

由表 7-11 可见，从公司质量 /ESG 指数均值看，2021 ～ 2023 年先升后降。相比 2021 年，2023 年上升 8.3198 分；相比 2022 年，2023 年下降 0.3505 分。

从公司治理分项指数均值看，2021 ～ 2023 年先升后降，但变化幅度很小。相比 2021 年，2023 年上升 0.7306 分；相比 2022 年，2023 年下降 0.1186 分。

从社会责任分项指数均值看，2021 ～ 2023 年逐年上升。相比 2021 年，2023 年较大幅度上升 9.8172 分；相比 2022 年，2023 年上升 0.0364 分。与上述两个行业一样，汽车制造业（C36）2023 年相比 2021 年的较大幅度上升主要源于 2022 年相比 2021 年的较大幅度上升（升幅为 9.7808 分），主要原因是 2023 年发布 2022 年社会责任报告或可持续发展报告或 ESG 报告的公司增加很多，导致数据源的急剧扩大。另外，也与 2022 年疫情下社会责任意识的提高有关。

从环境保护分项指数均值看，2021 ～ 2023 年先升后降。相比 2021 年，2023 年上升 44.8186 分；相比 2022 年，2023 年下降 2.9802 分。如同社会责任分项指数一样，2023 年相比 2021 年的大幅上升主要源于 2022 年相比 2021 年的大幅上升（升幅达 47.7988 分），主要原因是 2023 年发布 2022 年社会责任报告或可持续发展报告或 ESG 报告的公司增加很多，导致数据源的急剧扩大。与上述两个行业一样，从汽车制造业（C36）上市公司环境保护分项指数的大幅上升，也可以看出，目前公司发布的可持续发展报告或 ESG 报告更多地偏重于环境保护信息披露。

7.3.2　所有制比较

表 7-12 显示了 2021 ～ 2023 年汽车制造业（C36）国有控股和非国有控股的上市公司质量 /ESG 指数均值的变化。

表7-12　2021～2023年汽车制造业（C36）上市公司质量/ESG指数：所有制比较

年份	国有控股公司		非国有控股公司	
	指数均值	名次	指数均值	名次
2021	60.1920	19	59.7360	19
2022	70.9411	14	67.8651	22
2023	69.0597	16	67.9187	22

注：表中名次是指在 29 个制造业细分行业中的名次。

资料来源：北京师范大学公司治理与企业发展研究中心（高明华教授主持）"中国上市公司质量 /ESG 指数数据库"。

由表 7-12 可知，2021 ～ 2023 年，汽车制造业（C36）国有控股公司的质量 /ESG 指数均值先升后降。相比 2021 年，2023 年上升 8.8677 分；相比 2022 年，2023 年下降 1.8814 分。非国有控股公司的质量 /ESG 指数均值连续上升。相比 2021 年，2023 年上升 8.1827 分，升幅略小于同期国有控股公司；相比 2022 年，2023 年上升 0.0536 分。

表 7-13 显示了 2021 ～ 2023 年汽车制造业（C36）国有控股和非国有控股的上市公司治理分项指数均值的变化。

表7-13　2021～2023年汽车制造业（C36）上市公司治理分项指数：所有制比较

年份	国有控股公司		非国有控股公司	
	指数均值	名次	指数均值	名次
2021	80.4303	18	80.1086	23
2022	81.3825	19	80.9410	23
2023	81.4084	23	80.7806	20

注：表中名次是指在 29 个制造业细分行业中的名次。

资料来源：北京师范大学公司治理与企业发展研究中心（高明华教授主持）"中国上市公司质量 /ESG 指数数据库"。

由表 7-13 可知，2021 ～ 2023 年，汽车制造业（C36）国有控股公司治理分项指数均值连续上升。相比 2021 年，2023 年上升 0.9781 分；相比 2022 年，2023 年上升 0.0259 分。非国有控股公司治理分项指数均值先升后降。相比 2021 年，2023 年上升 0.6720 分；相比 2022 年，2023 年下降 0.1604 分。

表 7-14 显示了 2021 ～ 2023 年汽车制造业（C36）国有控股和非国有控股的上市公司社会责任分项指数均值的变化。

表7-14　2021～2023年汽车制造业（C36）上市公司社会责任分项指数：所有制比较

年份	国有控股公司		非国有控股公司	
	指数均值	名次	指数均值	名次
2021	38.3837	18	39.2100	15
2022	51.3928	14	48.0987	21
2023	50.5221	16	48.3673	23

注：表中名次是指在 29 个制造业细分行业中的名次。

资料来源：北京师范大学公司治理与企业发展研究中心（高明华教授主持）“中国上市公司质量 /ESG 指数数据库”。

由表 7-14 可知,2021 ～ 2023 年，汽车制造业（C36）国有控股公司社会责任分项指数均值先升后降。相比 2021 年，2023 年上升 12.1384 分；相比 2022 年，2023 年下降 0.8707 分。非国有控股公司社会责任分项指数均值连续上升。相比 2021 年,2023 年上升 9.1573 分；相比 2022 年,2023 年上升 0.2686 分。2023 年相比 2021 年的较大幅度上升主要源于 2022 年相比 2021 年的较大幅度上升（两类公司升幅都在 10 分左右），主要原因如前所述，即 2023 年发布 2022 年社会责任报告或可持续发展报告或 ESG 报告的公司增加很多，导致数据源的急剧扩大。另外，也与 2022 年疫情下社会责任意识的提高有关。

表 7-15 显示了 2021 ～ 2023 年汽车制造业（C36）国有控股和非国有控股的上市公司环境保护分项指数均值的变化。

表7-15　2021～2023年汽车制造业（C36）上市公司环境保护分项指数：所有制比较

年份	国有控股公司		非国有控股公司	
	指数均值	名次	指数均值	名次
2021	25.2101	12	19.5282	16
2022	81.9328	7	65.1294	16
2023	66.0232	16	65.6085	19

注：表中名次是指在 29 个制造业细分行业中的名次。

资料来源：北京师范大学公司治理与企业发展研究中心（高明华教授主持）“中国上市公司质量 /ESG 指数数据库”。

由表 7-15 可知，2021 ～ 2023 年，汽车制造业（C36）国有控股公司环境保护分项指数均值先升后降。相比 2021 年，2023 年大幅上升 40.8131 分；相比 2022 年，2023 年较大幅度下降 15.9096 分。非国有控股公司环境保护分项指数均值连续上升。相比 2021 年，2023 年大幅上升 46.0803 分；相比 2022 年，2023 年上升 0.4791 分。2023 年相比 2021 年的大幅上升主要源于 2022 年相比 2021 年的大幅上升（两类公司升幅都在 45 分以上），主要原因如前所述，即 2023 年发布 2022 年社会责任报告或可持续发展报告或 ESG 报告的公司增加很多，导致数据源的急剧扩大。与上述两个行业一样，从汽车制造业（C36）上市公司环境保护分项指数的大幅上升，也可以看出，目前公司发布的可持续发展报告或 ESG 报告更多地偏重于环境保护信息披露。

7.4　电力、热力、燃气及水生产和供给业（D）

7.4.1　总体比较

表 7-16 显示了 2021 ～ 2023 年电力、热力、燃气及水生产和供给业（D）上市公司质量 /ESG 指数均值及三个分项指数均值的变化。

表7-16　2021～2023年电力、热力、燃气及水生产和供给业（D）上市公司质量/ESG指数：总体比较

年份	公司质量/ESG指数		公司治理分项指数		社会责任分项指数		环境保护分项指数	
	指数均值	名次	指数均值	名次	指数均值	名次	指数均值	名次
2021	60.6620	5	80.6012	9	38.5665	6	28.3313	1
2022	69.5390	2	82.1929	8	49.1146	6	71.4286	1
2023	68.9256	5	82.6059	4	48.0838	6	66.6303	11

注：表中名次是指在 17 个行业中的名次［对只有 1 家上市公司的居民服务、修理和其他服务业（O）不纳入排名］。

资料来源：北京师范大学公司治理与企业发展研究中心（高明华教授主持）“中国上市公司质量 /ESG 指数数据库”。

由表 7-16 可见，从公司质量 /ESG 指数均值看，2021 ～ 2023 年先升后降。相比 2021 年，2023 年上升 8.2636 分；相比 2022 年，2023 年下降 0.6134 分。

从公司治理分项指数均值看，2021 ～ 2023 年连续上升，但变化幅度较小。相比 2021 年，2023 年上升 2.0047 分；相比 2022 年，2023 年上升 0.4130 分。

从社会责任分项指数均值看，2021 ～ 2023 年先升后降。相比 2021 年，2023 年较大幅度上升 9.5173 分；相比 2022 年，2023 年下降 1.0308 分。与上述三个行业一样，电力、热力、燃气及水生产和供给业（D）2023 年相比 2021 年的较大幅度上升主要源于 2022 年相比 2021 年的大幅上升（升幅为 10.5481 分），主要原因是 2023 年发布 2022 年社会责任报告或可持续发展报告或 ESG 报告的公司增加

很多，导致数据源的急剧扩大。另外，也与 2022 年疫情下社会责任意识的提高有关。

从环境保护分项指数均值看，2021 ～ 2023 年先升后降。相比 2021 年，2023 年上升 38.2990 分；相比 2022 年，2023 年下降 4.7983 分。如同社会责任分项指数一样，2023 年相比 2021 年的大幅上升主要源于 2022 年相比 2021 年的大幅上升（升幅达 43.0973 分），主要原因是 2023 年发布 2022 年社会责任报告或可持续发展报告或 ESG 报告的公司增加很多，导致数据源的急剧扩大。与上述三个行业一样，从电力、热力、燃气及水生产和供给业（D）上市公司环境保护分项指数的大幅上升，也可以看出，目前公司发布的可持续发展报告或 ESG 报告更多地偏重于环境保护信息披露。

7.4.2 所有制比较

表 7-17 显示了 2021 ～ 2023 年电力、热力、燃气及水生产和供给业（D）国有控股和非国有控股的上市公司质量 /ESG 指数均值的变化。

表7-17 2021～2023年电力、热力、燃气及水生产和供给业（D）上市公司质量/ESG指数：所有制比较

年份	国有控股公司		非国有控股公司	
	指数均值	名次	指数均值	名次
2021	61.1230	7	59.4607	5
2022	70.5455	4	67.0638	8
2023	69.1390	5	68.3623	4

注：表中名次是指在 17 个行业中的名次［对只有 1 家上市公司的居民服务、修理和其他服务业（O）不纳入排名］。

资料来源：北京师范大学公司治理与企业发展研究中心（高明华教授主持）“中国上市公司质量 /ESG 指数数据库”。

由表 7-17 可知，2021 ～ 2023 年，电力、热力、燃气及水生产和供给业（D）国有控股公司的质量 /ESG 指数均值先升后降。相比 2021 年,2023 年上升 8.0160 分；相比 2022 年,2023 年下降 1.4065 分。非国有控股公司的质量 /ESG 指数均值连续上升。相比 2021 年，2023 年上升 8.9016 分，升幅高于同期国有控股公司；相比 2022 年，2023 年上升 1.2985 分。

表 7-18 显示了 2021 ～ 2023 年电力、热力、燃气及水生产和供给业（D）国有控股和非国有控股的上市公司治理分项指数均值的变化。

表7-18 2021～2023年电力、热力、燃气及水生产和供给业（D）上市公司治理分项指数：所有制比较

年份	国有控股公司		非国有控股公司	
	指数均值	名次	指数均值	名次
2021	80.8803	11	79.8737	9
2022	83.1182	7	79.9170	12
2023	83.3600	4	80.6158	7

注：表中名次是指在 17 个行业中的名次［对只有 1 家上市公司的居民服务、修理和其他服务业（O）不纳入排名］。

资料来源：北京师范大学公司治理与企业发展研究中心（高明华教授主持）“中国上市公司质量 /ESG 指数数据库”。

由表 7-18 可知，2021 ～ 2023 年，电力、热力、燃气及水生产和供给业（D）国有控股公司治理分项指数均值连续上升，但变化都较小。相比 2021 年，2023 年上升 2.4797 分；相比 2022 年，2023 年上升 0.2418 分。非国有控股公司治理分项指数均值也是连续上升，变化也较小。相比 2021 年,2023 年上升 0.7421 分；相比 2022 年，2023 年上升 0.6988 分。

表 7-19 显示了 2021 ～ 2023 年电力、热力、燃气及水生产和供给业（D）国有控股和非国有控股的上市公司社会责任分项指数均值的变化。

表7-19　2021～2023年电力、热力、燃气及水生产和供给业（D）上市公司社会责任分项指数：所有制比较

年份	国有控股公司		非国有控股公司	
	指数均值	名次	指数均值	名次
2021	39.0440	6	37.3219	8
2022	49.7286	6	47.6044	11
2023	48.0711	7	48.1173	7

注：表中名次是指在 17 个行业中的名次［对只有 1 家上市公司的居民服务、修理和其他服务业（O）不纳入排名］。
资料来源：北京师范大学公司治理与企业发展研究中心（高明华教授主持）“中国上市公司质量 /ESG 指数数据库”。

由表 7-19 可知，2021 ～ 2023 年，电力、热力、燃气及水生产和供给业（D）国有控股公司社会责任分项指数均值先升后降。相比 2021 年,2023 年上升 9.0271 分；相比 2022 年,2023 年下降 1.6575 分。非国有控股公司社会责任分项指数均值连续上升。相比 2021 年,2023 年上升 10.7954 分；相比 2022 年，2023 年上升 0.5129 分。2023 年相比 2021 年的较大幅度上升主要源于 2022 年相比 2021 年的较大幅度上升（两类公司升幅都在 10 以上），主要原因如前所述，即 2023 年发布 2022 年社会责任报告或可持续发展报告或 ESG 报告的公司增加很多，导致数据源的急剧扩大。另外，也与 2022 年疫情下社会责任意识的提高有关。

表 7-20 显示了 2021 ～ 2023 年电力、热力、燃气及水生产和供给业（D）国有控股和非国有控股的上市公司环境保护分项指数均值的变化。

表7-20　2021～2023年电力、热力、燃气及水生产和供给业（D）上市公司环境保护分项指数：所有制比较

年份	国有控股公司		非国有控股公司	
	指数均值	名次	指数均值	名次
2021	29.7342	3	24.6753	2
2022	74.2543	2	64.4788	1
2023	64.6617	11	71.8254	5

注：表中名次是指在 17 个行业中的名次［对只有 1 家上市公司的居民服务、修理和其他服务业（O）不纳入排名］。
资料来源：北京师范大学公司治理与企业发展研究中心（高明华教授主持）“中国上市公司质量 /ESG 指数数据库”。

由表 7-20 可知，2021 ～ 2023 年，电力、热力、燃气及水生产和供给业（D）国有控股公司环境保护分项指数均值先升后降。相比 2021 年，2023 年大幅上升 34.9275 分；相比 2022 年，2023 年下降 9.5926 分。非国有控股公司环境保护分项指数均值连续上升。相比 2021 年，2023 年大幅上升

47.1501 分；相比 2022 年，2023 年上升 7.3466 分。2023 年相比 2021 年的大幅上升主要源于 2022 年相比 2021 年的大幅上升（两类公司升幅都在 40 分左右），主要原因如前所述，即 2023 年发布 2022 年社会责任报告或可持续发展报告或 ESG 报告的公司增加很多，导致数据源的急剧扩大。与上述三个行业一样，从电力、热力、燃气及水生产和供给业（D）上市公司环境保护分项指数的大幅上升，也可以看出，目前公司发布的可持续发展报告或 ESG 报告更多地偏重于环境保护信息披露。

7.5 信息传输、软件和信息技术服务业（I）

7.5.1 总体比较

表 7-21 显示了 2021 ～ 2023 年信息传输、软件和信息技术服务业（I）上市公司质量 /ESG 指数均值及三个分项指数均值的变化。

表7-21 2021～2023年信息传输、软件和信息技术服务业（I）上市公司质量/ESG指数：总体比较

年份	公司质量/ESG指数		公司治理分项指数		社会责任分项指数		环境保护分项指数	
	指数均值	名次	指数均值	名次	指数均值	名次	指数均值	名次
2021	60.3847	6	81.6218	4	38.8861	5	18.8255	9
2022	66.7515	10	81.9977	9	49.5128	5	43.2331	15
2023	68.4204	8	80.4902	11	49.6194	5	67.8401	9

注：表中名次是指在 17 个行业中的名次［对只有 1 家上市公司的居民服务、修理和其他服务业（O）不纳入排名］。

资料来源：北京师范大学公司治理与企业发展研究中心（高明华教授主持）“中国上市公司质量 /ESG 指数数据库”。

由表 7-21 可见，从公司质量 /ESG 指数均值看，2021 ～ 2023 年连续上升。相比 2021 年，2023 年上升 8.0357 分；相比 2022 年，2023 年上升 1.6689 分。

从公司治理分项指数均值看，2021 ～ 2023 年先升后降，但变化幅度较小。相比 2021 年，2023 年下降 1.1316 分；相比 2022 年，2023 年下降 1.5075 分。

从社会责任分项指数均值看，2021 ～ 2023 年连续上升。相比 2021 年，2023 年较大幅度上升 10.7333 分；相比 2022 年，2023 年上升 0.1066 分。与上述四个行业一样，信息传输、软件和信息技术服务业（I）2023 年相比 2021 年的较大幅度上升主要源于 2022 年相比 2021 年的较大幅度上升（升幅为 10.6267 分），主要原因是 2023 年发布 2022 年社会责任报告或可持续发展报告或 ESG 报告的公司

增加很多，导致数据源的急剧扩大。另外，也与 2022 年疫情下社会责任意识的提高有关。

从环境保护分项指数均值看，2021 ～ 2023 年连续上升。相比 2021 年，2023 年上升 49.0146 分；相比 2022 年，2023 年上升 24.6070 分。如同社会责任分项指数一样，2023 年相比 2021 年的大幅上升主要源于 2022 年相比 2021 年的大幅上升（升幅达 24.4076 分），重要原因是 2023 年发布 2022 年社会责任报告或可持续发展报告或 ESG 报告的公司增加很多，导致数据源的急剧扩大，2024 年发布的 2023 年度这类报告进一步快速增加。而且，与上述四个行业一样，从信息传输、软件和信息技术服务业（I）上市公司环境保护分项指数的大幅上升，也可以看出，目前公司发布的可持续发展报告或 ESG 报告更多地偏重于环境保护信息披露。

7.5.2　所有制比较

表 7-22 显示了 2021 ～ 2023 年信息传输、软件和信息技术服务业（I）国有控股和非国有控股的上市公司质量 /ESG 指数均值的变化。

表7-22　2021～2023年信息传输、软件和信息技术服务业（I）上市公司质量/ESG指数：所有制比较

年份	国有控股公司		非国有控股公司	
	指数均值	名次	指数均值	名次
2021	62.0399	3	60.0478	3
2022	69.8983	6	66.1142	9
2023	68.8341	8	68.3285	5

注：表中名次是指在 17 个行业中的名次［对只有 1 家上市公司的居民服务、修理和其他服务业（O）不纳入排名］。
资料来源：北京师范大学公司治理与企业发展研究中心（高明华教授主持）“中国上市公司质量 /ESG 指数数据库”。

由表 7-22 可知，2021 ～ 2023 年，信息传输、软件和信息技术服务业（I）国有控股公司的质量 /ESG 指数均值先升后降。相比 2021 年，2023 年上升 6.7942 分；相比 2022 年，2023 年下降 1.0642 分。非国有控股公司的质量 /ESG 指数均值连续上升。相比 2021 年，2023 年上升 8.2807 分，升幅高于同期国有控股公司；相比 2022 年，2023 年上升 2.2143 分。

表 7-23 显示了 2021 ～ 2023 年信息传输、软件和信息技术服务业（I）国有控股和非国有控股的上市公司治理分项指数均值的变化。

表7-23　2021～2023年信息传输、软件和信息技术服务业（I）上市公司治理分项指数：所有制比较

年份	国有控股公司		非国有控股公司	
	指数均值	名次	指数均值	名次
2021	83.0554	4	81.3300	2
2022	84.1914	2	81.5534	7
2023	82.2962	9	80.0889	10

注：表中名次是指在 17 个行业中的名次［对只有 1 家上市公司的居民服务、修理和其他服务业（O）不纳入排名］。
资料来源：北京师范大学公司治理与企业发展研究中心（高明华教授主持）“中国上市公司质量 /ESG 指数数据库”。

由表 7-23 可知，2021 ～ 2023 年，信息传输、软件和信息技术服务业（I）国有控股公司治理分项指数均值先升后降，但变化都较小。相比 2021 年，2023 年下降 0.7592 分；相比 2022 年，2023 年下降 1.8952 分。非国有控股公司治理分项指数均值也是先升后降，变化也较小。相比 2021 年,2023 年下降 1.2411 分；相比 2022 年，2023 年下降 1.4645 分。

表 7-24 显示了 2021 ～ 2023 年信息传输、软件和信息技术服务业（I）国有控股和非国有控股的上市公司社会责任分项指数均值的变化。

表7-24　2021～2023年信息传输、软件和信息技术服务业（I）上市公司社会责任分项指数：所有制比较

年份	国有控股公司		非国有控股公司	
	指数均值	名次	指数均值	名次
2021	40.2669	4	38.6051	4
2022	51.4647	4	49.1175	5
2023	49.8381	6	49.5708	3

注：表中名次是指在 17 个行业中的名次［对只有 1 家上市公司的居民服务、修理和其他服务业（O）不纳入排名］。

资料来源：北京师范大学公司治理与企业发展研究中心（高明华教授主持）“中国上市公司质量 /ESG 指数数据库”。

由表 7-24 可知，2021 ～ 2023 年，信息传输、软件和信息技术服务业（I）国有控股公司社会责任分项指数均值先升后降。相比 2021 年,2023 年上升 9.5712 分；相比 2022 年,2023 年下降 1.6266 分。非国有控股公司社会责任分项指数均值连续上升。相比 2021 年,2023 年上升 10.9657 分；相比 2022 年，2023 年上升 0.4533 分。2023 年相比 2021 年的较大幅度上升主要源于 2022 年相比 2021 年的较大幅度上升（两类公司升幅都在 11 分左右），主要原因如前所述，即 2023 年发布 2022 年社会责任报告或可持续发展报告或 ESG 报告的公司增加很多，导致数据源的急剧扩大。另外，也与 2022 年疫情下社会责任意识的提高有关。

表 7-25 显示了 2021 ～ 2023 年信息传输、软件和信息技术服务业（I）国有控股和非国有控股的上市公司环境保护分项指数均值的变化。

表7-25　2021～2023年信息传输、软件和信息技术服务业（I）上市公司环境保护分项指数：所有制比较

年份	国有控股公司		非国有控股公司	
	指数均值	名次	指数均值	名次
2021	22.6601	6	18.0451	11
2022	55.8036	10	40.6872	14
2023	61.2782	12	69.2982	9

注：表中名次是指在 17 个行业中的名次［对只有 1 家上市公司的居民服务、修理和其他服务业（O）不纳入排名］。

资料来源：北京师范大学公司治理与企业发展研究中心（高明华教授主持）“中国上市公司质量 /ESG 指数数据库”。

由表 7-25 可知，2021 ～ 2023 年，信息传输、软件和信息技术服务业（I）国有控股公司环境保护分项指数均值连续上升。相比 2021 年，2023 年大幅上升 38.6181 分；相比 2022 年，2023 年上升 5.4746 分。非国有控股公司环境保护分项指数均值也是连续上升。相比 2021 年，2023 年大幅上升 51.2531 分；相比 2022 年，2023 年大幅上升 28.6110 分。2023 年相比 2021 年的大幅上升，重要原因是 2022 年相比 2021 年的大幅上升（国有控股公司和非国有控股公司的升幅分别是 33.1435 分和 22.6421 分），主要原因如前所述，即 2023 年发布 2022 年社会责任报告或可持续发展报告或 ESG 报告的公司增加很多，导致数据源的急剧扩大，2024 年发布的 2023 年度这类报告进一步快速增加。与上述四个行业一样，从信息传输、软件和信息技术服务业（I）上市公司环境保护分项指数的大幅上升，也可以看出，目前公司发布的可持续发展报告或 ESG 报告更多地偏重于环境保护信息披露。

第8章
中国非金融业上市公司质量/ESG指数-所有制排名及比较

本章对 2020 ～ 2023 年非金融业不同所有制上公司质量 /ESG 指数及三个分项指数分别进行排名和比较，排名仅针对 2023 非金融业上市公司质量 /ESG 指数及三个分项指数的均值。

8.1 公司质量/ESG指数的所有制排名及比较

2020 ～ 2023 年，非金融业五类所有制上市公司质量 /ESG 指数排名及比较参见表 8-1。

表8-1　2020～2023年非金融业五类所有制上市公司质量/ESG指数均值比较

所有制类型	2020年	2021年	2022年	2023年	2023年排名
国有绝对控股公司	63.5954	62.0269	70.9385	70.0061	1
国有强相对控股公司	63.0257	60.9933	70.2755	69.4598	2
国有弱相对控股公司	62.5200	59.9819	68.9232	69.1125	3
无国有股份公司	62.2360	60.2223	68.2236	68.7914	4
国有参股公司	62.8257	60.1749	67.8962	68.4652	5

资料来源：北京师范大学公司治理与企业发展研究中心（高明华教授主持）“中国上市公司质量 /ESG 指数数据库”。

图 8-1 显示了 2023 年非金融业五类所有制上市公司质量 /ESG 指数均值的排名和比较。

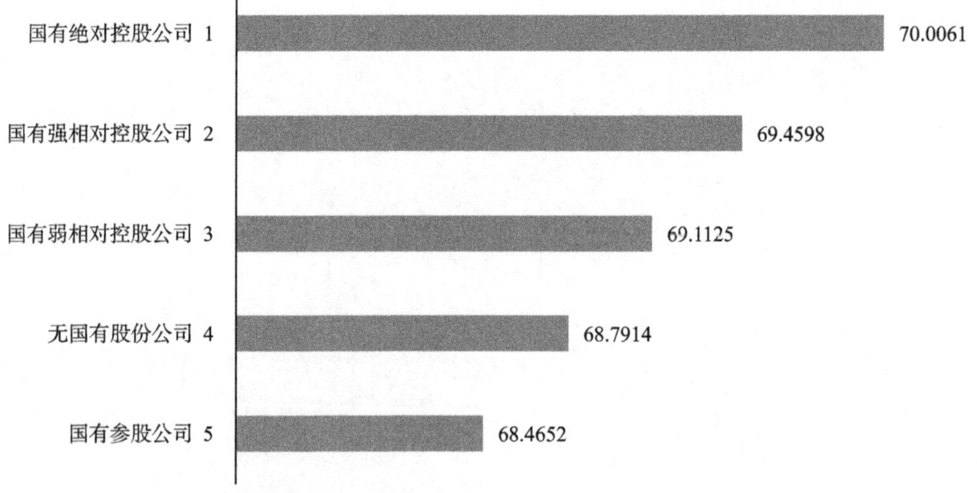

注：条形图左边的数字是 2023 年排名，右边是得分。

图8-1　2023年非金融业五类所有制上市公司质量/ESG指数均值排名及比较

由表 8-1 和图 8-1 可知，2023 年，从所有制角度，非金融业上市公司质量 /ESG 指数均值从高到低依次为国有绝对控股公司、国有强相对控股公司、国有弱相对控股公司、无国有股份公司和国有参股公司。与 2020 年相比，2023 年非金融业五类所有制上市公司质量 /ESG 指数均值全部上升，国有弱相对控股公司升幅最大，上升 6.5925 分；国有参股公司升幅最小，上升 5.6395 分。相比 2022 年，2023 年非金融业五类所有制上市公司中，国有参股公司、无国有股份公司和国有弱相对控股公司的质量 /ESG 指数均值略有上升，国有参股公司升幅最大，但也仅上升 0.5690 分；国有绝对控股公司和国有强相对控股公司则分别下降 0.9324 分和 0.8157 分。

将国有绝对控股公司、国有强相对控股公司和国有弱相对控股公司归类为国有控股公司，将国有参股公司和无国有股份公司归类为非国有控股公司，进一步分析非金融业两类所有制上市公司质量 /ESG 指数均值的变化，参见表 8-2 和图 8-2。

表8-2 2020～2023年非金融业两类所有制上市公司质量/ESG指数均值比较

所有制类型	2020年	2021年	2022年	2023年	2023年排名
国有控股公司	63.1500	61.1578	70.2197	69.5634	1
非国有控股公司	62.4293	60.2093	68.1273	68.6840	2

资料来源：北京师范大学公司治理与企业发展研究中心（高明华教授主持）“中国上市公司质量 /ESG 指数数据库”。

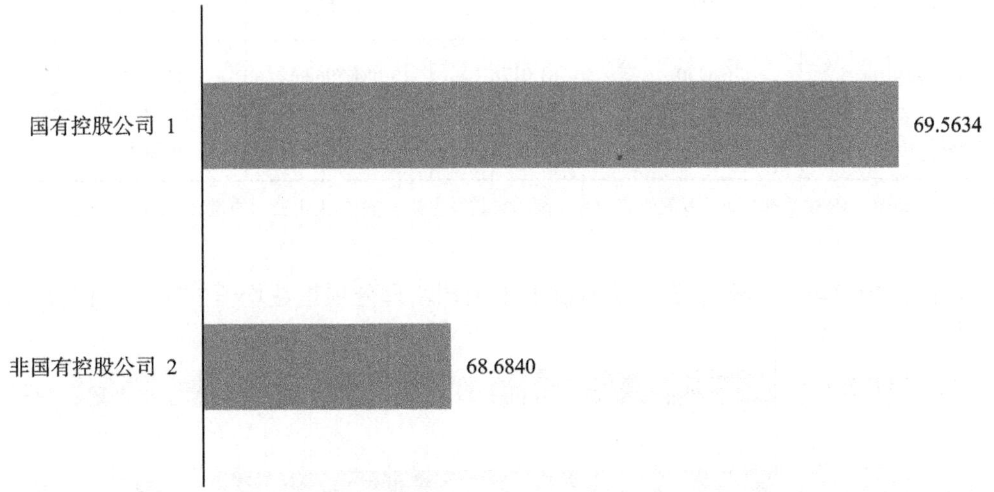

注：条形图左边的数字是 2023 年排名，右边是得分。

图8-2 2023年非金融业两类所有制上市公司质量/ESG指数均值排名及比较

由表 8-2 和图 8-2 可知，2020 ～ 2023 年，非金融业中，皆是国有控股公司质量 /ESG 指数均值高于非国有控股公司。相比 2020 年，2023 年非金融业国有控股公司和非国有控股公司的质量 /ESG 指数均值分别上升 6.4134 分和 6.2547 分。相比 2022 年，2023 年非金融业中的国有控股公司质量 /ESG 指数均值下降 0.6563 分，非国有控股公司上升 0.5567 分。

8.2 公司治理分项指数的所有制排名及比较

2020～2023 年，非金融业五类所有制上市公司治理分项指数排名及比较参见表 8-3。

表8-3　2020～2023年非金融业五类所有制上市公司治理分项指数均值比较

所有制类型	2020年	2021年	2022年	2023年	2023年排名
国有绝对控股公司	78.0125	82.1971	83.6219	83.5274	1
国有强相对控股公司	77.2047	81.6540	82.9163	82.5954	2
国有弱相对控股公司	77.1507	81.3131	82.6570	82.0798	3
无国有股份公司	76.8330	81.0176	81.7968	81.2228	4
国有参股公司	77.6082	81.1936	81.4334	80.5893	5

资料来源：北京师范大学公司治理与企业发展研究中心（高明华教授主持）“中国上市公司质量 /ESG 指数数据库”。

图 8-3 显示了 2023 年非金融业五类所有制上市公司治理分项指数均值的排名和比较。

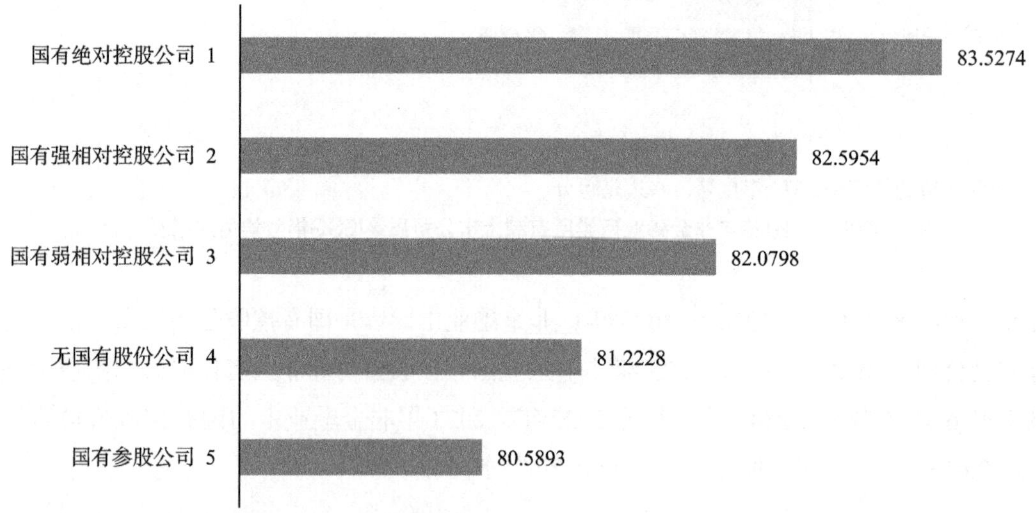

注：条形图左边的数字是 2023 年排名，右边是得分。

图8-3　2023年非金融业五类所有制上市公司治理分项指数均值排名及比较

由表 8-3 和图 8-3 可知，2023 年，从所有制角度，非金融业上市公司治理分项指数均值从高到低依次为国有绝对控股公司、国有强相对控股公司、国有弱相对控股公司、无国有股份公司和国有参股公司。与 2020 年相比，2023 年非金融业五类所有制上市公司治理分项指数均值全部上升，国有绝对控股公司升幅最大，上升 5.5149 分；国有参股公司升幅最小，上升 2.9811 分。相比 2022 年，2023 年非金融业五类所有制上市公司治理分项指数均值全部略有下降，国有参股公司降幅最大，下降 0.8441 分；国有绝对控股公司降幅最小，下降 0.0945 分。

将国有绝对控股公司、国有强相对控股公司和国有弱相对控股公司归类为国有控股公司，将国有参股公司和无国有股份公司归类为非国有控股公司，进一步分析非金融业两类所有制上市公司治理分项指数均值的变化，参见表 8-4 和图 8-4。

表8-4　2020～2023年非金融业两类所有制上市公司治理分项指数均值比较

所有制类型	2020年	2021年	2022年	2023年	2023年排名
国有控股公司	77.5190	81.7861	83.1307	82.7932	1
非国有控股公司	77.0871	81.0661	81.6899	81.0143	2

资料来源：北京师范大学公司治理与企业发展研究中心（高明华教授主持）“中国上市公司质量 /ESG 指数数据库”。

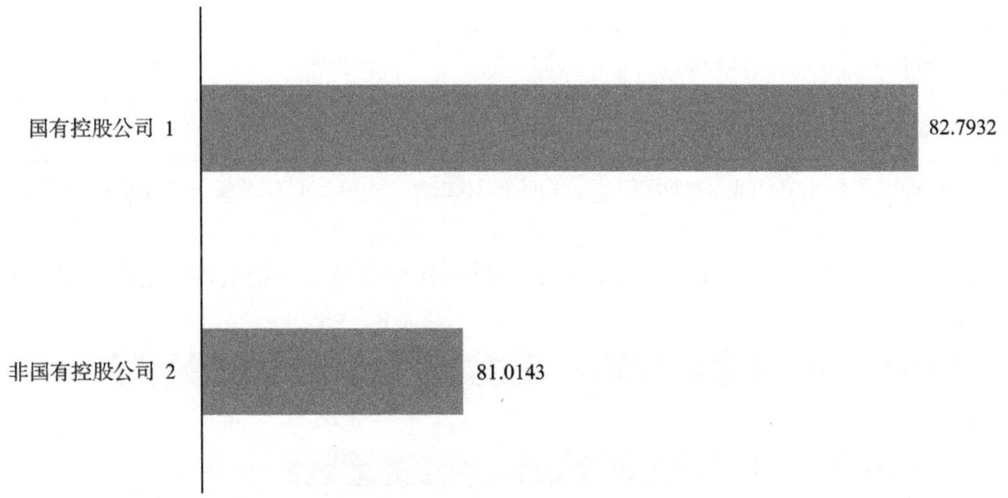

注：条形图左边的数字是 2023 年排名，右边是得分。

图8-4　2023年非金融业两类所有制上市公司治理分项指数均值排名及比较

由表 8-4 和图 8-4 可知，2020 ～ 2023 年，非金融业中，皆是国有控股公司治理分项指数均值高于非国有控股公司。相比 2020 年，2023 年非金融业国有控股公司和非国有控股公司的治理分项指数均值分别上升 5.2742 分和 3.9272 分。相比 2022 年，2023 年非金融业国有控股公司和非国有控股公司的治理分项指数均值分别下降 0.3375 分和 0.6756 分。

8.3 社会责任分项指数的所有制排名及比较

2020 ～ 2023 年，非金融业五类所有制上市公司社会责任分项指数排名及比较参见表 8-5。

表8-5 2020～2023年非金融业五类所有制上市公司社会责任分项指数均值比较

所有制类型	2020年	2021年	2022年	2023年	2023年排名
国有绝对控股公司	53.9239	40.0600	50.9102	50.5854	1
无国有股份公司	51.3119	39.0311	49.5243	50.0158	2
国有强相对控股公司	52.8269	38.8391	50.6439	49.3967	3
国有参股公司	51.9073	38.7140	49.0675	49.2600	4
国有弱相对控股公司	52.0183	38.1766	49.1463	49.1955	5

资料来源：北京师范大学公司治理与企业发展研究中心（高明华教授主持）“中国上市公司质量 /ESG 指数数据库”。

图 8-5 显示了 2023 年非金融业五类所有制上市公司社会责任分项指数均值的排名和比较。

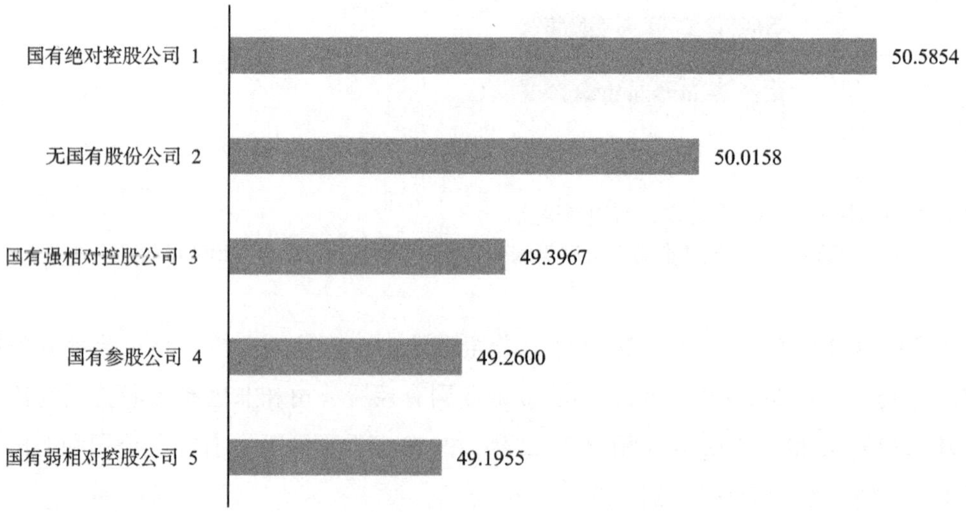

注：条形图左边的数字是 2023 年排名，右边是得分。

图8-5 2023年非金融业五类所有制上市公司社会责任分项指数均值排名及比较

由表 8-5 和图 8-5 可知，2023 年，从所有制角度，非金融业上市公司社会责任分项指数均值从高到低依次为国有绝对控股公司、无国有股份公司、国有强相对控股公司、国有参股公司和国有弱相对控股公司。与 2020 年相比，2023 年非金融业五类所有制上市公司社会责任分项指数均值全部下降，国有强相对控股公司降幅最大，下降 3.4302 分；无国有股份公司降幅最小，下降 1.2961 分。相比 2022 年，2023 年非金融业五类所有制上市公司中，无国有股份公司、国有参股公司和国有弱相对控股公司社会责任分项指数略有上升，无国有股份公司升幅最大，但也仅上升 0.4915 分；国有强相对控股公司和国有绝对控公司分别下降 1.2472 分和 0.3248 分。社会责任分项指数的下降显然与经济下行存在密切关系。

将国有绝对控股公司、国有强相对控股公司和国有弱相对控股公司归类为国有控股公司，将国有参股公司和无国有股份公司归类为非国有控股公司，进一步分析非金融业两类所有制上市公司社会责任分项指数均值的变化，参见表 8-6 和图 8-6。

表8-6　2020～2023年非金融业两类所有制上市公司社会责任分项指数均值比较

所有制类型	2020年	2021年	2022年	2023年	2023年排名
国有控股公司	53.1007	39.1609	50.4000	49.7737	1
非国有控股公司	51.5071	38.9437	49.3900	49.7670	2

资料来源：北京师范大学公司治理与企业发展研究中心（高明华教授主持）“中国上市公司质量 /ESG 指数数据库”。

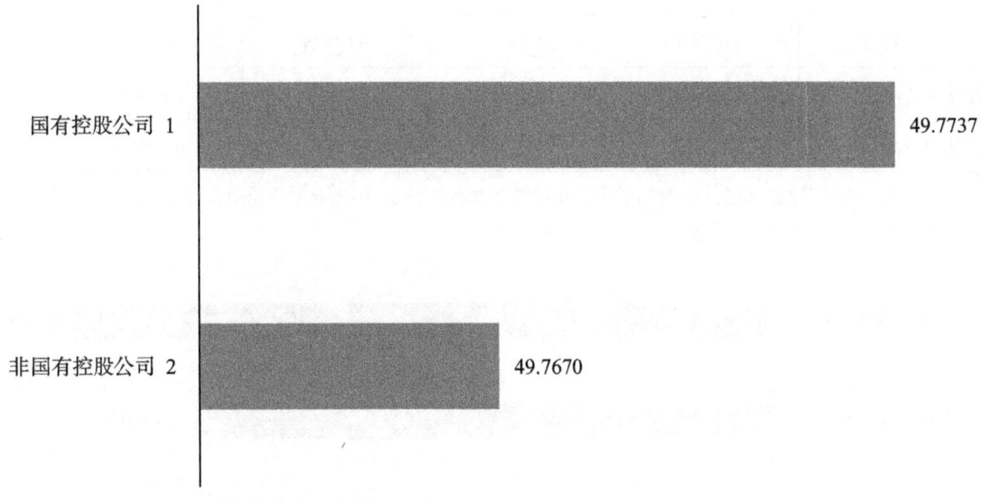

注：条形图左边的数字是 2023 年排名，右边是得分。

图8-6　2023年非金融业两类所有制上市公司社会责任分项指数均值排名及比较

由表 8-6 和图 8-6 可知，2020 ～ 2023 年，非金融业中，皆是国有控股公司社会责任分项指数均值高于非国有控股公司。相比 2020 年，2023 年非金融业国有控股公司和非国有控股公司的社会责任分项指数均值分别下降 3.3270 分和 1.7401 分。相比 2022 年，2023 年非金融业中的国有控股公司社会责任分项指数均值下降 0.6263 分，非国有控股公司上升 0.3770 分。社会责任分项指数的下降，原因正如上所述，与经济下行存在密切关系。

8.4 环境保护分项指数的所有制排名及比较

2020～2023年，非金融业五类所有制上市公司环境保护分项指数排名及比较参见表8-7和图8-7。由于近两年环境保护分项指数指标数据源不断扩大，导致各年度环境保护分项指数的可比性下降，尤其是近两年与2020年和2021年可比性更差（具体原因参见第1章说明），所以对于环境保护分项指数只对2023年和2022年进行比较，之前年份的数据仅供参考。

表8-7 2020～2023年非金融业五类所有制上市公司环境保护分项指数均值比较

所有制类型	2020年	2021年	2022年	2023年	2023年排名
国有参股公司	19.7362	19.6853	59.3418	69.0006	1
国有弱相对控股公司	18.8073	18.9789	62.6065	67.5019	2
国有强相对控股公司	20.7371	24.8989	69.4624	67.4353	3
无国有股份公司	20.1871	20.0177	59.0181	66.1331	4
国有绝对控股公司	18.1517	27.9749	71.2791	63.6108	5

资料来源：北京师范大学公司治理与企业发展研究中心（高明华教授主持）"中国上市公司质量/ESG指数数据库"。

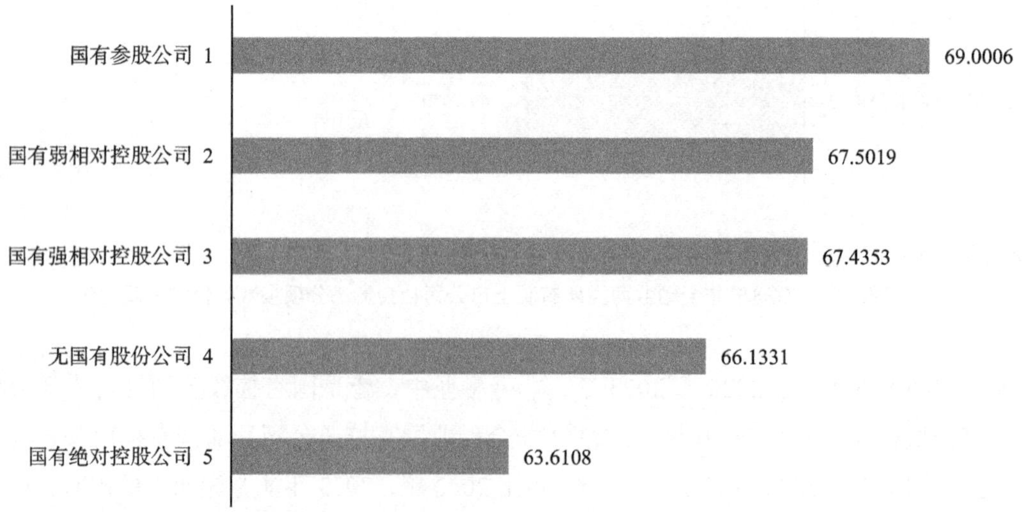

注：条形图左边的数字是2023年排名，右边是得分。

图8-7 2023年非金融业五类所有制上市公司环境保护分项指数均值排名及比较

由表 8-7 和图 8-7 可知，2023 年，从所有制角度，非金融业上市公司环境保护分项指数均值从高到低依次为国有参股公司、国有弱相对控股公司、国有强相对控股公司、无国有股份公司和国有绝对控股公司，且国有绝对控股公司明显低于其他四类所有制公司。相比 2022 年，国有参股公司、无国有股份公司和国有弱相对控股公司的环境保护分项指数均值有较大幅度上升，国有参股公司升幅最大，上升 9.6588 分；国有绝对控股公司和国有弱相对控股公司分别下降 7.6683 分和 2.0271 分。

将国有绝对控股公司、国有强相对控股公司和国有弱相对控股公司归类为国有控股公司，将国有参股公司和无国有股份公司归类为非国有控股公司，进一步比较非金融业这两类所有制上市公司环境保护分项指数均值的变化，参见表 8-8 和图 8-8。

表8-8　2020～2023年非金融业两类所有制上市公司环境保护分项指数均值比较

所有制类型	2020年	2021年	2022年	2023年	2023年排名
非国有控股公司	20.0393	19.9261	59.1133	67.0771	1
国有控股公司	19.2932	24.6911	68.5784	66.0638	2

资料来源：北京师范大学公司治理与企业发展研究中心（高明华教授主持）“中国上市公司质量 /ESG 指数数据库”。

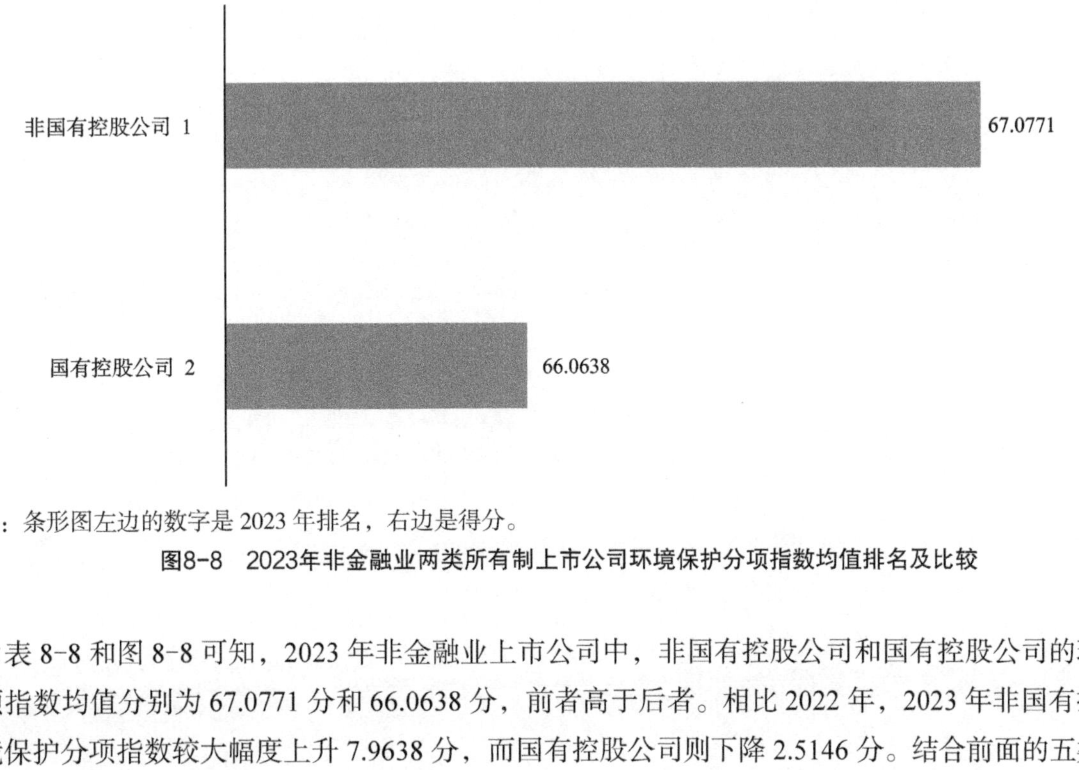

注：条形图左边的数字是 2023 年排名，右边是得分。

图8-8　2023年非金融业两类所有制上市公司环境保护分项指数均值排名及比较

由表 8-8 和图 8-8 可知，2023 年非金融业上市公司中，非国有控股公司和国有控股公司的环境保护分项指数均值分别为 67.0771 分和 66.0638 分，前者高于后者。相比 2022 年，2023 年非国有控股公司环境保护分项指数较大幅度上升 7.9638 分，而国有控股公司则下降 2.5146 分。结合前面的五类所有制分析，不难看出，环境保护分项指数的较大幅度变化，而且上升的公司比较多，这进一步说明公司发布的可持续发展报告或 ESG 报告可能过多地偏重于环境保护方面的信息披露。

第9章
中国非金融业上市公司质量/ESG指数-实际控制人排名及比较

本章对 2020 ～ 2023 年非金融业不同实际控制人上公司质量 /ESG 指数及三个分项指数分别进行排名和比较，排名仅针对 2023 年非金融业上市公司质量 /ESG 指数及三个分项指数的均值。

9.1 公司质量/ESG指数的实际控制人排名及比较

2020 ～ 2023 年，非金融业不同实际控制人上市公司质量 /ESG 指数排名及比较参见表 9-1。

表9-1 2020～2023年非金融业不同实际控制人上市公司质量/ESG指数均值比较

实际控制人	2020年	2021年	2022年	2023年	2023年排名
中央企业（或监管机构）	64.0980	62.2974	72.3019	70.7136	1
境外企业	65.7031	62.1982	72.9748	70.4959	2
地方国企（或监管机构）	62.5306	60.4000	69.0833	69.0352	3
自然人	62.4222	60.1534	68.1085	68.6829	4
民营企业	63.3410	60.0340	68.0275	68.3173	5
集体企业	60.1909	58.9961	67.6013	68.2562	6

资料来源：北京师范大学公司治理与企业发展研究中心（高明华教授主持）“中国上市公司质量 /ESG 指数数据库”。

图 9-1 显示了 2023 年非金融业不同实际控制人上市公司质量 /ESG 指数均值的排名和比较。

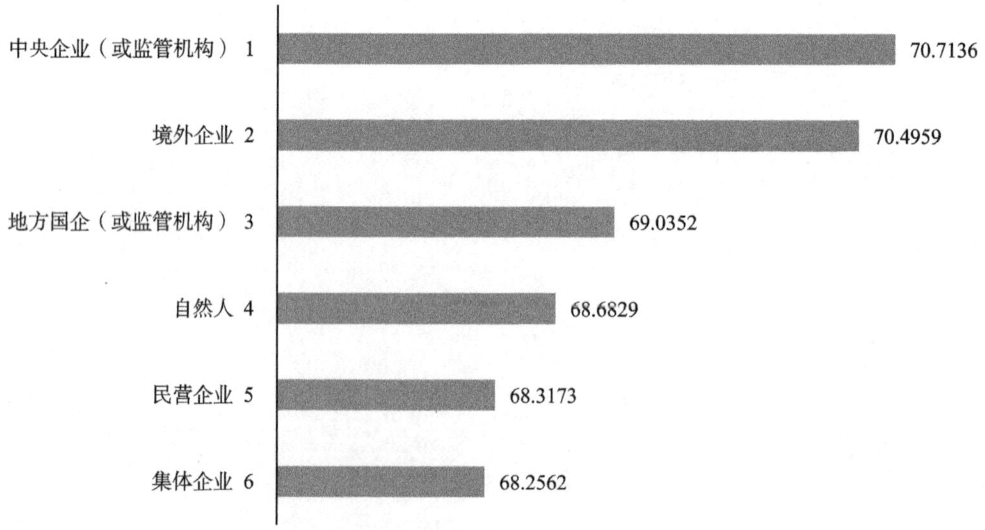

注：条形图左边的数字是 2023 年排名，右边是得分。

图9-1 2023年非金融业不同实际控制人上市公司质量/ESG指数均值排名及比较

由表 9-1 和图 9-1 可知，2023 年，从实际控制人角度，非金融业上市公司质量 /ESG 指数均值从高到低依次为中央企业（或监管机构）、境外企业、地方国企（或监管机构）、自然人、民营企业和集体企业实际控制的上市公司。与 2020 年相比，2023 年非金融业六类实际控制人上市公司质量 /ESG 指数均值全部上升。集体企业实际控制的上市公司升幅最大，上升 8.0653 分；境外企业实际控制的上市公司升幅最小，上升 4.7928 分。相比 2022 年，2023 年非金融业六类实际控制人中，集体企业、自然人和民营企业实际控制的上市公司的质量 /ESG 指数均值略有上升，集体企业实际控制的上市公司升幅最大，上升 0.6549 分；境外企业、中央企业（或监管机构）、地方国企（或监管机构）实际控制的上市公司的质量 /ESG 指数均值出现下降，降幅最大的是境外企业，下降 2.4789 分。

9.2　公司治理分项指数的实际控制人排名及比较

2020 ～ 2023 年，非金融业不同实际控制人上市公司治理分项指数排名及比较参见表 9-2。

表9-2　2020～2023年非金融业不同实际控制人上市公司治理分项指数均值比较

实际控制人	2020年	2021年	2022年	2023年	2023年排名
中央企业（或监管机构）	78.6797	82.2019	84.3275	83.8052	1
境外企业	80.4489	82.3482	84.2036	83.7966	2
地方国企（或监管机构）	76.9065	81.5119	82.5061	82.3284	3
集体企业	73.9777	79.5820	80.9315	82.1236	4
自然人	77.0305	80.9964	81.6682	80.9879	5
民营企业	78.6761	81.3450	81.7241	80.8433	6

资料来源：北京师范大学公司治理与企业发展研究中心（高明华教授主持）“中国上市公司质量 /ESG 指数数据库”。

图 9-2 显示了 2023 年非金融业不同实际控制人上市公司治理分项指数均值的排名和比较。

由表 9-2 和图 9-2 可知，2023 年，从实际控制人角度，非金融业上市公司治理分项指数均值从高到低依次为中央企业（或监管机构）、境外企业、地方国企（或监管机构）、集体企业、自然人和民营企业实际控制的上市公司。与 2020 年相比，2023 年非金融业六类实际控制人上市公司治理分项指数均值全部上升。集体企业实际控制的上市公司升幅最大，上升 8.1459 分；民营企业实际控制的上市公司升幅最小，上升 2.1672 分。相比 2022 年，2023 年非金融业六类实际控制人中，只有集体企业控制的上市公司治理分项指数均值上升，升幅为 1.1921 分；其他五类实际控制人实际控制的上市公司治理分类指数均值全部略有下降，降幅最大的是民营企业实际控制的上市公司，下降 0.8808 分。

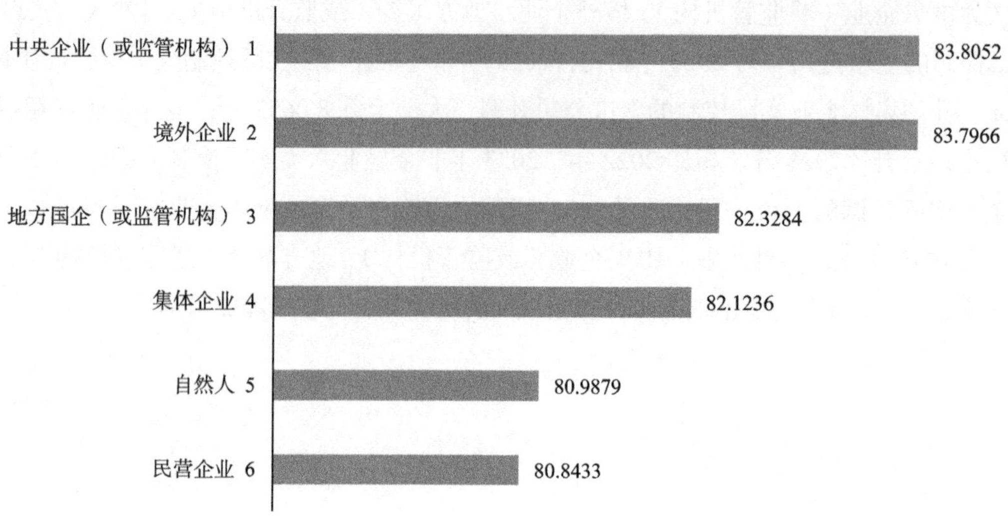

注：条形图左边的数字是 2023 年排名，右边是得分。

图9-2　2023年非金融业不同实际控制人上市公司治理分项指数均值排名及比较

9.3　社会责任分项指数的实际控制人排名及比较

2020 ～ 2023 年，非金融业不同实际控制人上市公司社会责任分项指数排名及比较参见表 9-3。

表9-3　2020～2023年非金融业不同实际控制人上市公司社会责任分项指数均值比较

实际控制人	2020年	2021年	2022年	2023年	2023年排名
境外企业	54.9168	40.2920	53.3593	52.9564	1
中央企业（或监管机构）	53.5186	40.5280	52.5151	52.2094	2
自然人	51.5625	39.0457	49.4452	49.7963	3
地方国企（或监管机构）	52.5812	38.1272	49.2289	48.6549	4
民营企业	51.5223	37.8938	48.5282	48.4546	5
集体企业	50.0091	36.9722	47.8122	47.3723	6

资料来源：北京师范大学公司治理与企业发展研究中心（高明华教授主持）“中国上市公司质量 /ESG 指数数据库”。

图 9-3 显示了 2023 年非金融业不同实际控制人上市公司社会责任分项指数均值的排名和比较。

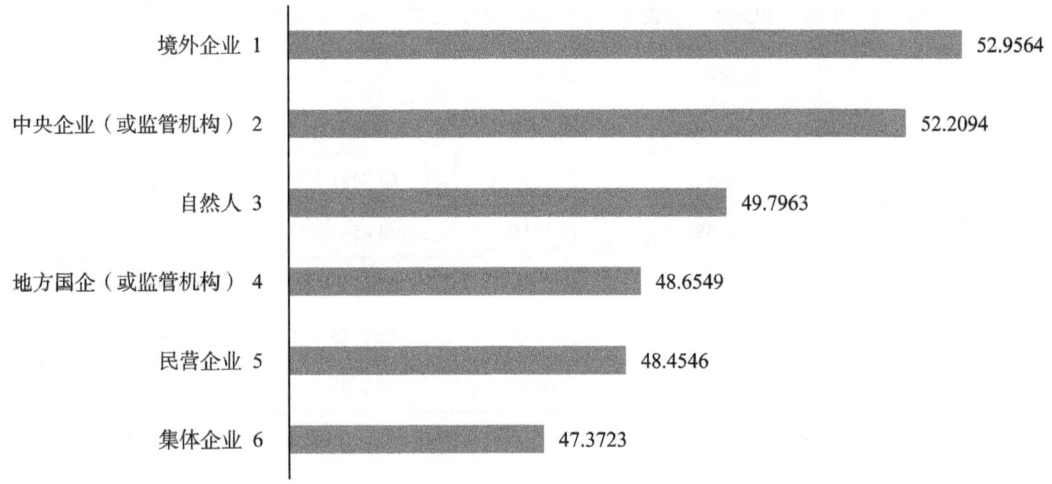

注：条形图左边的数字是 2023 年排名，右边是得分。

图9-3　2023年非金融业不同实际控制人上市公司社会责任分项指数均值排名及比较

由表 9-3 和图 9-3 可知，2023 年，从实际控制人角度，非金融业上市公司社会责任分项指数均值从高到低依次为境外企业、中央企业（或监管机构）、自然人、地方国企（或监管机构）、民营企业和集体企业实际控制的上市公司。与 2020 年相比，2023 年非金融业六类实际控制人上市公司社会责任分项指数均值全部下降。地方国企（或监管机构）实际控制的上市公司降幅最大，下降 3.9263 分；中央企业（或监管机构）实际控制的上市公司降幅最小，下降 1.3092 分。相比 2022 年，2023 年非金融业六类实际控制人中，只有自然人实际控制的上市公司社会责任分项指数均值略有上升，升幅为 0.3511 分；其他五类实际控制人实际控制的上市公司社会责任分项指数均值都出现下降，但降幅都不大，降幅最大的是地方国企（或监管机构）实际控制的上市公司，下降 0.5740 分。从不同最终控制人角度的分析，如同前面各章对社会责任分项指数分析的结果一样，社会责任更多地与经济绩效有关。

9.4　环境保护分项指数的实际控制人排名及比较

2020 ～ 2023 年，非金融业五类所有制上市公司环境保护分项指数排名及比较参见表 9-4。由于近两年环境保护分项指数指标数据源不断扩大，导致各年度可比性不强，尤其是近两年该分项指数与 2020 年和 2021 年可比性更差（具体原因参见第 1 章说明），所以对于环境保护分项指数仅对 2023 年和 2022 年进行比较，之前年份的数据仅供参考。

表9-4　2020～2023年非金融业不同实际控制人上市公司环境保护分项指数均值比较

实际控制人	2020年	2021年	2022年	2023年	2023年排名
民营企业	20.3636	20.3145	60.9436	68.9441	1
地方国企（或监管机构）	18.2857	22.2395	64.7481	67.2532	2
自然人	20.0858	19.3938	58.8514	67.1088	3
集体企业	20.0000	22.8571	63.5468	65.0794	4
中央企业（或监管机构）	20.9264	29.0155	75.4145	63.4740	5
境外企业	22.3529	28.0456	79.8701	58.7302	6

资料来源：北京师范大学公司治理与企业发展研究中心（高明华教授主持）"中国上市公司质量/ESG 指数数据库"。

图 9-4 显示了 2023 年非金融业不同实际控制人上市公司环境保护分项指数均值的排名和比较。

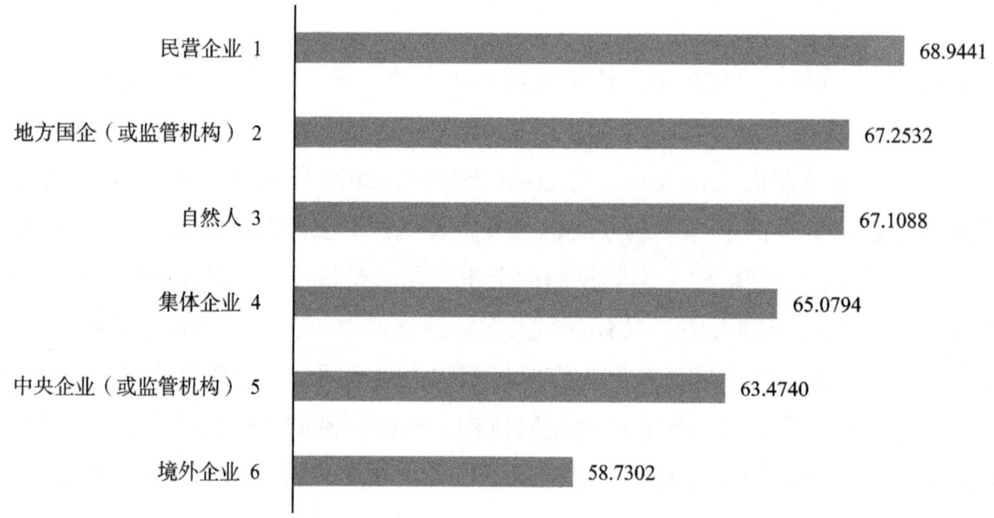

注：条形图左边的数字是 2023 年排名，右边是得分。

图9-4　2023年非金融业不同实际控制人上市公司环境保护分项指数均值排名及比较

由表 9-4 和图 9-4 可知，2023 年，从不同实际控制人角度，非金融业上市公司环境保护分项指数均值从高到低依次为民营企业、地方国企（或监管机构）、自然人、集体企业、中央企业（或监管机构）和境外企业实际控制的上市公司，且境外企业明显低于其他五类公司。相比 2022 年，2023 年六类实际控制人中，自然人、民营企业、地方国企（或监管机构）和集体企业实际控制的上市公司环境保护分项指数均值都是上升的，升幅最大的是自然人实际控制的上市公司，上升 8.2573 分；只有境外企业和中央企业（或监管机构）实际控制的上市公司环境保护分项指数均值是下降的，而且降幅较大，分别下降 21.1399 分和 11.9405 分，但这两类实际控制人公司数量较少，仅占样本总数的 9.23%，因此在环境保护分项指数上还是上升的公司更多，这同样反映了公司目前发布的可持续发展报告或 ESG 报告可能过多地偏重于环境保护方面的信息披露。

第10章
中国非金融业上市公司质量/ESG指数-上市板块排名及比较

本章对 2020 ～ 2023 年非金融业五个板块上公司质量 /ESG 指数及三个分项指数分别进行排名和比较，排名仅针对 2023 年非金融业上市公司质量 /ESG 指数及三个分项指数的均值。在进行年度比较时，因北交所是 2021 年 11 月开市，2023 年才纳入评价（针对 2022 年），所以，对北交所的年度比较，只比较 2023 年和 2022 年。

10.1　公司质量/ESG指数的上市板块排名及比较

2020 ～ 2023 年，非金融业五个板块上市公司质量 /ESG 指数排名及比较参见表 10-1。

表10-1　2020～2023年非金融业五个板块上市公司质量/ESG指数均值比较

上市板块	2020年	2021年	2022年	2023年	2023年排名
沪市科创板	65.0768	64.1181	72.7953	72.0205	1
深市创业板	63.6159	60.5653	68.1309	69.3480	2
深市主板	62.8864	59.7178	67.9398	68.6930	3
沪市主板	61.6732	60.5321	69.1740	68.3052	4
北交所	—	—	60.3810	64.8738	5

资料来源：北京师范大学公司治理与企业发展研究中心（高明华教授主持）“中国上市公司质量 /ESG 指数数据库”。

图 10-1 显示了 2023 年非金融业五个板块上市公司质量 /ESG 指数均值的排名和比较。

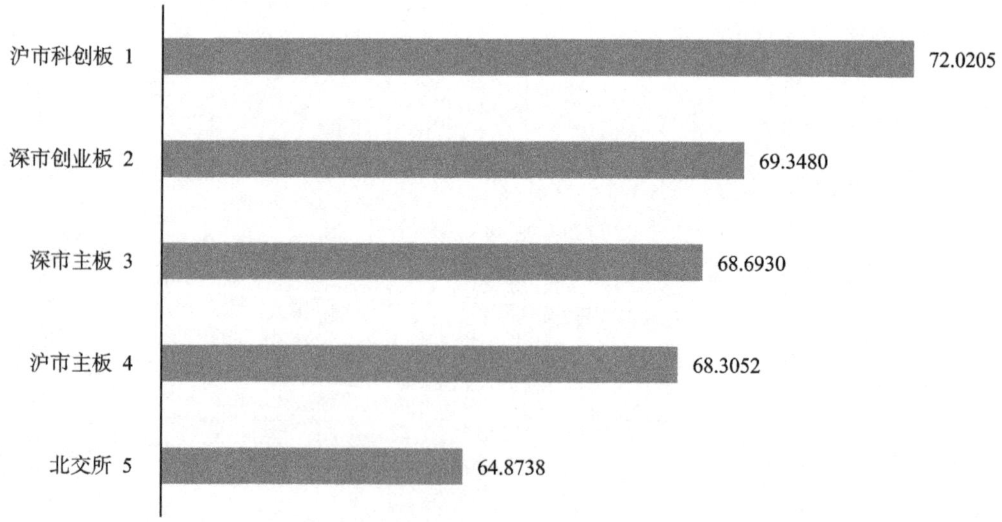

注：条形图左边的数字是 2023 年排名，右边是得分。

图10-1　2023年非金融业五个板块上市公司质量/ESG指数均值排名及比较

由表10-1和图10-1可知，2023年，从上市板块角度，非金融业上市公司质量/ESG指数均值从高到低依次为沪市科创板、深市创业板、深市主板、沪市主板和北交所。与2020年相比，2023年非金融业四个板块上市公司质量/ESG指数均值全部上升。沪市科创板上市公司升幅最大，上升6.9437分；深市创业板上市公司升幅最小，上升5.7321分。相比2022年，2023年非金融业五个板块中，北交所、深市创业板和深市主板的上市公司质量/ESG指数上升，其中北交所升幅远高于其他两个板块，其升幅为4.4928分，其他两个板块升幅在1分左右；沪市主板和沪市科创板的上市公司质量/ESG指数均值分别下降0.8688分和0.7748分。

10.2　公司治理分项指数的上市板块排名及比较

2020～2023年，非金融业五个板块上市公司治理分项指数排名及比较参见表10-2。

表10-2　2020～2023年非金融业五个板块上市公司治理分项指数均值比较

上市板块	2020年	2021年	2022年	2023年	2023年排名
沪市科创板	79.6445	82.9651	84.1114	82.9429	1
深市创业板	78.9273	82.3855	83.2598	81.9429	2
沪市主板	75.3493	80.8552	82.0424	81.8495	3
深市主板	77.9453	80.6860	81.2699	81.1825	4
北交所	—	—	71.3400	74.5339	5

资料来源：北京师范大学公司治理与企业发展研究中心（高明华教授主持）"中国上市公司质量/ESG指数数据库"。

图10-2显示了2023年非金融业五个板块上市公司治理分项指数均值的排名和比较。

由表10-2和图10-2可知，2023年，从上市板块角度，非金融业上市公司治理分项指数均值从高到低依次为沪市科创板、深市创业板、沪市主板、深市主板和北交所。与2020年相比，2023年非金融业四个板块上市公司治理分项指数均值全部上升。沪市主板上市公司升幅最大，上升6.5002分；深市创业板上市公司升幅最小，上升3.0156分。相比2022年，2023年非金融业五个板块中，只有北交所上市公司治理分项指数均值上升，升幅为3.1939分；其他四个板块上市公司治理分项指数均值都出现下降，但下降幅度不大，降幅最大的是深市创业板，下降1.3169分。

注：条形图左边的数字是 2023 年排名，右边是得分。

图10-2　2023年非金融业五个板块上市公司治理分项指数均值排名及比较

10.3　社会责任分项指数的上市板块排名及比较

2020 ～ 2023 年，非金融业五个板块上市公司社会责任分项指数排名及比较参见表 10-3。

表10-3　2020～2023年非金融业五个板块上市公司社会责任分项指数均值比较

上市板块	2020年	2021年	2022年	2023年	2023年排名
沪市科创板	55.0018	46.2024	55.0174	55.9980	1
北交所	—	—	48.4513	50.4608	2
深市创业板	51.7780	38.7516	49.4117	50.0482	3
深市主板	51.4841	38.1349	49.3069	49.1801	4
沪市主板	52.3553	38.7691	48.8430	47.9957	5

资料来源：北京师范大学公司治理与企业发展研究中心（高明华教授主持）“中国上市公司质量 /ESG 指数数据库”。

图 10-3 显示了 2023 年非金融业五个板块上市公司社会责任分项指数均值的排名和比较。

由表 10-3 和图 10-3 可知，2023 年，从上市板块角度，非金融业上市公司社会责任分项指数均值从高到低依次为沪市科创板、北交所、深市创业板、深市主板和沪市主板。与 2020 年相比，2023 年非金融业四个板块中，除沪市科创板上市公司社会责任分项指数均值上升 0.9962 分外，其他三个板块上市公司社会责任分项指数均值全部下降。沪市主板降幅最大，下降 4.3596 分；深市创业板降幅最小，下降 1.7298 分。相比 2022 年，2023 年非金融业五个板块中，北交所、沪市科创板和深市创业板上市公司社会责任分项指数均值上升，北交所升幅最大，上升 2.0095 分，深市创业板升幅最小，上升 0.6365 分；而沪市主板和深市主板上市公司社会责任分项指数均值则分别下降 0.8473 分和 0.1268 分。由于两个主板上市公司大都属于传统产业，公司绩效一般不如新兴产业，两个主板上市公司社会责任分项指数均值的下降，也意味着社会责任与公司绩效的紧密关系。

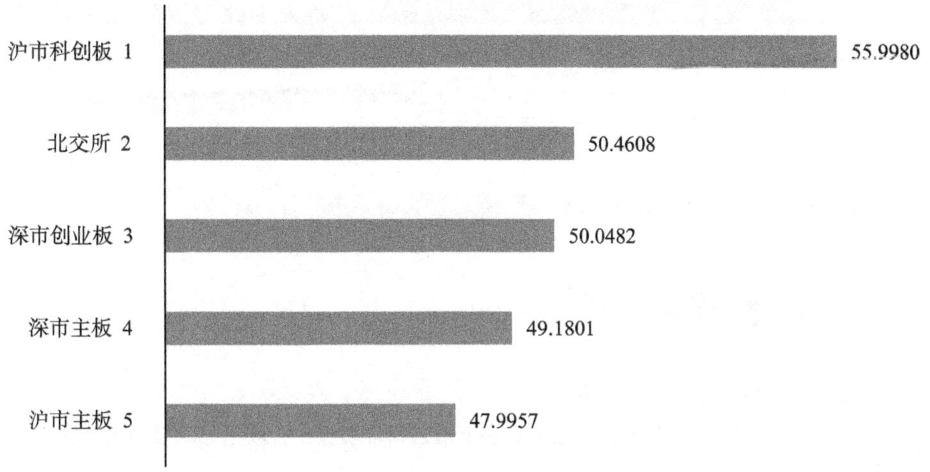

注：条形图左边的数字是 2023 年排名，右边是得分。

图10-3　2023年非金融业五个板块上市公司社会责任分项指数均值排名及比较

10.4　环境保护分项指数的上市板块排名及比较

2020 ～ 2023 年，非金融业五个板块上市公司环境保护分项指数排名及比较参见表 10-4。由于近两年环境保护分项指数指标数据源不断扩大，导致各年度环境保护分项指数的可比性不强，尤其是近两年该分项指数与 2020 年和 2021 年可比性更差（具体原因参见第 1 章说明），所以对于环境保护分项指数仅对 2023 年和 2022 年进行比较，之前年份的数据仅供参考。

表10-4　2020～2023年非金融业五个板块上市公司环境保护分项指数均值比较

上市板块	2020年	2021年	2022年	2023年	2023年排名
深市主板	19.9701	19.9328	59.8390	68.2958	1
沪市科创板	20.2174	23.1645	72.7790	68.0259	2
深市创业板	20.8354	16.9016	50.4392	67.6252	3
沪市主板	19.0671	24.9256	69.5564	64.8946	4
北交所	—	—	41.8605	62.1894	5

资料来源：北京师范大学公司治理与企业发展研究中心（高明华教授主持）“中国上市公司质量 /ESG 指数数据库”。

图 10-4 显示了 2023 年非金融业五个板块上市公司环境保护分项指数均值的排名和比较。

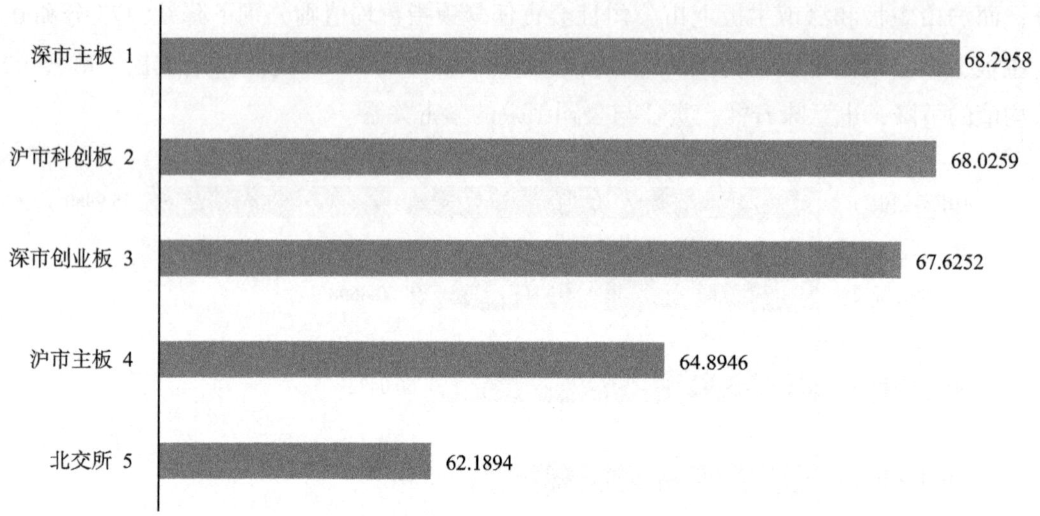

注：条形图左边的数字是 2023 年排名，右边是得分。

图10-4　2023年非金融业五个板块上市公司环境保护分项指数均值排名及比较

由表 10-4 和图 10-4 可知，2023 年，从上市板块角度，非金融业上市公司环境保护分项指数均值从高到低依次为深市主板、沪市科创板、深市创业板、沪市主板和北交所。相比 2022 年，北交所、深市创业板和深市主板上市公司环境保护分项指数均值分别上升 20.3289 分、17.1860 分和 8.4568 分，升幅都较大；而沪市科创板和沪市主板上市公司环境保护分项指数均值则分别下降 4.7531 分和 4.6618 分。这一方面反映了目前发布的可持续发展报告或 ESG 报告过多地偏重于环境保护方面的信息披露；另一方面也反映了上市公司发布这类报告在不同板块中的差异。

第11章 中国金融业上市公司质量/ESG指数排名及比较

本章从地区、所有制、实际控制人、细分行业四个方面，对金融业上市公司质量/ESG指数及三个分项指数分别进行排名和比较。由于金融业与非金融业之间的差异很大，二者的可比性不强，因此，对金融业与非金融业不作比较。2022～2024年评价（2021～2023年数据）与2021年评价（2020年数据）在金融业评价指标体系和样本量上有很多不同，因此，本章仅比较2021～2023年三个年度金融业上市公司质量/ESG指数及三个分项指数的变化。

11.1 公司质量/ESG指数比较

11.1.1 地区比较

2021 ～ 2023 年，金融业四个地区上市公司质量 /ESG 指数均值比较参见表 11-1 和图 11-1。

表11-1 2021～2023年金融业四个地区上市公司质量/ESG指数均值比较

年份	东部	中部	西部	东北
2021	72.1088	67.8442	70.3598	64.6262
2022	71.8505	65.0038	69.0971	70.8130
2023	73.1189	66.9738	71.1369	70.6659

资料来源：北京师范大学公司治理与企业发展研究中心（高明华教授主持）“中国上市公司质量 /ESG 指数数据库”。

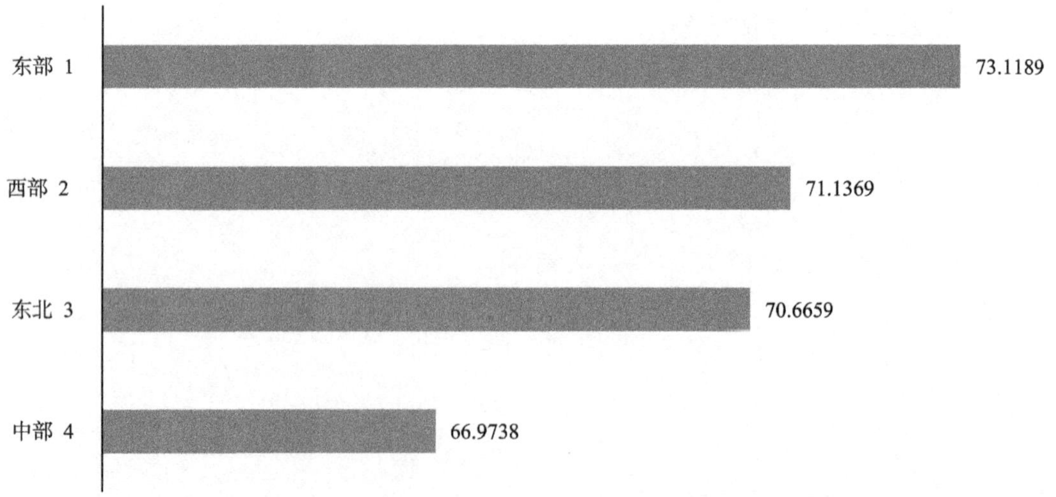

注：条形图左边的数字是 2023 年排名，右边是得分。

图11-1 2023年金融业四个地区上市公司质量/ESG指数均值排名及比较

由表 11-1 和图 11-1 可知，2023 年，从四个地区比较，金融业上市公司质量 /ESG 指数均值从高到低依次为东部、西部、东北和中部，但东北金融业只有 4 家样本上市公司，可能存在可比性不强的问题。相比 2021 年，2023 年金融业四个地区中，除了中部上市公司质量 /ESG 指数均值下降 0.8704 分外，其他三个地区全部上升，东北升幅最大，上升 6.0397 分；其他两个地区升幅在 1 分左右。相比 2022 年，2023 年金融业四个地区中，除了东北上市公司质量 /ESG 指数均值下降 0.1471 分外，其他三个地区全部上升，西部升幅最大，上升 2.0398 分；东部升幅最小，上升 1.2684 分。

11.1.2 所有制比较

按照所有制，把上市公司划分为国有控股上市公司和非国有控股上市公司。2021 ～ 2023 年，金融业两类所有制上市公司质量 /ESG 指数均值比较参见表 11-2 和图 11-2。

表11-2 2021～2023年金融业两类所有制上市公司质量/ESG指数均值比较

年份	国有控股公司	非国有控股公司
2021	72.6802	67.4856
2022	71.6660	67.8430
2023	73.0449	68.6233

资料来源：北京师范大学公司治理与企业发展研究中心（高明华教授主持）“中国上市公司质量 /ESG 指数数据库”。

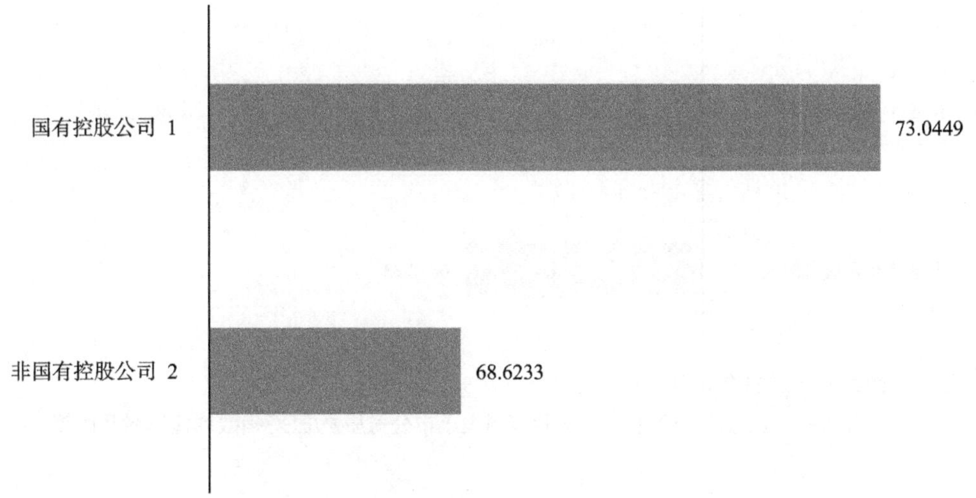

注：条形图左边的数字是 2023 年排名，右边是得分。

图11-2 2023年金融业两类所有制上市公司质量/ESG指数均值排名及比较

由表 11-2 和图 11-2 可知，2023 年，金融业国有控股公司质量 /ESG 指数均值高于非国有控股公司，这与 2022 年和 2021 年两类所有制的排序相同。相比 2021 年，2023 年金融业国有控股公司和非国有控股公司的质量 /ESG 指数均值分别上升 0.3647 分和 1.1377 分。相比 2022 年，2023 年国有控股公司和非国有控股公司的质量 /ESG 指数均值分别上升 1.3789 分和 0.7803 分。

11.1.3 实际控制人比较

按照实际控制人，把上市公司划分为中央企业（或监管机构）、地方国企（或监管机构）和非国有企业或自然人控制的上市公司三类。2021～2023 年，金融业三类实际控制人控制的上市公司的质量 / ESG 指数均值比较参见表 11-3 和图 11-3。

表11-3 2021～2023年金融业三类实际控制人上市公司质量/ESG指数均值比较

年份	中央企业（或监管机构）	地方国企（或监管机构）	非国有企业或自然人
2021	72.8436	72.5358	67.4045
2022	73.8707	70.9452	66.5118
2023	74.7025	72.2292	68.6233

资料来源：北京师范大学公司治理与企业发展研究中心（高明华教授主持）“中国上市公司质量 /ESG 指数数据库”。

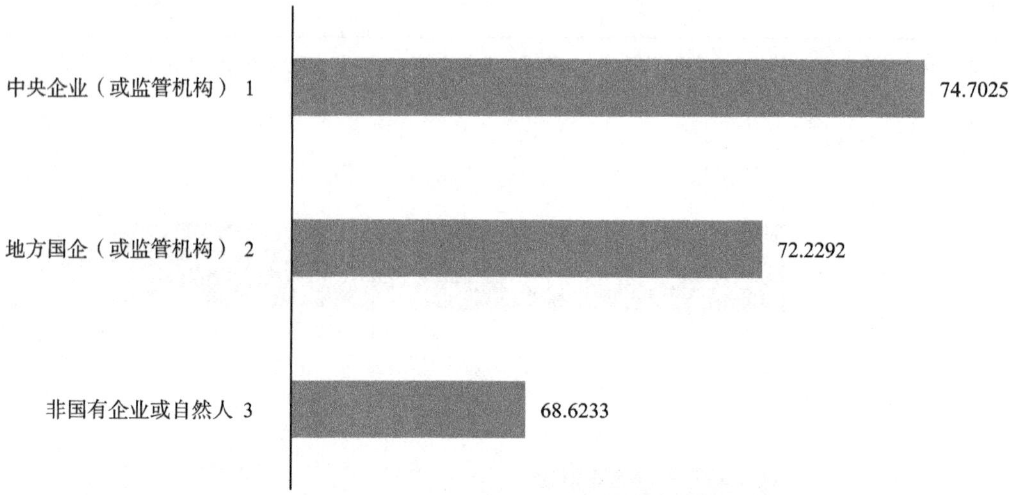

注：条形图左边的数字是 2023 年排名，右边是得分。

图11-3 2023年金融业三类实际控制人上市公司质量/ESG指数均值排名及比较

由表 11-3 和图 11-3 可知，2023 年，从实际控制人看，金融业上市公司质量 /ESG 指数均值从高到低依次是中央企业（或监管机构）、地方国企（或监管机构）和非国有企业或自然人控制的上市公司。相比 2021 年，2023 年中央企业（或监管机构）和非国有企业或自然人控制的上市公司的质量 /ESG 指数均值分别上升 1.8589 分和 1.2188 分，而地方国企（或监管机构）控股的上市公司的质量 /ESG 指数均值则下降 0.3066 分。相比 2022 年，2023 年三类实际控制人控制的上市公司的质量 / ESG 指数均值全部上升，非国有企业或自然人控制的上市公司的质量 /ESG 指数均值升幅最大，上升 2.1115 分；中央企业（或监管机构）控制的上市公司的质量 /ESG 指数均值升幅最小，上升 0.8318 分。

11.1.4　细分行业比较

2021 ～ 2023 年，金融业四个细分行业上市公司质量 /ESG 指数均值比较参见表 11-4 和图 11-4。

表11-4　2021～2023年金融业细分行业上市公司质量/ESG指数均值比较

年份	货币金融服务	资本市场服务	保险业	其他金融业
2021	73.9951	70.2576	78.5979	65.2062
2022	72.2068	70.1024	79.6144	65.5371
2023	72.1517	72.2950	75.2459	69.4502

资料来源：北京师范大学公司治理与企业发展研究中心（高明华教授主持）“中国上市公司质量 /ESG 指数数据库”。

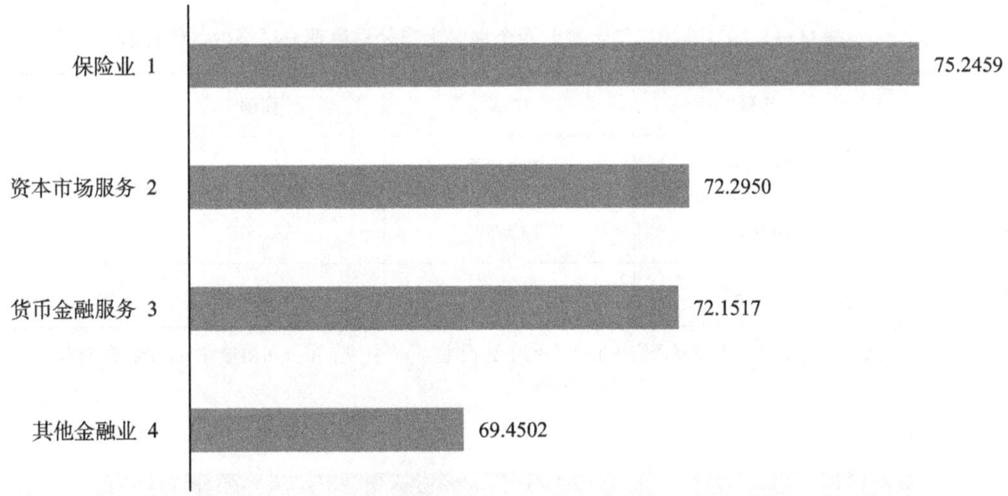

注：条形图左边的数字是 2023 年排名，右边是得分。

图11-4　2023年金融业细分行业上市公司质量/ESG指数均值排名及比较

由表 11-4 和图 11-4 可知，2023 年，从金融业四个细分行业看，上市公司质量 /ESG 指数均值从高到低依次是保险业、资本市场服务、货币金融服务和其他金融业。但由于保险业只有 5 家上市公司，与其他三个细分行业的可比性可能不够强。相比 2021 年，2023 年资本市场服务和其他金融业两个细分行业的上市公司质量 /ESG 指数均值分别上升 2.0374 分和 4.2440 分，而货币金融服务和保险业两个细分行业的上市公司质量 /ESG 指数均值则分别下降 1.8434 分和 3.3520 分。相比 2022 年，2023 年资本市场服务和其他金融业两个细分行业的上市公司质量 /ESG 指数均值上升，升幅分别为 2.1926 分和 3.9131 分；而货币金融服务和保险业两个细分行业的上市公司质量 /ESG 指数均值则下降，降幅分别为 0.0551 分和 4.3685 分。

11.2 公司治理分项指数比较

11.2.1 地区比较

2021 ～ 2023 年，金融业四个地区上市公司治理分项指数均值比较参见表 11-5 和图 11-5。

表11-5 2021～2023年金融业四个地区上市公司治理分项指数均值比较

年份	东部	中部	西部	东北
2021	86.3906	83.2135	86.3689	83.3653
2022	84.9862	79.5952	83.3513	86.4875
2023	85.1968	81.3095	85.0880	83.6996

资料来源：北京师范大学公司治理与企业发展研究中心（高明华教授主持）“中国上市公司质量 /ESG 指数数据库”。

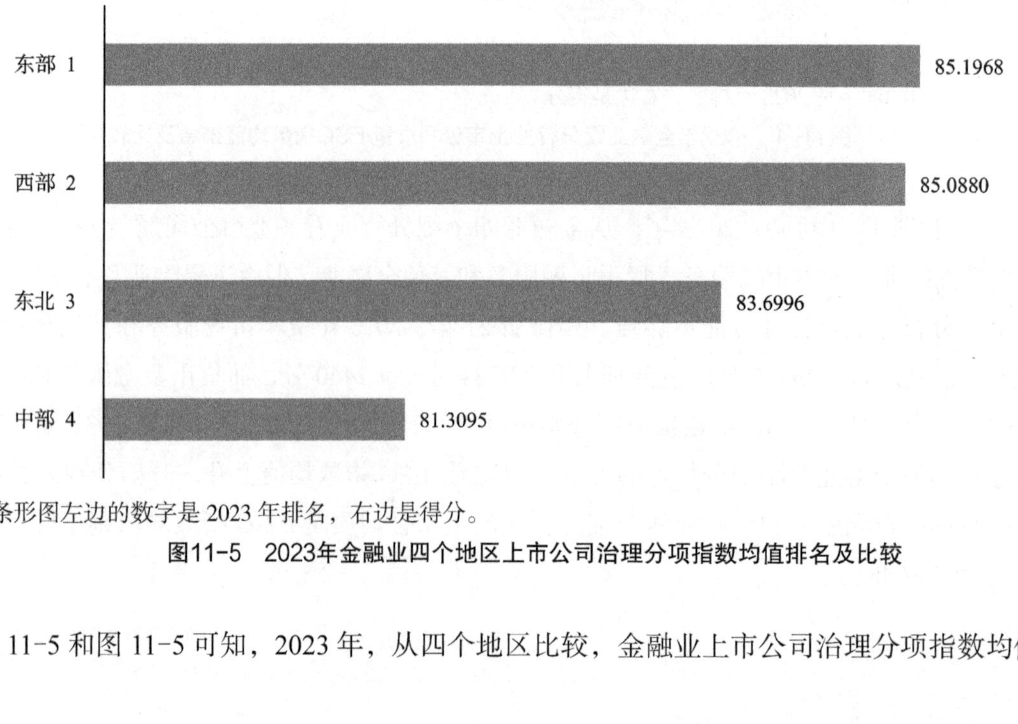

注：条形图左边的数字是 2023 年排名，右边是得分。

图11-5 2023年金融业四个地区上市公司治理分项指数均值排名及比较

由表 11-5 和图 11-5 可知，2023 年，从四个地区比较，金融业上市公司治理分项指数均值从高到低依次为东部、西部、东北和中部，但东北金融业只有 4 家样本上市公司，可能存在可比性不强的问题。相比 2021 年，2023 年金融业四个地区中，只有东北上市公司治理分项指数均值略升 0.3343 分，其他三个地区全部下降，中部降幅最大，下降 1.9040 分；东部降幅最小，下降 1.1938 分。相比 2022 年，2023 年东北上市公司治理分项指数均值下降 2.7879 分，其他三个地区全部上升，西部升幅最大，上升 1.7367 分；东部升幅最小，上升 0.2106 分。

11.2.2　所有制比较

2021 ～ 2023 年，金融业两类所有制上市公司治理分项指数均值比较参见表 11-6 和图 11-6。

表11-6　2021～2023年金融业两类所有制上市公司治理分项指数均值比较

年份	国有控股公司	非国有控股公司
2021	86.9045	83.6126
2022	84.5374	83.0819
2023	85.3885	82.2615

资料来源：北京师范大学公司治理与企业发展研究中心（高明华教授主持）“中国上市公司质量 /ESG 指数数据库”。

注：条形图左边的数字是 2023 年排名，右边是得分。

图11-6　2023年金融业两类所有制上市公司治理分项指数均值排名及比较

由表 11-6 和图 11-6 可知，2023 年，金融业国有控股公司治理分项指数均值高于非国有控股公司，这与前两年两类所有制的排序相同。相比 2021 年，2023 年金融业国有控股公司和非国有控股公司的公司治理分项均值分别下降 1.5160 分和 1.3511 分。相比 2022 年，2023 年金融业国有控股公司治理分项指数均值上升 0.8511 分，非国有控股公司治理分项指数均值则下降 0.8204 分。

11.2.3 实际控制人比较

2021 ～ 2023 年，金融业三类实际控制人控制的上市公司的公司治理分项指数均值比较参见表 11-7 和图 11-7。

表11-7 2021～2023年金融业三类实际控制人上市公司治理分项指数均值比较

年份	中央企业（或监管机构）	地方国企（或监管机构）	非国有企业或自然人
2021	86.5731	87.0520	83.6027
2022	84.1939	85.1056	82.1782
2023	84.6817	85.7364	82.2615

资料来源：北京师范大学公司治理与企业发展研究中心（高明华教授主持）“中国上市公司质量/ESG 指数数据库”。

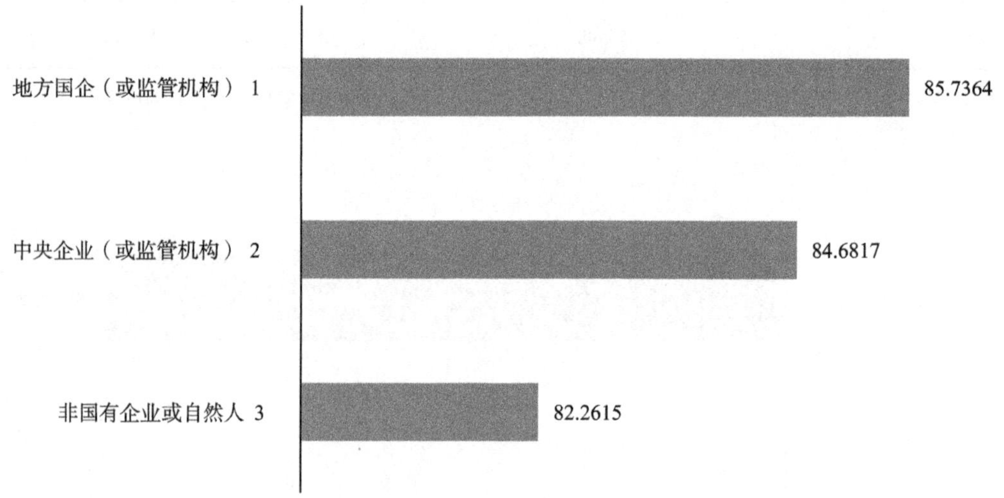

注：条形图左边的数字是 2023 年排名，右边是得分。

图11-7 2023年金融业三类实际控制人上市公司治理分项指数均值排名及比较

由表 11-7 和图 11-7 可知，2023 年，从实际控制人看，金融业上市公司治理分项指数均值从高到低依次是地方国企（或监管机构）、中央企业（或监管机构）和非国有企业或自然人控制的上市公司。相比 2021 年，2023 年三类公司的治理分项指数均值全部下降，中央企业（或监管机构）控制的上市公司的治理分项指数均值降幅最大，下降 1.8914 分；地方国企（或监管机构）控制的上市公司的治理分项指数均值降幅最小，下降 1.3156 分。相比 2022 年，2023 年三类上市公司的治理分项指数均值全部上升，但升幅都不大，都在 0.64 分以下。

11.2.4　细分行业比较

2021 ～ 2023 年，金融业四个细分行业上市公司治理分项指数均值比较参见表 11-8 和图 11-8。

表11-8　2021～2023年金融业细分行业上市公司治理分项指数均值比较

年份	货币金融服务	资本市场服务	保险业	其他金融业
2021	88.1344	86.0625	87.5163	80.4446
2022	84.7412	84.6928	90.9642	79.1240
2023	84.3075	85.7119	85.5932	81.6671

资料来源：北京师范大学公司治理与企业发展研究中心（高明华教授主持）“中国上市公司质量 /ESG 指数数据库”。

注：条形图左边的数字是 2023 年排名，右边是得分。

图11-8　2023年金融业细分行业上市公司治理分项指数均值排名及比较

由表 11-8 和图 11-8 可知，2023 年，从金融业四个细分行业看，上市公司治理分项指数均值从高到低依次是资本市场服务、保险业、货币金融服务和其他金融业。但由于保险业只有 5 家上市公司，与其他三个细分行业的可比性可能不够强。相比 2021 年，2023 年除了其他金融业的上市公司治理分项指数均值上升 1.2225 分外，货币金融服务、资本市场服务和保险业三个细分行业的上市公司治理分项指数均值则分别下降 3.8269 分、0.3506 分和 1.9231 分。相比 2022 年，2023 年资本市场服务和其他金融业的上市公司治理分项指数均值分别上升 1.0191 分和 2.5431 分；而货币金融服务和保险业的上市公司治理分项指数均值则分别下降 0.4337 分和 5.3710 分。

11.3 社会责任分项指数比较

11.3.1 地区比较

2021 ～ 2023 年，金融业四个地区上市公司社会责任分项指数均值比较参见表 11-9 和图 11-9。

表11-9 2021～2023年金融业四个地区上市公司社会责任分项指数均值比较

年份	东部	中部	西部	东北
2021	58.3637	53.8248	54.9815	49.5619
2022	51.4230	44.8308	48.1923	44.9853
2023	53.6371	48.5307	49.1305	48.9461

资料来源：北京师范大学公司治理与企业发展研究中心（高明华教授主持）“中国上市公司质量 /ESG 指数数据库”。

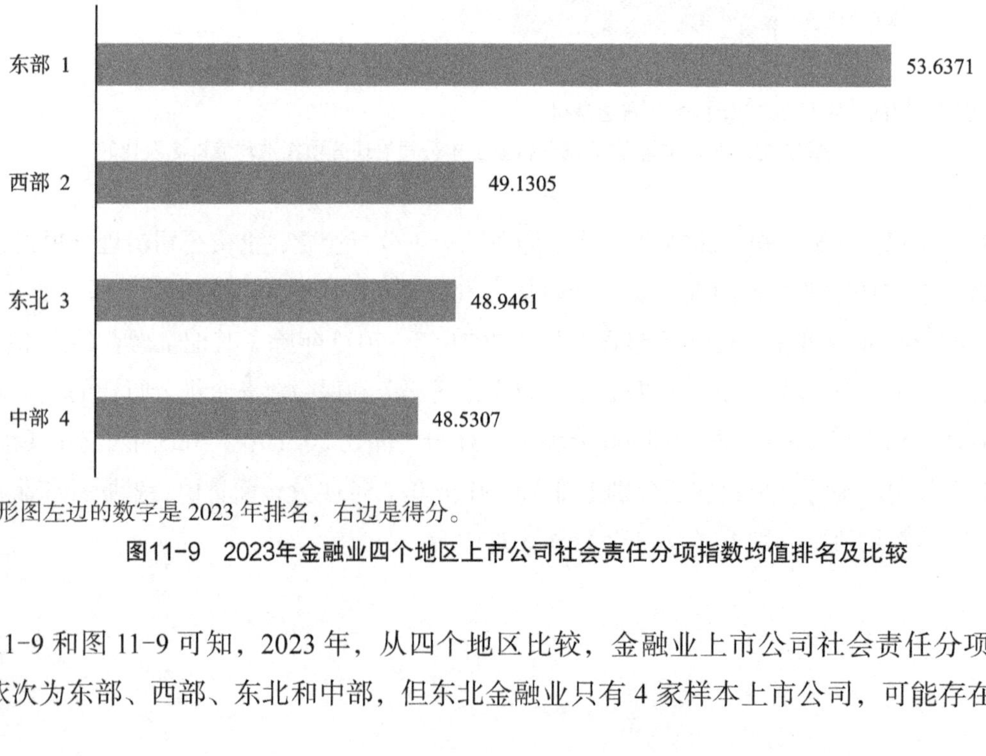

注：条形图左边的数字是 2023 年排名，右边是得分。

图11-9 2023年金融业四个地区上市公司社会责任分项指数均值排名及比较

由表 11-9 和图 11-9 可知，2023 年，从四个地区比较，金融业上市公司社会责任分项指数均值从高到低依次为东部、西部、东北和中部，但东北金融业只有 4 家样本上市公司，可能存在可比性不强的问题。相比 2021 年，2023 年四个地区金融业的上市公司社会责任分项指数均值全部下降，西部降幅最大，下降 5.8510 分；东北降幅最小，下降 0.6158 分。相比 2022 年，金融业四个地区的上市公司社会责任分项指数全部上升，东北升幅最大，上升 3.9608 分；西部升幅最小，上升 0.9382 分。另外，2022 年相比 2021 年四个地区金融业上市公司社会责任分项指数均值也都是下降的，从 2022 年比 2021 年的全部下降到 2023 年比 2022 年的全部上升，意味着金融业发布社会责任报告或可持续发展报告或 ESG 报告的公司增多，其社会责任意识得到进一步增强。

11.3.2　所有制比较

2021 ～ 2023 年，金融业两类所有制上市公司社会责任分项指数均值比较参见表 11-10 和图 11-10。

表11-10　2021～2023年金融业两类所有制上市公司社会责任分项指数均值比较

年份	国有控股公司	非国有控股公司
2021	58.6026	53.4820
2022	50.5797	48.3138
2023	52.5463	51.1523

资料来源：北京师范大学公司治理与企业发展研究中心（高明华教授主持）“中国上市公司质量 /ESG 指数数据库”。

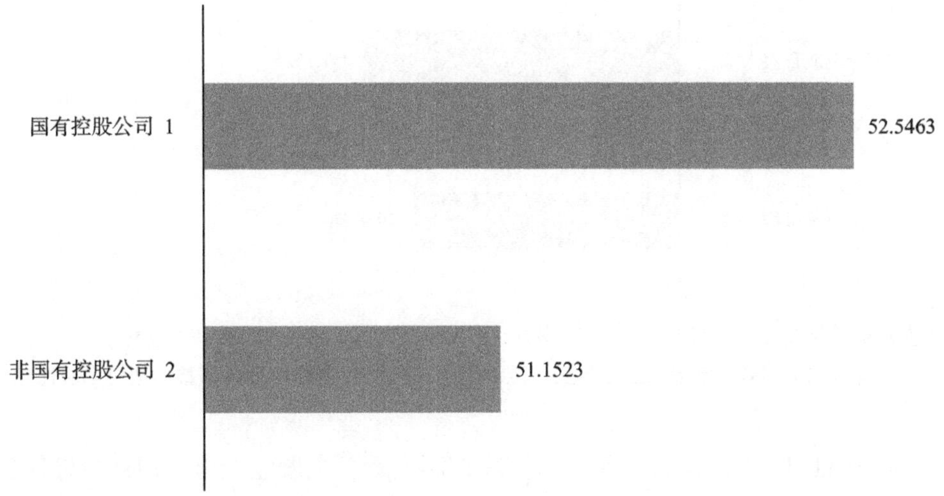

注：条形图左边的数字是 2023 年排名，右边是得分。

图11-10　2023年金融业两类所有制上市公司社会责任分项指数均值排名及比较

由表 11-10 和图 11-10 可知，2023 年，金融业国有控股公司社会责任分项指数均值高于非国有控股公司，这与 2022 年和 2021 年两类所有制的排序相同。相比 2021 年，2023 年金融业国有控股公司和非国有控股公司的社会责任分项指数均值分别下降 6.0563 分和 2.3297 分。相比 2022 年，2023 年国有控股公司和非国有控股公司的社会责任分项指数均值则分别上升 1.9666 分和 2.8385 分。另外，2022 年相比 2021 年两类所有制金融业上市公司社会责任分项指数均值也都是下降的。如同地区比较时所述，从 2022 年比 2021 年的全部下降到 2023 年比 2022 年的全部上升，意味着金融业发布社会责任报告或可持续发展报告或 ESG 报告的公司增多，其社会责任意识得到进一步增强。

11.3.3 实际控制人比较

2021 ～ 2023 年，金融业三类实际控制人控制的上市公司的社会责任分项指数均值比较参见表 11-11 和图 11-11。

表11-11 2021～2023年金融业三类实际控制人上市公司社会责任分项指数均值比较

年份	中央企业（或监管机构）	地方国企（或监管机构）	非国有企业或自然人
2021	60.2189	57.5763	53.3856
2022	56.1780	48.0109	47.2486
2023	57.8497	49.9368	51.1523

资料来源：北京师范大学公司治理与企业发展研究中心（高明华教授主持）“中国上市公司质量 /ESG 指数数据库”。

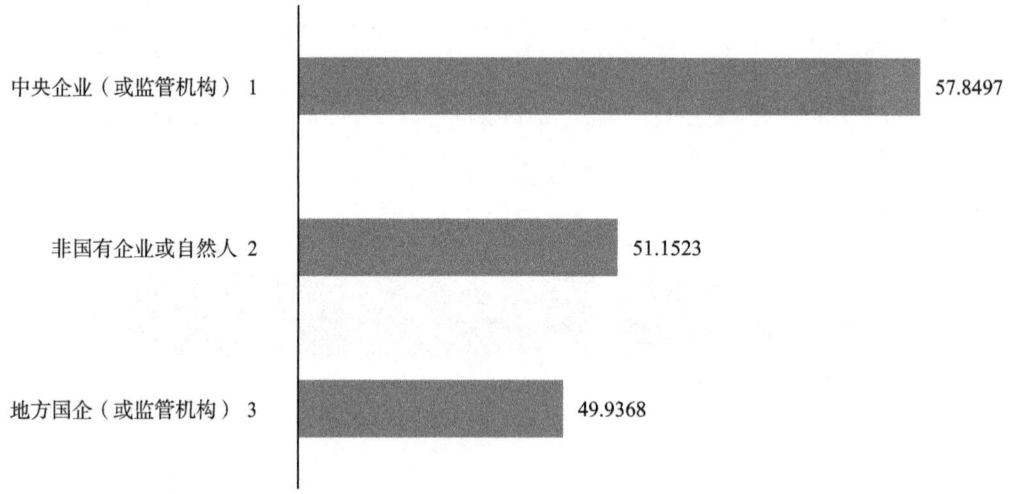

注：条形图左边的数字是 2023 年排名，右边是得分。

图11-11 2023年金融业三类实际控制人上市公司社会责任分项指数均值排名及比较

由表 11-11 和图 11-11 可知，2023 年，从实际控制人看，金融业上市公司社会责任分项指数均值从高到低依次是中央企业（或监管机构）、非国有企业或自然人和地方国企（或监管机构）控制的上市公司。相比 2021 年，2023 年中央企业（或监管机构）、地方国企（或监管机构）和非国有企业或自然人控股的上市公司的社会责任分项指数均值全部下降，分别下降 2.3692 分、7.6395 分和 2.2333 分。相比 2022 年，2023 年三类实际控制人控制的上市公司的社会责任分项指数均值全部上升，升幅都在 4 分以下。另外，2022 年相比 2021 年三类实际控制人控制的上市公司的社会责任分项指数均值也都是下降的。如同地区和所有制比较时所述，从 2022 年比 2021 年的全部下降到 2023 年比 2022 年的全部上升，意味着金融业发布社会责任报告或可持续发展报告或 ESG 报告的公司增多，其社会责任意识得到进一步增强。

11.3.4　细分行业比较

2021～2023年，金融业四个细分行业上市公司社会责任分项指数均值比较参见表11-12和图11-12。

表11-12　2021～2023年金融业细分行业上市公司社会责任分项指数均值比较

年份	货币金融服务	资本市场服务	保险业	其他金融业
2021	58.8359	56.1977	67.9921	52.3394
2022	52.0677	47.2411	62.7574	48.8295
2023	50.8833	51.6737	59.3963	54.6756

资料来源：北京师范大学公司治理与企业发展研究中心（高明华教授主持）"中国上市公司质量/ESG指数数据库"。

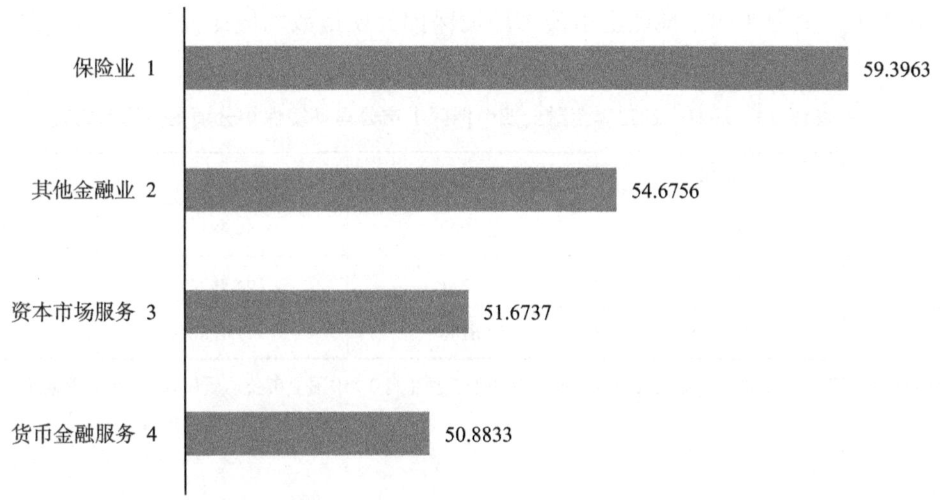

注：条形图左边的数字是2023年排名，右边是得分。

图11-12　2023年金融业细分行业上市公司社会责任分项指数均值排名及比较

由表11-12和图11-12可知，2023年，从金融业四个细分行业看，上市公司社会责任分项指数均值从高到低依次是保险业、其他金融业、资本市场服务和货币金融服务。但由于保险业只有5家上市公司，与其他三个细分行业的可比性可能不够强。相比2021年，2023年除其他金融业的上市公司社会责任分项指数均值上升2.3362分外，其他三个细分行业的上市公司社会责任分项指数均值全部下降，保险业降幅最大，下降8.5958分；资本市场服务降幅最小，下降4.5240分。相比2022年，2023年资本市场服务和其他金融业两个细分行业的上市公司社会责任分项指数均值分别上升4.4326分和5.8461分；而货币金融服务和保险业两个细分行业的上市公司社会责任分项指数均值则分别下降1.1844分和3.3611分。另外，2022年相比2021年金融业四个细分行业的上市公司社会责任分项指数均值都是下降的。金融业四个细分行业从2022年比2021年的全部下降到2023年比2022年的部分上升部分下降，意味着金融业不同细分行业发布社会责任报告或可持续发展报告或ESG报告的公司数目存在差异，社会责任意识也有所差距。

11.4 环境保护分项指数比较

11.4.1 地区比较

2021 ～ 2023 年，金融业四个地区上市公司环境保护分项指数均值比较参见表 11-13 和图 11-13。

表11-13 2021～2023年金融业四个地区上市公司环境保护分项指数均值比较

年份	东部	中部	西部	东北
2021	58.3637	53.8248	54.9815	49.5619
2022	71.1002	55.3571	63.8655	75.0000
2023	74.8768	52.6786	71.4286	75.0000

资料来源：北京师范大学公司治理与企业发展研究中心（高明华教授主持）“中国上市公司质量 /ESG 指数数据库”。

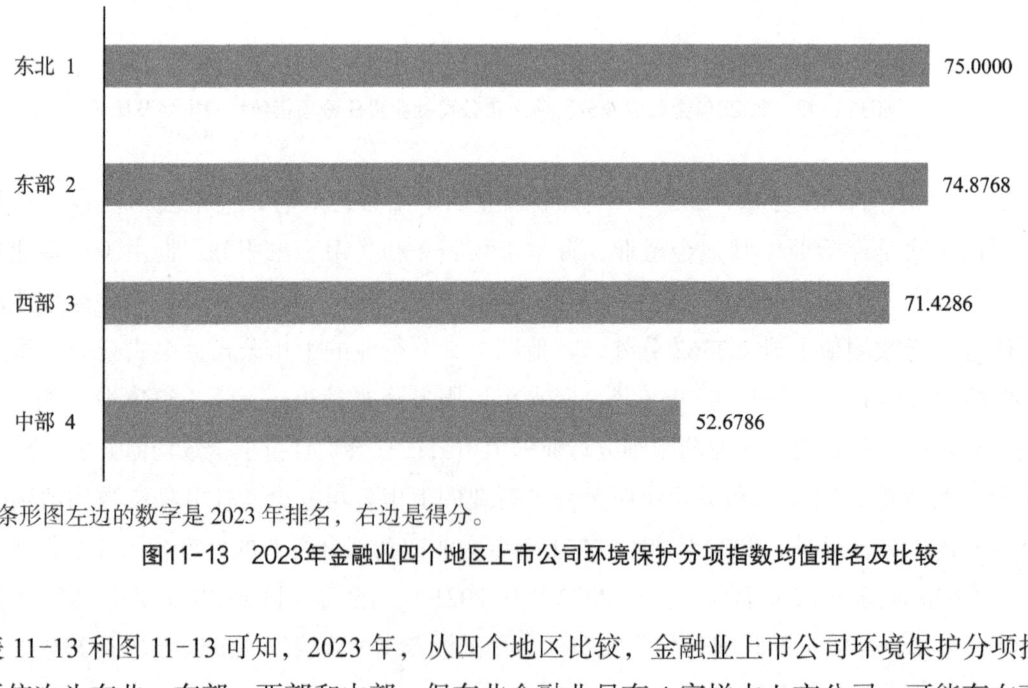

注：条形图左边的数字是 2023 年排名，右边是得分。

图11-13 2023年金融业四个地区上市公司环境保护分项指数均值排名及比较

由表 11-13 和图 11-13 可知，2023 年，从四个地区比较，金融业上市公司环境保护分项指数均值从高到低依次为东北、东部、西部和中部，但东北金融业只有 4 家样本上市公司，可能存在可比性不强的问题。由于近两年环境保护分项指数指标数据源不断扩大，导致各年度环境保护分项指数的可比性不强，尤其是近两年该分项指数与2021年可比性更差（具体原因参见第1章说明），所以这里仅对近两年进行比较，2021年的数据仅供参考。相比2022年，2023年东北地区上市公司环境保护分项指数均值没有发生变化（可能因上市公司很少所导致）；东部和西部的上市公司环境保护分项指数均值分别上升3.7766分和7.5631分，西部增幅比较大；而中部上市公司环境保护分项指数均值则是下降的，降幅为2.6785分。

11.4.2 所有制比较

2021～2023年，金融业两类所有制上市公司环境保护分项指数均值比较参见表11-14和图11-14。

表11-14 2021～2023年金融业两类所有制上市公司环境保护分项指数均值比较

年份	国有控股公司	非国有控股公司
2021	43.7177	27.7992
2022	74.6753	52.3810
2023	76.8997	54.7619

资料来源：北京师范大学公司治理与企业发展研究中心（高明华教授主持）“中国上市公司质量/ESG指数数据库”。

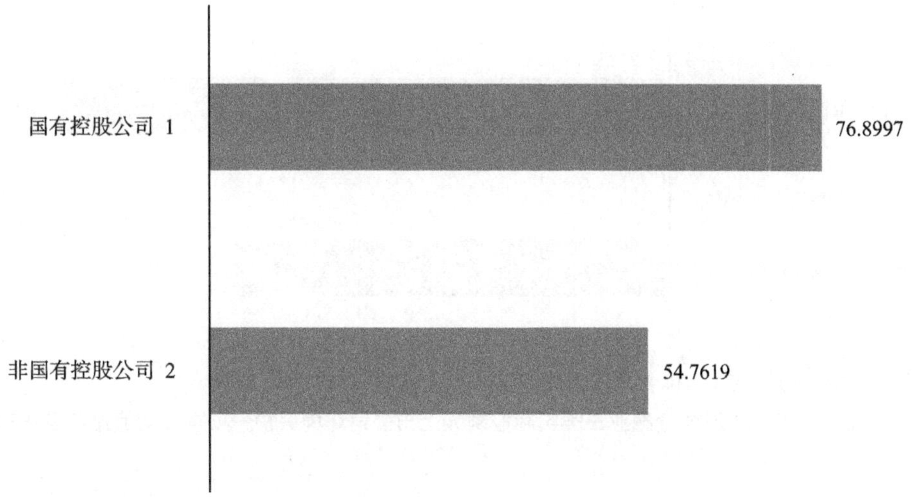

注：条形图左边的数字是2023年排名，右边是得分。

图11-14 2023年金融业两类所有制上市公司环境保护分项指数均值排名及比较

由表11-14和图11-14可知，2023年，金融业国有控股公司环境保护分项指数均值远高于非国有控股公司，这与2022年和2021年两类所有制的排序相同。与地区比较一样，由于近两年环境保护分项指数指标数据源不断扩大，导致各年度环境保护分项指数的可比性不强，尤其是近两年该分项指数与2021年可比性更差（具体原因参见第1章说明），所以这里仅对近两年进行比较，2021年的数据仅供参考。相比2022年，2023年国有控股公司和非国有控股公司的环境保护分项指数均值分别上升2.2244分和2.3809分，升幅相近。

11.4.3 实际控制人比较

2021 ～ 2023 年，金融业三类实际控制人控制的上市公司的环境保护分项指数均值比较参见表 11-15 和图 11-15。

表11-15 2021～2023年金融业三类实际控制人上市公司环境保护分项指数均值比较

年份	中央企业（或监管机构）	地方国企（或监管机构）	非国有企业或自然人
2021	41.5179	45.0549	27.3810
2022	79.0179	73.3333	47.7679
2023	78.8018	75.9637	54.7619

资料来源：北京师范大学公司治理与企业发展研究中心（高明华教授主持）“中国上市公司质量 /ESG 指数数据库”。

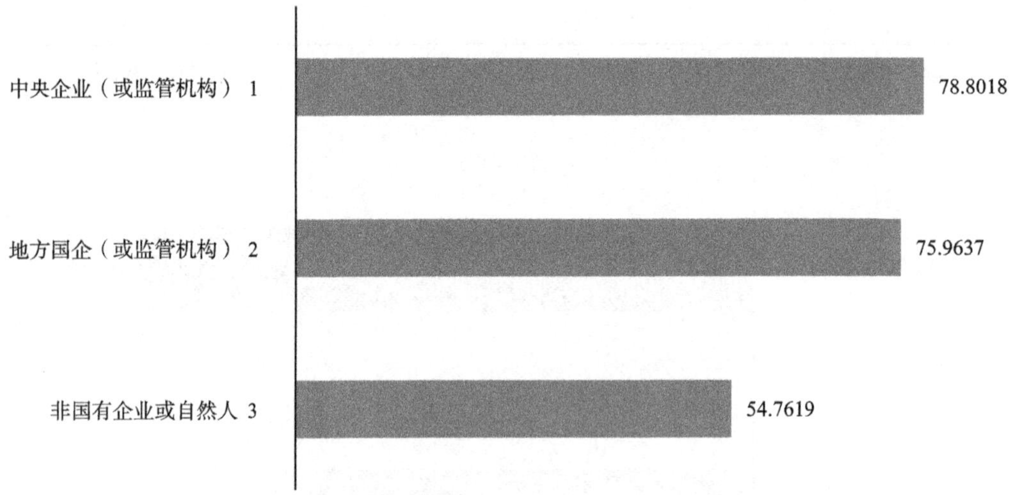

注：条形图左边的数字是 2023 年排名，右边是得分。

图11-15 2023年金融业三类实际控制人上市公司环境保护分项指数均值排名及比较

由表 11-15 和图 11-15 可知，2023 年，从实际控制人看，金融业上市公司环境保护分项指数均值从高到低依次是中央企业（或监管机构）、地方国企（或监管机构）和非国有企业或自然人控制的上市公司。与地区和所有制比较一样，由于近两年环境保护分项指数指标数据源不断扩大，导致各年度环境保护分项指数的可比性不强，尤其是近两年该分项指数与 2021 年可比性更差（具体原因参见第 1 章说明），所以这里仅对近两年进行比较，2021 年的数据仅供参考。相比 2022 年，2023 年地方国企（或监管机构）和非国有企业或自然人控制的上市公司的环境保护分项指数均值分别上升 2.6304 分和 6.9940 分，后者升幅较大；而中央企业（或监管机构）控制的上市公司的环境保护分项指数均值则略有下降，降幅为 0.2161 分。

11.4.4　细分行业比较

2021～2023年，金融业四个细分行业上市公司环境保护分项指数均值比较参见表11-16和图11-16。

表11-16　2021～2023年金融业细分行业上市公司环境保护分项指数均值比较

年份	货币金融服务	资本市场服务	保险业	其他金融业
2021	49.2857	32.5397	66.6667	26.4286
2022	73.7542	69.8701	76.1905	49.2857
2023	79.7342	70.6767	73.8095	53.9683

资料来源：北京师范大学公司治理与企业发展研究中心（高明华教授主持）“中国上市公司质量/ESG指数数据库”。

注：条形图左边的数字是2023年排名，右边是得分。

图11-16　2023年金融业细分行业上市公司环境保护分项指数均值排名及比较

由表11-16和图11-16可知，2023年，从金融业四个细分行业看，上市公司环境保护分项指数均值从高到低依次是货币金融服务、保险业、资本市场服务和其他金融业。但由于保险业只有5家上市公司，与其他三个细分行业的可比性可能不够强。与前述几方面的比较一样，由于近两年环境保护分项指数指标数据源不断扩大，导致各年度环境保护分项指数的可比性不强，尤其是近两年该分项指数与2021年可比性更差（具体原因参见第1章说明），所以这里仅对近两年进行比较，2021年的数据仅供参考。相比2022年，2023年除保险业上市公司环境保护分项指数均值下降2.3810分外，其他三个细分行业的上市公司环境保护分项指数均值都是上升的，升幅最大的是货币金融服务，上升5.9800分；升幅最小的是资本市场服务，上升0.8066分。

第12章
中国沪深300与非沪深300上市公司质量/ESG指数比较

本章对沪深 300 与非沪深 300 上市公司质量 /ESG 指数及三个分项指数进行比较。由于金融业与非金融业可比性比较差，所以仅对金融业与非金融业各自内部的沪深 300 公司与非沪深 300 公司进行比较，而不对金融业与非金融业两者的沪深 300 和非沪深 300 进行比较。由于 2021 年评价（针对 2020 年数据）没有对沪深 300 公司进行统计分析，所以，本章仅比较 2021 ～ 2023 年的指数数据。

12.1　非金融业沪深300与非沪深300上市公司质量/ESG指数比较

12.1.1　公司质量/ESG指数比较

2021 ～ 2023 年非金融业沪深 300 成分股上市公司质量 /ESG 指数均值比较参见表 12-1。

表12-1　2021～2023年非金融业沪深300与非沪深300公司质量/ESG指数均值比较

年份	沪深300公司	非沪深300公司
2021	66.5177	60.0931
2022	75.1711	68.3116
2023	72.9537	68.7195

资料来源：北京师范大学公司治理与企业发展研究中心（高明华教授主持）“中国上市公司质量 /ESG 指数数据库”。

由表 12-1 可知，2023 年，非金融业沪深 300 成分股上市公司质量 /ESG 指数均值高于非沪深 300 成分股公司，这与 2022 年和 2021 年两类公司的排序相同，前者高于后者 4.2342 分。相比 2021 年，2023 年非金融业沪深 300 成分股和非沪深 300 成分股的公司质量 /ESG 指数均值分别上升 6.4360 分和 8.6264 分，升幅都较大。相比 2022 年，2023 年沪深 300 成分股的公司质量 /ESG 指数均值下降 2.2174 分，而非沪深 300 成分股的公司质量 /ESG 指数均值则上升 0.4079 分。

12.1.2　公司治理分项指数比较

2021 ～ 2023 年非金融业沪深 300 成分股上市公司治理分项均值比较参见表 12-2。

表12-2　2021～2023年非金融业沪深300与非沪深300公司治理分项指数均值比较

年份	沪深300公司	非沪深300公司
2021	84.4055	81.0707

续表

年份	沪深300公司	非沪深300公司
2022	86.1784	81.8380
2023	85.2277	81.3210

资料来源：北京师范大学公司治理与企业发展研究中心（高明华教授主持）“中国上市公司质量 /ESG 指数数据库”。

由表 12-2 可知，2023 年，非金融业沪深 300 成分股上市公司治理分项指数均值高于非沪深 300 成分股公司，这与2022年和2021年两类公司的排序相同，前者高于后者3.9067分。相比2021年,2023年非金融业沪深 300 成分股和非沪深 300 成分股的公司治理分项指数均值分别上升 0.8222 分和 0.2503 分，升幅都不大。相比 2022 年，2023 年沪深 300 成分股和非沪深 300 成分股的公司治理分项指数均值分别下降 0.9507 分和 0.5170 分。

12.1.3　社会责任分项指数比较

2021 ～ 2023 年非金融业沪深 300 成分股上市公司社会责任分项均值比较参见表 12-3。

表12-3　2021～2023年非金融业沪深300与非沪深300社会责任分项指数均值比较

年份	沪深300公司	非沪深300公司
2021	44.0979	38.6797
2022	55.8659	49.2991
2023	55.9048	49.4430

资料来源：北京师范大学公司治理与企业发展研究中心（高明华教授主持）“中国上市公司质量 /ESG 指数数据库”。

由表 12-3 可知，2023 年，非金融业沪深 300 成分股上市公司社会责任分项指数均值高于非沪深 300 成分股公司，这与 2022 年和 2021 年两类公司的排序相同，前者高于后者 6.4618 分。相比 2021 年，2023 年非金融业沪深 300 成分股和非沪深 300 成分股的社会责任分项指数均值分别上升 11.8069 分和 10.7633 分，升幅都较大，这与 2023 年有较多的公司发布 2022 年度社会责任报告或可持续发展报告或 ESG 报告有关，也与疫情期间的社会责任意识有关。相比 2022 年，2023 年非金融业沪深 300 成分股和非沪深 300 成分股的社会责任分项指数均值分别上升 0.0389 分和 0.1439 分，升幅很小，这与 2023 年的经济下行有关。

12.1.4　环境保护分项指数比较

2021 ～ 2023 年非金融业沪深 300 成分股上市公司环境保护分项均值比较参见表 12-4。

表12-4 2021～2023年非金融业沪深300与非沪深300环境保护分项指数均值比较

年份	沪深300公司	非沪深300公司
2021	46.6042	19.6635
2022	82.1995	60.4600
2023	65.1176	66.8790

资料来源：北京师范大学公司治理与企业发展研究中心（高明华教授主持）“中国上市公司质量/ESG指数数据库”。

由表12-4可知，2023年，非金融业沪深300成分股上市公司环境保护分项指数均值低于非沪深300成分股公司，这与2022年和2021年两类公司的排序相反，前者低于后者1.7614分。在前面各章曾提到，由于近两年环境保护分项指数指标数据源不断扩大，导致各年度环境保护分项指数的可比性不强，尤其是近两年该分项指数与2021年可比性更差（具体原因参见第1章说明），所以这里仅对近两年进行比较，2021年的数据仅供参考。相比2022年，2023年非金融业沪深300成分股公司的环境保护分项指数均值下降17.0819分，降幅很大，这应该与沪深300成分股公司样本选择的变化有关，或者在环境保护上，由于样本不一致，各年的可比性可能有限；2023年非金融业非沪深300成分股公司的环境保护分项指数均值则比2022年上升6.4190分，这种上升，结合上文2023年非沪深300成分股公司环境保护分项指数均值高于沪深300成分股公司，原因应该是非金融业更多的非沪深300成分股公司发布可持续发展报告或ESG报告，而目前的这类报告偏重于环境保护信息披露。

12.2 金融业沪深300与非沪深300上市公司质量/ESG指数比较

12.2.1 公司质量/ESG指数比较

2021～2023年金融业沪深300成分股上市公司质量/ESG指数均值比较参见表12-5。

由表12-5可知，2023年，金融业沪深300成分股上市公司质量/ESG指数均值高于非沪深300成分股公司，这与2022年和2021年两类公司的排序相同，前者高于后者4.4492分。相比2021年，2023年金融业沪深300成分股的公司质量/ESG指数均值下降0.9804分，而金融业非沪深300成分股的公司质量/ESG指数均值则上升2.1241分。相比2022年，2023年两类公司的质量/ESG指数的变化与2023年相比2021年的变化一样，沪深300成分股的公司质量/ESG指数均值有所下降，降幅为0.1946分；而非沪深300成分股的公司质量/ESG指数均值则有所上升，升幅为2.3211分。

表12-5 2021～2023年金融业沪深300与非沪深300公司质量/ESG指数均值比较

年份	沪深300公司	非沪深300公司
2021	75.6107	68.0570
2022	74.8249	67.8600
2023	74.6303	70.1811

资料来源：北京师范大学公司治理与企业发展研究中心（高明华教授主持）“中国上市公司质量 /ESG 指数数据库”。

12.2.2 公司治理分项指数比较

2021 ～ 2023 年金融业沪深 300 成分股上市公司治理分项均值比较参见表 12-6。

表12-6 2021～2023年金融业沪深300与非沪深300公司治理分项指数均值比较

年份	沪深300公司	非沪深300公司
2021	88.2802	84.2957
2022	86.2293	82.7794
2023	84.2794	84.8703

资料来源：北京师范大学公司治理与企业发展研究中心（高明华教授主持）“中国上市公司质量 /ESG 指数数据库”。

由表 12-6 可知，2023 年，金融业沪深 300 成分股上市公司治理分项指数均值略低于非沪深 300 成分股公司，这与 2022 年和 2021 年两类公司的排序相反，前者低于后者 0.5909 分。相比 2021 年，2023 年金融业沪深 300 成分股的公司治理分项指数均值下降 4.0008 分，非沪深 300 成分股的公司治理分项指数均值则上升 0.5746 分，这意味着主要考虑短期绩效的沪深 300 成分股存在一定的公司治理风险。相比 2022 年，2023 年两类公司的治理分项指数的变化与 2023 年相比 2021 年的变化一样，沪深 300 成分股的公司治理分项指数均值有所下降，降幅为 1.9499 分；而非沪深 300 成分股的公司治理分项指数均值则有所上升，升幅为 2.0909 分。

12.2.3 社会责任分项指数比较

2021 ～ 2023 年金融业沪深 300 成分股上市公司社会责任分项均值比较参见表 12-7。

表12-7 2021～2023年金融业沪深300与非沪深300社会责任分项指数均值比较

年份	沪深300公司	非沪深300公司
2021	62.9339	53.0837
2022	56.0883	46.0272
2023	57.8517	48.3965

资料来源：北京师范大学公司治理与企业发展研究中心（高明华教授主持）“中国上市公司质量 /ESG 指数数据库”。

由表12-7可知,2023年，金融业沪深300成分股上市公司社会责任分项指数均值高于非沪深300成分股公司，这与2022年和2021年两类公司的排序相同，前者高于后者9.4552分，这反映了社会责任与公司绩效关系密切，因为沪深300成分股公司的选择依据主要就是短期公司绩效。相比2021年，2023年金融业沪深300成分股和非沪深300成分股的社会责任分项指数均值分别下降5.0822分和4.6872分，降幅都较大，这意味着近两年两类公司的绩效都不理想。相比2022年，2023年金融业沪深300成分股和非沪深300成分股的社会责任分项指数均值分别上升1.7634分和2.3692分，升幅都不是很大，这应该是2023年的公司绩效稍好于2022年。

12.2.4 环境保护分项指数比较

2021～2023年金融业沪深300成分股上市公司环境保护分项均值比较参见表12-8。

表12-8 2021～2023年金融业沪深300与非沪深300环境保护分项指数均值比较

年份	沪深300公司	非沪深300公司
2021	50.2976	31.1508
2022	77.6786	62.2180
2023	80.2857	65.6371

资料来源：北京师范大学公司治理与企业发展研究中心（高明华教授主持）“中国上市公司质量/ESG指数数据库”。

由表12-8可知,2023年，金融业沪深300成分股上市公司环境保护分项指数均值高于非沪深300成分股公司，这与2022年和2021年两类公司的排序相同，前者高于后者高达14.6486分。在前面各章及本章前文都曾提到，由于近两年环境保护分项指数指标数据源不断扩大，导致各年度环境保护分项指数的可比性不强，尤其是近两年该分项指数与2021年可比性更差（具体原因参见第1章说明），所以这里仅对近两年进行比较，2021年的数据仅供参考。相比2022年，2023年金融业沪深300成分股公司和非沪深300成分股公司的环境保护分项指数均值分别上升2.6071分和3.4191分，这种上升，原因应该是金融业更多的公司（包括沪深300成分股公司和非沪深300成分股公司）发布了可持续发展报告或ESG报告，而目前的这类报告偏重于环境保护信息披露。

第13章
中国非金融业上市公司质量/ESG指数-前100名及分布

本章对2023年中国非金融业上市公司质量/ESG指数前100名及其在地区、省份、行业、所有制、实际控制人、上市板块、沪深300中的分布进行比较。

13.1 非金融业上市公司质量/ESG指数-前100排名

2023 年中国非金融业上市公司质量 /ESG 指数前 100 名如表 13-1 所示。

表13-1 2023年中国非金融业上市公司质量/ESG 指数前100 名

股票代码	公司简称	省份	地区	行业代码	控股类型	环境保护（*EP*）	社会责任（*SR*）	公司治理（*CG*）	上市公司质量/ESG指数（*CLCQI/ESGI*）	*CLCQI/ESGI*排名
601633	长城汽车	河北	东部	C	国有参股公司	100.0000	69.1097	94.4430	86.1320	1
600188	兖矿能源	山东	东部	B	国有强相对控股公司	100.0000	67.9047	92.8459	84.8319	2
600111	北方稀土	内蒙古	西部	C	国有强相对控股公司	100.0000	63.0575	95.7602	84.7382	3
600019	宝钢股份	上海	东部	C	国有绝对控股公司	100.0000	67.1977	92.8712	84.5984	4
601857	中国石油	北京	东部	B	国有绝对控股公司	14.2857	100.0000	87.4034	84.5004	5
600584	长电科技	江苏	东部	C	国有弱相对控股公司	100.0000	53.4020	100.0000	83.6907	6
688173	希荻微	广东	东部	I	无国有股份公司	100.0000	69.3436	89.8048	83.6629	7
688200	华峰测控	北京	东部	C	国有参股公司	100.0000	71.4399	88.1846	83.5055	8
688119	中钢洛耐	河南	中部	C	国有强相对控股公司	100.0000	62.9938	93.5000	83.4729	9
000404	长虹华意	江西	中部	C	国有强相对控股公司	100.0000	66.6281	91.1361	83.4447	10
689009	九号公司	北京	东部	C	无国有股份公司	85.7143	62.6546	95.6730	83.1206	11
688389	普门科技	广东	东部	C	无国有股份公司	100.0000	54.7183	98.0456	83.0765	12
688015	交控科技	北京	东部	C	国有弱相对控股公司	100.0000	70.4014	87.7542	82.9053	13
688480	赛恩斯	湖南	中部	N	无国有股份公司	100.0000	65.7800	89.7224	82.3703	14
688568	中科星图	北京	东部	I	国有强相对控股公司	85.7143	61.4104	95.0977	82.3688	15
600104	上汽集团	上海	东部	C	国有绝对控股公司	100.0000	71.9451	85.7945	82.3677	16
600519	贵州茅台	贵州	西部	C	国有绝对控股公司	57.1429	73.9419	92.1068	82.2527	17
603309	维力医疗	广东	东部	C	无国有股份公司	100.0000	51.7368	98.3732	82.2132	18

续表

股票代码	公司简称	省份	地区	行业代码	控股类型	环境保护（*EP*）	社会责任（*SR*）	公司治理（*CG*）	上市公司质量/ESG指数（*CLCQI/ESGI*）	*CLCQI/ESGI*排名
688322	奥比中光	广东	东部	C	无国有股份公司	100.0000	71.1565	85.8836	82.1407	19
603010	万盛股份	浙江	东部	C	无国有股份公司	85.7143	56.3927	97.7963	82.0968	20
601238	广汽集团	广东	东部	C	国有绝对控股公司	100.0000	57.1214	94.7001	82.0775	21
000157	中联重科	湖南	中部	C	国有弱相对控股公司	71.4286	65.4227	94.5350	82.0351	22
688128	中国电研	广东	东部	C	国有绝对控股公司	85.7143	62.2378	93.9403	82.0218	23
688012	中微公司	上海	东部	C	国有强相对控股公司	71.4286	67.9455	92.8432	81.9875	24
688559	海目星	广东	东部	C	无国有股份公司	85.7143	61.8242	94.1302	81.9815	25
002821	凯莱英	天津	东部	C	无国有股份公司	85.7143	71.7036	87.8264	81.9722	26
300750	宁德时代	福建	东部	C	无国有股份公司	100.0000	66.8942	88.2366	81.9431	27
688180	君实生物	上海	东部	C	无国有股份公司	100.0000	56.0384	95.0240	81.8766	28
688165	埃夫特	安徽	中部	C	国有弱相对控股公司	100.0000	64.0737	89.8881	81.8643	29
300769	德方纳米	广东	东部	C	国有参股公司	100.0000	60.8852	91.8042	81.8022	30
603687	大胜达	浙江	东部	C	国有参股公司	100.0000	66.3085	88.2771	81.7604	31
300908	仲景食品	河南	中部	C	无国有股份公司	100.0000	56.2315	94.6483	81.7376	32
603501	韦尔股份	上海	东部	C	无国有股份公司	100.0000	59.5223	92.2501	81.5704	33
688122	西部超导	陕西	西部	C	国有强相对控股公司	100.0000	61.8491	90.7568	81.5634	34
300433	蓝思科技	湖南	中部	C	国有参股公司	100.0000	65.3835	88.4205	81.5155	35
688333	铂力特	陕西	西部	C	国有参股公司	100.0000	57.5164	93.3459	81.4710	36
688019	安集科技	上海	东部	C	国有参股公司	100.0000	61.7847	90.5429	81.4233	37
000035	中国天楹	江苏	东部	N	无国有股份公司	57.1429	65.2116	96.1397	81.4152	38
601186	中国铁建	北京	东部	E	国有绝对控股公司	85.7143	70.7860	87.3823	81.4068	39
688432	有研硅	北京	东部	C	国有参股公司	85.7143	65.9212	90.4613	81.3976	40
002152	广电运通	广东	东部	C	国有绝对控股公司	85.7143	54.8749	97.2069	81.2414	41
000792	盐湖股份	青海	西部	C	国有强相对控股公司	71.4286	67.4542	91.7990	81.2413	42
688008	澜起科技	上海	东部	C	国有弱相对控股公司	28.5714	68.8393	98.6505	81.2086	43
300749	顶固集创	广东	东部	C	无国有股份公司	85.7143	61.0221	93.1959	81.1869	44
688187	时代电气	湖南	中部	C	国有强相对控股公司	100.0000	59.7595	91.3716	81.1702	45
000768	中航西飞	陕西	西部	C	国有绝对控股公司	100.0000	58.3375	92.2350	81.1473	46
300185	通裕重工	山东	东部	C	国有弱相对控股公司	100.0000	57.4440	92.6621	81.0696	47

续表

股票代码	公司简称	省份	地区	行业代码	控股类型	环境保护（*EP*）	社会责任（*SR*）	公司治理（*CG*）	上市公司质量/ESG指数（*CLCQI/ESGI*）	*CLCQI/ESGI*排名
000925	众合科技	浙江	东部	C	无国有股份公司	100.0000	70.5323	84.2847	81.0429	48
600409	三友化工	河北	东部	C	国有强相对控股公司	100.0000	61.2692	90.1141	81.0070	49
300373	扬杰科技	江苏	东部	C	无国有股份公司	85.7143	62.1461	92.1049	80.9803	50
600938	中国海油	北京	东部	B	国有绝对控股公司	85.7143	69.2614	87.2663	80.8094	51
001872	招商港口	广东	东部	G	国有强相对控股公司	100.0000	59.2482	91.0069	80.7906	52
605117	德业股份	浙江	东部	C	无国有股份公司	100.0000	49.6622	97.0639	80.7669	53
000902	新洋丰	湖北	中部	C	无国有股份公司	100.0000	59.9629	90.4852	80.7538	54
688036	传音控股	广东	东部	C	无国有股份公司	85.7143	61.4227	91.9999	80.6693	55
601177	杭齿前进	浙江	东部	C	国有绝对控股公司	85.7143	60.5692	92.4765	80.6327	56
000898	鞍钢股份	辽宁	东北	C	国有绝对控股公司	85.7143	60.9682	92.1481	80.5918	57
688426	康为世纪	江苏	东部	C	无国有股份公司	100.0000	58.2861	91.0301	80.4667	58
002371	北方华创	北京	东部	C	国有强相对控股公司	71.4286	63.2308	93.0344	80.4426	59
300718	长盛轴承	浙江	东部	C	无国有股份公司	100.0000	60.7448	89.3940	80.4274	60
688707	振华新材	贵州	西部	C	国有强相对控股公司	100.0000	64.4358	87.0079	80.4069	61
000895	双汇发展	河南	中部	C	国有参股公司	100.0000	64.1914	87.0656	80.3531	62
601127	赛力斯	重庆	西部	C	国有参股公司	100.0000	69.3485	83.5317	80.2144	63
002245	蔚蓝锂芯	江苏	东部	C	无国有股份公司	85.7143	57.0073	93.9606	80.2024	64
688099	晶晨股份	上海	东部	I	国有参股公司	85.7143	61.2862	91.2243	80.1950	65
601615	明阳智能	广东	东部	C	无国有股份公司	100.0000	61.1345	88.7074	80.1861	66
300760	迈瑞医疗	广东	东部	C	无国有股份公司	71.4286	62.8589	92.7593	80.1611	67
002979	雷赛智能	广东	东部	C	无国有股份公司	100.0000	53.8803	93.2298	80.1345	68
002311	海大集团	广东	东部	C	无国有股份公司	100.0000	65.1803	85.9962	80.1110	69
688151	华强科技	湖北	中部	C	国有绝对控股公司	100.0000	62.1525	87.8592	80.0759	70
600802	福建水泥	福建	东部	C	国有强相对控股公司	100.0000	60.7384	88.7462	80.0688	71
603018	华设集团	江苏	东部	M	无国有股份公司	100.0000	56.7973	91.2023	80.0403	72
002242	九阳股份	山东	东部	C	国有参股公司	85.7143	62.2739	90.2709	80.0163	73
688348	昱能科技	浙江	东部	C	无国有股份公司	57.1429	63.2504	94.8163	80.0009	74
688276	百克生物	吉林	东北	C	国有强相对控股公司	100.0000	61.4947	88.1218	79.9901	75
002925	盈趣科技	福建	东部	C	无国有股份公司	42.8571	62.6987	97.6460	79.9356	76

续表

股票代码	公司简称	省份	地区	行业代码	控股类型	环境保护（*EP*）	社会责任（*SR*）	公司治理（*CG*）	上市公司质量/ESG指数（*CLCQI/ESGI*）	*CLCQI/ESGI*排名
688301	奕瑞科技	上海	东部	C	无国有股份公司	71.4286	59.7369	94.3118	79.9222	77
688025	杰普特	广东	东部	C	无国有股份公司	100.0000	65.8205	85.1814	79.8869	78
688425	铁建重工	湖南	中部	C	国有绝对控股公司	100.0000	58.0146	90.0322	79.8228	79
000779	甘咨询	甘肃	西部	M	国有强相对控股公司	100.0000	52.1384	93.7534	79.8128	80
300211	亿通科技	江苏	东部	C	无国有股份公司	71.4286	75.0043	84.3781	79.8023	81
002126	银轮股份	浙江	东部	C	无国有股份公司	85.7143	48.6603	98.5114	79.7838	82
301193	家联科技	浙江	东部	C	无国有股份公司	100.0000	60.0899	88.5910	79.7565	83
688686	奥普特	广东	东部	C	无国有股份公司	100.0000	62.4790	86.9383	79.6837	84
688689	银河微电	江苏	东部	C	无国有股份公司	100.0000	65.3992	85.0443	79.6641	85
002318	久立特材	浙江	东部	C	无国有股份公司	100.0000	59.2700	88.9309	79.6565	86
688267	中触媒	辽宁	东北	C	无国有股份公司	100.0000	60.9802	87.7689	79.6160	87
603968	醋化股份	江苏	东部	C	国有参股公司	85.7143	59.9791	90.9545	79.5891	88
688598	金博股份	湖南	中部	C	无国有股份公司	100.0000	54.9304	91.5358	79.5703	89
601717	郑煤机	河南	中部	C	国有弱相对控股公司	85.7143	58.5500	91.7911	79.5490	90
600483	福能股份	福建	东部	D	国有绝对控股公司	100.0000	49.2820	94.9873	79.4917	91
688047	龙芯中科	北京	东部	C	国有参股公司	100.0000	59.6674	88.3334	79.4670	92
688349	三一重能	北京	东部	C	无国有股份公司	85.7143	63.9475	88.1947	79.4601	93
688037	芯源微	辽宁	东北	C	国有参股公司	71.4286	65.1753	90.0010	79.4548	94
000738	航发控制	江苏	东部	C	国有绝对控股公司	85.7143	54.3480	94.2610	79.4368	95
000090	天健集团	广东	东部	E	国有强相对控股公司	100.0000	53.8749	91.9556	79.4318	96
300598	诚迈科技	江苏	东部	I	无国有股份公司	85.7143	54.9379	93.8481	79.4161	97
301363	美好医疗	广东	东部	C	无国有股份公司	100.0000	54.6864	91.3833	79.4010	98
603083	剑桥科技	上海	东部	C	无国有股份公司	85.7143	70.2847	84.0225	79.3835	99
002110	三钢闽光	福建	东部	C	国有绝对控股公司	85.7143	59.8242	90.6687	79.3777	100

13.2 非金融业上市公司质量/ESG指数前100名-地区分布

2023 年非金融业上市公司质量 /ESG 指数前 100 名在四个地区的分布参见图 13-1。

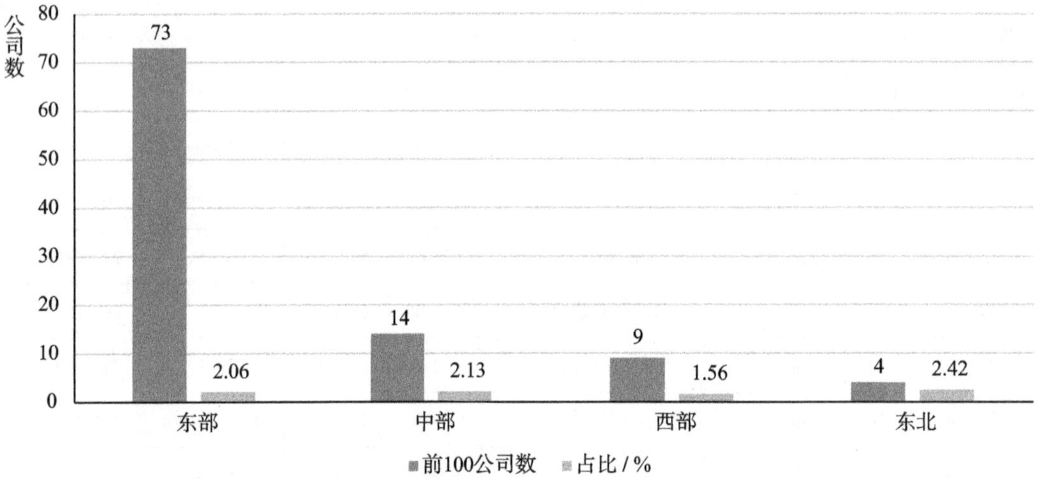

注：图中占比是指在非金融业所属地区样本公司中的占比。

图13-1 2023年非金融业上市公司质量/ESG指数前100名-地区分布

由图 13-1 可知，从四个地区比较，2023 年非金融业上市公司质量 /ESG 指数前 100 名中，东部公司最多，有 73 家，占东部非金融业上市公司样本总数的 2.06%；东北和中部尽管分别只有 4 家和 14 家公司进入前 100，但占比却都比东部高，分别为 2.42% 和 2.13%。

13.3　非金融业上市公司质量/ESG指数前100名-省份分布

2023 年非金融业上市公司质量 /ESG 指数前 100 名在各省份的分布参见图 13-2。

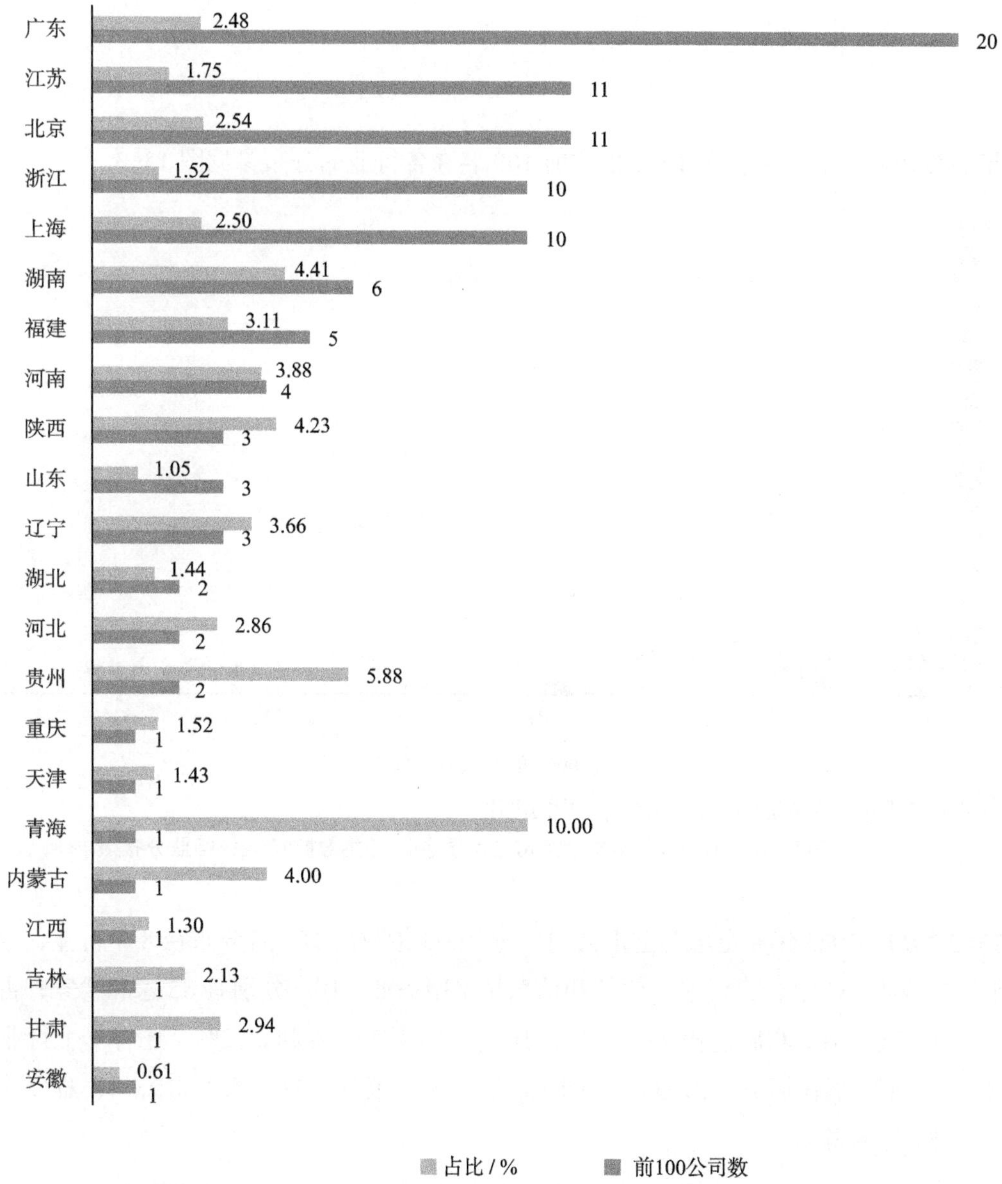

注：图中占比是指在非金融业所属省份样本公司中的占比。

图13-2　2023年非金融业上市公司质量/ESG指数前100名-省份分布

由图 13-2 可知，2023 年非金融业上市公司质量 /ESG 指数前 100 名分布在 22 个省份，数量最多的前三个省份是广东、江苏和北京，广东有 20 家，江苏和北京都是 11 家；占比最高的前三个省份是青海、贵州和湖南，分别为 10.00%、5.88% 和 4.41%，主要是因为这三个省份的样本上市公司总数都较少。有 9 个省份没有公司进入前 100，包括广西、海南、黑龙江、宁夏、山西、四川、西藏、新疆和云南。

13.4 非金融业上市公司质量/ESG指数前100名-行业分布

2023 年非金融业上市公司质量 /ESG 指数前 100 名在各行业的分布参见图 13-3。

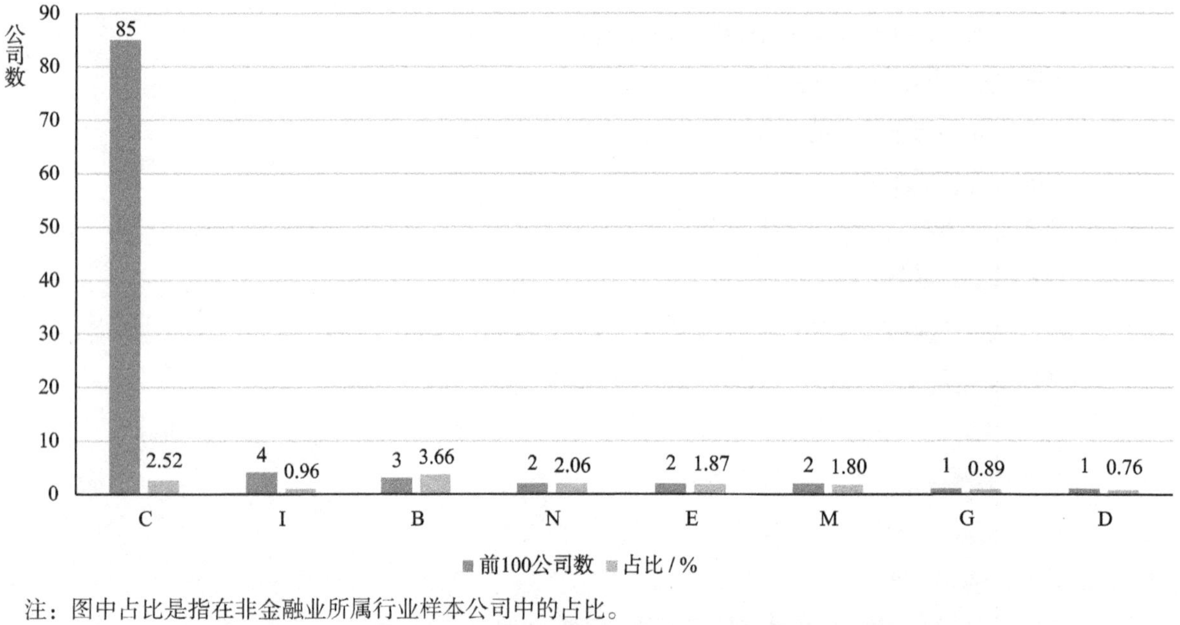

注：图中占比是指在非金融业所属行业样本公司中的占比。

图13-3 2023年非金融业上市公司质量/ESG指数前100名-行业分布

由图 13-3 可知，2023 年非金融业上市公司质量 /ESG 指数前 100 名分布在 8 个行业，数量最多的前两个行业是制造业（C）、信息传输、软件和信息技术服务业（I），分别有 85 家和 4 家；占比最高的前两个行业是采矿业（B）和制造业（C），所占比例分别为 3.66% 和 2.52%。还有 9 个行业没有上市公司进入前 100（不含居民服务、修理和其他服务业（O），因其只有 1 家上市公司，难以代表该行业整体水平，故排名时剔除）。

13.5　非金融业上市公司质量/ESG指数前100名-所有制分布

2023 年非金融业上市公司质量 /ESG 指数前 100 名在五类所有制公司的分布参见图 13-4。

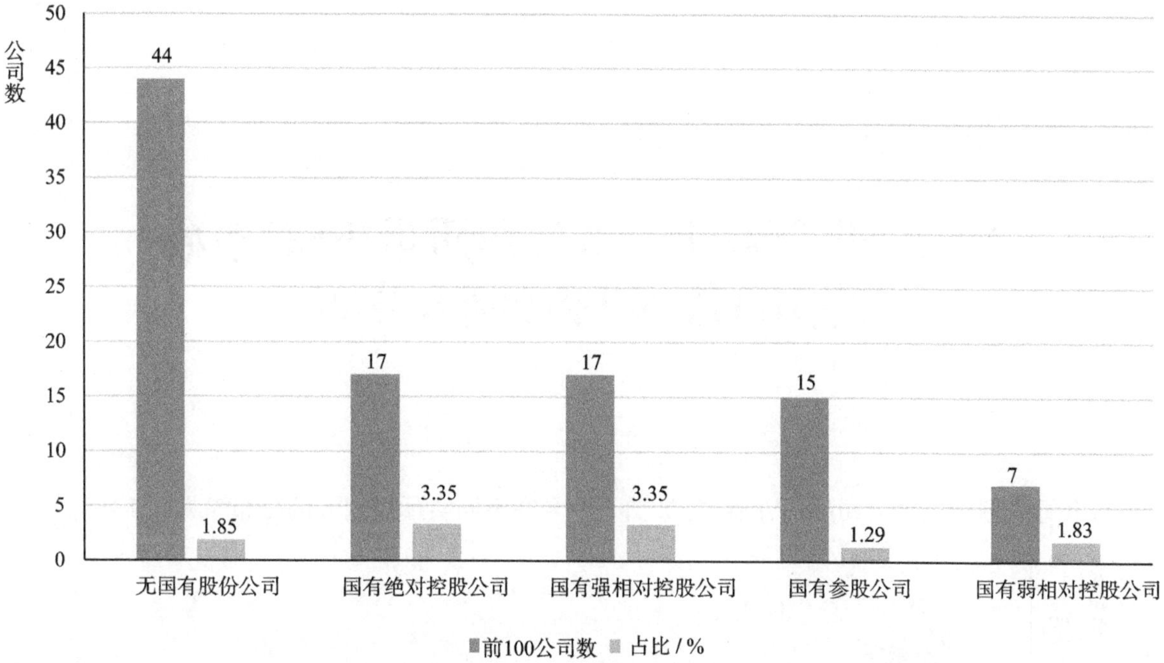

注：图中占比是指在非金融业所属所有制样本公司中的占比。

图13-4　2023年非金融业上市公司质量/ESG指数前100名-五类所有制分布

由图 13-4 可知，从五类所有制比较，2023 年非金融业上市公司质量 /ESG 指数前 100 名中，无国有股份公司数量最多，有 44 家；但占比最高的是国有绝对控股公司和国有强相对控股公司，二者同为 3.35%。

进一步把国有绝对控股公司、国有强相对控股公司和国有弱相对控股公司归类为国有控股公司，把国有参股公司和无国有股份公司归类为非国有控股公司，2023 年非金融业上市公司质量 /ESG 指数前 100 名在两类所有制上市公司中的分布参见图 13-5。

由图 13-5 可知，从两类所有制比较，2023 年非金融业上市公司质量 /ESG 指数前 100 名中，非国有控股公司数量多于国有控股公司，但国有控股公司占比高于非国有控股公司。

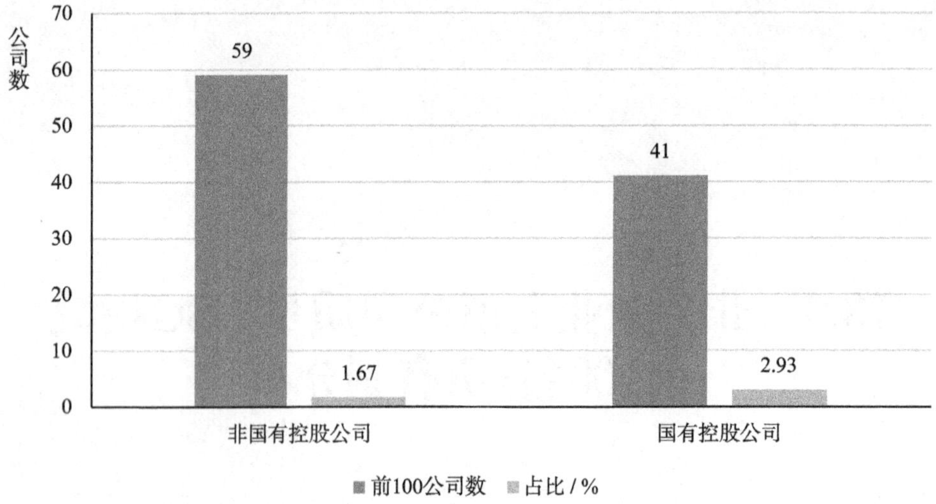

注：图中占比是指在非金融业所属所有制样本公司中的占比。

图13-5　2023年非金融业上市公司质量/ESG指数前100名-两类所有制分布

13.6　非金融业上市公司质量/ESG指数前100名-实际控制人分布

2023 年非金融业上市公司质量 /ESG 指数前 100 名在不同实际控制人的分布参见图 13-6。

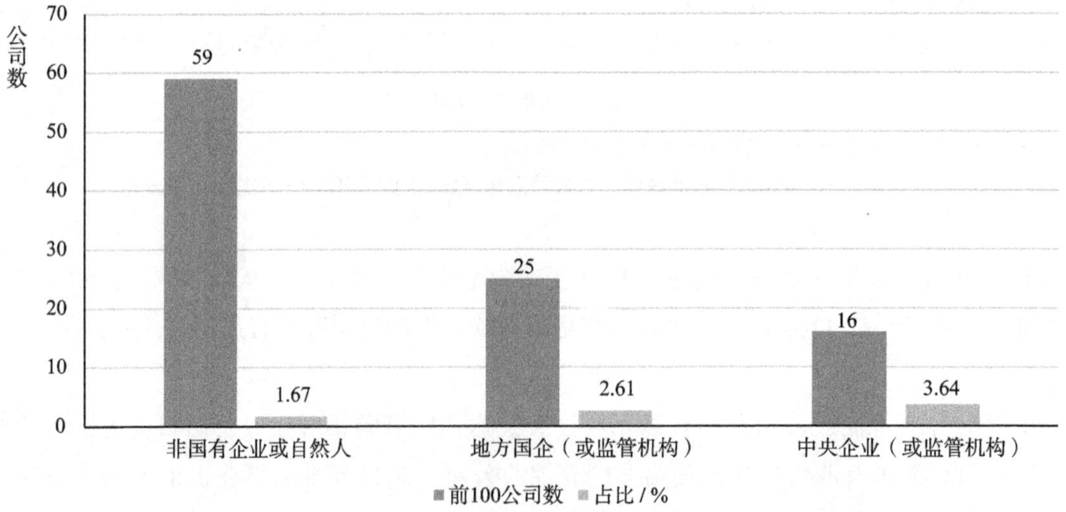

注：图中占比是指在非金融业所属实际控制人样本公司中的占比。

图13-6　2023年非金融业上市公司质量/ESG指数前100名-实际控制人分布

由图 13-6 可知，从三类实际控制人比较，2023 年非金融业上市公司质量 /ESG 指数前 100 名中，实际控制人是非国有企业或自然人的上市公司最多，有 59 家；但占比最高的是实际控制人为中央企业（或监管机构）的上市公司，为 3.64%，比上年的占比（7.41%）大幅下降。

13.7　非金融业上市公司质量/ESG指数前100名-上市板块分布

2023 年非金融业上市公司质量 /ESG 指数前 100 名在不同上市板块的分布参见图 13-7。

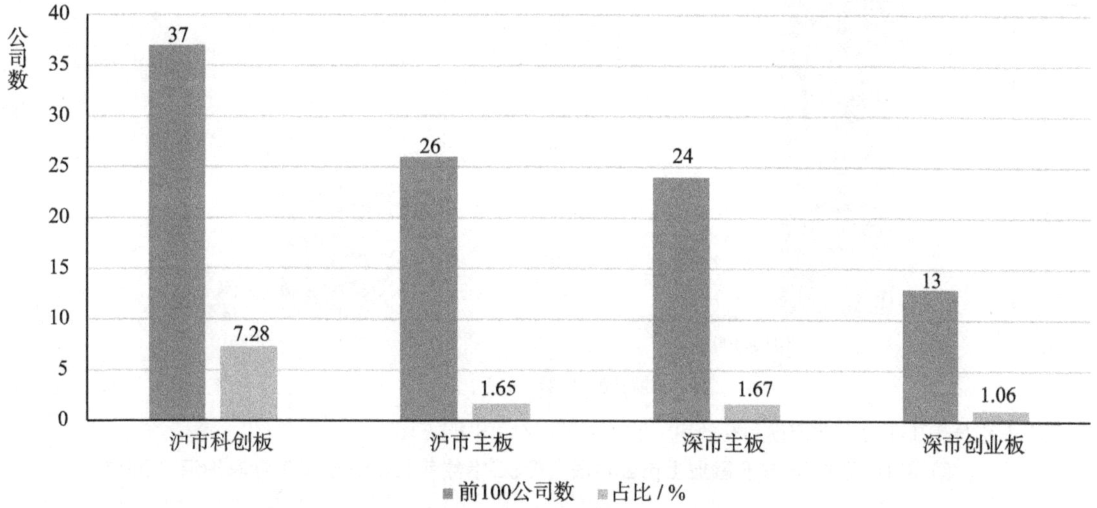

注：图中占比是指在非金融业所属上市板块样本公司中的占比。

图13-7　2023年非金融业上市公司质量/ESG指数前100名-上市板块分布

由图 13-7 可知，从上市板块比较，2023 年非金融业上市公司质量 /ESG 指数前 100 名中，沪市科创板上市公司最多，有 37 家；占比最高的也是沪市科创板上市公司，为 7.28%，占比远高于其他三个上市板块。北交所没有上市公司进入前 100。

13.8 非金融业上市公司质量/ESG指数前100名-沪深300/非沪深300分布

2023 年非金融业上市公司质量 /ESG 指数前 100 名在沪深 300/ 非沪深 300 的分布参见图 13-8。

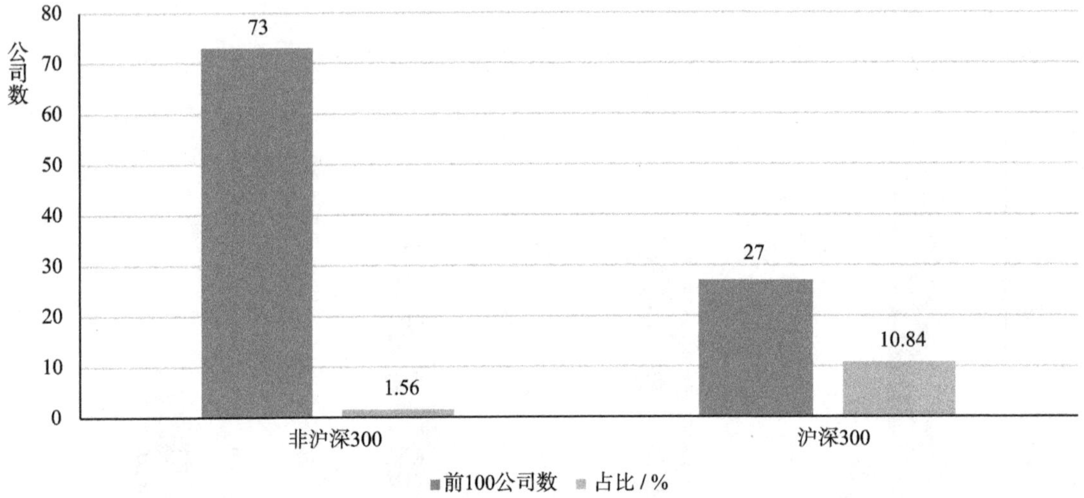

注：图中占比是指在非金融业沪深 300 公司 / 非沪深 300 公司中的占比。

图13-8 2023年非金融业上市公司质量/ESG指数前100名-沪深300/非沪深300分布

由图 13-8 可知，从是否属于沪深 300 比较，2023 年非金融业上市公司质量 /ESG 指数前 100 名中，非沪深 300 公司多于沪深 300 公司，二者分别为 73 家和 27 家；但前 100 名中沪深 300 公司的占比远高于非沪深 300 公司，二者分别为 10.84% 和 1.56%。

第14章 中国金融业上市公司质量/ESG指数-前30名及分布

本章对 2023 年中国金融业上市公司质量 /ESG 指数前 30 名及其在地区、所有制、实际控制人、沪深 300 中的分布进行比较。

14.1 金融业上市公司质量/ESG指数-前30排名

2023 年中国金融业上市公司质量 /ESG 指数前 30 名如表 14-1 所示。

表14-1 2023年中国金融业上市公司质量/ESG 指数前30名

股票代码	公司简称	省份	地区	控股类型	环境保护（*EP*）	社会责任（*SR*）	公司治理（*CG*）	上市公司质量/ESG指数（*CLCQI/ESGI*）	*CLCQI/ESGI* 排名
601939	建设银行	北京	东部	国有绝对控股公司	85.7143	92.9204	88.7060	89.8819	1
601398	工商银行	北京	东部	国有绝对控股公司	85.7143	100.0000	82.4412	88.9141	2
601288	农业银行	北京	东部	国有绝对控股公司	85.7143	82.4459	91.6734	87.8479	3
300033	同花顺	浙江	东部	无国有股份公司	85.7143	97.8448	80.2940	86.9788	4
000987	越秀资本	广东	东部	国有绝对控股公司	85.7143	61.0821	100.0000	84.9502	5
601377	兴业证券	福建	东部	国有强相对控股公司	85.7143	64.9860	92.6882	82.2950	6
601988	中国银行	北京	东部	国有绝对控股公司	85.7143	82.0078	81.6714	82.1935	7
601601	中国太保	上海	东部	国有强相对控股公司	85.7143	63.6796	93.0457	82.0344	8
300059	东方财富	上海	东部	国有参股公司	85.7143	74.4231	83.4469	80.5153	9
600036	招商银行	广东	东部	国有强相对控股公司	85.7143	69.4920	85.9408	80.1611	10
600369	西南证券	重庆	西部	国有绝对控股公司	100.0000	49.6110	95.6170	79.9532	11
000563	陕国投A	陕西	西部	国有绝对控股公司	71.4286	55.6985	95.6292	79.2334	12
601319	中国人保	北京	东部	国有绝对控股公司	100.0000	58.1859	88.7855	79.1971	13
000001	平安银行	广东	东部	国有弱相对控股公司	85.7143	66.7161	85.6439	79.0262	14
601108	财通证券	浙江	东部	国有强相对控股公司	71.4286	49.8823	98.7903	78.9363	15
002939	长城证券	广东	东部	国有绝对控股公司	85.7143	55.0909	91.8414	78.3660	16
601456	国联证券	江苏	东部	国有强相对控股公司	85.7143	47.8069	96.0860	78.1511	17
002926	华西证券	四川	西部	国有强相对控股公司	71.4286	50.9062	96.4402	78.0022	18
600958	东方证券	上海	东部	国有强相对控股公司	85.7143	57.9227	88.9152	77.7477	19
601318	中国平安	广东	东部	国有弱相对控股公司	85.7143	65.7695	83.7892	77.6748	20
600909	华安证券	安徽	中部	国有绝对控股公司	85.7143	48.4169	94.1388	77.2937	21
002736	国信证券	广东	东部	国有绝对控股公司	85.7143	49.9544	92.4250	76.8892	22
600837	海通证券	上海	东部	国有弱相对控股公司	85.7143	56.4553	88.2387	76.8621	23

续表

股票代码	公司简称	省份	地区	控股类型	环境保护（*EP*）	社会责任（*SR*）	公司治理（*CG*）	上市公司质量/ESG指数（*CLCQI/ESGI*）	*CLCQI/ESGI* 排名
600999	招商证券	广东	东部	国有绝对控股公司	85.7143	56.0209	88.3683	76.7813	24
000686	东北证券	吉林	东北	国有弱相对控股公司	85.7143	52.3536	90.6708	76.7641	25
601211	国泰君安	上海	东部	国有强相对控股公司	85.7143	54.5001	88.7437	76.4555	26
600517	国网英大	上海	东部	国有绝对控股公司	100.0000	55.8597	85.1767	76.3981	27
601066	中信建投	北京	东部	国有绝对控股公司	85.7143	56.8263	86.7567	76.1768	28
000728	国元证券	安徽	中部	国有绝对控股公司	85.7143	52.6526	88.8768	75.8821	29
600390	五矿资本	湖南	中部	国有绝对控股公司	85.7143	56.0246	86.6371	75.8304	30

14.2　金融业上市公司质量/ESG指数前30名-地区分布

2023 年金融业上市公司质量 /ESG 指数前 30 名在四个地区的分布参见图 14-1。

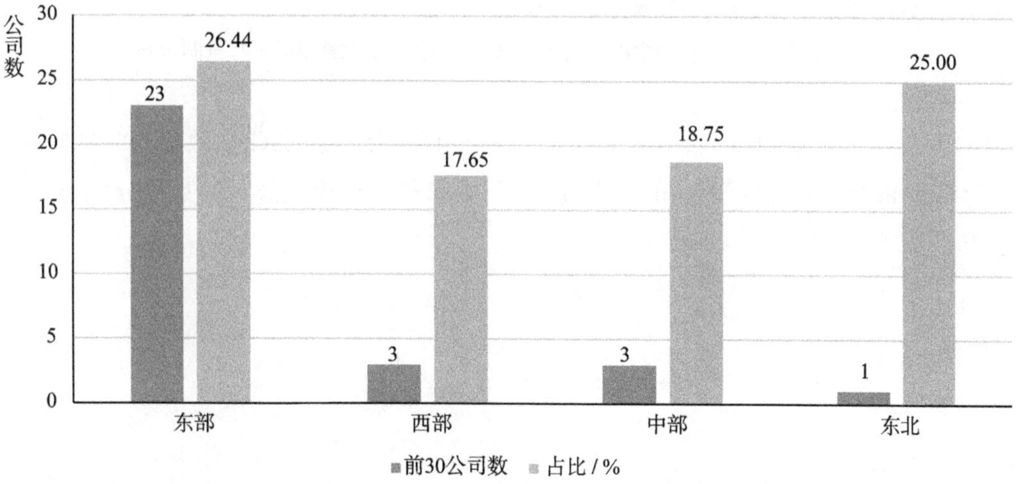

注：图中占比是指在金融业所属地区样本公司中的占比。

图14-1　2023年金融业上市公司质量/ESG指数前30名-地区分布

由图 14-1 可知，从四个地区比较，2023 年金融业上市公司质量 /ESG 指数前 30 名中，东部公司数量和占比都是最多的，分别是 23 家和 26.44%，东北只有 1 家上市公司进入前 30，但占比却高达 25%，主要原因是东北金融业只有 4 家样本上市公司。

14.3 金融业上市公司质量/ESG指数前30名-所有制分布

2023 年金融业上市公司质量 /ESG 指数前 30 名在两类所有制上市公司的分布参见图 14-2。

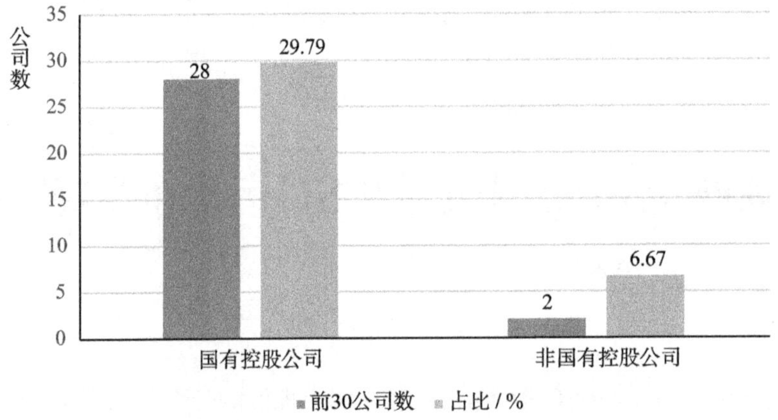

注：图中占比是指在金融业所属所有制样本公司中的占比。

图14-2　2023年金融业上市公司质量/ESG指数前30名-所有制分布

由图 14-2 可知，从所有制比较，2023 年金融业上市公司质量 /ESG 指数前 30 名中，国有控股公司数量和占比都远高于非国有控股公司。国有控股公司和非国有控股公司的数量分别是 28 家和 2 家，占比分别是 29.79% 和 6.67%。

14.4 金融业上市公司质量/ESG指数前30名-实际控制人分布

2023 年金融业上市公司质量 /ESG 指数前 30 名在不同实际控制人的分布参见图 14-3。

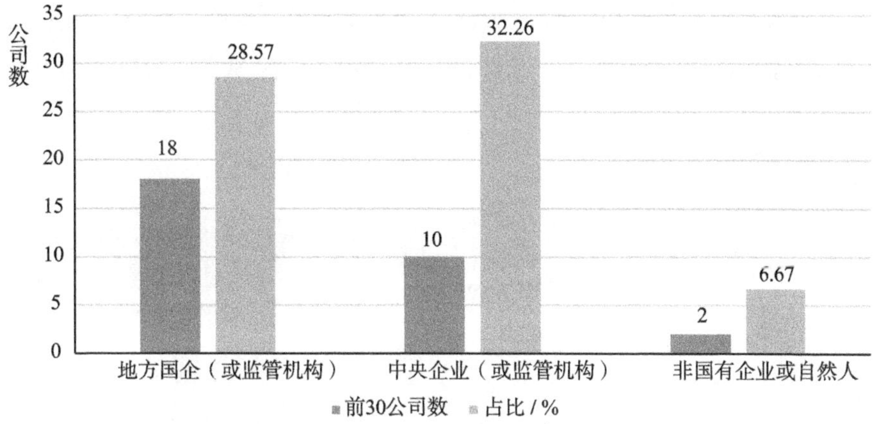

注：图中占比是指在金融业所属实际控制人样本公司中的占比。

图14-3　2023年金融业上市公司质量/ESG指数前30名-实际控制人分布

由图 14-3 可知，从三类实际控制人比较，2023 年金融业上市公司质量 /ESG 指数前 30 名中，实际控制人是地方国企（或监管机构）的上市公司最多，有 18 家；但占比最高的是实际控制人为中央企业（或监管机构）的上市公司，为 32.26%；在前 30 家金融业公司中，两类国企实控人控制的上市公司占比远高于非国有企业或自然人控制的上市公司占比。

14.5　金融业上市公司质量/ESG指数前30名-沪深300/非沪深300分布

2023 年金融业上市公司质量 /ESG 指数前 30 名在沪深 300/ 非沪深 300 的分布参见图 14-4。

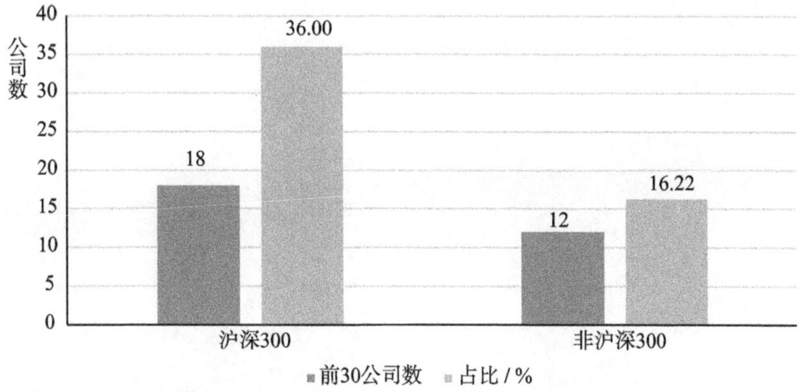

注：图中占比是指在金融业中沪深 300 公司 / 非沪深 300 公司中的占比。

图14-4　2023年金融业上市公司质量/ESG指数前30名-沪深300/非沪深300分布

由图 14-4 可知，从是否沪深 300 比较，2023 年金融业上市公司质量 /ESG 指数前 30 名中，无论是公司数量还是占比，沪深 300 公司都高于非沪深 300 公司，沪深 300 公司数量和占比分别是 18 家和 36.00%。

第15章
中国上市公司质量/ESG指数排名

15.1 2023年中国非金融业上市公司质量/ESG指数总排名

2023 年中国非金融业上市公司质量 /ESG 指数总排名如表 15-1 所示。

表15-1 2023年中国非金融业上市公司质量/ESG 指数总排名

（按股票代码从低到高排列）

股票代码	公司简称	省份	地区	行业代码	控股类型	环境保护（*EP*）	社会责任（*SR*）	公司治理（*CG*）	上市公司质量/ESG指数（*CLCQI/ESGI*）	*CLCQI/ESGI* 排名
000002	万科A	广东	东部	K	国有弱相对控股公司	100.0000	57.6559	88.8559	79.0503	123
000004	国华网安	广东	东部	I	无国有股份公司	71.4286	46.5536	83.2750	69.2379	2397
000006	深振业A	广东	东部	K	国有强相对控股公司	85.7143	50.8296	82.8859	71.9490	1424
000007	全新好	广东	东部	K	无国有股份公司	100.0000	45.5561	74.8405	67.1069	3186
000008	神州高铁	北京	东部	C	国有强相对控股公司	28.5714	47.6300	79.0540	63.0073	4315
000009	中国宝安	广东	东部	S	国有弱相对控股公司	85.7143	46.8037	77.4013	67.5234	3046
000010	美丽生态	广东	东部	E	国有参股公司	71.4286	38.1939	73.0895	60.7100	4627
000011	深物业A	广东	东部	K	国有绝对控股公司	85.7143	50.6902	87.5763	74.4800	706
000012	南玻A	广东	东部	C	无国有股份公司	71.4286	48.6488	85.2082	71.0344	1745
000014	沙河股份	广东	东部	K	国有强相对控股公司	57.1429	44.3293	82.6674	66.6966	3314
000016	深康佳A	广东	东部	C	国有弱相对控股公司	14.2857	52.8321	83.1915	65.6751	3652
000017	深中华A	广东	东部	C	无国有股份公司	28.5714	37.4645	80.3736	60.1752	4680
000019	深粮控股	广东	东部	F	国有绝对控股公司	71.4286	49.3686	89.1712	73.4660	950
000020	深华发A	广东	东部	C	无国有股份公司	71.4286	33.8082	72.5330	58.8689	4777
000021	深科技	广东	东部	C	国有强相对控股公司	14.2857	60.2202	91.6274	72.9007	1107
000023	*ST深天	广东	东部	C	国有参股公司	28.5714	41.3090	54.4786	47.2785	4937
000025	特力A	广东	东部	F	国有强相对控股公司	100.0000	41.8217	81.3800	69.3966	2325
000026	飞亚达	广东	东部	F	国有强相对控股公司	100.0000	58.6165	84.0651	76.7516	324
000027	深圳能源	广东	东部	D	国有绝对控股公司	42.8571	37.2259	86.5805	64.9341	3864
000028	国药一致	广东	东部	F	国有强相对控股公司	71.4286	39.4983	78.6462	64.2227	4043

续表

股票代码	公司简称	省份	地区	行业代码	控股类型	环境保护（*EP*）	社会责任（*SR*）	公司治理（*CG*）	上市公司质量/ESG指数（*CLCQI/ESGI*）	*CLCQI/ESGI* 排名
000029	深深房A	广东	东部	K	国有绝对控股公司	57.1429	48.2393	80.5095	66.8783	3264
000030	富奥股份	吉林	东北	C	国有绝对控股公司	85.7143	52.9129	79.3161	70.7148	1850
000031	大悦城	广东	东部	K	国有弱相对控股公司	42.8571	43.2914	78.4643	62.5931	4385
000032	深桑达A	广东	东部	E	国有强相对控股公司	57.1429	48.4248	82.7049	68.1506	2794
000034	神州数码	广东	东部	F	国有参股公司	14.2857	56.7498	85.0685	68.0787	2819
000035	中国天楹	江苏	东部	N	无国有股份公司	57.1429	65.2116	96.1397	81.4152	38
000036	华联控股	广东	东部	K	无国有股份公司	57.1429	47.5116	81.0400	66.9153	3254
000037	深南电A	广东	东部	D	国有参股公司	100.0000	49.9209	78.0930	70.4235	1950
000039	中集集团	广东	东部	C	国有弱相对控股公司	85.7143	55.4842	89.8485	77.4076	236
000042	中洲控股	广东	东部	K	国有参股公司	100.0000	40.6720	75.9328	65.9983	3551
000045	深纺织A	广东	东部	C	国有强相对控股公司	85.7143	46.6692	81.5724	69.7705	2196
000048	京基智农	广东	东部	C	无国有股份公司	28.5714	49.9808	82.1034	65.5073	3700
000049	德赛电池	广东	东部	C	国有弱相对控股公司	100.0000	48.9826	77.0551	69.5242	2282
000050	深天马A	广东	东部	C	国有绝对控股公司	42.8571	56.3024	85.1438	70.8206	1812
000055	方大集团	广东	东部	C	无国有股份公司	28.5714	43.8584	80.7329	62.6107	4382
000056	皇庭国际	广东	东部	L	无国有股份公司	71.4286	33.0401	64.6158	54.2456	4911
000058	深赛格	广东	东部	L	国有绝对控股公司	57.1429	52.4742	76.1297	65.9516	3568
000059	华锦股份	辽宁	东北	C	国有强相对控股公司	100.0000	64.5799	79.7634	76.4729	359
000060	中金岭南	广东	东部	C	国有强相对控股公司	71.4286	54.6263	83.4990	72.1865	1343
000061	农产品	广东	东部	L	国有强相对控股公司	100.0000	41.8037	84.7021	71.2175	1684
000062	深圳华强	广东	东部	F	国有参股公司	100.0000	53.6792	84.2513	75.1259	579
000063	中兴通讯	广东	东部	C	国有参股公司	71.4286	60.2159	85.2669	75.1152	581
000065	北方国际	北京	东部	E	国有绝对控股公司	71.4286	49.6879	81.2673	69.2306	2402
000066	中国长城	广东	东部	C	国有强相对控股公司	28.5714	50.1591	78.7830	63.7435	4170
000068	华控赛格	广东	东部	M	国有强相对控股公司	28.5714	36.3783	81.4831	60.4052	4662
000069	华侨城A	广东	东部	K	国有绝对控股公司	14.2857	60.8135	72.0544	62.3432	4428
000070	ST特信	广东	东部	C	国有强相对控股公司	42.8571	47.9090	77.2340	63.5325	4209
000078	海王生物	广东	东部	F	无国有股份公司	57.1429	38.2577	85.2829	66.0101	3550
000088	盐田港	广东	东部	G	国有绝对控股公司	100.0000	46.7049	87.5805	74.5160	698
000089	深圳机场	广东	东部	G	国有绝对控股公司	14.2857	52.2762	87.3240	67.7534	2957
000090	天健集团	广东	东部	E	国有强相对控股公司	100.0000	53.8749	91.9556	79.4318	96

续表

股票代码	公司简称	省份	地区	行业代码	控股类型	环境保护（*EP*）	社会责任（*SR*）	公司治理（*CG*）	上市公司质量/ESG指数（*CLCQI/ESGI*）	*CLCQI/ESGI* 排名
000096	广聚能源	广东	东部	F	国有绝对控股公司	71.4286	42.2583	87.1508	69.8662	2163
000099	中信海直	广东	东部	G	国有强相对控股公司	100.0000	51.7742	82.2170	73.3403	981
000100	TCL科技	广东	东部	C	国有参股公司	100.0000	54.9167	78.1236	72.1889	1342
000151	中成股份	北京	东部	F	国有绝对控股公司	28.5714	55.2860	86.9015	70.0031	2115
000153	丰原药业	安徽	中部	C	国有参股公司	85.7143	46.1323	68.1082	62.1772	4453
000155	川能动力	四川	西部	D	国有绝对控股公司	71.4286	54.2265	78.8012	69.4628	2306
000156	华数传媒	浙江	东部	R	国有绝对控股公司	28.5714	55.6156	87.2693	70.3207	1991
000157	中联重科	湖南	中部	C	国有弱相对控股公司	71.4286	65.4227	94.5350	82.0351	22
000158	常山北明	河北	东部	I	国有弱相对控股公司	100.0000	56.8103	79.0009	73.3341	984
000159	国际实业	新疆	西部	F	无国有股份公司	85.7143	36.8539	80.6728	65.8403	3601
000301	东方盛虹	江苏	东部	C	国有参股公司	85.7143	51.9349	78.4507	69.8965	2154
000333	美的集团	广东	东部	C	国有参股公司	85.7143	71.7440	83.0107	79.3377	101
000338	潍柴动力	山东	东部	C	国有弱相对控股公司	57.1429	61.1687	87.7702	75.3969	533
000400	许继电气	河南	中部	C	国有强相对控股公司	100.0000	64.7900	83.2539	78.4661	163
000401	冀东水泥	河北	东部	C	国有强相对控股公司	71.4286	50.2317	78.9712	68.1581	2792
000402	金融街	北京	东部	K	国有绝对控股公司	71.4286	45.4427	79.6517	66.8563	3268
000403	派林生物	山西	中部	C	国有弱相对控股公司	57.1429	59.7973	85.0728	73.4334	959
000404	长虹华意	江西	中部	C	国有强相对控股公司	100.0000	66.6281	91.1361	83.4447	10
000407	胜利股份	山东	东部	D	无国有股份公司	85.7143	57.8230	73.5938	69.2861	2378
000408	藏格矿业	青海	西部	C	国有参股公司	85.7143	57.8686	86.4531	76.3746	370
000409	云鼎科技	山东	东部	I	国有强相对控股公司	28.5714	57.5754	83.7469	69.0693	2458
000410	沈阳机床	辽宁	东北	C	国有强相对控股公司	71.4286	44.1706	74.5102	63.5832	4195
000411	英特集团	浙江	东部	F	国有绝对控股公司	85.7143	43.5896	81.9454	68.8978	2512
000415	渤海租赁	新疆	西部	L	国有参股公司	42.8571	33.3488	82.9741	61.5935	4513
000417	合肥百货	安徽	中部	F	国有强相对控股公司	85.7143	40.9407	81.4749	67.7119	2975
000419	通程控股	湖南	中部	F	国有弱相对控股公司	14.2857	34.8149	82.0759	58.7555	4787
000420	吉林化纤	吉林	东北	C	国有弱相对控股公司	57.1429	46.5534	68.7377	59.8137	4710
000421	南京公用	江苏	东部	D	国有绝对控股公司	14.2857	47.7173	75.8721	59.8593	4705
000422	湖北宜化	湖北	中部	C	国有弱相对控股公司	85.7143	48.7414	83.5953	71.6083	1531
000423	东阿阿胶	山东	东部	C	国有强相对控股公司	85.7143	46.2761	82.2000	69.9780	2119
000425	徐工机械	江苏	东部	C	国有强相对控股公司	85.7143	60.2833	86.8279	77.4259	233

续表

股票代码	公司简称	省份	地区	行业代码	控股类型	环境保护（*EP*）	社会责任（*SR*）	公司治理（*CG*）	上市公司质量/ESG指数（*CLCQI/ESGI*）	*CLCQI/ESGI*排名
000426	兴业银锡	内蒙古	西部	B	国有参股公司	57.1429	51.7068	84.8391	70.4732	1933
000428	华天酒店	湖南	中部	H	国有强相对控股公司	100.0000	39.3352	86.6620	71.4314	1598
000429	粤高速A	广东	东部	G	国有绝对控股公司	85.7143	42.7241	88.9769	72.4621	1257
000430	张家界	湖南	中部	N	国有强相对控股公司	85.7143	40.9736	78.9765	66.3492	3440
000488	晨鸣纸业	山东	东部	C	国有弱相对控股公司	42.8571	52.6883	79.7241	66.5749	3360
000498	山东路桥	山东	东部	E	国有绝对控股公司	100.0000	54.7699	86.8426	76.9329	297
000501	武商集团	湖北	中部	F	国有弱相对控股公司	85.7143	38.0006	92.2305	72.5984	1202
000503	国新健康	山东	东部	I	国有弱相对控股公司	57.1429	45.7393	79.0854	65.2200	3788
000504	南华生物	湖南	中部	M	国有弱相对控股公司	71.4286	49.2459	79.7614	68.2477	2767
000505	京粮控股	海南	东部	C	国有强相对控股公司	71.4286	51.2873	80.1116	69.1548	2419
000506	*ST中润	山东	东部	B	无国有股份公司	100.0000	34.4247	67.4777	59.1614	4751
000507	珠海港	广东	东部	G	国有强相对控股公司	100.0000	49.8971	85.4039	74.4361	715
000509	华塑控股	四川	西部	Q	国有弱相对控股公司	57.1429	44.2079	77.8885	64.0257	4104
000510	新金路	四川	西部	C	国有参股公司	100.0000	43.8318	73.7683	65.9137	3582
000513	丽珠集团	广东	东部	C	国有参股公司	28.5714	63.9746	92.8419	76.3113	381
000514	渝开发	重庆	西部	K	国有绝对控股公司	100.0000	34.2230	89.9077	71.4273	1599
000516	国际医学	陕西	西部	Q	国有参股公司	57.1429	44.8390	76.5861	63.5303	4210
000517	荣安地产	浙江	东部	K	国有参股公司	71.4286	44.5412	77.4407	65.3246	3754
000518	四环生物	江苏	东部	C	国有参股公司	85.7143	42.7648	80.4337	67.7776	2945
000519	中兵红箭	湖南	中部	C	国有强相对控股公司	28.5714	46.2470	86.1872	66.4465	3407
000520	凤凰航运	湖北	中部	G	无国有股份公司	57.1429	47.2180	82.7027	67.7271	2968
000521	长虹美菱	安徽	中部	C	国有弱相对控股公司	85.7143	50.1889	77.8831	68.9733	2490
000523	红棉股份	广东	东部	C	国有强相对控股公司	71.4286	55.0741	88.7332	75.2220	565
000524	岭南控股	广东	东部	L	国有绝对控股公司	57.1429	45.9428	90.8881	71.7827	1465
000525	ST红太阳	江苏	东部	C	国有参股公司	28.5714	43.6296	67.9012	55.4732	4892
000526	学大教育	福建	东部	P	无国有股份公司	85.7143	46.6219	76.8025	67.1305	3173
000528	柳工	广西	西部	C	国有强相对控股公司	57.1429	46.5284	94.6682	74.0667	802
000529	广弘控股	广东	东部	C	国有绝对控股公司	14.2857	47.7420	83.3325	63.9711	4114
000530	冰山冷热	辽宁	东北	C	无国有股份公司	42.8571	47.8004	76.6555	63.1764	4280
000531	穗恒运A	广东	东部	D	国有绝对控股公司	85.7143	44.4762	79.0920	67.6387	3014
000532	华金资本	广东	东部	S	国有绝对控股公司	42.8571	49.8299	80.3271	65.9061	3585

续表

股票代码	公司简称	省份	地区	行业代码	控股类型	环境保护（*EP*）	社会责任（*SR*）	公司治理（*CG*）	上市公司质量/ESG指数（*CLCQI/ESGI*）	*CLCQI/ESGI* 排名
000533	顺钠股份	广东	东部	C	国有参股公司	57.1429	46.2389	86.8973	69.6914	2236
000534	万泽股份	广东	东部	C	无国有股份公司	85.7143	51.5627	82.0407	71.7408	1479
000536	华映科技	福建	东部	C	国有强相对控股公司	85.7143	54.1965	89.9476	77.0114	284
000537	中绿电	天津	东部	K	国有绝对控股公司	71.4286	48.5817	90.7027	74.0330	807
000538	云南白药	云南	西部	C	国有强相对控股公司	71.4286	51.5736	83.2791	70.9971	1761
000539	粤电力A	广东	东部	D	国有绝对控股公司	57.1429	46.0221	77.6423	64.5253	3976
000541	佛山照明	广东	东部	C	国有弱相对控股公司	85.7143	39.4388	74.7188	63.4704	4223
000543	皖能电力	安徽	中部	D	国有绝对控股公司	100.0000	50.6827	87.8096	76.0343	432
000544	中原环保	河南	中部	D	国有绝对控股公司	57.1429	49.4639	83.8375	69.1373	2425
000545	金浦钛业	吉林	东北	C	国有参股公司	100.0000	48.7467	78.2766	70.1135	2062
000546	金圆股份	吉林	东北	N	无国有股份公司	57.1429	49.1548	79.4458	66.6137	3342
000547	航天发展	福建	东部	C	国有弱相对控股公司	14.2857	58.1739	81.0590	66.3719	3430
000548	湖南投资	湖南	中部	G	国有强相对控股公司	85.7143	37.9261	87.2274	69.8206	2177
000550	江铃汽车	江西	中部	C	国有强相对控股公司	71.4286	53.4008	79.4866	69.5508	2276
000551	创元科技	江苏	东部	S	国有强相对控股公司	14.2857	55.4035	84.5720	67.3344	3109
000552	甘肃能化	甘肃	西部	B	国有绝对控股公司	42.8571	58.2314	84.4580	71.1186	1719
000553	安道麦A	湖北	中部	C	国有绝对控股公司	100.0000	44.4502	84.5875	72.0807	1373
000554	泰山石油	山东	东部	F	国有弱相对控股公司	100.0000	49.9968	79.1581	71.0359	1744
000555	神州信息	广东	东部	I	国有参股公司	71.4286	51.4270	86.6925	72.8232	1131
000557	西部创业	宁夏	西部	G	国有绝对控股公司	85.7143	54.8575	81.2739	72.4722	1252
000558	莱茵体育	四川	西部	K	国有强相对控股公司	57.1429	49.4755	75.8456	64.7458	3920
000559	万向钱潮	浙江	东部	C	国有参股公司	71.4286	51.3874	85.6750	72.2497	1321
000560	我爱我家	云南	西部	K	无国有股份公司	57.1429	38.9617	81.4438	64.1450	4069
000561	烽火电子	陕西	西部	C	国有强相对控股公司	57.1429	50.9251	82.1897	68.7424	2577
000564	供销大集	陕西	西部	F	国有弱相对控股公司	85.7143	36.4523	81.4552	66.1301	3528
000565	渝三峡A	重庆	西部	C	国有强相对控股公司	100.0000	54.0850	90.4578	78.6815	150
000566	海南海药	海南	东部	C	国有弱相对控股公司	71.4286	47.9845	87.8413	72.2501	1319
000568	泸州老窖	四川	西部	C	国有绝对控股公司	42.8571	62.9174	81.5465	71.1574	1706
000570	苏常柴A	江苏	东部	C	国有强相对控股公司	14.2857	59.3414	80.8354	66.6575	3326
000571	新大洲A	海南	东部	S	无国有股份公司	71.4286	34.7958	79.6525	63.1303	4289
000572	海马汽车	海南	东部	C	无国有股份公司	85.7143	40.6211	75.1328	64.1119	4081

续表

股票代码	公司简称	省份	地区	行业代码	控股类型	环境保护（*EP*）	社会责任（*SR*）	公司治理（*CG*）	上市公司质量/ESG指数（*CLCQI/ESGI*）	*CLCQI/ESGI* 排名
000573	粤宏远A	广东	东部	K	国有参股公司	85.7143	45.5484	76.8568	66.7846	3287
000576	甘化科工	广东	东部	C	无国有股份公司	100.0000	48.7909	76.4264	69.1114	2441
000581	威孚高科	江苏	东部	C	国有弱相对控股公司	42.8571	52.5980	80.6149	67.0332	3210
000582	北部湾港	广西	西部	G	国有绝对控股公司	100.0000	50.3087	88.1667	76.0997	420
000584	*ST工智	江苏	东部	C	无国有股份公司	71.4286	37.9898	69.1408	58.4667	4800
000586	汇源通信	四川	西部	C	无国有股份公司	100.0000	52.7622	74.6085	69.5015	2294
000589	贵州轮胎	贵州	西部	C	国有弱相对控股公司	100.0000	54.0719	90.7209	78.8217	142
000590	启迪药业	湖南	中部	C	国有参股公司	85.7143	44.8354	90.9680	74.2962	745
000591	太阳能	重庆	西部	D	国有强相对控股公司	100.0000	45.0279	84.2342	72.0886	1369
000592	平潭发展	福建	东部	A	国有参股公司	14.2857	37.9313	83.7397	60.7613	4623
000593	德龙汇能	四川	西部	D	国有参股公司	85.7143	40.8445	84.1000	69.1220	2431
000595	宝塔实业	宁夏	西部	C	国有弱相对控股公司	71.4286	56.2118	81.8727	71.8470	1449
000596	古井贡酒	安徽	中部	C	国有绝对控股公司	71.4286	46.3266	78.6251	66.6010	3351
000597	东北制药	辽宁	东北	C	无国有股份公司	28.5714	54.0439	75.5831	63.3432	4244
000598	兴蓉环境	四川	西部	D	国有绝对控股公司	57.1429	50.6674	89.2043	72.5103	1236
000599	青岛双星	山东	东部	C	国有强相对控股公司	100.0000	55.3539	87.9321	77.7366	208
000600	建投能源	河北	东部	D	国有绝对控股公司	57.1429	51.4061	78.2885	66.7651	3292
000601	韶能股份	广东	东部	D	国有弱相对控股公司	85.7143	41.6726	73.1029	63.3635	4243
000603	盛达资源	北京	东部	B	国有参股公司	85.7143	37.3444	83.1151	67.3553	3098
000605	渤海股份	北京	东部	D	国有强相对控股公司	85.7143	39.0970	86.1359	69.6302	2253
000607	华媒控股	浙江	东部	R	国有绝对控股公司	57.1429	53.3020	85.4119	71.3465	1624
000608	阳光股份	广西	西部	K	国有参股公司	71.4286	36.2350	83.5289	65.7660	3623
000609	*ST中迪	北京	东部	S	国有参股公司	85.7143	35.1913	58.4610	53.0420	4923
000610	西安旅游	陕西	西部	N	国有弱相对控股公司	28.5714	39.2472	65.5218	52.6306	4926
000612	焦作万方	河南	中部	C	国有参股公司	85.7143	48.0139	85.6662	72.4927	1241
000615	ST美谷	湖北	中部	K	无国有股份公司	42.8571	42.7096	69.8131	57.6313	4832
000619	海螺新材	安徽	中部	C	国有强相对控股公司	14.2857	51.1682	82.1362	64.5124	3980
000620	新华联	北京	东部	K	无国有股份公司	42.8571	40.7343	69.2161	56.6116	4867
000622	*ST恒立	湖南	中部	C	国有参股公司	100.0000	45.0349	72.9124	65.8640	3595
000623	吉林敖东	吉林	东北	C	国有参股公司	57.1429	46.6863	87.2757	70.0561	2087
000625	长安汽车	重庆	西部	C	国有强相对控股公司	71.4286	60.8575	82.3013	73.7087	895

续表

股票代码	公司简称	省份	地区	行业代码	控股类型	环境保护（*EP*）	社会责任（*SR*）	公司治理（*CG*）	上市公司质量/ESG指数（*CLCQI/ESGI*）	*CLCQI/ESGI* 排名
000626	远大控股	江苏	东部	F	国有参股公司	71.4286	53.9637	75.1236	67.3482	3103
000628	高新发展	四川	西部	E	国有强相对控股公司	57.1429	64.5468	74.4992	69.2802	2382
000629	钒钛股份	四川	西部	C	国有绝对控股公司	85.7143	54.7972	77.5705	70.4142	1956
000630	铜陵有色	安徽	中部	C	国有强相对控股公司	100.0000	62.3674	81.2541	76.5183	352
000631	顺发恒业	浙江	东部	K	国有参股公司	57.1429	35.6206	71.5271	57.5214	4839
000632	三木集团	福建	东部	F	国有弱相对控股公司	85.7143	39.8319	76.0400	64.3346	4020
000633	合金投资	新疆	西部	C	无国有股份公司	57.1429	46.4541	69.3140	60.0959	4687
000635	英力特	宁夏	西部	C	国有绝对控股公司	71.4286	53.9908	83.5083	71.9692	1416
000636	风华高科	广东	东部	C	国有弱相对控股公司	100.0000	46.2221	80.8963	70.6707	1864
000637	茂化实华	广东	东部	C	国有参股公司	71.4286	43.9304	74.1862	63.3209	4247
000638	万方发展	吉林	东北	I	国有参股公司	57.1429	49.0490	64.0058	58.0846	4818
000639	西王食品	山东	东部	C	国有参股公司	85.7143	47.6339	80.2242	69.3666	2339
000650	仁和药业	江西	中部	C	无国有股份公司	85.7143	49.2447	82.1748	71.0032	1759
000651	格力电器	广东	东部	C	国有参股公司	0.0000	74.6920	72.7761	66.1690	3514
000652	泰达股份	天津	东部	F	国有强相对控股公司	42.8571	47.3640	78.3331	63.9463	4123
000655	金岭矿业	山东	东部	B	国有绝对控股公司	14.2857	59.4367	82.9284	67.8421	2917
000656	*ST金科	重庆	西部	K	国有参股公司	14.2857	33.6959	67.3987	50.2914	4933
000657	中钨高新	海南	东部	C	国有绝对控股公司	42.8571	59.5120	82.4501	70.4625	1939
000659	珠海中富	广东	东部	C	无国有股份公司	100.0000	48.0643	81.3258	71.5517	1545
000661	长春高新	吉林	东北	C	国有弱相对控股公司	100.0000	64.6831	80.6512	76.9973	287
000663	永安林业	福建	东部	C	国有弱相对控股公司	85.7143	45.6550	88.2274	73.0758	1049
000665	湖北广电	湖北	中部	R	国有强相对控股公司	71.4286	42.3778	79.4608	65.6785	3651
000668	荣丰控股	山东	东部	K	国有参股公司	57.1429	39.4903	79.6189	63.3263	4246
000669	ST金鸿	吉林	东北	D	无国有股份公司	85.7143	39.1538	67.0244	59.1386	4753
000670	盈方微	湖北	中部	C	国有参股公司	100.0000	45.7775	84.1106	72.2830	1308
000672	上峰水泥	甘肃	西部	C	国有参股公司	71.4286	52.3884	79.5856	69.2509	2391
000676	智度股份	广东	东部	I	国有参股公司	28.5714	37.0870	73.8793	56.4712	4870
000677	恒天海龙	山东	东部	C	国有参股公司	71.4286	48.4864	79.1703	67.6568	3008
000678	襄阳轴承	湖北	中部	C	国有参股公司	57.1429	37.6250	73.0549	59.0632	4757
000679	大连友谊	辽宁	东北	F	国有参股公司	85.7143	32.7323	68.6604	57.7909	4826
000680	山推股份	山东	东部	C	国有强相对控股公司	100.0000	48.0520	88.4140	75.4459	526

续表

股票代码	公司简称	省份	地区	行业代码	控股类型	环境保护（*EP*）	社会责任（*SR*）	公司治理（*CG*）	上市公司质量/ESG指数（*CLCQI/ESGI*）	*CLCQI/ESGI*排名
000681	视觉中国	江苏	东部	R	国有参股公司	85.7143	52.1474	81.5695	71.6862	1506
000682	东方电子	山东	东部	I	国有弱相对控股公司	85.7143	56.6928	75.8517	70.1323	2053
000683	远兴能源	内蒙古	西部	C	国有参股公司	14.2857	54.4394	81.3739	65.2380	3783
000685	中山公用	广东	东部	D	国有绝对控股公司	28.5714	56.3069	80.3009	66.7300	3304
000688	国城矿业	四川	西部	B	国有参股公司	85.7143	41.8561	77.3391	65.7576	3624
000690	宝新能源	广东	东部	D	无国有股份公司	28.5714	46.1465	85.7078	66.1477	3519
000691	亚太实业	甘肃	西部	C	无国有股份公司	42.8571	43.3458	88.1759	67.9535	2866
000692	惠天热电	辽宁	东北	D	国有弱相对控股公司	14.2857	35.8080	73.5283	54.4020	4908
000695	滨海能源	天津	东部	C	国有参股公司	28.5714	45.7415	80.0450	62.8914	4339
000697	炼石航空	陕西	西部	C	国有强相对控股公司	42.8571	45.0435	75.4545	61.5509	4519
000698	沈阳化工	辽宁	东北	C	国有强相对控股公司	100.0000	50.6945	78.4905	70.9129	1792
000700	模塑科技	江苏	东部	C	无国有股份公司	57.1429	43.3809	78.9833	64.3384	4018
000701	厦门信达	福建	东部	F	国有强相对控股公司	85.7143	57.6140	84.6958	75.3190	547
000702	正虹科技	湖南	中部	C	国有强相对控股公司	42.8571	39.5706	80.7055	62.5235	4397
000703	恒逸石化	广西	西部	C	国有参股公司	57.1429	49.5142	84.9223	69.7515	2201
000705	浙江震元	浙江	东部	F	国有弱相对控股公司	57.1429	56.1772	81.5967	70.2545	2013
000707	双环科技	湖北	中部	C	国有弱相对控股公司	100.0000	46.0847	73.1494	66.3618	3434
000708	中信特钢	湖北	中部	C	国有弱相对控股公司	71.4286	49.4029	84.6437	70.9879	1764
000709	河钢股份	河北	东部	C	国有绝对控股公司	100.0000	52.4538	80.9853	72.9008	1106
000710	贝瑞基因	四川	西部	M	国有参股公司	71.4286	52.4088	72.8038	65.5280	3695
000711	*ST京蓝	黑龙江	东北	E	无国有股份公司	100.0000	44.9339	69.1264	63.7464	4167
000713	丰乐种业	安徽	中部	A	国有弱相对控股公司	85.7143	39.9799	85.6425	69.6677	2242
000715	中兴商业	辽宁	东北	F	国有参股公司	71.4286	38.5584	76.0729	62.4784	4403
000716	黑芝麻	广西	西部	C	无国有股份公司	57.1429	58.3512	78.4021	69.2584	2389
000717	中南股份	广东	东部	C	国有绝对控股公司	85.7143	53.2609	85.5199	74.2487	751
000718	苏宁环球	吉林	东北	K	国有参股公司	100.0000	42.4874	87.0582	72.7526	1155
000719	中原传媒	河南	中部	R	国有绝对控股公司	85.7143	42.8080	76.3126	65.5262	3697
000720	新能泰山	山东	东部	K	国有强相对控股公司	57.1429	52.0297	85.1826	70.7751	1827
000721	西安饮食	陕西	西部	H	国有强相对控股公司	85.7143	40.9873	80.8379	67.3778	3088
000722	湖南发展	湖南	中部	D	国有绝对控股公司	100.0000	49.9864	89.0369	76.4656	361
000723	美锦能源	山西	中部	C	无国有股份公司	85.7143	51.4625	86.4722	74.1430	783

续表

股票代码	公司简称	省份	地区	行业代码	控股类型	环境保护（*EP*）	社会责任（*SR*）	公司治理（*CG*）	上市公司质量/ESG指数（*CLCQI/ESGI*）	*CLCQI/ESGI*排名
000725	京东方A	北京	东部	C	国有弱相对控股公司	100.0000	48.1406	89.5301	76.0908	421
000726	鲁泰A	山东	东部	C	国有参股公司	85.7143	55.1965	81.6478	72.7965	1140
000727	冠捷科技	江苏	东部	C	国有强相对控股公司	85.7143	52.9202	82.5256	72.4826	1245
000729	燕京啤酒	北京	东部	C	国有绝对控股公司	100.0000	55.8218	84.1373	75.8131	467
000731	四川美丰	四川	西部	C	国有弱相对控股公司	100.0000	57.1082	88.5098	78.6682	151
000733	振华科技	贵州	西部	C	国有强相对控股公司	100.0000	49.0554	81.7409	72.1269	1365
000735	罗牛山	海南	东部	A	无国有股份公司	85.7143	51.0291	72.2524	66.1704	3513
000736	中交地产	重庆	西部	K	国有绝对控股公司	71.4286	44.5793	79.0133	66.2029	3504
000737	北方铜业	山西	中部	C	国有绝对控股公司	57.1429	44.9709	79.9076	65.4033	3731
000738	航发控制	江苏	东部	C	国有绝对控股公司	85.7143	54.3480	94.2610	79.4368	95
000739	普洛药业	浙江	东部	C	无国有股份公司	100.0000	49.6982	80.9323	71.9072	1435
000751	锌业股份	辽宁	东北	C	国有参股公司	14.2857	58.7822	69.9248	60.4610	4657
000752	ST西发	西藏	西部	C	国有参股公司	85.7143	35.8086	61.1912	54.7596	4903
000753	漳州发展	福建	东部	F	国有强相对控股公司	71.4286	43.9017	78.9706	65.9423	3572
000755	山西高速	山西	中部	G	国有绝对控股公司	85.7143	35.8697	85.7261	68.2752	2756
000756	新华制药	山东	东部	C	国有强相对控股公司	100.0000	50.7211	83.6273	73.7474	879
000757	浩物股份	四川	西部	F	国有参股公司	85.7143	41.1111	76.3727	64.9653	3855
000758	中色股份	北京	东部	B	国有强相对控股公司	100.0000	57.1586	72.6674	69.9726	2124
000759	中百集团	湖北	中部	F	国有强相对控股公司	71.4286	36.0237	77.8905	62.5910	4386
000761	本钢板材	辽宁	东北	C	国有绝对控股公司	42.8571	51.3135	82.0483	67.3720	3093
000762	西藏矿业	西藏	西部	B	国有弱相对控股公司	14.2857	54.7513	79.7077	64.4308	3993
000766	通化金马	吉林	东北	C	国有参股公司	71.4286	47.9810	83.8667	70.0629	2082
000767	晋控电力	山西	中部	D	国有强相对控股公司	14.2857	60.7654	75.1015	64.0023	4109
000768	中航西飞	陕西	西部	C	国有绝对控股公司	100.0000	58.3375	92.2350	81.1473	46
000777	中核科技	江苏	东部	C	国有弱相对控股公司	42.8571	67.9264	87.0557	75.9406	447
000778	新兴铸管	河北	东部	C	国有强相对控股公司	14.2857	52.3583	79.4593	63.4566	4224
000779	甘咨询	甘肃	西部	M	国有强相对控股公司	100.0000	52.1384	93.7534	79.8128	80
000782	恒申新材	广东	东部	C	无国有股份公司	28.5714	52.1097	74.8362	62.2554	4443
000785	居然之家	湖北	中部	L	国有参股公司	100.0000	40.5110	80.3102	68.3495	2729
000786	北新建材	北京	东部	C	国有强相对控股公司	85.7143	53.1095	89.0132	76.1170	419
000788	北大医药	重庆	西部	C	国有参股公司	57.1429	33.6540	86.3547	64.9883	3846

续表

股票代码	公司简称	省份	地区	行业代码	控股类型	环境保护（*EP*）	社会责任（*SR*）	公司治理（*CG*）	上市公司质量/ESG指数（*CLCQI/ESGI*）	*CLCQI/ESGI*排名
000789	万年青	江西	中部	C	国有强相对控股公司	85.7143	53.4404	76.0514	69.1038	2443
000790	华神科技	四川	西部	C	国有参股公司	57.1429	49.1019	87.3105	70.9207	1788
000791	甘肃能源	甘肃	西部	D	国有绝对控股公司	85.7143	35.2890	79.7357	64.7772	3908
000792	盐湖股份	青海	西部	C	国有强相对控股公司	71.4286	67.4542	91.7990	81.2413	42
000793	华闻集团	海南	东部	R	国有弱相对控股公司	100.0000	42.5762	73.2444	65.1861	3797
000795	英洛华	浙江	东部	C	国有参股公司	71.4286	42.1127	81.6461	66.7876	3285
000796	ST凯撒	海南	东部	L	国有弱相对控股公司	14.2857	38.7975	61.2969	48.7210	4936
000797	中国武夷	福建	东部	K	国有绝对控股公司	71.4286	54.0187	82.8438	71.6135	1527
000798	中水渔业	北京	东部	A	国有绝对控股公司	71.4286	41.8502	75.4227	63.2729	4260
000799	酒鬼酒	湖南	中部	C	国有强相对控股公司	71.4286	55.5224	77.2395	69.0574	2466
000800	一汽解放	吉林	东北	C	国有绝对控股公司	57.1429	47.4702	78.0970	65.2822	3771
000801	四川九洲	四川	西部	C	国有绝对控股公司	100.0000	50.7638	83.5637	73.7274	888
000802	北京文化	北京	东部	R	国有参股公司	42.8571	32.6961	69.0807	53.7237	4922
000803	山高环能	四川	西部	N	国有弱相对控股公司	57.1429	40.5241	88.1581	68.3847	2713
000807	云铝股份	云南	西部	C	国有强相对控股公司	71.4286	61.7951	83.4384	74.6622	668
000809	*ST和展	辽宁	东北	N	国有参股公司	57.1429	41.2418	65.3455	56.0890	4881
000810	创维数字	四川	西部	C	国有参股公司	71.4286	55.6248	81.2930	71.3227	1635
000811	冰轮环境	山东	东部	C	国有弱相对控股公司	85.7143	48.4915	89.4010	74.7140	658
000812	陕西金叶	陕西	西部	C	国有参股公司	100.0000	33.3879	71.1400	60.8128	4615
000813	德展健康	新疆	西部	C	国有弱相对控股公司	71.4286	54.6992	83.5138	72.2202	1333
000815	美利云	宁夏	西部	C	国有强相对控股公司	42.8571	51.9891	86.0743	69.8228	2176
000816	智慧农业	江苏	东部	C	无国有股份公司	100.0000	47.1008	81.5778	71.3531	1621
000818	航锦科技	辽宁	东北	C	国有弱相对控股公司	57.1429	49.1033	76.5673	65.0124	3842
000819	岳阳兴长	湖南	中部	C	国有弱相对控股公司	57.1429	54.9193	83.8656	71.0621	1736
000820	神雾节能	江西	中部	C	国有参股公司	100.0000	34.4970	73.6404	62.5762	4391
000821	京山轻机	湖北	中部	C	无国有股份公司	100.0000	33.6243	80.7642	66.1888	3509
000822	山东海化	山东	东部	C	国有强相对控股公司	28.5714	57.0302	78.5990	66.0472	3543
000823	超声电子	广东	东部	C	国有强相对控股公司	100.0000	55.6510	81.6097	74.3632	733
000825	太钢不锈	山西	中部	C	国有绝对控股公司	42.8571	54.2589	78.8095	66.6215	3338
000826	启迪环境	湖北	中部	N	国有参股公司	85.7143	32.7403	73.7411	60.5882	4643
000828	东莞控股	广东	东部	G	国有绝对控股公司	71.4286	54.6759	76.2100	68.1949	2782

续表

股票代码	公司简称	省份	地区	行业代码	控股类型	环境保护（*EP*）	社会责任（*SR*）	公司治理（*CG*）	上市公司质量/ESG指数（*CLCQI/ESGI*）	*CLCQI/ESGI* 排名
000829	天音控股	江西	中部	F	国有弱相对控股公司	100.0000	55.8915	75.6732	71.1823	1696
000830	鲁西化工	山东	东部	C	国有强相对控股公司	100.0000	57.2815	84.0953	76.3009	382
000831	中国稀土	江西	中部	C	国有强相对控股公司	85.7143	57.4128	86.7314	76.3682	371
000833	粤桂股份	广西	西部	S	国有绝对控股公司	85.7143	62.7723	84.2961	76.9046	298
000836	ST富通	天津	东部	C	国有参股公司	100.0000	48.5952	70.7136	65.9008	3587
000837	秦川机床	陕西	西部	C	国有强相对控股公司	85.7143	48.7791	81.5544	70.4991	1922
000838	财信发展	重庆	西部	K	无国有股份公司	71.4286	43.6471	83.8416	68.5322	2660
000839	中信国安	北京	东部	I	国有强相对控股公司	71.4286	31.3954	76.9523	60.4550	4658
000848	承德露露	河北	东部	C	无国有股份公司	71.4286	44.3909	86.6541	70.3394	1988
000850	华茂股份	安徽	中部	C	国有强相对控股公司	85.7143	39.5944	76.2987	64.3938	4001
000851	ST高鸿	贵州	西部	F	国有弱相对控股公司	14.2857	52.6374	69.1708	57.8956	4824
000852	石化机械	湖北	中部	C	国有绝对控股公司	42.8571	64.5288	78.6246	70.1143	2060
000856	冀东装备	河北	东部	C	国有强相对控股公司	85.7143	51.7967	80.5902	71.0249	1748
000858	五粮液	四川	西部	C	国有绝对控股公司	71.4286	64.4141	77.2932	72.1991	1339
000859	国风新材	安徽	中部	C	国有弱相对控股公司	100.0000	59.0619	87.8565	78.9927	127
000860	顺鑫农业	北京	东部	C	国有强相对控股公司	71.4286	50.4689	76.0240	66.6202	3339
000861	海印股份	广东	东部	L	国有参股公司	28.5714	41.9761	72.7719	57.5733	4836
000862	银星能源	宁夏	西部	D	国有强相对控股公司	42.8571	58.5817	84.7395	71.3960	1612
000863	三湘印象	上海	东部	K	国有参股公司	71.4286	43.6444	74.1118	63.1799	4279
000868	安凯客车	安徽	中部	C	国有强相对控股公司	85.7143	45.3858	74.2949	65.3187	3757
000869	张裕A	山东	东部	C	无国有股份公司	57.1429	55.0497	81.4676	69.7889	2188
000875	吉电股份	吉林	东北	D	国有强相对控股公司	14.2857	44.6495	85.3102	63.9765	4112
000876	新希望	四川	西部	C	无国有股份公司	57.1429	55.4285	78.2937	68.1758	2784
000877	天山股份	新疆	西部	C	国有绝对控股公司	57.1429	55.5136	89.5273	74.3841	730
000878	云南铜业	云南	西部	C	国有强相对控股公司	42.8571	62.4265	79.2277	69.7102	2221
000880	潍柴重机	山东	东部	C	国有绝对控股公司	71.4286	49.6367	69.1748	62.5619	4395
000881	中广核技	辽宁	东北	C	国有弱相对控股公司	85.7143	56.5564	82.4117	73.6926	897
000882	华联股份	北京	东部	L	无国有股份公司	85.7143	44.5784	87.8021	72.4650	1255
000883	湖北能源	湖北	中部	D	国有绝对控股公司	14.2857	62.1275	86.9274	70.9833	1765
000885	城发环境	河南	中部	G	国有绝对控股公司	28.5714	40.1150	80.1534	60.9818	4597
000886	海南高速	海南	东部	K	国有弱相对控股公司	57.1429	43.6531	87.4422	69.0861	2453

续表

股票代码	公司简称	省份	地区	行业代码	控股类型	环境保护（*EP*）	社会责任（*SR*）	公司治理（*CG*）	上市公司质量/ESG指数（*CLCQI/ESGI*）	*CLCQI/ESGI* 排名
000887	中鼎股份	安徽	中部	C	无国有股份公司	57.1429	54.0243	79.6600	68.4358	2696
000888	峨眉山A	四川	西部	N	国有强相对控股公司	42.8571	47.6049	80.6684	65.3150	3759
000889	ST中嘉	河北	东部	I	国有参股公司	14.2857	51.5719	76.1438	61.3578	4541
000890	法尔胜	江苏	东部	C	国有参股公司	100.0000	43.4875	77.5251	67.8594	2911
000892	欢瑞世纪	重庆	西部	R	无国有股份公司	85.7143	37.5826	77.7108	64.4663	3985
000893	亚钾国际	广东	东部	C	国有弱相对控股公司	14.2857	38.9498	93.5091	66.4910	3388
000895	双汇发展	河南	中部	C	国有参股公司	100.0000	64.1914	87.0656	80.3531	62
000897	津滨发展	天津	东部	K	国有弱相对控股公司	71.4286	44.4327	79.8696	66.6226	3336
000898	鞍钢股份	辽宁	东北	C	国有绝对控股公司	85.7143	60.9682	92.1481	80.5918	57
000899	赣能股份	江西	中部	D	国有绝对控股公司	85.7143	49.3221	87.7449	74.0939	795
000900	现代投资	湖南	中部	G	国有强相对控股公司	71.4286	59.2717	82.1552	73.0733	1050
000901	航天科技	黑龙江	东北	C	国有强相对控股公司	42.8571	48.1864	84.7647	67.7716	2948
000902	新洋丰	湖北	中部	C	无国有股份公司	100.0000	59.9629	90.4852	80.7538	54
000903	云内动力	云南	西部	C	国有强相对控股公司	100.0000	43.0229	79.5441	68.8073	2545
000905	厦门港务	福建	东部	G	国有绝对控股公司	14.2857	44.1300	79.3345	60.5081	4652
000906	浙商中拓	浙江	东部	F	国有强相对控股公司	57.1429	55.0073	86.5671	72.5787	1207
000908	*ST景峰	湖南	中部	C	国有参股公司	28.5714	47.0351	75.8961	61.0623	4587
000909	ST数源	浙江	东部	K	国有强相对控股公司	85.7143	48.2017	67.6084	62.6266	4379
000910	大亚圣象	江苏	东部	C	无国有股份公司	71.4286	38.4147	84.6740	67.1587	3167
000911	广农糖业	广西	西部	C	国有绝对控股公司	100.0000	46.5332	80.3232	70.4643	1938
000912	泸天化	四川	西部	C	国有强相对控股公司	14.2857	64.1172	80.0256	67.8836	2902
000913	钱江摩托	浙江	东部	C	国有参股公司	100.0000	57.6610	79.5357	73.9260	834
000915	华特达因	山东	东部	C	国有弱相对控股公司	57.1429	49.9911	79.4412	66.9038	3257
000917	电广传媒	湖南	中部	I	国有弱相对控股公司	28.5714	43.9181	75.6201	59.8196	4709
000919	金陵药业	江苏	东部	C	国有绝对控股公司	100.0000	53.1991	90.5471	78.4206	168
000920	沃顿科技	贵州	西部	C	国有绝对控股公司	57.1429	62.0794	82.8924	73.0329	1062
000921	海信家电	广东	东部	C	无国有股份公司	71.4286	48.3371	80.7770	68.4882	2674
000922	佳电股份	黑龙江	东北	C	国有强相对控股公司	14.2857	46.0843	75.2167	58.9272	4771
000923	河钢资源	河北	东部	B	国有强相对控股公司	85.7143	47.3642	76.8681	67.4263	3078
000925	众合科技	浙江	东部	C	无国有股份公司	100.0000	70.5323	84.2847	81.0429	48
000926	福星股份	湖北	中部	K	无国有股份公司	57.1429	48.1407	82.2872	67.8215	2925

续表

股票代码	公司简称	省份	地区	行业代码	控股类型	环境保护（*EP*）	社会责任（*SR*）	公司治理（*CG*）	上市公司质量/ESG指数（*CLCQI/ESGI*）	*CLCQI/ESGI*排名
000927	中国铁物	天津	东部	F	国有绝对控股公司	71.4286	46.2282	76.6286	65.4685	3710
000928	中钢国际	吉林	东北	E	国有强相对控股公司	57.1429	61.7216	82.7708	72.8408	1129
000929	兰州黄河	甘肃	西部	C	国有参股公司	28.5714	39.7710	83.9966	62.9751	4323
000930	中粮科技	安徽	中部	C	国有弱相对控股公司	71.4286	52.2687	66.9424	62.2552	4444
000931	中关村	北京	东部	C	国有参股公司	85.7143	50.1494	83.7598	72.1916	1341
000932	华菱钢铁	湖南	中部	C	国有强相对控股公司	28.5714	58.1782	81.0209	67.7810	2944
000933	神火股份	河南	中部	C	国有弱相对控股公司	85.7143	57.3981	87.5334	76.8041	317
000935	四川双马	四川	西部	C	无国有股份公司	57.1429	57.7139	84.3314	72.2964	1301
000936	华西股份	江苏	东部	C	国有弱相对控股公司	85.7143	49.4310	79.8493	69.7894	2187
000937	冀中能源	河北	东部	B	国有绝对控股公司	42.8571	56.6372	83.3300	69.9402	2135
000938	紫光股份	北京	东部	C	国有参股公司	100.0000	53.5713	81.3982	73.5190	938
000948	南天信息	云南	西部	I	国有强相对控股公司	71.4286	48.1939	83.2449	69.7954	2183
000949	新乡化纤	河南	中部	C	国有强相对控股公司	42.8571	52.7071	84.1016	68.9891	2486
000950	重药控股	重庆	西部	F	国有绝对控股公司	42.8571	47.9412	81.8083	66.0597	3542
000951	中国重汽	山东	东部	C	国有绝对控股公司	28.5714	48.5170	88.7914	68.6734	2609
000952	广济药业	湖北	中部	C	国有弱相对控股公司	71.4286	60.3795	71.5099	67.6061	3023
000953	河化股份	广西	西部	C	国有参股公司	100.0000	48.5710	81.2714	71.6991	1501
000955	欣龙控股	海南	东部	C	国有参股公司	85.7143	58.9436	67.2814	66.2065	3503
000957	中通客车	山东	东部	C	国有强相对控股公司	42.8571	44.7703	78.0030	62.8570	4350
000959	首钢股份	北京	东部	C	国有绝对控股公司	85.7143	65.1794	86.6719	79.0538	121
000960	锡业股份	云南	西部	C	国有强相对控股公司	100.0000	52.4131	85.2537	75.2342	564
000961	ST中南	江苏	东部	K	无国有股份公司	71.4286	42.8622	72.8326	62.2026	4450
000962	东方钽业	宁夏	西部	C	国有强相对控股公司	100.0000	60.0069	83.0564	76.6834	335
000963	华东医药	浙江	东部	F	国有参股公司	85.7143	53.9792	82.8673	73.0412	1059
000965	天保基建	天津	东部	K	国有绝对控股公司	85.7143	41.9278	85.1163	70.0601	2084
000966	长源电力	湖北	中部	D	国有绝对控股公司	85.7143	48.8723	89.0494	74.6539	670
000967	盈峰环境	浙江	东部	N	国有参股公司	85.7143	53.6278	89.5817	76.6111	344
000968	蓝焰控股	山西	中部	B	国有绝对控股公司	14.2857	63.0183	89.6026	72.7664	1151
000969	安泰科技	北京	东部	C	国有强相对控股公司	71.4286	50.1538	83.4272	70.5817	1892
000970	中科三环	北京	东部	C	国有弱相对控股公司	100.0000	53.6847	81.0516	73.3680	971
000971	*ST高升	湖北	中部	I	无国有股份公司	42.8571	38.8974	57.9913	49.7950	4935

续表

股票代码	公司简称	省份	地区	行业代码	控股类型	环境保护（*EP*）	社会责任（*SR*）	公司治理（*CG*）	上市公司质量/ESG指数（*CLCQI/ESGI*）	*CLCQI/ESGI*排名
000972	中基健康	新疆	西部	C	国有强相对控股公司	42.8571	45.7730	78.3291	63.3873	4237
000973	佛塑科技	广东	东部	C	国有弱相对控股公司	42.8571	46.7011	92.2238	71.3542	1620
000975	山金国际	内蒙古	西部	B	国有弱相对控股公司	42.8571	48.5004	84.3343	67.6447	3011
000977	浪潮信息	山东	东部	C	国有强相对控股公司	14.2857	64.3014	72.6075	63.8682	4143
000978	桂林旅游	广西	西部	N	国有强相对控股公司	42.8571	39.5939	85.7406	65.3009	3764
000980	众泰汽车	浙江	东部	C	无国有股份公司	14.2857	46.6928	70.7554	56.6865	4860
000981	山子高科	甘肃	西部	C	国有参股公司	85.7143	43.6697	80.6805	68.2301	2774
000982	中银绒业	宁夏	西部	C	国有参股公司	100.0000	43.8664	73.5549	65.8084	3610
000983	山西焦煤	山西	中部	B	国有绝对控股公司	42.8571	63.6807	81.5256	71.4131	1603
000985	大庆华科	黑龙江	东北	C	国有绝对控股公司	100.0000	57.9014	84.6463	76.8210	311
000988	华工科技	湖北	中部	C	国有弱相对控股公司	85.7143	56.6854	81.2193	73.0819	1047
000989	ST九芝	湖南	中部	C	国有参股公司	85.7143	50.9222	69.7660	64.7655	3912
000990	诚志股份	江西	中部	C	国有强相对控股公司	100.0000	49.2386	86.8607	75.0069	606
000993	闽东电力	福建	东部	D	国有绝对控股公司	85.7143	47.3145	79.1218	68.6485	2618
000995	皇台酒业	甘肃	西部	C	国有弱相对控股公司	71.4286	47.9981	78.4129	67.0693	3201
000997	新大陆	福建	东部	I	国有参股公司	85.7143	45.1514	76.7888	66.6083	3347
000998	隆平高科	湖南	中部	A	国有弱相对控股公司	100.0000	51.4493	84.5942	74.5341	691
000999	华润三九	广东	东部	C	国有绝对控股公司	57.1429	58.3536	90.1291	75.7091	483
001201	东瑞股份	广东	东部	A	无国有股份公司	100.0000	51.0503	82.4286	73.2034	1014
001202	炬申股份	广东	东部	G	国有参股公司	71.4286	49.2099	77.0157	66.7250	3306
001203	大中矿业	内蒙古	西部	B	无国有股份公司	100.0000	47.5889	84.4051	73.0789	1048
001205	盛航股份	江苏	东部	G	无国有股份公司	100.0000	31.7414	90.2661	70.7559	1833
001206	依依股份	天津	东部	C	无国有股份公司	57.1429	42.8699	82.9039	66.3159	3451
001207	联科科技	山东	东部	C	无国有股份公司	57.1429	59.5571	85.5252	73.5981	920
001208	华菱线缆	湖南	中部	C	国有绝对控股公司	71.4286	52.6984	78.6415	68.8401	2525
001209	洪兴股份	广东	东部	C	国有参股公司	71.4286	35.5040	88.7280	68.3696	2720
001210	金房能源	北京	东部	D	无国有股份公司	85.7143	43.2726	79.6935	67.5482	3040
001211	双枪科技	浙江	东部	C	无国有股份公司	71.4286	50.7366	92.8467	75.9663	443
001212	中旗新材	广东	东部	C	无国有股份公司	42.8571	54.1540	80.7870	67.6725	3002
001213	中铁特货	北京	东部	G	国有绝对控股公司	100.0000	43.7112	79.7144	69.1418	2422
001215	千味央厨	河南	中部	C	无国有股份公司	71.4286	40.8061	93.3952	72.7923	1142

续表

股票代码	公司简称	省份	地区	行业代码	控股类型	环境保护（EP）	社会责任（SR）	公司治理（CG）	上市公司质量/ESG指数（CLCQI/ESGI）	CLCQI/ESGI排名
001216	华瓷股份	湖南	中部	C	无国有股份公司	71.4286	46.1788	72.5157	63.1891	4277
001217	华尔泰	安徽	中部	C	无国有股份公司	57.1429	51.1671	75.8972	65.3662	3742
001218	丽臣实业	湖南	中部	C	无国有股份公司	28.5714	45.6510	87.7007	67.0704	3200
001219	青岛食品	山东	东部	C	国有强相对控股公司	85.7143	49.6377	86.1822	73.3448	980
001222	源飞宠物	浙江	东部	C	无国有股份公司	28.5714	42.1471	80.8137	62.0562	4468
001223	欧克科技	江西	中部	C	无国有股份公司	28.5714	55.7385	72.9965	62.5137	4399
001225	和泰机电	浙江	东部	C	无国有股份公司	71.4286	55.4904	81.9961	71.6624	1514
001226	拓山重工	安徽	中部	C	无国有股份公司	28.5714	49.1508	84.0523	66.2887	3469
001228	永泰运	浙江	东部	L	无国有股份公司	100.0000	41.3686	79.6697	68.2973	2745
001229	魅视科技	广东	东部	C	无国有股份公司	42.8571	46.2944	81.8995	65.5335	3691
001230	劲旅环境	安徽	中部	N	国有参股公司	100.0000	42.0093	87.2869	72.7110	1168
001231	农心科技	陕西	西部	C	无国有股份公司	14.2857	50.4583	80.0438	63.1131	4293
001234	泰慕士	江苏	东部	C	国有参股公司	28.5714	54.3161	76.5014	63.9436	4124
001238	浙江正特	浙江	东部	C	国有参股公司	85.7143	51.4900	75.8193	68.2935	2746
001255	博菲电气	浙江	东部	C	无国有股份公司	57.1429	59.1759	79.3167	70.0501	2094
001256	炜冈科技	浙江	东部	C	无国有股份公司	42.8571	46.8537	76.1893	62.5887	4387
001258	立新能源	新疆	西部	D	国有绝对控股公司	57.1429	45.3598	81.7752	66.5665	3362
001259	利仁科技	北京	东部	C	无国有股份公司	85.7143	45.1897	78.9958	67.8355	2919
001260	坤泰股份	山东	东部	C	国有参股公司	42.8571	42.1456	68.3844	56.6481	4864
001266	宏英智能	上海	东部	C	无国有股份公司	71.4286	52.1851	72.7470	65.4185	3727
001267	汇绿生态	湖北	中部	E	无国有股份公司	85.7143	47.3438	77.8340	67.9505	2870
001268	联合精密	广东	东部	C	无国有股份公司	100.0000	47.2516	75.3274	67.9681	2856
001269	欧晶科技	内蒙古	西部	C	国有参股公司	71.4286	50.1218	79.4502	68.3831	2714
001270	铖昌科技	浙江	东部	C	无国有股份公司	71.4286	50.6718	86.0666	72.2146	1336
001278	一彬科技	浙江	东部	C	无国有股份公司	100.0000	48.3573	74.7751	68.0514	2826
001283	豪鹏科技	广东	东部	C	国有参股公司	100.0000	53.7645	81.8082	73.8121	860
001288	运机集团	四川	西部	C	国有参股公司	71.4286	45.0264	79.9537	66.8766	3265
001289	龙源电力	北京	东部	D	国有绝对控股公司	42.8571	47.5524	83.7141	66.9718	3230
001296	长江材料	重庆	西部	C	国有参股公司	100.0000	39.3700	78.5762	66.9964	3222
001298	好上好	广东	东部	F	无国有股份公司	28.5714	51.0592	75.0622	62.0121	4470
001299	美能能源	陕西	西部	D	无国有股份公司	85.7143	34.3666	78.9198	64.0056	4107

续表

股票代码	公司简称	省份	地区	行业代码	控股类型	环境保护（*EP*）	社会责任（*SR*）	公司治理（*CG*）	上市公司质量/ESG指数（*CLCQI/ESGI*）	*CLCQI/ESGI*排名
001300	三柏硕	山东	东部	C	国有参股公司	85.7143	51.1775	79.8220	70.3857	1970
001301	尚太科技	河北	东部	C	无国有股份公司	85.7143	68.5240	82.6614	78.0186	190
001308	康冠科技	广东	东部	C	无国有股份公司	28.5714	52.5128	84.4879	67.7050	2983
001309	德明利	广东	东部	C	国有参股公司	28.5714	45.5947	83.6676	64.8325	3897
001311	多利科技	安徽	中部	C	无国有股份公司	85.7143	44.2469	82.2583	69.2999	2370
001313	粤海饲料	广东	东部	C	无国有股份公司	100.0000	52.4169	83.0051	73.9987	822
001314	亿道信息	广东	东部	C	国有参股公司	14.2857	46.3099	78.4750	60.7983	4617
001316	润贝航科	广东	东部	F	无国有股份公司	71.4286	48.6712	81.4555	68.9783	2489
001317	三羊马	重庆	西部	G	无国有股份公司	85.7143	42.1207	88.5451	72.0134	1400
001318	阳光乳业	江西	中部	C	国有参股公司	42.8571	46.6876	84.8080	67.2708	3132
001319	铭科精技	广东	东部	C	无国有股份公司	85.7143	46.2292	75.5351	66.2959	3465
001322	箭牌家居	广东	东部	C	国有参股公司	71.4286	51.8602	84.4101	71.7195	1494
001323	慕思股份	广东	东部	C	无国有股份公司	100.0000	65.1397	84.1997	79.1087	118
001330	博纳影业	新疆	西部	R	国有参股公司	71.4286	42.0328	82.7599	67.3722	3092
001331	胜通能源	山东	东部	D	国有参股公司	100.0000	52.2768	83.4582	74.1989	769
001332	锡装股份	江苏	东部	C	无国有股份公司	85.7143	55.5392	87.8442	76.3245	377
001333	光华股份	浙江	东部	C	无国有股份公司	28.5714	49.4783	86.9031	67.9712	2854
001336	楚环科技	浙江	东部	C	无国有股份公司	100.0000	40.1109	77.1314	66.4611	3399
001337	四川黄金	四川	西部	B	国有强相对控股公司	71.4286	42.8622	83.6084	68.1292	2799
001338	永顺泰	广东	东部	C	国有绝对控股公司	100.0000	48.4219	88.5991	75.6772	491
001339	智微智能	广东	东部	C	无国有股份公司	14.2857	54.0446	81.7755	65.3207	3756
001366	播恩集团	江西	中部	C	无国有股份公司	85.7143	43.5087	82.0653	68.9354	2501
001368	通达创智	福建	东部	C	无国有股份公司	100.0000	52.8229	88.2148	77.0062	286
001696	宗申动力	重庆	西部	C	国有参股公司	85.7143	46.5802	78.2123	67.8912	2896
001872	招商港口	广东	东部	G	国有强相对控股公司	100.0000	59.2482	91.0069	80.7906	52
001896	豫能控股	河南	中部	D	国有绝对控股公司	42.8571	48.5710	86.1379	68.6614	2612
001914	招商积余	广东	东部	K	国有绝对控股公司	71.4286	46.0422	83.4090	69.1325	2428
001965	招商公路	天津	东部	G	国有绝对控股公司	85.7143	52.7517	86.2975	74.4981	700
001979	招商蛇口	广东	东部	K	国有绝对控股公司	85.7143	55.3357	84.3365	74.3240	740
002001	新和成	浙江	东部	C	无国有股份公司	85.7143	47.7495	91.2152	75.4521	524
002003	伟星股份	浙江	东部	C	无国有股份公司	42.8571	43.8303	80.9501	64.1489	4068

续表

股票代码	公司简称	省份	地区	行业代码	控股类型	环境保护（*EP*）	社会责任（*SR*）	公司治理（*CG*）	上市公司质量/ESG指数（*CLCQI/ESGI*）	*CLCQI/ESGI* 排名
002004	华邦健康	重庆	西部	C	国有参股公司	42.8571	47.7458	83.6896	67.0261	3213
002005	ST德豪	安徽	中部	C	国有参股公司	100.0000	35.8978	77.8263	65.3687	3740
002006	精工科技	浙江	东部	C	国有参股公司	42.8571	54.9336	89.3781	72.6704	1180
002007	华兰生物	河南	中部	C	无国有股份公司	42.8571	50.9380	74.7438	63.2231	4271
002008	大族激光	广东	东部	C	国有参股公司	85.7143	65.5316	75.6801	73.1315	1038
002009	天奇股份	江苏	东部	C	无国有股份公司	100.0000	49.9280	78.1287	70.4456	1943
002010	传化智联	浙江	东部	L	国有参股公司	85.7143	47.1940	77.5898	67.7637	2950
002011	盾安环境	浙江	东部	C	国有参股公司	71.4286	38.7789	74.2961	61.5783	4515
002012	凯恩股份	浙江	东部	C	国有参股公司	100.0000	58.8952	85.1757	77.4599	227
002014	永新股份	安徽	中部	C	无国有股份公司	28.5714	47.4813	83.8523	65.5944	3672
002015	协鑫能科	江苏	东部	D	国有参股公司	71.4286	57.5966	89.5878	76.5749	347
002016	世荣兆业	广东	东部	K	国有参股公司	85.7143	38.3389	78.4584	65.1422	3805
002017	东信和平	广东	东部	C	国有强相对控股公司	100.0000	57.6527	86.8065	77.9220	195
002019	亿帆医药	浙江	东部	C	无国有股份公司	28.5714	40.0336	87.4311	64.9560	3860
002020	京新药业	浙江	东部	C	国有参股公司	28.5714	48.9052	84.1604	66.2622	3489
002021	中捷资源	浙江	东部	C	国有弱相对控股公司	85.7143	44.3373	82.1875	69.2926	2374
002022	科华生物	上海	东部	C	国有弱相对控股公司	85.7143	46.8957	84.5705	71.4987	1566
002023	海特高新	四川	西部	C	国有参股公司	28.5714	52.6650	90.6468	71.1456	1709
002024	ST易购	江苏	东部	F	无国有股份公司	85.7143	44.2003	76.9672	66.3735	3429
002025	航天电器	贵州	西部	C	国有强相对控股公司	85.7143	52.1271	83.8844	72.9523	1090
002026	山东威达	山东	东部	C	国有参股公司	100.0000	51.1742	79.1755	71.4575	1585
002027	分众传媒	广东	东部	L	无国有股份公司	100.0000	49.9761	86.0269	74.8064	637
002028	思源电气	上海	东部	C	无国有股份公司	71.4286	49.4819	82.6738	69.9321	2142
002029	七匹狼	福建	东部	C	国有参股公司	100.0000	42.6232	81.4256	69.7022	2229
002030	达安基因	广东	东部	C	国有强相对控股公司	14.2857	51.5640	83.2628	65.2705	3772
002031	巨轮智能	广东	东部	C	无国有股份公司	57.1429	53.9808	77.9440	67.4768	3062
002032	苏泊尔	浙江	东部	C	无国有股份公司	100.0000	58.3398	85.2802	77.3230	249
002033	丽江股份	云南	西部	N	国有强相对控股公司	85.7143	43.3719	79.4448	67.4462	3071
002034	旺能环境	浙江	东部	N	无国有股份公司	85.7143	51.6715	79.9900	70.6510	1872
002035	华帝股份	广东	东部	C	无国有股份公司	57.1429	52.2460	78.9584	67.4275	3077
002036	联创电子	江西	中部	C	国有参股公司	71.4286	50.1259	81.6255	69.5809	2265

续表

股票代码	公司简称	省份	地区	行业代码	控股类型	环境保护（*EP*）	社会责任（*SR*）	公司治理（*CG*）	上市公司质量/ESG指数（*CLCQI/ESGI*）	*CLCQI/ESGI* 排名
002037	保利联合	贵州	西部	C	国有强相对控股公司	71.4286	50.2801	71.6795	64.1646	4061
002038	双鹭药业	北京	东部	C	国有参股公司	71.4286	54.2342	73.6545	66.6348	3332
002039	黔源电力	贵州	西部	D	国有强相对控股公司	85.7143	50.7296	82.7296	71.8281	1455
002040	南京港	江苏	东部	G	国有绝对控股公司	42.8571	36.2208	80.2131	61.0802	4583
002041	登海种业	山东	东部	A	无国有股份公司	57.1429	41.2847	76.6853	62.3408	4429
002042	华孚时尚	安徽	中部	C	国有参股公司	42.8571	65.1647	76.8651	69.3692	2337
002043	兔宝宝	浙江	东部	C	无国有股份公司	71.4286	45.6721	80.3894	67.3423	3107
002044	美年健康	江苏	东部	Q	无国有股份公司	85.7143	45.9605	93.1200	75.8736	458
002045	国光电器	广东	东部	C	无国有股份公司	71.4286	44.9547	80.1506	66.9598	3236
002046	国机精工	河南	中部	C	国有绝对控股公司	42.8571	50.7620	79.4950	65.7747	3621
002047	宝鹰股份	广东	东部	E	国有强相对控股公司	85.7143	36.9446	90.9005	71.4973	1567
002048	宁波华翔	浙江	东部	C	无国有股份公司	85.7143	53.6451	80.8921	71.8379	1453
002049	紫光国微	河北	东部	C	无国有股份公司	57.1429	57.6100	85.9365	73.1429	1034
002050	三花智控	浙江	东部	C	无国有股份公司	57.1429	69.4255	73.0688	70.2011	2035
002051	中工国际	北京	东部	E	国有绝对控股公司	85.7143	55.5256	76.5300	70.0969	2067
002052	*ST同洲	广东	东部	C	无国有股份公司	100.0000	41.3007	74.2598	65.2981	3765
002053	云南能投	云南	西部	C	国有绝对控股公司	57.1429	44.5520	88.4532	69.9568	2129
002054	德美化工	广东	东部	C	国有参股公司	85.7143	54.5597	75.4831	69.1830	2410
002055	得润电子	广东	东部	C	国有参股公司	71.4286	55.0131	81.9470	71.4683	1581
002056	横店东磁	浙江	东部	C	无国有股份公司	100.0000	56.4300	89.5343	78.9944	126
002057	中钢天源	安徽	中部	C	国有强相对控股公司	100.0000	62.1518	80.9797	76.2920	385
002058	威尔泰	上海	东部	C	无国有股份公司	85.7143	50.5233	70.6422	65.1078	3817
002059	云南旅游	云南	西部	N	国有绝对控股公司	28.5714	38.0736	79.5716	59.9473	4700
002060	广东建工	广东	东部	E	国有绝对控股公司	57.1429	49.8774	90.2504	72.8091	1135
002061	浙江交科	浙江	东部	E	国有绝对控股公司	85.7143	61.7656	83.5698	76.1528	414
002062	宏润建设	浙江	东部	E	无国有股份公司	100.0000	55.1793	71.3576	68.5594	2649
002063	远光软件	广东	东部	I	国有弱相对控股公司	100.0000	53.2933	90.6178	78.4925	161
002064	华峰化学	浙江	东部	C	无国有股份公司	85.7143	51.1251	81.1794	71.1139	1721
002065	东华软件	北京	东部	I	无国有股份公司	28.5714	60.6017	81.2356	68.7473	2573
002066	瑞泰科技	北京	东部	C	国有强相对控股公司	85.7143	49.7677	93.1571	77.2265	258
002067	景兴纸业	浙江	东部	C	无国有股份公司	100.0000	53.3895	86.1067	76.0450	430

续表

股票代码	公司简称	省份	地区	行业代码	控股类型	环境保护（*EP*）	社会责任（*SR*）	公司治理（*CG*）	上市公司质量/ESG指数（*CLCQI/ESGI*）	*CLCQI/ESGI*排名
002068	黑猫股份	江西	中部	C	国有强相对控股公司	100.0000	62.1592	84.3404	78.1429	181
002069	獐子岛	辽宁	东北	A	国有弱相对控股公司	71.4286	46.0059	86.0179	70.5548	1899
002072	凯瑞德	湖北	中部	I	国有参股公司	85.7143	43.0055	67.6773	60.8459	4611
002073	软控股份	山东	东部	C	国有参股公司	71.4286	50.9159	79.2804	68.5676	2644
002074	国轩高科	安徽	中部	C	国有参股公司	100.0000	41.6417	86.3721	72.0793	1374
002075	沙钢股份	江苏	东部	C	国有参股公司	57.1429	44.8483	83.0551	67.0915	3194
002076	星光股份	广东	东部	C	国有参股公司	100.0000	48.6461	71.8451	66.5409	3371
002077	大港股份	江苏	东部	C	国有强相对控股公司	57.1429	50.4182	83.4948	69.2828	2380
002078	太阳纸业	山东	东部	C	无国有股份公司	57.1429	66.1074	81.1811	73.5015	942
002079	苏州固锝	江苏	东部	C	无国有股份公司	71.4286	52.1249	89.5114	74.6179	680
002080	中材科技	江苏	东部	C	国有绝对控股公司	28.5714	47.9032	94.7297	71.7246	1489
002081	金螳螂	江苏	东部	E	无国有股份公司	57.1429	50.5478	72.5687	63.3188	4249
002082	万邦德	浙江	东部	C	无国有股份公司	14.2857	43.9422	91.1954	66.9658	3234
002083	孚日股份	山东	东部	C	国有弱相对控股公司	100.0000	41.0318	91.6065	74.7447	651
002084	海鸥住工	广东	东部	C	国有参股公司	57.1429	53.1930	81.4358	69.1215	2432
002085	万丰奥威	浙江	东部	C	无国有股份公司	85.7143	51.9204	86.0884	74.0922	796
002086	东方海洋	山东	东部	A	无国有股份公司	57.1429	49.0556	73.0265	63.0483	4304
002088	鲁阳节能	山东	东部	C	无国有股份公司	57.1429	49.5044	94.0893	74.7899	640
002090	金智科技	江苏	东部	C	无国有股份公司	71.4286	50.2545	82.2643	69.9773	2121
002091	江苏国泰	江苏	东部	F	国有强相对控股公司	100.0000	50.3430	86.4253	75.1540	576
002092	ST中泰	新疆	西部	C	国有弱相对控股公司	57.1429	58.1879	76.1982	67.9891	2851
002093	国脉科技	福建	东部	I	国有参股公司	57.1429	50.8182	84.6407	70.0531	2091
002094	青岛金王	山东	东部	C	国有参股公司	100.0000	45.3401	80.4105	70.0948	2069
002095	生意宝	浙江	东部	I	无国有股份公司	100.0000	39.5085	77.6105	66.5138	3380
002096	易普力	湖南	中部	C	国有绝对控股公司	57.1429	53.3425	91.4908	74.7041	661
002097	山河智能	湖南	中部	C	国有弱相对控股公司	71.4286	57.5458	87.6577	75.4956	519
002098	浔兴股份	福建	东部	C	国有参股公司	100.0000	48.9098	82.9591	72.7460	1158
002099	海翔药业	浙江	东部	C	无国有股份公司	100.0000	50.9591	83.9081	73.9851	826
002100	天康生物	新疆	西部	C	国有弱相对控股公司	100.0000	46.8107	90.7486	76.2954	384
002101	广东鸿图	广东	东部	C	国有绝对控股公司	57.1429	49.9163	79.2518	66.7735	3290
002102	能特科技	湖北	中部	C	国有弱相对控股公司	100.0000	54.1752	83.7739	75.0370	596

续表

股票代码	公司简称	省份	地区	行业代码	控股类型	环境保护（*EP*）	社会责任（*SR*）	公司治理（*CG*）	上市公司质量/ESG指数（*CLCQI/ESGI*）	*CLCQI/ESGI*排名
002103	广博股份	浙江	东部	L	国有参股公司	57.1429	43.0369	89.2748	69.8783	2161
002104	恒宝股份	江苏	东部	C	无国有股份公司	28.5714	48.3732	71.9274	59.3479	4739
002105	信隆健康	广东	东部	C	无国有股份公司	100.0000	60.7049	81.3702	76.0003	435
002106	莱宝高科	广东	东部	C	国有弱相对控股公司	100.0000	56.7025	87.6357	78.0455	189
002107	沃华医药	山东	东部	C	国有参股公司	71.4286	39.9662	79.4435	64.8250	3898
002108	沧州明珠	河北	东部	C	无国有股份公司	57.1429	47.9942	80.9606	67.0406	3207
002109	兴化股份	陕西	西部	C	国有绝对控股公司	100.0000	42.9388	76.7079	67.2179	3149
002110	三钢闽光	福建	东部	C	国有绝对控股公司	85.7143	59.8242	90.6687	79.3777	100
002111	威海广泰	山东	东部	C	国有参股公司	100.0000	41.4698	74.9646	65.7450	3628
002112	三变科技	浙江	东部	C	国有弱相对控股公司	57.1429	50.6504	78.2129	66.4590	3401
002114	罗平锌电	云南	西部	C	国有强相对控股公司	85.7143	52.3140	79.2426	70.4647	1937
002115	三维通信	浙江	东部	L	无国有股份公司	71.4286	50.1975	74.7160	65.8058	3612
002116	中国海诚	上海	东部	E	国有绝对控股公司	85.7143	57.2072	87.5015	76.7198	330
002117	东港股份	山东	东部	C	国有参股公司	57.1429	39.8058	78.6208	62.8878	4342
002119	康强电子	浙江	东部	C	国有参股公司	57.1429	55.9662	81.3509	70.0454	2097
002120	韵达股份	浙江	东部	G	无国有股份公司	85.7143	54.1641	87.2258	75.5031	518
002121	科陆电子	广东	东部	C	国有参股公司	71.4286	56.3007	80.4887	71.1169	1720
002122	汇洲智能	浙江	东部	C	国有参股公司	100.0000	40.3369	75.2954	65.5304	3694
002123	梦网科技	辽宁	东北	I	无国有股份公司	71.4286	53.2254	88.0557	74.2024	767
002124	ST天邦	浙江	东部	A	无国有股份公司	100.0000	45.5958	68.5876	63.6817	4176
002125	湘潭电化	湖南	中部	C	国有强相对控股公司	42.8571	59.0362	80.9260	69.4577	2308
002126	银轮股份	浙江	东部	C	无国有股份公司	85.7143	48.6603	98.5114	79.7838	82
002127	南极电商	江苏	东部	L	无国有股份公司	42.8571	54.3422	82.5898	68.7299	2581
002128	电投能源	内蒙古	西部	B	国有绝对控股公司	100.0000	50.1095	82.9935	73.1848	1018
002129	TCL中环	天津	东部	C	国有参股公司	100.0000	46.1215	80.2334	70.2709	2008
002130	沃尔核材	广东	东部	C	无国有股份公司	71.4286	34.2367	74.2409	59.9582	4697
002131	利欧股份	浙江	东部	I	国有参股公司	100.0000	34.4403	79.5926	65.8300	3606
002132	恒星科技	河南	中部	C	无国有股份公司	85.7143	43.2476	72.8529	63.7772	4163
002133	广宇集团	浙江	东部	K	无国有股份公司	71.4286	42.1245	81.5847	66.7580	3294
002134	天津普林	天津	东部	C	无国有股份公司	57.1429	52.1662	83.7537	70.0370	2101
002135	东南网架	浙江	东部	C	无国有股份公司	57.1429	42.1665	85.8255	67.6766	2998

续表

股票代码	公司简称	省份	地区	行业代码	控股类型	环境保护（*EP*）	社会责任（*SR*）	公司治理（*CG*）	上市公司质量/ESG指数（*CLCQI/ESGI*）	*CLCQI/ESGI* 排名
002136	安纳达	安徽	中部	C	国有弱相对控股公司	14.2857	55.2689	81.9077	65.8219	3607
002137	实益达	广东	东部	C	国有参股公司	100.0000	44.4873	83.2462	71.3560	1618
002138	顺络电子	广东	东部	C	国有参股公司	57.1429	57.7781	90.6685	75.8043	469
002139	拓邦股份	广东	东部	C	无国有股份公司	71.4286	48.0656	90.0501	73.4934	944
002140	东华科技	安徽	中部	E	国有绝对控股公司	85.7143	60.7022	84.8770	76.4995	354
002141	*ST贤丰	广东	东部	C	无国有股份公司	14.2857	40.8812	69.6833	54.0628	4916
002144	宏达高科	浙江	东部	C	无国有股份公司	57.1429	48.5920	78.6405	65.9738	3563
002145	中核钛白	甘肃	西部	C	国有参股公司	57.1429	43.8062	81.2395	65.7282	3631
002146	荣盛发展	河北	东部	K	无国有股份公司	71.4286	44.6938	74.6211	63.8273	4153
002148	北纬科技	北京	东部	I	国有参股公司	42.8571	54.4029	80.8875	67.8149	2931
002149	西部材料	陕西	西部	C	国有强相对控股公司	71.4286	37.7242	83.8605	66.4696	3394
002150	通润装备	江苏	东部	C	无国有股份公司	57.1429	45.4552	83.9476	67.7948	2937
002151	北斗星通	北京	东部	C	国有参股公司	100.0000	45.5544	79.9909	69.9390	2138
002152	广电运通	广东	东部	C	国有绝对控股公司	85.7143	54.8749	97.2069	81.2414	41
002153	石基信息	北京	东部	I	国有参股公司	14.2857	49.7618	78.4580	61.9971	4472
002154	报喜鸟	浙江	东部	C	无国有股份公司	57.1429	45.8485	77.8916	64.6017	3955
002155	湖南黄金	湖南	中部	B	国有强相对控股公司	57.1429	42.9981	85.1551	67.5989	3026
002156	通富微电	江苏	东部	C	国有参股公司	28.5714	55.7426	91.3811	72.6267	1192
002157	正邦科技	江西	中部	A	国有参股公司	28.5714	41.2807	68.8404	55.1676	4897
002158	汉钟精机	上海	东部	C	无国有股份公司	42.8571	49.3178	88.0685	69.9846	2117
002159	三特索道	湖北	中部	N	国有弱相对控股公司	100.0000	39.6610	83.1865	69.6339	2251
002160	常铝股份	江苏	东部	C	国有强相对控股公司	85.7143	41.9282	84.7699	69.8697	2162
002161	远望谷	广东	东部	C	国有参股公司	28.5714	51.0392	80.9457	65.2410	3782
002162	悦心健康	上海	东部	C	国有参股公司	85.7143	50.3063	90.4552	75.9290	450
002163	海南发展	广东	东部	E	国有强相对控股公司	85.7143	45.3864	87.6001	72.6367	1188
002164	宁波东力	浙江	东部	C	无国有股份公司	85.7143	34.4102	65.1651	56.4558	4871
002165	红宝丽	江苏	东部	C	国有参股公司	57.1429	63.3066	90.6352	77.7209	210
002166	莱茵生物	广西	西部	C	无国有股份公司	14.2857	50.2299	82.1242	64.1774	4057
002167	东方锆业	广东	东部	C	无国有股份公司	71.4286	49.1740	77.7411	67.1114	3184
002168	惠程科技	重庆	西部	I	国有弱相对控股公司	57.1429	32.1234	79.2507	60.5454	4647
002169	智光电气	广东	东部	C	无国有股份公司	71.4286	53.8971	77.3305	68.5386	2657

续表

股票代码	公司简称	省份	地区	行业代码	控股类型	环境保护（*EP*）	社会责任（*SR*）	公司治理（*CG*）	上市公司质量/ESG指数（*CLCQI/ESGI*）	*CLCQI/ESGI*排名
002170	芭田股份	广东	东部	C	无国有股份公司	100.0000	50.6050	84.0331	73.9300	832
002171	楚江新材	安徽	中部	C	国有参股公司	28.5714	40.8757	75.5248	58.7023	4788
002172	澳洋健康	江苏	东部	C	国有参股公司	14.2857	31.6176	72.3373	52.2803	4928
002173	创新医疗	浙江	东部	Q	无国有股份公司	71.4286	37.0728	83.0421	65.7915	3617
002174	游族网络	福建	东部	I	无国有股份公司	85.7143	59.2807	86.2530	76.7588	323
002175	东方智造	广西	西部	C	国有参股公司	85.7143	42.9955	73.2446	63.9044	4136
002176	江特电机	江西	中部	C	国有参股公司	85.7143	47.6573	75.0890	66.5504	3368
002177	御银股份	广东	东部	C	国有参股公司	42.8571	43.2778	83.6629	65.4475	3715
002178	延华智能	上海	东部	M	国有弱相对控股公司	71.4286	41.2865	69.2277	59.6684	4718
002179	中航光电	河南	中部	C	国有强相对控股公司	42.8571	65.1592	91.4117	77.3679	241
002180	纳思达	广东	东部	C	无国有股份公司	14.2857	53.6302	82.3135	65.4715	3709
002181	粤传媒	广东	东部	L	国有绝对控股公司	28.5714	42.2722	90.3637	67.3524	3100
002182	宝武镁业	江苏	东部	C	国有弱相对控股公司	85.7143	45.6563	85.3117	71.4725	1578
002183	怡亚通	广东	东部	L	国有弱相对控股公司	100.0000	43.8454	84.3304	71.7277	1486
002184	海得控制	上海	东部	C	无国有股份公司	100.0000	51.1791	75.3349	69.3469	2353
002185	华天科技	甘肃	西部	C	国有参股公司	85.7143	45.0432	84.2061	70.6499	1874
002186	全聚德	北京	东部	H	国有强相对控股公司	71.4286	60.8098	82.8453	73.9912	823
002187	广百股份	广东	东部	F	国有绝对控股公司	100.0000	41.8473	76.3061	66.6149	3341
002188	中天服务	浙江	东部	L	无国有股份公司	85.7143	44.2247	84.7870	70.6829	1860
002189	中光学	河南	中部	C	国有强相对控股公司	14.2857	54.7308	73.4650	60.9901	4594
002190	成飞集成	四川	西部	C	国有绝对控股公司	71.4286	50.7295	86.6622	72.5624	1219
002191	劲嘉股份	广东	东部	C	无国有股份公司	85.7143	51.9795	86.7662	74.4857	703
002192	融捷股份	广东	东部	B	无国有股份公司	28.5714	50.2656	81.0459	65.0254	3838
002193	如意集团	山东	东部	C	国有参股公司	57.1429	46.6275	77.8937	64.8754	3885
002194	武汉凡谷	湖北	中部	C	国有参股公司	85.7143	54.5926	84.8645	74.3543	735
002195	岩山科技	上海	东部	I	无国有股份公司	100.0000	51.0734	77.7771	70.6531	1871
002196	方正电机	浙江	东部	C	国有弱相对控股公司	14.2857	50.8465	80.4880	63.4933	4216
002197	ST证通	广东	东部	I	国有参股公司	57.1429	52.2336	68.0054	61.3990	4536
002198	嘉应制药	广东	东部	C	国有弱相对控股公司	71.4286	51.6537	89.2446	74.3062	744
002199	东晶电子	浙江	东部	C	国有参股公司	42.8571	59.1625	78.4490	68.1396	2796
002200	ST交投	云南	西部	A	国有弱相对控股公司	85.7143	34.9865	74.8724	61.9965	4473

续表

股票代码	公司简称	省份	地区	行业代码	控股类型	环境保护（*EP*）	社会责任（*SR*）	公司治理（*CG*）	上市公司质量/ESG指数（*CLCQI/ESGI*）	*CLCQI/ESGI* 排名
002201	正威新材	江苏	东部	C	国有参股公司	85.7143	49.8282	84.0639	72.2465	1324
002202	金风科技	新疆	西部	C	国有弱相对控股公司	28.5714	59.8622	86.5291	71.3999	1610
002203	海亮股份	浙江	东部	C	无国有股份公司	14.2857	47.0098	84.4718	64.3415	4017
002204	大连重工	辽宁	东北	C	国有绝对控股公司	42.8571	47.8743	88.9090	69.9417	2134
002205	国统股份	新疆	西部	C	国有强相对控股公司	42.8571	55.6575	77.5216	66.4027	3427
002206	海利得	浙江	东部	C	无国有股份公司	85.7143	47.8766	78.0141	68.2360	2772
002207	准油股份	新疆	西部	B	国有弱相对控股公司	85.7143	51.5923	91.9921	77.2244	259
002208	合肥城建	安徽	中部	K	国有绝对控股公司	85.7143	45.9179	84.5262	71.1321	1713
002209	达意隆	广东	东部	C	国有参股公司	57.1429	46.8555	73.9295	62.7749	4358
002210	飞马国际	广东	东部	L	国有参股公司	85.7143	36.8893	72.8419	61.5457	4522
002211	宏达新材	上海	东部	C	国有参股公司	85.7143	46.2332	64.9563	60.4790	4654
002212	天融信	广东	东部	I	国有参股公司	71.4286	46.8802	94.9049	75.7486	478
002213	大为股份	广东	东部	C	无国有股份公司	100.0000	50.4530	93.0028	78.8101	143
002214	大立科技	浙江	东部	C	无国有股份公司	100.0000	48.6351	77.9368	69.8875	2157
002215	诺普信	广东	东部	C	无国有股份公司	42.8571	49.2803	79.3486	65.1755	3798
002216	三全食品	河南	中部	C	无国有股份公司	100.0000	54.6241	83.9555	75.2939	553
002217	*ST合泰	福建	东部	C	国有弱相对控股公司	100.0000	47.1470	70.9210	65.5080	3699
002218	拓日新能	广东	东部	C	国有参股公司	42.8571	63.2061	83.0481	72.0843	1370
002219	新里程	甘肃	西部	Q	国有参股公司	71.4286	44.8728	77.5000	65.4733	3708
002221	东华能源	江苏	东部	F	国有参股公司	14.2857	70.3291	77.2040	68.5060	2665
002222	福晶科技	福建	东部	C	国有弱相对控股公司	100.0000	60.8846	72.9717	71.4441	1590
002223	鱼跃医疗	江苏	东部	C	无国有股份公司	28.5714	51.9353	82.7222	66.5317	3373
002224	三力士	浙江	东部	C	无国有股份公司	57.1429	48.9375	79.5400	66.5894	3354
002225	濮耐股份	河南	中部	C	国有参股公司	28.5714	50.9588	72.8046	60.7352	4626
002226	江南化工	安徽	中部	C	国有强相对控股公司	57.1429	52.5060	79.4801	67.8054	2933
002227	奥特迅	广东	东部	C	国有参股公司	85.7143	60.4779	88.1335	78.2121	176
002228	合兴包装	福建	东部	C	无国有股份公司	42.8571	48.8314	78.9784	64.8148	3900
002229	鸿博股份	福建	东部	C	无国有股份公司	57.1429	49.7161	72.4908	62.9849	4321
002230	科大讯飞	安徽	中部	I	国有弱相对控股公司	100.0000	65.3828	83.0815	78.5788	155
002231	奥维通信	辽宁	东北	C	国有参股公司	100.0000	45.9903	70.9179	65.1014	3820
002232	启明信息	吉林	东北	I	国有绝对控股公司	14.2857	58.9452	83.0498	67.7368	2963

续表

股票代码	公司简称	省份	地区	行业代码	控股类型	环境保护（*EP*）	社会责任（*SR*）	公司治理（*CG*）	上市公司质量/ESG指数（*CLCQI/ESGI*）	*CLCQI/ESGI* 排名
002233	塔牌集团	广东	东部	C	无国有股份公司	85.7143	53.3612	84.7365	73.8529	850
002234	民和股份	山东	东部	A	国有参股公司	71.4286	44.3536	85.5288	69.7074	2223
002235	安妮股份	福建	东部	I	无国有股份公司	57.1429	37.4033	79.0551	62.2858	4437
002236	大华股份	浙江	东部	C	国有参股公司	28.5714	55.5347	77.8228	65.0968	3822
002237	恒邦股份	山东	东部	C	国有强相对控股公司	57.1429	49.4961	83.5309	68.9799	2488
002238	天威视讯	广东	东部	I	国有绝对控股公司	85.7143	59.0557	88.8921	78.1316	182
002239	奥特佳	江苏	东部	C	无国有股份公司	14.2857	46.6720	82.0350	62.8830	4345
002240	盛新锂能	四川	西部	C	国有参股公司	28.5714	59.8289	88.0393	72.2189	1335
002241	歌尔股份	山东	东部	C	无国有股份公司	42.8571	63.6607	83.1199	72.2829	1309
002242	九阳股份	山东	东部	C	国有参股公司	85.7143	62.2739	90.2709	80.0163	73
002243	力合科创	广东	东部	C	国有绝对控股公司	100.0000	48.9796	88.5087	75.8226	466
002244	滨江集团	浙江	东部	K	无国有股份公司	71.4286	49.7343	85.2685	71.4476	1589
002245	蔚蓝锂芯	江苏	东部	C	无国有股份公司	85.7143	57.0073	93.9606	80.2024	64
002246	北化股份	四川	西部	C	国有强相对控股公司	42.8571	62.8993	89.2256	75.3745	537
002247	聚力文化	浙江	东部	I	无国有股份公司	42.8571	35.7636	76.4652	58.8588	4778
002248	华东数控	山东	东部	C	国有参股公司	100.0000	51.4200	73.9072	68.6460	2619
002249	大洋电机	广东	东部	C	无国有股份公司	42.8571	54.2551	92.3747	74.0811	799
002250	联化科技	浙江	东部	C	国有参股公司	42.8571	44.7021	83.2423	65.7147	3637
002251	*ST步高	湖南	中部	F	国有弱相对控股公司	42.8571	35.0798	68.6378	54.3144	4909
002252	上海莱士	上海	东部	C	国有参股公司	85.7143	34.6363	84.5003	67.1693	3165
002253	川大智胜	四川	西部	I	国有参股公司	85.7143	48.4032	68.0632	62.9473	4328
002254	泰和新材	山东	东部	C	国有弱相对控股公司	42.8571	47.8183	96.7093	74.2122	761
002255	海陆重工	江苏	东部	C	无国有股份公司	85.7143	40.9274	78.9258	66.3052	3460
002256	兆新股份	广东	东部	D	国有参股公司	85.7143	43.0146	82.6331	69.0748	2456
002258	利尔化学	四川	西部	C	国有强相对控股公司	14.2857	57.7063	76.7319	63.8283	4152
002259	ST升达	四川	西部	D	无国有股份公司	42.8571	48.6006	79.5164	65.0300	3837
002261	拓维信息	湖南	中部	I	无国有股份公司	71.4286	43.0102	81.6756	67.1180	3181
002262	恩华药业	江苏	东部	C	无国有股份公司	85.7143	51.9221	89.2545	75.8341	465
002263	大东南	浙江	东部	C	国有弱相对控股公司	71.4286	48.5258	79.1129	67.6390	3013
002264	新华都	福建	东部	I	无国有股份公司	85.7143	43.3991	88.2353	72.2905	1303
002265	建设工业	云南	西部	C	国有绝对控股公司	100.0000	46.0360	89.9021	75.5588	510

续表

股票代码	公司简称	省份	地区	行业代码	控股类型	环境保护（*EP*）	社会责任（*SR*）	公司治理（*CG*）	上市公司质量/ESG指数（*CLCQI/ESGI*）	*CLCQI/ESGI* 排名
002266	浙富控股	浙江	东部	N	无国有股份公司	28.5714	50.8899	86.9582	68.4956	2671
002267	陕天然气	陕西	西部	D	国有绝对控股公司	71.4286	54.6145	88.6565	75.0190	602
002268	电科网安	四川	西部	I	国有强相对控股公司	42.8571	45.0031	84.4074	66.4609	3400
002269	美邦服饰	上海	东部	C	无国有股份公司	85.7143	48.6134	77.0229	67.9487	2871
002270	华明装备	山东	东部	C	无国有股份公司	42.8571	44.0644	81.3402	64.4453	3988
002271	东方雨虹	北京	东部	C	无国有股份公司	100.0000	47.6140	80.9131	71.1671	1702
002272	川润股份	四川	西部	C	国有参股公司	71.4286	58.8182	83.6018	73.7102	893
002273	水晶光电	浙江	东部	C	国有参股公司	57.1429	44.4922	88.4767	69.9488	2132
002274	华昌化工	江苏	东部	C	国有参股公司	100.0000	47.6475	84.0931	72.9278	1100
002275	桂林三金	广西	西部	C	无国有股份公司	85.7143	43.9816	72.4961	63.8378	4147
002276	万马股份	浙江	东部	C	国有弱相对控股公司	28.5714	52.3863	84.9011	67.8880	2897
002277	友阿股份	湖南	中部	F	国有参股公司	100.0000	44.2647	83.4815	71.4075	1606
002278	神开股份	上海	东部	C	国有弱相对控股公司	14.2857	54.2970	83.6270	66.4273	3416
002279	久其软件	北京	东部	I	国有参股公司	100.0000	61.5782	74.6517	72.6108	1197
002280	ST联络	浙江	东部	F	无国有股份公司	100.0000	41.6320	64.3730	59.9764	4694
002281	光迅科技	湖北	中部	C	国有强相对控股公司	100.0000	62.5853	81.3909	76.6699	337
002282	博深股份	河北	东部	C	国有弱相对控股公司	71.4286	48.6352	86.2714	71.6144	1526
002283	天润工业	山东	东部	C	无国有股份公司	85.7143	56.8189	78.9447	71.8776	1442
002284	亚太股份	浙江	东部	C	国有参股公司	57.1429	44.2072	78.5892	64.4108	3999
002285	世联行	广东	东部	K	国有弱相对控股公司	85.7143	44.7094	84.9008	70.9152	1790
002286	保龄宝	山东	东部	C	无国有股份公司	14.2857	54.4633	95.4995	73.0155	1072
002287	奇正藏药	西藏	西部	C	无国有股份公司	85.7143	42.5382	78.9542	66.8846	3261
002288	*ST超华	广东	东部	C	国有参股公司	57.1429	44.0193	77.0780	63.5139	4213
002289	ST宇顺	广东	东部	C	无国有股份公司	85.7143	37.0696	66.2645	57.9913	4820
002290	禾盛新材	江苏	东部	C	无国有股份公司	57.1429	51.1153	74.9993	64.8543	3890
002291	遥望科技	广东	东部	C	无国有股份公司	100.0000	40.4899	74.4696	65.1297	3808
002292	奥飞娱乐	广东	东部	C	国有参股公司	100.0000	50.1677	80.7758	71.9854	1412
002293	罗莱生活	江苏	东部	C	无国有股份公司	85.7143	42.5532	87.2213	71.4367	1594
002294	信立泰	广东	东部	C	国有参股公司	85.7143	57.5382	87.2169	76.6791	336
002295	精艺股份	广东	东部	C	无国有股份公司	71.4286	39.7360	78.0216	63.9623	4116
002296	辉煌科技	河南	中部	C	无国有股份公司	71.4286	58.8986	82.8683	73.3349	983

续表

股票代码	公司简称	省份	地区	行业代码	控股类型	环境保护（*EP*）	社会责任（*SR*）	公司治理（*CG*）	上市公司质量/ESG指数（*CLCQI/ESGI*）	*CLCQI/ESGI*排名
002297	博云新材	湖南	中部	C	国有强相对控股公司	14.2857	38.0999	75.2414	56.1463	4877
002298	中电兴发	安徽	中部	I	国有参股公司	100.0000	59.7807	85.4267	77.9079	197
002299	圣农发展	福建	东部	A	无国有股份公司	14.2857	48.8708	82.5054	63.9113	4134
002300	太阳电缆	福建	东部	C	国有参股公司	71.4286	55.7468	81.9287	71.7151	1496
002301	齐心集团	广东	东部	C	国有参股公司	100.0000	51.0325	74.3395	68.7481	2572
002302	西部建设	新疆	西部	C	国有绝对控股公司	42.8571	52.0751	92.6369	73.4623	952
002303	美盈森	广东	东部	C	国有参股公司	100.0000	48.3255	79.2518	70.5024	1921
002304	洋河股份	江苏	东部	C	国有强相对控股公司	100.0000	48.7966	86.1099	74.4393	714
002305	南国置业	湖北	中部	K	国有强相对控股公司	85.7143	41.9024	84.2451	69.5721	2269
002306	中科云网	北京	东部	I	无国有股份公司	100.0000	36.3740	78.7396	66.0377	3544
002307	北新路桥	新疆	西部	E	国有强相对控股公司	28.5714	53.4012	83.5575	67.5042	3053
002309	*ST中利	江苏	东部	C	国有参股公司	85.7143	33.7922	68.9650	58.3294	4810
002310	*ST东园	北京	东部	N	国有弱相对控股公司	28.5714	49.5398	76.1805	62.0954	4462
002311	海大集团	广东	东部	C	无国有股份公司	100.0000	65.1803	85.9962	80.1110	69
002312	川发龙蟒	四川	西部	C	国有弱相对控股公司	85.7143	59.0735	84.9563	75.9732	441
002313	日海智能	广东	东部	C	国有弱相对控股公司	42.8571	37.1867	85.6766	64.4232	3996
002314	南山控股	广东	东部	K	国有弱相对控股公司	100.0000	49.5175	81.3332	72.0644	1379
002315	焦点科技	江苏	东部	I	无国有股份公司	85.7143	52.5855	81.1547	71.6114	1528
002316	亚联发展	吉林	东北	I	国有参股公司	100.0000	48.5179	71.2088	66.1461	3521
002317	众生药业	广东	东部	C	无国有股份公司	71.4286	54.6107	79.9671	70.2385	2019
002318	久立特材	浙江	东部	C	无国有股份公司	100.0000	59.2700	88.9309	79.6565	86
002319	乐通股份	广东	东部	C	无国有股份公司	42.8571	60.8089	79.6162	69.3577	2345
002320	海峡股份	海南	东部	G	国有绝对控股公司	28.5714	48.3507	85.1426	66.6083	3346
002321	华英农业	河南	中部	A	国有参股公司	100.0000	41.5143	77.2416	67.0129	3219
002322	理工能科	浙江	东部	I	国有参股公司	14.2857	51.8602	89.2571	68.6710	2610
002323	雅博股份	山东	东部	E	国有弱相对控股公司	28.5714	58.7538	84.9076	70.1202	2057
002324	普利特	上海	东部	C	国有参股公司	42.8571	55.2145	79.3509	67.2538	3140
002325	*ST洪涛	广东	东部	E	国有参股公司	85.7143	49.7901	66.3682	62.5005	4400
002326	永太科技	浙江	东部	C	无国有股份公司	71.4286	49.0928	84.0108	70.5313	1911
002327	富安娜	广东	东部	C	国有参股公司	28.5714	49.2481	79.2461	63.6794	4177
002328	新朋股份	上海	东部	C	无国有股份公司	100.0000	49.6494	81.4068	72.1511	1357

续表

股票代码	公司简称	省份	地区	行业代码	控股类型	环境保护（*EP*）	社会责任（*SR*）	公司治理（*CG*）	上市公司质量/ESG指数（*CLCQI/ESGI*）	*CLCQI/ESGI* 排名
002329	皇氏集团	广西	西部	C	国有参股公司	71.4286	36.2338	74.4734	60.7851	4618
002330	得利斯	山东	东部	C	国有参股公司	85.7143	44.3836	81.1137	68.7182	2589
002331	皖通科技	安徽	中部	I	无国有股份公司	71.4286	42.3470	70.7797	60.8932	4605
002332	仙琚制药	浙江	东部	C	国有弱相对控股公司	100.0000	57.2211	84.8512	76.6956	332
002333	罗普斯金	江苏	东部	C	无国有股份公司	14.2857	54.8256	81.9219	65.6746	3653
002334	英威腾	广东	东部	C	无国有股份公司	14.2857	54.2892	88.8629	69.3044	2369
002335	科华数据	福建	东部	C	无国有股份公司	100.0000	51.7453	88.4959	76.7836	321
002336	*ST人乐	广东	东部	F	国有绝对控股公司	100.0000	35.0359	74.0567	62.9937	4318
002337	赛象科技	天津	东部	C	无国有股份公司	14.2857	61.2342	84.8260	69.5148	2287
002338	奥普光电	吉林	东北	C	国有强相对控股公司	85.7143	49.5707	81.7765	70.8983	1797
002339	积成电子	山东	东部	C	国有弱相对控股公司	85.7143	57.9682	87.0599	76.7433	327
002340	格林美	广东	东部	C	国有参股公司	42.8571	50.5491	83.0660	67.6642	3003
002341	ST新纶	广东	东部	C	无国有股份公司	71.4286	46.8391	78.2532	66.5758	3359
002342	巨力索具	河北	东部	C	国有参股公司	100.0000	42.9599	78.3014	68.1017	2811
002343	慈文传媒	江西	中部	R	国有弱相对控股公司	100.0000	36.2407	78.0755	65.6257	3664
002344	海宁皮城	浙江	东部	L	国有绝对控股公司	85.7143	42.5528	88.5250	72.1536	1356
002345	潮宏基	广东	东部	C	无国有股份公司	100.0000	39.9820	81.3112	68.7149	2590
002346	柘中股份	上海	东部	C	无国有股份公司	28.5714	50.9309	83.9182	66.8379	3274
002347	泰尔股份	安徽	中部	C	国有参股公司	57.1429	48.8884	76.0794	64.6689	3939
002348	高乐股份	广东	东部	C	无国有股份公司	85.7143	46.4081	74.8583	65.9864	3558
002349	精华制药	江苏	东部	C	国有强相对控股公司	100.0000	49.4246	80.4712	71.5578	1544
002350	北京科锐	北京	东部	C	国有参股公司	14.2857	57.4255	81.4827	66.3430	3441
002351	漫步者	广东	东部	C	无国有股份公司	28.5714	49.0565	84.0900	66.2764	3479
002352	顺丰控股	广东	东部	G	国有参股公司	85.7143	55.5678	83.9796	74.2089	762
002353	杰瑞股份	山东	东部	C	无国有股份公司	71.4286	53.6071	84.2091	72.2204	1332
002354	天娱数科	辽宁	东北	I	国有参股公司	100.0000	38.6398	88.2618	72.0679	1377
002355	兴民智通	山东	东部	C	无国有股份公司	100.0000	51.8908	78.6350	71.4111	1604
002356	赫美集团	广东	东部	F	无国有股份公司	71.4286	32.3848	78.3924	61.5934	4514
002357	富临运业	四川	西部	G	国有参股公司	42.8571	46.8302	85.5153	67.7097	2976
002358	森源电气	河南	中部	C	国有弱相对控股公司	71.4286	54.6828	79.9544	70.2567	2012
002360	同德化工	山西	中部	C	无国有股份公司	57.1429	50.9981	89.0221	72.5258	1231

续表

股票代码	公司简称	省份	地区	行业代码	控股类型	环境保护（*EP*）	社会责任（*SR*）	公司治理（*CG*）	上市公司质量/ESG指数（*CLCQI/ESGI*）	*CLCQI/ESGI* 排名
002361	神剑股份	安徽	中部	C	无国有股份公司	14.2857	49.4244	77.2173	61.1966	4568
002362	汉王科技	北京	东部	C	无国有股份公司	57.1429	48.9336	73.4817	63.2560	4265
002363	隆基机械	山东	东部	C	国有参股公司	71.4286	56.8293	84.1443	73.3125	991
002364	中恒电气	浙江	东部	C	国有参股公司	85.7143	42.6458	85.0799	70.2914	2001
002365	永安药业	湖北	中部	C	国有参股公司	85.7143	50.9140	67.2281	63.3668	4242
002366	融发核电	四川	西部	C	国有弱相对控股公司	100.0000	42.6122	64.7436	60.5233	4650
002367	康力电梯	江苏	东部	C	无国有股份公司	14.2857	67.7179	87.2916	73.1402	1035
002368	太极股份	北京	东部	I	国有强相对控股公司	100.0000	52.3024	72.3664	68.1074	2808
002369	卓翼科技	广东	东部	C	国有参股公司	71.4286	48.4665	74.1409	64.8836	3880
002370	亚太药业	浙江	东部	C	无国有股份公司	85.7143	38.8993	80.1673	66.2782	3478
002371	北方华创	北京	东部	C	国有强相对控股公司	71.4286	63.2308	93.0344	80.4426	59
002372	伟星新材	浙江	东部	C	无国有股份公司	42.8571	46.2109	88.4293	69.0957	2448
002373	千方科技	北京	东部	I	国有参股公司	85.7143	48.3568	85.3747	72.4524	1260
002374	中锐股份	山东	东部	C	无国有股份公司	85.7143	42.6524	78.5659	66.7110	3309
002375	亚厦股份	浙江	东部	E	无国有股份公司	28.5714	52.3268	76.9310	63.4835	4219
002376	新北洋	山东	东部	C	国有弱相对控股公司	57.1429	49.6367	85.6824	70.2125	2031
002377	国创高新	湖北	中部	K	国有参股公司	71.4286	54.7031	71.8448	65.8036	3613
002378	章源钨业	江西	中部	C	无国有股份公司	42.8571	56.0041	87.2702	71.8857	1438
002379	宏创控股	山东	东部	C	国有参股公司	100.0000	47.7283	73.5952	67.1823	3158
002380	科远智慧	江苏	东部	I	无国有股份公司	28.5714	51.2422	70.9288	59.8027	4711
002381	双箭股份	浙江	东部	C	国有参股公司	57.1429	50.3028	87.8427	71.6337	1523
002382	蓝帆医疗	山东	东部	C	国有参股公司	57.1429	59.3407	86.4098	74.0089	814
002383	合众思壮	北京	东部	C	国有弱相对控股公司	85.7143	51.3100	82.8237	72.0830	1371
002384	东山精密	江苏	东部	C	无国有股份公司	14.2857	56.5252	85.8079	68.4067	2707
002385	大北农	北京	东部	C	无国有股份公司	57.1429	55.4604	77.9389	67.9918	2849
002386	天原股份	四川	西部	C	国有强相对控股公司	14.2857	53.0807	89.2780	69.1097	2442
002387	维信诺	江苏	东部	C	国有弱相对控股公司	100.0000	54.5884	82.7127	74.5979	683
002388	新亚制程	浙江	东部	C	国有参股公司	100.0000	47.7574	75.7933	68.4014	2709
002389	航天彩虹	浙江	东部	C	国有强相对控股公司	57.1429	61.6101	76.6179	69.4177	2321
002390	信邦制药	贵州	西部	C	国有参股公司	28.5714	39.5539	82.9925	62.3469	4427
002391	长青股份	江苏	东部	C	无国有股份公司	42.8571	55.9121	78.3277	66.9352	3246

续表

股票代码	公司简称	省份	地区	行业代码	控股类型	环境保护（*EP*）	社会责任（*SR*）	公司治理（*CG*）	上市公司质量/ESG指数（*CLCQI/ESGI*）	*CLCQI/ESGI* 排名
002392	北京利尔	北京	东部	C	无国有股份公司	42.8571	51.6751	82.5246	67.7605	2952
002393	力生制药	天津	东部	C	国有绝对控股公司	42.8571	48.8391	84.9780	68.1173	2807
002394	联发股份	江苏	东部	C	国有参股公司	71.4286	47.2717	76.3896	65.7022	3645
002395	双象股份	江苏	东部	C	国有参股公司	57.1429	50.7047	84.0603	69.6941	2233
002396	星网锐捷	福建	东部	C	国有强相对控股公司	71.4286	56.1958	86.9018	74.6073	682
002397	梦洁股份	湖南	中部	C	国有参股公司	85.7143	47.1414	80.8082	69.5154	2286
002398	垒知集团	福建	东部	C	无国有股份公司	100.0000	43.4264	79.2224	68.7716	2562
002399	海普瑞	广东	东部	C	无国有股份公司	42.8571	40.6244	87.9311	66.8663	3266
002400	省广集团	广东	东部	L	国有弱相对控股公司	57.1429	46.6161	73.3921	62.3955	4418
002401	中远海科	上海	东部	I	国有强相对控股公司	14.2857	53.8895	79.0811	63.7845	4162
002402	和而泰	广东	东部	C	无国有股份公司	100.0000	51.0985	88.4543	76.5343	351
002403	爱仕达	浙江	东部	C	无国有股份公司	14.2857	53.5082	79.0026	63.6078	4192
002404	嘉欣丝绸	浙江	东部	C	无国有股份公司	71.4286	51.5030	94.9911	77.4140	235
002405	四维图新	北京	东部	I	国有弱相对控股公司	14.2857	60.3137	87.6034	70.7202	1846
002406	远东传动	河南	中部	C	无国有股份公司	28.5714	56.6880	78.9051	66.0957	3536
002407	多氟多	河南	中部	C	国有参股公司	71.4286	57.3963	87.6141	75.4193	527
002408	齐翔腾达	山东	东部	C	国有绝对控股公司	28.5714	51.5755	86.0995	68.2633	2758
002409	雅克科技	江苏	东部	C	国有参股公司	100.0000	49.6647	75.8736	69.1131	2439
002410	广联达	北京	东部	I	无国有股份公司	71.4286	51.4446	90.6938	75.0300	599
002412	汉森制药	湖南	中部	C	无国有股份公司	100.0000	38.1725	82.6397	68.8122	2540
002413	雷科防务	北京	东部	C	国有参股公司	71.4286	47.9504	78.4209	67.0570	3204
002414	高德红外	湖北	中部	C	国有参股公司	42.8571	70.3570	80.1604	72.9989	1076
002415	海康威视	浙江	东部	C	国有强相对控股公司	100.0000	61.5059	78.5331	74.7202	657
002416	爱施德	广东	东部	F	无国有股份公司	100.0000	50.5666	81.6173	72.5878	1204
002418	康盛股份	浙江	东部	C	无国有股份公司	57.1429	47.8660	85.3190	69.3928	2327
002419	天虹股份	广东	东部	F	国有强相对控股公司	42.8571	56.1207	84.0349	70.1471	2051
002420	毅昌科技	广东	东部	C	国有参股公司	71.4286	50.0058	86.0681	71.9823	1414
002421	达实智能	广东	东部	I	无国有股份公司	85.7143	37.4203	77.1270	64.0884	4087
002422	科伦药业	四川	西部	C	国有参股公司	85.7143	57.1401	84.0745	74.8114	636
002424	ST百灵	贵州	西部	C	国有参股公司	71.4286	51.9981	66.0510	61.6702	4505
002425	凯撒文化	广东	东部	I	国有参股公司	42.8571	37.1183	82.5525	62.6810	4369

续表

股票代码	公司简称	省份	地区	行业代码	控股类型	环境保护（*EP*）	社会责任（*SR*）	公司治理（*CG*）	上市公司质量/ESG指数（*CLCQI/ESGI*）	*CLCQI/ESGI*排名
002426	胜利精密	江苏	东部	C	无国有股份公司	28.5714	36.2038	78.2886	58.5872	4794
002427	尤夫股份	浙江	东部	C	国有弱相对控股公司	28.5714	43.7469	71.5609	57.5270	4838
002428	云南锗业	云南	西部	C	国有参股公司	100.0000	44.9262	85.0957	72.5268	1230
002429	兆驰股份	广东	东部	C	国有强相对控股公司	57.1429	41.1686	76.6359	62.2730	4439
002430	杭氧股份	浙江	东部	C	国有绝对控股公司	85.7143	64.2180	77.8828	73.8833	843
002431	棕榈股份	河南	中部	E	国有弱相对控股公司	85.7143	47.9213	80.4347	69.5830	2263
002432	九安医疗	天津	东部	C	无国有股份公司	14.2857	55.2842	91.7784	71.2562	1670
002434	万里扬	浙江	东部	C	无国有股份公司	28.5714	46.5152	77.0979	61.5413	4523
002435	ST长康	江苏	东部	C	国有参股公司	14.2857	53.0309	76.4954	62.0618	4466
002436	兴森科技	广东	东部	C	无国有股份公司	100.0000	56.8816	79.3679	73.5609	930
002437	誉衡药业	黑龙江	东北	C	国有参股公司	0.0000	48.7698	80.3764	61.2765	4555
002438	江苏神通	江苏	东部	C	无国有股份公司	85.7143	54.6786	77.6219	70.4010	1962
002439	启明星辰	北京	东部	I	无国有股份公司	71.4286	64.4983	78.0503	72.6449	1184
002440	闰土股份	浙江	东部	C	无国有股份公司	57.1429	50.0702	82.6096	68.6741	2607
002441	众业达	广东	东部	F	无国有股份公司	71.4286	52.2713	80.7530	69.8520	2168
002442	龙星化工	河北	东部	C	无国有股份公司	85.7143	57.3091	77.9809	71.5191	1556
002443	金洲管道	浙江	东部	C	国有弱相对控股公司	14.2857	53.4947	82.6417	65.6047	3669
002444	巨星科技	浙江	东部	C	无国有股份公司	100.0000	43.0491	75.9675	66.8493	3271
002445	中南文化	江苏	东部	R	国有弱相对控股公司	100.0000	42.1439	83.5586	70.7076	1855
002446	盛路通信	广东	东部	C	无国有股份公司	57.1429	52.8891	84.5185	70.7106	1854
002448	中原内配	河南	中部	C	国有参股公司	71.4286	58.9446	82.1925	72.9794	1082
002449	国星光电	广东	东部	C	国有弱相对控股公司	71.4286	46.9460	86.1125	70.9358	1780
002451	摩恩电气	上海	东部	C	国有参股公司	85.7143	49.7846	84.8912	72.6862	1175
002452	长高电新	湖南	中部	C	无国有股份公司	85.7143	34.8536	75.6328	62.3682	4424
002453	华软科技	江苏	东部	C	无国有股份公司	71.4286	58.2476	78.5466	70.7302	1841
002454	松芝股份	上海	东部	C	国有参股公司	28.5714	51.7475	80.7922	65.4045	3730
002455	百川股份	江苏	东部	C	国有参股公司	71.4286	48.5114	76.9490	66.4438	3409
002456	欧菲光	广东	东部	C	国有参股公司	100.0000	40.2176	80.4698	68.3346	2735
002457	青龙管业	宁夏	西部	C	国有参股公司	85.7143	50.3138	74.9695	67.4145	3080
002458	益生股份	山东	东部	A	国有参股公司	85.7143	54.2923	83.9749	73.7599	869
002459	晶澳科技	河北	东部	C	无国有股份公司	85.7143	46.7912	85.6680	72.0657	1378

续表

股票代码	公司简称	省份	地区	行业代码	控股类型	环境保护（*EP*）	社会责任（*SR*）	公司治理（*CG*）	上市公司质量/ESG指数（*CLCQI/ESGI*）	*CLCQI/ESGI*排名
002460	赣锋锂业	江西	中部	C	无国有股份公司	0.0000	58.8713	93.6992	72.1395	1360
002461	珠江啤酒	广东	东部	C	国有绝对控股公司	85.7143	51.8321	86.2332	74.1409	784
002462	嘉事堂	北京	东部	F	国有强相对控股公司	71.4286	39.5003	74.1281	61.7384	4502
002463	沪电股份	江苏	东部	C	无国有股份公司	71.4286	48.7786	85.8290	71.4213	1600
002465	海格通信	广东	东部	C	国有弱相对控股公司	100.0000	55.0913	90.4891	79.0510	122
002466	天齐锂业	四川	西部	C	无国有股份公司	71.4286	58.3472	86.1508	74.9473	615
002467	二六三	北京	东部	I	国有参股公司	85.7143	49.9786	74.9758	67.3006	3124
002468	申通快递	浙江	东部	G	无国有股份公司	28.5714	42.8646	89.1691	66.9027	3258
002469	三维化学	山东	东部	C	无国有股份公司	71.4286	59.8420	86.5111	75.6687	493
002470	金正大	山东	东部	C	国有弱相对控股公司	71.4286	35.4007	75.8662	61.2595	4558
002471	中超控股	江苏	东部	C	国有参股公司	0.0000	51.0283	83.7520	63.9235	4129
002472	双环传动	浙江	东部	C	无国有股份公司	85.7143	49.1023	83.2138	71.5248	1551
002474	榕基软件	福建	东部	I	国有参股公司	71.4286	63.7750	78.6968	72.7473	1157
002475	立讯精密	广东	东部	C	国有参股公司	42.8571	63.0262	88.7445	75.1543	575
002476	宝莫股份	山东	东部	C	无国有股份公司	85.7143	43.9392	75.8407	65.6625	3656
002478	常宝股份	江苏	东部	C	无国有股份公司	71.4286	46.5756	82.8437	69.0084	2479
002479	富春环保	浙江	东部	D	国有弱相对控股公司	42.8571	42.4351	82.9230	64.7457	3921
002480	新筑股份	四川	西部	C	国有强相对控股公司	85.7143	41.4435	87.7038	71.3137	1639
002481	双塔食品	山东	东部	C	国有强相对控股公司	100.0000	54.8181	84.2803	75.5405	512
002482	广田集团	广东	东部	E	国有弱相对控股公司	42.8571	56.4887	79.3775	67.7144	2973
002483	润邦股份	江苏	东部	C	国有弱相对控股公司	71.4286	55.8806	84.8846	73.3876	967
002484	江海股份	江苏	东部	C	无国有股份公司	71.4286	56.6002	87.3698	75.0063	607
002485	ST雪发	山东	东部	N	无国有股份公司	100.0000	37.2848	64.1850	58.3515	4809
002486	嘉麟杰	上海	东部	C	国有参股公司	14.2857	57.8406	83.7956	67.7603	2953
002487	大金重工	辽宁	东北	C	国有参股公司	42.8571	54.1603	87.4386	71.3331	1629
002488	金固股份	浙江	东部	C	国有参股公司	57.1429	51.6827	74.7139	64.8959	3875
002489	浙江永强	浙江	东部	C	国有参股公司	28.5714	51.2144	74.2138	61.5998	4512
002490	ST墨龙	山东	东部	C	国有弱相对控股公司	28.5714	51.7913	74.7427	62.0926	4463
002491	通鼎互联	江苏	东部	C	国有参股公司	85.7143	55.2365	73.2941	68.2159	2777
002492	恒基达鑫	广东	东部	G	无国有股份公司	100.0000	48.6259	80.8608	71.4925	1568
002493	荣盛石化	浙江	东部	C	无国有股份公司	42.8571	58.7030	79.3395	68.4685	2684

续表

股票代码	公司简称	省份	地区	行业代码	控股类型	环境保护（*EP*）	社会责任（*SR*）	公司治理（*CG*）	上市公司质量/ESG指数（*CLCQI/ESGI*）	*CLCQI/ESGI*排名
002494	华斯股份	河北	东部	C	国有参股公司	85.7143	45.6531	91.9782	75.1380	577
002495	佳隆股份	广东	东部	C	国有参股公司	100.0000	47.2865	68.8015	64.3911	4003
002496	辉丰股份	江苏	东部	C	无国有股份公司	71.4286	52.0121	70.5223	64.1343	4071
002497	雅化集团	四川	西部	C	无国有股份公司	100.0000	58.8397	84.9708	77.3278	248
002498	汉缆股份	山东	东部	C	国有参股公司	100.0000	50.6811	73.3165	68.0624	2823
002501	利源股份	吉林	东北	C	国有参股公司	57.1429	37.7019	75.6407	60.5123	4651
002502	ST鼎龙	广东	东部	R	无国有股份公司	14.2857	32.4241	72.6124	52.7138	4924
002505	鹏都农牧	湖南	中部	F	国有参股公司	14.2857	49.3700	85.2686	65.6058	3668
002506	协鑫集成	上海	东部	C	国有参股公司	57.1429	51.2586	85.4124	70.6316	1880
002507	涪陵榨菜	重庆	西部	C	国有强相对控股公司	85.7143	46.1867	93.9275	76.3969	368
002508	老板电器	浙江	东部	C	无国有股份公司	57.1429	59.8426	76.0459	68.4845	2675
002510	天汽模	天津	东部	C	无国有股份公司	14.2857	47.5768	65.2035	53.9424	4918
002511	中顺洁柔	广东	东部	C	无国有股份公司	100.0000	45.8171	90.1362	75.6109	500
002512	达华智能	福建	东部	C	无国有股份公司	85.7143	45.6682	79.8908	68.4952	2673
002513	蓝丰生化	江苏	东部	C	国有参股公司	28.5714	43.9933	85.4397	65.2467	3780
002514	宝馨科技	江苏	东部	C	无国有股份公司	57.1429	47.7275	80.0518	66.4474	3406
002515	金字火腿	浙江	东部	C	国有参股公司	100.0000	62.8558	80.1040	76.0568	424
002516	旷达科技	江苏	东部	C	国有参股公司	100.0000	48.5879	82.2243	72.2291	1328
002517	恺英网络	福建	东部	I	国有参股公司	85.7143	35.7266	90.8144	71.0237	1749
002518	科士达	广东	东部	C	无国有股份公司	42.8571	51.3442	87.5628	70.4157	1954
002519	银河电子	江苏	东部	C	无国有股份公司	42.8571	46.5014	74.0566	61.2924	4550
002520	日发精机	浙江	东部	C	无国有股份公司	71.4286	43.9294	82.6047	67.9507	2869
002521	齐峰新材	山东	东部	C	无国有股份公司	57.1429	40.6529	78.5575	63.1494	4286
002522	浙江众成	浙江	东部	C	国有弱相对控股公司	100.0000	54.2854	86.2833	76.4557	362
002523	天桥起重	湖南	中部	C	国有强相对控股公司	100.0000	50.5319	82.6956	73.1687	1024
002524	光正眼科	新疆	西部	Q	无国有股份公司	85.7143	38.7435	76.2374	64.0622	4095
002526	山东矿机	山东	东部	C	国有参股公司	71.4286	40.2932	80.1130	65.3076	3762
002527	新时达	上海	东部	C	无国有股份公司	71.4286	46.5893	85.6330	70.5473	1903
002528	ST英飞拓	广东	东部	C	国有弱相对控股公司	57.1429	41.0512	78.7752	63.4086	4233
002529	海源复材	江西	中部	C	无国有股份公司	100.0000	48.7600	77.7143	69.8088	2179
002530	金财互联	江苏	东部	I	无国有股份公司	100.0000	52.4160	84.8455	75.0106	604

续表

股票代码	公司简称	省份	地区	行业代码	控股类型	环境保护（*EP*）	社会责任（*SR*）	公司治理（*CG*）	上市公司质量/ESG指数（*CLCQI/ESGI*）	*CLCQI/ESGI*排名
002531	天顺风能	江苏	东部	C	无国有股份公司	42.8571	51.4021	77.9302	65.1380	3807
002532	天山铝业	浙江	东部	C	无国有股份公司	42.8571	47.1776	76.9262	63.1073	4296
002533	金杯电工	湖南	中部	C	无国有股份公司	57.1429	54.5516	77.8131	67.6046	3025
002534	西子洁能	浙江	东部	C	国有参股公司	85.7143	44.4095	81.5227	68.9523	2496
002535	林州重机	河南	中部	C	无国有股份公司	100.0000	34.0691	66.3733	58.4295	4805
002536	飞龙股份	河南	中部	C	无国有股份公司	42.8571	47.2005	85.2132	67.6732	3000
002537	海联金汇	山东	东部	C	无国有股份公司	71.4286	39.1215	77.1027	63.2418	4268
002538	司尔特	安徽	中部	C	无国有股份公司	71.4286	49.8456	75.3365	66.0239	3546
002539	云图控股	四川	西部	C	无国有股份公司	85.7143	44.3550	84.9018	70.7917	1819
002540	亚太科技	江苏	东部	C	无国有股份公司	100.0000	50.2377	85.3347	74.5173	697
002541	鸿路钢构	安徽	中部	C	无国有股份公司	57.1429	37.5793	81.2288	63.5429	4206
002542	中化岩土	北京	东部	E	国有弱相对控股公司	71.4286	40.6730	91.5617	71.7373	1482
002543	万和电气	广东	东部	C	国有参股公司	100.0000	43.6901	84.7896	71.9258	1431
002544	普天科技	广东	东部	I	国有强相对控股公司	100.0000	51.0604	81.5175	72.7058	1170
002545	东方铁塔	山东	东部	C	国有参股公司	42.8571	48.7237	80.9630	65.8686	3594
002546	新联电子	江苏	东部	C	无国有股份公司	42.8571	53.1576	70.7957	61.8285	4490
002547	春兴精工	江苏	东部	C	无国有股份公司	100.0000	48.6053	74.4628	67.9664	2859
002548	金新农	广东	东部	C	无国有股份公司	71.4286	40.7463	89.7632	70.7738	1828
002549	凯美特气	湖南	中部	N	国有参股公司	85.7143	52.3905	81.6660	71.8244	1456
002550	千红制药	江苏	东部	C	无国有股份公司	71.4286	55.9837	72.6309	66.6842	3319
002551	尚荣医疗	广东	东部	C	国有参股公司	100.0000	43.0309	74.2723	65.9106	3584
002552	宝鼎科技	浙江	东部	C	国有强相对控股公司	71.4286	48.6130	78.6474	67.4135	3081
002553	南方精工	江苏	东部	C	无国有股份公司	42.8571	46.5265	77.7693	63.3431	4245
002554	惠博普	湖南	中部	B	国有强相对控股公司	85.7143	50.0957	83.2282	71.8804	1441
002555	三七互娱	安徽	中部	I	无国有股份公司	14.2857	53.6786	77.3379	62.7519	4362
002556	辉隆股份	安徽	中部	F	国有参股公司	71.4286	47.7994	73.6634	64.3875	4004
002557	洽洽食品	安徽	中部	C	无国有股份公司	71.4286	53.8616	92.3971	76.8128	314
002558	巨人网络	重庆	西部	I	无国有股份公司	100.0000	41.0334	86.8425	72.1250	1366
002559	亚威股份	江苏	东部	C	无国有股份公司	100.0000	42.9514	82.9046	70.6305	1881
002560	通达股份	河南	中部	C	无国有股份公司	100.0000	56.3634	70.7061	68.6156	2631
002561	徐家汇	上海	东部	F	国有绝对控股公司	42.8571	39.2843	76.0393	59.8569	4706

续表

股票代码	公司简称	省份	地区	行业代码	控股类型	环境保护（*EP*）	社会责任（*SR*）	公司治理（*CG*）	上市公司质量/ESG指数（*CLCQI/ESGI*）	*CLCQI/ESGI* 排名
002562	兄弟科技	浙江	东部	C	无国有股份公司	100.0000	51.2191	82.8960	73.5195	936
002563	森马服饰	浙江	东部	C	无国有股份公司	71.4286	47.6546	85.9546	71.0970	1725
002564	*ST天沃	江苏	东部	E	国有弱相对控股公司	100.0000	49.6003	73.8105	67.9559	2864
002565	顺灏股份	上海	东部	C	国有参股公司	71.4286	46.1381	78.3130	66.3633	3433
002566	益盛药业	吉林	东北	C	国有参股公司	71.4286	39.0856	86.2374	68.2534	2764
002567	唐人神	湖南	中部	C	无国有股份公司	57.1429	50.1157	89.1188	72.2701	1314
002568	百润股份	上海	东部	C	无国有股份公司	100.0000	43.4957	75.8289	66.9294	3250
002569	ST步森	浙江	东部	C	无国有股份公司	28.5714	44.1755	57.4340	49.9072	4934
002570	贝因美	浙江	东部	C	国有参股公司	100.0000	33.9270	83.1549	67.6097	3022
002571	德力股份	安徽	中部	C	国有参股公司	28.5714	38.4614	80.2853	60.4756	4656
002572	索菲亚	广东	东部	C	无国有股份公司	85.7143	44.6516	77.7667	66.9712	3231
002573	清新环境	北京	东部	N	国有强相对控股公司	57.1429	42.2533	86.8012	68.2436	2768
002574	明牌珠宝	浙江	东部	C	国有参股公司	57.1429	41.3966	66.1673	56.5951	4868
002575	群兴玩具	广东	东部	C	无国有股份公司	85.7143	43.6794	63.9243	59.0176	4764
002576	通达动力	江苏	东部	C	无国有股份公司	14.2857	52.0730	74.5850	60.6759	4632
002577	雷柏科技	广东	东部	C	无国有股份公司	71.4286	60.0557	73.1362	68.3872	2712
002578	闽发铝业	福建	东部	C	国有强相对控股公司	85.7143	52.6104	89.7636	76.3550	375
002579	中京电子	广东	东部	C	无国有股份公司	85.7143	46.2883	78.2722	67.8221	2924
002580	圣阳股份	山东	东部	C	国有弱相对控股公司	42.8571	49.6038	87.8192	69.9476	2133
002581	未名医药	山东	东部	C	国有参股公司	71.4286	41.7335	82.0950	66.9019	3259
002582	好想你	河南	中部	C	国有参股公司	14.2857	48.8283	77.3911	61.0836	4581
002583	海能达	广东	东部	C	无国有股份公司	100.0000	63.1896	81.4047	76.8890	299
002584	西陇科学	广东	东部	C	国有参股公司	0.0000	45.5797	68.7549	53.7681	4920
002585	双星新材	江苏	东部	C	国有参股公司	100.0000	52.3294	65.0970	64.1186	4079
002586	*ST围海	浙江	东部	E	国有弱相对控股公司	57.1429	51.9714	66.8681	60.6817	4630
002587	奥拓电子	广东	东部	C	国有参股公司	85.7143	44.9680	79.6042	68.0926	2815
002588	史丹利	山东	东部	C	无国有股份公司	14.2857	49.2231	84.4818	65.1216	3811
002589	瑞康医药	山东	东部	F	国有参股公司	85.7143	48.2956	78.0100	68.3804	2715
002590	万安科技	浙江	东部	C	无国有股份公司	57.1429	59.9784	81.0889	71.3057	1642
002591	恒大高新	江西	中部	C	国有参股公司	85.7143	47.2983	84.0000	71.3258	1633
002592	ST八菱	广西	西部	C	无国有股份公司	85.7143	46.4126	77.0885	67.2145	3154

续表

股票代码	公司简称	省份	地区	行业代码	控股类型	环境保护（*EP*）	社会责任（*SR*）	公司治理（*CG*）	上市公司质量/ESG指数（*CLCQI/ESGI*）	*CLCQI/ESGI* 排名
002593	日上集团	福建	东部	C	国有参股公司	28.5714	48.6908	82.9708	65.5328	3692
002594	比亚迪	广东	东部	C	国有参股公司	42.8571	57.7246	93.1967	75.7475	479
002595	豪迈科技	山东	东部	C	无国有股份公司	100.0000	53.5407	85.9291	76.0002	436
002596	海南瑞泽	海南	东部	C	无国有股份公司	42.8571	39.4536	83.7056	64.1326	4072
002597	金禾实业	安徽	中部	C	无国有股份公司	100.0000	54.0057	91.0117	78.9585	129
002598	山东章鼓	山东	东部	C	国有强相对控股公司	85.7143	46.5681	77.8766	67.7024	2985
002599	盛通股份	北京	东部	C	无国有股份公司	14.2857	45.5096	78.7717	60.6814	4631
002600	领益智造	广东	东部	C	无国有股份公司	14.2857	62.9799	86.1047	70.8291	1809
002601	龙佰集团	河南	中部	C	无国有股份公司	71.4286	48.5507	90.7052	74.0235	809
002602	世纪华通	浙江	东部	I	国有参股公司	28.5714	46.4964	79.8183	63.0309	4311
002603	以岭药业	河北	东部	C	无国有股份公司	14.2857	54.7608	88.2453	69.1298	2429
002605	姚记科技	上海	东部	I	无国有股份公司	42.8571	47.7043	85.4270	67.9671	2858
002606	大连电瓷	辽宁	东北	C	无国有股份公司	42.8571	55.3576	84.1054	69.9188	2147
002607	中公教育	安徽	中部	P	无国有股份公司	57.1429	43.2099	73.2097	61.1031	4578
002608	江苏国信	江苏	东部	D	国有绝对控股公司	28.5714	44.9202	79.8100	62.4747	4404
002609	捷顺科技	广东	东部	I	无国有股份公司	100.0000	43.6874	77.3740	67.8463	2916
002610	ST爱康	浙江	东部	C	无国有股份公司	28.5714	49.0017	69.5683	58.2703	4813
002611	东方精工	广东	东部	C	国有参股公司	85.7143	55.3758	92.6445	78.9074	136
002612	朗姿股份	北京	东部	C	无国有股份公司	57.1429	50.9284	90.0814	73.0840	1046
002613	北玻股份	河南	中部	C	国有参股公司	85.7143	49.7359	86.8533	73.7483	878
002614	奥佳华	福建	东部	C	无国有股份公司	85.7143	48.2985	81.0527	70.0549	2089
002615	哈尔斯	浙江	东部	C	国有参股公司	28.5714	54.2763	87.9996	70.2537	2014
002616	长青集团	广东	东部	N	国有参股公司	71.4286	40.3329	79.0395	64.7311	3928
002617	露笑科技	浙江	东部	C	国有参股公司	28.5714	54.4748	70.7613	60.8420	4613
002620	瑞和股份	广东	东部	E	国有参股公司	100.0000	52.1929	72.3070	68.0363	2834
002621	*ST美吉	辽宁	东北	P	国有参股公司	100.0000	32.4051	68.0477	58.7680	4785
002622	皓宸医疗	吉林	东北	C	无国有股份公司	85.7143	41.7496	75.5399	64.7307	3929
002623	亚玛顿	江苏	东部	C	无国有股份公司	100.0000	51.9126	81.4635	72.9744	1083
002624	完美世界	浙江	东部	I	国有参股公司	14.2857	54.1304	84.8169	67.0235	3214
002625	光启技术	广东	东部	C	国有参股公司	85.7143	48.6756	87.5156	73.7415	881
002626	金达威	福建	东部	C	国有参股公司	57.1429	48.2324	80.0486	66.6223	3337

续表

股票代码	公司简称	省份	地区	行业代码	控股类型	环境保护（*EP*）	社会责任（*SR*）	公司治理（*CG*）	上市公司质量/ESG指数（*CLCQI/ESGI*）	*CLCQI/ESGI*排名
002627	三峡旅游	湖北	中部	N	国有强相对控股公司	85.7143	41.3583	90.4892	72.8159	1133
002628	成都路桥	四川	西部	E	国有参股公司	71.4286	52.1061	93.1716	76.6244	341
002629	仁智股份	浙江	东部	B	国有参股公司	42.8571	48.8416	84.6157	67.9189	2885
002630	华西能源	四川	西部	C	国有参股公司	57.1429	57.3455	82.6809	71.2597	1666
002631	德尔未来	江苏	东部	C	国有参股公司	14.2857	45.4874	85.1819	64.1992	4053
002632	道明光学	浙江	东部	C	无国有股份公司	57.1429	38.9865	83.2595	65.1523	3803
002633	申科股份	浙江	东部	C	无国有股份公司	71.4286	44.8460	77.0604	65.2222	3787
002634	棒杰股份	浙江	东部	C	无国有股份公司	85.7143	39.4107	82.4368	67.7054	2982
002635	安洁科技	江苏	东部	C	国有参股公司	57.1429	50.8354	77.1386	65.9329	3576
002636	金安国纪	上海	东部	C	国有参股公司	14.2857	44.8048	75.8552	58.8306	4780
002637	赞宇科技	浙江	东部	C	无国有股份公司	71.4286	56.0986	79.3614	70.4261	1949
002638	勤上股份	广东	东部	C	无国有股份公司	100.0000	46.4183	75.6368	67.8466	2915
002639	雪人股份	福建	东部	C	国有参股公司	71.4286	45.2114	81.9666	68.0485	2827
002640	跨境通	山西	中部	F	国有参股公司	100.0000	30.4012	70.9834	59.6813	4717
002641	公元股份	浙江	东部	C	无国有股份公司	57.1429	50.4757	85.7632	70.5505	1902
002642	荣联科技	北京	东部	I	国有弱相对控股公司	85.7143	54.1374	73.7204	68.0657	2821
002643	万润股份	山东	东部	C	国有弱相对控股公司	100.0000	54.6430	87.8351	77.4344	231
002644	佛慈制药	甘肃	西部	C	国有绝对控股公司	85.7143	46.3879	82.7935	70.3436	1984
002645	华宏科技	江苏	东部	C	无国有股份公司	42.8571	46.6798	74.4235	61.5565	4517
002646	天佑德酒	青海	西部	C	无国有股份公司	85.7143	42.7413	88.2546	72.0709	1376
002648	卫星化学	浙江	东部	C	无国有股份公司	85.7143	49.8876	81.4923	70.8529	1805
002649	博彦科技	北京	东部	I	无国有股份公司	71.4286	49.1563	82.7278	69.8478	2169
002650	ST加加	湖南	中部	C	无国有股份公司	85.7143	53.3800	69.5256	65.4935	3702
002651	利君股份	四川	西部	C	国有参股公司	42.8571	51.6122	77.1033	64.7568	3914
002652	扬子新材	江苏	东部	C	国有参股公司	100.0000	44.0522	74.5889	66.4422	3411
002653	海思科	西藏	西部	C	无国有股份公司	85.7143	46.7960	82.8867	70.5377	1909
002654	万润科技	广东	东部	L	国有弱相对控股公司	57.1429	46.6063	83.5807	67.9959	2846
002655	共达电声	山东	东部	C	无国有股份公司	85.7143	54.6894	89.3555	76.8583	308
002656	ST摩登	广东	东部	C	无国有股份公司	100.0000	24.4371	65.2079	54.4173	4907
002657	中科金财	北京	东部	I	无国有股份公司	85.7143	62.8006	76.1209	72.4181	1272
002658	雪迪龙	北京	东部	C	无国有股份公司	57.1429	42.9350	84.7052	67.3294	3111

续表

股票代码	公司简称	省份	地区	行业代码	控股类型	环境保护（*EP*）	社会责任（*SR*）	公司治理（*CG*）	上市公司质量/ESG指数（*CLCQI/ESGI*）	*CLCQI/ESGI* 排名
002659	凯文教育	北京	东部	P	国有强相对控股公司	85.7143	34.3246	73.6223	61.0773	4584
002660	茂硕电源	广东	东部	C	国有强相对控股公司	42.8571	52.0038	73.7469	63.0479	4305
002661	克明食品	湖南	中部	C	国有参股公司	57.1429	44.4997	84.6871	67.8671	2908
002662	京威股份	北京	东部	C	无国有股份公司	71.4286	43.1166	82.3375	67.5193	3047
002663	普邦股份	广东	东部	E	国有参股公司	100.0000	53.2332	81.3676	73.3838	968
002664	信质集团	浙江	东部	C	无国有股份公司	85.7143	50.9001	81.8156	71.3850	1614
002665	ST航高	甘肃	西部	C	国有参股公司	85.7143	42.1552	64.9583	59.0528	4759
002666	德联集团	广东	东部	C	无国有股份公司	71.4286	43.0607	86.9292	70.0251	2105
002667	威领股份	湖南	中部	C	国有参股公司	28.5714	38.8516	75.2641	57.8504	4825
002668	TCL智家	广东	东部	C	无国有股份公司	57.1429	54.5157	66.6374	61.4453	4531
002669	康达新材	上海	东部	C	国有弱相对控股公司	100.0000	51.3930	91.0944	78.0894	185
002671	龙泉股份	山东	东部	C	国有参股公司	14.2857	45.9680	79.0337	60.9859	4595
002672	东江环保	广东	东部	C	国有强相对控股公司	85.7143	46.7683	82.9512	70.5635	1895
002674	兴业科技	福建	东部	C	无国有股份公司	100.0000	40.5614	79.4385	67.8877	2898
002675	东诚药业	山东	东部	C	无国有股份公司	71.4286	49.6328	83.3576	70.3610	1978
002676	顺威股份	广东	东部	C	国有弱相对控股公司	28.5714	51.0684	85.6434	67.8350	2920
002677	浙江美大	浙江	东部	C	无国有股份公司	57.1429	48.1819	91.7658	73.0491	1058
002678	珠江钢琴	广东	东部	C	国有绝对控股公司	57.1429	49.8740	87.8820	71.5053	1564
002679	福建金森	福建	东部	A	国有绝对控股公司	85.7143	46.8667	85.8379	72.1856	1344
002681	奋达科技	广东	东部	C	国有参股公司	85.7143	42.6747	75.4404	64.9998	3843
002682	龙洲股份	福建	东部	G	国有弱相对控股公司	85.7143	45.2266	83.4811	70.3153	1993
002683	广东宏大	广东	东部	B	国有弱相对控股公司	100.0000	46.2888	88.0304	74.6178	681
002685	华东重机	江苏	东部	C	无国有股份公司	71.4286	43.6206	76.2147	64.3282	4021
002686	亿利达	浙江	东部	C	国有强相对控股公司	100.0000	49.4812	82.6655	72.7844	1146
002687	乔治白	浙江	东部	C	无国有股份公司	85.7143	48.1946	78.5952	68.6669	2611
002688	金河生物	内蒙古	西部	C	国有参股公司	85.7143	45.6152	89.4839	73.7529	872
002689	远大智能	辽宁	东北	C	国有参股公司	57.1429	42.2235	75.1347	61.8166	4492
002690	美亚光电	安徽	中部	C	无国有股份公司	42.8571	52.3782	77.4832	65.2339	3785
002691	冀凯股份	河北	东部	C	国有参股公司	85.7143	57.9783	84.0509	75.0918	586
002692	远程股份	江苏	东部	C	国有弱相对控股公司	28.5714	49.8990	79.3343	63.9557	4120
002693	双成药业	海南	东部	C	无国有股份公司	57.1429	55.6721	85.3270	72.1294	1363

续表

股票代码	公司简称	省份	地区	行业代码	控股类型	环境保护（*EP*）	社会责任（*SR*）	公司治理（*CG*）	上市公司质量/ESG指数（*CLCQI/ESGI*）	*CLCQI/ESGI*排名
002694	顾地科技	湖北	中部	C	无国有股份公司	85.7143	50.0341	69.4298	64.2698	4034
002695	煌上煌	江西	中部	C	无国有股份公司	71.4286	54.4404	88.2275	74.7221	656
002696	百洋股份	广西	西部	A	国有弱相对控股公司	85.7143	52.7676	77.6386	69.7413	2209
002697	红旗连锁	四川	西部	F	无国有股份公司	100.0000	40.5405	70.9483	63.2108	4274
002698	博实股份	黑龙江	东北	C	国有参股公司	85.7143	46.3741	81.0791	69.3958	2326
002700	ST浩源	新疆	西部	D	无国有股份公司	71.4286	43.9571	73.7907	63.1127	4294
002701	奥瑞金	北京	东部	C	国有参股公司	85.7143	57.3986	81.4328	73.4490	955
002702	海欣食品	福建	东部	C	国有参股公司	85.7143	48.2316	86.3418	72.9405	1096
002703	浙江世宝	浙江	东部	C	无国有股份公司	85.7143	54.6042	71.5788	67.0513	3205
002705	新宝股份	广东	东部	C	无国有股份公司	28.5714	39.3374	83.9199	62.7812	4357
002706	良信股份	上海	东部	C	无国有股份公司	85.7143	56.0959	82.7348	73.7091	894
002707	众信旅游	北京	东部	L	无国有股份公司	14.2857	44.5821	73.3654	57.3833	4846
002708	光洋股份	江苏	东部	C	无国有股份公司	28.5714	41.6931	77.1724	59.8946	4703
002709	天赐材料	广东	东部	C	无国有股份公司	28.5714	61.5075	85.9701	71.6683	1512
002712	思美传媒	浙江	东部	L	国有强相对控股公司	100.0000	49.3139	69.8958	65.7026	3644
002713	东易日盛	北京	东部	E	无国有股份公司	85.7143	47.7922	74.5688	66.3116	3454
002714	牧原股份	河南	中部	A	国有参股公司	42.8571	62.1384	79.4199	69.7151	2218
002715	登云股份	广东	东部	C	无国有股份公司	100.0000	51.1513	86.3865	75.4155	529
002716	湖南白银	湖南	中部	C	国有弱相对控股公司	100.0000	42.2035	67.8843	62.1076	4461
002717	岭南股份	广东	东部	N	国有弱相对控股公司	57.1429	45.3043	75.2595	62.9635	4325
002718	友邦吊顶	浙江	东部	C	无国有股份公司	71.4286	49.5772	86.0322	71.8126	1460
002719	麦趣尔	新疆	西部	C	国有参股公司	85.7143	45.4402	72.2632	64.2203	4045
002721	ST金一	北京	东部	C	国有强相对控股公司	57.1429	44.0228	77.3848	63.6839	4175
002722	物产金轮	江苏	东部	C	国有强相对控股公司	100.0000	53.8913	83.9911	75.0571	593
002723	小崧股份	广东	东部	C	无国有股份公司	85.7143	51.9687	78.0469	69.6862	2239
002724	海洋王	广东	东部	C	无国有股份公司	85.7143	42.6199	80.4924	67.7593	2956
002725	跃岭股份	浙江	东部	C	无国有股份公司	85.7143	54.1926	75.3797	68.9977	2483
002726	龙大美食	山东	东部	C	无国有股份公司	71.4286	51.7340	75.0084	66.5044	3384
002727	一心堂	云南	西部	F	国有参股公司	57.1429	43.5984	74.5509	61.9767	4477
002728	特一药业	广东	东部	C	无国有股份公司	100.0000	42.6774	78.7742	68.2629	2759
002729	好利科技	福建	东部	C	国有参股公司	42.8571	49.1670	86.5922	69.1199	2433

续表

股票代码	公司简称	省份	地区	行业代码	控股类型	环境保护（*EP*）	社会责任（*SR*）	公司治理（*CG*）	上市公司质量/ESG指数（*CLCQI/ESGI*）	*CLCQI/ESGI* 排名
002730	电光科技	浙江	东部	C	无国有股份公司	14.2857	52.0829	83.9597	65.8354	3604
002731	萃华珠宝	辽宁	东北	C	无国有股份公司	85.7143	52.7303	82.0953	72.1795	1347
002732	燕塘乳业	广东	东部	C	国有绝对控股公司	100.0000	48.5792	91.7807	77.4821	226
002733	雄韬股份	广东	东部	C	无国有股份公司	57.1429	50.8164	79.4209	67.1815	3159
002734	利民股份	江苏	东部	C	无国有股份公司	71.4286	63.6299	77.0524	71.7921	1463
002735	王子新材	广东	东部	C	无国有股份公司	85.7143	38.6721	77.8173	64.9062	3871
002737	葵花药业	黑龙江	东北	C	无国有股份公司	42.8571	48.3169	79.8473	65.1127	3816
002738	中矿资源	北京	东部	C	国有参股公司	100.0000	56.9902	81.4437	74.7406	652
002739	万达电影	北京	东部	R	国有参股公司	71.4286	39.3940	82.8902	66.5204	3378
002741	光华科技	广东	东部	C	无国有股份公司	100.0000	52.6063	80.8213	72.8639	1118
002742	ST三圣	重庆	西部	C	无国有股份公司	42.8571	39.2224	66.4899	54.5830	4906
002743	富煌钢构	安徽	中部	C	国有参股公司	100.0000	54.8622	77.0678	71.5890	1535
002745	木林森	广东	东部	C	无国有股份公司	42.8571	35.2976	77.6799	59.3638	4738
002746	仙坛股份	山东	东部	C	国有参股公司	100.0000	49.7648	88.9066	76.3163	380
002747	埃斯顿	江苏	东部	C	无国有股份公司	14.2857	60.5939	88.7240	71.4346	1597
002748	ST世龙	江西	中部	C	国有参股公司	71.4286	50.2224	76.1220	66.5878	3356
002749	国光股份	四川	西部	C	无国有股份公司	85.7143	52.4585	83.3141	72.7547	1154
002750	*ST龙津	云南	西部	C	无国有股份公司	28.5714	42.6558	75.5654	59.3477	4740
002752	昇兴股份	福建	东部	C	无国有股份公司	28.5714	42.6429	75.4657	59.2883	4744
002753	永东股份	山西	中部	C	无国有股份公司	71.4286	52.2732	90.1784	75.0366	598
002755	奥赛康	北京	东部	C	无国有股份公司	57.1429	56.5311	85.7674	72.6723	1179
002756	永兴材料	浙江	东部	C	无国有股份公司	85.7143	51.5354	77.2890	69.1177	2434
002757	南兴股份	广东	东部	C	国有参股公司	85.7143	46.8986	85.1255	71.8050	1461
002758	浙农股份	浙江	东部	F	无国有股份公司	42.8571	47.7820	79.7270	64.8592	3889
002759	天际股份	广东	东部	C	无国有股份公司	14.2857	51.4157	80.9000	63.9191	4132
002760	凤形股份	江西	中部	C	无国有股份公司	100.0000	48.6847	76.4094	69.0648	2460
002761	浙江建投	浙江	东部	E	国有绝对控股公司	100.0000	58.1620	81.3780	75.1146	582
002762	金发拉比	广东	东部	C	国有参股公司	71.4286	50.7591	74.8346	66.0676	3538
002763	汇洁股份	广东	东部	C	国有参股公司	85.7143	46.9716	81.8090	70.0065	2113
002765	蓝黛科技	重庆	西部	C	国有参股公司	85.7143	49.0073	92.6647	76.6896	333
002766	索菱股份	广东	东部	C	国有参股公司	85.7143	53.0425	87.5939	75.3129	549

续表

股票代码	公司简称	省份	地区	行业代码	控股类型	环境保护（EP）	社会责任（SR）	公司治理（CG）	上市公司质量/ESG指数（CLCQI/ESGI）	CLCQI/ESGI排名
002767	先锋电子	浙江	东部	C	国有参股公司	100.0000	52.2545	76.1387	70.1654	2044
002768	国恩股份	山东	东部	C	无国有股份公司	85.7143	44.8902	88.6249	73.0267	1065
002769	普路通	广东	东部	L	国有参股公司	14.2857	36.5608	82.8246	59.7784	4713
002771	真视通	北京	东部	I	无国有股份公司	71.4286	49.1971	78.7968	67.7001	2986
002772	众兴菌业	甘肃	西部	A	国有参股公司	85.7143	48.4505	85.4582	72.5311	1228
002773	康弘药业	四川	西部	C	无国有股份公司	71.4286	49.6442	89.5501	73.7709	866
002774	快意电梯	广东	东部	C	国有参股公司	100.0000	35.1483	87.6311	70.4990	1923
002775	文科股份	广东	东部	E	国有强相对控股公司	85.7143	46.7886	75.5724	66.5123	3381
002777	久远银海	四川	西部	I	国有强相对控股公司	71.4286	41.6933	80.9622	66.2647	3486
002778	中晟高科	江苏	东部	C	国有弱相对控股公司	28.5714	48.2142	85.8915	66.9724	3229
002779	中坚科技	浙江	东部	C	无国有股份公司	85.7143	49.3169	83.6122	71.8191	1459
002780	三夫户外	北京	东部	F	国有参股公司	57.1429	49.5124	76.8567	65.3148	3760
002782	可立克	广东	东部	C	无国有股份公司	100.0000	51.4722	79.6850	71.8421	1451
002783	凯龙股份	湖北	中部	C	国有弱相对控股公司	71.4286	48.0907	86.8771	71.7570	1475
002785	万里石	福建	东部	C	无国有股份公司	100.0000	47.3588	88.2210	75.0971	584
002786	银宝山新	广东	东部	C	国有弱相对控股公司	28.5714	44.0894	83.2538	64.0780	4088
002787	华源控股	江苏	东部	C	国有参股公司	42.8571	46.6047	82.5276	65.9875	3557
002788	鹭燕医药	福建	东部	F	国有参股公司	85.7143	36.9430	80.6587	65.8638	3596
002789	建艺集团	广东	东部	E	国有弱相对控股公司	85.7143	46.8633	78.0610	67.9072	2889
002790	瑞尔特	福建	东部	C	无国有股份公司	71.4286	39.6461	85.0899	67.8184	2929
002791	坚朗五金	广东	东部	C	无国有股份公司	71.4286	40.6851	79.5270	65.1225	3810
002792	通宇通讯	广东	东部	C	国有参股公司	42.8571	54.6476	84.3306	69.7942	2185
002793	罗欣药业	山东	东部	C	无国有股份公司	85.7143	41.1533	88.6298	71.7215	1492
002795	永和智控	浙江	东部	C	无国有股份公司	100.0000	44.3691	90.3824	75.2395	563
002796	世嘉科技	江苏	东部	C	国有参股公司	85.7143	46.0537	73.2324	64.9680	3854
002798	帝欧家居	四川	西部	C	国有参股公司	42.8571	40.0003	81.1151	62.8991	4338
002799	环球印务	陕西	西部	C	国有强相对控股公司	14.2857	52.3614	75.6999	61.3900	4538
002800	天顺股份	新疆	西部	G	无国有股份公司	57.1429	43.4207	85.4889	67.9304	2880
002801	微光股份	浙江	东部	C	无国有股份公司	85.7143	56.9608	84.3723	74.9125	622
002802	洪汇新材	江苏	东部	C	无国有股份公司	100.0000	56.6830	81.7745	74.8150	632
002803	吉宏股份	福建	东部	I	国有参股公司	57.1429	46.7082	84.0003	68.2623	2761

续表

股票代码	公司简称	省份	地区	行业代码	控股类型	环境保护（*EP*）	社会责任（*SR*）	公司治理（*CG*）	上市公司质量/ESG指数（*CLCQI/ESGI*）	*CLCQI/ESGI* 排名
002805	丰元股份	山东	东部	C	国有参股公司	14.2857	49.6623	88.2486	67.3471	3104
002806	华锋股份	广东	东部	C	国有参股公司	14.2857	46.9847	79.7537	61.7377	4503
002808	ST恒久	江苏	东部	C	无国有股份公司	71.4286	52.1332	71.2148	64.5576	3969
002809	红墙股份	广东	东部	C	国有参股公司	57.1429	56.0014	83.6560	71.3256	1634
002810	山东赫达	山东	东部	C	无国有股份公司	100.0000	54.5406	85.3773	76.0467	429
002811	郑中设计	广东	东部	E	无国有股份公司	42.8571	42.1467	77.4551	61.6374	4508
002812	恩捷股份	云南	西部	C	无国有股份公司	28.5714	51.0852	94.0000	72.4370	1266
002813	路畅科技	广东	东部	C	无国有股份公司	85.7143	49.6097	68.8737	63.8154	4156
002815	崇达技术	广东	东部	C	国有参股公司	100.0000	55.7294	85.0471	76.2812	389
002816	*ST和科	广东	东部	C	无国有股份公司	100.0000	33.5252	66.7429	58.4424	4804
002817	黄山胶囊	安徽	中部	C	国有弱相对控股公司	85.7143	46.8987	81.5304	69.8277	2175
002818	富森美	四川	西部	L	无国有股份公司	57.1429	45.8303	86.5572	69.3613	2344
002819	东方中科	北京	东部	F	国有弱相对控股公司	42.8571	62.2105	88.4893	74.7285	654
002820	桂发祥	天津	东部	C	国有强相对控股公司	14.2857	45.0785	78.7597	60.5239	4649
002821	凯莱英	天津	东部	C	无国有股份公司	85.7143	71.7036	87.8264	81.9722	26
002822	ST中装	广东	东部	E	国有参股公司	57.1429	48.2231	83.4315	68.4797	2677
002823	凯中精密	广东	东部	C	无国有股份公司	100.0000	47.9292	73.6691	67.2932	3128
002824	和胜股份	广东	东部	C	无国有股份公司	85.7143	58.0351	82.6680	74.3511	736
002825	纳尔股份	上海	东部	C	国有参股公司	42.8571	47.0519	84.2601	67.0969	3190
002826	易明医药	西藏	西部	C	国有参股公司	100.0000	38.5070	79.4595	67.1802	3161
002827	高争民爆	西藏	西部	C	国有绝对控股公司	71.4286	48.9088	74.4379	65.2018	3794
002828	贝肯能源	新疆	西部	B	无国有股份公司	85.7143	55.3890	79.8622	71.8818	1440
002829	星网宇达	北京	东部	C	无国有股份公司	85.7143	44.8341	80.0129	68.2704	2757
002830	名雕股份	广东	东部	E	无国有股份公司	100.0000	45.5000	83.7508	71.9879	1410
002831	裕同科技	广东	东部	C	无国有股份公司	100.0000	50.0759	84.5864	74.0491	806
002832	比音勒芬	广东	东部	C	无国有股份公司	85.7143	43.2720	83.6410	69.7192	2216
002833	弘亚数控	广东	东部	C	无国有股份公司	100.0000	49.2746	79.3867	70.9088	1793
002835	同为股份	广东	东部	C	无国有股份公司	100.0000	45.7332	69.6604	64.3199	4022
002836	新宏泽	广东	东部	C	无国有股份公司	57.1429	48.0184	84.5951	69.0481	2467
002837	英维克	广东	东部	C	无国有股份公司	85.7143	61.3288	79.3615	73.6854	899
002838	道恩股份	山东	东部	C	无国有股份公司	71.4286	53.7677	92.4305	76.7983	319

续表

股票代码	公司简称	省份	地区	行业代码	控股类型	环境保护（*EP*）	社会责任（*SR*）	公司治理（*CG*）	上市公司质量/ESG指数（*CLCQI/ESGI*）	*CLCQI/ESGI* 排名
002840	华统股份	浙江	东部	C	无国有股份公司	85.7143	59.7913	88.4559	78.1491	179
002841	视源股份	广东	东部	C	无国有股份公司	100.0000	59.8898	84.3752	77.3678	242
002842	翔鹭钨业	广东	东部	C	国有参股公司	85.7143	45.0943	69.1361	62.3793	4422
002843	泰嘉股份	湖南	中部	C	国有参股公司	100.0000	46.8397	85.9128	73.6459	910
002845	同兴达	广东	东部	C	无国有股份公司	71.4286	44.8899	84.5126	69.3363	2358
002846	英联股份	广东	东部	C	无国有股份公司	85.7143	46.6976	80.0285	68.9313	2503
002847	盐津铺子	湖南	中部	C	无国有股份公司	57.1429	56.8587	91.6493	76.0219	434
002848	高斯贝尔	湖南	中部	C	国有强相对控股公司	85.7143	44.6436	73.1088	64.4065	4000
002849	威星智能	浙江	东部	C	无国有股份公司	85.7143	53.6591	85.4837	74.3682	732
002850	科达利	广东	东部	C	无国有股份公司	28.5714	51.7317	89.8544	70.3832	1971
002851	麦格米特	广东	东部	C	无国有股份公司	28.5714	57.4319	85.3785	69.9165	2148
002852	道道全	湖南	中部	C	国有参股公司	42.8571	53.9308	79.8366	67.0716	3199
002853	皮阿诺	广东	东部	C	无国有股份公司	100.0000	41.9407	84.5986	71.2085	1688
002855	捷荣技术	广东	东部	C	国有参股公司	42.8571	53.3710	83.3282	68.7961	2551
002856	美芝股份	广东	东部	E	国有强相对控股公司	71.4286	49.4638	84.6530	71.0143	1752
002857	三晖电气	河南	中部	C	国有参股公司	42.8571	48.5470	75.4365	62.7672	4359
002858	力盛体育	上海	东部	R	国有参股公司	100.0000	44.1560	78.8293	68.8107	2543
002859	洁美科技	浙江	东部	C	无国有股份公司	57.1429	55.6718	80.5019	69.4755	2299
002860	星帅尔	浙江	东部	C	无国有股份公司	100.0000	53.0418	89.2988	77.6790	213
002861	瀛通通讯	湖北	中部	C	国有参股公司	71.4286	54.2280	82.4657	71.4788	1574
002862	实丰文化	广东	东部	C	国有参股公司	71.4286	55.8284	81.2554	71.3733	1617
002863	今飞凯达	浙江	东部	C	国有参股公司	57.1429	45.1836	80.5919	65.8541	3598
002864	盘龙药业	陕西	西部	C	无国有股份公司	57.1429	50.0586	88.5836	71.9558	1421
002865	钧达股份	海南	东部	C	国有参股公司	100.0000	50.8494	73.6148	68.2854	2750
002866	传艺科技	江苏	东部	C	国有参股公司	85.7143	38.3972	82.4251	67.3442	3105
002867	周大生	广东	东部	C	无国有股份公司	71.4286	39.3500	72.6850	60.8921	4607
002868	绿康生化	福建	东部	C	无国有股份公司	14.2857	50.5101	82.2613	64.3508	4011
002869	金溢科技	广东	东部	C	无国有股份公司	28.5714	51.3126	86.4595	68.3693	2721
002870	香山股份	广东	东部	C	无国有股份公司	14.2857	45.5312	89.0829	66.3601	3435
002871	伟隆股份	山东	东部	C	无国有股份公司	85.7143	53.1571	81.7554	72.1419	1358
002872	ST天圣	重庆	西部	F	国有参股公司	100.0000	36.7424	81.1394	67.4865	3059

续表

股票代码	公司简称	省份	地区	行业代码	控股类型	环境保护（*EP*）	社会责任（*SR*）	公司治理（*CG*）	上市公司质量/ESG指数（*CLCQI/ESGI*）	*CLCQI/ESGI* 排名
002873	新天药业	贵州	西部	C	无国有股份公司	28.5714	52.7756	87.1583	69.2657	2384
002875	安奈儿	广东	东部	C	无国有股份公司	57.1429	41.6013	74.2375	61.1054	4577
002876	三利谱	广东	东部	C	无国有股份公司	28.5714	51.6524	83.2917	66.7459	3299
002877	智能自控	江苏	东部	C	无国有股份公司	14.2857	48.1417	74.0885	59.0268	4763
002878	元隆雅图	北京	东部	L	国有参股公司	85.7143	44.3174	76.4636	66.1375	3526
002879	长缆科技	湖南	中部	C	无国有股份公司	57.1429	53.9393	84.9582	71.3200	1637
002880	卫光生物	广东	东部	C	国有绝对控股公司	28.5714	43.5008	85.7545	65.2474	3779
002881	美格智能	广东	东部	C	国有参股公司	85.7143	46.7466	72.1419	64.6108	3952
002882	金龙羽	广东	东部	C	无国有股份公司	100.0000	64.1396	75.6700	74.0674	801
002883	中设股份	江苏	东部	M	国有弱相对控股公司	100.0000	51.5232	88.9235	76.9411	295
002884	凌霄泵业	广东	东部	C	无国有股份公司	71.4286	48.8215	79.7322	68.0831	2818
002885	京泉华	广东	东部	C	无国有股份公司	57.1429	47.3997	82.7757	67.8308	2922
002886	沃特股份	广东	东部	C	无国有股份公司	28.5714	50.6701	87.3390	68.6282	2624
002887	绿茵生态	天津	东部	N	无国有股份公司	85.7143	51.4599	79.1479	70.1137	2061
002888	惠威科技	广东	东部	C	无国有股份公司	85.7143	44.1303	75.1506	65.3498	3746
002889	东方嘉盛	广东	东部	L	国有参股公司	100.0000	49.9374	76.0161	69.2869	2376
002890	弘宇股份	山东	东部	C	无国有股份公司	85.7143	53.1749	80.1681	71.2751	1659
002891	中宠股份	山东	东部	C	国有参股公司	71.4286	46.4878	85.5603	70.4718	1934
002892	科力尔	湖南	中部	C	国有参股公司	42.8571	51.4536	84.7082	68.8840	2517
002893	京能热力	北京	东部	D	国有弱相对控股公司	85.7143	50.9202	86.7705	74.1173	790
002895	川恒股份	贵州	西部	C	无国有股份公司	85.7143	37.8547	79.6304	65.6173	3666
002896	中大力德	浙江	东部	C	国有参股公司	57.1429	51.6616	71.8277	63.3011	4252
002897	意华股份	浙江	东部	C	无国有股份公司	85.7143	39.6622	67.9857	59.8453	4707
002898	赛隆药业	广东	东部	C	国有参股公司	85.7143	42.0011	69.4006	61.4422	4532
002899	英派斯	山东	东部	C	国有参股公司	71.4286	49.9265	88.3043	73.1845	1019
002900	哈三联	黑龙江	东北	C	国有参股公司	85.7143	49.0543	82.8682	71.3179	1638
002901	大博医疗	福建	东部	C	无国有股份公司	42.8571	51.3372	81.5914	67.1290	3174
002902	铭普光磁	广东	东部	C	无国有股份公司	14.2857	55.4821	75.9935	62.6438	4377
002903	宇环数控	湖南	中部	C	无国有股份公司	100.0000	46.0147	79.8915	70.0454	2096
002905	金逸影视	广东	东部	R	国有参股公司	0.0000	33.8735	77.0926	54.2567	4910
002906	华阳集团	广东	东部	C	国有参股公司	71.4286	43.7130	84.3657	68.8435	2522

续表

股票代码	公司简称	省份	地区	行业代码	控股类型	环境保护（*EP*）	社会责任（*SR*）	公司治理（*CG*）	上市公司质量/ESG指数（*CLCQI/ESGI*）	*CLCQI/ESGI*排名
002907	华森制药	重庆	西部	C	无国有股份公司	85.7143	43.6920	81.3995	68.6334	2622
002908	德生科技	广东	东部	I	无国有股份公司	100.0000	48.9941	79.2997	70.7628	1830
002909	集泰股份	广东	东部	C	无国有股份公司	0.0000	64.1558	83.3382	68.2905	2747
002910	庄园牧场	甘肃	西部	C	国有强相对控股公司	57.1429	38.4279	86.4750	66.7253	3305
002911	佛燃能源	广东	东部	D	国有强相对控股公司	100.0000	54.0176	88.2383	77.4372	230
002912	中新赛克	广东	东部	I	国有弱相对控股公司	100.0000	49.1385	76.0317	69.0159	2477
002913	奥士康	湖南	中部	C	无国有股份公司	71.4286	50.6857	78.2610	67.9264	2883
002915	中欣氟材	浙江	东部	C	无国有股份公司	85.7143	57.2253	73.8987	69.2446	2393
002916	深南电路	广东	东部	C	国有绝对控股公司	57.1429	55.4522	86.4167	72.6517	1183
002917	金奥博	广东	东部	C	国有参股公司	71.4286	50.3552	83.4365	70.6573	1867
002918	蒙娜丽莎	广东	东部	C	无国有股份公司	57.1429	47.4182	75.9202	64.0668	4093
002919	名臣健康	广东	东部	C	无国有股份公司	42.8571	45.9697	74.8061	61.5185	4525
002920	德赛西威	广东	东部	C	国有弱相对控股公司	57.1429	56.3149	87.9009	73.7700	867
002921	联诚精密	山东	东部	C	无国有股份公司	14.2857	56.8813	76.0280	63.1524	4285
002922	伊戈尔	广东	东部	C	国有参股公司	100.0000	42.7418	78.8471	68.3256	2738
002923	润都股份	广东	东部	C	无国有股份公司	28.5714	58.9266	87.0322	71.3491	1623
002925	盈趣科技	福建	东部	C	无国有股份公司	42.8571	62.6987	97.6460	79.9356	76
002927	泰永长征	贵州	西部	C	无国有股份公司	100.0000	52.8720	72.3178	68.2800	2752
002928	华夏航空	贵州	西部	G	无国有股份公司	71.4286	40.4626	75.9644	63.0852	4299
002929	润建股份	广西	西部	I	无国有股份公司	42.8571	47.4502	82.9215	66.5001	3385
002930	宏川智慧	广东	东部	G	国有参股公司	57.1429	49.8129	86.1981	70.5578	1898
002931	锋龙股份	浙江	东部	C	国有参股公司	42.8571	57.9857	77.0918	66.9812	3226
002932	明德生物	湖北	中部	C	无国有股份公司	85.7143	51.4312	78.8970	69.9657	2127
002933	新兴装备	北京	东部	C	国有弱相对控股公司	85.7143	43.1598	78.2076	66.6916	3316
002935	天奥电子	四川	西部	C	国有强相对控股公司	57.1429	55.0359	87.3459	73.0171	1070
002937	兴瑞科技	浙江	东部	C	无国有股份公司	57.1429	57.7271	83.5707	71.8827	1439
002938	鹏鼎控股	广东	东部	C	无国有股份公司	85.7143	61.5887	89.4676	79.3346	102
002940	昂利康	浙江	东部	C	无国有股份公司	42.8571	55.6509	86.2952	71.2259	1681
002941	新疆交建	新疆	西部	E	国有强相对控股公司	100.0000	51.3379	73.0186	68.1285	2800
002942	新农股份	浙江	东部	C	无国有股份公司	85.7143	51.2436	79.1710	70.0507	2093
002943	宇晶股份	湖南	中部	C	无国有股份公司	14.2857	54.8242	84.9138	67.3196	3117

续表

股票代码	公司简称	省份	地区	行业代码	控股类型	环境保护（*EP*）	社会责任（*SR*）	公司治理（*CG*）	上市公司质量/ESG指数（*CLCQI/ESGI*）	*CLCQI/ESGI* 排名
002946	新乳业	四川	西部	C	无国有股份公司	100.0000	51.4198	86.8591	75.7694	475
002947	恒铭达	江苏	东部	C	无国有股份公司	71.4286	52.9065	78.5546	68.8652	2520
002949	华阳国际	广东	东部	M	无国有股份公司	85.7143	40.8907	80.6072	67.2172	3150
002950	奥美医疗	湖北	中部	C	无国有股份公司	85.7143	50.4455	69.8858	64.6646	3940
002951	*ST金时	四川	西部	C	无国有股份公司	14.2857	49.2317	68.2845	56.2162	4875
002952	亚世光电	辽宁	东北	C	无国有股份公司	100.0000	51.4827	80.1990	72.1284	1364
002953	日丰股份	广东	东部	C	无国有股份公司	85.7143	46.0817	82.3140	69.9728	2123
002955	鸿合科技	广东	东部	C	无国有股份公司	100.0000	34.1794	89.4745	71.1738	1700
002956	西麦食品	广西	西部	C	无国有股份公司	14.2857	42.6299	84.5622	62.8583	4349
002957	科瑞技术	广东	东部	C	无国有股份公司	85.7143	38.4779	80.5018	66.3147	3453
002959	小熊电器	广东	东部	C	无国有股份公司	0.0000	50.1123	80.8100	61.9848	4476
002960	青鸟消防	河北	东部	C	无国有股份公司	57.1429	50.9908	85.1220	70.3782	1972
002962	五方光电	湖北	中部	C	无国有股份公司	100.0000	49.2890	80.4741	71.5119	1560
002963	豪尔赛	北京	东部	E	国有参股公司	85.7143	43.8150	84.7898	70.5411	1906
002965	祥鑫科技	广东	东部	C	无国有股份公司	85.7143	50.3956	78.4262	69.3443	2355
002967	广电计量	广东	东部	M	国有强相对控股公司	85.7143	42.0443	83.8973	69.4304	2317
002968	新大正	重庆	西部	K	无国有股份公司	28.5714	49.6233	88.5800	68.9443	2499
002969	嘉美包装	安徽	中部	C	无国有股份公司	57.1429	44.3146	84.7950	67.8616	2910
002970	锐明技术	广东	东部	I	无国有股份公司	57.1429	47.2486	80.8770	66.7337	3302
002971	和远气体	湖北	中部	C	国有参股公司	85.7143	46.9228	83.1807	70.7438	1836
002972	科安达	广东	东部	C	无国有股份公司	85.7143	55.9865	86.7235	75.8646	459
002973	侨银股份	广东	东部	N	无国有股份公司	71.4286	49.2182	79.6913	68.1994	2781
002975	博杰股份	广东	东部	C	无国有股份公司	100.0000	54.2013	74.1327	69.7434	2205
002976	瑞玛精密	江苏	东部	C	无国有股份公司	71.4286	48.3530	82.0979	69.2202	2406
002977	天箭科技	四川	西部	C	无国有股份公司	85.7143	41.9909	85.7669	70.4401	1945
002978	安宁股份	四川	西部	B	无国有股份公司	71.4286	57.5340	84.4230	73.7124	892
002979	雷赛智能	广东	东部	C	无国有股份公司	100.0000	53.8803	93.2298	80.1345	68
002980	华盛昌	广东	东部	C	无国有股份公司	42.8571	48.3033	93.8140	72.7896	1145
002981	朝阳科技	广东	东部	C	国有参股公司	85.7143	48.6628	81.4418	70.3964	1964
002982	湘佳股份	湖南	中部	A	无国有股份公司	85.7143	48.5820	78.6216	68.8170	2537
002983	芯瑞达	安徽	中部	C	无国有股份公司	42.8571	39.0381	79.6539	61.7587	4500

续表

股票代码	公司简称	省份	地区	行业代码	控股类型	环境保护（*EP*）	社会责任（*SR*）	公司治理（*CG*）	上市公司质量/ESG指数（*CLCQI/ESGI*）	*CLCQI/ESGI*排名
002984	森麒麟	山东	东部	C	无国有股份公司	57.1429	48.4649	92.5683	73.5895	922
002985	北摩高科	北京	东部	C	无国有股份公司	85.7143	55.5438	84.3464	74.4023	724
002986	宇新股份	广东	东部	C	无国有股份公司	28.5714	44.8928	84.8756	65.2512	3778
002987	京北方	北京	东部	I	无国有股份公司	71.4286	50.1382	88.4319	73.3288	985
002988	豪美新材	广东	东部	C	无国有股份公司	14.2857	46.5215	63.3453	52.5510	4927
002989	中天精装	广东	东部	E	国有参股公司	57.1429	57.3972	87.0488	73.6801	901
002990	盛视科技	广东	东部	I	无国有股份公司	100.0000	57.1225	82.9046	75.5904	505
002991	甘源食品	江西	中部	C	无国有股份公司	14.2857	42.1459	81.2092	60.8447	4612
002992	宝明科技	广东	东部	C	无国有股份公司	85.7143	33.2853	80.5418	64.5193	3977
002993	奥海科技	广东	东部	C	无国有股份公司	71.4286	45.9190	87.2360	71.1943	1695
002995	天地在线	北京	东部	I	国有参股公司	42.8571	42.7974	72.5592	59.1723	4750
002996	顺博合金	重庆	西部	C	无国有股份公司	85.7143	40.1507	79.5530	66.3783	3428
002997	瑞鹄模具	安徽	中部	C	无国有股份公司	71.4286	41.0367	78.2038	64.5178	3978
002998	优彩资源	江苏	东部	C	国有参股公司	71.4286	46.4132	80.4436	67.6314	3016
002999	天禾股份	广东	东部	F	国有参股公司	85.7143	42.0469	88.6227	72.0303	1394
003000	劲仔食品	湖南	中部	C	无国有股份公司	71.4286	57.1179	85.9070	74.3830	731
003001	中岩大地	北京	东部	E	国有参股公司	14.2857	57.2269	76.3017	63.4239	4232
003002	壶化股份	山西	中部	C	无国有股份公司	100.0000	41.8015	76.6041	66.7628	3293
003003	天元股份	广东	东部	C	无国有股份公司	100.0000	46.2465	75.1462	67.5166	3048
003004	声迅股份	北京	东部	I	无国有股份公司	100.0000	53.6767	78.5740	72.0025	1405
003005	竞业达	北京	东部	I	无国有股份公司	71.4286	50.4814	76.6186	66.9516	3239
003006	百亚股份	重庆	西部	C	无国有股份公司	100.0000	46.5827	83.8792	72.4375	1265
003007	直真科技	北京	东部	I	无国有股份公司	71.4286	55.7706	78.5404	69.8598	2166
003008	开普检测	河南	中部	M	国有弱相对控股公司	71.4286	43.1539	81.8574	67.2683	3133
003009	中天火箭	陕西	西部	C	国有绝对控股公司	57.1429	50.5164	82.4536	68.7445	2574
003010	若羽臣	广东	东部	I	国有参股公司	71.4286	41.9849	80.8562	66.3085	3458
003011	海象新材	浙江	东部	C	无国有股份公司	100.0000	56.7392	75.9559	71.6345	1522
003012	东鹏控股	广东	东部	C	无国有股份公司	100.0000	48.4289	93.5875	78.4232	167
003013	地铁设计	广东	东部	M	国有绝对控股公司	100.0000	52.6835	89.0678	77.4265	232
003015	日久光电	江苏	东部	C	无国有股份公司	71.4286	51.3101	73.8376	65.7121	3638
003016	欣贺股份	福建	东部	C	无国有股份公司	71.4286	37.9811	72.5076	60.3154	4674

续表

股票代码	公司简称	省份	地区	行业代码	控股类型	环境保护（*EP*）	社会责任（*SR*）	公司治理（*CG*）	上市公司质量/ESG指数（*CLCQI/ESGI*）	*CLCQI/ESGI* 排名
003017	大洋生物	浙江	东部	C	无国有股份公司	57.1429	63.1488	88.0871	76.2643	391
003018	金富科技	广东	东部	C	无国有股份公司	71.4286	39.2122	74.1802	61.6662	4506
003019	宸展光电	福建	东部	C	无国有股份公司	100.0000	54.5093	79.8322	72.9859	1079
003020	立方制药	安徽	中部	F	无国有股份公司	14.2857	50.1547	84.0995	65.2375	3784
003021	兆威机电	广东	东部	C	无国有股份公司	71.4286	56.7893	86.3094	74.4893	701
003022	联泓新科	山东	东部	C	国有参股公司	85.7143	63.2977	86.8228	78.4782	162
003023	彩虹集团	四川	西部	C	国有参股公司	71.4286	48.1115	83.8106	70.0777	2078
003025	思进智能	浙江	东部	C	无国有股份公司	57.1429	61.6344	85.0473	74.0623	805
003026	中晶科技	浙江	东部	C	无国有股份公司	42.8571	48.4942	82.3538	66.5533	3366
003027	同兴环保	安徽	中部	N	无国有股份公司	85.7143	54.6865	82.6426	73.1651	1027
003028	振邦智能	广东	东部	C	无国有股份公司	85.7143	57.4733	91.3886	78.9508	130
003029	吉大正元	吉林	东北	I	国有参股公司	100.0000	53.3212	88.3251	77.2412	256
003030	祖名股份	浙江	东部	C	无国有股份公司	57.1429	55.4882	87.8977	73.4789	946
003031	中瓷电子	河北	东部	C	国有绝对控股公司	57.1429	49.4795	88.7701	71.8557	1447
003032	传智教育	江苏	东部	P	无国有股份公司	57.1429	50.8600	80.2591	67.6578	3007
003033	征和工业	山东	东部	C	无国有股份公司	57.1429	45.2603	79.1962	65.1133	3815
003035	南网能源	广东	东部	M	国有绝对控股公司	42.8571	41.9570	76.6967	61.1539	4573
003036	泰坦股份	浙江	东部	C	无国有股份公司	57.1429	46.9601	82.8983	67.7444	2961
003037	三和管桩	广东	东部	C	国有参股公司	100.0000	46.4351	77.3504	68.7950	2554
003038	鑫铂股份	安徽	中部	C	无国有股份公司	100.0000	52.2729	81.8731	73.3257	987
003039	顺控发展	广东	东部	D	国有绝对控股公司	42.8571	51.4202	80.6395	66.6345	3333
003040	楚天龙	广东	东部	C	国有参股公司	57.1429	48.7751	74.7578	63.9024	4138
003041	真爱美家	浙江	东部	C	无国有股份公司	28.5714	55.4353	91.3627	72.5090	1237
003042	中农联合	山东	东部	C	无国有股份公司	71.4286	53.4638	91.5989	76.2346	396
003043	华亚智能	江苏	东部	C	无国有股份公司	100.0000	46.4823	81.6937	71.2003	1692
003816	中国广核	广东	东部	D	国有绝对控股公司	42.8571	58.2612	91.7453	75.1370	578
300001	特锐德	山东	东部	C	无国有股份公司	28.5714	44.9806	81.8258	63.6046	4193
300002	神州泰岳	北京	东部	I	无国有股份公司	85.7143	52.4349	82.4091	72.2487	1322
300003	乐普医疗	北京	东部	C	国有弱相对控股公司	85.7143	59.8909	81.6205	74.4245	720
300004	南风股份	广东	东部	C	国有弱相对控股公司	42.8571	47.0724	83.4733	66.6714	3322
300005	探路者	北京	东部	C	无国有股份公司	100.0000	44.4994	81.4788	70.3881	1969

续表

股票代码	公司简称	省份	地区	行业代码	控股类型	环境保护（*EP*）	社会责任（*SR*）	公司治理（*CG*）	上市公司质量/ESG指数（*CLCQI/ESGI*）	*CLCQI/ESGI* 排名
300006	莱美药业	重庆	西部	C	国有弱相对控股公司	42.8571	38.8135	87.4992	65.9950	3553
300007	汉威科技	河南	中部	C	无国有股份公司	71.4286	57.6421	83.4108	73.1935	1017
300008	天海防务	上海	东部	E	国有参股公司	14.2857	56.5459	81.6588	66.1320	3527
300009	安科生物	安徽	中部	C	无国有股份公司	42.8571	58.8757	79.8961	68.8351	2526
300010	豆神教育	北京	东部	I	无国有股份公司	42.8571	52.0741	73.0144	62.6696	4373
300011	鼎汉技术	北京	东部	C	国有弱相对控股公司	57.1429	50.8273	79.9412	67.4715	3064
300012	华测检测	广东	东部	M	无国有股份公司	14.2857	54.9553	84.5605	67.1712	3164
300013	*ST新宁	河南	中部	G	国有弱相对控股公司	100.0000	37.4069	78.8662	66.4688	3395
300014	亿纬锂能	广东	东部	C	无国有股份公司	57.1429	51.0112	84.3301	69.9498	2131
300015	爱尔眼科	湖南	中部	Q	无国有股份公司	42.8571	50.3372	81.6132	66.7910	3284
300016	北陆药业	北京	东部	C	国有参股公司	14.2857	54.8553	77.5566	63.2841	4257
300017	网宿科技	上海	东部	I	无国有股份公司	71.4286	50.3264	95.4708	77.2660	254
300018	中元股份	湖北	中部	C	无国有股份公司	71.4286	47.0323	82.9659	69.2354	2398
300019	硅宝科技	四川	西部	C	国有弱相对控股公司	85.7143	53.1291	83.9998	73.3665	972
300020	*ST银江	浙江	东部	I	国有参股公司	100.0000	43.4460	75.8938	66.9477	3240
300021	大禹节水	甘肃	西部	C	国有参股公司	57.1429	41.9021	91.5992	70.7596	1831
300022	吉峰科技	四川	西部	F	国有参股公司	85.7143	41.8361	80.5972	67.5425	3042
300024	机器人	辽宁	东北	C	国有弱相对控股公司	42.8571	59.3474	81.0065	69.6109	2258
300025	华星创业	浙江	东部	I	无国有股份公司	57.1429	43.3945	80.5604	65.2106	3793
300026	红日药业	天津	东部	C	国有弱相对控股公司	85.7143	50.3947	88.8482	75.0761	589
300027	华谊兄弟	浙江	东部	R	国有参股公司	71.4286	36.0672	79.1676	63.3086	4251
300029	ST天龙	江苏	东部	C	无国有股份公司	14.2857	50.7574	65.6610	55.3072	4894
300030	阳普医疗	广东	东部	C	国有弱相对控股公司	28.5714	47.4216	85.1399	66.2817	3477
300031	宝通科技	江苏	东部	I	国有参股公司	57.1429	49.3608	80.9181	67.4955	3056
300032	金龙机电	浙江	东部	C	国有参股公司	85.7143	49.0721	80.2010	69.8572	2167
300034	钢研高纳	北京	东部	C	国有强相对控股公司	28.5714	56.8545	79.2170	66.3256	3446
300035	中科电气	湖南	中部	C	国有参股公司	85.7143	49.6895	87.0558	73.8434	852
300036	超图软件	北京	东部	I	国有参股公司	14.2857	44.0775	86.6972	64.5392	3972
300037	新宙邦	广东	东部	C	无国有股份公司	14.2857	70.7898	90.3159	75.8788	457
300039	上海凯宝	上海	东部	C	无国有股份公司	14.2857	42.9250	90.7484	66.3639	3432
300040	九洲集团	黑龙江	东北	C	国有参股公司	85.7143	47.9358	82.3728	70.6540	1870

续表

股票代码	公司简称	省份	地区	行业代码	控股类型	环境保护（*EP*）	社会责任（*SR*）	公司治理（*CG*）	上市公司质量/ESG指数（*CLCQI/ESGI*）	*CLCQI/ESGI*排名
300041	回天新材	湖北	中部	C	无国有股份公司	100.0000	45.8967	80.8092	70.5089	1919
300042	朗科科技	广东	东部	C	国有弱相对控股公司	57.1429	61.0707	83.8273	73.1940	1016
300043	星辉娱乐	广东	东部	I	国有参股公司	71.4286	37.4201	88.9042	69.1372	2426
300044	赛为智能	广东	东部	I	无国有股份公司	100.0000	41.0435	76.4671	66.4221	3420
300045	华力创通	北京	东部	C	无国有股份公司	14.2857	58.1346	72.7479	61.7870	4495
300046	台基股份	湖北	中部	C	国有参股公司	85.7143	60.6744	76.1114	71.6687	1511
300047	天源迪科	广东	东部	I	无国有股份公司	100.0000	41.7519	79.5474	68.3643	2724
300048	合康新能	北京	东部	C	无国有股份公司	100.0000	43.0184	78.9898	68.5008	2667
300049	福瑞股份	内蒙古	西部	C	国有参股公司	100.0000	46.5161	83.2552	72.0710	1375
300050	世纪鼎利	广东	东部	I	国有参股公司	100.0000	44.2208	79.3760	69.1341	2427
300051	琏升科技	江苏	东部	I	无国有股份公司	100.0000	38.3658	77.7246	66.1765	3511
300052	中青宝	广东	东部	I	国有参股公司	85.7143	42.0192	84.5602	69.7863	2190
300053	航宇微	广东	东部	C	国有弱相对控股公司	85.7143	56.2265	87.2923	76.2615	392
300054	鼎龙股份	湖北	中部	C	无国有股份公司	28.5714	51.5629	83.2559	66.6949	3315
300055	万邦达	北京	东部	E	国有参股公司	100.0000	45.0191	73.0708	65.9456	3570
300056	中创环保	福建	东部	C	国有参股公司	28.5714	49.1012	81.8032	65.0344	3836
300057	万顺新材	广东	东部	C	无国有股份公司	42.8571	46.3938	89.4699	69.7320	2215
300058	蓝色光标	北京	东部	L	无国有股份公司	28.5714	46.7978	80.2494	63.3735	4239
300061	旗天科技	上海	东部	L	无国有股份公司	85.7143	46.5311	83.4896	70.7766	1826
300062	中能电气	福建	东部	C	国有参股公司	85.7143	50.9786	80.4799	70.6779	1861
300063	天龙集团	广东	东部	L	无国有股份公司	71.4286	57.7327	77.9743	70.2352	2021
300065	海兰信	北京	东部	C	国有参股公司	85.7143	55.1813	79.1152	71.3982	1611
300066	三川智慧	江西	中部	C	无国有股份公司	100.0000	61.5023	73.9200	72.1818	1345
300067	安诺其	上海	东部	C	无国有股份公司	42.8571	37.3230	86.1912	64.7539	3917
300068	南都电源	浙江	东部	C	无国有股份公司	71.4286	49.3019	80.1170	68.4628	2686
300069	金利华电	山西	中部	C	无国有股份公司	71.4286	49.1605	81.3970	69.1174	2435
300070	碧水源	北京	东部	N	国有强相对控股公司	100.0000	46.0648	84.7564	72.7387	1159
300071	福石控股	北京	东部	L	国有参股公司	71.4286	33.6389	76.7849	61.1482	4575
300072	海新能科	北京	东部	C	国有强相对控股公司	85.7143	44.7117	93.3558	75.5662	508
300073	当升科技	北京	东部	C	国有弱相对控股公司	85.7143	54.5954	86.4245	75.2133	567
300074	华平股份	上海	东部	I	国有参股公司	85.7143	41.5907	75.4385	64.6194	3948

续表

股票代码	公司简称	省份	地区	行业代码	控股类型	环境保护（*EP*）	社会责任（*SR*）	公司治理（*CG*）	上市公司质量/ESG指数（*CLCQI/ESGI*）	*CLCQI/ESGI*排名
300075	数字政通	北京	东部	I	无国有股份公司	85.7143	59.5398	81.0828	74.0059	817
300076	GQY视讯	浙江	东部	C	国有强相对控股公司	85.7143	47.0103	83.1202	70.7412	1837
300077	国民技术	广东	东部	C	无国有股份公司	100.0000	53.4591	78.4471	71.8566	1446
300078	思创医惠	浙江	东部	C	无国有股份公司	71.4286	38.8125	87.4923	68.8480	2521
300079	数码视讯	北京	东部	C	无国有股份公司	14.2857	42.5337	79.0451	59.7902	4712
300080	易成新能	河南	中部	C	国有绝对控股公司	28.5714	59.1994	81.9005	68.6222	2628
300081	恒信东方	北京	东部	M	国有参股公司	71.4286	43.0505	77.3848	64.7722	3910
300082	奥克股份	辽宁	东北	C	无国有股份公司	71.4286	54.7658	77.9064	69.1594	2416
300083	创世纪	广东	东部	C	国有参股公司	100.0000	46.3840	82.1940	71.4411	1591
300084	海默科技	甘肃	西部	B	无国有股份公司	85.7143	40.4202	85.8852	69.9554	2130
300085	银之杰	广东	东部	I	无国有股份公司	85.7143	54.6294	83.9241	73.8500	851
300086	康芝药业	海南	东部	C	国有参股公司	42.8571	49.5296	85.1811	68.4707	2683
300087	荃银高科	安徽	中部	A	国有弱相对控股公司	100.0000	55.8642	87.7675	77.8246	203
300088	长信科技	安徽	中部	C	国有弱相对控股公司	85.7143	55.5665	85.5443	75.0691	591
300091	金通灵	江苏	东部	C	国有弱相对控股公司	0.0000	49.4734	76.0261	59.1300	4754
300092	科新机电	四川	西部	C	无国有股份公司	85.7143	45.6766	83.6909	70.5882	1889
300093	金刚光伏	甘肃	西部	C	无国有股份公司	100.0000	40.0505	74.7334	65.1211	3812
300094	国联水产	广东	东部	C	无国有股份公司	14.2857	55.6466	77.4981	63.5288	4211
300095	华伍股份	江西	中部	C	国有参股公司	42.8571	46.5346	75.7816	62.2527	4445
300096	ST易联众	福建	东部	I	国有参股公司	100.0000	47.0746	77.7262	69.2255	2403
300097	智云股份	辽宁	东北	C	无国有股份公司	71.4286	52.0902	71.6651	64.7903	3905
300098	高新兴	广东	东部	I	无国有股份公司	28.5714	56.7689	90.2731	72.3765	1285
300099	尤洛卡	山东	东部	C	国有参股公司	14.2857	45.0187	84.6867	63.7628	4165
300100	双林股份	浙江	东部	C	无国有股份公司	42.8571	46.3827	83.0976	66.2233	3499
300101	振芯科技	四川	西部	C	无国有股份公司	42.8571	47.3646	86.3165	68.3374	2734
300102	乾照光电	福建	东部	C	国有参股公司	28.5714	47.0578	89.0228	68.2899	2748
300103	达刚控股	陕西	西部	N	无国有股份公司	14.2857	52.5085	73.8102	60.4022	4663
300105	龙源技术	山东	东部	C	国有强相对控股公司	71.4286	56.2236	82.2177	72.0409	1391
300106	西部牧业	新疆	西部	A	国有强相对控股公司	85.7143	43.0155	84.9375	70.3425	1985
300107	建新股份	河北	东部	C	无国有股份公司	28.5714	66.2801	90.2813	75.7099	482
300108	*ST吉药	吉林	东北	C	无国有股份公司	100.0000	50.5746	79.0528	71.1802	1697

续表

股票代码	公司简称	省份	地区	行业代码	控股类型	环境保护（*EP*）	社会责任（*SR*）	公司治理（*CG*）	上市公司质量/ESG指数（*CLCQI/ESGI*）	*CLCQI/ESGI* 排名
300109	新开源	河南	中部	C	无国有股份公司	42.8571	56.9176	78.3575	67.3035	3122
300110	华仁药业	山东	东部	C	国有弱相对控股公司	85.7143	44.7806	84.0733	70.4850	1930
300111	向日葵	浙江	东部	C	国有参股公司	85.7143	43.1177	82.5570	69.0689	2459
300112	万讯自控	广东	东部	C	国有参股公司	42.8571	55.4425	80.1114	67.7519	2959
300113	顺网科技	浙江	东部	I	国有参股公司	100.0000	39.6151	81.0083	68.4199	2698
300114	中航电测	陕西	西部	C	国有绝对控股公司	85.7143	67.9510	77.8219	75.1563	574
300115	长盈精密	广东	东部	C	无国有股份公司	100.0000	47.1697	80.1842	70.6107	1884
300116	*ST保力	陕西	西部	C	国有参股公司	57.1429	49.1718	64.5942	58.4512	4802
300117	*ST嘉寓	北京	东部	E	国有参股公司	71.4286	53.5369	82.5888	71.3046	1643
300118	东方日升	浙江	东部	C	无国有股份公司	42.8571	45.7229	80.8829	64.7743	3909
300119	瑞普生物	天津	东部	C	无国有股份公司	42.8571	53.9628	83.4780	69.0856	2454
300120	经纬辉开	天津	东部	C	无国有股份公司	71.4286	42.7617	84.3519	68.5030	2666
300121	阳谷华泰	山东	东部	C	无国有股份公司	42.8571	59.5852	83.6053	71.1235	1717
300122	智飞生物	重庆	西部	C	无国有股份公司	71.4286	60.3827	78.5051	71.4546	1586
300123	亚光科技	湖南	中部	C	无国有股份公司	71.4286	56.7085	74.4356	67.9304	2881
300124	汇川技术	广东	东部	C	无国有股份公司	42.8571	55.6497	76.0180	65.5730	3680
300125	ST聆达	辽宁	东北	C	无国有股份公司	42.8571	47.7827	73.2406	61.2920	4551
300126	锐奇股份	上海	东部	C	无国有股份公司	100.0000	38.7337	86.9734	71.3922	1613
300127	银河磁体	四川	西部	C	国有参股公司	14.2857	48.3725	74.3034	59.2258	4747
300128	锦富技术	江苏	东部	C	国有弱相对控股公司	42.8571	50.5433	87.4911	70.0960	2068
300129	泰胜风能	上海	东部	C	国有弱相对控股公司	100.0000	51.1647	86.4337	75.4462	525
300130	新国都	广东	东部	C	无国有股份公司	28.5714	58.1183	87.0625	71.0829	1730
300131	英唐智控	广东	东部	F	无国有股份公司	85.7143	45.7910	87.3227	72.6258	1193
300132	青松股份	福建	东部	C	国有参股公司	42.8571	46.1754	87.4272	68.5321	2661
300133	华策影视	浙江	东部	R	无国有股份公司	100.0000	44.3453	78.3532	68.6151	2632
300134	大富科技	安徽	中部	C	国有参股公司	28.5714	63.8164	74.0434	65.9168	3581
300135	宝利国际	江苏	东部	C	国有参股公司	85.7143	51.3737	80.6765	70.9243	1784
300136	信维通信	广东	东部	C	无国有股份公司	85.7143	49.8328	82.2536	71.2524	1673
300137	先河环保	河北	东部	C	国有参股公司	85.7143	46.8564	82.7712	70.4953	1926
300138	晨光生物	河北	东部	C	无国有股份公司	71.4286	48.3453	85.6516	71.1721	1701
300139	晓程科技	北京	东部	C	无国有股份公司	71.4286	47.6734	74.1254	64.5975	3960

续表

股票代码	公司简称	省份	地区	行业代码	控股类型	环境保护（*EP*）	社会责任（*SR*）	公司治理（*CG*）	上市公司质量/ESG指数（*CLCQI/ESGI*）	*CLCQI/ESGI* 排名
300140	节能环境	陕西	西部	C	国有绝对控股公司	71.4286	50.8546	76.4413	66.9847	3225
300141	和顺电气	江苏	东部	C	国有参股公司	57.1429	41.9232	91.5231	70.7251	1843
300142	沃森生物	云南	西部	C	无国有股份公司	71.4286	63.9025	88.9728	78.4438	164
300143	盈康生命	山东	东部	Q	无国有股份公司	85.7143	50.7965	88.0148	74.7584	647
300144	宋城演艺	浙江	东部	R	无国有股份公司	85.7143	39.1924	85.5647	69.3494	2352
300145	中金环境	浙江	东部	C	国有弱相对控股公司	28.5714	41.8143	83.1867	63.2448	4266
300146	汤臣倍健	广东	东部	C	无国有股份公司	42.8571	41.3526	88.3904	67.3738	3091
300147	香雪制药	广东	东部	C	国有参股公司	71.4286	33.7855	85.2113	65.8340	3605
300148	天舟文化	湖南	中部	I	国有参股公司	85.7143	36.3762	79.9723	65.2879	3768
300149	睿智医药	广东	东部	M	无国有股份公司	100.0000	47.3433	77.5474	69.2212	2405
300150	世纪瑞尔	北京	东部	I	国有参股公司	71.4286	54.4107	77.4496	68.7839	2559
300151	昌红科技	广东	东部	C	国有参股公司	100.0000	50.3329	87.5741	75.7823	472
300152	新动力	河北	东部	N	国有参股公司	85.7143	43.8428	72.2341	63.6452	4181
300153	科泰电源	上海	东部	C	国有参股公司	28.5714	48.9481	85.3776	66.9467	3241
300154	瑞凌股份	广东	东部	C	无国有股份公司	100.0000	39.2521	82.4744	69.0991	2444
300155	安居宝	广东	东部	C	国有参股公司	85.7143	58.3679	78.8137	72.3477	1291
300157	新锦动力	北京	东部	B	无国有股份公司	57.1429	40.7372	73.4891	60.3913	4665
300158	振东制药	山西	中部	C	无国有股份公司	100.0000	46.3386	78.0693	69.1566	2418
300159	新研股份	新疆	西部	C	无国有股份公司	85.7143	41.8114	74.9657	64.4366	3991
300160	秀强股份	江苏	东部	C	国有弱相对控股公司	100.0000	56.1581	85.2897	76.5647	349
300161	华中数控	湖北	中部	C	国有参股公司	85.7143	50.6991	82.6550	71.7763	1469
300162	雷曼光电	广东	东部	C	国有参股公司	71.4286	50.2076	85.9222	71.9727	1415
300163	ST先锋	浙江	东部	C	国有参股公司	57.1429	48.3768	82.4394	67.9878	2852
300164	通源石油	陕西	西部	B	无国有股份公司	85.7143	32.1990	85.7252	66.9899	3224
300165	天瑞仪器	江苏	东部	C	国有参股公司	28.5714	44.7111	74.8794	59.6897	4716
300166	东方国信	北京	东部	I	无国有股份公司	57.1429	45.2483	75.8995	63.2959	4255
300167	*ST迪威	广东	东部	I	国有参股公司	85.7143	33.4831	66.1184	56.6557	4862
300168	万达信息	上海	东部	I	国有弱相对控股公司	57.1429	42.1224	86.5106	68.0379	2831
300169	天晟新材	江苏	东部	C	国有参股公司	57.1429	48.9358	78.0680	65.7792	3619
300170	汉得信息	上海	东部	I	无国有股份公司	14.2857	64.3266	86.8680	71.7203	1493
300171	东富龙	上海	东部	C	无国有股份公司	85.7143	55.0599	84.4875	74.3105	743

续表

股票代码	公司简称	省份	地区	行业代码	控股类型	环境保护（*EP*）	社会责任（*SR*）	公司治理（*CG*）	上市公司质量/ESG指数（*CLCQI/ESGI*）	*CLCQI/ESGI* 排名
300172	中电环保	江苏	东部	N	无国有股份公司	100.0000	51.1054	76.4233	69.9197	2145
300173	福能东方	广东	东部	C	国有弱相对控股公司	100.0000	51.8011	86.1625	75.5197	515
300174	元力股份	福建	东部	C	无国有股份公司	42.8571	49.8875	84.8399	68.4083	2705
300175	朗源股份	山东	东部	C	无国有股份公司	85.7143	42.7860	70.7415	62.4544	4409
300176	派生科技	广东	东部	C	无国有股份公司	71.4286	35.8122	86.6343	67.3260	3112
300177	中海达	广东	东部	C	国有参股公司	85.7143	50.1981	86.2676	73.5880	923
300179	四方达	河南	中部	C	无国有股份公司	71.4286	49.0379	79.2159	67.8749	2905
300180	华峰超纤	上海	东部	C	无国有股份公司	28.5714	46.3973	79.9933	63.0925	4298
300181	佐力药业	浙江	东部	C	国有参股公司	71.4286	53.7786	80.5361	70.2602	2010
300182	捷成股份	北京	东部	R	无国有股份公司	57.1429	43.7195	89.1311	70.0382	2100
300183	东软载波	山东	东部	I	国有弱相对控股公司	28.5714	45.0280	82.7136	64.1095	4083
300184	力源信息	湖北	中部	F	无国有股份公司	57.1429	42.4447	84.8713	67.2491	3144
300185	通裕重工	山东	东部	C	国有弱相对控股公司	100.0000	57.4440	92.6621	81.0696	47
300187	永清环保	湖南	中部	N	无国有股份公司	42.8571	41.2609	85.9721	66.0117	3549
300188	国投智能	福建	东部	I	国有弱相对控股公司	71.4286	72.1816	85.1465	79.2370	110
300189	神农种业	海南	东部	A	国有参股公司	85.7143	45.9098	83.3743	70.4957	1925
300190	维尔利	江苏	东部	N	国有参股公司	85.7143	41.4548	81.2070	67.7445	2960
300191	潜能恒信	北京	东部	B	无国有股份公司	85.7143	43.5260	75.2625	65.1999	3795
300192	科德教育	江苏	东部	P	国有参股公司	85.7143	43.2873	73.8099	64.3174	4024
300193	佳士科技	广东	东部	C	无国有股份公司	57.1429	56.4510	81.8059	70.4654	1936
300194	福安药业	重庆	西部	C	国有参股公司	100.0000	41.2092	77.2613	66.9169	3252
300195	长荣股份	天津	东部	C	国有参股公司	14.2857	63.2131	81.2196	68.2239	2775
300196	长海股份	江苏	东部	C	国有参股公司	42.8571	53.5919	84.2052	69.3557	2348
300197	节能铁汉	广东	东部	N	国有强相对控股公司	71.4286	60.8778	91.9336	79.0136	125
300198	纳川股份	福建	东部	C	国有弱相对控股公司	71.4286	50.9821	71.9970	64.5850	3965
300199	翰宇药业	广东	东部	C	无国有股份公司	57.1429	41.4211	77.0488	62.5885	4388
300200	高盟新材	北京	东部	C	无国有股份公司	28.5714	51.5634	78.2743	63.9552	4121
300201	海伦哲	江苏	东部	C	国有参股公司	85.7143	45.3653	76.8785	66.7325	3303
300203	聚光科技	浙江	东部	C	无国有股份公司	42.8571	46.3123	82.2757	65.7466	3627
300204	舒泰神	北京	东部	C	国有参股公司	57.1429	49.7228	79.0721	66.6069	3348
300205	ST天喻	湖北	中部	C	国有参股公司	100.0000	43.4223	65.3756	61.1544	4572

续表

股票代码	公司简称	省份	地区	行业代码	控股类型	环境保护（*EP*）	社会责任（*SR*）	公司治理（*CG*）	上市公司质量/ESG指数（*CLCQI/ESGI*）	*CLCQI/ESGI*排名
300206	理邦仪器	广东	东部	C	国有参股公司	71.4286	57.7029	82.8281	72.8943	1112
300207	欣旺达	广东	东部	C	无国有股份公司	71.4286	55.9876	90.9943	76.7854	320
300208	*ST中程	山东	东部	C	国有强相对控股公司	71.4286	42.8950	80.7277	66.5564	3364
300209	*ST有树	湖南	中部	F	国有参股公司	71.4286	35.1233	73.2802	59.7401	4715
300210	森远股份	辽宁	东北	C	无国有股份公司	71.4286	60.4402	67.4520	65.3955	3733
300211	亿通科技	江苏	东部	C	无国有股份公司	71.4286	75.0043	84.3781	79.8023	81
300212	易华录	北京	东部	I	国有强相对控股公司	71.4286	46.8056	84.0162	69.7337	2213
300213	佳讯飞鸿	北京	东部	C	国有参股公司	57.1429	55.1780	86.9515	72.8499	1121
300214	日科化学	山东	东部	C	国有参股公司	71.4286	43.4958	83.9775	68.5540	2651
300215	电科院	江苏	东部	M	国有参股公司	100.0000	54.8806	90.0117	78.7147	147
300217	东方电热	江苏	东部	C	无国有股份公司	42.8571	52.6915	90.2920	72.3883	1282
300218	安利股份	安徽	中部	C	国有参股公司	57.1429	52.1547	94.8542	76.1382	417
300219	鸿利智汇	广东	东部	C	国有强相对控股公司	28.5714	44.0459	88.4699	66.9316	3248
300220	金运激光	湖北	中部	C	无国有股份公司	85.7143	34.9306	74.9061	61.9955	4474
300221	银禧科技	广东	东部	C	国有参股公司	42.8571	60.9598	84.3568	72.0179	1398
300222	科大智能	上海	东部	C	国有参股公司	85.7143	52.1769	82.7899	72.3678	1287
300223	北京君正	北京	东部	C	无国有股份公司	85.7143	54.9020	79.0646	71.2727	1660
300224	正海磁材	山东	东部	C	国有参股公司	71.4286	54.1747	82.9082	71.7035	1500
300225	金力泰	上海	东部	C	无国有股份公司	71.4286	44.2717	75.3034	64.0548	4097
300226	上海钢联	上海	东部	I	无国有股份公司	100.0000	49.4749	85.1961	74.1741	776
300227	光韵达	广东	东部	C	国有参股公司	100.0000	48.9659	79.0952	70.6404	1876
300228	富瑞特装	江苏	东部	C	国有参股公司	71.4286	45.4626	83.4795	68.9685	2491
300229	拓尔思	北京	东部	I	国有参股公司	85.7143	62.4855	82.0966	75.5945	504
300230	永利股份	上海	东部	C	无国有股份公司	100.0000	53.9421	83.7490	74.9417	618
300231	银信科技	北京	东部	I	无国有股份公司	57.1429	55.6656	77.0222	67.5594	3036
300232	洲明科技	广东	东部	C	无国有股份公司	42.8571	47.3545	78.8378	64.2206	4044
300233	金城医药	山东	东部	C	无国有股份公司	85.7143	46.2400	85.9836	72.0464	1389
300234	开尔新材	浙江	东部	C	无国有股份公司	57.1429	43.7079	86.0800	68.3560	2725
300235	方直科技	广东	东部	I	无国有股份公司	71.4286	59.6794	78.1439	71.0098	1756
300236	上海新阳	上海	东部	C	无国有股份公司	42.8571	61.5221	74.7395	66.9252	3251
300237	美晨生态	山东	东部	E	国有弱相对控股公司	100.0000	32.2430	84.0340	67.5037	3054

续表

股票代码	公司简称	省份	地区	行业代码	控股类型	环境保护（*EP*）	社会责任（*SR*）	公司治理（*CG*）	上市公司质量/ESG指数（*CLCQI/ESGI*）	*CLCQI/ESGI* 排名
300238	冠昊生物	广东	东部	C	国有参股公司	100.0000	48.1029	80.1601	70.9241	1785
300239	东宝生物	内蒙古	西部	C	国有参股公司	85.7143	52.5708	77.7117	69.7127	2219
300240	飞力达	江苏	东部	G	国有参股公司	42.8571	56.9257	81.6118	69.0962	2447
300241	瑞丰光电	广东	东部	C	国有参股公司	100.0000	43.4157	90.9297	75.2068	568
300242	佳云科技	广东	东部	I	国有参股公司	71.4286	34.4227	70.5953	58.0182	4819
300243	瑞丰高材	山东	东部	C	无国有股份公司	100.0000	49.1383	84.2409	73.5309	935
300244	迪安诊断	浙江	东部	Q	无国有股份公司	42.8571	55.5612	81.8813	68.7668	2565
300245	天玑科技	上海	东部	I	国有参股公司	85.7143	49.0635	77.4100	68.3192	2741
300246	宝莱特	广东	东部	C	国有参股公司	42.8571	51.5736	78.8434	65.7004	3648
300247	融捷健康	安徽	中部	C	无国有股份公司	71.4286	37.4525	81.8471	65.2671	3774
300248	新开普	河南	中部	I	无国有股份公司	85.7143	57.0430	86.1060	75.8948	456
300249	依米康	四川	西部	I	无国有股份公司	71.4286	50.1074	83.7294	70.7316	1839
300250	初灵信息	浙江	东部	I	国有参股公司	85.7143	52.8318	73.8634	67.6875	2995
300251	光线传媒	北京	东部	R	无国有股份公司	85.7143	35.4335	73.3267	61.3028	4548
300252	金信诺	广东	东部	C	国有参股公司	14.2857	48.0871	76.4971	60.3324	4670
300253	卫宁健康	上海	东部	I	无国有股份公司	42.8571	46.6817	90.2937	70.2858	2003
300254	仟源医药	山西	中部	C	无国有股份公司	57.1429	59.3200	88.5762	75.1932	570
300255	常山药业	河北	东部	C	国有参股公司	42.8571	50.4418	80.0338	65.9589	3567
300256	星星科技	江西	中部	C	无国有股份公司	14.2857	41.8253	73.7929	56.6535	4863
300257	开山股份	上海	东部	C	无国有股份公司	57.1429	41.1484	88.6525	68.8751	2519
300258	精锻科技	江苏	东部	C	无国有股份公司	71.4286	47.4000	89.4790	72.9463	1095
300259	新天科技	河南	中部	C	无国有股份公司	42.8571	52.2489	78.5807	65.7922	3616
300260	新莱应材	江苏	东部	C	无国有股份公司	71.4286	55.2508	86.4015	74.0015	819
300261	雅本化学	江苏	东部	C	无国有股份公司	42.8571	56.2124	76.4264	65.9946	3554
300262	*ST巴安	上海	东部	N	国有参股公司	71.4286	40.7294	70.2921	60.0588	4691
300263	隆华科技	河南	中部	C	国有参股公司	57.1429	45.8405	81.9303	66.8201	3276
300264	佳创视讯	广东	东部	I	国有参股公司	71.4286	54.9773	89.3097	75.5052	517
300265	通光线缆	江苏	东部	C	国有参股公司	71.4286	55.2925	87.3137	74.5177	696
300266	兴源环境	浙江	东部	N	国有弱相对控股公司	57.1429	46.4612	71.4335	61.2641	4557
300267	尔康制药	湖南	中部	C	国有参股公司	14.2857	46.1876	78.2956	60.6568	4633
300268	ST佳沃	湖南	中部	C	无国有股份公司	71.4286	44.9581	74.8477	64.0445	4101

续表

股票代码	公司简称	省份	地区	行业代码	控股类型	环境保护（*EP*）	社会责任（*SR*）	公司治理（*CG*）	上市公司质量/ESG指数（*CLCQI/ESGI*）	*CLCQI/ESGI*排名
300269	联建光电	广东	东部	L	无国有股份公司	100.0000	47.7581	74.0809	67.4598	3067
300270	中威电子	浙江	东部	C	国有弱相对控股公司	100.0000	48.8411	80.6535	71.4538	1587
300271	华宇软件	北京	东部	I	国有参股公司	42.8571	44.0273	80.9648	64.2259	4042
300272	开能健康	上海	东部	C	无国有股份公司	57.1429	54.6966	89.1426	73.8866	842
300274	阳光电源	安徽	中部	C	无国有股份公司	28.5714	61.2315	93.4880	75.7066	484
300275	梅安森	重庆	西部	I	无国有股份公司	85.7143	53.4942	82.4455	72.6394	1186
300276	三丰智能	湖北	中部	C	无国有股份公司	100.0000	44.3942	74.2375	66.3686	3431
300277	海联讯	浙江	东部	I	国有弱相对控股公司	28.5714	46.6106	87.8636	67.4958	3055
300278	华昌达	湖北	中部	C	国有弱相对控股公司	57.1429	37.1550	92.9902	69.8632	2165
300279	和晶科技	江苏	东部	C	国有参股公司	28.5714	51.0923	88.3741	69.3452	2354
300280	紫天科技	福建	东部	L	无国有股份公司	85.7143	39.4456	69.9907	60.8723	4609
300281	金明精机	广东	东部	C	国有弱相对控股公司	28.5714	50.1434	79.5924	64.1831	4056
300283	温州宏丰	浙江	东部	C	国有参股公司	100.0000	54.2922	84.7266	75.6019	501
300284	苏交科	江苏	东部	M	国有弱相对控股公司	100.0000	50.2154	84.9154	74.2789	748
300285	国瓷材料	山东	东部	C	无国有股份公司	28.5714	51.4163	82.6131	66.2900	3468
300286	安科瑞	上海	东部	C	无国有股份公司	85.7143	44.3221	76.7996	66.3239	3448
300287	飞利信	北京	东部	I	无国有股份公司	100.0000	42.3865	84.5202	71.3214	1636
300288	朗玛信息	贵州	西部	I	无国有股份公司	85.7143	51.8784	78.0698	69.6672	2243
300289	利德曼	北京	东部	C	国有强相对控股公司	28.5714	42.1550	74.8797	58.7952	4782
300290	荣科科技	辽宁	东北	I	国有弱相对控股公司	85.7143	52.3248	76.6818	69.0601	2464
300291	百纳千成	北京	东部	R	国有参股公司	85.7143	42.5099	76.6157	65.5886	3674
300292	吴通控股	江苏	东部	I	国有参股公司	42.8571	39.2856	86.1820	65.4358	3723
300293	蓝英装备	辽宁	东北	C	国有参股公司	100.0000	43.1249	73.8641	65.7190	3635
300294	博雅生物	江西	中部	C	国有弱相对控股公司	85.7143	50.5475	84.8876	72.9512	1092
300295	三六五网	江苏	东部	I	国有参股公司	71.4286	44.4858	68.9738	60.6485	4634
300296	利亚德	北京	东部	C	无国有股份公司	14.2857	51.5040	87.6518	67.6635	3004
300298	三诺生物	湖南	中部	C	无国有股份公司	71.4286	53.1620	91.0008	75.8000	470
300299	富春股份	福建	东部	I	无国有股份公司	85.7143	42.4150	85.2213	70.2884	2002
300300	ST峡创	福建	东部	I	国有弱相对控股公司	71.4286	42.9136	78.0535	65.0921	3823
300301	*ST长方	广东	东部	C	国有参股公司	85.7143	40.4273	79.5224	66.4583	3402
300302	同有科技	北京	东部	I	无国有股份公司	42.8571	58.3944	80.1302	68.7954	2553

续表

股票代码	公司简称	省份	地区	行业代码	控股类型	环境保护（*EP*）	社会责任（*SR*）	公司治理（*CG*）	上市公司质量/ESG指数（*CLCQI/ESGI*）	*CLCQI/ESGI*排名
300303	聚飞光电	广东	东部	C	无国有股份公司	57.1429	45.8358	79.6711	65.5759	3679
300304	云意电气	江苏	东部	C	国有参股公司	100.0000	51.5460	73.2835	68.3470	2731
300305	裕兴股份	江苏	东部	C	无国有股份公司	57.1429	44.7330	83.3885	67.2345	3146
300306	远方信息	浙江	东部	C	无国有股份公司	57.1429	50.3838	77.8054	66.1416	3524
300307	慈星股份	浙江	东部	C	无国有股份公司	85.7143	44.4124	79.3932	67.7820	2943
300308	中际旭创	山东	东部	C	无国有股份公司	42.8571	57.4647	93.3729	75.7535	477
300310	宜通世纪	广东	东部	I	无国有股份公司	85.7143	44.9562	73.3271	64.6360	3946
300311	任子行	广东	东部	I	国有参股公司	85.7143	47.0344	70.5523	63.8372	4149
300313	ST天山	新疆	西部	A	国有参股公司	100.0000	41.8390	78.3931	67.7598	2955
300314	戴维医疗	浙江	东部	C	无国有股份公司	42.8571	55.9038	81.5421	68.7002	2596
300315	掌趣科技	北京	东部	I	国有参股公司	85.7143	50.9772	81.9307	71.4753	1577
300316	晶盛机电	浙江	东部	C	无国有股份公司	85.7143	53.6735	85.9396	74.6239	679
300317	珈伟新能	广东	东部	C	国有弱相对控股公司	85.7143	43.2349	80.7721	68.1283	2801
300318	博晖创新	北京	东部	C	无国有股份公司	42.8571	50.1855	79.4941	65.5724	3681
300319	麦捷科技	广东	东部	C	国有弱相对控股公司	100.0000	54.4007	80.8213	73.4919	945
300320	海达股份	江苏	东部	C	无国有股份公司	28.5714	48.9011	84.7858	66.6047	3350
300321	同大股份	山东	东部	C	国有弱相对控股公司	100.0000	51.7947	83.9954	74.3256	739
300322	硕贝德	广东	东部	C	无国有股份公司	28.5714	44.5780	77.1509	60.8924	4606
300323	华灿光电	湖北	中部	C	国有强相对控股公司	42.8571	52.1106	89.8519	71.9429	1425
300324	旋极信息	北京	东部	I	国有参股公司	100.0000	36.7932	82.9461	68.4980	2670
300326	凯利泰	上海	东部	C	无国有股份公司	85.7143	52.2401	84.4310	73.2925	993
300327	中颖电子	上海	东部	C	国有参股公司	85.7143	55.2924	84.7926	74.5597	688
300328	宜安科技	广东	东部	C	国有弱相对控股公司	28.5714	55.7759	81.7324	67.3316	3110
300329	海伦钢琴	浙江	东部	C	无国有股份公司	100.0000	49.7268	90.3014	77.0701	276
300331	苏大维格	江苏	东部	C	国有参股公司	57.1429	34.4073	72.9879	57.9002	4823
300332	天壕能源	北京	东部	D	无国有股份公司	42.8571	41.7954	90.9231	68.9218	2504
300333	兆日科技	广东	东部	I	国有参股公司	100.0000	41.1813	82.0872	69.5614	2271
300334	津膜科技	天津	东部	C	国有强相对控股公司	28.5714	57.0021	86.5391	70.4044	1961
300335	迪森股份	广东	东部	D	国有参股公司	71.4286	46.2616	83.4752	69.2458	2392
300337	银邦股份	江苏	东部	C	国有参股公司	42.8571	45.9759	77.2547	62.8673	4347
300338	*ST开元	湖南	中部	P	无国有股份公司	100.0000	44.2538	78.4056	68.6119	2634

续表

股票代码	公司简称	省份	地区	行业代码	控股类型	环境保护（*EP*）	社会责任（*SR*）	公司治理（*CG*）	上市公司质量/ESG指数（*CLCQI/ESGI*）	*CLCQI/ESGI*排名
300339	润和软件	江苏	东部	I	国有参股公司	71.4286	55.6053	86.4793	74.1683	779
300340	科恒股份	广东	东部	C	国有弱相对控股公司	57.1429	45.0496	79.7275	65.3318	3751
300341	麦克奥迪	福建	东部	C	国有弱相对控股公司	71.4286	52.3608	85.8386	72.6804	1177
300342	天银机电	江苏	东部	C	国有弱相对控股公司	42.8571	54.2604	75.6057	64.8600	3888
300343	联创股份	山东	东部	C	无国有股份公司	85.7143	60.1319	77.5963	72.2956	1302
300344	立方数科	安徽	中部	I	国有参股公司	57.1429	55.3505	76.8399	67.3489	3102
300345	华民股份	湖南	中部	C	无国有股份公司	71.4286	40.4068	89.8425	70.6986	1857
300346	南大光电	江苏	东部	C	国有参股公司	57.1429	62.3092	88.9134	76.4249	364
300347	泰格医药	浙江	东部	M	无国有股份公司	100.0000	49.3958	88.0322	75.7062	485
300348	长亮科技	广东	东部	I	无国有股份公司	85.7143	42.8181	87.3078	71.5771	1540
300349	金卡智能	浙江	东部	I	国有参股公司	100.0000	61.5666	82.0268	76.6631	338
300350	华鹏飞	广东	东部	I	国有参股公司	85.7143	42.0477	81.1879	67.9415	2875
300351	永贵电器	浙江	东部	C	无国有股份公司	42.8571	44.3670	79.3899	63.4786	4221
300352	北信源	北京	东部	I	国有参股公司	71.4286	46.8180	72.2526	63.2681	4262
300353	东土科技	北京	东部	C	国有参股公司	57.1429	57.7824	82.6880	71.4165	1602
300354	东华测试	江苏	东部	C	无国有股份公司	14.2857	48.7971	80.8189	62.9580	4326
300355	蒙草生态	内蒙古	西部	N	无国有股份公司	57.1429	52.8520	79.7909	68.0975	2813
300357	我武生物	浙江	东部	C	无国有股份公司	71.4286	64.2002	82.7445	75.1224	580
300358	楚天科技	湖南	中部	C	国有参股公司	57.1429	53.6243	86.1674	71.8748	1444
300359	全通教育	广东	东部	I	国有参股公司	85.7143	49.5184	84.3311	72.2850	1305
300360	炬华科技	浙江	东部	C	无国有股份公司	85.7143	57.2865	82.3636	73.9217	836
300363	博腾股份	重庆	西部	C	国有弱相对控股公司	100.0000	43.9563	83.7310	71.4368	1593
300364	中文在线	北京	东部	R	无国有股份公司	71.4286	49.8780	79.3067	68.2188	2776
300365	恒华科技	北京	东部	I	无国有股份公司	57.1429	50.7145	78.5495	66.6666	3324
300366	创意信息	四川	西部	I	国有参股公司	14.2857	36.5828	79.7882	58.1160	4816
300368	ST汇金	河北	东部	C	国有弱相对控股公司	85.7143	49.8742	77.5601	68.6855	2602
300369	绿盟科技	北京	东部	I	国有参股公司	85.7143	50.6245	84.9780	73.0279	1064
300370	安控科技	四川	西部	C	国有弱相对控股公司	71.4286	37.2652	78.5349	63.3799	4238
300371	汇中股份	河北	东部	C	无国有股份公司	14.2857	68.1553	80.9325	69.7958	2182
300373	扬杰科技	江苏	东部	C	无国有股份公司	85.7143	62.1461	92.1049	80.9803	50
300374	中铁装配	北京	东部	C	国有弱相对控股公司	42.8571	47.6613	82.8249	66.5209	3377

续表

股票代码	公司简称	省份	地区	行业代码	控股类型	环境保护（*EP*）	社会责任（*SR*）	公司治理（*CG*）	上市公司质量/ESG指数（*CLCQI/ESGI*）	*CLCQI/ESGI* 排名
300375	鹏翎股份	天津	东部	C	国有参股公司	42.8571	46.6628	86.0452	67.9425	2874
300376	ST易事特	广东	东部	C	无国有股份公司	71.4286	47.2037	73.6144	64.1521	4067
300377	赢时胜	广东	东部	I	无国有股份公司	100.0000	45.3571	77.5902	68.5496	2653
300378	鼎捷软件	上海	东部	I	无国有股份公司	71.4286	45.9990	89.4157	72.4211	1271
300379	东方通	北京	东部	I	国有参股公司	85.7143	43.6033	82.1234	69.0005	2481
300380	安硕信息	上海	东部	I	无国有股份公司	85.7143	43.1511	77.2804	66.1786	3510
300381	溢多利	广东	东部	C	无国有股份公司	100.0000	49.3588	80.9894	71.8197	1458
300382	斯莱克	江苏	东部	C	国有参股公司	100.0000	52.5400	81.7403	73.3462	979
300383	光环新网	北京	东部	I	国有参股公司	57.1429	49.3059	81.7509	67.9343	2878
300384	三联虹普	北京	东部	M	无国有股份公司	71.4286	48.2883	77.1298	66.4652	3396
300385	雪浪环境	江苏	东部	C	国有强相对控股公司	42.8571	44.0470	86.4643	67.2575	3139
300386	飞天诚信	北京	东部	I	无国有股份公司	85.7143	55.7154	84.8276	74.7270	655
300387	富邦股份	湖北	中部	C	无国有股份公司	71.4286	65.0039	85.3106	76.8151	312
300388	节能国祯	安徽	中部	N	国有强相对控股公司	42.8571	49.0395	76.3562	63.4454	4226
300389	艾比森	广东	东部	C	无国有股份公司	71.4286	58.5071	84.5187	74.1056	793
300390	天华新能	江苏	东部	C	国有参股公司	71.4286	58.4377	82.6598	73.0590	1054
300391	长药控股	湖北	中部	C	国有参股公司	100.0000	45.8786	73.4281	66.4430	3410
300393	中来股份	江苏	东部	C	国有弱相对控股公司	85.7143	48.6230	88.5092	74.2696	749
300394	天孚通信	江苏	东部	C	无国有股份公司	14.2857	53.5508	80.4506	64.4192	3997
300395	菲利华	湖北	中部	C	无国有股份公司	71.4286	49.1872	96.4660	77.4147	234
300396	迪瑞医疗	吉林	东北	C	国有弱相对控股公司	71.4286	50.9681	84.5928	71.5077	1563
300397	天和防务	陕西	西部	C	无国有股份公司	71.4286	50.6649	87.0558	72.7563	1153
300398	飞凯材料	上海	东部	C	无国有股份公司	71.4286	67.7035	82.0539	75.9687	442
300399	天利科技	江西	中部	I	国有强相对控股公司	100.0000	44.5440	90.4905	75.3602	539
300400	劲拓股份	广东	东部	C	无国有股份公司	57.1429	54.9718	72.7319	64.9570	3859
300401	花园生物	浙江	东部	C	国有参股公司	85.7143	53.0423	79.7072	70.9752	1767
300402	宝色股份	江苏	东部	C	国有强相对控股公司	85.7143	52.9527	88.2876	75.6630	494
300403	汉宇集团	广东	东部	C	无国有股份公司	85.7143	46.9649	86.1931	72.4154	1274
300404	博济医药	广东	东部	M	国有参股公司	85.7143	46.1575	83.8071	70.8205	1813
300405	科隆股份	辽宁	东北	C	国有参股公司	42.8571	48.9786	83.1735	67.1736	3162
300406	九强生物	北京	东部	C	国有弱相对控股公司	100.0000	57.1655	88.2774	78.5605	156

续表

股票代码	公司简称	省份	地区	行业代码	控股类型	环境保护（EP）	社会责任（SR）	公司治理（CG）	上市公司质量/ESG指数（CLCQI/ESGI）	CLCQI/ESGI排名
300407	凯发电气	天津	东部	C	无国有股份公司	100.0000	42.3944	89.6868	74.1658	780
300408	三环集团	广东	东部	C	国有参股公司	85.7143	55.0657	86.7747	75.5705	507
300409	道氏技术	广东	东部	C	国有参股公司	71.4286	46.9146	83.5761	69.5298	2280
300410	正业科技	广东	东部	C	国有弱相对控股公司	28.5714	33.9433	77.8028	57.5288	4837
300411	金盾股份	浙江	东部	C	国有参股公司	42.8571	51.1919	81.0426	66.7763	3288
300412	迦南科技	浙江	东部	C	国有参股公司	42.8571	50.6011	77.7062	64.7345	3926
300413	芒果超媒	湖南	中部	R	国有绝对控股公司	85.7143	49.1656	86.9839	73.6205	916
300414	中光防雷	四川	西部	C	国有参股公司	85.7143	48.3357	84.0281	71.7043	1499
300415	伊之密	广东	东部	C	无国有股份公司	71.4286	48.9896	87.6111	72.4753	1249
300416	苏试试验	江苏	东部	M	无国有股份公司	71.4286	45.8766	87.4523	71.2984	1645
300417	南华仪器	广东	东部	C	国有参股公司	100.0000	64.3344	76.5933	74.6434	672
300418	昆仑万维	北京	东部	I	无国有股份公司	71.4286	47.6365	80.8054	68.2586	2763
300419	浩丰科技	北京	东部	I	无国有股份公司	57.1429	33.5840	78.7815	60.7985	4616
300420	五洋自控	江苏	东部	C	无国有股份公司	28.5714	50.2269	89.6484	69.7432	2206
300421	力星股份	江苏	东部	C	国有参股公司	28.5714	56.2921	92.5761	73.4762	947
300422	博世科	安徽	中部	N	国有弱相对控股公司	57.1429	58.9134	90.8904	76.3237	378
300423	昇辉科技	山东	东部	C	无国有股份公司	100.0000	47.5492	86.9814	74.4820	705
300424	航新科技	广东	东部	C	无国有股份公司	57.1429	40.2626	90.3714	69.5105	2290
300425	中建环能	四川	西部	C	国有弱相对控股公司	85.7143	60.3194	89.5116	78.9146	134
300426	唐德影视	浙江	东部	R	国有弱相对控股公司	85.7143	45.9492	79.0884	68.1523	2793
300427	*ST红相	福建	东部	C	无国有股份公司	28.5714	39.2201	76.9539	58.9088	4772
300428	立中集团	河北	东部	C	无国有股份公司	85.7143	56.2025	86.1703	75.6360	497
300429	强力新材	江苏	东部	C	国有参股公司	42.8571	59.4775	83.5330	71.0460	1742
300430	诚益通	北京	东部	C	无国有股份公司	14.2857	44.1555	88.3181	65.4580	3711
300432	富临精工	四川	西部	C	无国有股份公司	100.0000	53.7258	91.8585	79.3262	103
300433	蓝思科技	湖南	中部	C	国有参股公司	100.0000	65.3835	88.4205	81.5155	35
300434	金石亚药	四川	西部	C	无国有股份公司	71.4286	52.7869	84.3851	72.0301	1395
300435	中泰股份	浙江	东部	D	无国有股份公司	100.0000	59.3388	81.0241	75.3319	544
300436	广生堂	福建	东部	C	无国有股份公司	100.0000	48.6336	71.3837	66.2828	3476
300437	清水源	河南	中部	C	无国有股份公司	14.2857	63.5688	85.0953	70.4801	1932
300438	鹏辉能源	广东	东部	C	无国有股份公司	14.2857	49.8985	80.9833	63.4339	4229

续表

股票代码	公司简称	省份	地区	行业代码	控股类型	环境保护（*EP*）	社会责任（*SR*）	公司治理（*CG*）	上市公司质量/ESG指数（*CLCQI/ESGI*）	*CLCQI/ESGI* 排名
300439	美康生物	浙江	东部	C	国有参股公司	42.8571	49.2047	81.9403	66.5745	3361
300440	运达科技	四川	西部	I	国有参股公司	71.4286	55.4339	84.2267	72.8694	1116
300441	鲍斯股份	浙江	东部	C	无国有股份公司	14.2857	52.4124	80.5755	64.0895	4086
300442	润泽科技	上海	东部	I	无国有股份公司	85.7143	41.8854	77.6296	65.9276	3578
300443	金雷股份	山东	东部	C	无国有股份公司	100.0000	53.4740	75.9529	70.4900	1929
300444	双杰电气	北京	东部	C	无国有股份公司	85.7143	53.5116	72.4051	67.1233	3178
300445	康斯特	北京	东部	C	无国有股份公司	14.2857	65.1795	85.0189	71.0018	1760
300446	航天智造	河北	东部	C	国有绝对控股公司	100.0000	46.8197	83.0472	72.0628	1380
300447	全信股份	江苏	东部	C	国有参股公司	71.4286	49.7654	80.2775	68.7134	2591
300448	浩云科技	广东	东部	I	无国有股份公司	85.7143	51.6225	82.4511	71.9874	1411
300449	汉邦高科	北京	东部	C	国有参股公司	57.1429	35.7154	77.8538	61.0343	4591
300450	先导智能	江苏	东部	C	无国有股份公司	100.0000	43.8556	81.2301	70.0260	2104
300451	创业慧康	浙江	东部	I	无国有股份公司	42.8571	65.0445	94.2527	78.8903	137
300452	山河药辅	安徽	中部	C	无国有股份公司	57.1429	51.6679	82.6970	69.2814	2381
300453	三鑫医疗	江西	中部	C	无国有股份公司	100.0000	46.1197	90.9424	76.1602	411
300454	深信服	广东	东部	I	无国有股份公司	57.1429	52.3228	82.3807	69.3367	2357
300455	航天智装	北京	东部	C	国有绝对控股公司	85.7143	48.6131	82.5132	70.9682	1769
300456	赛微电子	北京	东部	C	国有参股公司	85.7143	51.4752	92.0514	77.2160	261
300457	赢合科技	广东	东部	C	国有弱相对控股公司	100.0000	49.2508	85.0230	74.0004	821
300458	全志科技	广东	东部	C	无国有股份公司	85.7143	52.8547	82.3012	72.3363	1295
300459	汤姆猫	浙江	东部	I	无国有股份公司	100.0000	47.0395	79.4325	70.1517	2050
300460	惠伦晶体	广东	东部	C	国有参股公司	57.1429	58.6618	79.8669	70.1727	2043
300461	田中精机	浙江	东部	C	无国有股份公司	14.2857	42.9732	83.2908	62.2791	4438
300462	华铭智能	上海	东部	C	国有参股公司	14.2857	41.4808	80.1663	60.0383	4692
300463	迈克生物	四川	西部	C	无国有股份公司	71.4286	55.0047	81.1313	71.0167	1751
300464	星徽股份	广东	东部	F	无国有股份公司	85.7143	45.3693	87.5625	72.6100	1198
300465	高伟达	北京	东部	I	国有参股公司	85.7143	51.1479	79.5627	70.2327	2024
300466	赛摩智能	江苏	东部	C	国有弱相对控股公司	85.7143	43.8468	85.3127	70.8398	1806
300467	迅游科技	四川	西部	I	无国有股份公司	57.1429	42.5912	73.5552	61.0766	4585
300468	四方精创	广东	东部	I	无国有股份公司	57.1429	53.4756	79.7204	68.2770	2755
300469	信息发展	浙江	东部	I	国有弱相对控股公司	85.7143	50.2074	83.1001	71.8491	1448

续表

股票代码	公司简称	省份	地区	行业代码	控股类型	环境保护（EP）	社会责任（SR）	公司治理（CG）	上市公司质量/ESG指数（CLCQI/ESGI）	CLCQI/ESGI排名
300470	中密控股	四川	西部	C	国有弱相对控股公司	28.5714	49.5605	81.6784	65.1264	3809
300471	厚普股份	四川	西部	C	国有参股公司	28.5714	43.2717	86.1559	65.3880	3735
300472	新元科技	江西	中部	C	无国有股份公司	100.0000	43.5940	75.7246	66.9064	3256
300473	德尔股份	辽宁	东北	C	国有参股公司	57.1429	51.1079	78.1998	66.6119	3343
300474	景嘉微	湖南	中部	C	国有参股公司	71.4286	49.8311	80.1782	68.6817	2605
300475	香农芯创	安徽	中部	F	国有参股公司	85.7143	47.0151	88.6478	73.7830	864
300476	胜宏科技	广东	东部	C	无国有股份公司	100.0000	47.7359	76.5191	68.7930	2556
300477	合纵科技	湖南	中部	C	无国有股份公司	57.1429	51.3198	72.7555	63.6917	4174
300478	杭州高新	浙江	东部	C	国有参股公司	100.0000	53.8475	75.0648	70.1322	2054
300479	神思电子	山东	东部	C	国有弱相对控股公司	85.7143	46.5685	75.2055	66.2334	3494
300480	光力科技	河南	中部	C	无国有股份公司	57.1429	54.2114	92.5695	75.6015	502
300481	濮阳惠成	河南	中部	C	无国有股份公司	85.7143	57.5856	83.3483	74.5679	686
300482	万孚生物	广东	东部	C	国有参股公司	100.0000	50.6393	78.1149	70.6870	1859
300483	首华燃气	上海	东部	B	无国有股份公司	42.8571	59.8286	76.4127	67.2527	3141
300484	蓝海华腾	广东	东部	C	无国有股份公司	85.7143	53.8515	83.0282	73.0850	1045
300485	赛升药业	北京	东部	C	无国有股份公司	57.1429	52.5315	80.0321	68.1180	2806
300486	东杰智能	山西	中部	C	国有弱相对控股公司	57.1429	53.8835	80.4275	68.8086	2544
300487	蓝晓科技	陕西	西部	C	无国有股份公司	57.1429	43.9152	83.6787	67.1079	3185
300488	恒锋工具	浙江	东部	C	国有参股公司	100.0000	43.7305	86.8187	73.0560	1056
300489	光智科技	黑龙江	东北	C	无国有股份公司	57.1429	47.4640	79.8605	66.2500	3493
300490	华自科技	湖南	中部	C	无国有股份公司	85.7143	47.4151	84.7487	71.7785	1468
300491	通合科技	河北	东部	C	无国有股份公司	85.7143	39.9726	75.0371	63.8322	4150
300492	华图山鼎	四川	西部	M	无国有股份公司	85.7143	43.9625	82.0481	69.0848	2455
300493	润欣科技	上海	东部	I	国有参股公司	71.4286	46.8316	80.1093	67.5940	3028
300494	盛天网络	湖北	中部	I	国有参股公司	42.8571	40.8439	74.3066	59.4497	4731
300495	*ST美尚	广东	东部	N	国有参股公司	100.0000	36.8451	61.1756	56.5424	4869
300496	中科创达	北京	东部	I	无国有股份公司	85.7143	54.9616	81.6455	72.7130	1167
300497	富祥药业	江西	中部	C	无国有股份公司	42.8571	44.2777	77.5526	62.4369	4412
300498	温氏股份	广东	东部	A	无国有股份公司	85.7143	61.1789	86.6470	77.6399	218
300499	高澜股份	广东	东部	C	无国有股份公司	100.0000	56.9916	85.6973	77.0806	275
300500	启迪设计	江苏	东部	M	无国有股份公司	57.1429	42.7943	80.5996	65.0221	3840

续表

股票代码	公司简称	省份	地区	行业代码	控股类型	环境保护（*EP*）	社会责任（*SR*）	公司治理（*CG*）	上市公司质量/ESG指数（*CLCQI/ESGI*）	*CLCQI/ESGI* 排名
300501	海顺新材	上海	东部	C	无国有股份公司	28.5714	50.5341	78.6454	63.7990	4159
300502	新易盛	四川	西部	C	无国有股份公司	71.4286	48.6500	79.7469	68.0312	2835
300503	昊志机电	广东	东部	C	无国有股份公司	57.1429	45.7860	80.8861	66.2267	3497
300504	天邑股份	四川	西部	C	国有参股公司	85.7143	58.5336	77.2836	71.5642	1542
300505	川金诺	云南	西部	C	无国有股份公司	14.2857	36.2633	86.2106	61.5365	4524
300506	*ST名家	广东	东部	E	国有参股公司	85.7143	45.8606	75.0713	65.9118	3583
300507	苏奥传感	江苏	东部	C	无国有股份公司	71.4286	57.1545	77.4734	69.7573	2198
300508	维宏股份	上海	东部	I	国有参股公司	57.1429	43.0265	79.9427	64.7420	3922
300509	新美星	江苏	东部	C	国有参股公司	57.1429	43.3935	81.1682	65.5445	3688
300510	金冠股份	吉林	东北	C	国有弱相对控股公司	57.1429	44.2527	75.2950	62.6150	4381
300511	雪榕生物	上海	东部	A	国有参股公司	71.4286	39.5881	81.2768	65.7010	3647
300512	中亚股份	浙江	东部	C	无国有股份公司	85.7143	58.5836	78.0261	71.9900	1409
300513	恒实科技	北京	东部	I	国有参股公司	71.4286	40.5828	82.7869	66.8797	3262
300514	友讯达	广东	东部	C	无国有股份公司	71.4286	46.4498	73.8038	63.9924	4110
300515	三德科技	湖南	中部	C	无国有股份公司	57.1429	54.8850	79.6450	68.7288	2582
300516	久之洋	湖北	中部	C	国有绝对控股公司	42.8571	45.9613	87.9034	68.7190	2587
300517	海波重科	湖北	中部	E	无国有股份公司	28.5714	48.4470	75.6338	61.4122	4534
300518	新迅达	广西	西部	I	无国有股份公司	100.0000	41.3168	69.2510	62.5489	4396
300519	新光药业	浙江	东部	C	国有参股公司	85.7143	54.3630	67.6083	64.7830	3907
300520	科大国创	安徽	中部	I	国有参股公司	100.0000	44.7792	77.7653	68.4436	2694
300521	爱司凯	广东	东部	C	无国有股份公司	71.4286	43.3993	88.3125	70.9045	1795
300522	世名科技	江苏	东部	C	国有参股公司	71.4286	52.8704	82.4773	71.0100	1755
300523	辰安科技	北京	东部	I	国有强相对控股公司	14.2857	47.0504	84.2950	64.2585	4035
300525	博思软件	福建	东部	I	国有参股公司	100.0000	40.3815	87.9271	72.4934	1240
300527	中船应急	湖北	中部	C	国有参股公司	14.2857	49.2195	79.4456	62.3505	4426
300528	幸福蓝海	江苏	东部	R	国有绝对控股公司	100.0000	37.0977	81.7748	67.9603	2861
300529	健帆生物	广东	东部	C	无国有股份公司	85.7143	56.3584	86.4552	75.8472	463
300530	领湃科技	湖南	中部	C	国有强相对控股公司	100.0000	45.8590	85.4020	73.0217	1067
300531	优博讯	广东	东部	C	国有参股公司	100.0000	48.0872	83.4386	72.7218	1162
300532	今天国际	广东	东部	I	无国有股份公司	85.7143	47.2491	83.0993	70.8132	1815
300533	冰川网络	广东	东部	I	无国有股份公司	71.4286	40.5442	75.4561	62.8342	4352

续表

股票代码	公司简称	省份	地区	行业代码	控股类型	环境保护（*EP*）	社会责任（*SR*）	公司治理（*CG*）	上市公司质量/ESG指数（*CLCQI/ESGI*）	*CLCQI/ESGI* 排名
300534	陇神戎发	甘肃	西部	C	国有强相对控股公司	85.7143	57.8822	88.8422	77.6934	212
300535	达威股份	四川	西部	C	无国有股份公司	71.4286	48.9184	82.8526	69.8333	2172
300536	*ST农尚	湖北	中部	E	无国有股份公司	85.7143	41.2228	75.0394	64.2711	4033
300537	广信材料	江苏	东部	C	国有参股公司	100.0000	43.9600	75.6775	67.0086	3221
300538	同益股份	广东	东部	F	无国有股份公司	85.7143	39.7752	81.9398	67.5596	3035
300539	横河精密	浙江	东部	C	无国有股份公司	28.5714	50.9257	79.8105	64.5769	3967
300540	蜀道装备	四川	西部	C	国有弱相对控股公司	42.8571	46.7193	84.8287	67.2932	3127
300541	先进数通	北京	东部	I	无国有股份公司	71.4286	61.7269	81.2731	73.4475	956
300542	新晨科技	北京	东部	I	国有参股公司	100.0000	54.0887	90.5183	78.7161	146
300543	朗科智能	广东	东部	C	无国有股份公司	85.7143	57.9250	76.1293	70.7163	1849
300545	联得装备	广东	东部	C	国有参股公司	85.7143	40.7079	78.6199	66.0602	3541
300546	雄帝科技	广东	东部	C	国有参股公司	42.8571	47.2072	77.7675	63.5804	4196
300547	川环科技	四川	西部	C	国有参股公司	42.8571	48.7256	84.8257	67.9938	2848
300548	博创科技	浙江	东部	C	国有参股公司	85.7143	42.2874	86.1919	70.7775	1825
300549	优德精密	江苏	东部	C	国有参股公司	85.7143	51.4479	72.1665	66.2698	3483
300550	和仁科技	浙江	东部	I	无国有股份公司	57.1429	33.7941	78.0787	60.4855	4653
300551	古鳌科技	上海	东部	C	无国有股份公司	100.0000	33.5360	71.3326	60.9706	4600
300552	万集科技	北京	东部	I	国有参股公司	100.0000	62.1272	76.5223	73.8318	853
300553	集智股份	浙江	东部	C	无国有股份公司	85.7143	49.7506	70.3567	64.6803	3938
300554	三超新材	江苏	东部	C	无国有股份公司	57.1429	48.5105	66.0745	59.0339	4761
300555	ST路通	江苏	东部	C	无国有股份公司	100.0000	47.4215	71.9026	66.1440	3522
300556	丝路视觉	广东	东部	I	无国有股份公司	71.4286	46.5800	89.4040	72.6181	1195
300557	理工光科	湖北	中部	C	国有强相对控股公司	57.1429	47.8247	87.1922	70.4087	1959
300558	贝达药业	浙江	东部	C	无国有股份公司	14.2857	54.6113	89.3643	69.6929	2234
300559	佳发教育	四川	西部	I	无国有股份公司	100.0000	49.4992	80.1370	71.4001	1609
300560	中富通	福建	东部	I	无国有股份公司	71.4286	49.2243	76.8593	66.6439	3329
300561	汇金科技	广东	东部	I	国有参股公司	85.7143	55.5729	72.0929	67.6730	3001
300562	乐心医疗	广东	东部	C	国有参股公司	100.0000	57.8320	85.5997	77.3210	251
300563	神宇股份	江苏	东部	C	国有参股公司	71.4286	47.1555	83.1548	69.3824	2330
300564	筑博设计	西藏	西部	M	国有参股公司	71.4286	44.8022	71.8671	62.3505	4425
300565	科信技术	广东	东部	C	无国有股份公司	42.8571	50.9994	83.9338	68.2991	2744

续表

股票代码	公司简称	省份	地区	行业代码	控股类型	环境保护（*EP*）	社会责任（*SR*）	公司治理（*CG*）	上市公司质量/ESG指数（*CLCQI/ESGI*）	*CLCQI/ESGI* 排名
300566	激智科技	浙江	东部	C	无国有股份公司	85.7143	42.2233	84.9157	70.0532	2090
300567	精测电子	湖北	中部	C	无国有股份公司	71.4286	46.9693	77.4679	66.1894	3508
300568	星源材质	广东	东部	C	无国有股份公司	100.0000	51.3719	89.8210	77.3817	239
300569	天能重工	山东	东部	C	国有弱相对控股公司	71.4286	48.9207	79.2665	67.8617	2909
300570	太辰光	广东	东部	C	无国有股份公司	71.4286	51.3221	84.8619	71.7797	1466
300571	平治信息	浙江	东部	I	国有参股公司	100.0000	49.9417	81.9783	72.5676	1217
300572	安车检测	广东	东部	C	无国有股份公司	42.8571	40.5001	84.7960	65.0985	3821
300573	兴齐眼药	辽宁	东北	C	无国有股份公司	71.4286	60.8439	77.8994	71.2829	1658
300575	中旗股份	江苏	东部	C	无国有股份公司	28.5714	52.0787	79.6608	64.8981	3873
300576	容大感光	广东	东部	C	国有参股公司	100.0000	52.9727	81.3463	73.2809	995
300577	开润股份	安徽	中部	C	无国有股份公司	57.1429	55.1277	87.6321	73.2066	1013
300578	会畅通讯	上海	东部	I	国有参股公司	100.0000	44.7935	86.4728	73.2378	1005
300579	数字认证	北京	东部	I	国有绝对控股公司	14.2857	64.5317	92.7052	75.0025	609
300580	贝斯特	江苏	东部	C	无国有股份公司	71.4286	57.0623	84.6766	73.6868	898
300581	晨曦航空	陕西	西部	C	国有参股公司	28.5714	49.3346	70.3029	58.7908	4783
300582	英飞特	浙江	东部	C	国有参股公司	85.7143	52.6187	83.7778	73.0658	1053
300583	赛托生物	山东	东部	C	无国有股份公司	14.2857	49.9235	84.4545	65.3518	3744
300584	海辰药业	江苏	东部	C	无国有股份公司	85.7143	47.5516	80.8481	69.6810	2241
300585	奥联电子	江苏	东部	C	国有参股公司	85.7143	32.7774	71.5158	59.3772	4737
300586	美联新材	广东	东部	C	无国有股份公司	57.1429	50.0771	81.0493	67.8184	2930
300587	天铁股份	浙江	东部	C	无国有股份公司	57.1429	52.4530	79.7899	67.9573	2863
300588	熙菱信息	新疆	西部	I	国有参股公司	71.4286	56.1951	76.8215	69.0630	2461
300589	江龙船艇	广东	东部	C	无国有股份公司	100.0000	51.8637	89.2000	77.2123	262
300590	移为通信	上海	东部	C	国有参股公司	42.8571	38.7242	86.2071	65.2531	3777
300591	万里马	广东	东部	C	无国有股份公司	85.7143	41.4026	82.5140	68.4450	2693
300592	华凯易佰	湖南	中部	F	无国有股份公司	85.7143	40.1852	91.4760	72.9480	1094
300593	新雷能	北京	东部	C	无国有股份公司	85.7143	57.8183	87.0508	76.6858	334
300594	朗进科技	山东	东部	C	国有参股公司	71.4286	59.6678	85.1903	74.8813	625
300595	欧普康视	安徽	中部	C	无国有股份公司	100.0000	50.7882	83.6149	73.7641	868
300596	利安隆	天津	东部	C	无国有股份公司	85.7143	47.3661	88.9444	74.0690	800
300597	吉大通信	吉林	东北	I	国有弱相对控股公司	100.0000	44.1085	85.1826	72.2884	1304

续表

股票代码	公司简称	省份	地区	行业代码	控股类型	环境保护（*EP*）	社会责任（*SR*）	公司治理（*CG*）	上市公司质量/ESG指数（*CLCQI/ESGI*）	*CLCQI/ESGI*排名
300598	诚迈科技	江苏	东部	I	无国有股份公司	85.7143	54.9379	93.8481	79.4161	97
300599	雄塑科技	广东	东部	C	无国有股份公司	28.5714	52.8454	80.5214	65.6398	3660
300600	ST瑞科	江苏	东部	C	国有强相对控股公司	14.2857	61.8823	78.5393	66.2840	3475
300601	康泰生物	广东	东部	C	无国有股份公司	100.0000	48.5667	83.1553	72.7338	1160
300602	飞荣达	广东	东部	C	国有参股公司	100.0000	49.4777	80.4748	71.5783	1539
300603	立昂技术	新疆	西部	I	无国有股份公司	85.7143	41.5558	75.6747	64.7370	3925
300604	长川科技	浙江	东部	C	国有参股公司	85.7143	64.2026	76.0045	72.8448	1127
300605	恒锋信息	福建	东部	I	国有参股公司	85.7143	49.7636	87.4120	74.0653	803
300606	金太阳	广东	东部	C	无国有股份公司	85.7143	48.1470	83.9696	71.6061	1533
300607	拓斯达	广东	东部	C	无国有股份公司	71.4286	50.3938	81.3452	69.5205	2285
300608	思特奇	北京	东部	I	国有参股公司	100.0000	62.3784	72.5170	71.7168	1495
300609	汇纳科技	上海	东部	I	无国有股份公司	42.8571	50.5547	81.0381	66.5508	3367
300610	晨化股份	江苏	东部	C	无国有股份公司	85.7143	55.4337	85.4270	74.9581	614
300611	美力科技	浙江	东部	C	无国有股份公司	14.2857	42.0038	79.9578	60.1067	4684
300612	宣亚国际	北京	东部	L	国有参股公司	57.1429	44.8638	81.0411	65.9892	3555
300613	富瀚微	上海	东部	I	无国有股份公司	85.7143	44.8308	85.3470	71.2030	1690
300614	百川畅银	河南	中部	N	无国有股份公司	57.1429	48.3064	82.0568	67.7527	2958
300615	欣天科技	广东	东部	C	无国有股份公司	100.0000	41.6115	85.0297	71.3304	1631
300616	尚品宅配	广东	东部	C	无国有股份公司	100.0000	47.1359	82.8168	72.0468	1388
300617	安靠智电	江苏	东部	C	国有参股公司	100.0000	44.9014	80.4499	69.9630	2128
300618	寒锐钴业	江苏	东部	C	无国有股份公司	100.0000	44.1318	83.7601	71.5142	1559
300619	金银河	广东	东部	C	无国有股份公司	14.2857	49.7865	78.6805	62.1281	4458
300620	光库科技	广东	东部	C	国有弱相对控股公司	71.4286	51.7454	82.4124	70.5806	1893
300621	维业股份	广东	东部	E	国有弱相对控股公司	42.8571	51.0265	81.9751	67.2313	3148
300622	博士眼镜	广东	东部	F	无国有股份公司	100.0000	37.6985	82.5906	68.6193	2630
300623	捷捷微电	江苏	东部	C	无国有股份公司	85.7143	41.7582	77.3241	65.7151	3636
300624	万兴科技	西藏	西部	I	无国有股份公司	57.1429	52.9355	82.0511	69.3698	2335
300625	三雄极光	广东	东部	C	无国有股份公司	85.7143	51.5950	92.9079	77.7290	209
300626	华瑞股份	浙江	东部	C	国有弱相对控股公司	71.4286	50.5046	81.3432	69.5582	2272
300627	华测导航	上海	东部	C	无国有股份公司	57.1429	46.9524	90.6781	72.0206	1396
300628	亿联网络	福建	东部	C	无国有股份公司	71.4286	59.2964	89.3469	77.0374	280

续表

股票代码	公司简称	省份	地区	行业代码	控股类型	环境保护（*EP*）	社会责任（*SR*）	公司治理（*CG*）	上市公司质量/ESG指数（*CLCQI/ESGI*）	*CLCQI/ESGI* 排名
300629	新劲刚	广东	东部	C	无国有股份公司	85.7143	44.7609	72.2245	63.9612	4118
300631	久吾高科	江苏	东部	C	国有参股公司	100.0000	44.7385	81.9502	70.7311	1840
300632	光莆股份	福建	东部	C	无国有股份公司	100.0000	51.1897	87.1307	75.8383	464
300633	开立医疗	广东	东部	C	无国有股份公司	100.0000	41.1228	83.5406	70.3403	1986
300634	彩讯股份	广东	东部	I	无国有股份公司	100.0000	49.8860	73.7034	67.9970	2845
300635	中达安	广东	东部	M	国有弱相对控股公司	100.0000	50.4692	83.7741	73.7400	884
300636	同和药业	江西	中部	C	无国有股份公司	28.5714	38.5520	81.2596	61.0431	4590
300637	扬帆新材	浙江	东部	C	国有参股公司	85.7143	45.8997	74.6097	65.6716	3654
300638	广和通	广东	东部	C	国有参股公司	100.0000	50.7197	86.5034	75.3288	545
300639	凯普生物	广东	东部	C	无国有股份公司	14.2857	58.4551	83.0246	67.5514	3039
300640	德艺文创	福建	东部	C	无国有股份公司	71.4286	48.5771	93.5501	75.5974	503
300641	正丹股份	江苏	东部	C	无国有股份公司	42.8571	57.5467	82.5551	69.8324	2174
300642	透景生命	上海	东部	C	国有参股公司	85.7143	58.7056	78.2818	72.1734	1350
300643	万通智控	浙江	东部	C	国有参股公司	100.0000	55.7074	79.8071	73.3915	966
300644	南京聚隆	江苏	东部	C	国有参股公司	42.8571	60.1476	85.8414	72.5501	1223
300645	正元智慧	浙江	东部	I	无国有股份公司	100.0000	54.0213	83.9728	75.0925	585
300647	超频三	广东	东部	C	国有参股公司	71.4286	48.6776	86.0689	71.5179	1557
300648	星云股份	福建	东部	C	无国有股份公司	71.4286	49.6790	86.7869	72.2633	1315
300649	杭州园林	浙江	东部	E	无国有股份公司	100.0000	46.5691	87.8773	74.6317	677
300650	太龙股份	福建	东部	F	国有参股公司	57.1429	47.5983	92.0392	72.9952	1077
300651	金陵体育	江苏	东部	C	国有参股公司	100.0000	49.8537	83.8573	73.5703	927
300652	雷迪克	浙江	东部	C	无国有股份公司	14.2857	49.9072	80.4388	63.1374	4288
300653	正海生物	山东	东部	C	无国有股份公司	71.4286	55.2828	80.4105	70.7176	1848
300654	世纪天鸿	山东	东部	R	国有参股公司	71.4286	50.2673	85.7071	71.8753	1443
300655	晶瑞电材	江苏	东部	C	无国有股份公司	100.0000	59.6260	80.8238	75.3222	546
300656	民德电子	广东	东部	C	无国有股份公司	42.8571	52.1606	85.2565	69.4330	2316
300657	弘信电子	福建	东部	C	国有参股公司	100.0000	50.1701	79.4421	71.2527	1672
300658	延江股份	福建	东部	C	无国有股份公司	85.7143	42.3899	73.3520	63.7515	4166
300659	中孚信息	山东	东部	I	无国有股份公司	57.1429	53.5014	87.1036	72.3467	1292
300660	江苏雷利	江苏	东部	C	国有参股公司	85.7143	51.3089	90.8206	76.4808	357
300661	圣邦股份	北京	东部	C	无国有股份公司	100.0000	60.7905	85.6207	78.3681	170

续表

股票代码	公司简称	省份	地区	行业代码	控股类型	环境保护（*EP*）	社会责任（*SR*）	公司治理（*CG*）	上市公司质量/ESG指数（*CLCQI/ESGI*）	*CLCQI/ESGI*排名
300662	科锐国际	北京	东部	L	无国有股份公司	100.0000	50.1442	87.4516	75.6489	496
300663	科蓝软件	北京	东部	I	国有参股公司	71.4286	45.5073	84.7859	69.7027	2228
300664	鹏鹞环保	江苏	东部	N	无国有股份公司	100.0000	39.4589	85.9902	71.1052	1722
300665	飞鹿股份	湖南	中部	C	国有参股公司	85.7143	44.6906	82.8611	69.7868	2189
300666	江丰电子	浙江	东部	C	无国有股份公司	14.2857	57.0682	90.1374	70.9780	1766
300667	必创科技	北京	东部	C	无国有股份公司	57.1429	50.1723	83.1762	69.0215	2475
300668	杰恩设计	广东	东部	M	无国有股份公司	57.1429	49.8234	81.9965	68.2506	2766
300669	沪宁股份	浙江	东部	C	无国有股份公司	100.0000	63.0587	78.6920	75.3512	542
300670	大烨智能	江苏	东部	C	无国有股份公司	71.4286	43.3288	80.2262	66.4323	3414
300671	富满微	广东	东部	I	国有参股公司	57.1429	42.1431	77.4240	63.0476	4306
300672	国科微	湖南	中部	C	国有参股公司	100.0000	50.6533	69.6939	66.0603	3540
300673	佩蒂股份	浙江	东部	C	无国有股份公司	57.1429	53.6327	87.0355	72.3553	1290
300674	宇信科技	北京	东部	I	无国有股份公司	57.1429	48.4125	86.1508	70.0416	2098
300675	建科院	广东	东部	M	国有强相对控股公司	57.1429	44.3197	81.9238	66.2843	3474
300676	华大基因	广东	东部	M	无国有股份公司	28.5714	59.2233	89.1295	72.6066	1200
300677	英科医疗	山东	东部	C	无国有股份公司	14.2857	45.7691	79.5835	61.2187	4566
300678	中科信息	四川	西部	I	国有强相对控股公司	28.5714	65.0137	77.8786	68.4452	2692
300679	电连技术	广东	东部	C	无国有股份公司	57.1429	53.3122	83.4029	70.2451	2018
300680	隆盛科技	江苏	东部	C	无国有股份公司	100.0000	57.3202	89.2902	79.1716	115
300681	英搏尔	广东	东部	C	无国有股份公司	71.4286	52.5350	80.9277	70.0403	2099
300682	朗新集团	江苏	东部	I	无国有股份公司	57.1429	53.1768	83.3057	70.1443	2052
300683	海特生物	湖北	中部	C	无国有股份公司	100.0000	47.0293	74.5234	67.4481	3069
300684	中石科技	北京	东部	C	无国有股份公司	57.1429	49.0675	77.7040	65.6251	3665
300685	艾德生物	福建	东部	C	无国有股份公司	71.4286	49.9896	79.7987	68.5285	2663
300686	智动力	广东	东部	C	国有参股公司	85.7143	38.4328	78.9125	65.4248	3726
300687	赛意信息	广东	东部	I	无国有股份公司	28.5714	58.1759	74.6166	64.2578	4036
300688	创业黑马	北京	东部	L	无国有股份公司	85.7143	49.8710	74.1869	66.8291	3275
300689	澄天伟业	广东	东部	C	无国有股份公司	100.0000	54.4551	79.7046	72.8968	1110
300690	双一科技	山东	东部	C	无国有股份公司	14.2857	59.8361	72.9339	62.4849	4401
300691	联合光电	广东	东部	C	无国有股份公司	57.1429	54.8052	89.3186	74.0213	810
300692	中环环保	安徽	中部	N	无国有股份公司	85.7143	49.4130	80.4157	70.0946	2070

续表

股票代码	公司简称	省份	地区	行业代码	控股类型	环境保护（*EP*）	社会责任（*SR*）	公司治理（*CG*）	上市公司质量/ESG指数（*CLCQI/ESGI*）	*CLCQI/ESGI* 排名
300693	盛弘股份	广东	东部	C	无国有股份公司	28.5714	49.2255	82.8575	65.6577	3658
300694	蠡湖股份	江苏	东部	C	国有弱相对控股公司	57.1429	51.8778	82.7448	69.3812	2331
300695	兆丰股份	浙江	东部	C	无国有股份公司	100.0000	44.0837	85.3226	72.3567	1288
300696	爱乐达	四川	西部	C	无国有股份公司	57.1429	59.9899	73.0747	66.9018	3260
300697	电工合金	江苏	东部	C	国有参股公司	85.7143	54.6416	82.9623	73.3253	988
300698	万马科技	浙江	东部	C	无国有股份公司	71.4286	42.5992	77.1104	64.4633	3986
300699	光威复材	山东	东部	C	无国有股份公司	28.5714	57.3811	92.4335	73.7790	865
300700	岱勒新材	湖南	中部	C	无国有股份公司	85.7143	51.3631	88.5931	75.2748	556
300701	森霸传感	河南	中部	C	国有参股公司	100.0000	58.9801	79.1927	74.1990	768
300702	天宇股份	浙江	东部	C	无国有股份公司	42.8571	47.9493	85.2419	67.9510	2868
300703	创源股份	浙江	东部	C	国有强相对控股公司	85.7143	44.3488	81.2149	68.7617	2568
300705	九典制药	湖南	中部	C	无国有股份公司	57.1429	42.4836	78.8143	63.9314	4127
300706	阿石创	福建	东部	C	国有参股公司	100.0000	44.3019	81.3871	70.2686	2009
300707	威唐工业	江苏	东部	C	无国有股份公司	71.4286	55.7317	76.7788	68.8773	2518
300708	聚灿光电	江苏	东部	C	国有参股公司	57.1429	53.7480	83.3921	70.3917	1966
300709	精研科技	江苏	东部	C	无国有股份公司	85.7143	61.8789	74.9775	71.4667	1583
300710	万隆光电	浙江	东部	C	无国有股份公司	28.5714	53.6558	82.5123	67.0185	3216
300711	广哈通信	广东	东部	C	国有绝对控股公司	71.4286	56.5017	85.5833	73.9893	824
300712	永福股份	福建	东部	E	无国有股份公司	100.0000	61.4703	83.9713	77.6988	211
300713	英可瑞	广东	东部	C	国有参股公司	71.4286	50.0147	78.6911	67.9281	2882
300715	凯伦股份	江苏	东部	C	无国有股份公司	85.7143	49.6425	88.7803	74.7755	643
300716	泉为科技	广东	东部	C	国有参股公司	100.0000	51.0992	87.5714	76.0490	427
300717	华信新材	江苏	东部	C	无国有股份公司	100.0000	47.1439	87.6968	74.7336	653
300718	长盛轴承	浙江	东部	C	无国有股份公司	100.0000	60.7448	89.3940	80.4274	60
300719	安达维尔	北京	东部	C	无国有股份公司	85.7143	52.5270	75.6584	68.5680	2642
300720	海川智能	广东	东部	C	无国有股份公司	100.0000	51.8593	83.7094	74.1909	770
300721	怡达股份	江苏	东部	C	无国有股份公司	57.1429	45.5909	77.7865	64.4536	3987
300722	新余国科	江西	中部	C	国有绝对控股公司	100.0000	61.6433	82.7443	77.0845	273
300723	一品红	广东	东部	C	无国有股份公司	71.4286	60.5057	92.6461	79.2752	106
300724	捷佳伟创	广东	东部	C	无国有股份公司	28.5714	46.5919	89.0838	68.1604	2790
300725	药石科技	江苏	东部	C	无国有股份公司	28.5714	59.4032	91.9358	74.2130	760

续表

股票代码	公司简称	省份	地区	行业代码	控股类型	环境保护（*EP*）	社会责任（*SR*）	公司治理（*CG*）	上市公司质量/ESG指数（*CLCQI/ESGI*）	*CLCQI/ESGI*排名
300726	宏达电子	湖南	中部	C	国有参股公司	42.8571	41.5271	75.5287	60.3610	4667
300727	润禾材料	浙江	东部	C	无国有股份公司	42.8571	69.4945	84.1453	74.8887	623
300729	乐歌股份	浙江	东部	C	无国有股份公司	14.2857	53.3688	92.2359	70.8374	1807
300730	科创信息	湖南	中部	I	国有弱相对控股公司	100.0000	54.2024	81.8802	74.0050	818
300731	科创新源	广东	东部	C	国有参股公司	71.4286	49.6207	83.8189	70.6105	1885
300732	设研院	河南	中部	M	国有参股公司	85.7143	57.6976	83.7079	74.8049	638
300733	西菱动力	四川	西部	C	无国有股份公司	71.4286	35.6560	82.8237	65.1755	3799
300735	光弘科技	广东	东部	C	国有参股公司	71.4286	52.8894	82.4641	71.0094	1757
300736	百邦科技	北京	东部	O	无国有股份公司	100.0000	33.7748	77.2503	64.3089	4026
300737	科顺股份	广东	东部	C	无国有股份公司	57.1429	37.3603	77.3881	61.3538	4543
300738	奥飞数据	广东	东部	I	无国有股份公司	85.7143	53.1712	82.8928	72.7724	1149
300739	明阳电路	广东	东部	C	无国有股份公司	85.7143	58.6454	81.6780	74.0202	811
300740	水羊股份	湖南	中部	C	无国有股份公司	100.0000	47.7019	74.0308	67.4126	3082
300741	华宝股份	西藏	西部	C	无国有股份公司	100.0000	52.5751	86.0492	75.7284	480
300743	天地数码	浙江	东部	C	无国有股份公司	14.2857	46.1337	90.3318	67.2579	3138
300745	欣锐科技	广东	东部	C	无国有股份公司	85.7143	56.6285	86.3015	75.8572	461
300746	汉嘉设计	浙江	东部	M	国有参股公司	100.0000	43.1541	83.9804	71.2931	1648
300747	锐科激光	湖北	中部	C	国有强相对控股公司	14.2857	52.5258	79.3850	63.4744	4222
300748	金力永磁	江西	中部	C	国有参股公司	85.7143	55.0425	81.2030	72.4979	1238
300749	顶固集创	广东	东部	C	无国有股份公司	85.7143	61.0221	93.1959	81.1869	44
300750	宁德时代	福建	东部	C	无国有股份公司	100.0000	66.8942	88.2366	81.9431	27
300751	迈为股份	江苏	东部	C	国有参股公司	28.5714	50.6961	88.2652	69.1466	2421
300752	隆利科技	广东	东部	C	无国有股份公司	14.2857	55.2623	84.2810	67.1249	3177
300753	爱朋医疗	江苏	东部	C	国有参股公司	57.1429	46.4910	78.3551	65.0815	3824
300755	华致酒行	云南	西部	F	无国有股份公司	100.0000	36.5667	84.1738	69.0939	2450
300756	金马游乐	广东	东部	C	无国有股份公司	14.2857	44.6805	79.8380	60.9777	4598
300757	罗博特科	江苏	东部	C	无国有股份公司	85.7143	50.6504	81.5437	71.1481	1708
300758	七彩化学	辽宁	东北	C	无国有股份公司	57.1429	51.9201	77.1708	66.3303	3444
300759	康龙化成	北京	东部	M	无国有股份公司	28.5714	64.2764	97.2601	78.8470	140
300760	迈瑞医疗	广东	东部	C	无国有股份公司	71.4286	62.8589	92.7593	80.1611	67
300761	立华股份	江苏	东部	A	无国有股份公司	57.1429	50.9381	82.5278	68.9329	2502

续表

股票代码	公司简称	省份	地区	行业代码	控股类型	环境保护（*EP*）	社会责任（*SR*）	公司治理（*CG*）	上市公司质量/ESG指数（*CLCQI/ESGI*）	*CLCQI/ESGI* 排名
300762	上海瀚讯	上海	东部	C	国有参股公司	42.8571	52.0693	89.9534	71.9844	1413
300763	锦浪科技	浙江	东部	C	无国有股份公司	85.7143	53.9456	87.9201	75.8085	468
300765	新诺威	河北	东部	C	无国有股份公司	28.5714	66.2298	84.4081	72.4620	1259
300766	每日互动	浙江	东部	I	无国有股份公司	85.7143	64.4331	83.7090	77.1630	264
300767	震安科技	云南	西部	C	无国有股份公司	28.5714	52.5320	90.2584	70.8855	1800
300768	迪普科技	浙江	东部	I	无国有股份公司	100.0000	52.6051	82.4326	73.7497	876
300769	德方纳米	广东	东部	C	国有参股公司	100.0000	60.8852	91.8042	81.8022	30
300770	新媒股份	广东	东部	I	国有强相对控股公司	14.2857	37.7519	80.7621	59.0609	4758
300771	智莱科技	广东	东部	C	无国有股份公司	28.5714	52.0850	81.0118	65.6434	3659
300772	运达股份	浙江	东部	C	国有强相对控股公司	85.7143	60.2273	82.4936	75.0224	601
300773	拉卡拉	北京	东部	I	国有弱相对控股公司	85.7143	38.5727	79.5920	65.8475	3600
300774	倍杰特	北京	东部	N	无国有股份公司	71.4286	44.0522	86.3648	70.0618	2083
300775	三角防务	陕西	西部	C	国有弱相对控股公司	28.5714	49.8107	79.9999	64.2909	4029
300776	帝尔激光	湖北	中部	C	无国有股份公司	57.1429	45.0152	74.4835	62.4355	4414
300777	中简科技	江苏	东部	C	无国有股份公司	71.4286	52.4583	75.3409	66.9408	3243
300778	新城市	广东	东部	M	国有参股公司	85.7143	49.7912	72.6749	65.9696	3565
300779	惠城环保	山东	东部	C	无国有股份公司	85.7143	52.7666	89.4002	76.2099	403
300780	德恩精工	四川	西部	C	无国有股份公司	85.7143	59.4104	76.7570	71.5814	1538
300781	因赛集团	广东	东部	L	国有参股公司	71.4286	54.8468	71.5712	65.7034	3643
300782	卓胜微	江苏	东部	C	无国有股份公司	71.4286	63.4886	90.4244	79.0973	120
300783	三只松鼠	安徽	中部	F	无国有股份公司	71.4286	64.5254	77.6818	72.4517	1261
300785	值得买	北京	东部	I	无国有股份公司	71.4286	56.3597	79.1786	70.4170	1952
300786	国林科技	山东	东部	C	无国有股份公司	100.0000	51.1100	83.1007	73.5939	921
300787	海能实业	江西	中部	C	无国有股份公司	71.4286	50.6147	80.6942	69.2398	2396
300788	中信出版	北京	东部	R	国有绝对控股公司	57.1429	44.0974	76.1938	63.0550	4303
300789	唐源电气	四川	西部	I	无国有股份公司	28.5714	53.4507	81.0648	66.1505	3518
300790	宇瞳光学	广东	东部	C	无国有股份公司	71.4286	40.5539	80.2606	65.4800	3707
300791	仙乐健康	广东	东部	C	无国有股份公司	100.0000	49.2332	84.7131	73.8238	857
300792	壹网壹创	浙江	东部	I	无国有股份公司	100.0000	48.8977	81.4849	71.9309	1429
300793	佳禾智能	广东	东部	C	无国有股份公司	85.7143	51.9724	88.4337	75.4003	532
300795	米奥会展	浙江	东部	L	无国有股份公司	100.0000	52.8342	86.6649	76.1577	412

续表

股票代码	公司简称	省份	地区	行业代码	控股类型	环境保护（*EP*）	社会责任（*SR*）	公司治理（*CG*）	上市公司质量/ESG指数（*CLCQI/ESGI*）	*CLCQI/ESGI*排名
300796	贝斯美	浙江	东部	C	无国有股份公司	71.4286	56.3606	89.7837	76.2501	393
300797	钢研纳克	北京	东部	M	国有绝对控股公司	14.2857	61.6170	84.0901	69.2441	2394
300798	锦鸡股份	江苏	东部	C	无国有股份公司	42.8571	51.9077	69.4242	60.6367	4636
300799	ST左江	北京	东部	I	无国有股份公司	100.0000	45.4611	62.5515	60.3147	4675
300800	力合科技	湖南	中部	C	国有参股公司	57.1429	54.7434	84.3984	71.2936	1647
300801	泰和科技	山东	东部	C	无国有股份公司	85.7143	52.6725	81.6872	71.9348	1428
300802	矩子科技	上海	东部	C	无国有股份公司	71.4286	53.9149	83.4708	71.9220	1432
300805	电声股份	广东	东部	L	无国有股份公司	100.0000	40.8727	85.7455	71.4655	1584
300806	斯迪克	江苏	东部	C	无国有股份公司	14.2857	46.3335	84.2317	63.9727	4113
300807	天迈科技	河南	中部	C	国有参股公司	57.1429	50.6937	77.8836	66.2931	3467
300808	久量股份	广东	东部	C	国有参股公司	85.7143	46.1596	83.0198	70.3882	1968
300809	华辰装备	江苏	东部	C	无国有股份公司	71.4286	50.1343	76.8511	66.9580	3237
300810	中科海讯	北京	东部	I	国有参股公司	42.8571	58.1126	69.8124	63.0219	4312
300811	铂科新材	广东	东部	C	无国有股份公司	14.2857	51.2183	86.3333	66.8383	3273
300812	易天股份	广东	东部	C	无国有股份公司	100.0000	54.4613	84.7237	75.6595	495
300813	泰林生物	浙江	东部	C	国有参股公司	71.4286	52.9798	77.9113	68.5370	2658
300814	中富电路	广东	东部	C	无国有股份公司	85.7143	57.8296	76.1094	70.6720	1863
300815	玉禾田	安徽	中部	N	无国有股份公司	57.1429	48.2477	81.9627	67.6805	2997
300816	艾可蓝	安徽	中部	N	无国有股份公司	85.7143	46.1648	84.3749	71.1353	1711
300817	双飞集团	浙江	东部	C	无国有股份公司	85.7143	56.0475	83.3189	74.0135	812
300818	耐普矿机	江西	中部	C	无国有股份公司	71.4286	55.1225	96.0054	79.2387	109
300819	聚杰微纤	江苏	东部	C	无国有股份公司	71.4286	44.3150	82.0581	67.7851	2942
300820	英杰电气	四川	西部	C	无国有股份公司	100.0000	52.7102	83.1504	74.1813	774
300821	东岳硅材	山东	东部	C	无国有股份公司	14.2857	55.4191	83.7329	66.8783	3263
300822	贝仕达克	广东	东部	C	无国有股份公司	85.7143	43.2884	80.8129	68.1695	2787
300823	建科智能	天津	东部	C	无国有股份公司	100.0000	50.6754	72.7700	67.7599	2954
300824	北鼎股份	广东	东部	C	无国有股份公司	85.7143	48.8658	77.7142	68.4173	2700
300825	阿尔特	北京	东部	M	国有参股公司	57.1429	60.1800	86.4408	74.3197	742
300826	测绘股份	江苏	东部	M	无国有股份公司	57.1429	51.8920	86.3013	71.3422	1627
300827	上能电气	江苏	东部	C	无国有股份公司	42.8571	46.5559	87.7499	68.8427	2523
300828	锐新科技	天津	东部	C	国有参股公司	100.0000	50.9174	81.3605	72.5694	1215

续表

股票代码	公司简称	省份	地区	行业代码	控股类型	环境保护（*EP*）	社会责任（*SR*）	公司治理（*CG*）	上市公司质量/ESG指数（*CLCQI/ESGI*）	*CLCQI/ESGI* 排名
300829	金丹科技	河南	中部	C	无国有股份公司	71.4286	54.7373	85.2846	73.2075	1012
300830	金现代	山东	东部	I	无国有股份公司	85.7143	57.3011	78.2818	71.6818	1507
300831	派瑞股份	陕西	西部	C	国有强相对控股公司	85.7143	50.1898	80.3573	70.3344	1989
300832	新产业	广东	东部	C	国有参股公司	28.5714	51.6737	87.4211	69.0245	2472
300833	浩洋股份	广东	东部	C	无国有股份公司	100.0000	50.9730	85.3019	74.7566	648
300834	星辉环材	广东	东部	C	无国有股份公司	28.5714	47.2694	89.8216	68.8033	2547
300835	龙磁科技	安徽	中部	C	无国有股份公司	85.7143	50.5181	86.7329	73.9559	829
300836	佰奥智能	江苏	东部	C	无国有股份公司	57.1429	33.8851	77.8558	60.3948	4664
300837	浙矿股份	浙江	东部	C	无国有股份公司	85.7143	49.5050	81.2430	70.5818	1891
300838	浙江力诺	浙江	东部	C	无国有股份公司	85.7143	53.4395	76.3987	69.2945	2373
300839	博汇股份	浙江	东部	C	无国有股份公司	42.8571	44.7470	84.2275	66.2723	3481
300840	酷特智能	山东	东部	C	无国有股份公司	42.8571	43.7243	81.1253	64.2081	4047
300841	康华生物	四川	西部	C	无国有股份公司	100.0000	40.5629	87.7068	72.4358	1267
300842	帝科股份	江苏	东部	C	无国有股份公司	85.7143	50.7205	81.2556	71.0142	1753
300843	胜蓝股份	广东	东部	C	无国有股份公司	85.7143	42.5791	83.2564	69.2651	2385
300844	山水比德	广东	东部	M	国有参股公司	71.4286	38.5837	81.1579	65.2840	3769
300845	捷安高科	河南	中部	I	国有参股公司	100.0000	42.7706	81.3873	69.7327	2214
300846	首都在线	北京	东部	I	无国有股份公司	57.1429	41.6088	81.8295	65.2836	3770
300847	中船汉光	河北	东部	C	国有绝对控股公司	85.7143	53.7523	82.1677	72.5770	1210
300848	美瑞新材	山东	东部	C	无国有股份公司	14.2857	54.2902	77.7279	63.1805	4278
300849	锦盛新材	浙江	东部	C	无国有股份公司	100.0000	49.5659	84.5942	73.8749	844
300850	新强联	河南	中部	C	无国有股份公司	14.2857	42.4838	83.5755	62.2644	4441
300851	交大思诺	北京	东部	I	国有参股公司	71.4286	61.7021	82.6647	74.2042	765
300852	四会富仕	广东	东部	C	无国有股份公司	57.1429	47.4292	78.4966	65.4876	3704
300853	申昊科技	浙江	东部	C	无国有股份公司	100.0000	58.2339	74.6722	71.4516	1588
300854	中兰环保	广东	东部	N	无国有股份公司	100.0000	40.4053	82.8439	69.7060	2225
300855	图南股份	江苏	东部	C	无国有股份公司	71.4286	56.6137	83.8204	73.0589	1055
300856	科思股份	江苏	东部	C	无国有股份公司	28.5714	55.3105	85.8590	69.4383	2315
300857	协创数据	广东	东部	C	无国有股份公司	71.4286	58.7407	87.2671	75.6990	488
300858	科拓生物	北京	东部	C	无国有股份公司	57.1429	58.0611	82.6705	71.5044	1565
300859	西域旅游	新疆	西部	N	国有强相对控股公司	71.4286	49.9741	78.3128	67.7058	2981

续表

股票代码	公司简称	省份	地区	行业代码	控股类型	环境保护（*EP*）	社会责任（*SR*）	公司治理（*CG*）	上市公司质量/ESG指数（*CLCQI/ESGI*）	*CLCQI/ESGI*排名
300860	锋尚文化	北京	东部	R	无国有股份公司	100.0000	42.7744	77.7511	67.7342	2964
300861	美畅股份	陕西	西部	C	无国有股份公司	57.1429	50.7975	84.0338	69.7120	2220
300862	蓝盾光电	安徽	中部	C	无国有股份公司	85.7143	56.3859	76.9431	70.6252	1882
300863	卡倍亿	浙江	东部	C	无国有股份公司	57.1429	43.2200	92.9109	71.9423	1426
300864	南大环境	江苏	东部	N	国有强相对控股公司	71.4286	56.5329	86.7201	74.6254	678
300865	大宏立	四川	西部	C	无国有股份公司	85.7143	40.5822	83.4629	68.6797	2606
300866	安克创新	湖南	中部	C	无国有股份公司	57.1429	53.2519	89.7783	73.7305	887
300867	圣元环保	福建	东部	N	无国有股份公司	28.5714	60.6943	86.0298	71.4165	1601
300868	杰美特	广东	东部	C	无国有股份公司	85.7143	50.8402	75.5482	67.9170	2886
300869	康泰医学	河北	东部	C	无国有股份公司	28.5714	48.8938	89.7220	69.3170	2365
300870	欧陆通	广东	东部	C	无国有股份公司	85.7143	41.9578	87.9802	71.6457	1517
300871	回盛生物	湖北	中部	C	国有参股公司	14.2857	51.7232	80.1826	63.6321	4183
300872	天阳科技	西藏	西部	I	无国有股份公司	100.0000	51.3915	85.3213	74.9137	621
300873	海晨股份	江苏	东部	G	无国有股份公司	14.2857	54.7914	80.9032	65.1023	3819
300875	捷强装备	天津	东部	C	无国有股份公司	42.8571	51.0986	80.7102	66.5608	3363
300876	蒙泰高新	广东	东部	C	无国有股份公司	100.0000	44.5858	80.8628	70.0796	2075
300877	金春股份	安徽	中部	C	无国有股份公司	28.5714	55.7571	71.5724	61.7370	4504
300878	维康药业	浙江	东部	C	国有参股公司	42.8571	44.5054	59.6936	52.6941	4925
300879	大叶股份	浙江	东部	C	国有参股公司	14.2857	45.8609	86.8058	65.2231	3786
300880	迦南智能	浙江	东部	C	国有参股公司	71.4286	50.3520	69.1283	62.7866	4356
300881	盛德鑫泰	江苏	东部	C	无国有股份公司	14.2857	56.7074	82.8792	66.8597	3267
300882	万胜智能	浙江	东部	C	国有参股公司	42.8571	55.2909	66.0323	59.9553	4698
300883	龙利得	安徽	中部	C	无国有股份公司	85.7143	50.6116	83.9945	72.4825	1246
300884	狄耐克	福建	东部	C	国有参股公司	85.7143	53.3521	87.0212	75.1063	583
300885	海昌新材	江苏	东部	C	国有参股公司	71.4286	54.1245	84.2364	72.4164	1273
300886	华业香料	安徽	中部	C	国有参股公司	28.5714	61.5768	80.2473	68.5451	2656
300887	谱尼测试	北京	东部	M	无国有股份公司	100.0000	58.8790	76.9191	72.9131	1104
300888	稳健医疗	广东	东部	C	无国有股份公司	28.5714	47.1499	80.4677	63.6168	4189
300889	爱克股份	广东	东部	C	无国有股份公司	71.4286	46.3801	79.4501	67.0735	3198
300890	翔丰华	广东	东部	C	无国有股份公司	14.2857	61.1703	85.7868	70.0209	2108
300891	惠云钛业	广东	东部	C	无国有股份公司	14.2857	52.7974	87.8985	68.2518	2765

续表

股票代码	公司简称	省份	地区	行业代码	控股类型	环境保护（*EP*）	社会责任（*SR*）	公司治理（*CG*）	上市公司质量/ESG指数（*CLCQI/ESGI*）	*CLCQI/ESGI* 排名
300892	品渥食品	上海	东部	F	国有参股公司	85.7143	44.5698	83.7511	70.2339	2023
300893	松原股份	浙江	东部	C	无国有股份公司	57.1429	50.0267	75.6891	64.8526	3891
300894	火星人	浙江	东部	C	无国有股份公司	85.7143	55.8808	82.6141	73.5674	928
300895	铜牛信息	北京	东部	I	国有绝对控股公司	100.0000	54.9474	77.6512	71.9398	1427
300896	爱美客	北京	东部	C	无国有股份公司	85.7143	57.9801	82.9952	74.5118	699
300897	山科智能	浙江	东部	C	无国有股份公司	71.4286	52.2812	85.7093	72.5814	1205
300898	熊猫乳品	浙江	东部	C	无国有股份公司	85.7143	54.6790	88.5332	76.4024	367
300899	上海凯鑫	上海	东部	N	无国有股份公司	42.8571	57.3602	82.6245	69.8053	2180
300900	广联航空	黑龙江	东北	C	国有参股公司	42.8571	49.4578	87.4775	69.7086	2222
300901	中胤时尚	浙江	东部	M	国有参股公司	100.0000	56.7500	73.4738	70.2731	2007
300902	国安达	福建	东部	C	无国有股份公司	57.1429	59.9513	82.2882	71.9558	1422
300903	科翔股份	广东	东部	C	国有参股公司	85.7143	47.7280	72.0766	64.9184	3868
300905	宝丽迪	江苏	东部	C	无国有股份公司	85.7143	58.3230	84.0215	75.1963	569
300906	日月明	江西	中部	C	国有参股公司	100.0000	46.0491	75.7207	67.7635	2951
300907	康平科技	江苏	东部	C	无国有股份公司	100.0000	51.9502	89.7500	77.5451	223
300908	仲景食品	河南	中部	C	无国有股份公司	100.0000	56.2315	94.6483	81.7376	32
300909	汇创达	广东	东部	C	无国有股份公司	57.1429	50.7252	76.8540	65.7378	3630
300910	瑞丰新材	河南	中部	C	国有参股公司	71.4286	56.1975	91.8369	77.3223	250
300911	亿田智能	浙江	东部	C	无国有股份公司	71.4286	53.4961	86.5477	73.4677	949
300912	凯龙高科	江苏	东部	N	国有参股公司	71.4286	46.0057	90.0123	72.7516	1156
300913	兆龙互连	浙江	东部	C	无国有股份公司	14.2857	64.6841	77.0690	66.4559	3403
300915	海融科技	上海	东部	C	无国有股份公司	57.1429	46.6484	77.6740	64.7619	3913
300916	朗特智能	广东	东部	C	无国有股份公司	85.7143	46.3777	80.8526	69.2726	2383
300917	特发服务	广东	东部	K	国有强相对控股公司	57.1429	53.4467	89.8333	73.8290	854
300918	南山智尚	山东	东部	C	无国有股份公司	100.0000	44.6768	80.2096	69.7522	2199
300919	中伟股份	贵州	西部	C	国有参股公司	42.8571	48.0735	83.4583	67.0135	3217
300920	润阳科技	浙江	东部	C	无国有股份公司	85.7143	57.9311	75.2950	70.2596	2011
300921	南凌科技	广东	东部	I	国有参股公司	85.7143	36.4762	77.9827	64.2286	4040
300922	天秦装备	河北	东部	C	国有参股公司	85.7143	52.3328	89.6579	76.1997	405
300923	研奥股份	吉林	东北	C	国有参股公司	71.4286	47.3136	80.9150	68.2059	2778
300925	法本信息	广东	东部	I	无国有股份公司	57.1429	49.0707	81.9611	67.9676	2857

续表

股票代码	公司简称	省份	地区	行业代码	控股类型	环境保护（*EP*）	社会责任（*SR*）	公司治理（*CG*）	上市公司质量/ESG指数（*CLCQI/ESGI*）	*CLCQI/ESGI* 排名
300926	博俊科技	江苏	东部	C	无国有股份公司	14.2857	47.5764	80.2028	62.1919	4451
300927	江天化学	江苏	东部	C	国有绝对控股公司	100.0000	53.5048	82.1644	73.9171	837
300928	华安鑫创	北京	东部	M	无国有股份公司	85.7143	49.5468	82.8555	71.4833	1571
300929	华骐环保	安徽	中部	N	国有弱相对控股公司	71.4286	51.7860	78.8335	68.6264	2626
300930	屹通新材	浙江	东部	C	无国有股份公司	85.7143	49.9988	76.3418	68.0590	2824
300931	通用电梯	江苏	东部	C	无国有股份公司	28.5714	56.9391	85.9531	70.0601	2085
300932	三友联众	广东	东部	C	无国有股份公司	71.4286	54.6256	89.5573	75.5183	516
300933	中辰股份	江苏	东部	C	国有参股公司	57.1429	52.7961	76.6078	66.3272	3445
300935	盈建科	北京	东部	I	无国有股份公司	71.4286	60.3628	84.3316	74.6522	671
300936	中英科技	江苏	东部	C	无国有股份公司	85.7143	51.1256	72.5331	66.3586	3436
300937	药易购	四川	西部	F	无国有股份公司	42.8571	35.2871	84.1151	62.8995	4337
300938	信测标准	广东	东部	M	无国有股份公司	42.8571	49.2089	84.6011	68.0394	2830
300939	秋田微	广东	东部	C	无国有股份公司	85.7143	57.0205	88.2103	77.0443	279
300940	南极光	广东	东部	C	无国有股份公司	28.5714	49.1038	79.7769	63.9208	4130
300941	创识科技	福建	东部	I	无国有股份公司	85.7143	55.5153	77.0063	70.3553	1979
300942	易瑞生物	广东	东部	C	国有参股公司	100.0000	56.5405	85.8595	77.0119	283
300943	春晖智控	浙江	东部	C	无国有股份公司	71.4286	48.9454	80.9494	68.7959	2552
300945	曼卡龙	浙江	东部	F	无国有股份公司	71.4286	35.3149	83.6864	65.5306	3693
300946	恒而达	福建	东部	C	无国有股份公司	42.8571	48.4628	77.3609	63.7962	4160
300947	德必集团	上海	东部	L	无国有股份公司	71.4286	47.4081	86.3511	71.2288	1680
300948	冠中生态	山东	东部	N	国有参股公司	100.0000	64.4337	75.7725	74.2267	754
300949	奥雅股份	广东	东部	M	无国有股份公司	71.4286	49.9093	74.6952	65.6935	3649
300950	德固特	山东	东部	C	无国有股份公司	57.1429	56.6255	78.4072	68.6572	2614
300951	博硕科技	广东	东部	C	无国有股份公司	71.4286	51.8614	79.0082	68.7489	2571
300952	恒辉安防	江苏	东部	C	无国有股份公司	14.2857	51.1117	90.0283	68.8332	2531
300953	震裕科技	浙江	东部	C	无国有股份公司	42.8571	42.4287	79.5454	62.8857	4344
300955	嘉亨家化	福建	东部	C	无国有股份公司	28.5714	45.4497	80.3649	62.9653	4324
300956	英力股份	安徽	中部	C	无国有股份公司	57.1429	48.8720	81.5812	67.6892	2993
300957	贝泰妮	云南	西部	C	无国有股份公司	14.2857	53.0662	85.8447	67.2163	3151
300958	建工修复	北京	东部	N	国有强相对控股公司	100.0000	53.5168	88.3695	77.3341	247
300959	线上线下	江苏	东部	I	国有参股公司	100.0000	50.7450	81.0026	72.3122	1298

续表

股票代码	公司简称	省份	地区	行业代码	控股类型	环境保护（*EP*）	社会责任（*SR*）	公司治理（*CG*）	上市公司质量/ESG指数（*CLCQI/ESGI*）	*CLCQI/ESGI* 排名
300960	通业科技	广东	东部	C	国有参股公司	85.7143	62.5811	82.0009	75.5753	506
300961	深水海纳	广东	东部	N	无国有股份公司	57.1429	50.9456	75.4996	65.0700	3826
300962	中金辐照	广东	东部	C	国有绝对控股公司	57.1429	52.3289	97.8477	77.8457	202
300963	中洲特材	上海	东部	C	无国有股份公司	85.7143	39.2480	78.6214	65.5500	3685
300964	本川智能	江苏	东部	C	国有参股公司	85.7143	51.5656	84.7617	73.2383	1004
300965	*ST恒宇	北京	东部	C	无国有股份公司	71.4286	57.2337	77.4677	69.7819	2191
300966	共同药业	湖北	中部	C	无国有股份公司	85.7143	62.5931	83.2884	76.2877	387
300967	晓鸣股份	宁夏	西部	A	无国有股份公司	14.2857	48.7006	90.1894	68.0779	2820
300968	格林精密	广东	东部	C	无国有股份公司	28.5714	45.9028	80.5443	63.2225	4272
300969	恒帅股份	浙江	东部	C	无国有股份公司	57.1429	40.1300	80.6377	64.1105	4082
300970	华绿生物	江苏	东部	A	国有参股公司	100.0000	54.8570	83.2229	74.9726	612
300971	博亚精工	湖北	中部	C	无国有股份公司	85.7143	58.9771	78.6393	72.4650	1254
300972	万辰集团	福建	东部	A	无国有股份公司	85.7143	56.0238	83.4937	74.1013	794
300973	立高食品	广东	东部	C	无国有股份公司	28.5714	49.9670	93.7911	71.9307	1430
300975	商络电子	江苏	东部	F	无国有股份公司	100.0000	44.5908	74.7318	66.7093	3310
300976	达瑞电子	广东	东部	C	无国有股份公司	85.7143	55.2117	78.3095	70.9657	1771
300977	深圳瑞捷	广东	东部	M	国有参股公司	85.7143	49.1824	87.0726	73.6752	902
300978	东箭科技	广东	东部	C	无国有股份公司	14.2857	43.0335	88.1631	64.9800	3849
300979	华利集团	广东	东部	C	无国有股份公司	71.4286	50.9729	86.5893	72.6075	1199
300980	祥源新材	湖北	中部	C	无国有股份公司	100.0000	51.7191	81.3567	72.8479	1125
300981	中红医疗	河北	东部	C	国有绝对控股公司	85.7143	49.5545	92.6588	76.8779	301
300982	苏文电能	江苏	东部	E	无国有股份公司	85.7143	57.2006	81.5759	73.4584	954
300983	尤安设计	上海	东部	M	无国有股份公司	71.4286	49.8247	88.4477	73.2277	1007
300984	金沃股份	浙江	东部	C	无国有股份公司	28.5714	49.7117	82.6357	65.7059	3640
300985	致远新能	吉林	东北	C	无国有股份公司	85.7143	53.9045	79.1963	70.9960	1762
300986	志特新材	江西	中部	C	国有参股公司	100.0000	40.6659	85.5819	71.3031	1644
300987	川网传媒	四川	西部	I	国有绝对控股公司	85.7143	36.1795	69.2465	59.3198	4743
300988	津荣天宇	天津	东部	C	无国有股份公司	100.0000	50.4277	88.9895	76.5940	346
300989	蕾奥规划	广东	东部	M	无国有股份公司	100.0000	40.4222	83.7457	70.2079	2032
300990	同飞股份	河北	东部	C	无国有股份公司	71.4286	56.2012	84.9781	73.5512	932
300991	创益通	广东	东部	C	国有参股公司	85.7143	51.2173	80.7680	70.9198	1789

续表

股票代码	公司简称	省份	地区	行业代码	控股类型	环境保护（*EP*）	社会责任（*SR*）	公司治理（*CG*）	上市公司质量/ESG指数（*CLCQI/ESGI*）	*CLCQI/ESGI*排名
300992	泰福泵业	浙江	东部	C	无国有股份公司	14.2857	44.3724	91.1246	67.0774	3196
300993	玉马遮阳	山东	东部	C	无国有股份公司	85.7143	52.4916	83.1104	72.6542	1182
300994	久祺股份	浙江	东部	C	无国有股份公司	57.1429	41.6963	86.1838	67.7091	2977
300995	奇德新材	广东	东部	C	无国有股份公司	100.0000	53.9118	80.4248	73.1028	1042
300996	普联软件	山东	东部	I	无国有股份公司	71.4286	43.4165	85.0144	69.0965	2445
300997	欢乐家	广东	东部	C	无国有股份公司	100.0000	37.5775	82.1723	68.3469	2732
300998	宁波方正	浙江	东部	C	无国有股份公司	100.0000	47.0209	90.4480	76.2037	404
300999	金龙鱼	上海	东部	C	国有参股公司	14.2857	61.9429	80.8458	67.5738	3034
301000	肇民科技	上海	东部	C	无国有股份公司	71.4286	58.8431	79.9265	71.6975	1502
301001	凯淳股份	上海	东部	I	国有参股公司	57.1429	38.9096	76.7526	61.5466	4521
301002	崧盛股份	广东	东部	C	无国有股份公司	100.0000	50.7198	81.3264	72.4815	1247
301003	江苏博云	江苏	东部	C	无国有股份公司	100.0000	54.2377	76.2881	70.9417	1777
301004	嘉益股份	浙江	东部	C	无国有股份公司	14.2857	49.3119	90.6866	68.5653	2646
301005	超捷股份	上海	东部	C	无国有股份公司	0.0000	53.5662	66.0689	55.0861	4899
301006	迈拓股份	江苏	东部	C	无国有股份公司	28.5714	46.7393	83.3071	65.0348	3835
301007	德迈仕	辽宁	东北	C	无国有股份公司	28.5714	49.7415	81.9200	65.3227	3755
301008	宏昌科技	浙江	东部	C	无国有股份公司	14.2857	50.8714	80.0766	63.2757	4259
301009	可靠股份	浙江	东部	C	无国有股份公司	57.1429	48.5381	80.2702	66.8512	3270
301010	晶雪节能	江苏	东部	C	国有参股公司	71.4286	49.0350	79.7876	68.1883	2783
301011	华立科技	广东	东部	C	无国有股份公司	71.4286	46.5095	78.8252	66.7750	3289
301012	扬电科技	江苏	东部	C	国有参股公司	42.8571	50.1418	75.3350	63.2696	4261
301013	利和兴	广东	东部	C	国有参股公司	57.1429	44.7948	81.4194	66.1731	3512
301015	百洋医药	山东	东部	F	无国有股份公司	100.0000	41.3956	80.1629	68.5780	2640
301016	雷尔伟	江苏	东部	C	国有参股公司	57.1429	57.0980	68.8900	63.5881	4194
301017	漱玉平民	山东	东部	F	无国有股份公司	100.0000	42.8401	80.3301	69.1756	2411
301018	申菱环境	广东	东部	C	无国有股份公司	28.5714	56.4919	76.9170	64.9337	3865
301019	宁波色母	浙江	东部	C	无国有股份公司	57.1429	60.4129	69.4813	65.0735	3825
301020	密封科技	山东	东部	C	国有绝对控股公司	42.8571	59.4093	89.1941	74.1357	785
301021	英诺激光	广东	东部	C	国有参股公司	42.8571	58.0087	95.0419	76.8618	307
301022	海泰科	山东	东部	C	无国有股份公司	71.4286	49.8393	85.3396	71.5234	1552
301023	江南奕帆	江苏	东部	C	无国有股份公司	85.7143	55.8365	81.9363	73.1792	1021

续表

股票代码	公司简称	省份	地区	行业代码	控股类型	环境保护（*EP*）	社会责任（*SR*）	公司治理（*CG*）	上市公司质量/ESG指数（*CLCQI/ESGI*）	*CLCQI/ESGI* 排名
301024	霍普股份	上海	东部	M	无国有股份公司	85.7143	50.6112	79.8415	70.1982	2037
301025	读客文化	上海	东部	R	国有参股公司	100.0000	45.2287	78.9659	69.2613	2388
301026	浩通科技	江苏	东部	C	无国有股份公司	14.2857	60.9992	79.3566	66.4245	3417
301027	华蓝集团	广西	西部	M	无国有股份公司	71.4286	48.0412	80.8091	68.4023	2708
301028	东亚机械	福建	东部	C	无国有股份公司	85.7143	55.4628	82.1184	73.1485	1032
301029	怡合达	广东	东部	C	国有参股公司	100.0000	48.7216	83.3855	72.9146	1103
301030	仕净科技	江苏	东部	C	无国有股份公司	85.7143	52.2485	82.1897	72.0627	1381
301031	中熔电气	陕西	西部	C	无国有股份公司	28.5714	53.2415	77.6594	64.2043	4049
301032	新柴股份	浙江	东部	C	无国有股份公司	57.1429	47.7090	93.0408	73.5849	926
301033	迈普医学	广东	东部	C	无国有股份公司	100.0000	48.9166	78.2536	70.1603	2046
301035	润丰股份	山东	东部	C	无国有股份公司	57.1429	51.5394	84.1999	70.0630	2081
301036	双乐股份	江苏	东部	C	无国有股份公司	42.8571	50.3811	90.3196	71.5949	1534
301037	保立佳	上海	东部	C	无国有股份公司	42.8571	48.4185	80.9813	65.7719	3622
301038	深水规院	广东	东部	M	国有绝对控股公司	85.7143	50.9611	91.0561	76.4887	356
301039	中集车辆	广东	东部	C	国有弱相对控股公司	28.5714	63.9436	88.1243	73.7058	896
301040	中环海陆	江苏	东部	C	无国有股份公司	100.0000	52.7987	76.0606	70.3129	1994
301041	金百泽	广东	东部	C	国有参股公司	71.4286	56.1694	81.7584	71.7693	1471
301042	安联锐视	广东	东部	C	国有参股公司	85.7143	59.1776	77.1863	71.7361	1484
301043	绿岛风	广东	东部	C	国有参股公司	71.4286	41.0575	75.9443	63.2823	4258
301045	天禄科技	江苏	东部	C	国有参股公司	71.4286	49.2018	74.5523	65.3672	3741
301046	能辉科技	上海	东部	M	无国有股份公司	28.5714	48.4678	78.3024	62.8872	4343
301047	义翘神州	北京	东部	M	无国有股份公司	42.8571	55.0560	89.0525	72.5342	1227
301048	金鹰重工	湖北	中部	C	国有绝对控股公司	28.5714	58.1561	75.3258	64.6410	3945
301049	超越科技	安徽	中部	N	国有参股公司	100.0000	46.9804	83.9818	72.6332	1189
301050	雷电微力	四川	西部	C	无国有股份公司	85.7143	38.7208	75.1016	63.4296	4231
301051	信濠光电	广东	东部	C	无国有股份公司	85.7143	60.5222	83.9131	75.9064	453
301052	果麦文化	浙江	东部	R	无国有股份公司	42.8571	39.8508	77.9063	61.0820	4582
301053	远信工业	浙江	东部	C	无国有股份公司	85.7143	54.1629	75.5778	69.0962	2446
301055	张小泉	浙江	东部	C	国有参股公司	57.1429	47.3017	89.3396	71.4067	1607
301056	森赫股份	浙江	东部	C	国有参股公司	42.8571	54.2531	85.0183	70.0344	2102
301057	汇隆新材	浙江	东部	C	无国有股份公司	71.4286	48.7378	82.3631	69.5008	2295

续表

股票代码	公司简称	省份	地区	行业代码	控股类型	环境保护（*EP*）	社会责任（*SR*）	公司治理（*CG*）	上市公司质量/ESG指数（*CLCQI/ESGI*）	*CLCQI/ESGI*排名
301058	中粮科工	江苏	东部	M	国有强相对控股公司	57.1429	51.4346	75.1552	65.0517	3829
301059	金三江	广东	东部	C	无国有股份公司	71.4286	56.8492	78.4446	70.1846	2040
301060	兰卫医学	上海	东部	Q	国有参股公司	14.2857	47.3476	82.9442	63.6196	4188
301061	匠心家居	江苏	东部	C	无国有股份公司	42.8571	43.1968	83.4719	65.3141	3761
301062	上海艾录	上海	东部	C	国有参股公司	100.0000	55.6395	85.0777	76.2666	390
301063	海锅股份	江苏	东部	C	无国有股份公司	85.7143	44.5108	84.5364	70.6452	1875
301065	本立科技	浙江	东部	C	无国有股份公司	57.1429	59.7384	82.0077	71.7270	1487
301066	万事利	浙江	东部	C	国有参股公司	71.4286	37.5670	75.0140	61.5490	4520
301067	显盈科技	广东	东部	C	无国有股份公司	71.4286	45.1338	85.2172	69.8092	2178
301068	大地海洋	浙江	东部	C	无国有股份公司	100.0000	49.5450	79.6249	71.1345	1712
301069	凯盛新材	山东	东部	C	国有参股公司	71.4286	54.2107	82.8662	71.6930	1504
301070	开勒股份	上海	东部	C	无国有股份公司	100.0000	50.0666	82.4001	72.8433	1128
301071	力量钻石	河南	中部	C	无国有股份公司	100.0000	53.6850	80.3099	72.9602	1087
301072	中捷精工	江苏	东部	C	国有参股公司	14.2857	50.6787	84.6774	65.7387	3629
301073	君亭酒店	浙江	东部	H	无国有股份公司	57.1429	46.9416	92.4124	72.9707	1085
301075	多瑞医药	西藏	西部	C	国有参股公司	57.1429	50.5164	85.5190	70.4305	1947
301076	新瀚新材	江苏	东部	C	无国有股份公司	85.7143	63.4081	76.7169	72.9586	1089
301077	星华新材	浙江	东部	C	无国有股份公司	42.8571	53.1663	83.1164	68.6079	2635
301078	孩子王	江苏	东部	F	无国有股份公司	71.4286	42.3522	76.6408	64.1186	4080
301079	邵阳液压	湖南	中部	C	无国有股份公司	71.4286	41.1600	76.6982	63.7329	4171
301080	百普赛斯	北京	东部	M	无国有股份公司	100.0000	44.4006	88.3957	74.1579	781
301081	严牌股份	浙江	东部	C	无国有股份公司	57.1429	46.9757	87.7526	70.4197	1951
301082	久盛电气	浙江	东部	C	无国有股份公司	14.2857	49.7626	86.2800	66.2995	3464
301083	百胜智能	江西	中部	C	国有参股公司	57.1429	53.4461	76.7093	66.6105	3344
301085	亚康股份	北京	东部	F	无国有股份公司	57.1429	44.9984	80.8711	65.9429	3571
301086	鸿富瀚	广东	东部	C	无国有股份公司	100.0000	51.4289	81.3107	72.7210	1163
301087	可孚医疗	湖南	中部	C	无国有股份公司	71.4286	51.1662	90.5038	74.8281	628
301088	戎美股份	江苏	东部	F	无国有股份公司	85.7143	52.1386	74.4915	67.7903	2940
301089	拓新药业	河南	中部	C	无国有股份公司	57.1429	48.2966	80.4308	66.8550	3269
301090	华润材料	江苏	东部	C	国有绝对控股公司	100.0000	52.3125	85.3414	75.2471	561
301091	深城交	广东	东部	M	国有强相对控股公司	71.4286	51.2455	82.0523	70.2075	2034

续表

股票代码	公司简称	省份	地区	行业代码	控股类型	环境保护（*EP*）	社会责任（*SR*）	公司治理（*CG*）	上市公司质量/ESG指数（*CLCQI/ESGI*）	*CLCQI/ESGI* 排名
301092	争光股份	浙江	东部	C	无国有股份公司	14.2857	56.8815	86.7032	69.0239	2473
301093	华兰股份	江苏	东部	C	无国有股份公司	100.0000	49.0468	79.4453	70.8613	1804
301095	广立微	浙江	东部	I	无国有股份公司	57.1429	49.7089	84.3607	69.5108	2289
301096	百诚医药	浙江	东部	M	无国有股份公司	85.7143	64.8510	77.4540	73.8690	845
301097	天益医疗	浙江	东部	C	无国有股份公司	28.5714	53.6296	85.7947	68.8146	2539
301098	金埔园林	江苏	东部	E	国有参股公司	85.7143	49.8871	81.2477	70.7182	1847
301099	雅创电子	上海	东部	F	国有参股公司	85.7143	47.1282	86.3726	72.5713	1214
301100	风光股份	辽宁	东北	C	无国有股份公司	42.8571	47.7976	81.7571	65.9813	3561
301101	明月镜片	江苏	东部	C	无国有股份公司	85.7143	38.6554	77.8151	64.8991	3872
301102	兆讯传媒	天津	东部	L	无国有股份公司	57.1429	33.1534	79.3901	60.9825	4596
301103	何氏眼科	辽宁	东北	Q	无国有股份公司	100.0000	53.7117	81.7380	73.7550	871
301105	鸿铭股份	广东	东部	C	无国有股份公司	100.0000	50.7120	84.8592	74.4217	721
301106	骏成科技	江苏	东部	C	无国有股份公司	100.0000	41.7321	76.0087	66.4110	3423
301107	瑜欣电子	重庆	西部	C	国有参股公司	85.7143	59.8800	79.1115	73.0407	1060
301108	洁雅股份	安徽	中部	C	无国有股份公司	42.8571	57.0490	75.5533	65.8072	3611
301109	军信股份	湖南	中部	N	国有参股公司	42.8571	53.0332	81.4289	67.6332	3015
301110	青木科技	广东	东部	I	无国有股份公司	42.8571	40.5828	79.8146	62.3877	4419
301111	粤万年青	广东	东部	C	国有参股公司	71.4286	49.5559	82.4671	69.8444	2170
301112	信邦智能	广东	东部	C	国有参股公司	71.4286	42.4072	80.3023	66.1517	3517
301113	雅艺科技	浙江	东部	C	无国有股份公司	85.7143	50.3213	76.8937	68.4754	2679
301115	建科股份	江苏	东部	M	无国有股份公司	28.5714	50.3653	83.2507	66.2729	3480
301116	益客食品	江苏	东部	C	国有参股公司	71.4286	43.7038	89.8282	71.8447	1450
301117	佳缘科技	四川	西部	I	无国有股份公司	100.0000	56.9683	83.9663	76.1204	418
301118	恒光股份	湖南	中部	C	国有参股公司	71.4286	57.8675	76.2999	69.3615	2343
301119	正强股份	浙江	东部	C	国有参股公司	100.0000	55.5916	75.6944	71.0890	1727
301120	新特电气	北京	东部	C	无国有股份公司	85.7143	52.1649	80.8333	71.2875	1656
301121	紫建电子	重庆	西部	C	无国有股份公司	100.0000	51.2297	85.6765	75.0525	594
301122	采纳股份	江苏	东部	C	国有参股公司	85.7143	54.9447	83.0237	73.4651	951
301123	奕东电子	广东	东部	C	无国有股份公司	100.0000	48.6532	82.2704	72.2773	1310
301125	腾亚精工	江苏	东部	C	无国有股份公司	42.8571	50.0363	73.3569	62.1447	4457
301126	达嘉维康	湖南	中部	F	无国有股份公司	28.5714	39.0521	81.3498	61.2678	4556

续表

股票代码	公司简称	省份	地区	行业代码	控股类型	环境保护（*EP*）	社会责任（*SR*）	公司治理（*CG*）	上市公司质量/ESG指数（*CLCQI/ESGI*）	*CLCQI/ESGI* 排名
301127	天源环保	湖北	中部	N	国有参股公司	100.0000	53.3976	82.0684	73.8268	856
301128	强瑞技术	广东	东部	C	无国有股份公司	71.4286	49.7474	80.8064	68.9980	2482
301129	瑞纳智能	安徽	中部	C	无国有股份公司	100.0000	50.1810	81.0428	72.1369	1361
301130	西点药业	吉林	东北	C	国有参股公司	57.1429	54.1782	81.0688	69.2645	2386
301131	聚赛龙	广东	东部	C	无国有股份公司	14.2857	57.4505	80.8342	65.9951	3552
301132	满坤科技	江西	中部	C	无国有股份公司	57.1429	50.9623	80.6364	67.9011	2892
301133	金钟股份	广东	东部	C	国有参股公司	57.1429	54.4226	85.9808	72.0516	1385
301135	瑞德智能	广东	东部	C	无国有股份公司	57.1429	51.2406	80.8141	68.0962	2814
301136	招标股份	福建	东部	M	国有绝对控股公司	42.8571	44.4388	88.0728	68.2793	2753
301137	哈焊华通	江苏	东部	C	国有强相对控股公司	57.1429	45.0313	83.3356	67.3098	3119
301138	华研精机	广东	东部	C	无国有股份公司	42.8571	45.1406	82.4567	65.4361	3722
301139	元道通信	新疆	西部	I	无国有股份公司	71.4286	41.3088	83.5939	67.5776	3033
301148	嘉戎技术	福建	东部	N	无国有股份公司	71.4286	49.6882	77.5486	67.1855	3157
301149	隆华新材	山东	东部	C	无国有股份公司	85.7143	47.6782	77.9990	68.1582	2791
301150	中一科技	湖北	中部	C	无国有股份公司	85.7143	50.2760	81.3789	70.9264	1783
301151	冠龙节能	上海	东部	C	国有参股公司	42.8571	41.5580	76.5096	60.9113	4604
301152	天力锂能	河南	中部	C	无国有股份公司	85.7143	43.5968	75.4928	65.3513	3745
301153	中科江南	北京	东部	I	国有强相对控股公司	28.5714	59.2132	74.6058	64.6150	3951
301155	海力风电	江苏	东部	C	国有参股公司	100.0000	53.8758	88.9350	77.7708	205
301156	美农生物	上海	东部	C	无国有股份公司	42.8571	51.1215	87.3529	70.2223	2027
301157	华塑科技	浙江	东部	C	国有参股公司	100.0000	49.8382	79.6665	71.2599	1665
301158	德石股份	山东	东部	C	无国有股份公司	57.1429	55.7724	88.1579	73.7215	889
301159	三维天地	北京	东部	I	无国有股份公司	71.4286	50.0588	74.1335	65.4368	3721
301160	翔楼新材	江苏	东部	C	无国有股份公司	100.0000	45.5746	82.5165	71.3352	1628
301161	唯万密封	上海	东部	C	无国有股份公司	85.7143	38.0757	82.6949	67.3801	3087
301162	国能日新	北京	东部	I	国有参股公司	85.7143	43.5329	79.8011	67.6986	2987
301163	宏德股份	江苏	东部	C	无国有股份公司	100.0000	50.5457	92.7196	78.6868	149
301165	锐捷网络	福建	东部	C	国有强相对控股公司	85.7143	40.9192	79.8380	66.8040	3281
301166	优宁维	上海	东部	F	无国有股份公司	85.7143	52.0468	79.6052	70.5707	1894
301167	建研设计	安徽	中部	M	国有弱相对控股公司	14.2857	60.0099	86.0135	69.7394	2210
301168	通灵股份	江苏	东部	C	国有参股公司	57.1429	38.4618	81.3256	63.9050	4135

续表

股票代码	公司简称	省份	地区	行业代码	控股类型	环境保护（*EP*）	社会责任（*SR*）	公司治理（*CG*）	上市公司质量/ESG指数（*CLCQI/ESGI*）	*CLCQI/ESGI* 排名
301169	零点有数	北京	东部	L	无国有股份公司	71.4286	44.0846	76.7936	64.8090	3901
301171	易点天下	陕西	西部	I	无国有股份公司	100.0000	54.0012	86.6381	76.5514	350
301175	中科环保	北京	东部	N	国有绝对控股公司	85.7143	53.9895	86.5727	75.0827	588
301176	逸豪新材	江西	中部	C	国有参股公司	14.2857	52.3857	81.6314	64.6608	3941
301177	迪阿股份	广东	东部	F	国有参股公司	57.1429	45.8416	81.5380	66.6048	3349
301178	天亿马	广东	东部	I	无国有股份公司	57.1429	46.0262	84.0108	68.0294	2837
301179	泽宇智能	江苏	东部	I	无国有股份公司	85.7143	36.7255	87.1069	69.3342	2360
301180	万祥科技	江苏	东部	C	国有参股公司	71.4286	39.7716	83.4025	66.9343	3247
301181	标榜股份	江苏	东部	C	无国有股份公司	71.4286	42.1643	83.6790	67.9238	2884
301182	凯旺科技	河南	中部	C	国有参股公司	85.7143	48.2441	79.8433	69.3707	2334
301183	东田微	湖北	中部	C	国有参股公司	57.1429	43.8667	75.4887	62.5864	4389
301185	鸥玛软件	山东	东部	I	国有强相对控股公司	57.1429	54.4563	78.8555	68.1445	2795
301186	超达装备	江苏	东部	C	无国有股份公司	14.2857	42.9919	71.0886	55.5745	4889
301187	欧圣电气	江苏	东部	C	国有参股公司	57.1429	50.5147	90.5908	73.2194	1008
301188	力诺特玻	山东	东部	C	国有参股公司	71.4286	51.7039	85.0905	72.0390	1392
301189	奥尼电子	广东	东部	C	无国有股份公司	100.0000	51.8904	76.4709	70.2206	2030
301190	善水科技	江西	中部	C	无国有股份公司	85.7143	46.7207	74.3922	65.8394	3602
301191	菲菱科思	广东	东部	C	无国有股份公司	100.0000	48.3529	74.1955	67.7310	2966
301192	泰祥股份	湖北	中部	C	国有参股公司	100.0000	48.9358	71.8875	66.6657	3325
301193	家联科技	浙江	东部	C	无国有股份公司	100.0000	60.0899	88.5910	79.7565	83
301195	北路智控	江苏	东部	I	无国有股份公司	71.4286	48.4033	86.1931	71.4902	1569
301196	唯科科技	福建	东部	C	无国有股份公司	71.4286	56.1327	85.3833	73.7502	875
301197	工大科雅	河北	东部	I	国有参股公司	28.5714	40.5086	86.3526	64.5291	3975
301198	喜悦智行	浙江	东部	C	无国有股份公司	57.1429	56.4448	80.5537	69.7745	2194
301199	迈赫股份	山东	东部	C	国有参股公司	85.7143	45.7763	80.0370	68.6135	2633
301200	大族数控	广东	东部	C	无国有股份公司	57.1429	55.4585	83.8551	71.2451	1676
301201	诚达药业	浙江	东部	C	无国有股份公司	42.8571	53.1278	83.0727	68.5705	2641
301205	联特科技	湖北	中部	C	国有参股公司	85.7143	57.0917	76.7911	70.7886	1822
301206	三元生物	山东	东部	C	无国有股份公司	28.5714	67.9177	83.5957	72.6060	1201
301207	华兰疫苗	河南	中部	C	无国有股份公司	28.5714	48.0183	80.8899	64.1530	4066
301208	中亦科技	北京	东部	I	无国有股份公司	57.1429	50.0013	78.5604	66.4230	3419

续表

股票代码	公司简称	省份	地区	行业代码	控股类型	环境保护（*EP*）	社会责任（*SR*）	公司治理（*CG*）	上市公司质量/ESG指数（*CLCQI/ESGI*）	*CLCQI/ESGI* 排名
301209	联合化学	山东	东部	C	无国有股份公司	85.7143	57.9511	79.5954	72.6318	1190
301211	亨迪药业	湖北	中部	C	无国有股份公司	85.7143	45.3514	89.4844	73.6608	904
301212	联盛化学	浙江	东部	C	无国有股份公司	100.0000	56.7273	78.4138	72.9821	1080
301213	观想科技	四川	西部	I	国有参股公司	85.7143	42.4855	74.6360	64.4911	3981
301215	中汽股份	江苏	东部	M	国有绝对控股公司	85.7143	53.7158	88.8336	76.2304	400
301216	万凯新材	浙江	东部	C	无国有股份公司	85.7143	58.4453	83.5967	75.0055	608
301217	铜冠铜箔	安徽	中部	C	国有绝对控股公司	42.8571	53.5012	86.2827	70.4666	1935
301218	华是科技	浙江	东部	I	无国有股份公司	100.0000	64.2128	82.0502	77.6021	221
301219	腾远钴业	江西	中部	C	国有参股公司	57.1429	45.6184	77.5078	64.3100	4025
301220	亚香股份	江苏	东部	C	无国有股份公司	14.2857	68.0104	87.4250	73.3160	990
301221	光庭信息	湖北	中部	I	国有参股公司	14.2857	48.3461	78.4126	61.4766	4529
301222	浙江恒威	浙江	东部	C	无国有股份公司	42.8571	49.8586	88.6964	70.5192	1916
301223	中荣股份	广东	东部	C	无国有股份公司	42.8571	58.8424	79.8511	68.7987	2549
301226	祥明智能	江苏	东部	C	无国有股份公司	85.7143	65.1301	82.1904	76.5717	348
301227	森鹰窗业	黑龙江	东北	C	无国有股份公司	14.2857	56.9804	90.4900	71.1412	1710
301228	实朴检测	上海	东部	M	国有参股公司	85.7143	38.5751	76.7365	64.2778	4031
301229	纽泰格	江苏	东部	C	无国有股份公司	85.7143	41.4110	84.4494	69.5125	2288
301230	泓博医药	上海	东部	M	无国有股份公司	100.0000	42.8805	88.5536	73.7127	891
301231	荣信文化	陕西	西部	R	无国有股份公司	100.0000	42.4311	81.3821	69.6110	2257
301233	盛帮股份	四川	西部	C	无国有股份公司	57.1429	52.3962	72.3586	63.8502	4145
301234	五洲医疗	安徽	中部	C	国有参股公司	100.0000	52.4602	86.7102	76.0517	426
301235	华康医疗	湖北	中部	M	国有参股公司	57.1429	43.3576	86.9357	68.7041	2594
301236	软通动力	北京	东部	I	无国有股份公司	42.8571	55.0423	75.7532	65.2148	3790
301237	和顺科技	浙江	东部	C	无国有股份公司	100.0000	54.7691	87.2273	77.1442	268
301238	瑞泰新材	江苏	东部	C	国有绝对控股公司	28.5714	58.1382	90.5666	73.0171	1069
301239	普瑞眼科	四川	西部	Q	国有参股公司	100.0000	39.0000	81.9693	68.7331	2580
301246	宏源药业	湖北	中部	C	无国有股份公司	28.5714	48.6691	86.5367	67.4865	3058
301248	杰创智能	广东	东部	I	无国有股份公司	85.7143	56.1384	84.5076	74.6991	662
301255	通力科技	浙江	东部	C	无国有股份公司	57.1429	53.3863	84.3442	70.7888	1821
301256	华融化学	四川	西部	C	国有参股公司	71.4286	55.6081	83.5269	72.5455	1225
301257	普蕊斯	上海	东部	M	无国有股份公司	85.7143	60.8006	83.8189	75.9520	445

续表

股票代码	公司简称	省份	地区	行业代码	控股类型	环境保护（*EP*）	社会责任（*SR*）	公司治理（*CG*）	上市公司质量/ESG指数（*CLCQI/ESGI*）	*CLCQI/ESGI* 排名
301258	富士莱	江苏	东部	C	无国有股份公司	71.4286	56.5428	80.6490	71.2898	1653
301259	艾布鲁	湖南	中部	N	无国有股份公司	85.7143	60.1682	84.4318	76.0678	423
301260	格力博	江苏	东部	C	无国有股份公司	57.1429	53.6021	94.1025	76.2314	399
301263	泰恩康	广东	东部	F	无国有股份公司	100.0000	47.5162	78.3072	69.6996	2230
301265	华新环保	北京	东部	C	无国有股份公司	14.2857	50.1481	85.2984	65.8945	3588
301266	宇邦新材	江苏	东部	C	无国有股份公司	57.1429	49.4896	81.9388	68.1020	2810
301267	华厦眼科	福建	东部	Q	无国有股份公司	14.2857	44.3634	86.3328	64.4388	3990
301268	铭利达	广东	东部	C	无国有股份公司	100.0000	35.8347	78.0220	65.4542	3712
301269	华大九天	北京	东部	I	国有强相对控股公司	57.1429	61.2288	91.4752	77.4557	228
301270	汉仪股份	北京	东部	I	国有参股公司	71.4286	43.8703	75.3413	63.9352	4126
301273	瑞晨环保	上海	东部	C	无国有股份公司	85.7143	57.0137	84.3657	74.9273	619
301276	嘉曼服饰	北京	东部	C	无国有股份公司	100.0000	39.2049	80.1803	67.8209	2926
301277	新天地	河南	中部	C	国有参股公司	71.4286	54.6752	83.0636	71.9641	1418
301278	快可电子	江苏	东部	C	无国有股份公司	85.7143	55.6365	88.6711	76.8133	313
301279	金道科技	浙江	东部	C	无国有股份公司	71.4286	36.2535	78.2899	62.8910	4340
301280	珠城科技	浙江	东部	C	无国有股份公司	14.2857	46.3796	85.2257	64.5355	3974
301282	金禄电子	广东	东部	C	无国有股份公司	42.8571	51.1959	81.6644	67.1197	3179
301283	聚胶股份	广东	东部	C	无国有股份公司	28.5714	54.3280	78.8917	65.2624	3775
301285	鸿日达	江苏	东部	C	无国有股份公司	42.8571	44.4620	81.7623	64.8167	3899
301286	侨源股份	四川	西部	C	无国有股份公司	57.1429	54.8029	78.0339	67.8139	2932
301288	清研环境	广东	东部	C	无国有股份公司	85.7143	60.3687	78.5383	72.8965	1111
301289	国缆检测	上海	东部	M	国有绝对控股公司	71.4286	53.2391	72.1239	65.4447	3716
301290	东星医疗	江苏	东部	C	无国有股份公司	85.7143	44.2066	77.4620	66.6478	3328
301296	新巨丰	山东	东部	C	无国有股份公司	57.1429	48.9954	88.7866	71.6953	1503
301297	富乐德	安徽	中部	M	无国有股份公司	100.0000	60.6465	76.2224	73.1486	1031
301298	东利机械	河北	东部	C	无国有股份公司	14.2857	48.1106	82.9722	63.9020	4139
301299	卓创资讯	山东	东部	I	无国有股份公司	28.5714	42.4157	82.7422	63.2108	4273
301300	远翔新材	福建	东部	C	国有参股公司	57.1429	51.3366	85.5117	70.7135	1851
301301	川宁生物	新疆	西部	C	无国有股份公司	57.1429	61.4287	85.9531	74.4885	702
301302	华如科技	北京	东部	I	无国有股份公司	14.2857	42.1539	78.9587	59.6097	4723
301303	真兰仪表	上海	东部	C	无国有股份公司	42.8571	48.8265	86.7019	69.0610	2463

续表

股票代码	公司简称	省份	地区	行业代码	控股类型	环境保护（*EP*）	社会责任（*SR*）	公司治理（*CG*）	上市公司质量/ESG指数（*CLCQI/ESGI*）	*CLCQI/ESGI* 排名
301306	西测测试	陕西	西部	M	无国有股份公司	100.0000	54.1850	79.0416	72.4376	1264
301308	江波龙	广东	东部	C	国有参股公司	100.0000	50.8357	80.4110	72.0186	1397
301309	万得凯	浙江	东部	C	无国有股份公司	100.0000	48.9986	78.6387	70.4008	1963
301311	昆船智能	云南	西部	C	国有绝对控股公司	28.5714	41.6560	81.5997	62.3166	4433
301312	智立方	广东	东部	C	无国有股份公司	85.7143	54.3293	81.2959	72.2994	1300
301313	凡拓数创	广东	东部	I	无国有股份公司	14.2857	41.4330	74.4426	56.8736	4856
301314	科瑞思	广东	东部	C	无国有股份公司	100.0000	49.6266	80.5851	71.6911	1505
301316	慧博云通	浙江	东部	I	无国有股份公司	85.7143	51.1249	80.6426	70.8186	1814
301317	鑫磊股份	浙江	东部	C	无国有股份公司	57.1429	45.1797	89.1336	70.5507	1901
301318	维海德	广东	东部	C	无国有股份公司	100.0000	57.6075	80.5428	74.4612	710
301319	唯特偶	广东	东部	C	无国有股份公司	28.5714	59.7386	82.2265	68.9902	2485
301321	翰博高新	安徽	中部	C	无国有股份公司	28.5714	47.0201	78.4209	62.4457	4411
301322	绿通科技	广东	东部	C	无国有股份公司	100.0000	47.6340	89.0128	75.6289	499
301326	捷邦科技	广东	东部	C	国有参股公司	100.0000	46.7750	95.4739	78.8819	139
301327	华宝新能	广东	东部	C	无国有股份公司	14.2857	53.7419	80.1923	64.3440	4014
301328	维峰电子	广东	东部	C	无国有股份公司	28.5714	49.7533	73.5787	60.7391	4625
301330	熵基科技	广东	东部	C	无国有股份公司	100.0000	55.4469	83.4578	75.3082	550
301331	恩威医药	西藏	西部	C	无国有股份公司	28.5714	40.0755	79.0066	60.3372	4668
301333	诺思格	北京	东部	M	无国有股份公司	42.8571	32.6937	84.9722	62.4632	4408
301335	天元宠物	浙江	东部	C	无国有股份公司	28.5714	47.3366	78.9376	62.8406	4351
301336	趣睡科技	四川	西部	C	国有参股公司	57.1429	44.8880	77.3557	63.9708	4115
301338	凯格精机	广东	东部	C	无国有股份公司	28.5714	53.0775	71.6957	60.8669	4610
301339	通行宝	江苏	东部	I	国有绝对控股公司	85.7143	41.7575	81.1093	67.7966	2936
301345	涛涛车业	浙江	东部	C	无国有股份公司	42.8571	45.8443	81.9674	65.4133	3728
301349	信德新材	辽宁	东北	C	无国有股份公司	28.5714	52.1854	82.9917	66.7674	3291
301356	天振股份	浙江	东部	C	无国有股份公司	85.7143	57.1333	83.4799	74.4820	704
301358	湖南裕能	湖南	中部	C	国有弱相对控股公司	28.5714	54.0157	79.0527	65.2416	3781
301359	东南电子	浙江	东部	C	无国有股份公司	100.0000	57.8347	77.5470	72.8930	1113
301361	众智科技	河南	中部	C	国有参股公司	85.7143	51.5135	83.4262	72.4855	1243
301363	美好医疗	广东	东部	C	无国有股份公司	100.0000	54.6864	91.3833	79.4010	98
301365	矩阵股份	广东	东部	M	无国有股份公司	42.8571	49.7154	82.4436	67.0301	3211

续表

股票代码	公司简称	省份	地区	行业代码	控股类型	环境保护（*EP*）	社会责任（*SR*）	公司治理（*CG*）	上市公司质量/ESG指数（*CLCQI/ESGI*）	*CLCQI/ESGI* 排名
301366	一博科技	广东	东部	C	无国有股份公司	57.1429	64.9339	80.2322	72.5689	1216
301367	怡和嘉业	北京	东部	C	无国有股份公司	28.5714	52.6575	87.4199	69.3682	2338
301368	丰立智能	浙江	东部	C	无国有股份公司	71.4286	67.1587	76.4634	72.7033	1171
301369	联动科技	广东	东部	C	无国有股份公司	14.2857	52.6409	71.1600	58.9909	4767
301373	凌玮科技	广东	东部	C	无国有股份公司	85.7143	48.6726	84.6306	72.1537	1355
301377	鼎泰高科	广东	东部	C	无国有股份公司	42.8571	41.4508	81.8075	63.7876	4161
301378	通达海	江苏	东部	I	无国有股份公司	85.7143	41.7445	80.1248	67.2506	3142
301379	天山电子	广西	西部	C	无国有股份公司	28.5714	60.3860	82.3111	69.2633	2387
301380	挖金客	北京	东部	I	无国有股份公司	28.5714	43.1100	78.2897	61.0050	4593
301386	未来电器	江苏	东部	C	国有参股公司	28.5714	43.8857	82.3185	63.4923	4217
301388	欣灵电气	浙江	东部	C	无国有股份公司	100.0000	53.2581	83.7252	74.6892	664
301389	隆扬电子	江苏	东部	C	国有参股公司	14.2857	48.4598	82.0929	63.5406	4207
301391	卡莱特	广东	东部	C	无国有股份公司	57.1429	53.2525	80.8328	68.8107	2542
301396	宏景科技	广东	东部	I	无国有股份公司	42.8571	40.6456	83.0754	64.2031	4051
301398	星源卓镁	浙江	东部	C	无国有股份公司	57.1429	53.5655	78.5660	67.6735	2999
301408	华人健康	安徽	中部	F	国有参股公司	42.8571	37.9484	77.7501	60.3302	4671
301419	阿莱德	上海	东部	C	无国有股份公司	28.5714	50.6175	80.2877	64.7315	3927
301439	泓淋电力	山东	东部	C	国有参股公司	100.0000	52.2481	90.9636	78.3168	172
430047	诺思兰德	北京	东部	C	无国有股份公司	85.7143	66.5374	75.9682	73.6420	912
430090	同辉信息	北京	东部	I	无国有股份公司	100.0000	42.3024	63.2334	59.5842	4725
430139	华岭股份	上海	东部	C	国有弱相对控股公司	100.0000	50.8533	84.9712	74.5328	693
430198	微创光电	湖北	中部	C	国有弱相对控股公司	100.0000	50.3263	73.9880	68.3076	2743
430300	辰光医疗	上海	东部	C	无国有股份公司	85.7143	59.9402	79.9835	73.5414	934
430418	苏轴股份	江苏	东部	C	国有弱相对控股公司	100.0000	62.2358	67.2028	68.7441	2576
430425	乐创技术	四川	西部	I	无国有股份公司	42.8571	48.8167	68.2121	58.8882	4775
430476	海能技术	山东	东部	C	国有参股公司	85.7143	46.0457	80.0054	68.6904	2601
430478	峆一药业	安徽	中部	C	国有参股公司	57.1429	52.9215	67.2602	61.2299	4563
430489	佳先股份	安徽	中部	C	国有强相对控股公司	14.2857	54.0954	80.2109	64.4780	3983
430510	丰光精密	山东	东部	C	无国有股份公司	85.7143	58.2352	67.1308	65.8757	3592
430556	雅达股份	广东	东部	C	无国有股份公司	100.0000	52.7238	79.7270	72.3032	1299
430564	天润科技	陕西	西部	I	无国有股份公司	100.0000	56.4430	73.6266	70.2497	2015

续表

股票代码	公司简称	省份	地区	行业代码	控股类型	环境保护（*EP*）	社会责任（*SR*）	公司治理（*CG*）	上市公司质量/ESG指数（*CLCQI/ESGI*）	*CLCQI/ESGI* 排名
430685	新芝生物	浙江	东部	C	国有参股公司	85.7143	62.7412	69.4131	68.7081	2592
430718	合肥高科	安徽	中部	C	无国有股份公司	100.0000	46.5886	72.9525	66.4299	3415
600004	白云机场	广东	东部	G	国有绝对控股公司	14.2857	36.0718	85.8633	61.2785	4553
600006	东风汽车	湖北	中部	C	国有绝对控股公司	57.1429	51.7943	88.1560	72.3281	1296
600007	中国国贸	北京	东部	K	无国有股份公司	71.4286	35.6257	79.8283	63.5174	4212
600008	首创环保	北京	东部	D	国有强相对控股公司	28.5714	52.0787	80.4749	65.3459	3748
600009	上海机场	上海	东部	G	国有绝对控股公司	85.7143	48.9801	75.9875	67.5076	3052
600010	包钢股份	内蒙古	西部	C	国有绝对控股公司	28.5714	52.1105	90.2809	70.7503	1834
600011	华能国际	北京	东部	D	国有绝对控股公司	71.4286	41.9765	84.9694	68.5678	2643
600012	皖通高速	安徽	中部	G	国有绝对控股公司	71.4286	57.2062	78.7876	70.4982	1924
600017	日照港	山东	东部	G	国有绝对控股公司	28.5714	49.8543	86.7578	68.0230	2838
600018	上港集团	上海	东部	G	国有绝对控股公司	85.7143	42.6322	83.7177	69.5374	2277
600019	宝钢股份	上海	东部	C	国有绝对控股公司	100.0000	67.1977	92.8712	84.5984	4
600020	中原高速	河南	中部	G	国有绝对控股公司	28.5714	48.4919	85.1944	66.6863	3318
600021	上海电力	上海	东部	D	国有绝对控股公司	14.2857	48.1843	77.2172	60.7625	4622
600022	山东钢铁	山东	东部	C	国有绝对控股公司	28.5714	43.1528	74.5718	58.9751	4769
600023	浙能电力	浙江	东部	D	国有绝对控股公司	28.5714	52.9619	75.8998	63.1387	4287
600025	华能水电	云南	西部	D	国有绝对控股公司	42.8571	62.9864	93.4694	77.7391	207
600026	中远海能	上海	东部	G	国有强相对控股公司	57.1429	51.0659	90.2365	73.2174	1009
600027	华电国际	山东	东部	D	国有绝对控股公司	100.0000	48.2059	81.8877	71.9103	1434
600028	中国石化	北京	东部	B	国有绝对控股公司	28.5714	80.6218	84.1971	77.3832	238
600029	南方航空	广东	东部	G	国有绝对控股公司	100.0000	51.4952	89.7018	77.3593	244
600031	三一重工	北京	东部	C	国有参股公司	85.7143	60.9700	85.0694	76.6991	331
600032	浙江新能	浙江	东部	D	国有绝对控股公司	57.1429	47.5718	83.9482	68.5359	2659
600033	福建高速	福建	东部	G	国有绝对控股公司	71.4286	42.8914	91.4285	72.4406	1263
600035	楚天高速	湖北	中部	G	国有绝对控股公司	42.8571	51.9199	88.6897	71.2370	1678
600037	歌华有线	北京	东部	I	国有强相对控股公司	57.1429	39.9244	82.5746	65.1039	3818
600038	中直股份	黑龙江	东北	C	国有绝对控股公司	0.0000	51.3402	82.9100	63.5696	4201
600039	四川路桥	四川	西部	E	国有绝对控股公司	71.4286	51.4772	88.1907	73.6648	903
600048	保利发展	广东	东部	K	国有强相对控股公司	42.8571	47.1239	88.8602	69.6522	2245
600050	中国联通	北京	东部	I	国有强相对控股公司	100.0000	46.7417	78.6346	69.6086	2259

续表

股票代码	公司简称	省份	地区	行业代码	控股类型	环境保护（*EP*）	社会责任（*SR*）	公司治理（*CG*）	上市公司质量/ESG指数（*CLCQI/ESGI*）	*CLCQI/ESGI* 排名
600051	宁波联合	浙江	东部	F	国有参股公司	100.0000	41.8792	78.1617	67.6467	3010
600052	东望时代	浙江	东部	R	国有弱相对控股公司	71.4286	43.8996	81.7955	67.4952	3057
600054	黄山旅游	安徽	中部	N	国有强相对控股公司	57.1429	37.6295	80.0418	62.9076	4335
600055	万东医疗	北京	东部	C	无国有股份公司	57.1429	58.7779	72.7695	66.3098	3455
600056	中国医药	北京	东部	F	国有绝对控股公司	57.1429	41.6923	84.0898	66.5560	3365
600057	厦门象屿	福建	东部	L	国有绝对控股公司	14.2857	42.5806	76.5716	58.4462	4803
600058	五矿发展	北京	东部	F	国有绝对控股公司	57.1429	45.3707	83.7993	67.6836	2996
600059	古越龙山	浙江	东部	C	国有强相对控股公司	100.0000	47.7912	76.2375	68.6576	2613
600060	海信视像	山东	东部	C	国有参股公司	100.0000	47.4657	80.8349	71.0722	1734
600062	华润双鹤	北京	东部	C	国有绝对控股公司	57.1429	37.6952	83.4464	64.8031	3902
600063	皖维高新	安徽	中部	C	国有强相对控股公司	57.1429	43.8290	76.3273	63.0344	4308
600064	南京高科	江苏	东部	K	国有强相对控股公司	28.5714	45.1940	73.4431	59.0688	4756
600066	宇通客车	河南	中部	C	国有参股公司	57.1429	51.4032	75.7886	65.3891	3734
600067	冠城大通	福建	东部	K	无国有股份公司	100.0000	54.0314	71.3802	68.1701	2786
600070	*ST富润	浙江	东部	I	无国有股份公司	71.4286	32.6414	68.2665	56.1139	4880
600071	凤凰光学	江西	中部	C	国有强相对控股公司	100.0000	53.3106	84.9069	75.3575	540
600072	中船科技	上海	东部	E	国有强相对控股公司	85.7143	51.2717	76.2402	68.4486	2691
600073	光明肉业	上海	东部	C	国有强相对控股公司	14.2857	50.2555	80.7712	63.4422	4228
600075	新疆天业	新疆	西部	C	国有绝对控股公司	57.1429	56.9631	83.3049	71.4691	1580
600076	康欣新材	山东	东部	C	国有强相对控股公司	71.4286	50.0888	80.6226	69.0164	2476
600078	澄星股份	江苏	东部	C	国有参股公司	14.2857	38.8101	74.5472	56.0131	4882
600079	人福医药	湖北	中部	C	国有参股公司	28.5714	50.8404	81.6961	65.5842	3678
600080	金花股份	陕西	西部	C	无国有股份公司	14.2857	37.3625	84.6904	61.0851	4580
600081	东风科技	上海	东部	C	国有绝对控股公司	14.2857	50.7588	82.9913	64.8394	3896
600082	海泰发展	天津	东部	F	国有弱相对控股公司	85.7143	35.2694	87.2489	68.9026	2509
600083	*ST博信	江苏	东部	F	国有弱相对控股公司	71.4286	36.4865	65.8653	56.1391	4878
600084	中信尼雅	新疆	西部	C	国有强相对控股公司	42.8571	50.7063	89.1223	71.0502	1741
600085	同仁堂	北京	东部	C	国有绝对控股公司	14.2857	51.4806	77.2982	61.9608	4478
600088	中视传媒	上海	东部	R	国有绝对控股公司	85.7143	47.8752	78.3126	68.3997	2710
600089	特变电工	新疆	西部	C	无国有股份公司	28.5714	46.1398	83.2394	64.7877	3906
600094	大名城	上海	东部	K	无国有股份公司	14.2857	43.0363	83.9680	62.6737	4372

续表

股票代码	公司简称	省份	地区	行业代码	控股类型	环境保护（*EP*）	社会责任（*SR*）	公司治理（*CG*）	上市公司质量/ESG指数（*CLCQI/ESGI*）	*CLCQI/ESGI* 排名
600096	云天化	云南	西部	C	国有强相对控股公司	28.5714	58.0241	84.4874	69.6337	2252
600097	开创国际	上海	东部	A	国有强相对控股公司	85.7143	38.9970	86.1068	69.5791	2266
600098	广州发展	广东	东部	D	国有绝对控股公司	71.4286	54.2634	87.5397	74.2819	746
600099	林海股份	江苏	东部	C	国有强相对控股公司	14.2857	62.0269	82.7338	68.6416	2621
600100	同方股份	北京	东部	C	国有强相对控股公司	71.4286	47.6313	79.4978	67.5376	3043
600101	明星电力	四川	西部	D	国有强相对控股公司	100.0000	48.5532	86.4973	74.5672	687
600103	青山纸业	福建	东部	C	国有弱相对控股公司	100.0000	58.7846	85.3591	77.5221	224
600104	上汽集团	上海	东部	C	国有绝对控股公司	100.0000	71.9451	85.7945	82.3677	16
600105	永鼎股份	江苏	东部	C	无国有股份公司	14.2857	38.9121	76.1526	56.9317	4852
600106	重庆路桥	重庆	西部	G	国有弱相对控股公司	14.2857	37.9030	81.5399	59.5416	4728
600107	美尔雅	湖北	中部	C	国有参股公司	28.5714	37.5347	77.9132	58.8466	4779
600108	亚盛集团	甘肃	西部	A	国有弱相对控股公司	57.1429	39.2335	88.2616	67.9899	2850
600110	诺德股份	吉林	东北	C	无国有股份公司	42.8571	39.9579	82.4529	63.6201	4187
600111	北方稀土	内蒙古	西部	C	国有强相对控股公司	100.0000	63.0575	95.7602	84.7382	3
600112	*ST天成	贵州	西部	C	国有弱相对控股公司	100.0000	28.7868	63.5465	55.0260	4900
600113	浙江东日	浙江	东部	L	国有强相对控股公司	85.7143	41.8643	82.1545	68.4089	2704
600114	东睦股份	浙江	东部	C	无国有股份公司	85.7143	47.6482	87.0185	73.1085	1040
600115	中国东航	上海	东部	G	国有强相对控股公司	57.1429	51.0100	82.4280	68.9032	2508
600116	三峡水利	重庆	西部	D	国有绝对控股公司	28.5714	39.8845	87.6801	65.0407	3832
600117	ST西钢	青海	西部	C	国有参股公司	100.0000	45.6818	76.1535	67.8731	2906
600118	中国卫星	北京	东部	C	国有弱相对控股公司	14.2857	50.0216	82.7177	64.4309	3992
600119	长江投资	上海	东部	G	国有强相对控股公司	85.7143	41.0440	67.8607	60.2602	4677
600121	郑州煤电	河南	中部	B	国有弱相对控股公司	85.7143	45.6856	81.3677	69.3136	2367
600123	兰花科创	山西	中部	B	国有强相对控股公司	100.0000	48.2763	81.2045	71.5592	1543
600125	铁龙物流	辽宁	东北	G	国有强相对控股公司	57.1429	44.1121	72.0492	60.7806	4620
600126	杭钢股份	浙江	东部	C	国有绝对控股公司	42.8571	49.3502	80.7076	65.9475	3569
600127	金健米业	湖南	中部	C	国有弱相对控股公司	100.0000	48.6805	74.4871	68.0060	2842
600128	苏豪弘业	江苏	东部	F	国有弱相对控股公司	100.0000	44.5262	65.2066	61.4478	4530
600129	太极集团	重庆	西部	C	国有强相对控股公司	100.0000	49.7384	77.5830	70.0791	2076
600130	波导股份	浙江	东部	C	国有参股公司	100.0000	40.5426	80.5348	68.4840	2676
600131	国网信通	四川	西部	I	国有绝对控股公司	85.7143	58.6153	86.2267	76.5114	353

续表

股票代码	公司简称	省份	地区	行业代码	控股类型	环境保护（*EP*）	社会责任（*SR*）	公司治理（*CG*）	上市公司质量/ESG指数（*CLCQI/ESGI*）	*CLCQI/ESGI* 排名
600132	重庆啤酒	重庆	西部	C	无国有股份公司	14.2857	49.2748	94.6972	70.7582	1832
600133	东湖高新	湖北	中部	E	国有弱相对控股公司	57.1429	52.8007	79.9409	68.1620	2788
600135	乐凯胶片	河北	东部	C	国有强相对控股公司	100.0000	57.0910	77.2577	72.4736	1250
600136	ST明诚	湖北	中部	R	国有弱相对控股公司	57.1429	45.2260	72.8507	61.6113	4510
600137	浪莎股份	四川	西部	C	国有参股公司	57.1429	36.3883	80.4068	62.6739	4371
600138	中青旅	北京	东部	L	国有弱相对控股公司	28.5714	41.5897	82.2604	62.6567	4375
600141	兴发集团	湖北	中部	C	国有弱相对控股公司	100.0000	39.7770	82.1651	69.1128	2440
600143	金发科技	广东	东部	C	无国有股份公司	57.1429	50.1994	83.9665	69.4657	2305
600148	长春一东	吉林	东北	C	国有绝对控股公司	85.7143	45.8682	77.3587	67.1726	3163
600149	廊坊发展	河北	东部	D	国有弱相对控股公司	42.8571	42.2467	78.8700	62.4505	4410
600150	中国船舶	上海	东部	C	国有绝对控股公司	85.7143	47.4037	86.7320	72.8654	1117
600151	航天机电	上海	东部	C	国有强相对控股公司	85.7143	41.3992	91.2188	73.2315	1006
600152	维科技术	浙江	东部	C	国有参股公司	71.4286	41.9969	82.8707	67.4207	3079
600153	建发股份	福建	东部	F	国有强相对控股公司	42.8571	55.6134	74.7140	64.8431	3894
600156	华升股份	湖南	中部	C	国有强相对控股公司	85.7143	48.4570	89.0691	74.5194	695
600157	永泰能源	山西	中部	D	国有参股公司	71.4286	43.0534	78.4107	65.3374	3750
600158	中体产业	天津	东部	R	国有弱相对控股公司	14.2857	42.8636	77.6741	59.1516	4752
600159	大龙地产	北京	东部	K	国有强相对控股公司	42.8571	49.8009	78.1966	64.7241	3930
600160	巨化股份	浙江	东部	C	国有绝对控股公司	14.2857	52.7360	87.2462	67.8716	2907
600161	天坛生物	北京	东部	C	国有绝对控股公司	57.1429	42.9834	86.0084	68.0631	2822
600162	香江控股	广东	东部	K	无国有股份公司	28.5714	37.4312	81.7678	60.9304	4603
600163	中闽能源	福建	东部	D	国有绝对控股公司	100.0000	50.4004	82.5396	73.0369	1061
600165	*ST宁科	宁夏	西部	C	无国有股份公司	57.1429	48.4268	66.1415	59.0415	4760
600166	福田汽车	北京	东部	C	国有强相对控股公司	85.7143	35.1912	75.3127	62.3103	4434
600167	联美控股	辽宁	东北	D	无国有股份公司	85.7143	46.0063	77.9321	67.5363	3044
600168	武汉控股	湖北	中部	D	国有绝对控股公司	42.8571	42.8964	78.5138	62.4820	4402
600169	太原重工	山西	中部	C	国有强相对控股公司	71.4286	47.7536	79.5543	67.6115	3019
600170	上海建工	上海	东部	E	国有强相对控股公司	85.7143	55.8803	78.4222	71.2618	1664
600171	上海贝岭	上海	东部	C	国有弱相对控股公司	14.2857	57.3922	89.3059	70.6341	1879
600172	黄河旋风	河南	中部	C	国有参股公司	85.7143	42.5692	73.9752	64.1570	4063
600173	卧龙地产	浙江	东部	K	无国有股份公司	28.5714	35.9210	73.7301	55.9811	4883

续表

股票代码	公司简称	省份	地区	行业代码	控股类型	环境保护（*EP*）	社会责任（*SR*）	公司治理（*CG*）	上市公司质量/ESG指数（*CLCQI/ESGI*）	*CLCQI/ESGI*排名
600176	中国巨石	浙江	东部	C	国有弱相对控股公司	57.1429	51.7604	86.6124	71.4673	1582
600177	雅戈尔	浙江	东部	C	无国有股份公司	100.0000	47.2400	81.9536	71.6085	1530
600178	东安动力	黑龙江	东北	C	国有强相对控股公司	71.4286	60.9652	75.1169	69.7950	2184
600179	安通控股	黑龙江	东北	G	国有弱相对控股公司	57.1429	41.0986	81.6228	64.9914	3845
600180	瑞茂通	山东	东部	F	无国有股份公司	85.7143	43.0236	90.9381	73.6457	911
600182	S佳通	黑龙江	东北	C	国有参股公司	28.5714	49.0871	80.0218	64.0496	4098
600183	生益科技	广东	东部	C	国有强相对控股公司	71.4286	55.4130	87.0832	74.4332	716
600184	光电股份	湖北	中部	C	国有绝对控股公司	100.0000	51.5687	88.9147	76.9521	291
600185	格力地产	广东	东部	K	国有强相对控股公司	57.1429	46.3115	79.9145	65.8763	3591
600186	莲花控股	河南	中部	C	国有参股公司	100.0000	49.3525	83.9788	73.4617	953
600187	国中水务	黑龙江	东北	D	无国有股份公司	85.7143	42.4382	74.3509	64.3178	4023
600188	兖矿能源	山东	东部	B	国有强相对控股公司	100.0000	67.9047	92.8459	84.8319	2
600189	泉阳泉	吉林	东北	C	国有强相对控股公司	100.0000	48.8513	79.7620	70.9671	1770
600190	ST锦港	辽宁	东北	G	国有强相对控股公司	57.1429	37.9121	84.4683	65.4411	3719
600191	华资实业	内蒙古	西部	C	无国有股份公司	85.7143	39.3045	79.3774	65.9856	3559
600192	长城电工	甘肃	西部	C	国有强相对控股公司	71.4286	40.5067	84.5714	67.8345	2921
600193	创兴资源	上海	东部	E	无国有股份公司	71.4286	42.0878	79.7035	65.7105	3639
600195	中牧股份	北京	东部	C	国有绝对控股公司	71.4286	57.7347	79.7483	71.2115	1686
600196	复星医药	上海	东部	C	无国有股份公司	71.4286	61.7778	84.5241	75.2534	558
600197	伊力特	新疆	西部	C	国有强相对控股公司	85.7143	44.4611	90.1950	73.7400	883
600198	大唐电信	北京	东部	C	国有绝对控股公司	85.7143	44.5306	81.9521	69.2308	2401
600199	金种子酒	安徽	中部	C	国有弱相对控股公司	85.7143	51.4601	81.2873	71.2905	1652
600200	江苏吴中	江苏	东部	C	无国有股份公司	14.2857	44.9669	86.8669	64.9438	3862
600201	生物股份	内蒙古	西部	C	无国有股份公司	100.0000	45.7832	82.3049	71.2918	1651
600202	哈空调	黑龙江	东北	C	国有强相对控股公司	85.7143	45.4702	78.1744	67.4819	3060
600203	福日电子	福建	东部	C	国有弱相对控股公司	14.2857	44.8833	81.2761	61.8395	4487
600206	有研新材	北京	东部	C	国有强相对控股公司	85.7143	49.1947	84.2670	72.1364	1362
600207	安彩高科	河南	中部	D	国有强相对控股公司	28.5714	43.6965	82.8491	63.7179	4172
600208	新湖中宝	浙江	东部	K	无国有股份公司	71.4286	39.6319	75.3775	62.4716	4405
600210	紫江企业	上海	东部	C	无国有股份公司	100.0000	50.2371	83.1042	73.2903	994
600211	西藏药业	西藏	西部	C	国有参股公司	71.4286	41.5996	79.3005	65.3180	3758

续表

股票代码	公司简称	省份	地区	行业代码	控股类型	环境保护（*EP*）	社会责任（*SR*）	公司治理（*CG*）	上市公司质量/ESG指数（*CLCQI/ESGI*）	*CLCQI/ESGI*排名
600212	绿能慧充	山东	东部	S	无国有股份公司	85.7143	44.1336	83.8846	70.1547	2049
600213	*ST亚星	江苏	东部	C	国有绝对控股公司	85.7143	46.2543	71.9660	64.3417	4016
600215	派斯林	吉林	东北	K	国有参股公司	14.2857	46.6008	77.1360	60.1637	4681
600216	浙江医药	浙江	东部	C	国有参股公司	57.1429	51.5656	85.1290	70.5832	1890
600217	中再资环	陕西	西部	C	国有强相对控股公司	71.4286	38.7768	84.1134	66.9771	3227
600218	全柴动力	安徽	中部	C	国有强相对控股公司	14.2857	49.5132	83.3450	64.5979	3959
600219	南山铝业	山东	东部	C	国有参股公司	42.8571	59.9173	91.1804	75.4060	531
600221	海航控股	海南	东部	G	国有参股公司	28.5714	42.6313	78.0566	60.7092	4628
600222	太龙药业	河南	中部	C	国有弱相对控股公司	42.8571	51.1607	81.1310	66.8140	3278
600223	福瑞达	山东	东部	C	国有绝对控股公司	42.8571	49.0036	81.1415	66.0648	3539
600225	卓朗科技	天津	东部	K	国有强相对控股公司	28.5714	46.9067	76.1567	61.1607	4571
600226	亨通股份	浙江	东部	I	无国有股份公司	14.2857	44.2623	84.3007	63.2858	4256
600227	赤天化	贵州	西部	C	国有参股公司	42.8571	42.4192	92.0047	69.7350	2211
600228	返利科技	江西	中部	I	无国有股份公司	100.0000	42.5051	69.1114	62.8880	4341
600229	城市传媒	山东	东部	R	国有绝对控股公司	100.0000	38.6392	80.6781	67.8967	2893
600230	沧州大化	河北	东部	C	国有强相对控股公司	85.7143	43.7441	82.9848	69.5235	2283
600231	凌钢股份	辽宁	东北	C	国有强相对控股公司	57.1429	57.6246	81.8462	70.8983	1796
600232	金鹰股份	浙江	东部	C	无国有股份公司	85.7143	41.1485	76.7969	65.2117	3792
600233	圆通速递	辽宁	东北	G	无国有股份公司	85.7143	39.3881	79.8300	66.2637	3488
600234	*ST科新	山西	中部	C	无国有股份公司	71.4286	40.0719	75.0245	62.4315	4415
600235	民丰特纸	浙江	东部	C	国有强相对控股公司	42.8571	51.6285	88.8605	71.2290	1679
600236	桂冠电力	广西	西部	D	国有绝对控股公司	14.2857	53.1337	90.7164	69.9194	2146
600237	铜峰电子	安徽	中部	C	国有弱相对控股公司	100.0000	46.1087	82.4213	71.4697	1579
600238	海南椰岛	海南	东部	C	国有弱相对控股公司	71.4286	42.2738	79.3777	65.5964	3671
600239	云南城投	云南	西部	K	国有强相对控股公司	100.0000	39.6043	77.1092	66.2716	3482
600241	时代万恒	辽宁	东北	C	国有绝对控股公司	71.4286	35.6274	72.3978	59.4312	4732
600243	青海华鼎	青海	西部	C	国有参股公司	100.0000	45.9328	83.0801	71.7705	1470
600246	万通发展	北京	东部	K	无国有股份公司	85.7143	36.0478	68.8810	59.0727	4755
600248	陕建股份	陕西	西部	E	国有绝对控股公司	57.1429	61.2267	83.9587	73.3209	989
600249	两面针	广西	西部	C	国有强相对控股公司	42.8571	51.8098	84.3842	68.8305	2533
600250	南京商旅	江苏	东部	F	国有绝对控股公司	71.4286	46.1540	83.2668	69.0935	2451

续表

股票代码	公司简称	省份	地区	行业代码	控股类型	环境保护（*EP*）	社会责任（*SR*）	公司治理（*CG*）	上市公司质量/ESG指数（*CLCQI/ESGI*）	*CLCQI/ESGI*排名
600251	冠农股份	新疆	西部	C	国有强相对控股公司	42.8571	44.6915	85.6526	67.0367	3208
600252	中恒集团	广西	西部	C	国有弱相对控股公司	42.8571	50.7677	93.8723	73.6842	900
600255	鑫科材料	安徽	中部	C	国有弱相对控股公司	57.1429	42.5250	84.5734	67.1134	3183
600256	广汇能源	新疆	西部	B	国有参股公司	57.1429	44.2285	89.2469	70.2801	2005
600257	大湖股份	湖南	中部	A	无国有股份公司	14.2857	48.8402	79.1527	62.0566	4467
600258	首旅酒店	北京	东部	H	国有强相对控股公司	71.4286	42.3269	91.9398	72.5242	1233
600259	广晟有色	海南	东部	B	国有强相对控股公司	57.1429	53.8494	83.4966	70.4847	1931
600261	阳光照明	浙江	东部	C	国有参股公司	28.5714	51.4270	80.1300	64.9281	3867
600262	北方股份	内蒙古	西部	C	国有强相对控股公司	42.8571	47.2289	92.1229	71.4834	1570
600265	景谷林业	云南	西部	A	无国有股份公司	57.1429	48.6527	79.5976	66.5214	3376
600266	城建发展	北京	东部	K	国有强相对控股公司	85.7143	46.6938	76.8975	67.2079	3155
600267	海正药业	浙江	东部	C	国有强相对控股公司	28.5714	52.7795	73.7806	61.9093	4484
600268	国电南自	江苏	东部	C	国有绝对控股公司	100.0000	62.5843	84.0844	78.1509	178
600269	赣粤高速	江西	中部	G	国有绝对控股公司	100.0000	35.4097	85.6022	69.4746	2301
600271	航天信息	北京	东部	C	国有强相对控股公司	100.0000	54.8308	77.9205	72.0471	1387
600272	开开实业	上海	东部	F	国有强相对控股公司	85.7143	44.3183	81.7976	69.0715	2457
600273	嘉化能源	浙江	东部	C	无国有股份公司	71.4286	50.2315	86.0384	72.0450	1390
600276	恒瑞医药	江苏	东部	C	国有参股公司	85.7143	60.1506	78.0641	72.5594	1220
600277	ST亿利	内蒙古	西部	C	国有参股公司	100.0000	49.3712	69.3887	65.4437	3718
600278	东方创业	上海	东部	F	国有绝对控股公司	14.2857	48.6724	91.3897	68.7282	2583
600279	重庆港	重庆	西部	G	国有绝对控股公司	57.1429	57.6448	81.2903	70.5996	1887
600280	中央商场	江苏	东部	F	无国有股份公司	28.5714	36.9166	71.2640	54.9732	4902
600281	华阳新材	山西	中部	C	国有强相对控股公司	71.4286	35.8491	74.3178	60.5648	4645
600282	南钢股份	江苏	东部	C	国有绝对控股公司	71.4286	61.7569	80.9396	73.2746	998
600283	钱江水利	浙江	东部	D	国有绝对控股公司	100.0000	42.4609	78.4883	68.0299	2836
600284	浦东建设	上海	东部	E	国有强相对控股公司	85.7143	50.3104	84.5998	72.7100	1169
600285	羚锐制药	河南	中部	C	无国有股份公司	14.2857	64.3772	77.1936	66.4171	3421
600287	ST舜天	江苏	东部	F	国有绝对控股公司	100.0000	48.7227	71.3306	66.2848	3473
600288	大恒科技	北京	东部	C	国有参股公司	100.0000	50.4772	80.5366	71.9621	1419
600289	*ST信通	黑龙江	东北	I	无国有股份公司	42.8571	32.9115	71.8224	55.3070	4895
600292	远达环保	重庆	西部	N	国有绝对控股公司	71.4286	46.1474	83.7821	69.3746	2333

续表

股票代码	公司简称	省份	地区	行业代码	控股类型	环境保护（*EP*）	社会责任（*SR*）	公司治理（*CG*）	上市公司质量/ESG指数（*CLCQI/ESGI*）	*CLCQI/ESGI* 排名
600293	三峡新材	湖北	中部	C	国有弱相对控股公司	100.0000	42.4254	78.6415	68.1017	2812
600295	鄂尔多斯	内蒙古	西部	C	国有参股公司	100.0000	54.7513	79.1853	72.7149	1166
600297	广汇汽车	辽宁	东北	F	无国有股份公司	85.7143	42.8536	75.8659	65.2964	3766
600298	安琪酵母	湖北	中部	C	国有强相对控股公司	85.7143	52.4372	83.5922	72.9002	1108
600299	安迪苏	北京	东部	C	国有绝对控股公司	28.5714	51.3684	79.1305	64.3578	4010
600300	维维股份	江苏	东部	C	国有强相对控股公司	71.4286	49.9062	83.8819	70.7451	1835
600301	华锡有色	广西	西部	B	国有绝对控股公司	42.8571	48.1691	84.8646	67.8204	2927
600302	标准股份	陕西	西部	C	国有强相对控股公司	14.2857	40.5883	78.5183	58.8196	4781
600303	ST曙光	辽宁	东北	C	无国有股份公司	28.5714	42.0990	74.3712	58.4960	4797
600305	恒顺醋业	江苏	东部	C	国有强相对控股公司	71.4286	44.1178	78.8303	65.9407	3574
600307	酒钢宏兴	甘肃	西部	C	国有绝对控股公司	100.0000	55.2032	77.4095	71.8963	1436
600308	华泰股份	山东	东部	C	无国有股份公司	71.4286	43.7070	79.7867	66.3230	3449
600309	万华化学	山东	东部	C	国有弱相对控股公司	100.0000	53.4254	88.0898	77.1483	267
600310	广西能源	广西	西部	D	国有绝对控股公司	100.0000	50.1616	83.8182	73.6566	906
600312	平高电气	河南	中部	C	国有强相对控股公司	100.0000	41.9937	85.5320	71.7404	1480
600313	农发种业	北京	东部	A	国有强相对控股公司	85.7143	41.1967	83.3537	68.8348	2529
600315	上海家化	上海	东部	C	国有弱相对控股公司	100.0000	51.3343	87.6616	76.1809	408
600316	洪都航空	江西	中部	C	国有强相对控股公司	14.2857	58.9371	81.2538	66.7462	3298
600319	亚星化学	山东	东部	C	国有强相对控股公司	100.0000	44.5735	83.9196	71.7565	1476
600320	振华重工	上海	东部	C	国有强相对控股公司	42.8571	60.5299	93.9770	77.1585	265
600322	津投城开	天津	东部	K	国有弱相对控股公司	57.1429	36.3693	74.9072	59.6425	4721
600323	瀚蓝环境	广东	东部	N	国有强相对控股公司	28.5714	49.9445	90.2726	69.9877	2116
600325	华发股份	广东	东部	K	国有强相对控股公司	42.8571	42.9957	80.5990	63.6636	4178
600326	西藏天路	西藏	西部	C	国有弱相对控股公司	57.1429	49.5827	75.5140	64.6010	3956
600327	大东方	江苏	东部	F	无国有股份公司	14.2857	44.0802	83.4212	62.7383	4363
600328	中盐化工	内蒙古	西部	C	国有强相对控股公司	14.2857	48.2129	84.9707	65.0370	3834
600329	达仁堂	天津	东部	C	国有弱相对控股公司	71.4286	52.5220	94.5086	77.5053	225
600330	天通股份	浙江	东部	C	国有参股公司	85.7143	49.6143	86.4739	73.4971	943
600331	宏达股份	四川	西部	C	无国有股份公司	71.4286	50.7144	76.6960	67.0757	3197
600332	白云山	广东	东部	C	国有强相对控股公司	71.4286	41.0776	82.3509	66.8130	3279
600333	长春燃气	吉林	东北	D	国有绝对控股公司	42.8571	37.5040	76.2407	59.3445	4741

续表

股票代码	公司简称	省份	地区	行业代码	控股类型	环境保护（*EP*）	社会责任（*SR*）	公司治理（*CG*）	上市公司质量/ESG指数（*CLCQI/ESGI*）	*CLCQI/ESGI*排名
600335	国机汽车	天津	东部	F	国有绝对控股公司	100.0000	45.4053	73.4977	66.3156	3452
600336	澳柯玛	山东	东部	C	国有强相对控股公司	28.5714	52.4399	85.0914	68.0114	2840
600337	美克家居	江西	中部	F	国有参股公司	57.1429	61.3008	88.7448	75.9792	440
600338	西藏珠峰	西藏	西部	B	无国有股份公司	71.4286	53.9860	82.2134	71.2553	1671
600339	中油工程	新疆	西部	B	国有绝对控股公司	57.1429	64.3868	82.6714	73.7189	890
600340	华夏幸福	河北	东部	K	无国有股份公司	42.8571	37.3477	79.8839	61.2936	4549
600343	航天动力	陕西	西部	C	国有强相对控股公司	57.1429	44.2185	86.5565	68.7968	2550
600345	长江通信	湖北	中部	C	国有绝对控股公司	71.4286	50.2472	83.2570	70.5207	1915
600346	恒力石化	辽宁	东北	C	国有参股公司	100.0000	49.7108	73.6038	67.8808	2903
600348	华阳股份	山西	中部	B	国有绝对控股公司	85.7143	52.9401	93.4540	78.5001	160
600350	山东高速	山东	东部	G	国有绝对控股公司	42.8571	38.6570	83.2997	63.6305	4185
600351	亚宝药业	山西	中部	C	国有参股公司	85.7143	44.5542	89.9194	73.6211	915
600352	浙江龙盛	浙江	东部	C	无国有股份公司	85.7143	40.0992	79.5124	66.3380	3442
600353	旭光电子	四川	西部	C	国有参股公司	71.4286	51.7008	77.4927	67.8591	2912
600354	敦煌种业	甘肃	西部	A	国有弱相对控股公司	42.8571	41.2240	79.9178	62.6689	4374
600355	精伦电子	湖北	中部	C	无国有股份公司	14.2857	49.1285	77.2818	61.1285	4576
600356	恒丰纸业	黑龙江	东北	C	国有强相对控股公司	85.7143	43.4400	80.8410	68.2380	2769
600358	国旅联合	江西	中部	I	国有弱相对控股公司	42.8571	37.9754	72.4410	57.4197	4844
600359	新农开发	新疆	西部	A	国有强相对控股公司	57.1429	44.3721	83.8454	67.3595	3097
600360	ST华微	吉林	东北	C	无国有股份公司	100.0000	55.6497	67.5560	66.6332	3334
600361	创新新材	北京	东部	C	无国有股份公司	71.4286	51.8268	83.6551	71.2926	1649
600362	江西铜业	江西	中部	C	国有强相对控股公司	100.0000	47.9742	81.8283	71.7966	1462
600363	联创光电	江西	中部	C	国有参股公司	28.5714	50.0559	87.9048	68.7243	2585
600365	ST通葡	吉林	东北	C	无国有股份公司	57.1429	38.1142	67.6302	56.2509	4873
600366	宁波韵升	浙江	东部	C	国有参股公司	57.1429	42.5045	77.1248	63.0095	4314
600367	红星发展	贵州	西部	C	国有强相对控股公司	85.7143	50.0267	84.2919	72.4414	1262
600368	五洲交通	广西	西部	G	国有绝对控股公司	71.4286	49.0464	91.1772	74.4566	712
600370	三房巷	江苏	东部	C	国有参股公司	85.7143	39.8466	83.6051	68.5005	2668
600371	万向德农	黑龙江	东北	A	无国有股份公司	71.4286	40.5551	81.6657	66.2533	3492
600372	中航机载	北京	东部	C	国有绝对控股公司	85.7143	41.0961	95.3012	75.3708	538
600373	中文传媒	江西	中部	R	国有绝对控股公司	85.7143	48.6688	80.8709	70.0845	2073

续表

股票代码	公司简称	省份	地区	行业代码	控股类型	环境保护（*EP*）	社会责任（*SR*）	公司治理（*CG*）	上市公司质量/ESG指数（*CLCQI/ESGI*）	*CLCQI/ESGI* 排名
600375	*ST汉马	安徽	中部	C	无国有股份公司	71.4286	32.2591	76.4434	60.4774	4655
600376	首开股份	北京	东部	K	国有绝对控股公司	71.4286	41.0022	86.3998	69.0135	2478
600377	宁沪高速	江苏	东部	G	国有绝对控股公司	57.1429	46.7057	82.1595	67.2490	3145
600378	昊华科技	四川	西部	C	国有绝对控股公司	14.2857	55.2713	81.2946	65.4855	3705
600379	宝光股份	陕西	西部	C	国有弱相对控股公司	42.8571	43.7874	89.4933	68.8326	2532
600380	健康元	广东	东部	C	无国有股份公司	14.2857	61.8151	85.9175	70.3185	1992
600381	ST春天	青海	西部	C	国有参股公司	100.0000	39.5386	79.5774	67.6061	3024
600382	广东明珠	广东	东部	F	无国有股份公司	71.4286	41.5794	83.6228	67.6882	2994
600383	金地集团	广东	东部	K	国有参股公司	100.0000	62.6266	85.7837	79.1003	119
600386	北巴传媒	北京	东部	F	国有绝对控股公司	85.7143	42.4874	83.2548	69.2321	2399
600387	*ST海越	浙江	东部	F	国有弱相对控股公司	100.0000	35.6353	70.4681	61.2298	4564
600388	龙净环保	福建	东部	C	国有弱相对控股公司	71.4286	53.7092	80.8475	70.4072	1960
600389	江山股份	江苏	东部	C	国有弱相对控股公司	57.1429	55.8552	88.1400	73.7406	882
600391	航发科技	四川	西部	C	国有强相对控股公司	42.8571	42.4219	78.2328	62.1614	4455
600392	盛和资源	四川	西部	C	国有弱相对控股公司	42.8571	53.8653	86.3066	70.6072	1886
600395	盘江股份	贵州	西部	B	国有绝对控股公司	42.8571	59.3298	77.3589	67.5986	3027
600396	金山股份	辽宁	东北	D	国有绝对控股公司	71.4286	43.0453	77.2332	64.6870	3937
600397	安源煤业	江西	中部	B	国有强相对控股公司	71.4286	54.5624	81.4787	71.0530	1739
600398	海澜之家	江苏	东部	C	无国有股份公司	14.2857	50.1277	86.9459	66.7935	3282
600399	抚顺特钢	辽宁	东北	C	国有参股公司	71.4286	49.4665	81.6975	69.3898	2328
600400	红豆股份	江苏	东部	C	国有参股公司	28.5714	56.7012	84.8609	69.3761	2332
600403	大有能源	河南	中部	B	国有绝对控股公司	85.7143	38.1594	74.8909	63.1172	4291
600405	动力源	北京	东部	C	国有参股公司	14.2857	55.0725	80.5070	64.9828	3848
600406	国电南瑞	江苏	东部	I	国有绝对控股公司	42.8571	63.5305	87.1590	74.4588	711
600408	安泰集团	山西	中部	C	国有参股公司	42.8571	56.2017	69.6165	62.2454	4447
600409	三友化工	河北	东部	C	国有强相对控股公司	100.0000	61.2692	90.1141	81.0070	49
600410	华胜天成	北京	东部	I	无国有股份公司	28.5714	38.0858	90.5419	65.9852	3560
600415	小商品城	浙江	东部	L	国有绝对控股公司	85.7143	44.3962	71.4316	63.3975	4236
600416	湘电股份	湖南	中部	C	国有强相对控股公司	71.4286	47.4102	78.7269	67.0362	3209
600418	江淮汽车	安徽	中部	C	国有强相对控股公司	14.2857	42.9298	77.4065	59.0276	4762
600419	天润乳业	新疆	西部	C	国有强相对控股公司	14.2857	52.2403	90.4764	69.4747	2300

续表

股票代码	公司简称	省份	地区	行业代码	控股类型	环境保护（EP）	社会责任（SR）	公司治理（CG）	上市公司质量/ESG指数（CLCQI/ESGI）	CLCQI/ESGI排名
600420	国药现代	上海	东部	C	国有绝对控股公司	14.2857	49.6103	86.9404	66.6094	3345
600421	华嵘控股	湖北	中部	C	无国有股份公司	42.8571	52.4550	75.8244	64.3484	4012
600422	昆药集团	云南	西部	C	国有强相对控股公司	85.7143	51.4116	86.7163	74.2594	750
600423	柳化股份	广西	西部	C	国有强相对控股公司	0.0000	45.9023	87.8656	64.3919	4002
600425	青松建化	新疆	西部	C	国有强相对控股公司	28.5714	48.4369	82.8342	65.3688	3739
600426	华鲁恒升	山东	东部	C	国有强相对控股公司	42.8571	40.6084	78.0027	61.4002	4535
600428	中远海特	广东	东部	G	国有绝对控股公司	100.0000	52.0822	91.7812	78.7085	148
600429	三元股份	北京	东部	C	国有强相对控股公司	71.4286	54.3517	90.6045	75.9984	437
600433	冠豪高新	广东	东部	C	国有强相对控股公司	71.4286	54.7377	89.2591	75.3936	535
600435	北方导航	北京	东部	C	国有强相对控股公司	71.4286	48.1606	83.8535	70.1185	2058
600436	片仔癀	福建	东部	C	国有绝对控股公司	71.4286	62.0439	91.0040	78.9104	135
600438	通威股份	四川	西部	C	无国有股份公司	71.4286	64.3508	85.8218	76.8676	302
600439	瑞贝卡	河南	中部	C	无国有股份公司	71.4286	51.0895	78.7754	68.3507	2728
600444	国机通用	安徽	中部	C	国有强相对控股公司	71.4286	59.1202	77.3412	70.3726	1974
600446	金证股份	广东	东部	I	无国有股份公司	57.1429	56.0613	83.4970	71.2591	1668
600448	华纺股份	山东	东部	C	国有弱相对控股公司	71.4286	54.2546	85.4057	73.1051	1041
600449	宁夏建材	宁夏	西部	C	国有强相对控股公司	85.7143	50.9889	83.6127	72.4045	1279
600452	涪陵电力	重庆	西部	D	国有强相对控股公司	57.1429	47.8401	84.7947	69.0954	2449
600455	博通股份	陕西	西部	P	国有弱相对控股公司	57.1429	32.3689	75.2988	58.4577	4801
600456	宝钛股份	陕西	西部	C	国有强相对控股公司	100.0000	36.4726	72.6424	62.7187	4365
600458	时代新材	湖南	中部	C	国有强相对控股公司	100.0000	54.7070	85.7142	76.2903	386
600459	贵研铂业	云南	西部	C	国有强相对控股公司	100.0000	48.7099	86.7236	74.7464	650
600460	士兰微	浙江	东部	C	国有参股公司	57.1429	59.3487	84.2213	72.8080	1137
600461	洪城环境	江西	中部	D	国有绝对控股公司	57.1429	45.4864	82.5908	67.0594	3203
600462	*ST九有	湖北	中部	L	国有参股公司	42.8571	41.0248	77.1690	61.0873	4579
600463	空港股份	北京	东部	E	国有绝对控股公司	42.8571	48.1624	83.5497	67.0949	3192
600467	好当家	山东	东部	A	无国有股份公司	71.4286	48.1515	77.2773	66.4984	3386
600468	百利电气	天津	东部	C	国有绝对控股公司	14.2857	47.1896	83.8242	64.0482	4099
600469	风神股份	河南	中部	C	国有绝对控股公司	100.0000	46.4771	86.9874	74.1100	792
600470	六国化工	安徽	中部	C	国有弱相对控股公司	85.7143	64.1664	75.7446	72.6892	1174
600475	华光环能	江苏	东部	N	国有绝对控股公司	71.4286	59.4593	71.5598	67.3115	3118

续表

股票代码	公司简称	省份	地区	行业代码	控股类型	环境保护（*EP*）	社会责任（*SR*）	公司治理（*CG*）	上市公司质量/ESG指数（*CLCQI/ESGI*）	*CLCQI/ESGI* 排名
600476	湘邮科技	湖南	中部	I	国有强相对控股公司	100.0000	60.4991	81.5780	76.0426	431
600477	杭萧钢构	浙江	东部	C	无国有股份公司	28.5714	46.3149	79.9523	63.0411	4307
600478	科力远	湖南	中部	C	无国有股份公司	42.8571	41.5261	90.8613	68.7936	2555
600479	千金药业	湖南	中部	C	国有弱相对控股公司	100.0000	48.9790	80.9257	71.6518	1516
600480	凌云股份	河北	东部	C	国有强相对控股公司	57.1429	54.3571	79.0850	68.2360	2771
600481	双良节能	江苏	东部	C	无国有股份公司	85.7143	44.1883	81.7992	69.0269	2471
600482	中国动力	河北	东部	C	国有绝对控股公司	28.5714	48.5245	82.5039	65.2179	3789
600483	福能股份	福建	东部	D	国有绝对控股公司	100.0000	49.2820	94.9873	79.4917	91
600486	扬农化工	江苏	东部	C	国有强相对控股公司	100.0000	62.2153	85.7284	78.9260	133
600487	亨通光电	江苏	东部	C	国有参股公司	100.0000	56.8793	82.7258	75.4070	530
600488	津药药业	天津	东部	C	国有弱相对控股公司	57.1429	54.2811	71.0967	63.8159	4155
600489	中金黄金	北京	东部	B	国有强相对控股公司	0.0000	42.2317	85.4779	61.7939	4494
600490	鹏欣资源	上海	东部	C	无国有股份公司	14.2857	37.2616	87.0368	62.3404	4430
600491	龙元建设	浙江	东部	E	国有参股公司	85.7143	41.9298	80.4760	67.5087	3050
600493	凤竹纺织	福建	东部	C	国有参股公司	57.1429	54.2682	81.7716	69.6825	2240
600495	晋西车轴	山西	中部	C	国有强相对控股公司	100.0000	48.2714	88.6997	75.6798	489
600496	精工钢构	安徽	中部	C	国有参股公司	100.0000	47.5993	80.4786	70.9230	1786
600497	驰宏锌锗	云南	西部	B	国有强相对控股公司	14.2857	49.5864	88.2579	67.3256	3113
600498	烽火通信	湖北	中部	C	国有强相对控股公司	71.4286	49.4138	89.2883	73.5462	933
600499	科达制造	广东	东部	C	无国有股份公司	42.8571	43.8314	80.5523	63.9305	4128
600500	中化国际	上海	东部	C	国有绝对控股公司	28.5714	48.0089	87.3363	67.6952	2991
600501	航天晨光	江苏	东部	C	国有绝对控股公司	85.7143	46.9674	79.7769	68.8873	2515
600502	安徽建工	安徽	中部	E	国有强相对控股公司	57.1429	48.8633	84.9776	69.5541	2275
600503	华丽家族	上海	东部	K	无国有股份公司	100.0000	41.0283	73.6652	64.8758	3884
600505	西昌电力	四川	西部	D	国有绝对控股公司	71.4286	46.1581	83.9852	69.4901	2296
600506	统一股份	新疆	西部	A	国有强相对控股公司	85.7143	44.0091	85.6810	71.0992	1724
600507	方大特钢	江西	中部	C	无国有股份公司	71.4286	60.5138	86.5019	75.8988	455
600508	上海能源	上海	东部	B	国有绝对控股公司	71.4286	59.5396	83.9073	74.1307	786
600509	天富能源	新疆	西部	D	国有强相对控股公司	71.4286	50.7480	77.7029	67.6413	3012
600510	黑牡丹	江苏	东部	K	国有绝对控股公司	100.0000	58.0591	76.5357	72.4153	1275
600511	国药股份	北京	东部	F	国有绝对控股公司	85.7143	53.3021	73.7259	67.7764	2947

续表

股票代码	公司简称	省份	地区	行业代码	控股类型	环境保护（*EP*）	社会责任（*SR*）	公司治理（*CG*）	上市公司质量/ESG指数（*CLCQI/ESGI*）	*CLCQI/ESGI* 排名
600512	腾达建设	浙江	东部	E	无国有股份公司	100.0000	49.6895	76.9881	69.7348	2212
600513	联环药业	江苏	东部	C	国有强相对控股公司	85.7143	46.9802	81.7562	69.9804	2118
600515	海南机场	海南	东部	K	国有弱相对控股公司	42.8571	44.1230	82.4017	65.0497	3831
600516	方大炭素	甘肃	西部	C	无国有股份公司	57.1429	41.9163	82.9577	66.0117	3548
600518	康美药业	广东	东部	C	国有弱相对控股公司	28.5714	50.0104	75.6190	61.9513	4482
600519	贵州茅台	贵州	西部	C	国有绝对控股公司	57.1429	73.9419	92.1068	82.2527	17
600520	文一科技	安徽	中部	C	国有参股公司	85.7143	50.6468	74.4795	67.2616	3136
600521	华海药业	浙江	东部	C	国有参股公司	42.8571	37.3110	78.9181	60.7495	4624
600522	中天科技	江苏	东部	C	国有参股公司	42.8571	50.6415	75.5711	63.5744	4197
600523	贵航股份	贵州	西部	C	国有绝对控股公司	85.7143	50.0245	83.6398	72.0819	1372
600525	长园集团	广东	东部	C	国有弱相对控股公司	100.0000	42.7352	84.3379	71.3432	1626
600526	菲达环保	浙江	东部	C	国有强相对控股公司	42.8571	50.4146	81.2597	66.6236	3335
600527	江南高纤	江苏	东部	C	无国有股份公司	42.8571	59.7163	79.0677	68.6737	2608
600528	中铁工业	北京	东部	C	国有强相对控股公司	85.7143	50.6625	91.4841	76.6195	342
600529	山东药玻	山东	东部	C	国有弱相对控股公司	71.4286	42.6576	89.5151	71.3063	1641
600530	交大昂立	上海	东部	C	国有参股公司	71.4286	48.2570	81.3390	68.7693	2564
600531	豫光金铅	河南	中部	C	国有强相对控股公司	100.0000	51.6125	78.0535	70.9938	1763
600533	栖霞建设	江苏	东部	K	国有弱相对控股公司	71.4286	39.3021	78.6710	64.1677	4060
600535	天士力	天津	东部	C	无国有股份公司	42.8571	42.5550	73.1469	59.4108	4734
600536	中国软件	北京	东部	I	国有强相对控股公司	42.8571	49.9940	83.5205	67.7199	2970
600537	亿晶光电	浙江	东部	C	无国有股份公司	42.8571	43.5739	84.0705	65.7754	3620
600538	国发股份	广西	西部	F	国有参股公司	28.5714	43.6374	85.0526	64.9092	3870
600539	狮头股份	山西	中部	L	国有参股公司	71.4286	49.7772	85.6404	71.6671	1513
600540	新赛股份	新疆	西部	A	国有强相对控股公司	42.8571	41.1342	87.1099	66.5931	3353
600543	莫高股份	甘肃	西部	C	国有强相对控股公司	85.7143	49.1629	80.5458	70.0786	2077
600545	卓郎智能	新疆	西部	C	国有参股公司	71.4286	35.0560	70.1182	57.9775	4821
600546	山煤国际	山西	中部	F	国有绝对控股公司	100.0000	50.3681	88.4683	76.2864	388
600547	山东黄金	山东	东部	B	国有强相对控股公司	28.5714	49.6278	84.1865	66.5294	3375
600548	深高速	广东	东部	G	国有绝对控股公司	100.0000	52.0331	82.2182	73.4316	961
600549	厦门钨业	福建	东部	C	国有强相对控股公司	100.0000	56.1908	82.0846	74.8133	633
600550	保变电气	河北	东部	C	国有绝对控股公司	57.1429	45.7643	86.7033	69.4186	2320

续表

股票代码	公司简称	省份	地区	行业代码	控股类型	环境保护（*EP*）	社会责任（*SR*）	公司治理（*CG*）	上市公司质量/ESG指数（*CLCQI/ESGI*）	*CLCQI/ESGI* 排名
600551	时代出版	安徽	中部	R	国有绝对控股公司	14.2857	41.3272	83.6736	61.9136	4483
600552	凯盛科技	安徽	中部	C	国有强相对控股公司	85.7143	46.3988	87.8580	73.1329	1037
600556	天下秀	广西	西部	I	无国有股份公司	28.5714	34.9945	81.5335	59.9486	4699
600557	康缘药业	江苏	东部	C	无国有股份公司	85.7143	51.1686	74.4554	67.4309	3076
600558	大西洋	四川	西部	C	国有强相对控股公司	85.7143	53.5383	77.5060	69.9381	2139
600559	老白干酒	河北	东部	C	国有弱相对控股公司	85.7143	43.8525	81.6439	68.8239	2535
600560	金自天正	北京	东部	C	国有强相对控股公司	100.0000	43.3228	80.5565	69.4691	2303
600561	江西长运	江西	中部	G	国有强相对控股公司	57.1429	41.7225	89.1055	69.3252	2362
600562	国睿科技	江苏	东部	C	国有绝对控股公司	100.0000	53.8543	85.6150	75.9372	449
600563	法拉电子	福建	东部	C	国有参股公司	14.2857	41.6740	81.4773	60.8270	4614
600565	ST迪马	重庆	西部	K	无国有股份公司	100.0000	51.0112	71.1968	67.0121	3220
600566	济川药业	湖北	中部	C	国有参股公司	14.2857	49.7431	95.2009	71.1992	1693
600567	山鹰国际	安徽	中部	C	无国有股份公司	42.8571	52.4810	80.4767	66.9162	3253
600568	ST中珠	湖北	中部	C	国有参股公司	71.4286	33.5996	76.9845	61.2442	4561
600569	安阳钢铁	河南	中部	C	国有绝对控股公司	42.8571	42.6884	84.5456	65.7267	3632
600570	恒生电子	浙江	东部	I	国有参股公司	14.2857	57.6874	85.8468	68.8349	2528
600571	信雅达	浙江	东部	I	无国有股份公司	14.2857	41.5682	77.7899	58.7619	4786
600572	康恩贝	浙江	东部	C	国有弱相对控股公司	71.4286	53.5886	92.9651	77.0297	281
600573	惠泉啤酒	福建	东部	C	国有绝对控股公司	14.2857	45.2789	77.3686	59.8289	4708
600575	淮河能源	安徽	中部	G	国有绝对控股公司	100.0000	40.3587	82.6283	69.5711	2270
600576	祥源文旅	浙江	东部	R	无国有股份公司	100.0000	42.6511	80.9587	69.4551	2309
600577	精达股份	安徽	中部	C	无国有股份公司	57.1429	51.9229	80.2464	68.0228	2839
600578	京能电力	北京	东部	D	国有绝对控股公司	57.1429	46.3360	80.9129	66.4340	3413
600579	克劳斯	山东	东部	C	国有强相对控股公司	71.4286	38.7560	81.2256	65.3815	3737
600580	卧龙电驱	浙江	东部	C	国有参股公司	85.7143	57.7933	87.7878	77.0824	274
600581	八一钢铁	新疆	西部	C	国有绝对控股公司	14.2857	55.3880	78.7603	64.1326	4073
600582	天地科技	北京	东部	C	国有绝对控股公司	57.1429	59.8935	78.6073	69.9110	2151
600583	海油工程	天津	东部	B	国有绝对控股公司	14.2857	67.5976	90.4095	74.8129	634
600584	长电科技	江苏	东部	C	国有弱相对控股公司	100.0000	53.4020	100.0000	83.6907	6
600585	海螺水泥	安徽	中部	C	国有强相对控股公司	100.0000	52.4072	80.8434	72.8064	1138
600586	金晶科技	山东	东部	C	无国有股份公司	85.7143	38.8567	73.4452	62.5661	4394

续表

股票代码	公司简称	省份	地区	行业代码	控股类型	环境保护（EP）	社会责任（SR）	公司治理（CG）	上市公司质量/ESG指数（CLCQI/ESGI）	CLCQI/ESGI排名
600587	新华医疗	山东	东部	C	国有强相对控股公司	100.0000	43.0044	87.1054	72.9595	1088
600588	用友网络	北京	东部	I	无国有股份公司	100.0000	58.3412	82.6080	75.8538	462
600589	广东榕泰	广东	东部	C	无国有股份公司	14.2857	47.7876	71.4889	57.4731	4841
600590	泰豪科技	江西	中部	C	国有弱相对控股公司	14.2857	51.2463	83.2691	65.1628	3801
600592	龙溪股份	福建	东部	C	国有强相对控股公司	85.7143	48.0722	89.8280	74.8021	639
600593	大连圣亚	辽宁	东北	N	国有弱相对控股公司	85.7143	40.7293	69.8217	61.2286	4565
600594	益佰制药	贵州	西部	C	国有参股公司	42.8571	33.1617	76.8035	58.1342	4815
600595	中孚实业	河南	中部	C	国有参股公司	42.8571	38.3892	72.6617	57.6859	4829
600596	新安股份	浙江	东部	C	国有参股公司	85.7143	51.0450	81.4933	71.2585	1669
600597	光明乳业	上海	东部	C	国有绝对控股公司	71.4286	50.9228	87.3798	73.0247	1066
600598	北大荒	黑龙江	东北	A	国有绝对控股公司	42.8571	41.2494	80.2489	62.8599	4348
600600	青岛啤酒	山东	东部	C	国有强相对控股公司	42.8571	46.6879	80.6367	64.9767	3851
600601	方正科技	上海	东部	C	国有弱相对控股公司	28.5714	39.6542	89.3636	65.8861	3590
600602	云赛智联	上海	东部	I	国有强相对控股公司	85.7143	40.5775	81.8239	67.7767	2946
600603	广汇物流	四川	西部	S	无国有股份公司	57.1429	37.8046	81.2443	63.6303	4186
600604	市北高新	上海	东部	K	国有强相对控股公司	42.8571	48.0183	81.5403	65.9393	3575
600605	汇通能源	上海	东部	F	无国有股份公司	42.8571	46.3254	75.1500	61.8321	4489
600606	绿地控股	上海	东部	E	国有参股公司	57.1429	45.5780	76.1911	63.5717	4199
600608	ST沪科	上海	东部	F	国有弱相对控股公司	85.7143	50.4494	78.2235	69.2516	2390
600609	金杯汽车	辽宁	东北	C	国有弱相对控股公司	71.4286	48.6167	68.3791	61.7672	4499
600610	中毅达	贵州	西部	C	国有弱相对控股公司	71.4286	56.7377	75.6851	68.6278	2625
600611	大众交通	上海	东部	G	无国有股份公司	100.0000	37.0545	77.4941	65.5908	3673
600612	老凤祥	上海	东部	C	国有强相对控股公司	100.0000	38.1898	83.1771	69.1138	2438
600613	神奇制药	上海	东部	C	无国有股份公司	85.7143	46.7086	84.0008	71.1199	1718
600615	丰华股份	重庆	西部	C	国有参股公司	100.0000	38.7154	81.0075	68.1045	2809
600616	金枫酒业	上海	东部	C	国有强相对控股公司	14.2857	47.3713	79.7400	61.8655	4486
600617	国新能源	山西	中部	D	国有强相对控股公司	85.7143	44.6082	78.1293	67.1554	3168
600618	氯碱化工	上海	东部	C	国有强相对控股公司	71.4286	52.7887	81.5920	70.4945	1927
600619	海立股份	上海	东部	C	国有弱相对控股公司	57.1429	45.3787	81.5749	66.4630	3397
600620	天宸股份	上海	东部	S	国有参股公司	71.4286	46.5472	75.5514	64.9876	3847
600622	光大嘉宝	上海	东部	K	国有强相对控股公司	85.7143	39.8543	82.3703	67.8241	2923

续表

股票代码	公司简称	省份	地区	行业代码	控股类型	环境保护（*EP*）	社会责任（*SR*）	公司治理（*CG*）	上市公司质量/ESG指数（*CLCQI/ESGI*）	*CLCQI/ESGI* 排名
600623	华谊集团	上海	东部	C	国有绝对控股公司	57.1429	54.7511	86.0448	72.2018	1337
600624	复旦复华	上海	东部	C	国有弱相对控股公司	57.1429	49.0268	90.0271	72.3886	1281
600626	申达股份	上海	东部	C	国有绝对控股公司	42.8571	44.5676	86.1794	67.2831	3129
600628	新世界	上海	东部	F	国有强相对控股公司	85.7143	37.2044	76.7983	63.8320	4151
600629	华建集团	上海	东部	M	国有绝对控股公司	14.2857	51.1184	85.4186	66.3002	3462
600630	龙头股份	上海	东部	C	国有强相对控股公司	28.5714	53.7665	76.6314	63.8227	4154
600633	浙数文化	浙江	东部	I	国有绝对控股公司	57.1429	54.4179	85.1309	71.5826	1537
600635	大众公用	上海	东部	D	国有参股公司	14.2857	48.3227	84.7103	64.9322	3866
600636	国新文化	上海	东部	I	国有强相对控股公司	85.7143	53.5596	80.4053	71.5402	1546
600637	东方明珠	上海	东部	I	国有强相对控股公司	85.7143	42.3173	83.2306	69.1593	2417
600638	新黄浦	上海	东部	K	国有强相对控股公司	85.7143	39.4033	85.8748	69.5937	2262
600639	浦东金桥	上海	东部	K	国有绝对控股公司	14.2857	38.4874	64.3906	50.3140	4932
600640	国脉文化	上海	东部	I	国有绝对控股公司	42.8571	48.9219	89.3001	70.5234	1914
600641	万业企业	上海	东部	K	无国有股份公司	85.7143	49.1158	84.5724	72.2768	1311
600642	申能股份	上海	东部	D	国有绝对控股公司	42.8571	49.2989	81.1025	66.1467	3520
600644	乐山电力	四川	西部	D	国有绝对控股公司	14.2857	44.4144	87.1100	64.8841	3879
600645	中源协和	天津	东部	M	无国有股份公司	85.7143	46.7380	86.6323	72.5775	1208
600648	外高桥	上海	东部	F	国有绝对控股公司	14.2857	50.7248	81.3400	63.9193	4131
600649	城投控股	上海	东部	K	国有强相对控股公司	28.5714	42.8268	83.6401	63.8486	4146
600650	锦江在线	上海	东部	G	国有强相对控股公司	100.0000	48.2134	78.6103	70.1104	2063
600651	飞乐音响	上海	东部	C	国有绝对控股公司	100.0000	52.4208	82.8399	73.9092	838
600653	申华控股	辽宁	东北	F	国有弱相对控股公司	28.5714	39.6423	71.8258	56.2361	4874
600654	中安科	湖北	中部	I	国有参股公司	100.0000	40.6961	81.6102	69.1292	2430
600655	豫园股份	上海	东部	F	国有参股公司	57.1429	48.0687	88.2726	71.0883	1728
600657	信达地产	北京	东部	K	国有绝对控股公司	100.0000	44.4339	82.2822	70.8071	1817
600658	电子城	北京	东部	K	国有强相对控股公司	71.4286	51.4017	79.3065	68.7520	2570
600660	福耀玻璃	福建	东部	C	无国有股份公司	28.5714	54.6938	80.2829	66.1556	3516
600661	昂立教育	上海	东部	P	国有参股公司	85.7143	36.3273	79.2587	64.8783	3883
600662	外服控股	上海	东部	G	国有绝对控股公司	71.4286	52.2792	86.7809	73.1701	1023
600663	陆家嘴	上海	东部	K	国有绝对控股公司	71.4286	46.1591	76.7308	65.5005	3701
600664	哈药股份	黑龙江	东北	C	国有强相对控股公司	85.7143	50.6269	94.1551	78.0762	186

续表

股票代码	公司简称	省份	地区	行业代码	控股类型	环境保护（*EP*）	社会责任（*SR*）	公司治理（*CG*）	上市公司质量/ESG指数（*CLCQI/ESGI*）	*CLCQI/ESGI* 排名
600665	天地源	陕西	西部	K	国有绝对控股公司	57.1429	38.5078	84.4278	65.6273	3663
600666	ST瑞德	黑龙江	东北	C	国有参股公司	100.0000	44.3485	68.9523	63.4457	4225
600667	太极实业	江苏	东部	E	国有强相对控股公司	100.0000	42.9237	79.1446	68.5528	2652
600668	尖峰集团	浙江	东部	C	国有弱相对控股公司	85.7143	43.6208	92.2782	74.5917	684
600671	ST目药	浙江	东部	C	国有弱相对控股公司	85.7143	43.5143	81.4199	68.5824	2638
600673	东阳光	广东	东部	S	无国有股份公司	71.4286	50.3501	76.9675	67.0975	3189
600674	川投能源	四川	西部	D	国有绝对控股公司	28.5714	48.1361	84.8116	66.3512	3437
600675	中华企业	上海	东部	K	国有绝对控股公司	71.4286	38.5768	83.3526	66.4887	3389
600676	交运股份	上海	东部	G	国有强相对控股公司	57.1429	43.2790	80.1368	64.9372	3863
600678	四川金顶	四川	西部	C	国有弱相对控股公司	57.1429	57.9074	80.0764	70.0239	2106
600679	上海凤凰	上海	东部	C	国有弱相对控股公司	42.8571	45.5793	76.4627	62.2930	4436
600681	百川能源	湖北	中部	D	国有参股公司	85.7143	41.3270	75.8232	64.7386	3924
600682	南京新百	江苏	东部	F	国有参股公司	85.7143	47.4405	87.5874	73.3487	978
600683	京投发展	浙江	东部	K	国有强相对控股公司	85.7143	34.0292	66.2565	56.9227	4853
600684	珠江股份	广东	东部	K	国有强相对控股公司	85.7143	43.7294	76.7725	66.1016	3533
600685	中船防务	广东	东部	C	国有强相对控股公司	14.2857	56.2183	77.8871	63.9429	4125
600686	金龙汽车	福建	东部	C	国有强相对控股公司	42.8571	51.7865	76.3883	64.4245	3995
600688	上海石化	上海	东部	C	国有绝对控股公司	14.2857	48.1560	93.0936	69.4847	2298
600689	上海三毛	上海	东部	C	国有弱相对控股公司	71.4286	41.3409	79.9536	65.5866	3676
600690	海尔智家	山东	东部	C	国有参股公司	14.2857	73.3942	79.1532	70.6508	1873
600691	阳煤化工	山西	中部	C	国有弱相对控股公司	100.0000	32.0007	85.1922	68.0560	2825
600692	亚通股份	上海	东部	K	国有强相对控股公司	100.0000	36.1930	72.1294	62.3388	4431
600693	东百集团	福建	东部	F	国有参股公司	28.5714	35.7706	89.3456	64.5170	3979
600694	大商股份	辽宁	东北	F	国有参股公司	71.4286	29.2799	75.2349	58.7700	4784
600696	岩石股份	上海	东部	C	无国有股份公司	100.0000	42.0935	83.7300	70.7842	1824
600697	欧亚集团	吉林	东北	F	国有弱相对控股公司	71.4286	39.7134	83.8414	67.1553	3169
600698	湖南天雁	湖南	中部	C	国有强相对控股公司	85.7143	47.9191	77.3324	67.8759	2904
600699	均胜电子	浙江	东部	C	无国有股份公司	100.0000	49.1433	88.1352	75.6745	492
600702	舍得酒业	四川	西部	C	国有参股公司	42.8571	55.4196	95.0101	75.9381	448
600703	三安光电	湖北	中部	C	国有参股公司	100.0000	52.1347	78.2129	71.2642	1661
600704	物产中大	浙江	东部	F	国有强相对控股公司	71.4286	49.5038	86.7286	72.1699	1352

续表

股票代码	公司简称	省份	地区	行业代码	控股类型	环境保护（*EP*）	社会责任（*SR*）	公司治理（*CG*）	上市公司质量/ESG指数（*CLCQI/ESGI*）	*CLCQI/ESGI* 排名
600706	曲江文旅	陕西	西部	N	国有强相对控股公司	85.7143	43.1513	78.9604	67.1026	3187
600707	彩虹股份	陕西	西部	C	国有绝对控股公司	71.4286	33.7287	87.3134	66.9703	3233
600708	光明地产	上海	东部	K	国有绝对控股公司	71.4286	41.1902	85.1203	68.3756	2718
600710	苏美达	江苏	东部	F	国有绝对控股公司	57.1429	51.0004	89.2249	72.6381	1187
600711	盛屯矿业	福建	东部	B	无国有股份公司	42.8571	53.0730	90.0469	72.3871	1283
600712	南宁百货	广西	西部	F	国有弱相对控股公司	85.7143	35.9929	78.0425	64.0923	4085
600713	南京医药	江苏	东部	F	国有强相对控股公司	85.7143	45.0608	83.1753	70.0891	2072
600714	金瑞矿业	青海	西部	C	国有强相对控股公司	85.7143	43.4621	80.9162	68.2871	2749
600715	*ST文投	北京	东部	R	国有弱相对控股公司	57.1429	31.4099	69.0971	54.7112	4904
600716	凤凰股份	江苏	东部	K	国有绝对控股公司	28.5714	41.4498	77.2704	59.8633	4704
600717	天津港	天津	东部	G	国有强相对控股公司	57.1429	49.7214	87.0128	70.9739	1768
600718	东软集团	辽宁	东北	I	国有参股公司	100.0000	52.8939	86.9896	76.3571	374
600719	大连热电	辽宁	东北	D	国有强相对控股公司	85.7143	41.2316	72.6219	62.9445	4329
600720	中交设计	甘肃	西部	M	国有绝对控股公司	14.2857	43.4850	80.7316	61.0507	4588
600721	百花医药	新疆	西部	M	国有参股公司	71.4286	43.3376	83.9715	68.4953	2672
600722	金牛化工	河北	东部	C	国有绝对控股公司	85.7143	50.0738	82.6862	71.5747	1541
600724	宁波富达	浙江	东部	C	国有绝对控股公司	42.8571	47.5698	93.2572	72.2266	1330
600725	云维股份	云南	西部	C	国有强相对控股公司	71.4286	43.1161	80.3935	66.4499	3404
600726	华电能源	黑龙江	东北	D	国有绝对控股公司	100.0000	48.6124	83.2738	72.8149	1134
600727	鲁北化工	山东	东部	C	国有强相对控股公司	71.4286	43.4882	79.1088	65.8736	3593
600728	佳都科技	广东	东部	I	国有参股公司	100.0000	39.3330	80.9297	68.2779	2754
600729	重庆百货	重庆	西部	F	国有参股公司	28.5714	47.1717	92.6219	70.3093	1996
600730	中国高科	北京	东部	P	国有弱相对控股公司	28.5714	40.6363	84.0305	63.2966	4254
600731	湖南海利	湖南	中部	C	国有绝对控股公司	14.2857	55.0307	80.5082	64.9688	3852
600732	爱旭股份	上海	东部	C	无国有股份公司	85.7143	48.1839	70.2455	64.0708	4092
600733	北汽蓝谷	北京	东部	C	国有强相对控股公司	28.5714	36.3731	77.0243	57.9511	4822
600734	实达集团	福建	东部	C	国有弱相对控股公司	100.0000	56.4798	78.5690	72.9809	1081
600735	新华锦	山东	东部	C	国有参股公司	42.8571	37.8845	83.6329	63.5434	4205
600736	苏州高新	江苏	东部	K	国有强相对控股公司	57.1429	51.3168	79.5560	67.4310	3075
600737	中粮糖业	新疆	西部	C	国有绝对控股公司	85.7143	47.8262	86.3028	72.7771	1147
600738	丽尚国潮	甘肃	西部	F	国有弱相对控股公司	14.2857	35.0808	83.4599	59.6098	4722

续表

股票代码	公司简称	省份	地区	行业代码	控股类型	环境保护（*EP*）	社会责任（*SR*）	公司治理（*CG*）	上市公司质量/ESG指数（*CLCQI/ESGI*）	*CLCQI/ESGI* 排名
600739	辽宁成大	辽宁	东北	F	国有弱相对控股公司	71.4286	49.8722	81.2495	69.2853	2379
600740	山西焦化	山西	中部	C	国有绝对控股公司	42.8571	57.4409	81.2741	69.0908	2452
600741	华域汽车	上海	东部	C	国有绝对控股公司	85.7143	52.0402	83.6777	72.8082	1136
600742	一汽富维	吉林	东北	C	国有强相对控股公司	85.7143	41.3686	75.8000	64.7405	3923
600743	华远地产	北京	东部	K	国有绝对控股公司	100.0000	33.1053	86.2837	69.0429	2468
600744	华银电力	湖南	中部	D	国有绝对控股公司	85.7143	46.8038	88.7246	73.7513	873
600745	闻泰科技	湖北	中部	C	国有参股公司	85.7143	44.3971	80.6682	68.4779	2678
600746	江苏索普	江苏	东部	C	国有绝对控股公司	14.2857	47.2779	90.5964	67.8039	2934
600748	上实发展	上海	东部	K	国有强相对控股公司	57.1429	44.6782	83.3510	67.1947	3156
600749	西藏旅游	西藏	西部	N	国有参股公司	28.5714	37.8655	81.2228	60.7826	4619
600750	江中药业	江西	中部	C	国有强相对控股公司	85.7143	58.5850	89.9628	78.5557	157
600751	海航科技	天津	东部	F	国有弱相对控股公司	85.7143	33.6333	78.3440	63.4323	4230
600753	庚星股份	福建	东部	F	国有参股公司	28.5714	39.3711	76.8353	58.8965	4773
600754	锦江酒店	上海	东部	H	国有强相对控股公司	85.7143	38.5322	86.0101	69.3632	2341
600755	厦门国贸	福建	东部	F	国有强相对控股公司	42.8571	59.6085	81.9683	70.2313	2025
600756	浪潮软件	山东	东部	I	国有弱相对控股公司	57.1429	55.8241	84.2796	71.6065	1532
600757	长江传媒	湖北	中部	R	国有绝对控股公司	85.7143	42.6019	69.8407	61.8945	4485
600758	辽宁能源	辽宁	东北	B	国有强相对控股公司	42.8571	43.1502	81.1198	64.0042	4108
600759	洲际油气	海南	东部	B	无国有股份公司	42.8571	49.1143	77.4361	64.0656	4094
600760	中航沈飞	山东	东部	C	国有绝对控股公司	100.0000	56.1544	90.0190	79.1645	116
600761	安徽合力	安徽	中部	C	国有强相对控股公司	85.7143	54.2854	80.1632	71.6611	1515
600763	通策医疗	浙江	东部	Q	无国有股份公司	85.7143	51.1549	82.3169	71.7499	1477
600764	中国海防	北京	东部	C	国有绝对控股公司	100.0000	49.0334	76.6538	69.3213	2364
600765	中航重机	贵州	西部	C	国有强相对控股公司	57.1429	48.4738	86.1684	70.0727	2079
600768	宁波富邦	浙江	东部	C	无国有股份公司	100.0000	35.2159	71.2480	61.5119	4526
600769	祥龙电业	湖北	中部	D	国有弱相对控股公司	42.8571	43.1491	75.7828	61.0685	4586
600770	综艺股份	江苏	东部	S	国有参股公司	42.8571	44.7079	80.1395	64.0102	4106
600771	广誉远	山西	中部	C	国有弱相对控股公司	42.8571	48.0531	84.8397	67.7661	2949
600773	西藏城投	西藏	西部	K	国有强相对控股公司	57.1429	45.0545	85.5725	68.5482	2654
600774	汉商集团	湖北	中部	F	国有弱相对控股公司	100.0000	52.3589	84.2529	74.6647	667
600775	南京熊猫	江苏	东部	C	国有弱相对控股公司	71.4286	48.9152	91.1307	74.3851	728

续表

股票代码	公司简称	省份	地区	行业代码	控股类型	环境保护（*EP*）	社会责任（*SR*）	公司治理（*CG*）	上市公司质量/ESG指数（*CLCQI/ESGI*）	*CLCQI/ESGI* 排名
600776	东方通信	浙江	东部	C	国有强相对控股公司	42.8571	54.0850	77.6450	65.9202	3580
600777	ST新潮	山东	东部	B	国有弱相对控股公司	14.2857	41.1728	78.8667	59.2157	4748
600778	友好集团	新疆	西部	F	国有参股公司	85.7143	40.8486	93.3347	74.2025	766
600779	水井坊	四川	西部	C	无国有股份公司	85.7143	49.6337	89.3188	75.0686	592
600780	通宝能源	山西	中部	D	国有绝对控股公司	85.7143	49.0431	86.6292	73.3826	969
600782	新钢股份	江西	中部	C	国有强相对控股公司	42.8571	58.5813	81.6660	69.7055	2227
600784	鲁银投资	山东	东部	C	国有强相对控股公司	100.0000	45.5410	88.3621	74.5385	689
600785	新华百货	宁夏	西部	F	无国有股份公司	28.5714	35.1784	70.9446	54.1891	4913
600787	中储股份	天津	东部	G	国有强相对控股公司	57.1429	59.4780	79.5771	70.2990	1999
600789	鲁抗医药	山东	东部	C	国有弱相对控股公司	42.8571	41.3955	82.5990	64.2036	4050
600790	轻纺城	浙江	东部	L	国有强相对控股公司	85.7143	42.3152	86.8967	71.1749	1698
600791	京能置业	北京	东部	K	国有强相对控股公司	71.4286	46.3475	85.7729	70.5396	1907
600792	云煤能源	云南	西部	C	国有绝对控股公司	85.7143	46.7714	69.0205	62.9027	4336
600793	宜宾纸业	四川	西部	C	国有绝对控股公司	71.4286	50.3238	72.0401	64.3783	4006
600794	保税科技	江苏	东部	G	国有强相对控股公司	85.7143	44.5652	80.4522	68.4180	2699
600795	国电电力	辽宁	东北	D	国有绝对控股公司	100.0000	48.8253	75.4071	68.5628	2647
600796	钱江生化	浙江	东部	C	国有绝对控股公司	100.0000	47.1552	84.3109	72.8754	1115
600797	浙大网新	浙江	东部	I	国有参股公司	57.1429	63.6158	85.8013	75.1706	572
600798	宁波海运	浙江	东部	G	国有强相对控股公司	57.1429	42.3630	85.5956	67.6189	3017
600800	渤海化学	天津	东部	C	国有强相对控股公司	100.0000	43.4554	91.2338	75.3880	536
600801	华新水泥	湖北	中部	C	国有参股公司	42.8571	53.2309	91.3645	73.1670	1026
600802	福建水泥	福建	东部	C	国有强相对控股公司	100.0000	60.7384	88.7462	80.0688	71
600803	新奥股份	河北	东部	D	无国有股份公司	85.7143	62.4640	87.5939	78.6105	153
600804	*ST鹏博	山东	东部	I	无国有股份公司	28.5714	42.5679	67.0548	54.6360	4905
600805	悦达投资	江苏	东部	S	国有强相对控股公司	71.4286	35.8041	83.0089	65.3292	3752
600807	济南高新	山东	东部	K	国有强相对控股公司	85.7143	36.3774	77.7409	64.0610	4096
600808	马钢股份	安徽	中部	C	国有强相对控股公司	14.2857	47.3977	80.7617	62.4367	4413
600809	山西汾酒	山西	中部	C	国有绝对控股公司	85.7143	62.1735	83.4544	76.2321	398
600810	神马股份	河南	中部	C	国有绝对控股公司	85.7143	47.7290	90.7209	75.1731	571
600811	东方集团	黑龙江	东北	C	无国有股份公司	85.7143	36.9870	79.5499	65.2693	3773
600812	华北制药	河北	东部	C	国有绝对控股公司	14.2857	60.4981	83.3986	68.4722	2681

续表

股票代码	公司简称	省份	地区	行业代码	控股类型	环境保护（*EP*）	社会责任（*SR*）	公司治理（*CG*）	上市公司质量/ESG指数（*CLCQI/ESGI*）	*CLCQI/ESGI*排名
600814	杭州解百	浙江	东部	F	国有绝对控股公司	42.8571	41.1148	88.4529	67.3250	3114
600815	厦工股份	福建	东部	C	国有绝对控股公司	85.7143	45.1188	87.1080	72.2724	1313
600817	宇通重工	河南	中部	C	无国有股份公司	85.7143	42.9860	73.2305	63.8933	4142
600818	中路股份	上海	东部	C	无国有股份公司	28.5714	31.8242	68.6249	51.7393	4930
600819	耀皮玻璃	上海	东部	C	国有强相对控股公司	100.0000	48.5053	78.0655	69.9128	2150
600820	隧道股份	上海	东部	E	国有强相对控股公司	42.8571	52.1882	81.2367	67.2318	3147
600821	金开新能	天津	东部	D	国有弱相对控股公司	71.4286	45.7125	84.2030	69.4539	2310
600822	上海物贸	上海	东部	F	国有强相对控股公司	42.8571	30.5701	74.8686	56.1630	4876
600824	益民集团	上海	东部	F	国有强相对控股公司	42.8571	49.1426	88.9593	70.4132	1957
600825	新华传媒	上海	东部	R	国有绝对控股公司	28.5714	38.6328	82.3344	61.6626	4507
600826	兰生股份	上海	东部	L	国有绝对控股公司	100.0000	44.7829	84.6449	72.2287	1329
600827	百联股份	上海	东部	F	国有绝对控股公司	28.5714	49.5455	84.5621	66.7072	3312
600828	茂业商业	四川	西部	F	无国有股份公司	100.0000	37.6831	82.6447	68.6437	2620
600829	人民同泰	黑龙江	东北	F	国有弱相对控股公司	71.4286	46.4533	84.7626	70.0209	2107
600830	香溢融通	浙江	东部	L	国有强相对控股公司	14.2857	38.3031	91.0188	64.8950	3876
600831	ST广网	陕西	西部	I	国有强相对控股公司	14.2857	41.9878	82.6982	61.6083	4511
600833	第一医药	上海	东部	F	国有强相对控股公司	42.8571	49.7328	89.0338	70.6608	1866
600834	申通地铁	上海	东部	G	国有绝对控股公司	42.8571	47.9539	82.7622	66.5888	3355
600835	上海机电	上海	东部	C	国有强相对控股公司	28.5714	52.3035	87.5636	69.3233	2363
600836	*ST易连	上海	东部	C	国有参股公司	71.4286	39.4024	68.5221	58.6209	4790
600838	上海九百	上海	东部	F	国有强相对控股公司	100.0000	41.3420	76.6681	66.6371	3331
600839	四川长虹	四川	西部	C	国有弱相对控股公司	42.8571	55.5111	80.5366	68.0097	2841
600841	动力新科	上海	东部	C	国有绝对控股公司	28.5714	45.3345	79.8564	62.6453	4376
600843	上工申贝	上海	东部	C	国有弱相对控股公司	100.0000	47.2446	84.9493	73.2577	1000
600844	丹化科技	江苏	东部	C	国有参股公司	100.0000	39.0233	81.4243	68.4415	2695
600845	宝信软件	上海	东部	I	国有绝对控股公司	85.7143	47.9683	92.4044	76.1827	407
600846	同济科技	上海	东部	E	国有弱相对控股公司	85.7143	51.0192	86.4336	73.9667	828
600847	万里股份	重庆	西部	C	无国有股份公司	100.0000	38.4442	80.2261	67.5798	3032
600848	上海临港	上海	东部	K	国有绝对控股公司	100.0000	43.2054	79.0881	68.6203	2629
600850	电科数字	上海	东部	I	国有强相对控股公司	71.4286	37.6617	81.1895	64.9787	3850
600851	海欣股份	上海	东部	C	国有弱相对控股公司	85.7143	46.9404	78.1144	67.9635	2860

续表

股票代码	公司简称	省份	地区	行业代码	控股类型	环境保护（*EP*）	社会责任（*SR*）	公司治理（*CG*）	上市公司质量/ESG指数（*CLCQI/ESGI*）	*CLCQI/ESGI* 排名
600853	龙建股份	黑龙江	东北	E	国有强相对控股公司	100.0000	54.8593	77.7428	71.9593	1420
600854	春兰股份	江苏	东部	C	国有参股公司	85.7143	41.2471	75.6506	64.6158	3950
600855	航天长峰	北京	东部	C	国有强相对控股公司	100.0000	51.9463	83.3085	74.0009	820
600857	宁波中百	浙江	东部	F	无国有股份公司	28.5714	35.7803	80.1589	59.4677	4730
600858	银座股份	山东	东部	F	国有强相对控股公司	100.0000	39.3777	87.6105	71.9680	1417
600859	王府井	北京	东部	F	国有强相对控股公司	100.0000	41.1660	80.0927	68.4591	2687
600860	京城股份	北京	东部	C	国有强相对控股公司	85.7143	51.7241	71.9186	66.2301	3496
600861	北京人力	北京	东部	F	国有强相对控股公司	85.7143	46.0047	87.0111	72.5292	1229
600862	中航高科	江苏	东部	C	国有绝对控股公司	71.4286	49.7750	81.8380	69.5750	2268
600863	内蒙华电	内蒙古	西部	D	国有绝对控股公司	100.0000	49.1432	80.9674	71.7322	1485
600865	百大集团	浙江	东部	F	无国有股份公司	85.7143	42.3559	81.9448	68.4656	2685
600866	星湖科技	广东	东部	C	国有强相对控股公司	57.1429	60.5435	83.8400	73.0165	1071
600867	通化东宝	吉林	东北	C	无国有股份公司	14.2857	50.4800	90.3828	68.8071	2546
600868	梅雁吉祥	广东	东部	D	无国有股份公司	28.5714	64.6592	78.3101	68.5584	2650
600869	远东股份	青海	西部	C	国有参股公司	100.0000	39.0506	76.1596	65.5555	3684
600871	石化油服	北京	东部	B	国有绝对控股公司	100.0000	47.3935	87.4677	74.6950	663
600872	中炬高新	广东	东部	C	国有弱相对控股公司	14.2857	49.6439	83.0267	64.4686	3984
600873	梅花生物	西藏	西部	C	无国有股份公司	85.7143	50.3869	87.6810	74.4314	717
600874	创业环保	天津	东部	D	国有强相对控股公司	71.4286	43.3947	82.9507	67.9539	2865
600875	东方电气	四川	西部	C	国有绝对控股公司	71.4286	39.6238	86.6746	68.6822	2604
600876	凯盛新能	河南	中部	C	国有强相对控股公司	85.7143	43.7245	85.1814	70.7248	1844
600877	电科芯片	重庆	西部	C	国有强相对控股公司	85.7143	50.2808	77.2995	68.6845	2603
600879	航天电子	湖北	中部	C	国有弱相对控股公司	42.8571	45.6164	83.6589	66.2638	3487
600880	博瑞传播	四川	西部	R	国有强相对控股公司	100.0000	48.9198	81.0921	71.7226	1491
600881	亚泰集团	吉林	东北	C	国有强相对控股公司	14.2857	53.0604	83.9831	66.1904	3507
600882	妙可蓝多	上海	东部	C	无国有股份公司	100.0000	55.4126	79.3834	73.0553	1057
600883	博闻科技	云南	西部	C	国有参股公司	71.4286	41.3863	84.1525	67.9119	2887
600884	杉杉股份	浙江	东部	C	国有参股公司	57.1429	54.4513	82.7991	70.3118	1995
600885	宏发股份	湖北	中部	C	无国有股份公司	42.8571	44.6108	76.4634	61.9544	4480
600886	国投电力	北京	东部	D	国有绝对控股公司	71.4286	49.0737	93.3794	75.6773	490
600887	伊利股份	内蒙古	西部	C	国有弱相对控股公司	71.4286	49.1676	84.9100	71.0520	1740

续表

股票代码	公司简称	省份	地区	行业代码	控股类型	环境保护（EP）	社会责任（SR）	公司治理（CG）	上市公司质量/ESG指数（CLCQI/ESGI）	CLCQI/ESGI排名
600888	新疆众和	新疆	西部	C	无国有股份公司	28.5714	55.1743	77.4288	64.7540	3916
600889	南京化纤	江苏	东部	C	国有绝对控股公司	71.4286	48.4183	88.4134	72.7166	1164
600892	大晟文化	广东	东部	I	无国有股份公司	57.1429	41.2208	74.2023	60.9528	4601
600893	航发动力	陕西	西部	C	国有绝对控股公司	100.0000	50.1579	78.8936	70.9467	1773
600894	广日股份	广东	东部	C	国有绝对控股公司	14.2857	45.8289	83.2111	63.2348	4270
600895	张江高科	上海	东部	K	国有绝对控股公司	71.4286	45.4571	75.4774	64.5654	3968
600897	厦门空港	福建	东部	G	国有绝对控股公司	57.1429	49.7640	82.1865	68.3343	2736
600898	*ST美讯	山东	东部	C	无国有股份公司	57.1429	26.3586	72.8745	55.0207	4901
600900	长江电力	北京	东部	D	国有绝对控股公司	85.7143	71.3327	83.2476	79.3241	104
600903	贵州燃气	贵州	西部	D	国有强相对控股公司	85.7143	57.6083	85.6790	75.8578	460
600905	三峡能源	北京	东部	D	国有绝对控股公司	85.7143	52.5874	87.4789	75.0904	587
600916	中国黄金	北京	东部	F	国有强相对控股公司	57.1429	45.8872	78.3764	64.8819	3881
600917	重庆燃气	重庆	西部	D	国有强相对控股公司	85.7143	43.2022	81.2280	68.3676	2722
600925	苏能股份	江苏	东部	B	国有绝对控股公司	85.7143	52.6689	85.8396	74.2173	759
600929	雪天盐业	湖南	中部	C	国有强相对控股公司	14.2857	57.3805	84.7460	68.1221	2805
600933	爱柯迪	浙江	东部	C	无国有股份公司	85.7143	51.2158	87.1877	74.4502	713
600935	华塑股份	安徽	中部	C	国有绝对控股公司	42.8571	59.6830	81.6981	70.1087	2064
600936	广西广电	广西	西部	I	国有强相对控股公司	71.4286	37.5158	90.3016	69.9393	2137
600938	中国海油	北京	东部	B	国有绝对控股公司	85.7143	69.2614	87.2663	80.8094	51
600939	重庆建工	重庆	西部	E	国有绝对控股公司	71.4286	41.4260	83.2655	67.4380	3072
600941	中国移动	北京	东部	I	国有绝对控股公司	42.8571	73.0622	85.4646	76.8630	306
600955	维远股份	山东	东部	C	无国有股份公司	85.7143	49.6049	78.9625	69.3625	2342
600956	新天绿能	河北	东部	D	国有强相对控股公司	28.5714	33.2815	86.0161	61.8145	4493
600959	江苏有线	江苏	东部	I	国有绝对控股公司	28.5714	36.3605	75.7275	57.2335	4848
600960	渤海汽车	山东	东部	C	国有强相对控股公司	100.0000	41.2173	80.8635	68.9010	2510
600961	株冶集团	湖南	中部	C	国有绝对控股公司	85.7143	36.6459	84.7265	67.9971	2844
600962	国投中鲁	北京	东部	C	国有强相对控股公司	57.1429	48.8754	82.0331	67.9389	2877
600963	岳阳林纸	湖南	中部	C	国有强相对控股公司	28.5714	45.6320	75.9539	60.6030	4642
600965	福成股份	河北	东部	C	无国有股份公司	71.4286	37.9214	76.6966	62.5985	4383
600966	博汇纸业	山东	东部	C	无国有股份公司	42.8571	51.1303	85.6451	69.2861	2377
600967	内蒙一机	内蒙古	西部	C	国有绝对控股公司	42.8571	54.8058	86.2372	70.8982	1798

续表

股票代码	公司简称	省份	地区	行业代码	控股类型	环境保护（*EP*）	社会责任（*SR*）	公司治理（*CG*）	上市公司质量/ESG指数（*CLCQI/ESGI*）	*CLCQI/ESGI* 排名
600968	海油发展	北京	东部	B	国有绝对控股公司	28.5714	47.7440	81.3060	64.2858	4030
600969	郴电国际	湖南	中部	D	国有强相对控股公司	100.0000	40.3385	76.9873	66.4615	3398
600970	中材国际	江苏	东部	E	国有绝对控股公司	42.8571	53.6043	87.0889	70.9461	1774
600971	恒源煤电	安徽	中部	B	国有绝对控股公司	42.8571	51.3193	84.2840	68.6037	2636
600973	宝胜股份	江苏	东部	C	国有强相对控股公司	42.8571	54.1929	79.1863	66.8057	3280
600975	新五丰	湖南	中部	A	国有强相对控股公司	71.4286	44.7258	82.6624	68.2612	2762
600976	健民集团	湖北	中部	F	无国有股份公司	14.2857	44.8142	76.8717	59.3930	4735
600977	中国电影	北京	东部	R	国有绝对控股公司	100.0000	51.2672	78.5751	71.1598	1703
600979	广安爱众	四川	西部	D	国有强相对控股公司	71.4286	43.4464	81.1180	66.9640	3235
600980	北矿科技	北京	东部	C	国有强相对控股公司	100.0000	65.1588	79.2309	76.3826	369
600981	汇鸿集团	江苏	东部	F	国有绝对控股公司	100.0000	40.3511	74.0375	64.8435	3893
600982	宁波能源	浙江	东部	D	国有强相对控股公司	57.1429	38.2761	73.7280	59.6613	4719
600983	惠而浦	安徽	中部	C	国有参股公司	71.4286	48.9793	83.4581	70.1876	2038
600984	建设机械	陕西	西部	C	国有强相对控股公司	85.7143	43.0048	79.4018	67.2941	3126
600985	淮北矿业	安徽	中部	B	国有绝对控股公司	28.5714	46.4241	82.2373	64.3361	4019
600986	浙文互联	浙江	东部	I	国有弱相对控股公司	28.5714	41.8422	76.3778	59.5097	4729
600987	航民股份	浙江	东部	C	国有参股公司	100.0000	48.9726	76.8524	69.4092	2322
600988	赤峰黄金	内蒙古	西部	B	无国有股份公司	100.0000	61.7609	86.5349	79.2105	113
600989	宝丰能源	宁夏	西部	C	国有参股公司	14.2857	54.2630	86.0415	67.7434	2962
600990	四创电子	安徽	中部	C	国有强相对控股公司	71.4286	49.6924	79.4591	68.2377	2770
600992	贵绳股份	贵州	西部	C	国有弱相对控股公司	57.1429	51.7522	83.3017	69.6435	2249
600993	马应龙	湖北	中部	C	国有弱相对控股公司	85.7143	49.1048	78.8980	69.1520	2420
600995	南网储能	云南	西部	D	国有绝对控股公司	57.1429	50.9365	89.7708	72.9160	1101
600996	贵广网络	贵州	西部	I	国有强相对控股公司	71.4286	38.5445	84.9403	67.3506	3101
600997	开滦股份	河北	东部	C	国有绝对控股公司	42.8571	56.9697	78.3983	67.3442	3106
600998	九州通	湖北	中部	F	国有参股公司	57.1429	56.5117	91.4054	75.7664	476
601000	唐山港	河北	东部	G	国有绝对控股公司	100.0000	52.2733	83.8508	74.4136	722
601001	晋控煤业	山西	中部	B	国有绝对控股公司	100.0000	56.0720	85.7830	76.8059	316
601002	晋亿实业	浙江	东部	C	无国有股份公司	42.8571	56.4456	82.5617	69.4506	2313
601003	柳钢股份	广西	西部	C	国有绝对控股公司	28.5714	55.5190	76.0694	64.1270	4075
601005	重庆钢铁	重庆	西部	C	国有强相对控股公司	71.4286	42.4293	79.9660	65.9744	3562

续表

股票代码	公司简称	省份	地区	行业代码	控股类型	环境保护（*EP*）	社会责任（*SR*）	公司治理（*CG*）	上市公司质量/ESG指数（*CLCQI/ESGI*）	*CLCQI/ESGI* 排名
601006	大秦铁路	山西	中部	G	国有绝对控股公司	28.5714	48.1205	85.9538	66.9739	3228
601007	金陵饭店	江苏	东部	H	国有强相对控股公司	28.5714	48.7510	83.8250	66.0237	3547
601008	连云港	江苏	东部	G	国有绝对控股公司	85.7143	37.9918	77.1524	64.3024	4027
601010	文峰股份	江苏	东部	F	国有参股公司	28.5714	41.4689	78.6273	60.6162	4641
601011	宝泰隆	黑龙江	东北	C	国有参股公司	85.7143	54.4510	84.7448	74.2389	752
601012	隆基绿能	陕西	西部	C	国有参股公司	85.7143	51.3062	88.5784	75.2467	562
601015	陕西黑猫	陕西	西部	C	国有参股公司	85.7143	43.7029	72.7093	63.8575	4144
601016	节能风电	北京	东部	D	国有绝对控股公司	100.0000	42.7274	87.5683	73.1171	1039
601018	宁波港	浙江	东部	G	国有绝对控股公司	57.1429	49.6214	86.1286	70.4525	1940
601019	山东出版	山东	东部	R	国有绝对控股公司	28.5714	35.8711	76.4094	57.4372	4842
601020	华钰矿业	西藏	西部	B	无国有股份公司	100.0000	39.0191	68.4725	61.3165	4547
601021	春秋航空	上海	东部	G	无国有股份公司	14.2857	45.8708	82.6284	62.9290	4330
601022	宁波远洋	浙江	东部	G	国有绝对控股公司	42.8571	48.2896	88.4469	69.8329	2173
601028	玉龙股份	山东	东部	F	国有弱相对控股公司	85.7143	45.1437	80.2741	68.5225	2664
601038	一拖股份	河南	中部	C	国有强相对控股公司	42.8571	51.4479	78.4690	65.4504	3713
601058	赛轮轮胎	山东	东部	C	无国有股份公司	42.8571	50.1131	88.0439	70.2495	2016
601068	中铝国际	北京	东部	E	国有绝对控股公司	85.7143	51.1007	81.1749	71.1029	1723
601069	西部黄金	新疆	西部	B	国有绝对控股公司	42.8571	55.1321	84.5906	70.1068	2065
601086	国芳集团	甘肃	西部	F	国有参股公司	14.2857	44.6765	81.2991	61.7799	4497
601088	中国神华	北京	东部	B	国有绝对控股公司	14.2857	63.0522	88.5359	72.1916	1340
601089	福元医药	北京	东部	C	无国有股份公司	14.2857	60.6050	92.3468	73.4310	962
601098	中南传媒	湖南	中部	R	国有绝对控股公司	14.2857	49.7083	87.2605	66.8197	3277
601100	恒立液压	江苏	东部	C	无国有股份公司	42.8571	44.1765	81.5335	64.5909	3963
601101	昊华能源	北京	东部	B	国有绝对控股公司	42.8571	45.5336	93.4859	71.6397	1519
601106	中国一重	黑龙江	东北	C	国有绝对控股公司	42.8571	47.2022	73.5831	61.2772	4554
601107	四川成渝	四川	西部	G	国有绝对控股公司	71.4286	51.2812	81.9751	70.1775	2041
601111	中国国航	北京	东部	G	国有强相对控股公司	100.0000	51.5337	85.6730	75.1569	573
601113	华鼎股份	浙江	东部	C	国有参股公司	57.1429	42.9719	81.4048	65.5271	3696
601116	三江购物	浙江	东部	F	无国有股份公司	57.1429	41.3411	92.2928	70.9447	1776
601117	中国化学	北京	东部	E	国有强相对控股公司	100.0000	50.1390	85.7463	74.7091	660
601118	海南橡胶	海南	东部	A	国有绝对控股公司	14.2857	40.7913	86.7952	63.4429	4227

续表

股票代码	公司简称	省份	地区	行业代码	控股类型	环境保护（*EP*）	社会责任（*SR*）	公司治理（*CG*）	上市公司质量/ESG指数（*CLCQI/ESGI*）	*CLCQI/ESGI* 排名
601121	宝地矿业	新疆	西部	B	国有绝对控股公司	42.8571	49.9641	82.6860	67.2505	3143
601126	四方股份	北京	东部	C	国有参股公司	71.4286	53.5727	85.5266	72.9329	1099
601127	赛力斯	重庆	西部	C	国有参股公司	100.0000	69.3485	83.5317	80.2144	63
601137	博威合金	浙江	东部	C	无国有股份公司	71.4286	45.7542	93.8597	74.7797	641
601138	工业富联	广东	东部	C	无国有股份公司	100.0000	54.0192	83.8868	75.0445	595
601139	深圳燃气	广东	东部	D	国有强相对控股公司	71.4286	45.8627	83.5392	69.1413	2423
601155	新城控股	江苏	东部	K	国有参股公司	85.7143	46.4821	77.6664	67.5567	3038
601156	东航物流	上海	东部	G	国有强相对控股公司	42.8571	49.2182	86.0053	68.8150	2538
601158	重庆水务	重庆	西部	D	国有绝对控股公司	85.7143	52.6808	79.8693	70.9378	1778
601163	三角轮胎	山东	东部	C	国有参股公司	85.7143	58.5489	88.3626	77.6629	214
601168	西部矿业	青海	西部	B	国有强相对控股公司	42.8571	44.7320	88.8376	68.8026	2548
601177	杭齿前进	浙江	东部	C	国有绝对控股公司	85.7143	60.5692	92.4765	80.6327	56
601179	中国西电	陕西	西部	C	国有绝对控股公司	14.2857	42.9775	83.0901	62.1703	4454
601186	中国铁建	北京	东部	E	国有绝对控股公司	85.7143	70.7860	87.3823	81.4068	39
601188	龙江交通	黑龙江	东北	G	国有强相对控股公司	57.1429	41.1176	84.3752	66.5118	3382
601199	江南水务	江苏	东部	D	国有绝对控股公司	100.0000	44.1978	88.6147	74.2073	763
601200	上海环境	上海	东部	N	国有绝对控股公司	57.1429	46.8044	87.1591	70.0333	2103
601208	东材科技	四川	西部	C	无国有股份公司	71.4286	56.6480	74.3921	67.8853	2901
601212	白银有色	甘肃	西部	C	国有绝对控股公司	71.4286	60.9023	86.0588	75.7910	471
601216	君正集团	内蒙古	西部	C	无国有股份公司	57.1429	56.7941	82.9435	71.2112	1687
601218	吉鑫科技	江苏	东部	C	无国有股份公司	85.7143	43.7458	84.7482	70.4940	1928
601222	林洋能源	江苏	东部	C	无国有股份公司	100.0000	40.1559	85.0376	70.8252	1811
601225	陕西煤业	陕西	西部	B	国有绝对控股公司	100.0000	50.0494	82.1047	72.6749	1178
601226	华电重工	北京	东部	M	国有绝对控股公司	100.0000	64.5013	84.8104	79.2212	111
601228	广州港	广东	东部	G	国有绝对控股公司	42.8571	45.1088	82.4604	65.4270	3725
601231	环旭电子	上海	东部	C	国有参股公司	71.4286	57.7388	92.0483	77.9780	193
601233	桐昆股份	浙江	东部	C	国有参股公司	100.0000	46.5394	82.2389	71.5202	1555
601238	广汽集团	广东	东部	C	国有绝对控股公司	100.0000	57.1214	94.7001	82.0775	21
601279	英利汽车	吉林	东北	C	国有参股公司	42.8571	45.5387	80.7744	64.6502	3942
601298	青岛港	山东	东部	G	国有绝对控股公司	85.7143	51.6426	83.5173	72.5809	1206
601311	骆驼股份	湖北	中部	C	无国有股份公司	57.1429	55.6639	88.2795	73.7504	874

续表

股票代码	公司简称	省份	地区	行业代码	控股类型	环境保护（*EP*）	社会责任（*SR*）	公司治理（*CG*）	上市公司质量/ESG指数（*CLCQI/ESGI*）	*CLCQI/ESGI*排名
601326	秦港股份	河北	东部	G	国有绝对控股公司	14.2857	41.4900	88.8209	64.8016	3904
601330	绿色动力	广东	东部	N	国有强相对控股公司	71.4286	53.0582	88.0079	74.1176	789
601333	广深铁路	广东	东部	G	国有强相对控股公司	100.0000	40.0496	83.8409	70.1298	2055
601339	百隆东方	浙江	东部	C	无国有股份公司	85.7143	48.3830	81.5166	70.3396	1987
601360	三六零	天津	东部	I	无国有股份公司	42.8571	47.9715	83.7163	67.1197	3180
601366	利群股份	山东	东部	F	无国有股份公司	85.7143	41.4076	84.3579	69.4609	2307
601368	绿城水务	广西	西部	D	国有绝对控股公司	100.0000	39.1419	86.1070	71.0586	1738
601369	陕鼓动力	陕西	西部	C	国有绝对控股公司	42.8571	61.7797	81.3280	70.6390	1877
601388	怡球资源	江苏	东部	C	无国有股份公司	100.0000	49.7884	75.1240	68.7441	2575
601390	中国中铁	北京	东部	E	国有绝对控股公司	28.5714	76.2556	80.6571	73.9080	839
601399	国机重装	四川	西部	E	国有绝对控股公司	28.5714	48.4603	83.7680	65.8907	3589
601500	通用股份	江苏	东部	C	国有参股公司	57.1429	53.2586	90.6723	74.2245	755
601512	中新集团	江苏	东部	K	国有绝对控股公司	57.1429	48.6628	88.2551	71.2866	1657
601515	东峰集团	广东	东部	C	无国有股份公司	42.8571	48.1015	89.6456	70.4263	1948
601518	吉林高速	吉林	东北	G	国有绝对控股公司	100.0000	43.2545	86.1452	72.5189	1235
601566	九牧王	福建	东部	C	无国有股份公司	100.0000	51.8571	78.3655	71.2510	1675
601567	三星医疗	浙江	东部	C	无国有股份公司	71.4286	57.2983	85.9445	74.4667	709
601568	北元集团	陕西	西部	C	国有强相对控股公司	85.7143	59.5273	82.2347	74.6351	676
601579	会稽山	浙江	东部	C	国有参股公司	100.0000	47.5190	82.4906	72.0015	1406
601588	北辰实业	北京	东部	K	国有强相对控股公司	57.1429	39.0758	77.6790	62.1143	4459
601595	上海电影	上海	东部	R	国有绝对控股公司	57.1429	38.7957	75.6252	60.8867	4608
601598	中国外运	北京	东部	G	国有绝对控股公司	57.1429	46.3824	88.0824	70.3934	1965
601599	浙文影业	浙江	东部	C	国有弱相对控股公司	100.0000	38.9516	79.6660	67.4494	3068
601600	中国铝业	北京	东部	C	国有强相对控股公司	42.8571	52.4478	86.5356	70.2370	2020
601606	长城军工	安徽	中部	C	国有绝对控股公司	85.7143	61.8616	85.3093	77.1431	269
601607	上海医药	上海	东部	F	国有绝对控股公司	100.0000	57.7904	80.5549	74.5318	694
601608	中信重工	河南	中部	C	国有绝对控股公司	14.2857	37.5712	74.8240	55.7317	4887
601609	金田股份	浙江	东部	C	无国有股份公司	100.0000	47.8565	79.5956	70.5274	1912
601611	中国核建	上海	东部	E	国有绝对控股公司	71.4286	48.6635	87.4324	72.2629	1317
601615	明阳智能	广东	东部	C	无国有股份公司	100.0000	61.1345	88.7074	80.1861	66
601616	广电电气	上海	东部	C	无国有股份公司	28.5714	42.7039	76.8888	60.0924	4689

续表

股票代码	公司简称	省份	地区	行业代码	控股类型	环境保护（*EP*）	社会责任（*SR*）	公司治理（*CG*）	上市公司质量/ESG指数（*CLCQI/ESGI*）	*CLCQI/ESGI* 排名
601618	中国中冶	北京	东部	E	国有绝对控股公司	100.0000	57.2491	83.0280	75.7026	486
601619	嘉泽新能	宁夏	西部	D	国有参股公司	100.0000	47.7265	82.8512	72.2725	1312
601633	长城汽车	河北	东部	C	国有参股公司	100.0000	69.1097	94.4430	86.1320	1
601636	旗滨集团	湖南	中部	C	无国有股份公司	85.7143	53.0445	87.5833	75.3078	551
601666	平煤股份	河南	中部	B	国有强相对控股公司	71.4286	62.8645	86.6996	76.8302	309
601668	中国建筑	北京	东部	E	国有绝对控股公司	14.2857	74.9706	88.5368	76.3635	372
601669	中国电建	北京	东部	E	国有绝对控股公司	71.4286	60.2230	87.0356	76.0905	422
601677	明泰铝业	河南	中部	C	国有参股公司	71.4286	55.7724	82.8881	72.2517	1318
601678	滨化股份	山东	东部	C	国有参股公司	100.0000	53.0954	85.6921	75.7141	481
601686	友发集团	天津	东部	C	无国有股份公司	71.4286	53.3586	83.9514	71.9916	1408
601689	拓普集团	浙江	东部	C	国有参股公司	57.1429	50.0647	92.0385	73.8581	848
601698	中国卫通	北京	东部	I	国有绝对控股公司	71.4286	51.4784	82.4478	70.5066	1920
601699	潞安环能	山西	中部	B	国有绝对控股公司	14.2857	52.5434	85.9548	67.0939	3193
601700	风范股份	江苏	东部	C	国有参股公司	14.2857	59.2865	85.5223	69.2161	2407
601702	华峰铝业	上海	东部	C	无国有股份公司	100.0000	46.5010	88.2498	74.8127	635
601717	郑煤机	河南	中部	C	国有弱相对控股公司	85.7143	58.5500	91.7911	79.5490	90
601718	际华集团	北京	东部	C	国有绝对控股公司	85.7143	48.5089	76.6288	67.6954	2990
601727	上海电气	上海	东部	C	国有绝对控股公司	71.4286	39.0382	74.6019	61.8372	4488
601728	中国电信	北京	东部	I	国有绝对控股公司	14.2857	65.6309	82.1018	69.5554	2273
601766	中国中车	北京	东部	C	国有绝对控股公司	14.2857	63.7151	83.4848	69.6455	2247
601777	力帆科技	重庆	西部	C	无国有股份公司	57.1429	44.9179	89.9290	70.8965	1799
601778	晶科科技	江西	中部	D	国有参股公司	42.8571	36.4418	87.8973	65.3839	3736
601789	宁波建工	浙江	东部	E	国有弱相对控股公司	100.0000	39.2511	85.8125	70.9347	1781
601798	蓝科高新	甘肃	西部	C	国有绝对控股公司	71.4286	42.3267	77.5735	64.6226	3947
601799	星宇股份	江苏	东部	C	无国有股份公司	14.2857	42.0267	72.2981	55.9019	4885
601800	中国交建	北京	东部	E	国有绝对控股公司	57.1429	59.1899	93.9263	78.0902	184
601801	皖新传媒	安徽	中部	R	国有绝对控股公司	57.1429	44.6110	75.6775	62.9508	4327
601808	中海油服	天津	东部	B	国有绝对控股公司	71.4286	57.6473	93.2001	78.5795	154
601811	新华文轩	四川	西部	R	国有绝对控股公司	85.7143	38.8953	77.1509	64.6178	3949
601816	京沪高铁	北京	东部	G	国有绝对控股公司	100.0000	46.3687	69.3050	64.3468	4013
601827	三峰环境	重庆	西部	N	国有绝对控股公司	85.7143	50.9785	83.6262	72.4083	1277

续表

股票代码	公司简称	省份	地区	行业代码	控股类型	环境保护（*EP*）	社会责任（*SR*）	公司治理（*CG*）	上市公司质量/ESG指数（*CLCQI/ESGI*）	*CLCQI/ESGI* 排名
601828	美凯龙	上海	东部	L	国有弱相对控股公司	71.4286	50.8505	85.0877	71.7388	1481
601857	中国石油	北京	东部	B	国有绝对控股公司	14.2857	100.0000	87.4034	84.5004	5
601858	中国科传	北京	东部	R	国有绝对控股公司	100.0000	42.8676	85.8834	72.2395	1325
601865	福莱特	浙江	东部	C	无国有股份公司	71.4286	58.4025	81.6163	72.4727	1251
601866	中远海发	上海	东部	G	国有强相对控股公司	28.5714	48.8474	83.3860	65.8160	3608
601868	中国能建	北京	东部	E	国有绝对控股公司	100.0000	53.9151	82.7533	74.3846	729
601869	长飞光纤	湖北	中部	C	国有强相对控股公司	14.2857	59.2371	85.7328	69.3146	2366
601872	招商轮船	上海	东部	G	国有绝对控股公司	28.5714	44.3251	88.3641	66.9712	3232
601877	正泰电器	浙江	东部	C	无国有股份公司	57.1429	48.6629	81.8972	67.7897	2941
601880	辽港股份	辽宁	东北	G	国有绝对控股公司	14.2857	40.3050	81.0759	60.1271	4683
601882	海天精工	浙江	东部	C	无国有股份公司	28.5714	42.0011	85.4979	64.5814	3966
601886	江河集团	北京	东部	E	国有参股公司	57.1429	46.1173	75.3839	63.3165	4250
601888	中国中免	北京	东部	L	国有绝对控股公司	85.7143	46.3032	95.4966	77.3007	252
601890	亚星锚链	江苏	东部	C	无国有股份公司	42.8571	40.8802	83.8621	64.7179	3931
601898	中煤能源	北京	东部	B	国有绝对控股公司	14.2857	46.8014	91.1326	67.9320	2879
601899	紫金矿业	福建	东部	B	国有弱相对控股公司	28.5714	52.7947	81.9479	66.4066	3426
601900	南方传媒	广东	东部	R	国有绝对控股公司	100.0000	37.1182	69.7638	61.3614	4540
601908	京运通	北京	东部	C	无国有股份公司	57.1429	43.1936	77.7003	63.5672	4203
601918	新集能源	安徽	中部	B	国有强相对控股公司	100.0000	44.5415	86.2094	73.0047	1074
601919	中远海控	天津	东部	G	国有绝对控股公司	71.4286	51.8946	93.3547	76.6510	340
601921	浙版传媒	浙江	东部	R	国有绝对控股公司	85.7143	51.9884	88.5647	75.4779	520
601928	凤凰传媒	江苏	东部	R	国有绝对控股公司	100.0000	43.0759	81.8507	70.0944	2071
601929	吉视传媒	吉林	东北	I	国有强相对控股公司	28.5714	33.2348	75.0635	55.7743	4886
601933	永辉超市	福建	东部	F	无国有股份公司	85.7143	48.7095	82.1655	70.8108	1816
601949	中国出版	北京	东部	R	国有绝对控股公司	85.7143	37.2834	75.2230	62.9933	4319
601952	苏垦农发	江苏	东部	C	国有绝对控股公司	100.0000	50.7075	84.2582	74.0896	798
601956	东贝集团	湖北	中部	C	国有参股公司	85.7143	50.4080	84.0900	72.4637	1256
601958	金钼股份	陕西	西部	B	国有绝对控股公司	100.0000	55.9330	75.5531	71.1308	1714
601965	中国汽研	重庆	西部	M	国有绝对控股公司	14.2857	50.0593	88.2143	67.4672	3066
601966	玲珑轮胎	山东	东部	C	无国有股份公司	85.7143	44.6130	85.1409	71.0135	1754
601968	宝钢包装	上海	东部	C	国有绝对控股公司	85.7143	44.4663	83.7941	70.2214	2029

续表

股票代码	公司简称	省份	地区	行业代码	控股类型	环境保护（*EP*）	社会责任（*SR*）	公司治理（*CG*）	上市公司质量/ESG指数（*CLCQI/ESGI*）	*CLCQI/ESGI* 排名
601969	海南矿业	海南	东部	B	国有弱相对控股公司	71.4286	52.0746	89.8308	74.7759	642
601975	招商南油	江苏	东部	G	国有强相对控股公司	28.5714	47.1159	78.9183	62.7528	4361
601985	中国核电	北京	东部	D	国有绝对控股公司	71.4286	61.4072	83.7770	74.7127	659
601989	中国重工	北京	东部	C	国有绝对控股公司	71.4286	53.4381	81.5597	70.7040	1856
601991	大唐发电	北京	东部	D	国有绝对控股公司	42.8571	42.8576	82.8650	64.8616	3887
601992	金隅集团	北京	东部	C	国有强相对控股公司	100.0000	49.6883	83.9350	73.5552	931
601996	丰林集团	广西	西部	C	国有参股公司	85.7143	53.8454	89.6899	76.7468	325
601999	出版传媒	辽宁	东北	R	国有绝对控股公司	42.8571	53.1765	69.9201	61.3535	4544
603000	人民网	北京	东部	I	国有绝对控股公司	14.2857	46.2558	83.7095	63.6583	4179
603001	奥康国际	浙江	东部	C	无国有股份公司	42.8571	33.3435	77.1912	58.4111	4806
603002	宏昌电子	广东	东部	C	国有参股公司	57.1429	44.0794	87.2710	69.1411	2424
603003	*ST龙宇	上海	东部	F	国有参股公司	28.5714	48.7007	62.2233	54.1252	4915
603005	晶方科技	江苏	东部	C	国有弱相对控股公司	85.7143	51.9515	78.7186	70.0497	2095
603006	联明股份	上海	东部	C	无国有股份公司	85.7143	46.8683	86.2265	72.3999	1280
603007	ST花王	江苏	东部	E	国有参股公司	100.0000	46.0740	69.2446	64.2105	4046
603008	喜临门	浙江	东部	C	国有参股公司	57.1429	48.2663	78.8458	65.9727	3564
603009	北特科技	上海	东部	C	无国有股份公司	85.7143	41.6873	82.2796	68.4158	2701
603010	万盛股份	浙江	东部	C	无国有股份公司	85.7143	56.3927	97.7963	82.0968	20
603011	合锻智能	安徽	中部	C	国有参股公司	100.0000	41.7068	80.4125	68.8243	2534
603012	创力集团	上海	东部	C	无国有股份公司	57.1429	55.2509	75.0889	66.3510	3439
603013	亚普股份	江苏	东部	C	国有绝对控股公司	71.4286	54.9729	80.5252	70.6722	1862
603015	弘讯科技	浙江	东部	C	国有参股公司	85.7143	54.4641	82.7642	73.1541	1029
603016	新宏泰	江苏	东部	C	国有弱相对控股公司	100.0000	49.6091	85.8608	74.5866	685
603017	中衡设计	江苏	东部	M	无国有股份公司	100.0000	54.1801	91.0662	79.0495	124
603018	华设集团	江苏	东部	M	无国有股份公司	100.0000	56.7973	91.2023	80.0403	72
603019	中科曙光	天津	东部	C	国有弱相对控股公司	42.8571	52.7577	78.1264	65.7204	3633
603020	爱普股份	上海	东部	C	国有参股公司	42.8571	42.9670	80.3051	63.4920	4218
603021	山东华鹏	山东	东部	C	国有参股公司	85.7143	37.8591	81.2906	66.5320	3372
603022	新通联	上海	东部	C	无国有股份公司	28.5714	49.0150	73.8370	60.6228	4640
603023	*ST威帝	黑龙江	东北	C	国有弱相对控股公司	100.0000	49.4642	60.5828	60.6330	4638
603025	大豪科技	北京	东部	C	国有强相对控股公司	42.8571	47.5139	78.6158	64.1543	4065

续表

股票代码	公司简称	省份	地区	行业代码	控股类型	环境保护（*EP*）	社会责任（*SR*）	公司治理（*CG*）	上市公司质量/ESG指数（*CLCQI/ESGI*）	*CLCQI/ESGI*排名
603026	石大胜华	山东	东部	C	国有弱相对控股公司	28.5714	44.7379	89.7937	67.9020	2891
603027	千禾味业	四川	西部	C	无国有股份公司	14.2857	43.9623	78.0686	59.7531	4714
603028	赛福天	江苏	东部	C	国有弱相对控股公司	14.2857	39.6029	88.8457	64.1547	4064
603029	天鹅股份	山东	东部	C	国有参股公司	100.0000	37.8810	78.8002	66.5984	3352
603030	全筑股份	上海	东部	E	国有参股公司	71.4286	45.6434	79.7775	66.9957	3223
603031	安孚科技	安徽	中部	C	国有参股公司	28.5714	45.4943	83.9788	64.9685	3853
603032	德新科技	新疆	西部	C	国有参股公司	28.5714	48.4602	82.9564	65.4442	3717
603033	三维股份	浙江	东部	C	无国有股份公司	14.2857	48.0595	87.7043	66.4868	3391
603035	常熟汽饰	江苏	东部	C	无国有股份公司	100.0000	39.4694	82.6941	69.2960	2372
603036	如通股份	江苏	东部	C	无国有股份公司	100.0000	42.9764	75.0325	66.3096	3456
603037	凯众股份	上海	东部	C	国有参股公司	71.4286	50.5516	68.8599	62.7089	4368
603038	华立股份	广东	东部	C	无国有股份公司	85.7143	37.1808	78.2923	64.6455	3944
603039	泛微网络	上海	东部	I	国有参股公司	0.0000	42.1973	90.8068	64.7128	3932
603040	新坐标	浙江	东部	C	无国有股份公司	71.4286	56.3839	76.4854	68.9442	2500
603041	美思德	江苏	东部	C	无国有股份公司	28.5714	48.6173	82.7731	65.3984	3732
603042	华脉科技	江苏	东部	C	无国有股份公司	71.4286	52.8382	84.3949	72.0534	1384
603043	广州酒家	广东	东部	C	国有绝对控股公司	100.0000	54.9249	87.6057	77.4069	237
603045	福达合金	浙江	东部	C	无国有股份公司	42.8571	47.3656	86.7324	68.5665	2645
603048	浙江黎明	浙江	东部	C	国有参股公司	14.2857	45.5682	66.8609	54.1509	4914
603050	科林电气	河北	东部	C	国有参股公司	71.4286	38.8460	82.8161	66.2878	3471
603051	鹿山新材	广东	东部	C	国有参股公司	100.0000	45.4676	85.1850	72.7654	1152
603052	可川科技	江苏	东部	C	无国有股份公司	85.7143	52.1781	71.5989	66.2132	3501
603053	成都燃气	四川	西部	D	国有绝对控股公司	42.8571	47.5176	95.3702	73.3705	970
603055	台华新材	浙江	东部	C	无国有股份公司	14.2857	46.2810	82.3544	62.9218	4334
603056	德邦股份	上海	东部	G	无国有股份公司	71.4286	41.2602	78.4100	64.7094	3933
603057	紫燕食品	上海	东部	C	无国有股份公司	28.5714	48.2717	89.2540	68.8419	2524
603058	永吉股份	贵州	西部	C	无国有股份公司	42.8571	45.9708	78.5407	63.5729	4198
603059	倍加洁	江苏	东部	C	无国有股份公司	71.4286	37.8432	73.8859	61.0252	4592
603060	国检集团	北京	东部	M	国有绝对控股公司	42.8571	45.5198	88.1830	68.7183	2588
603061	金海通	天津	东部	C	国有参股公司	71.4286	53.9054	82.1179	71.1746	1699
603063	禾望电气	广东	东部	C	无国有股份公司	85.7143	50.4377	80.0059	70.2279	2026

续表

股票代码	公司简称	省份	地区	行业代码	控股类型	环境保护（*EP*）	社会责任（*SR*）	公司治理（*CG*）	上市公司质量/ESG指数（*CLCQI/ESGI*）	*CLCQI/ESGI*排名
603065	宿迁联盛	江苏	东部	C	国有参股公司	100.0000	52.3936	75.5338	69.8813	2158
603066	音飞储存	江苏	东部	G	国有强相对控股公司	28.5714	35.4227	72.6705	55.2238	4896
603067	振华股份	湖北	中部	C	无国有股份公司	85.7143	47.2910	81.1312	69.7454	2204
603068	博通集成	上海	东部	C	无国有股份公司	28.5714	43.2238	76.5397	60.0823	4690
603069	海汽集团	海南	东部	G	国有绝对控股公司	85.7143	50.2039	92.4838	77.0089	285
603070	万控智造	浙江	东部	C	无国有股份公司	28.5714	39.5325	76.6923	58.8743	4776
603071	物产环能	浙江	东部	F	国有绝对控股公司	100.0000	46.2422	81.9232	71.2426	1677
603073	彩蝶实业	浙江	东部	C	无国有股份公司	57.1429	55.4565	84.6933	71.7053	1498
603076	乐惠国际	浙江	东部	C	无国有股份公司	85.7143	33.6150	76.2404	62.2689	4440
603077	和邦生物	四川	西部	C	国有参股公司	42.8571	40.1277	76.3527	60.3244	4672
603078	江化微	江苏	东部	C	国有弱相对控股公司	100.0000	48.2317	83.2964	72.6941	1172
603079	圣达生物	浙江	东部	C	无国有股份公司	57.1429	52.4207	78.2526	67.1004	3188
603080	新疆火炬	新疆	西部	D	无国有股份公司	85.7143	38.5366	89.9598	71.5371	1548
603081	大丰实业	浙江	东部	C	无国有股份公司	57.1429	56.7220	80.1526	69.6509	2246
603083	剑桥科技	上海	东部	C	无国有股份公司	85.7143	70.2847	84.0225	79.3835	99
603085	天成自控	浙江	东部	C	无国有股份公司	71.4286	37.7304	68.7328	58.1515	4814
603086	先达股份	山东	东部	C	无国有股份公司	85.7143	38.9698	83.8858	68.3481	2730
603087	甘李药业	北京	东部	C	国有参股公司	100.0000	42.2679	90.1211	74.3604	734
603088	宁波精达	浙江	东部	C	国有弱相对控股公司	28.5714	48.8932	81.6851	64.8965	3874
603089	正裕工业	浙江	东部	C	无国有股份公司	85.7143	47.9932	79.9330	69.3322	2361
603090	宏盛股份	江苏	东部	C	无国有股份公司	42.8571	57.4979	82.2116	69.6264	2254
603095	越剑智能	浙江	东部	C	无国有股份公司	85.7143	44.8023	89.6626	73.5667	929
603096	新经典	天津	东部	R	无国有股份公司	42.8571	49.9561	85.3357	68.7050	2593
603097	江苏华辰	江苏	东部	C	无国有股份公司	57.1429	43.6350	81.1335	65.6100	3667
603098	森特股份	北京	东部	E	无国有股份公司	85.7143	55.3507	83.2940	73.7559	870
603099	长白山	吉林	东北	N	国有绝对控股公司	100.0000	36.7592	61.6031	56.7474	4859
603100	川仪股份	重庆	西部	C	国有强相对控股公司	42.8571	47.7329	76.8548	63.2624	4263
603101	汇嘉时代	新疆	西部	F	国有参股公司	100.0000	42.6475	82.7373	70.4321	1946
603102	百合股份	山东	东部	C	无国有股份公司	100.0000	51.8605	79.2547	71.7413	1478
603103	横店影视	浙江	东部	R	无国有股份公司	100.0000	40.7935	81.6296	69.1740	2412
603105	芯能科技	浙江	东部	C	无国有股份公司	42.8571	51.3965	81.7984	67.2636	3134

续表

股票代码	公司简称	省份	地区	行业代码	控股类型	环境保护（*EP*）	社会责任（*SR*）	公司治理（*CG*）	上市公司质量/ESG指数（*CLCQI/ESGI*）	*CLCQI/ESGI* 排名
603106	恒银科技	天津	东部	C	国有参股公司	71.4286	44.7062	83.8162	68.8890	2514
603108	润达医疗	上海	东部	F	国有弱相对控股公司	85.7143	42.2367	81.6850	68.2810	2751
603109	神驰机电	重庆	西部	C	无国有股份公司	100.0000	39.1383	79.3734	67.3538	3099
603110	东方材料	安徽	中部	C	无国有股份公司	85.7143	51.8038	74.8786	67.8860	2899
603111	康尼机电	江苏	东部	C	国有弱相对控股公司	100.0000	39.9219	81.3276	68.7028	2595
603112	华翔股份	山西	中部	C	国有参股公司	57.1429	46.7174	80.7507	66.4783	3392
603113	金能科技	山东	东部	C	国有参股公司	42.8571	40.2819	80.7740	62.8101	4355
603115	海星股份	江苏	东部	C	无国有股份公司	28.5714	44.1757	85.6558	65.4293	3724
603116	红蜻蜓	浙江	东部	C	无国有股份公司	85.7143	49.2563	78.0881	68.7596	2569
603117	ST万林	江苏	东部	L	无国有股份公司	28.5714	30.7573	69.6959	51.9549	4929
603118	共进股份	广东	东部	C	国有参股公司	71.4286	50.2582	81.2076	69.3974	2324
603121	华培动力	上海	东部	C	无国有股份公司	14.2857	32.9096	81.4767	57.7591	4827
603122	合富中国	上海	东部	F	国有参股公司	14.2857	39.0237	79.1377	58.6126	4791
603123	翠微股份	北京	东部	F	国有绝对控股公司	14.2857	43.7400	74.4428	57.6811	4830
603126	中材节能	天津	东部	M	国有绝对控股公司	28.5714	57.6037	81.4555	67.8190	2928
603127	昭衍新药	北京	东部	M	无国有股份公司	57.1429	50.6722	81.6196	68.3403	2733
603128	华贸物流	上海	东部	G	国有强相对控股公司	100.0000	41.7550	85.7549	71.7794	1467
603129	春风动力	浙江	东部	C	国有参股公司	14.2857	52.3664	83.1372	65.4823	3706
603130	云中马	浙江	东部	C	无国有股份公司	28.5714	42.2040	77.1049	60.0363	4693
603131	上海沪工	上海	东部	C	无国有股份公司	100.0000	41.2075	73.4915	64.8430	3895
603132	金徽股份	甘肃	西部	B	无国有股份公司	28.5714	56.3489	85.4102	69.5549	2274
603136	天目湖	江苏	东部	N	国有弱相对控股公司	100.0000	33.5848	87.0741	69.6454	2248
603138	海量数据	北京	东部	I	无国有股份公司	100.0000	43.4511	74.6342	66.2567	3490
603139	康惠制药	陕西	西部	C	无国有股份公司	100.0000	32.4399	72.7973	61.3925	4537
603150	万朗磁塑	安徽	中部	C	无国有股份公司	42.8571	50.2043	82.7592	67.3748	3090
603151	邦基科技	山东	东部	C	无国有股份公司	71.4286	48.3562	85.8633	71.2923	1650
603153	上海建科	上海	东部	M	国有绝对控股公司	85.7143	47.3969	81.4044	69.9328	2141
603155	新亚强	江苏	东部	C	国有参股公司	42.8571	49.5808	85.2565	68.5301	2662
603156	养元饮品	河北	东部	C	无国有股份公司	71.4286	51.3342	78.9789	68.5482	2655
603158	腾龙股份	江苏	东部	C	国有参股公司	14.2857	42.2916	73.5123	56.6624	4861
603159	上海亚虹	上海	东部	C	无国有股份公司	85.7143	47.4349	78.0961	68.1265	2802

续表

股票代码	公司简称	省份	地区	行业代码	控股类型	环境保护（*EP*）	社会责任（*SR*）	公司治理（*CG*）	上市公司质量/ESG指数（*CLCQI/ESGI*）	*CLCQI/ESGI* 排名
603160	汇顶科技	广东	东部	C	无国有股份公司	28.5714	38.4138	86.6534	63.9614	4117
603161	科华控股	江苏	东部	C	无国有股份公司	100.0000	48.7728	80.6638	71.4356	1596
603162	海通发展	福建	东部	G	国有参股公司	85.7143	51.6187	82.4836	72.0040	1404
603163	圣晖集成	江苏	东部	E	无国有股份公司	71.4286	56.6727	82.9901	72.6229	1194
603165	荣晟环保	浙江	东部	C	无国有股份公司	71.4286	51.8827	83.2359	71.0816	1731
603166	福达股份	广西	西部	C	国有参股公司	85.7143	52.9934	90.7230	77.0168	282
603167	渤海轮渡	山东	东部	G	国有强相对控股公司	100.0000	41.2666	83.3681	70.2958	2000
603168	莎普爱思	浙江	东部	C	无国有股份公司	85.7143	45.5306	81.6614	69.4209	2319
603169	兰石重装	甘肃	西部	C	国有绝对控股公司	57.1429	50.2151	88.6555	72.0501	1386
603170	宝立食品	上海	东部	C	无国有股份公司	28.5714	47.6539	89.7754	68.9124	2505
603171	税友股份	浙江	东部	I	无国有股份公司	85.7143	50.6471	81.8771	71.3303	1632
603173	福斯达	浙江	东部	C	无国有股份公司	57.1429	48.0467	82.3815	67.8405	2918
603176	汇通集团	河北	东部	E	无国有股份公司	85.7143	40.6955	82.0459	67.9401	2876
603177	德创环保	浙江	东部	N	无国有股份公司	28.5714	43.8589	80.0951	62.2601	4442
603178	圣龙股份	浙江	东部	C	无国有股份公司	85.7143	52.3230	81.3644	71.6349	1520
603179	新泉股份	江苏	东部	C	无国有股份公司	100.0000	47.1718	79.1723	70.0549	2088
603180	金牌家居	福建	东部	C	无国有股份公司	57.1429	39.4257	78.8333	62.8716	4346
603181	皇马科技	浙江	东部	C	无国有股份公司	57.1429	47.7190	78.3200	65.4920	3703
603182	嘉华股份	山东	东部	C	无国有股份公司	85.7143	50.9672	84.4343	72.8488	1123
603183	建研院	江苏	东部	M	无国有股份公司	57.1429	43.1937	78.5726	64.0470	4100
603185	弘元绿能	江苏	东部	C	无国有股份公司	14.2857	44.1869	85.4635	63.8989	4140
603186	华正新材	浙江	东部	C	无国有股份公司	42.8571	51.6102	87.6261	70.5437	1905
603187	海容冷链	山东	东部	C	无国有股份公司	85.7143	45.5696	86.3386	72.0070	1402
603188	亚邦股份	江苏	东部	C	无国有股份公司	71.4286	50.6878	80.2665	69.0302	2470
603189	网达软件	上海	东部	I	国有参股公司	71.4286	50.1699	75.9486	66.4740	3393
603190	亚通精工	山东	东部	C	无国有股份公司	57.1429	41.2159	86.6393	67.7914	2939
603191	望变电气	重庆	西部	C	国有参股公司	42.8571	44.1245	89.0212	68.6909	2600
603192	汇得科技	上海	东部	C	无国有股份公司	71.4286	50.7921	81.4286	69.7058	2226
603195	公牛集团	浙江	东部	C	无国有股份公司	14.2857	52.3298	82.9078	65.3433	3749
603196	日播时尚	上海	东部	C	无国有股份公司	100.0000	36.6347	80.0330	66.8403	3272
603197	保隆科技	上海	东部	C	无国有股份公司	42.8571	54.9307	82.0685	68.6491	2617

续表

股票代码	公司简称	省份	地区	行业代码	控股类型	环境保护（*EP*）	社会责任（*SR*）	公司治理（*CG*）	上市公司质量/ESG指数（*CLCQI/ESGI*）	*CLCQI/ESGI*排名
603198	迎驾贡酒	安徽	中部	C	无国有股份公司	57.1429	49.5946	87.3748	71.1285	1716
603199	九华旅游	安徽	中部	N	国有强相对控股公司	14.2857	45.9528	79.3449	61.1517	4574
603200	上海洗霸	上海	东部	N	无国有股份公司	100.0000	45.1583	79.2333	69.3837	2329
603201	常润股份	江苏	东部	C	无国有股份公司	100.0000	34.1814	79.4526	65.6624	3657
603203	快克智能	江苏	东部	C	无国有股份公司	71.4286	47.2778	83.3353	69.5245	2281
603206	嘉环科技	江苏	东部	I	无国有股份公司	71.4286	42.1088	83.0931	67.5821	3030
603208	江山欧派	浙江	东部	C	无国有股份公司	57.1429	43.8596	86.3909	68.5802	2639
603209	兴通股份	福建	东部	G	无国有股份公司	28.5714	46.6743	96.4387	72.2345	1327
603211	晋拓股份	上海	东部	C	无国有股份公司	57.1429	53.4882	78.1807	67.4345	3073
603212	赛伍技术	江苏	东部	C	国有参股公司	85.7143	44.2168	86.5902	71.6719	1509
603213	镇洋发展	浙江	东部	C	国有弱相对控股公司	85.7143	55.4517	88.5013	76.6552	339
603214	爱婴室	上海	东部	F	国有参股公司	85.7143	50.3413	88.3165	74.7650	644
603215	比依股份	浙江	东部	C	国有参股公司	85.7143	55.4245	82.3163	73.2440	1002
603216	梦天家居	浙江	东部	C	国有参股公司	100.0000	44.1619	86.0605	72.7900	1144
603217	元利科技	山东	东部	C	无国有股份公司	85.7143	41.6699	83.2778	68.9587	2494
603218	日月股份	浙江	东部	C	无国有股份公司	85.7143	47.0927	81.2686	69.7516	2200
603219	富佳股份	浙江	东部	C	无国有股份公司	85.7143	46.8788	78.0224	67.8913	2895
603220	中贝通信	湖北	中部	I	无国有股份公司	100.0000	38.3569	76.6568	65.5862	3677
603221	爱丽家居	江苏	东部	C	国有参股公司	85.7143	44.7787	85.9486	71.5157	1558
603222	济民医疗	浙江	东部	C	无国有股份公司	57.1429	49.8521	78.4314	66.2998	3463
603223	恒通股份	山东	东部	G	无国有股份公司	14.2857	34.6608	73.3509	53.9028	4919
603225	新凤鸣	浙江	东部	C	无国有股份公司	100.0000	38.0684	84.3978	69.7427	2207
603226	菲林格尔	上海	东部	C	国有参股公司	100.0000	51.0669	70.9831	66.9141	3255
603227	雪峰科技	新疆	西部	C	国有强相对控股公司	100.0000	47.5474	72.3784	66.4497	3405
603228	景旺电子	广东	东部	C	无国有股份公司	71.4286	53.3016	74.3448	66.6880	3317
603229	奥翔药业	浙江	东部	C	国有参股公司	42.8571	42.3100	83.7498	65.1566	3802
603230	内蒙新华	内蒙古	西部	R	国有绝对控股公司	100.0000	39.1868	71.8043	63.2077	4275
603232	格尔软件	上海	东部	I	国有参股公司	57.1429	55.6450	80.4740	69.4508	2312
603233	大参林	广东	东部	F	国有参股公司	85.7143	38.9216	74.4947	63.1661	4281
603235	天新药业	江西	中部	C	无国有股份公司	71.4286	53.4178	82.6715	71.3084	1640
603236	移远通信	上海	东部	C	无国有股份公司	71.4286	56.4511	81.7381	71.8567	1445

续表

股票代码	公司简称	省份	地区	行业代码	控股类型	环境保护（*EP*）	社会责任（*SR*）	公司治理（*CG*）	上市公司质量/ESG指数（*CLCQI/ESGI*）	*CLCQI/ESGI* 排名
603237	五芳斋	浙江	东部	C	国有参股公司	100.0000	41.1188	81.8464	69.4071	2323
603238	诺邦股份	浙江	东部	C	无国有股份公司	85.7143	47.3678	87.5973	73.3287	986
603239	浙江仙通	浙江	东部	C	国有弱相对控股公司	42.8571	40.0870	83.7448	64.3758	4007
603255	鼎际得	辽宁	东北	C	无国有股份公司	100.0000	53.1527	80.7772	73.0309	1063
603256	宏和科技	上海	东部	C	无国有股份公司	71.4286	41.4066	75.5587	63.1924	4276
603258	电魂网络	浙江	东部	I	无国有股份公司	85.7143	51.1747	77.9514	69.3558	2347
603259	药明康德	江苏	东部	M	无国有股份公司	85.7143	52.4559	90.6784	76.8041	318
603260	合盛硅业	浙江	东部	C	无国有股份公司	100.0000	43.1047	77.0195	67.4474	3070
603261	立航科技	四川	西部	C	无国有股份公司	100.0000	42.7486	80.6318	69.3095	2368
603266	天龙股份	浙江	东部	C	无国有股份公司	100.0000	51.0729	89.5620	77.1346	270
603267	鸿远电子	北京	东部	C	无国有股份公司	28.5714	58.3209	78.2993	66.3341	3443
603268	松发股份	广东	东部	C	无国有股份公司	28.5714	52.9386	72.7019	61.3717	4539
603269	海鸥股份	江苏	东部	C	无国有股份公司	42.8571	38.3613	80.5638	62.0222	4469
603272	联翔股份	浙江	东部	C	无国有股份公司	100.0000	53.0067	79.3606	72.2007	1338
603277	银都股份	浙江	东部	C	无国有股份公司	57.1429	51.1194	78.9221	67.0132	3218
603278	大业股份	山东	东部	C	国有参股公司	42.8571	50.9135	80.2954	66.2679	3484
603279	景津装备	山东	东部	C	无国有股份公司	28.5714	45.2124	84.4319	65.1190	3814
603280	南方路机	福建	东部	C	无国有股份公司	14.2857	52.2984	77.5860	62.4053	4416
603281	江瀚新材	湖北	中部	C	无国有股份公司	100.0000	51.6532	73.2899	68.3881	2711
603282	亚光股份	浙江	东部	C	无国有股份公司	28.5714	41.3520	76.3768	59.3376	4742
603283	赛腾股份	江苏	东部	C	无国有股份公司	85.7143	52.6216	72.6391	66.9405	3244
603286	日盈电子	江苏	东部	C	国有参股公司	28.5714	44.9453	82.5949	64.0152	4105
603288	海天味业	广东	东部	C	国有参股公司	85.7143	62.2995	79.2922	73.9869	825
603289	泰瑞机器	浙江	东部	C	国有参股公司	85.7143	44.0802	81.8247	69.0031	2480
603290	斯达半导	浙江	东部	C	无国有股份公司	100.0000	38.6870	84.2879	69.8988	2152
603291	联合水务	江苏	东部	D	国有参股公司	42.8571	46.3082	80.0779	64.5364	3973
603297	永新光学	浙江	东部	C	国有参股公司	14.2857	68.1744	83.8524	71.4084	1605
603298	杭叉集团	浙江	东部	C	国有参股公司	71.4286	48.1201	85.6519	71.0934	1726
603299	苏盐井神	江苏	东部	C	国有绝对控股公司	85.7143	49.3999	67.3832	62.9222	4333
603300	华铁应急	浙江	东部	L	无国有股份公司	100.0000	43.8266	81.4162	70.1182	2059
603301	振德医疗	浙江	东部	C	无国有股份公司	85.7143	47.7660	80.0843	69.3359	2359

续表

股票代码	公司简称	省份	地区	行业代码	控股类型	环境保护（*EP*）	社会责任（*SR*）	公司治理（*CG*）	上市公司质量/ESG指数（*CLCQI/ESGI*）	*CLCQI/ESGI*排名
603303	得邦照明	浙江	东部	C	无国有股份公司	14.2857	51.3325	80.8049	63.8376	4148
603305	旭升集团	浙江	东部	C	无国有股份公司	0.0000	54.8603	78.8707	62.5800	4390
603306	华懋科技	福建	东部	C	无国有股份公司	28.5714	52.0934	84.3469	67.4806	3061
603307	扬州金泉	江苏	东部	C	无国有股份公司	100.0000	42.2526	78.8786	68.1716	2785
603308	应流股份	安徽	中部	C	无国有股份公司	85.7143	41.3535	86.3926	70.5611	1896
603309	维力医疗	广东	东部	C	无国有股份公司	100.0000	51.7368	98.3732	82.2132	18
603311	金海高科	浙江	东部	C	无国有股份公司	57.1429	51.2171	85.6966	70.7734	1829
603313	梦百合	江苏	东部	C	无国有股份公司	71.4286	49.2162	82.7205	69.8648	2164
603315	福鞍股份	辽宁	东北	C	无国有股份公司	100.0000	46.0112	83.7661	72.1753	1349
603316	诚邦股份	浙江	东部	E	无国有股份公司	57.1429	49.8192	90.8191	73.1016	1043
603317	天味食品	四川	西部	C	无国有股份公司	71.4286	41.3341	84.7088	68.1996	2780
603318	水发燃气	辽宁	东北	D	国有强相对控股公司	85.7143	52.2134	93.0217	78.0080	191
603319	湘油泵	湖南	中部	C	无国有股份公司	57.1429	50.3698	78.7889	66.6776	3321
603320	迪贝电气	浙江	东部	C	国有参股公司	28.5714	53.4011	76.2816	63.5024	4214
603321	梅轮电梯	浙江	东部	C	无国有股份公司	28.5714	54.9138	89.3163	71.2010	1691
603322	超讯通信	广东	东部	I	无国有股份公司	85.7143	45.3557	84.5447	70.9455	1775
603324	盛剑环境	上海	东部	C	国有参股公司	71.4286	54.6445	77.5323	68.9112	2506
603326	我乐家居	江苏	东部	C	国有参股公司	42.8571	39.8413	74.0847	58.9767	4768
603327	福蓉科技	四川	西部	C	国有绝对控股公司	100.0000	59.0349	87.5961	78.8401	141
603328	依顿电子	广东	东部	C	国有强相对控股公司	57.1429	48.0569	86.9365	70.3493	1980
603329	上海雅仕	上海	东部	G	无国有股份公司	28.5714	39.2121	83.7205	62.6276	4378
603330	天洋新材	上海	东部	C	无国有股份公司	28.5714	47.3047	85.2259	66.2881	3470
603331	百达精工	浙江	东部	C	无国有股份公司	14.2857	56.5122	79.7208	65.0543	3828
603332	苏州龙杰	江苏	东部	C	无国有股份公司	85.7143	44.9602	77.8958	67.1502	3170
603333	尚纬股份	四川	西部	C	国有参股公司	100.0000	50.6224	74.9844	68.9593	2493
603335	迪生力	广东	东部	C	无国有股份公司	42.8571	49.8304	73.5586	62.1836	4452
603336	宏辉果蔬	广东	东部	C	无国有股份公司	85.7143	48.7826	79.2128	69.2124	2408
603337	杰克股份	浙江	东部	C	无国有股份公司	100.0000	49.8481	90.5605	77.2551	255
603338	浙江鼎力	浙江	东部	C	无国有股份公司	57.1429	45.7946	80.5298	66.0338	3545
603339	四方科技	江苏	东部	C	无国有股份公司	14.2857	44.4635	76.3992	59.0103	4765
603345	安井食品	福建	东部	C	无国有股份公司	85.7143	49.9247	89.6365	75.3452	543

续表

股票代码	公司简称	省份	地区	行业代码	控股类型	环境保护（*EP*）	社会责任（*SR*）	公司治理（*CG*）	上市公司质量/ESG指数（*CLCQI/ESGI*）	*CLCQI/ESGI* 排名
603348	文灿股份	广东	东部	C	无国有股份公司	100.0000	43.0464	89.2866	74.1739	777
603351	威尔药业	江苏	东部	C	无国有股份公司	100.0000	53.4302	85.1720	75.5452	511
603353	和顺石油	湖南	中部	F	无国有股份公司	100.0000	45.9457	68.9945	64.0280	4103
603355	莱克电气	江苏	东部	C	无国有股份公司	71.4286	54.7586	89.5060	75.5367	513
603356	华菱精工	安徽	中部	C	无国有股份公司	57.1429	46.5782	86.2813	69.4713	2302
603357	设计总院	安徽	中部	M	国有强相对控股公司	100.0000	57.2851	85.5301	77.0914	272
603358	华达科技	江苏	东部	C	无国有股份公司	85.7143	38.1854	69.9108	60.3872	4666
603359	东珠生态	江苏	东部	N	无国有股份公司	100.0000	50.3313	83.4305	73.5028	941
603360	百傲化学	辽宁	东北	C	无国有股份公司	85.7143	47.6586	81.8077	70.2462	2017
603363	*ST傲农	福建	东部	C	国有参股公司	57.1429	37.3583	69.0421	56.7628	4858
603365	水星家纺	上海	东部	C	无国有股份公司	42.8571	48.9975	80.6930	65.8160	3609
603366	日出东方	江苏	东部	C	无国有股份公司	57.1429	43.1194	75.0115	62.0624	4465
603367	辰欣药业	山东	东部	C	无国有股份公司	28.5714	53.3189	78.3270	64.5986	3958
603368	柳药集团	广西	西部	F	无国有股份公司	85.7143	43.4795	82.1334	68.9626	2492
603369	今世缘	江苏	东部	C	国有强相对控股公司	42.8571	50.9242	93.2627	73.4037	963
603377	ST东时	北京	东部	P	国有参股公司	57.1429	33.9436	79.5693	61.3577	4542
603378	亚士创能	上海	东部	C	无国有股份公司	85.7143	47.9787	93.5701	76.8275	310
603379	三美股份	浙江	东部	C	无国有股份公司	71.4286	57.1200	77.8965	69.9780	2120
603380	易德龙	江苏	东部	C	无国有股份公司	57.1429	54.9215	78.1944	67.9438	2872
603383	顶点软件	福建	东部	I	无国有股份公司	28.5714	41.8165	76.4853	59.5598	4726
603385	惠达卫浴	河北	东部	C	无国有股份公司	57.1429	44.2029	83.8410	67.2978	3125
603386	骏亚科技	广东	东部	C	无国有股份公司	71.4286	57.0327	82.1448	72.2840	1307
603387	基蛋生物	江苏	东部	C	无国有股份公司	85.7143	46.0445	70.3827	63.3975	4235
603388	ST元成	浙江	东部	E	无国有股份公司	71.4286	43.7899	75.9224	64.2267	4041
603389	亚振家居	江苏	东部	C	国有参股公司	85.7143	43.0566	63.1732	58.3865	4807
603390	通达电气	广东	东部	C	国有参股公司	57.1429	59.2511	71.7740	65.9279	3577
603392	万泰生物	北京	东部	C	无国有股份公司	42.8571	62.8763	78.2979	69.3563	2346
603393	新天然气	新疆	西部	D	无国有股份公司	71.4286	61.2667	83.9317	74.7486	649
603396	金辰股份	辽宁	东北	C	无国有股份公司	85.7143	58.2207	81.7272	73.8986	840
603398	沐邦高科	江西	中部	C	国有参股公司	14.2857	46.5127	84.4578	64.1598	4062
603399	永杉锂业	辽宁	东北	C	无国有股份公司	28.5714	52.5352	73.1671	61.4863	4527

续表

股票代码	公司简称	省份	地区	行业代码	控股类型	环境保护（*EP*）	社会责任（*SR*）	公司治理（*CG*）	上市公司质量/ESG指数（*CLCQI/ESGI*）	*CLCQI/ESGI*排名
603408	建霖家居	福建	东部	C	无国有股份公司	71.4286	49.6157	86.2580	71.9502	1423
603416	信捷电气	江苏	东部	C	无国有股份公司	71.4286	42.1656	79.5818	65.6708	3655
603421	鼎信通讯	山东	东部	I	无国有股份公司	0.0000	48.5542	71.6134	56.3814	4872
603429	集友股份	安徽	中部	C	无国有股份公司	100.0000	32.2941	82.3930	66.6191	3340
603439	贵州三力	贵州	西部	C	无国有股份公司	71.4286	43.2943	75.3945	63.7628	4164
603444	吉比特	福建	东部	I	无国有股份公司	42.8571	48.4692	81.5609	66.1084	3531
603456	九洲药业	浙江	东部	C	无国有股份公司	42.8571	52.9029	88.3280	71.3821	1616
603458	勘设股份	贵州	西部	M	无国有股份公司	100.0000	56.8720	81.8565	74.9262	620
603466	风语筑	上海	东部	R	国有参股公司	14.2857	36.6974	80.6077	58.6069	4792
603477	巨星农牧	四川	西部	A	无国有股份公司	85.7143	43.8226	75.7244	65.5578	3682
603486	科沃斯	江苏	东部	C	无国有股份公司	28.5714	47.4973	74.2594	60.3239	4673
603488	展鹏科技	江苏	东部	C	无国有股份公司	71.4286	43.7100	76.8422	64.7046	3934
603489	八方股份	江苏	东部	C	无国有股份公司	71.4286	48.5428	80.3474	68.3239	2740
603496	恒为科技	上海	东部	C	无国有股份公司	100.0000	61.0672	81.5362	76.2184	402
603499	翔港科技	上海	东部	C	国有参股公司	85.7143	56.5350	79.4501	72.0563	1382
603500	祥和实业	浙江	东部	C	国有参股公司	57.1429	52.0325	79.9266	67.8853	2900
603501	韦尔股份	上海	东部	C	无国有股份公司	100.0000	59.5223	92.2501	81.5704	33
603505	金石资源	浙江	东部	B	无国有股份公司	100.0000	48.6552	86.2709	74.4784	707
603506	南都物业	浙江	东部	K	无国有股份公司	100.0000	44.1663	89.6429	74.7618	646
603507	振江股份	江苏	东部	C	无国有股份公司	57.1429	58.8079	88.6792	75.0706	590
603508	思维列控	河南	中部	C	无国有股份公司	57.1429	47.5126	88.2459	70.8789	1802
603511	爱慕股份	北京	东部	C	无国有股份公司	42.8571	46.2032	87.8311	68.7640	2566
603515	欧普照明	上海	东部	C	无国有股份公司	14.2857	55.8904	80.8122	65.4369	3720
603516	淳中科技	北京	东部	C	无国有股份公司	85.7143	39.2441	75.9411	64.0745	4091
603517	绝味食品	湖南	中部	C	无国有股份公司	57.1429	42.8491	77.9264	63.5710	4200
603518	锦泓集团	江苏	东部	C	无国有股份公司	57.1429	40.4702	75.1235	61.1968	4567
603519	立霸股份	江苏	东部	C	国有参股公司	14.2857	37.3919	89.0321	63.4834	4220
603520	司太立	浙江	东部	C	无国有股份公司	71.4286	41.5524	83.1348	67.4104	3083
603527	众源新材	安徽	中部	C	无国有股份公司	28.5714	45.9466	83.8193	65.0391	3833
603528	多伦科技	江苏	东部	C	无国有股份公司	71.4286	44.7680	80.3905	67.0264	3212
603529	爱玛科技	天津	东部	C	无国有股份公司	71.4286	48.2441	74.0752	64.7696	3911

续表

股票代码	公司简称	省份	地区	行业代码	控股类型	环境保护（*EP*）	社会责任（*SR*）	公司治理（*CG*）	上市公司质量/ESG指数（*CLCQI/ESGI*）	*CLCQI/ESGI* 排名
603530	神马电力	江苏	东部	C	无国有股份公司	57.1429	53.6931	77.3384	67.0430	3206
603533	掌阅科技	北京	东部	I	无国有股份公司	100.0000	45.2539	75.4239	67.3220	3115
603535	嘉诚国际	广东	东部	G	国有参股公司	28.5714	43.6675	86.6417	65.7937	3615
603536	惠发食品	山东	东部	C	国有参股公司	85.7143	51.2765	78.4954	69.6907	2237
603538	美诺华	浙江	东部	C	无国有股份公司	42.8571	59.8240	78.3780	68.3320	2737
603551	奥普科技	浙江	东部	C	无国有股份公司	100.0000	44.4021	87.4310	73.6278	914
603556	海兴电力	浙江	东部	C	无国有股份公司	57.1429	40.8471	78.1603	62.9989	4317
603557	ST起步	浙江	东部	C	无国有股份公司	100.0000	39.0723	75.1817	65.0253	3839
603558	健盛集团	浙江	东部	C	无国有股份公司	71.4286	49.4521	82.2633	69.6959	2231
603559	*ST通脉	吉林	东北	I	无国有股份公司	85.7143	42.4050	72.1126	63.0751	4300
603565	中谷物流	上海	东部	G	国有参股公司	100.0000	47.6759	83.8997	72.8314	1130
603566	普莱柯	河南	中部	C	国有参股公司	100.0000	41.7404	82.4760	69.9709	2126
603567	珍宝岛	黑龙江	东北	C	无国有股份公司	14.2857	53.6317	81.2352	64.8790	3882
603568	伟明环保	浙江	东部	N	无国有股份公司	85.7143	44.8760	88.9089	73.1779	1022
603569	长久物流	北京	东部	L	无国有股份公司	85.7143	41.9864	82.0734	68.4070	2706
603577	汇金通	山东	东部	C	无国有股份公司	57.1429	45.9219	82.8918	67.3774	3089
603578	三星新材	浙江	东部	C	无国有股份公司	71.4286	38.8686	94.1702	72.5405	1226
603579	荣泰健康	上海	东部	C	无国有股份公司	57.1429	45.9016	80.6189	66.1202	3530
603580	艾艾精工	上海	东部	C	无国有股份公司	100.0000	44.7434	78.3978	68.7790	2560
603583	捷昌驱动	浙江	东部	C	无国有股份公司	100.0000	53.0847	86.5288	76.1705	410
603585	苏利股份	江苏	东部	C	无国有股份公司	57.1429	55.5998	77.6001	67.8543	2914
603586	金麒麟	山东	东部	C	无国有股份公司	85.7143	64.9066	78.0555	74.2193	756
603587	地素时尚	上海	东部	C	无国有股份公司	14.2857	48.2792	78.5917	61.5517	4518
603588	高能环境	北京	东部	N	无国有股份公司	42.8571	49.9129	82.3725	67.0601	3202
603589	口子窖	安徽	中部	C	无国有股份公司	100.0000	47.5701	90.8129	76.5966	345
603590	康辰药业	北京	东部	C	无国有股份公司	14.2857	50.3585	80.9276	63.5642	4204
603595	东尼电子	浙江	东部	C	国有参股公司	28.5714	43.5228	71.8635	57.6151	4833
603596	伯特利	安徽	中部	C	无国有股份公司	85.7143	38.0867	88.3797	70.5106	1918
603598	引力传媒	北京	东部	L	国有参股公司	14.2857	40.9798	77.3560	58.3173	4811
603599	广信股份	安徽	中部	C	国有参股公司	85.7143	42.6725	78.5711	66.7209	3307
603600	永艺股份	浙江	东部	C	无国有股份公司	100.0000	49.0341	82.1474	72.3430	1294

续表

股票代码	公司简称	省份	地区	行业代码	控股类型	环境保护（*EP*）	社会责任（*SR*）	公司治理（*CG*）	上市公司质量/ESG指数（*CLCQI/ESGI*）	*CLCQI/ESGI* 排名
603601	再升科技	重庆	西部	C	无国有股份公司	28.5714	43.7695	93.7561	69.7423	2208
603602	纵横通信	浙江	东部	I	无国有股份公司	57.1429	42.3660	83.0378	66.2131	3502
603605	珀莱雅	浙江	东部	C	无国有股份公司	57.1429	53.9368	82.5110	69.9732	2122
603606	东方电缆	浙江	东部	C	国有参股公司	85.7143	55.4415	77.9181	70.8309	1808
603607	京华激光	浙江	东部	C	无国有股份公司	28.5714	51.1399	75.6728	62.3762	4423
603608	*ST天创	广东	东部	C	国有参股公司	100.0000	53.0063	72.4679	68.4096	2703
603609	禾丰股份	辽宁	东北	C	无国有股份公司	100.0000	52.1062	81.6379	73.1380	1036
603610	麒盛科技	浙江	东部	C	无国有股份公司	100.0000	50.4746	89.5962	76.9440	293
603611	诺力股份	浙江	东部	C	国有参股公司	100.0000	44.0169	81.1153	70.0193	2109
603612	索通发展	山东	东部	C	无国有股份公司	14.2857	43.3379	87.9362	64.9618	3856
603613	国联股份	北京	东部	I	无国有股份公司	57.1429	45.1059	82.8825	67.0867	3195
603615	茶花股份	福建	东部	C	无国有股份公司	100.0000	52.2377	77.1449	70.7129	1852
603616	韩建河山	北京	东部	C	国有参股公司	42.8571	46.9082	75.6767	62.3258	4432
603617	君禾股份	浙江	东部	C	国有参股公司	71.4286	54.1792	81.6766	71.0277	1747
603618	杭电股份	浙江	东部	C	国有参股公司	85.7143	63.7987	84.1726	77.1959	263
603619	中曼石油	上海	东部	B	无国有股份公司	85.7143	41.2230	80.4770	67.2618	3135
603626	科森科技	江苏	东部	C	无国有股份公司	85.7143	54.0684	87.6468	75.7011	487
603628	清源股份	福建	东部	C	国有参股公司	42.8571	47.5944	75.7720	62.6184	4380
603629	利通电子	江苏	东部	C	无国有股份公司	57.1429	50.1551	81.1390	67.8950	2894
603630	拉芳家化	广东	东部	C	国有参股公司	28.5714	47.5666	88.1282	67.9760	2853
603633	徕木股份	上海	东部	C	国有参股公司	28.5714	45.9068	89.4702	68.1332	2798
603636	南威软件	福建	东部	I	无国有股份公司	42.8571	55.5157	86.5996	71.3460	1625
603637	镇海股份	浙江	东部	E	国有弱相对控股公司	100.0000	54.1434	76.5235	71.0381	1743
603638	艾迪精密	山东	东部	C	无国有股份公司	71.4286	47.0308	74.6232	64.6464	3943
603639	海利尔	山东	东部	C	无国有股份公司	85.7143	46.1124	84.7022	71.2970	1646
603648	畅联股份	上海	东部	L	国有强相对控股公司	85.7143	47.9937	78.3669	68.4710	2682
603650	彤程新材	上海	东部	C	国有参股公司	42.8571	47.7165	79.3028	64.6030	3954
603655	朗博科技	江苏	东部	C	无国有股份公司	57.1429	46.4498	79.2313	65.5489	3686
603656	泰禾智能	安徽	中部	C	国有参股公司	71.4286	50.3349	75.2676	66.1572	3515
603657	春光科技	浙江	东部	C	无国有股份公司	100.0000	42.5084	85.2873	71.7860	1464
603658	安图生物	河南	中部	C	无国有股份公司	57.1429	55.2309	86.1147	72.4082	1278

续表

股票代码	公司简称	省份	地区	行业代码	控股类型	环境保护（*EP*）	社会责任（*SR*）	公司治理（*CG*）	上市公司质量/ESG指数（*CLCQI/ESGI*）	*CLCQI/ESGI* 排名
603659	璞泰来	上海	东部	C	国有参股公司	85.7143	57.2714	81.3630	73.3661	973
603660	苏州科达	江苏	东部	C	无国有股份公司	100.0000	56.1351	86.7264	77.3468	246
603661	恒林股份	浙江	东部	C	无国有股份公司	85.7143	58.3029	77.9150	71.8307	1454
603662	柯力传感	浙江	东部	C	无国有股份公司	42.8571	49.8289	84.7773	68.3533	2727
603663	三祥新材	福建	东部	C	无国有股份公司	100.0000	48.7042	75.4810	68.5610	2648
603665	康隆达	浙江	东部	C	无国有股份公司	28.5714	43.5284	87.8529	66.4112	3422
603666	亿嘉和	江苏	东部	C	无国有股份公司	42.8571	43.1340	76.3014	61.3484	4545
603667	五洲新春	浙江	东部	C	无国有股份公司	71.4286	57.2318	82.2926	72.4349	1268
603668	天马科技	福建	东部	C	无国有股份公司	85.7143	57.5573	76.0787	70.5598	1897
603669	灵康药业	西藏	西部	C	无国有股份公司	85.7143	39.5493	68.6057	60.1468	4682
603676	卫信康	西藏	西部	C	无国有股份公司	14.2857	47.5667	76.5777	60.1946	4678
603677	奇精机械	浙江	东部	C	国有弱相对控股公司	28.5714	44.4003	83.5365	64.3423	4015
603678	火炬电子	福建	东部	C	无国有股份公司	42.8571	56.6520	82.5254	69.5029	2293
603679	华体科技	四川	西部	C	无国有股份公司	85.7143	45.6478	78.1225	67.5155	3049
603680	今创集团	江苏	东部	C	国有参股公司	71.4286	50.4219	88.0978	73.2443	1001
603681	永冠新材	上海	东部	C	无国有股份公司	85.7143	44.2989	77.2146	66.5441	3370
603682	锦和商管	上海	东部	L	国有参股公司	57.1429	46.3451	76.7370	64.1404	4070
603683	晶华新材	上海	东部	C	无国有股份公司	14.2857	49.4404	85.2848	65.6394	3661
603685	晨丰科技	浙江	东部	C	无国有股份公司	57.1429	51.1178	80.1796	67.7043	2984
603686	福龙马	福建	东部	C	国有参股公司	42.8571	49.0157	78.4709	64.6002	3957
603687	大胜达	浙江	东部	C	国有参股公司	100.0000	66.3085	88.2771	81.7604	31
603688	石英股份	江苏	东部	C	无国有股份公司	71.4286	55.3270	78.5431	69.7060	2224
603689	皖天然气	安徽	中部	D	国有绝对控股公司	100.0000	46.0532	79.7922	70.0043	2114
603690	至纯科技	上海	东部	C	国有参股公司	28.5714	46.4610	79.4509	62.8165	4354
603693	江苏新能	江苏	东部	D	国有绝对控股公司	71.4286	45.9275	86.7534	70.9318	1782
603696	安记食品	福建	东部	C	国有参股公司	14.2857	45.4531	89.0649	66.3228	3450
603697	有友食品	重庆	西部	C	无国有股份公司	57.1429	60.8196	77.1602	69.4393	2314
603698	航天工程	北京	东部	M	国有绝对控股公司	42.8571	47.3305	82.2635	66.0963	3535
603699	纽威股份	江苏	东部	C	无国有股份公司	42.8571	44.9935	84.7386	66.6397	3330
603700	宁水集团	浙江	东部	C	无国有股份公司	85.7143	46.4902	86.8531	72.6122	1196
603701	德宏股份	浙江	东部	C	国有强相对控股公司	71.4286	41.0035	77.6457	64.1992	4054

续表

股票代码	公司简称	省份	地区	行业代码	控股类型	环境保护（*EP*）	社会责任（*SR*）	公司治理（*CG*）	上市公司质量/ESG指数（*CLCQI/ESGI*）	*CLCQI/ESGI* 排名
603703	盛洋科技	浙江	东部	C	国有参股公司	71.4286	42.5350	87.2419	70.0132	2112
603706	东方环宇	新疆	西部	D	无国有股份公司	14.2857	49.0365	78.9346	62.0054	4471
603707	健友股份	江苏	东部	C	国有参股公司	14.2857	41.8669	85.2754	62.9834	4322
603708	家家悦	山东	东部	F	无国有股份公司	28.5714	43.5741	76.5093	60.1882	4679
603709	中源家居	浙江	东部	C	无国有股份公司	71.4286	44.5437	77.8622	65.5574	3683
603711	香飘飘	浙江	东部	C	无国有股份公司	42.8571	52.6000	79.6978	66.5295	3374
603712	七一二	天津	东部	C	国有强相对控股公司	57.1429	52.2118	95.9188	76.7438	326
603713	密尔克卫	上海	东部	G	无国有股份公司	57.1429	52.5436	83.4802	70.0187	2110
603716	塞力医疗	湖北	中部	F	国有参股公司	85.7143	42.0509	71.6860	62.7166	4366
603717	天域生态	重庆	西部	E	无国有股份公司	100.0000	42.7177	86.5822	72.5714	1213
603718	海利生物	上海	东部	C	无国有股份公司	85.7143	52.7229	93.8567	78.6456	152
603719	良品铺子	湖北	中部	F	无国有股份公司	100.0000	42.9121	80.5865	69.3418	2356
603721	中广天择	湖南	中部	R	国有绝对控股公司	57.1429	43.8127	83.0262	66.7131	3308
603722	阿科力	江苏	东部	C	国有参股公司	42.8571	54.3783	82.0728	68.4581	2688
603725	天安新材	广东	东部	C	无国有股份公司	71.4286	49.0730	82.3218	69.5954	2261
603726	朗迪集团	浙江	东部	C	无国有股份公司	85.7143	47.6789	87.9797	73.6479	909
603727	博迈科	天津	东部	B	无国有股份公司	71.4286	57.6067	91.0405	77.3775	240
603728	鸣志电器	上海	东部	C	无国有股份公司	14.2857	58.8353	85.0000	68.7710	2563
603729	龙韵股份	上海	东部	L	无国有股份公司	14.2857	43.9194	70.3194	55.4760	4891
603730	岱美股份	上海	东部	C	无国有股份公司	28.5714	48.8054	80.8645	64.4145	3998
603733	仙鹤股份	浙江	东部	C	无国有股份公司	100.0000	52.7727	77.6155	71.1589	1704
603737	三棵树	福建	东部	C	无国有股份公司	100.0000	45.8464	84.0068	72.2500	1320
603738	泰晶科技	湖北	中部	C	无国有股份公司	100.0000	51.6305	76.9421	70.3889	1967
603739	蔚蓝生物	山东	东部	C	无国有股份公司	42.8571	51.5869	90.3529	72.0352	1393
603755	日辰股份	山东	东部	C	无国有股份公司	85.7143	50.3476	84.3564	72.5891	1203
603757	大元泵业	浙江	东部	C	无国有股份公司	71.4286	45.7705	83.2446	68.9471	2497
603758	秦安股份	重庆	西部	C	无国有股份公司	100.0000	44.1645	87.6393	73.6592	905
603759	海天股份	四川	西部	D	无国有股份公司	28.5714	46.4793	75.6061	60.7083	4629
603766	隆鑫通用	重庆	西部	C	无国有股份公司	57.1429	40.9785	85.5857	67.1289	3175
603767	中马传动	浙江	东部	C	无国有股份公司	100.0000	56.3720	82.3280	75.0106	605
603768	常青股份	安徽	中部	C	无国有股份公司	71.4286	50.1064	79.0081	68.1345	2797

续表

股票代码	公司简称	省份	地区	行业代码	控股类型	环境保护（*EP*）	社会责任（*SR*）	公司治理（*CG*）	上市公司质量/ESG指数（*CLCQI/ESGI*）	*CLCQI/ESGI* 排名
603773	沃格光电	江西	中部	C	国有参股公司	71.4286	46.4737	85.7163	70.5526	1900
603776	永安行	江苏	东部	M	无国有股份公司	71.4286	47.2689	73.7562	64.2529	4037
603777	来伊份	上海	东部	F	无国有股份公司	57.1429	54.9418	86.9603	72.7721	1150
603778	国晟科技	北京	东部	E	国有参股公司	14.2857	46.1536	81.2143	62.2502	4446
603779	威龙股份	山东	东部	C	无国有股份公司	71.4286	59.0552	79.1244	71.3306	1630
603786	科博达	上海	东部	C	无国有股份公司	100.0000	52.6160	90.2728	78.0656	188
603787	新日股份	江苏	东部	C	国有参股公司	100.0000	54.7386	89.5982	78.4375	165
603788	宁波高发	浙江	东部	C	国有参股公司	85.7143	48.2694	84.0858	71.7129	1497
603789	星光农机	浙江	东部	C	无国有股份公司	57.1429	42.5606	76.4883	62.6791	4370
603790	雅运股份	上海	东部	C	无国有股份公司	57.1429	53.5852	84.0758	70.7108	1853
603797	联泰环保	广东	东部	N	无国有股份公司	71.4286	54.9559	85.1559	73.2131	1010
603798	康普顿	山东	东部	C	无国有股份公司	57.1429	33.9006	90.9662	67.6109	3020
603799	华友钴业	浙江	东部	C	国有参股公司	42.8571	49.8750	81.8400	66.7540	3296
603800	道森股份	江苏	东部	C	国有参股公司	71.4286	48.7912	80.2760	68.3715	2719
603801	志邦家居	安徽	中部	C	无国有股份公司	57.1429	48.8806	81.6089	67.7074	2979
603803	瑞斯康达	北京	东部	C	无国有股份公司	14.2857	54.6367	72.7621	60.5706	4644
603806	福斯特	浙江	东部	C	无国有股份公司	85.7143	55.0751	77.9566	70.7238	1845
603808	歌力思	广东	东部	C	无国有股份公司	85.7143	39.8970	82.7383	68.0415	2828
603809	豪能股份	四川	西部	C	无国有股份公司	100.0000	34.2359	82.4316	67.3199	3116
603810	丰山集团	江苏	东部	C	无国有股份公司	71.4286	45.2769	85.3361	69.9246	2144
603811	诚意药业	浙江	东部	C	无国有股份公司	85.7143	43.7709	78.6865	67.1689	3166
603813	原尚股份	广东	东部	G	无国有股份公司	57.1429	51.5135	78.1742	66.7398	3300
603815	交建股份	安徽	中部	E	无国有股份公司	71.4286	47.3403	85.3196	70.6377	1878
603816	顾家家居	浙江	东部	C	无国有股份公司	42.8571	40.5708	76.6546	60.6455	4635
603817	海峡环保	福建	东部	D	国有绝对控股公司	42.8571	63.0196	91.8988	76.8869	300
603818	曲美家居	北京	东部	C	无国有股份公司	42.8571	45.3094	88.8714	69.0233	2474
603819	神力股份	江苏	东部	C	无国有股份公司	85.7143	57.8807	84.5860	75.3520	541
603822	嘉澳环保	浙江	东部	C	无国有股份公司	71.4286	55.5628	80.8999	71.0848	1729
603823	百合花	浙江	东部	C	无国有股份公司	71.4286	44.1859	78.8333	65.9663	3566
603825	华扬联众	湖南	中部	I	国有参股公司	28.5714	45.5721	78.2146	61.8254	4491
603826	坤彩科技	福建	东部	C	无国有股份公司	85.7143	41.0349	73.2913	63.2438	4267

续表

股票代码	公司简称	省份	地区	行业代码	控股类型	环境保护（*EP*）	社会责任（*SR*）	公司治理（*CG*）	上市公司质量/ESG指数（*CLCQI/ESGI*）	*CLCQI/ESGI*排名
603828	ST柯利达	江苏	东部	E	无国有股份公司	85.7143	50.7056	71.3234	65.5462	3687
603829	洛凯股份	江苏	东部	C	无国有股份公司	100.0000	41.2532	67.8770	61.7710	4498
603833	欧派家居	广东	东部	C	无国有股份公司	57.1429	54.3736	84.5579	71.2519	1674
603836	海程邦达	山东	东部	L	无国有股份公司	85.7143	44.6887	83.5403	70.1596	2047
603838	四通股份	广东	东部	C	无国有股份公司	42.8571	52.6035	81.8170	67.6963	2989
603839	安正时尚	浙江	东部	C	国有参股公司	100.0000	44.6974	89.1398	74.6710	665
603843	正平股份	青海	西部	E	无国有股份公司	85.7143	50.3738	73.6479	66.7086	3311
603848	好太太	广东	东部	C	无国有股份公司	85.7143	49.4374	76.6604	68.0377	2832
603855	华荣股份	上海	东部	C	无国有股份公司	100.0000	48.5495	83.3741	72.8481	1124
603856	东宏股份	山东	东部	C	无国有股份公司	71.4286	49.4967	87.8362	72.7766	1148
603858	步长制药	山东	东部	C	无国有股份公司	14.2857	43.9763	70.2848	55.4769	4890
603859	能科科技	北京	东部	M	无国有股份公司	85.7143	44.1222	83.2024	69.7755	2192
603860	中公高科	北京	东部	M	国有强相对控股公司	42.8571	44.2085	79.9729	63.7438	4169
603861	白云电器	广东	东部	C	无国有股份公司	28.5714	53.9414	94.5398	73.7335	886
603863	松炀资源	广东	东部	C	无国有股份公司	42.8571	42.1073	78.8353	62.3827	4421
603866	桃李面包	辽宁	东北	C	无国有股份公司	71.4286	50.8394	79.2056	68.4997	2669
603867	新化股份	浙江	东部	C	国有弱相对控股公司	100.0000	60.9145	87.0119	79.1766	114
603868	飞科电器	上海	东部	C	无国有股份公司	57.1429	44.4420	83.5386	67.2152	3153
603869	ST智知	广西	西部	I	无国有股份公司	71.4286	42.9976	71.0720	61.2816	4552
603871	嘉友国际	北京	东部	G	无国有股份公司	28.5714	46.5439	87.2122	67.1142	3182
603876	鼎胜新材	江苏	东部	C	无国有股份公司	57.1429	58.8438	89.3814	75.4694	523
603877	太平鸟	浙江	东部	C	无国有股份公司	100.0000	42.9560	83.8579	71.1564	1707
603878	武进不锈	江苏	东部	C	无国有股份公司	28.5714	47.9544	77.2852	62.1481	4456
603879	ST永悦	江苏	东部	C	无国有股份公司	85.7143	50.9460	63.2159	61.1713	4570
603880	南卫股份	江苏	东部	C	无国有股份公司	100.0000	38.1434	73.2063	63.6136	4190
603881	数据港	上海	东部	I	国有强相对控股公司	14.2857	48.2102	83.4335	64.1905	4055
603882	金域医学	广东	东部	Q	无国有股份公司	14.2857	51.2006	87.3470	67.3897	3084
603883	老百姓	湖南	中部	F	无国有股份公司	42.8571	46.5194	89.9793	70.0561	2086
603885	吉祥航空	上海	东部	G	国有参股公司	57.1429	49.1166	88.5108	71.5860	1536
603886	元祖股份	上海	东部	C	无国有股份公司	100.0000	51.9464	76.5883	70.3048	1997
603887	城地香江	上海	东部	I	无国有股份公司	42.8571	44.3428	73.2716	60.1051	4685

续表

股票代码	公司简称	省份	地区	行业代码	控股类型	环境保护（*EP*）	社会责任（*SR*）	公司治理（*CG*）	上市公司质量/ESG指数（*CLCQI/ESGI*）	*CLCQI/ESGI*排名
603888	新华网	北京	东部	I	国有绝对控股公司	14.2857	39.4809	72.4925	55.1178	4898
603889	新澳股份	浙江	东部	C	无国有股份公司	85.7143	58.5317	81.4501	73.8551	849
603890	春秋电子	江苏	东部	C	无国有股份公司	14.2857	50.4974	77.2258	61.5769	4516
603893	瑞芯微	福建	东部	C	国有参股公司	85.7143	52.2013	82.7823	72.3721	1286
603895	天永智能	上海	东部	C	无国有股份公司	71.4286	44.3094	73.5655	63.1121	4295
603896	寿仙谷	浙江	东部	C	无国有股份公司	100.0000	52.4847	81.1833	73.0205	1068
603897	长城科技	浙江	东部	C	无国有股份公司	28.5714	43.8248	76.7889	60.4297	4660
603898	好莱客	广东	东部	C	无国有股份公司	57.1429	57.6400	84.4679	72.3456	1293
603899	晨光股份	上海	东部	C	无国有股份公司	57.1429	60.1691	86.5976	74.4022	725
603900	莱绅通灵	江苏	东部	F	无国有股份公司	28.5714	42.8797	78.8709	61.2440	4562
603901	永创智能	浙江	东部	C	无国有股份公司	42.8571	37.3901	86.5086	64.9520	3861
603903	中持股份	北京	东部	N	国有弱相对控股公司	71.4286	49.8713	82.5758	70.0145	2111
603906	龙蟠科技	江苏	东部	C	国有参股公司	57.1429	50.8888	83.2259	69.2996	2371
603908	牧高笛	浙江	东部	C	无国有股份公司	100.0000	44.9886	80.7585	70.1632	2045
603909	建发合诚	福建	东部	M	国有弱相对控股公司	42.8571	42.1638	81.5632	63.9028	4137
603912	佳力图	江苏	东部	C	无国有股份公司	14.2857	49.7616	79.3090	62.4651	4407
603915	国茂股份	江苏	东部	C	无国有股份公司	71.4286	52.9952	77.2180	68.1611	2789
603916	苏博特	江苏	东部	C	无国有股份公司	42.8571	47.2030	78.4578	63.9585	4119
603917	合力科技	浙江	东部	C	无国有股份公司	85.7143	46.9048	89.4503	74.1858	773
603918	金桥信息	上海	东部	I	无国有股份公司	100.0000	62.8956	75.9929	73.8095	861
603919	金徽酒	甘肃	西部	C	国有参股公司	85.7143	58.4753	88.7569	77.8541	201
603920	世运电路	广东	东部	C	国有参股公司	100.0000	49.0674	82.3605	72.4718	1253
603922	金鸿顺	江苏	东部	C	无国有股份公司	57.1429	44.9984	81.4593	66.2663	3485
603926	铁流股份	浙江	东部	C	无国有股份公司	85.7143	42.7813	77.7108	66.2858	3472
603927	中科软	北京	东部	I	国有强相对控股公司	85.7143	50.8129	85.0735	73.1464	1033
603928	兴业股份	江苏	东部	C	无国有股份公司	71.4286	54.9124	88.8866	75.2498	559
603929	亚翔集成	江苏	东部	E	无国有股份公司	100.0000	43.7743	78.4169	68.4503	2689
603931	格林达	浙江	东部	C	无国有股份公司	100.0000	54.4379	87.8431	77.3669	243
603933	睿能科技	福建	东部	C	国有参股公司	57.1429	53.3471	78.8105	67.7315	2965
603936	博敏电子	广东	东部	C	国有参股公司	57.1429	44.4009	85.5629	68.3142	2742
603937	丽岛新材	江苏	东部	C	无国有股份公司	85.7143	48.5081	79.8265	69.4538	2311

续表

股票代码	公司简称	省份	地区	行业代码	控股类型	环境保护（*EP*）	社会责任（*SR*）	公司治理（*CG*）	上市公司质量/ESG指数（*CLCQI/ESGI*）	*CLCQI/ESGI*排名
603938	三孚股份	河北	东部	C	无国有股份公司	14.2857	55.2199	80.2358	64.8853	3877
603939	益丰药房	湖南	中部	F	无国有股份公司	28.5714	43.6727	75.3611	59.5912	4724
603948	建业股份	浙江	东部	C	国有参股公司	85.7143	54.4990	79.2297	71.2224	1683
603949	雪龙集团	浙江	东部	C	无国有股份公司	71.4286	49.9338	72.6722	64.5894	3964
603950	长源东谷	湖北	中部	C	无国有股份公司	100.0000	39.6160	79.6898	67.6950	2992
603955	大千生态	江苏	东部	E	国有参股公司	71.4286	47.9688	86.7958	71.6697	1510
603956	威派格	上海	东部	C	无国有股份公司	28.5714	46.9036	80.6835	63.6493	4180
603958	哈森股份	江苏	东部	C	无国有股份公司	42.8571	42.5051	84.8621	65.8367	3603
603959	ST百利	湖南	中部	E	国有参股公司	85.7143	49.4854	76.0453	67.7162	2971
603960	克来机电	上海	东部	C	无国有股份公司	57.1429	47.0475	80.3094	66.3511	3438
603963	*ST大药	云南	西部	C	无国有股份公司	28.5714	50.2967	74.8375	61.6216	4509
603966	法兰泰克	江苏	东部	C	无国有股份公司	71.4286	40.3610	80.8772	65.7517	3625
603967	中创物流	山东	东部	G	国有参股公司	71.4286	59.8691	80.4703	72.3557	1289
603968	醋化股份	江苏	东部	C	国有参股公司	85.7143	59.9791	90.9545	79.5891	88
603969	银龙股份	天津	东部	C	无国有股份公司	57.1429	56.2054	79.9384	69.3523	2350
603970	中农立华	北京	东部	F	国有强相对控股公司	71.4286	44.9634	93.2231	74.1527	782
603976	正川股份	重庆	西部	C	国有参股公司	100.0000	44.6892	82.9934	71.2876	1655
603977	国泰集团	江西	中部	C	国有绝对控股公司	71.4286	47.0516	91.5657	73.9721	827
603978	深圳新星	广东	东部	C	无国有股份公司	57.1429	35.0098	76.2558	59.9084	4702
603979	金诚信	北京	东部	B	国有参股公司	71.4286	52.5250	84.9000	72.2216	1331
603980	吉华集团	浙江	东部	C	国有参股公司	14.2857	42.3738	73.3943	56.6263	4865
603982	泉峰汽车	江苏	东部	C	无国有股份公司	57.1429	39.6356	84.2803	65.9409	3573
603983	丸美股份	广东	东部	C	无国有股份公司	57.1429	54.0497	87.3794	72.6903	1173
603985	恒润股份	江苏	东部	C	国有弱相对控股公司	0.0000	46.3425	77.6527	58.9289	4770
603986	兆易创新	北京	东部	C	无国有股份公司	28.5714	65.7750	92.4419	76.7214	329
603987	康德莱	上海	东部	C	无国有股份公司	57.1429	50.4995	85.8592	70.6117	1883
603988	中电电机	江苏	东部	C	国有弱相对控股公司	85.7143	57.9216	87.3081	76.8634	305
603989	艾华集团	湖南	中部	C	无国有股份公司	71.4286	52.5166	84.0026	71.7251	1488
603990	麦迪科技	江苏	东部	I	国有弱相对控股公司	71.4286	48.0104	95.2243	76.3199	379
603991	至正股份	广东	东部	C	无国有股份公司	71.4286	43.9991	75.6024	64.1238	4077
603992	松霖科技	福建	东部	C	无国有股份公司	85.7143	57.1607	85.8096	75.7729	474

续表

股票代码	公司简称	省份	地区	行业代码	控股类型	环境保护（*EP*）	社会责任（*SR*）	公司治理（*CG*）	上市公司质量/ESG指数（*CLCQI/ESGI*）	*CLCQI/ESGI* 排名
603993	洛阳钼业	河南	中部	B	国有参股公司	100.0000	54.0349	87.9209	77.2687	253
603995	甬金股份	浙江	东部	C	无国有股份公司	42.8571	51.4059	78.9192	65.6833	3650
603997	继峰股份	浙江	东部	C	无国有股份公司	57.1429	41.9100	87.9186	68.7380	2578
603998	方盛制药	湖南	中部	C	无国有股份公司	85.7143	47.2421	82.1338	70.2797	2006
603999	读者传媒	甘肃	西部	R	国有绝对控股公司	14.2857	39.7211	84.7756	61.9575	4479
605001	威奥股份	山东	东部	C	无国有股份公司	0.0000	44.0822	76.7835	57.6597	4831
605003	众望布艺	浙江	东部	C	无国有股份公司	28.5714	44.6252	81.0142	63.0338	4309
605005	合兴股份	浙江	东部	C	无国有股份公司	42.8571	48.5154	74.9185	62.4713	4406
605006	山东玻纤	山东	东部	C	国有绝对控股公司	28.5714	65.8954	85.5110	72.9516	1091
605007	五洲特纸	浙江	东部	C	无国有股份公司	100.0000	43.6011	80.6441	69.6147	2256
605008	长鸿高科	浙江	东部	C	无国有股份公司	14.2857	41.0174	85.5210	62.8212	4353
605009	豪悦护理	浙江	东部	C	无国有股份公司	42.8571	40.1347	80.7252	62.7317	4364
605011	杭州热电	浙江	东部	D	国有绝对控股公司	57.1429	57.1139	81.5124	70.5359	1910
605016	百龙创园	山东	东部	C	无国有股份公司	57.1429	48.9919	81.5399	67.7084	2978
605018	长华集团	浙江	东部	C	无国有股份公司	71.4286	49.6376	84.6513	71.0742	1733
605020	永和股份	浙江	东部	C	无国有股份公司	100.0000	56.7864	84.2883	76.2338	397
605028	世茂能源	浙江	东部	D	无国有股份公司	71.4286	58.0196	72.6970	67.4331	3074
605033	美邦股份	陕西	西部	C	无国有股份公司	28.5714	54.9592	83.4134	67.9702	2855
605050	福然德	上海	东部	G	无国有股份公司	85.7143	52.2583	84.3308	73.2438	1003
605055	迎丰股份	浙江	东部	C	无国有股份公司	85.7143	47.1138	81.5532	69.9155	2149
605056	咸亨国际	浙江	东部	F	无国有股份公司	85.7143	55.1415	84.8499	74.5384	690
605058	澳弘电子	江苏	东部	C	无国有股份公司	71.4286	55.2762	74.3616	67.3884	3085
605060	联德股份	浙江	东部	C	无国有股份公司	71.4286	49.5004	74.8449	65.6327	3662
605066	天正电气	浙江	东部	C	无国有股份公司	100.0000	52.6081	85.2133	75.2802	555
605068	明新旭腾	浙江	东部	C	无国有股份公司	85.7143	54.5210	83.1051	73.3616	975
605069	正和生态	北京	东部	N	无国有股份公司	57.1429	53.6147	76.4178	66.5092	3383
605080	浙江自然	浙江	东部	C	无国有股份公司	14.2857	46.3129	80.7972	62.0766	4464
605081	太和水	上海	东部	N	国有参股公司	71.4286	34.2614	69.5746	57.4004	4845
605086	龙高股份	福建	东部	B	国有绝对控股公司	57.1429	46.8023	83.6908	68.1251	2804
605088	冠盛股份	浙江	东部	C	无国有股份公司	71.4286	51.2804	86.2426	72.5244	1232
605089	味知香	江苏	东部	C	无国有股份公司	42.8571	48.6753	77.9644	64.2025	4052

续表

股票代码	公司简称	省份	地区	行业代码	控股类型	环境保护（*EP*）	社会责任（*SR*）	公司治理（*CG*）	上市公司质量/ESG指数（*CLCQI/ESGI*）	*CLCQI/ESGI* 排名
605090	九丰能源	江西	中部	D	无国有股份公司	100.0000	46.2269	86.1940	73.5861	925
605098	行动教育	上海	东部	P	无国有股份公司	100.0000	47.4105	83.5587	72.5510	1222
605099	共创草坪	江苏	东部	C	无国有股份公司	14.2857	48.1631	87.3434	66.3245	3447
605100	华丰股份	山东	东部	C	无国有股份公司	71.4286	47.1346	80.7272	68.0399	2829
605108	同庆楼	安徽	中部	H	无国有股份公司	14.2857	39.9279	74.0557	56.1340	4879
605111	新洁能	江苏	东部	C	无国有股份公司	100.0000	59.4017	82.0616	75.9245	451
605116	奥锐特	浙江	东部	C	无国有股份公司	85.7143	51.7318	83.8410	72.7901	1143
605117	德业股份	浙江	东部	C	无国有股份公司	100.0000	49.6622	97.0639	80.7669	53
605118	力鼎光电	福建	东部	C	无国有股份公司	57.1429	50.9330	80.9024	68.0372	2833
605122	四方新材	重庆	西部	C	国有参股公司	85.7143	50.9860	74.0447	67.1411	3172
605123	派克新材	江苏	东部	C	无国有股份公司	42.8571	50.8036	81.5924	66.9428	3242
605128	上海沿浦	上海	东部	C	无国有股份公司	100.0000	49.3649	81.1640	71.9179	1433
605133	嵘泰股份	江苏	东部	C	无国有股份公司	85.7143	53.1265	77.4261	69.7501	2202
605136	丽人丽妆	上海	东部	F	无国有股份公司	14.2857	43.1420	81.6386	61.4295	4533
605138	盛泰集团	浙江	东部	C	无国有股份公司	14.2857	48.0288	73.5634	58.6985	4789
605151	西上海	上海	东部	C	无国有股份公司	85.7143	37.1944	83.6189	67.5798	3031
605155	西大门	浙江	东部	C	无国有股份公司	85.7143	39.6860	77.4474	65.0576	3827
605158	华达新材	浙江	东部	C	无国有股份公司	71.4286	57.7722	87.1044	75.2705	557
605162	新中港	浙江	东部	D	国有参股公司	85.7143	62.5144	72.6622	70.4157	1955
605166	聚合顺	浙江	东部	C	无国有股份公司	14.2857	44.4160	80.5143	61.2570	4559
605167	利柏特	江苏	东部	M	国有参股公司	71.4286	41.2028	85.2016	68.4248	2697
605168	三人行	陕西	西部	L	无国有股份公司	71.4286	44.3599	79.5947	66.4459	3408
605169	洪通燃气	新疆	西部	D	无国有股份公司	85.7143	46.1132	86.9797	72.5499	1224
605177	东亚药业	浙江	东部	C	无国有股份公司	14.2857	46.9378	81.2919	62.5673	4393
605178	时空科技	北京	东部	E	无国有股份公司	85.7143	49.7639	63.7449	61.0485	4589
605179	一鸣食品	浙江	东部	C	无国有股份公司	100.0000	41.1852	80.5575	68.7215	2586
605180	华生科技	浙江	东部	C	无国有股份公司	85.7143	40.3579	75.5352	64.2411	4038
605183	确成股份	江苏	东部	C	无国有股份公司	42.8571	57.2787	82.8938	69.9248	2143
605186	健麾信息	上海	东部	C	国有参股公司	28.5714	44.5214	79.6265	62.2342	4448
605188	国光连锁	江西	中部	F	无国有股份公司	85.7143	36.9745	75.7199	63.1584	4283
605189	富春染织	安徽	中部	C	无国有股份公司	57.1429	51.7391	83.3473	69.6640	2244

续表

股票代码	公司简称	省份	地区	行业代码	控股类型	环境保护（*EP*）	社会责任（*SR*）	公司治理（*CG*）	上市公司质量/ESG指数（*CLCQI/ESGI*）	*CLCQI/ESGI* 排名
605196	华通线缆	河北	东部	C	无国有股份公司	71.4286	48.3502	78.7682	67.3879	3086
605198	安德利	山东	东部	C	无国有股份公司	85.7143	53.6846	79.1319	70.8836	1801
605199	葫芦娃	海南	东部	C	无国有股份公司	42.8571	42.9850	73.8396	59.9423	4701
605208	永茂泰	上海	东部	C	无国有股份公司	71.4286	37.7733	79.7576	64.2302	4039
605218	伟时电子	江苏	东部	C	无国有股份公司	71.4286	39.1933	79.4477	64.5567	3970
605222	起帆电缆	上海	东部	C	无国有股份公司	42.8571	46.3472	77.9372	63.3727	4240
605228	神通科技	浙江	东部	C	无国有股份公司	100.0000	38.2024	88.0944	71.8227	1457
605255	天普股份	浙江	东部	C	无国有股份公司	100.0000	49.7983	77.1802	69.8785	2159
605258	协和电子	江苏	东部	C	无国有股份公司	85.7143	51.6421	66.1328	63.0192	4313
605259	绿田机械	浙江	东部	C	无国有股份公司	71.4286	51.4523	88.4839	73.8173	859
605266	健之佳	云南	西部	F	无国有股份公司	85.7143	46.7086	78.7560	68.2352	2773
605268	王力安防	浙江	东部	C	无国有股份公司	100.0000	48.5792	78.5169	70.1870	2039
605277	新亚电子	浙江	东部	C	无国有股份公司	57.1429	42.3076	80.5086	64.8017	3903
605286	同力日升	江苏	东部	C	无国有股份公司	28.5714	41.0124	71.6577	56.6232	4866
605287	德才股份	山东	东部	E	国有参股公司	100.0000	46.7721	79.9112	70.3214	1990
605288	凯迪股份	江苏	东部	C	无国有股份公司	100.0000	42.2697	74.3819	65.7044	3642
605289	罗曼股份	上海	东部	E	无国有股份公司	100.0000	52.5583	74.6792	69.4690	2304
605296	神农集团	云南	西部	A	无国有股份公司	57.1429	50.9324	83.7014	69.5764	2267
605298	必得科技	江苏	东部	C	国有参股公司	100.0000	50.3292	75.8888	69.3541	2349
605299	舒华体育	福建	东部	C	无国有股份公司	100.0000	44.2294	81.4544	70.2802	2004
605300	佳禾食品	江苏	东部	C	无国有股份公司	85.7143	51.4271	78.2691	69.6189	2255
605303	园林股份	浙江	东部	E	无国有股份公司	14.2857	39.6930	83.9321	61.4838	4528
605305	中际联合	北京	东部	C	国有参股公司	14.2857	54.5863	88.1874	69.0369	2469
605318	法狮龙	浙江	东部	C	无国有股份公司	71.4286	35.2256	73.8723	60.1016	4686
605319	无锡振华	江苏	东部	C	无国有股份公司	71.4286	51.6684	80.5126	69.5088	2291
605333	沪光股份	江苏	东部	C	无国有股份公司	100.0000	43.5877	79.7453	69.1156	2436
605336	帅丰电器	浙江	东部	C	无国有股份公司	85.7143	56.3645	81.0649	72.8847	1114
605337	李子园	浙江	东部	C	无国有股份公司	42.8571	46.6134	83.7853	66.6823	3320
605338	巴比食品	上海	东部	C	无国有股份公司	100.0000	51.3640	83.6913	74.0076	815
605339	南侨食品	上海	东部	C	无国有股份公司	57.1429	40.1307	83.5643	65.7204	3634
605358	立昂微	浙江	东部	C	无国有股份公司	14.2857	49.3795	82.5641	64.1216	4078

续表

股票代码	公司简称	省份	地区	行业代码	控股类型	环境保护（*EP*）	社会责任（*SR*）	公司治理（*CG*）	上市公司质量/ESG指数（*CLCQI/ESGI*）	*CLCQI/ESGI*排名
605365	立达信	福建	东部	C	无国有股份公司	100.0000	55.8197	85.2458	76.4221	365
605366	宏柏新材	江西	中部	C	无国有股份公司	71.4286	58.5172	73.6407	68.1263	2803
605368	蓝天燃气	河南	中部	D	无国有股份公司	100.0000	44.7642	82.3088	70.9373	1779
605369	拱东医疗	浙江	东部	C	无国有股份公司	71.4286	62.0914	85.5353	75.9193	452
605376	博迁新材	江苏	东部	C	无国有股份公司	100.0000	52.0975	77.1897	70.6884	1858
605377	华旺科技	浙江	东部	C	无国有股份公司	14.2857	52.1707	81.9308	64.7503	3919
605378	野马电池	浙江	东部	C	国有参股公司	85.7143	56.5542	89.9899	77.8598	200
605388	均瑶健康	湖北	中部	C	无国有股份公司	57.1429	39.6599	89.1584	68.6324	2623
605389	长龄液压	江苏	东部	C	无国有股份公司	100.0000	43.8098	82.9428	70.9520	1772
605398	新炬网络	上海	东部	I	无国有股份公司	85.7143	44.7458	80.9822	68.7727	2561
605399	晨光新材	江西	中部	C	无国有股份公司	85.7143	59.3297	87.8179	77.6367	219
605488	福莱新材	浙江	东部	C	国有参股公司	85.7143	49.3614	84.6595	72.4107	1276
605499	东鹏饮料	广东	东部	C	无国有股份公司	42.8571	52.9694	86.5835	70.4459	1942
605500	森林包装	浙江	东部	C	无国有股份公司	100.0000	49.2312	88.7692	76.0540	425
605507	国邦医药	浙江	东部	C	国有参股公司	57.1429	44.2799	79.3393	64.8489	3892
605555	德昌股份	浙江	东部	C	无国有股份公司	100.0000	47.0936	74.9916	67.7281	2967
605566	福莱蒽特	浙江	东部	C	无国有股份公司	57.1429	46.6241	82.8753	67.6141	3018
605567	春雪食品	山东	东部	C	无国有股份公司	85.7143	56.9510	89.3603	77.6525	216
605577	龙版传媒	黑龙江	东北	R	国有绝对控股公司	85.7143	42.4048	73.4478	63.8094	4158
605580	恒盛能源	浙江	东部	D	无国有股份公司	85.7143	50.9136	78.5670	69.6030	2260
605588	冠石科技	江苏	东部	C	无国有股份公司	14.2857	53.2628	73.7504	60.6332	4637
605589	圣泉集团	山东	东部	C	无国有股份公司	57.1429	56.2589	80.8955	69.8974	2153
605598	上海港湾	上海	东部	E	无国有股份公司	100.0000	43.4635	83.3117	71.0336	1746
605599	菜百股份	北京	东部	F	国有弱相对控股公司	71.4286	59.6477	86.2829	75.4752	521
688001	华兴源创	江苏	东部	C	无国有股份公司	85.7143	62.2316	83.4365	76.2426	394
688002	睿创微纳	山东	东部	C	无国有股份公司	28.5714	50.4713	83.1092	66.2322	3495
688003	天准科技	江苏	东部	C	无国有股份公司	85.7143	61.5348	82.4742	75.4694	522
688004	博汇科技	北京	东部	I	国有参股公司	100.0000	50.6236	75.4792	69.2318	2400
688005	容百科技	浙江	东部	C	无国有股份公司	57.1429	57.7073	89.1531	74.9460	616
688006	杭可科技	浙江	东部	C	无国有股份公司	100.0000	52.0800	80.6293	72.5741	1212
688007	光峰科技	广东	东部	C	无国有股份公司	28.5714	64.7946	88.1352	74.0096	813

续表

股票代码	公司简称	省份	地区	行业代码	控股类型	环境保护（*EP*）	社会责任（*SR*）	公司治理（*CG*）	上市公司质量/ESG指数（*CLCQI/ESGI*）	*CLCQI/ESGI* 排名
688008	澜起科技	上海	东部	C	国有弱相对控股公司	28.5714	68.8393	98.6505	81.2086	43
688009	中国通号	北京	东部	C	国有绝对控股公司	71.4286	61.7882	86.4870	76.3366	376
688010	福光股份	福建	东部	C	国有参股公司	71.4286	63.5033	81.2622	74.0633	804
688011	新光光电	黑龙江	东北	C	无国有股份公司	57.1429	50.8619	80.0745	67.5569	3037
688012	中微公司	上海	东部	C	国有强相对控股公司	71.4286	67.9455	92.8432	81.9875	24
688013	天臣医疗	江苏	东部	C	无国有股份公司	28.5714	62.7195	82.1132	69.9712	2125
688015	交控科技	北京	东部	C	国有弱相对控股公司	100.0000	70.4014	87.7542	82.9053	13
688016	心脉医疗	上海	东部	C	无国有股份公司	71.4286	65.5547	87.6496	78.2943	174
688017	绿的谐波	江苏	东部	C	无国有股份公司	28.5714	63.1337	82.5759	70.3707	1975
688018	乐鑫科技	上海	东部	I	无国有股份公司	57.1429	58.8222	91.0202	76.3632	373
688019	安集科技	上海	东部	C	国有参股公司	100.0000	61.7847	90.5429	81.4233	37
688020	方邦股份	广东	东部	C	无国有股份公司	14.2857	59.5384	79.7115	66.1083	3532
688021	奥福环保	山东	东部	C	无国有股份公司	57.1429	63.5953	78.0875	70.9207	1787
688022	瀚川智能	江苏	东部	C	无国有股份公司	71.4286	53.1764	83.6035	71.7365	1483
688023	安恒信息	浙江	东部	I	国有参股公司	85.7143	59.0478	85.4235	76.2211	401
688025	杰普特	广东	东部	C	无国有股份公司	100.0000	65.8205	85.1814	79.8869	78
688026	洁特生物	广东	东部	C	无国有股份公司	71.4286	54.9770	82.9553	72.0102	1401
688027	国盾量子	安徽	中部	C	国有弱相对控股公司	14.2857	65.3865	83.2174	70.0835	2074
688028	沃尔德	北京	东部	C	国有参股公司	85.7143	53.6817	85.3877	74.3233	741
688029	南微医学	江苏	东部	C	国有弱相对控股公司	28.5714	55.6223	80.8489	66.7918	3283
688030	山石网科	江苏	东部	I	无国有股份公司	14.2857	48.5886	85.1247	65.2532	3776
688031	星环科技	上海	东部	I	国有参股公司	85.7143	53.7217	78.1708	70.3680	1976
688032	禾迈股份	浙江	东部	C	国有参股公司	57.1429	51.3671	87.4089	71.7677	1472
688033	天宜上佳	北京	东部	C	无国有股份公司	100.0000	60.4841	81.8370	76.1798	409
688035	德邦科技	山东	东部	C	国有弱相对控股公司	28.5714	51.3757	81.9315	65.9009	3586
688036	传音控股	广东	东部	C	无国有股份公司	85.7143	61.4227	91.9999	80.6693	55
688037	芯源微	辽宁	东北	C	国有参股公司	71.4286	65.1753	90.0010	79.4548	94
688038	中科通达	湖北	中部	I	国有参股公司	100.0000	47.2594	77.5143	69.1736	2413
688039	当虹科技	浙江	东部	I	国有参股公司	85.7143	55.5295	80.8279	72.4621	1258
688041	海光信息	天津	东部	C	国有强相对控股公司	57.1429	58.9896	83.4131	72.2378	1326
688045	必易微	广东	东部	I	无国有股份公司	100.0000	51.2934	84.1208	74.2191	757

续表

股票代码	公司简称	省份	地区	行业代码	控股类型	环境保护（*EP*）	社会责任（*SR*）	公司治理（*CG*）	上市公司质量/ESG指数（*CLCQI/ESGI*）	*CLCQI/ESGI*排名
688046	药康生物	江苏	东部	M	国有参股公司	100.0000	47.9302	86.8332	74.5338	692
688047	龙芯中科	北京	东部	C	国有参股公司	100.0000	59.6674	88.3334	79.4670	92
688048	长光华芯	江苏	东部	C	国有参股公司	85.7143	51.5541	81.5745	71.4814	1573
688049	炬芯科技	广东	东部	C	无国有股份公司	100.0000	54.9115	90.1250	78.7878	145
688050	爱博医疗	北京	东部	C	无国有股份公司	28.5714	58.4959	78.1433	66.3095	3457
688051	佳华科技	北京	东部	I	无国有股份公司	42.8571	50.8727	80.0170	66.1005	3534
688052	纳芯微	江苏	东部	I	无国有股份公司	57.1429	60.9142	86.9264	74.8438	627
688053	思科瑞	四川	西部	M	国有参股公司	42.8571	65.1881	82.5141	72.4843	1244
688055	龙腾光电	江苏	东部	C	国有强相对控股公司	42.8571	49.4842	81.1268	66.2249	3498
688056	莱伯泰科	北京	东部	C	无国有股份公司	28.5714	49.4585	79.7524	64.0314	4102
688057	金达莱	江西	中部	N	无国有股份公司	42.8571	47.3987	80.6124	65.2121	3791
688058	宝兰德	北京	东部	I	无国有股份公司	85.7143	61.3333	80.4382	74.2791	747
688059	华锐精密	湖南	中部	C	无国有股份公司	28.5714	48.8214	83.2005	65.7049	3641
688060	云涌科技	江苏	东部	I	无国有股份公司	100.0000	58.7315	77.7881	73.3395	982
688061	灿瑞科技	上海	东部	C	无国有股份公司	85.7143	61.0792	78.8299	73.3056	992
688062	迈威生物	上海	东部	C	无国有股份公司	71.4286	57.6045	82.7205	72.8007	1139
688063	派能科技	上海	东部	C	无国有股份公司	85.7143	51.7940	84.3527	73.0933	1044
688065	凯赛生物	上海	东部	C	国有参股公司	100.0000	59.2956	84.8843	77.4398	229
688066	航天宏图	北京	东部	I	无国有股份公司	14.2857	55.3109	85.2244	67.6608	3006
688067	爱威科技	湖南	中部	C	无国有股份公司	100.0000	46.7042	75.5658	67.9077	2888
688068	热景生物	北京	东部	C	无国有股份公司	85.7143	48.5161	84.0097	71.7574	1474
688069	德林海	江苏	东部	N	无国有股份公司	100.0000	48.4201	80.6207	71.2884	1654
688070	纵横股份	四川	西部	C	无国有股份公司	71.4286	55.7577	79.4323	70.3459	1981
688071	华依科技	上海	东部	C	无国有股份公司	100.0000	54.6904	74.3825	70.0520	2092
688072	拓荆科技	辽宁	东北	C	国有弱相对控股公司	100.0000	50.6554	78.7877	71.0626	1735
688073	毕得医药	上海	东部	M	无国有股份公司	85.7143	49.4676	85.4764	72.8971	1109
688075	安旭生物	浙江	东部	C	无国有股份公司	71.4286	47.8826	75.3823	65.3620	3743
688076	诺泰生物	江苏	东部	C	无国有股份公司	28.5714	57.6220	81.7655	67.9959	2847
688077	大地熊	安徽	中部	C	无国有股份公司	42.8571	65.0887	82.7237	72.5648	1218
688078	龙软科技	北京	东部	I	无国有股份公司	57.1429	45.3023	90.1601	71.1581	1705
688079	美迪凯	浙江	东部	C	无国有股份公司	100.0000	55.8748	77.3484	72.0978	1368

续表

股票代码	公司简称	省份	地区	行业代码	控股类型	环境保护（*EP*）	社会责任（*SR*）	公司治理（*CG*）	上市公司质量/ESG指数（*CLCQI/ESGI*）	*CLCQI/ESGI* 排名
688080	映翰通	北京	东部	C	无国有股份公司	57.1429	53.0070	78.2596	67.3095	3120
688081	兴图新科	湖北	中部	C	无国有股份公司	100.0000	58.1025	79.7072	74.1748	775
688082	盛美上海	上海	东部	C	国有参股公司	42.8571	58.4150	88.0459	73.1562	1028
688083	中望软件	广东	东部	I	无国有股份公司	85.7143	55.7405	77.2062	70.5440	1904
688084	晶品特装	北京	东部	C	无国有股份公司	28.5714	65.8859	85.2735	72.8176	1132
688085	三友医疗	上海	东部	C	无国有股份公司	57.1429	62.2007	82.8842	73.0709	1052
688087	英科再生	山东	东部	C	无国有股份公司	85.7143	51.9522	86.2988	74.2190	758
688088	虹软科技	浙江	东部	I	无国有股份公司	85.7143	54.5512	83.9935	73.8608	847
688089	嘉必优	湖北	中部	C	无国有股份公司	42.8571	64.9988	73.9474	67.7064	2980
688090	瑞松科技	广东	东部	C	无国有股份公司	28.5714	48.3028	80.9276	64.2733	4032
688091	上海谊众	上海	东部	C	无国有股份公司	42.8571	44.3815	78.0845	62.7657	4360
688092	爱科科技	浙江	东部	C	无国有股份公司	71.4286	52.1855	83.8682	71.5353	1549
688093	世华科技	江苏	东部	C	无国有股份公司	85.7143	54.6523	71.6850	67.1265	3176
688095	福昕软件	福建	东部	I	无国有股份公司	57.1429	50.2864	79.3160	66.9383	3245
688096	京源环保	江苏	东部	C	无国有股份公司	57.1429	47.1506	72.2463	61.9524	4481
688097	博众精工	江苏	东部	C	无国有股份公司	100.0000	42.2069	78.4228	67.9050	2890
688098	申联生物	上海	东部	C	无国有股份公司	100.0000	60.6059	80.1574	75.2987	552
688099	晶晨股份	上海	东部	I	国有参股公司	85.7143	61.2862	91.2243	80.1950	65
688100	威胜信息	湖南	中部	C	无国有股份公司	85.7143	61.2559	87.1203	77.9272	194
688101	三达膜	陕西	西部	C	国有参股公司	100.0000	55.1929	90.7304	79.2192	112
688102	斯瑞新材	陕西	西部	C	无国有股份公司	42.8571	56.7481	90.8410	74.1101	791
688103	国力股份	江苏	东部	C	无国有股份公司	100.0000	53.4447	85.8900	75.9451	446
688105	诺唯赞	江苏	东部	M	国有参股公司	42.8571	59.6277	85.4997	72.1803	1346
688106	金宏气体	江苏	东部	C	国有参股公司	100.0000	51.9215	78.9747	71.6086	1529
688107	安路科技	上海	东部	C	国有强相对控股公司	100.0000	68.4420	80.8163	78.4036	169
688108	赛诺医疗	天津	东部	C	无国有股份公司	85.7143	55.1746	76.9550	70.2078	2033
688109	品茗科技	浙江	东部	I	无国有股份公司	85.7143	53.2652	83.5529	73.1684	1025
688110	东芯股份	上海	东部	C	无国有股份公司	85.7143	63.5461	78.8334	74.1709	778
688111	金山办公	北京	东部	I	无国有股份公司	14.2857	59.5428	78.3245	65.3470	3747
688112	鼎阳科技	广东	东部	C	国有参股公司	100.0000	53.8848	82.8466	74.4253	718
688113	联测科技	江苏	东部	C	国有参股公司	71.4286	62.4770	78.1738	72.0054	1403

续表

股票代码	公司简称	省份	地区	行业代码	控股类型	环境保护（*EP*）	社会责任（*SR*）	公司治理（*CG*）	上市公司质量/ESG指数（*CLCQI/ESGI*）	*CLCQI/ESGI*排名
688114	华大智造	广东	东部	C	国有参股公司	85.7143	62.7371	85.9016	77.7753	204
688115	思林杰	广东	东部	C	国有参股公司	85.7143	56.0358	78.7965	71.5221	1554
688116	天奈科技	江苏	东部	C	无国有股份公司	42.8571	54.5188	84.2324	69.6951	2232
688117	圣诺生物	四川	西部	C	无国有股份公司	85.7143	47.9718	79.1372	68.8870	2516
688118	普元信息	上海	东部	I	无国有股份公司	85.7143	54.9010	79.4370	71.4771	1575
688119	中钢洛耐	河南	中部	C	国有强相对控股公司	100.0000	62.9938	93.5000	83.4729	9
688120	华海清科	天津	东部	C	国有强相对控股公司	100.0000	53.2992	83.6603	74.6679	666
688121	卓然股份	上海	东部	C	无国有股份公司	85.7143	52.2321	90.8288	76.8085	315
688122	西部超导	陕西	西部	C	国有强相对控股公司	100.0000	61.8491	90.7568	81.5634	34
688123	聚辰股份	上海	东部	C	无国有股份公司	28.5714	50.6354	84.4388	67.0209	3215
688125	安达智能	广东	东部	C	无国有股份公司	85.7143	51.0129	81.9675	71.5081	1562
688126	沪硅产业	上海	东部	C	国有弱相对控股公司	14.2857	60.3944	86.6039	70.1987	2036
688127	蓝特光学	浙江	东部	C	国有参股公司	85.7143	47.8416	88.3916	73.9314	831
688128	中国电研	广东	东部	C	国有绝对控股公司	85.7143	62.2378	93.9403	82.0218	23
688129	东来技术	上海	东部	C	无国有股份公司	57.1429	49.0448	86.6102	70.5156	1917
688130	晶华微	浙江	东部	I	国有参股公司	100.0000	49.4926	87.2193	75.2930	554
688131	皓元医药	上海	东部	M	无国有股份公司	100.0000	55.0840	83.6989	75.3138	548
688132	邦彦技术	广东	东部	C	国有参股公司	42.8571	54.4613	78.4358	66.4869	3390
688133	泰坦科技	上海	东部	M	国有参股公司	85.7143	48.8213	85.5742	72.7247	1161
688135	利扬芯片	广东	东部	C	无国有股份公司	71.4286	54.7170	85.8465	73.5094	939
688136	科兴制药	山东	东部	C	无国有股份公司	71.4286	56.0613	87.6814	74.9891	611
688137	近岸蛋白	江苏	东部	M	国有参股公司	85.7143	49.8995	69.3996	64.2060	4048
688138	清溢光电	广东	东部	C	无国有股份公司	71.4286	55.9438	83.1913	72.4784	1248
688139	海尔生物	山东	东部	C	国有参股公司	85.7143	69.4727	84.2805	79.2412	108
688141	杰华特	浙江	东部	C	无国有股份公司	28.5714	53.6707	82.3898	66.9563	3238
688143	长盈通	湖北	中部	C	国有参股公司	14.2857	64.2935	85.9380	71.1972	1694
688147	微导纳米	江苏	东部	C	无国有股份公司	14.2857	59.3698	82.2936	67.4695	3065
688148	芳源股份	广东	东部	C	无国有股份公司	57.1429	61.2143	82.5141	72.5221	1234
688150	莱特光电	陕西	西部	C	无国有股份公司	14.2857	69.5460	89.3015	74.8855	624
688151	华强科技	湖北	中部	C	国有绝对控股公司	100.0000	62.1525	87.8592	80.0759	70
688152	麒麟信安	湖南	中部	I	国有参股公司	28.5714	54.4270	86.1523	69.2904	2375

续表

股票代码	公司简称	省份	地区	行业代码	控股类型	环境保护（*EP*）	社会责任（*SR*）	公司治理（*CG*）	上市公司质量/ESG指数（*CLCQI/ESGI*）	*CLCQI/ESGI* 排名
688153	唯捷创芯	天津	东部	C	无国有股份公司	85.7143	59.6416	87.6475	77.6521	217
688155	先惠技术	上海	东部	C	无国有股份公司	57.1429	65.3653	86.4632	76.1469	415
688156	路德环境	湖北	中部	N	国有参股公司	57.1429	55.1998	76.8482	67.3007	3123
688157	松井股份	湖南	中部	C	无国有股份公司	57.1429	55.4768	82.0066	70.2348	2022
688158	优刻得	上海	东部	I	国有参股公司	57.1429	51.4371	83.7416	69.7752	2193
688159	有方科技	广东	东部	C	无国有股份公司	71.4286	63.5960	80.1883	73.5050	940
688160	步科股份	上海	东部	C	无国有股份公司	100.0000	51.5778	82.2272	73.2772	996
688161	威高骨科	山东	东部	C	国有参股公司	71.4286	53.3649	88.2033	74.3324	737
688162	巨一科技	安徽	中部	C	国有参股公司	85.7143	61.2552	88.7219	78.8078	144
688163	赛伦生物	上海	东部	C	无国有股份公司	100.0000	45.2290	78.0576	68.7618	2567
688165	埃夫特	安徽	中部	C	国有弱相对控股公司	100.0000	64.0737	89.8881	81.8643	29
688166	博瑞医药	江苏	东部	C	无国有股份公司	100.0000	50.8016	81.7010	72.7161	1165
688167	炬光科技	陕西	西部	C	国有参股公司	42.8571	54.8396	80.1961	67.5874	3029
688168	安博通	北京	东部	I	无国有股份公司	85.7143	56.0133	83.5481	74.1276	787
688169	石头科技	北京	东部	C	无国有股份公司	100.0000	60.9608	84.3736	77.7418	206
688170	德龙激光	江苏	东部	C	无国有股份公司	57.1429	49.7336	81.3412	67.8587	2913
688171	纬德信息	广东	东部	I	无国有股份公司	42.8571	58.4868	81.1061	69.3644	2340
688172	燕东微	北京	东部	C	国有绝对控股公司	57.1429	69.5358	77.8104	72.8475	1126
688173	希荻微	广东	东部	I	无国有股份公司	100.0000	69.3436	89.8048	83.6629	7
688175	高凌信息	广东	东部	C	国有参股公司	85.7143	64.2059	83.9644	77.2239	260
688176	亚虹医药	江苏	东部	C	无国有股份公司	71.4286	58.3973	82.2051	72.7947	1141
688177	百奥泰	广东	东部	C	无国有股份公司	85.7143	50.6584	77.5367	68.9470	2498
688178	万德斯	江苏	东部	N	无国有股份公司	85.7143	52.4466	83.1874	72.6808	1176
688179	阿拉丁	上海	东部	M	无国有股份公司	100.0000	50.5201	79.9991	71.6815	1508
688180	君实生物	上海	东部	C	无国有股份公司	100.0000	56.0384	95.0240	81.8766	28
688181	八亿时空	北京	东部	C	无国有股份公司	71.4286	66.4247	86.8317	78.1490	180
688182	灿勤科技	江苏	东部	C	无国有股份公司	85.7143	55.0699	80.3818	72.0558	1383
688183	生益电子	广东	东部	C	国有参股公司	71.4286	64.1912	85.9195	76.8655	303
688184	帕瓦股份	浙江	东部	C	无国有股份公司	57.1429	54.9012	79.9591	68.9072	2507
688185	康希诺	天津	东部	C	无国有股份公司	71.4286	47.5504	82.8439	69.3497	2351
688186	广大特材	江苏	东部	C	无国有股份公司	42.8571	57.0040	87.9873	72.6301	1191

续表

股票代码	公司简称	省份	地区	行业代码	控股类型	环境保护（*EP*）	社会责任（*SR*）	公司治理（*CG*）	上市公司质量/ESG指数（*CLCQI/ESGI*）	*CLCQI/ESGI*排名
688187	时代电气	湖南	中部	C	国有强相对控股公司	100.0000	59.7595	91.3716	81.1702	45
688188	柏楚电子	上海	东部	I	无国有股份公司	100.0000	63.8107	83.0402	78.0058	192
688189	南新制药	湖南	中部	C	国有弱相对控股公司	71.4286	38.7502	80.2849	64.8621	3886
688190	云路股份	山东	东部	C	国有弱相对控股公司	14.2857	54.2806	87.2437	68.4108	2702
688191	智洋创新	山东	东部	I	无国有股份公司	71.4286	62.9751	86.6921	76.8648	304
688192	迪哲医药	江苏	东部	C	国有弱相对控股公司	85.7143	53.3962	93.0260	78.4244	166
688193	仁度生物	上海	东部	C	无国有股份公司	57.1429	60.7152	84.4243	73.3980	965
688195	腾景科技	福建	东部	C	国有参股公司	100.0000	67.7545	77.3243	76.2425	395
688196	卓越新能	福建	东部	C	无国有股份公司	14.2857	59.1341	87.2335	70.1039	2066
688197	首药控股	北京	东部	C	国有参股公司	85.7143	52.3530	78.6547	70.1551	2048
688198	佰仁医疗	北京	东部	C	无国有股份公司	100.0000	69.4974	77.1210	76.7407	328
688199	久日新材	天津	东部	C	无国有股份公司	85.7143	47.4418	84.1812	71.4757	1576
688200	华峰测控	北京	东部	C	国有参股公司	100.0000	71.4399	88.1846	83.5055	8
688201	信安世纪	北京	东部	I	国有参股公司	14.2857	67.4004	87.0760	72.9105	1105
688202	美迪西	上海	东部	M	无国有股份公司	85.7143	59.1406	76.1066	71.1293	1715
688203	海正生材	浙江	东部	C	国有绝对控股公司	100.0000	51.9577	88.6560	76.9460	292
688205	德科立	江苏	东部	C	国有参股公司	85.7143	52.4456	87.4717	75.0368	597
688206	概伦电子	上海	东部	I	无国有股份公司	71.4286	56.4303	84.4861	73.3608	976
688207	格灵深瞳	北京	东部	I	国有参股公司	100.0000	61.5528	75.2582	72.9355	1098
688208	道通科技	广东	东部	C	无国有股份公司	71.4286	47.7502	90.4580	73.6073	917
688209	英集芯	广东	东部	C	国有参股公司	71.4286	62.0139	85.6953	75.9801	439
688210	统联精密	广东	东部	C	无国有股份公司	42.8571	56.0154	82.9821	69.5313	2279
688211	中科微至	江苏	东部	C	国有参股公司	100.0000	50.0282	86.2820	74.9650	613
688212	澳华内镜	上海	东部	C	无国有股份公司	71.4286	60.5590	83.7671	74.4104	723
688213	思特威	上海	东部	C	国有参股公司	42.8571	54.2354	85.5126	70.3000	1998
688215	瑞晟智能	浙江	东部	C	无国有股份公司	42.8571	48.3521	92.6705	72.1777	1348
688216	气派科技	广东	东部	C	无国有股份公司	42.8571	52.6870	78.2894	65.7853	3618
688217	睿昂基因	上海	东部	C	无国有股份公司	85.7143	51.8782	84.4082	73.1533	1030
688218	江苏北人	江苏	东部	C	国有参股公司	100.0000	50.5192	85.0709	74.4707	708
688219	会通股份	安徽	中部	C	无国有股份公司	57.1429	57.0426	89.2427	74.7627	645
688220	翱捷科技	上海	东部	C	国有参股公司	85.7143	62.9391	85.0123	77.3569	245

续表

股票代码	公司简称	省份	地区	行业代码	控股类型	环境保护（*EP*）	社会责任（*SR*）	公司治理（*CG*）	上市公司质量/ESG指数（*CLCQI/ESGI*）	*CLCQI/ESGI* 排名
688221	前沿生物	江苏	东部	C	无国有股份公司	57.1429	42.7096	79.1132	64.1749	4058
688222	成都先导	四川	西部	M	无国有股份公司	100.0000	57.3020	77.9863	72.9482	1093
688223	晶科能源	江西	中部	C	无国有股份公司	57.1429	53.2674	89.7846	73.7394	885
688225	亚信安全	江苏	东部	I	无国有股份公司	71.4286	53.8541	84.5436	72.4908	1242
688226	威腾电气	江苏	东部	C	国有参股公司	85.7143	55.7127	85.3776	75.0286	600
688227	品高股份	广东	东部	I	无国有股份公司	42.8571	44.0739	73.7276	60.2617	4676
688228	开普云	广东	东部	I	国有参股公司	100.0000	57.1276	73.1396	70.2214	2028
688229	博睿数据	北京	东部	I	无国有股份公司	42.8571	58.4343	75.5806	66.3070	3459
688230	芯导科技	上海	东部	C	国有参股公司	85.7143	61.3109	81.5188	74.8656	626
688231	隆达股份	江苏	东部	C	国有参股公司	71.4286	53.8751	79.7177	69.8439	2171
688232	新点软件	江苏	东部	I	国有弱相对控股公司	71.4286	59.8542	87.9630	76.4715	360
688233	神工股份	辽宁	东北	C	无国有股份公司	100.0000	49.2987	84.7459	73.8648	846
688234	天岳先进	山东	东部	C	无国有股份公司	71.4286	53.0399	80.1192	69.7724	2195
688235	百济神州	北京	东部	C	国有参股公司	57.1429	50.1247	83.1588	68.9953	2484
688236	春立医疗	北京	东部	C	无国有股份公司	100.0000	57.4946	79.1216	73.6400	913
688237	超卓航科	湖北	中部	C	国有参股公司	57.1429	43.4672	75.3812	62.3874	4420
688238	和元生物	上海	东部	M	国有参股公司	100.0000	57.0060	85.4771	76.9645	289
688239	航宇科技	贵州	西部	C	国有参股公司	28.5714	50.7300	90.0281	70.1281	2056
688244	永信至诚	北京	东部	I	国有参股公司	42.8571	54.0280	80.9115	67.6968	2988
688246	嘉和美康	北京	东部	I	国有参股公司	71.4286	52.2681	76.7613	67.6554	3009
688247	宣泰医药	上海	东部	C	国有绝对控股公司	71.4286	42.7757	82.9073	67.7134	2974
688248	南网科技	广东	东部	M	国有绝对控股公司	57.1429	55.7395	93.7391	76.7796	322
688251	井松智能	安徽	中部	C	国有参股公司	28.5714	49.6534	81.9226	65.2932	3767
688252	天德钰	广东	东部	I	无国有股份公司	14.2857	54.1382	89.1809	69.4264	2318
688253	英诺特	北京	东部	C	无国有股份公司	42.8571	47.8858	81.9941	66.1425	3523
688255	凯尔达	浙江	东部	C	无国有股份公司	85.7143	47.5542	79.7145	69.0584	2465
688256	寒武纪	北京	东部	I	国有参股公司	100.0000	62.5486	71.5832	71.2628	1662
688257	新锐股份	江苏	东部	C	无国有股份公司	85.7143	56.2489	91.0207	78.3199	171
688258	卓易信息	江苏	东部	I	无国有股份公司	85.7143	51.9161	91.2717	76.9415	294
688259	创耀科技	江苏	东部	I	国有参股公司	100.0000	56.3715	88.2994	78.2947	173
688260	昀冢科技	江苏	东部	C	无国有股份公司	71.4286	42.4001	81.7247	66.9315	3249

续表

股票代码	公司简称	省份	地区	行业代码	控股类型	环境保护（*EP*）	社会责任（*SR*）	公司治理（*CG*）	上市公司质量/ESG指数（*CLCQI/ESGI*）	*CLCQI/ESGI*排名
688261	东微半导	江苏	东部	C	国有参股公司	100.0000	54.0530	71.7042	68.3559	2726
688262	国芯科技	江苏	东部	I	国有参股公司	85.7143	49.5277	75.3891	67.3702	3094
688265	南模生物	上海	东部	M	国有参股公司	100.0000	33.6356	77.5593	64.4301	3994
688266	泽璟制药	江苏	东部	C	国有参股公司	42.8571	52.9619	76.9949	65.1696	3800
688267	中触媒	辽宁	东北	C	无国有股份公司	100.0000	60.9802	87.7689	79.6160	87
688268	华特气体	广东	东部	C	无国有股份公司	42.8571	69.4322	87.0967	76.4901	355
688269	凯立新材	陕西	西部	C	国有弱相对控股公司	71.4286	55.2360	82.1233	71.6433	1518
688270	臻镭科技	浙江	东部	C	无国有股份公司	71.4286	47.0197	81.5917	68.4752	2680
688271	联影医疗	上海	东部	C	国有参股公司	42.8571	64.9692	89.1054	76.0329	433
688272	富吉瑞	北京	东部	C	无国有股份公司	71.4286	59.7617	85.0335	74.8279	629
688273	麦澜德	江苏	东部	C	无国有股份公司	85.7143	54.9632	80.3726	72.0135	1399
688275	万润新能	湖北	中部	C	无国有股份公司	42.8571	58.2451	84.6435	71.2254	1682
688276	百克生物	吉林	东北	C	国有强相对控股公司	100.0000	61.4947	88.1218	79.9901	75
688277	天智航	北京	东部	C	无国有股份公司	100.0000	51.6074	85.2386	74.9438	617
688278	特宝生物	福建	东部	C	无国有股份公司	28.5714	51.5896	79.4241	64.5967	3961
688279	峰岹科技	广东	东部	I	无国有股份公司	100.0000	57.9017	82.4909	75.6356	498
688280	精进电动	北京	东部	C	无国有股份公司	57.1429	54.3458	86.3348	72.2195	1334
688281	华秦科技	陕西	西部	C	无国有股份公司	42.8571	60.9641	86.0281	72.9386	1097
688282	*ST导航	北京	东部	C	国有参股公司	57.1429	60.0261	82.7997	72.2633	1316
688283	坤恒顺维	四川	西部	C	无国有股份公司	42.8571	73.8637	78.7174	73.4326	960
688285	高铁电气	陕西	西部	C	国有绝对控股公司	57.1429	60.3707	91.3761	77.1009	271
688286	敏芯股份	江苏	东部	C	国有参股公司	100.0000	59.5646	78.6220	74.0897	797
688287	观典防务	北京	东部	M	国有参股公司	100.0000	54.5507	72.9310	69.2048	2409
688288	鸿泉物联	浙江	东部	C	无国有股份公司	85.7143	52.7891	84.9106	73.7485	877
688289	圣湘生物	湖南	中部	C	无国有股份公司	57.1429	67.1946	81.7418	74.1904	771
688290	景业智能	浙江	东部	C	国有参股公司	100.0000	55.8843	84.6920	76.1401	416
688291	金橙子	北京	东部	I	无国有股份公司	71.4286	51.1138	79.4609	68.7362	2579
688292	浩瀚深度	北京	东部	I	无国有股份公司	57.1429	47.6341	69.7767	60.7634	4621
688293	奥浦迈	上海	东部	M	无国有股份公司	71.4286	55.5897	87.3497	74.6416	674
688295	中复神鹰	江苏	东部	C	国有绝对控股公司	57.1429	56.1709	96.0236	78.1871	177
688296	和达科技	浙江	东部	I	国有参股公司	100.0000	65.6969	79.8904	76.9336	296

续表

股票代码	公司简称	省份	地区	行业代码	控股类型	环境保护（*EP*）	社会责任（*SR*）	公司治理（*CG*）	上市公司质量/ESG指数（*CLCQI/ESGI*）	*CLCQI/ESGI* 排名
688297	中无人机	四川	西部	C	国有绝对控股公司	0.0000	69.2379	89.3260	73.3626	974
688298	东方生物	浙江	东部	C	无国有股份公司	42.8571	62.6534	90.8038	76.1565	413
688299	长阳科技	浙江	东部	C	无国有股份公司	14.2857	49.3141	80.8647	63.1641	4282
688300	联瑞新材	江苏	东部	C	无国有股份公司	85.7143	65.6776	83.6234	77.5515	222
688301	奕瑞科技	上海	东部	C	无国有股份公司	71.4286	59.7369	94.3118	79.9222	77
688302	海创药业	四川	西部	C	无国有股份公司	57.1429	59.1917	89.0647	75.4170	528
688303	大全能源	新疆	西部	C	无国有股份公司	100.0000	54.4383	82.8843	74.6398	675
688305	科德数控	辽宁	东北	C	国有参股公司	14.2857	50.8119	87.5580	67.3696	3095
688306	均普智能	浙江	东部	C	无国有股份公司	71.4286	42.0281	83.0553	67.5331	3045
688307	中润光学	浙江	东部	C	国有参股公司	100.0000	55.5062	86.7680	77.1496	266
688308	欧科亿	湖南	中部	C	无国有股份公司	28.5714	64.3083	85.1033	72.1719	1351
688309	恒誉环保	山东	东部	C	无国有股份公司	57.1429	59.0454	82.1081	71.5396	1547
688310	迈得医疗	浙江	东部	C	无国有股份公司	100.0000	65.0152	79.7501	76.6179	343
688311	盟升电子	四川	西部	C	无国有股份公司	100.0000	61.0287	76.5106	73.4409	958
688312	燕麦科技	广东	东部	C	无国有股份公司	85.7143	52.2546	77.0532	69.2398	2395
688313	仕佳光子	河南	中部	C	国有参股公司	100.0000	51.6073	83.5796	74.0314	808
688314	康拓医疗	陕西	西部	C	无国有股份公司	100.0000	47.0215	78.2644	69.5030	2292
688315	诺禾致源	北京	东部	M	无国有股份公司	100.0000	45.3720	77.2469	68.3660	2723
688316	青云科技	北京	东部	I	无国有股份公司	71.4286	39.7426	78.2787	64.1061	4084
688317	之江生物	上海	东部	C	无国有股份公司	71.4286	54.5430	81.7825	71.2133	1685
688318	财富趋势	广东	东部	I	无国有股份公司	71.4286	49.4284	71.5808	63.8123	4157
688319	欧林生物	四川	西部	C	无国有股份公司	100.0000	62.3197	82.5724	77.2267	257
688320	禾川科技	浙江	东部	C	无国有股份公司	100.0000	53.5444	80.2014	72.8513	1120
688321	微芯生物	广东	东部	C	国有弱相对控股公司	71.4286	58.8619	77.5083	70.3741	1973
688322	奥比中光	广东	东部	C	无国有股份公司	100.0000	71.1565	85.8836	82.1407	19
688323	瑞华泰	广东	东部	C	国有强相对控股公司	85.7143	58.5393	89.5083	78.2897	175
688325	赛微微电	广东	东部	I	无国有股份公司	71.4286	51.9816	83.6656	71.3525	1622
688326	经纬恒润	北京	东部	C	无国有股份公司	100.0000	60.6050	87.4365	79.3018	105
688327	云从科技	广东	东部	I	无国有股份公司	57.1429	59.3137	79.4567	70.1753	2042
688328	深科达	广东	东部	C	无国有股份公司	57.1429	56.3605	74.4918	66.4109	3424
688329	艾隆科技	江苏	东部	C	无国有股份公司	42.8571	53.9081	77.5362	65.7984	3614

续表

股票代码	公司简称	省份	地区	行业代码	控股类型	环境保护（*EP*）	社会责任（*SR*）	公司治理（*CG*）	上市公司质量/ESG指数（*CLCQI/ESGI*）	*CLCQI/ESGI*排名
688330	宏力达	上海	东部	C	无国有股份公司	100.0000	55.0608	87.9257	77.6304	220
688331	荣昌生物	山东	东部	C	国有参股公司	28.5714	52.6088	86.1016	68.6261	2627
688332	中科蓝讯	广东	东部	C	无国有股份公司	28.5714	52.6224	82.3139	66.5476	3369
688333	铂力特	陕西	西部	C	国有参股公司	100.0000	57.5164	93.3459	81.4710	36
688335	复洁环保	上海	东部	C	无国有股份公司	42.8571	52.3469	78.4419	65.7501	3626
688336	三生国健	上海	东部	C	国有参股公司	28.5714	50.1464	80.6335	64.7568	3915
688337	普源精电	江苏	东部	C	无国有股份公司	85.7143	50.4785	80.5208	70.5254	1913
688338	赛科希德	北京	东部	C	无国有股份公司	14.2857	44.6886	80.3363	61.2545	4560
688339	亿华通	北京	东部	C	无国有股份公司	42.8571	50.9622	80.5244	66.4109	3425
688345	博力威	广东	东部	C	无国有股份公司	42.8571	51.3246	85.4093	69.2244	2404
688348	昱能科技	浙江	东部	C	无国有股份公司	57.1429	63.2504	94.8163	80.0009	74
688349	三一重能	北京	东部	C	无国有股份公司	85.7143	63.9475	88.1947	79.4601	93
688350	富淼科技	江苏	东部	C	无国有股份公司	100.0000	59.6368	85.8591	78.0954	183
688351	微电生理	上海	东部	C	无国有股份公司	71.4286	59.2018	84.2971	74.2269	753
688353	华盛锂电	江苏	东部	C	无国有股份公司	42.8571	51.9130	79.9664	66.4368	3412
688355	明志科技	江苏	东部	C	国有参股公司	85.7143	53.1759	83.6837	73.2091	1011
688356	键凯科技	北京	东部	C	无国有股份公司	14.2857	61.7725	88.1425	71.5273	1550
688357	建龙微纳	河南	中部	C	无国有股份公司	57.1429	65.0669	86.3166	75.9618	444
688358	祥生医疗	江苏	东部	C	无国有股份公司	100.0000	52.0108	86.9904	76.0485	428
688359	三孚新科	广东	东部	C	无国有股份公司	85.7143	58.2541	89.2903	78.0700	187
688360	德马科技	浙江	东部	C	无国有股份公司	57.1429	60.3276	90.1602	76.4170	366
688362	甬矽电子	浙江	东部	C	国有参股公司	85.7143	44.0355	75.6444	65.5883	3675
688363	华熙生物	山东	东部	C	无国有股份公司	0.0000	55.1687	87.2662	67.3055	3121
688365	光云科技	浙江	东部	I	无国有股份公司	71.4286	50.0143	69.9512	63.1210	4290
688366	昊海生科	上海	东部	C	无国有股份公司	28.5714	54.8898	80.2230	66.1912	3506
688367	工大高科	安徽	中部	C	国有参股公司	14.2857	64.6274	84.8707	70.7271	1842
688368	晶丰明源	上海	东部	I	无国有股份公司	28.5714	60.8751	84.7778	70.7912	1820
688369	致远互联	北京	东部	I	无国有股份公司	85.7143	48.4328	78.4925	68.6938	2599
688370	丛麟科技	上海	东部	N	无国有股份公司	28.5714	48.0816	75.6993	61.3203	4546
688371	菲沃泰	江苏	东部	C	国有参股公司	100.0000	53.3631	81.3122	73.3988	964
688372	伟测科技	上海	东部	C	无国有股份公司	57.1429	50.5356	77.1870	65.8546	3597

续表

股票代码	公司简称	省份	地区	行业代码	控股类型	环境保护（*EP*）	社会责任（*SR*）	公司治理（*CG*）	上市公司质量/ESG指数（*CLCQI/ESGI*）	*CLCQI/ESGI* 排名
688373	盟科药业	上海	东部	C	无国有股份公司	0.0000	52.0932	81.4968	63.0559	4302
688375	国博电子	江苏	东部	C	国有绝对控股公司	57.1429	51.5902	88.2766	72.3230	1297
688376	美埃科技	江苏	东部	C	无国有股份公司	28.5714	60.0544	83.1014	69.5819	2264
688377	迪威尔	江苏	东部	C	无国有股份公司	14.2857	53.0546	82.0832	65.1434	3804
688378	奥来德	吉林	东北	C	无国有股份公司	100.0000	56.1685	81.7867	74.6417	673
688379	华光新材	浙江	东部	C	无国有股份公司	42.8571	52.0014	87.5816	70.6561	1869
688380	中微半导	广东	东部	C	无国有股份公司	57.1429	50.4655	80.3020	67.5433	3041
688381	帝奥微	江苏	东部	C	无国有股份公司	28.5714	52.4522	81.8913	66.2556	3491
688382	益方生物	上海	东部	C	无国有股份公司	100.0000	50.8245	74.5457	68.7887	2557
688383	新益昌	广东	东部	C	无国有股份公司	100.0000	62.2304	83.8429	77.8942	198
688385	复旦微电	上海	东部	C	国有弱相对控股公司	42.8571	72.6082	85.9308	76.9605	290
688386	泛亚微透	江苏	东部	C	无国有股份公司	42.8571	65.0042	79.5656	70.7982	1818
688387	信科移动	湖北	中部	C	国有强相对控股公司	28.5714	53.7596	79.0324	65.1408	3806
688388	嘉元科技	广东	东部	C	无国有股份公司	100.0000	60.9272	80.4366	75.5646	509
688389	普门科技	广东	东部	C	无国有股份公司	100.0000	54.7183	98.0456	83.0765	12
688390	固德威	江苏	东部	C	无国有股份公司	85.7143	53.3295	90.5710	77.0508	278
688391	钜泉科技	上海	东部	I	无国有股份公司	42.8571	60.0724	79.1321	68.8337	2530
688392	骄成超声	上海	东部	C	无国有股份公司	85.7143	49.7251	78.4346	69.1143	2437
688393	安必平	广东	东部	C	无国有股份公司	85.7143	59.6234	84.9916	76.1850	406
688395	正弦电气	广东	东部	C	无国有股份公司	28.5714	58.8555	82.0710	68.5956	2637
688396	华润微	江苏	东部	C	国有绝对控股公司	71.4286	64.3162	89.9270	79.1134	117
688398	赛特新材	福建	东部	C	无国有股份公司	71.4286	48.2326	89.9100	73.4748	948
688399	硕世生物	江苏	东部	C	无国有股份公司	71.4286	55.0883	85.7761	73.6006	918
688400	凌云光	北京	东部	C	国有参股公司	71.4286	48.7461	82.4187	69.5343	2278
688401	路维光电	广东	东部	C	无国有股份公司	85.7143	55.4943	78.2314	71.0217	1750
688403	汇成股份	安徽	中部	C	无国有股份公司	100.0000	53.7203	86.6871	76.4800	358
688408	中信博	江苏	东部	C	无国有股份公司	42.8571	45.8717	79.2844	63.9472	4122
688409	富创精密	辽宁	东北	C	国有参股公司	85.7143	53.0468	81.3627	71.8873	1437
688410	山外山	重庆	西部	C	国有参股公司	100.0000	54.5248	88.7193	77.8793	199
688416	恒烁股份	安徽	中部	C	国有参股公司	71.4286	67.8556	80.6495	75.2495	560
688418	震有科技	广东	东部	C	无国有股份公司	71.4286	51.7655	83.2735	71.0612	1737

续表

股票代码	公司简称	省份	地区	行业代码	控股类型	环境保护（*EP*）	社会责任（*SR*）	公司治理（*CG*）	上市公司质量/ESG指数（*CLCQI/ESGI*）	*CLCQI/ESGI*排名
688419	耐科装备	安徽	中部	C	无国有股份公司	100.0000	61.8049	78.5258	74.8209	631
688420	美腾科技	天津	东部	C	无国有股份公司	100.0000	59.5437	81.6989	75.7747	473
688425	铁建重工	湖南	中部	C	国有绝对控股公司	100.0000	58.0146	90.0322	79.8228	79
688426	康为世纪	江苏	东部	C	无国有股份公司	100.0000	58.2861	91.0301	80.4667	58
688428	诺诚健华	北京	东部	C	国有参股公司	14.2857	56.7988	86.6795	68.9819	2487
688432	有研硅	北京	东部	C	国有参股公司	85.7143	65.9212	90.4613	81.3976	40
688435	英方软件	上海	东部	I	无国有股份公司	100.0000	49.0813	83.0425	72.8518	1119
688439	振华风光	贵州	西部	C	国有强相对控股公司	57.1429	63.8675	90.1620	77.6570	215
688448	磁谷科技	江苏	东部	C	无国有股份公司	71.4286	60.7310	78.3351	71.4830	1572
688455	科捷智能	山东	东部	C	无国有股份公司	14.2857	64.0219	77.1985	66.2954	3466
688456	有研粉材	北京	东部	C	国有强相对控股公司	14.2857	60.0935	81.9036	67.5083	3051
688459	哈铁科技	黑龙江	东北	C	国有绝对控股公司	42.8571	57.9004	84.9293	71.2620	1663
688466	金科环境	北京	东部	N	无国有股份公司	57.1429	60.2186	82.8925	72.3817	1284
688468	科美诊断	北京	东部	C	无国有股份公司	85.7143	46.1950	75.1512	66.0729	3537
688475	萤石网络	浙江	东部	C	国有绝对控股公司	71.4286	61.9682	87.5306	76.9735	288
688480	赛恩斯	湖南	中部	N	无国有股份公司	100.0000	65.7800	89.7224	82.3703	14
688485	九州一轨	北京	东部	N	国有弱相对控股公司	71.4286	63.5303	80.3782	73.5865	924
688486	龙迅股份	安徽	中部	C	国有参股公司	100.0000	72.3491	79.3007	78.9376	131
688488	艾迪药业	江苏	东部	C	无国有股份公司	100.0000	52.6434	79.4834	72.1411	1359
688489	三未信安	北京	东部	C	无国有股份公司	57.1429	48.5475	81.8469	67.7217	2969
688496	清越科技	江苏	东部	C	国有参股公司	71.4286	63.0664	76.6706	71.3849	1615
688498	源杰科技	陕西	西部	C	无国有股份公司	100.0000	62.8270	76.7278	74.1897	772
688499	利元亨	广东	东部	C	无国有股份公司	57.1429	45.8425	85.7078	68.8984	2511
688500	慧辰股份	北京	东部	I	无国有股份公司	14.2857	45.0649	75.0359	58.4711	4799
688501	青达环保	山东	东部	C	国有参股公司	100.0000	59.4075	87.5261	78.9320	132
688502	茂莱光学	江苏	东部	C	国有参股公司	71.4286	55.1594	84.4854	72.9156	1102
688503	聚和材料	江苏	东部	C	无国有股份公司	14.2857	53.3301	84.6441	66.6484	3327
688505	复旦张江	上海	东部	C	国有弱相对控股公司	71.4286	61.1456	82.0126	73.6507	907
688506	百利天恒	四川	西部	C	无国有股份公司	57.1429	56.3297	73.7417	65.9876	3556
688508	芯朋微	江苏	东部	I	国有参股公司	42.8571	53.4934	82.3923	68.3242	2739
688509	正元地信	北京	东部	M	国有绝对控股公司	14.2857	61.0704	93.0016	73.9541	830

续表

股票代码	公司简称	省份	地区	行业代码	控股类型	环境保护（*EP*）	社会责任（*SR*）	公司治理（*CG*）	上市公司质量/ESG指数（*CLCQI/ESGI*）	*CLCQI/ESGI* 排名
688510	航亚科技	江苏	东部	C	国有参股公司	100.0000	47.4278	75.6419	68.2028	2779
688511	天微电子	四川	西部	C	无国有股份公司	71.4286	57.1851	83.2980	72.9716	1084
688513	苑东生物	四川	西部	C	无国有股份公司	71.4286	60.8873	83.4079	74.3277	738
688515	裕太微	江苏	东部	C	无国有股份公司	14.2857	51.0212	79.6050	63.0687	4301
688516	奥特维	江苏	东部	C	无国有股份公司	100.0000	61.6273	86.6940	79.2513	107
688517	金冠电气	河南	中部	C	无国有股份公司	85.7143	66.2465	78.6217	74.9996	610
688518	联赢激光	广东	东部	C	国有参股公司	100.0000	49.4927	77.0278	69.6877	2238
688519	南亚新材	上海	东部	C	无国有股份公司	85.7143	53.0862	72.0105	66.7574	3295
688520	神州细胞	北京	东部	C	无国有股份公司	85.7143	46.2019	83.3734	70.5974	1888
688521	芯原股份	上海	东部	I	国有参股公司	57.1429	63.2530	79.7635	71.7228	1490
688522	纳睿雷达	广东	东部	C	国有参股公司	85.7143	52.7036	83.6064	73.0012	1075
688525	佰维存储	广东	东部	C	国有参股公司	28.5714	63.7515	82.2658	70.4164	1953
688526	科前生物	湖北	中部	C	国有弱相对控股公司	85.7143	58.4281	85.3947	75.9883	438
688528	秦川物联	四川	西部	C	国有参股公司	57.1429	48.4260	85.5068	69.6921	2235
688529	豪森智能	辽宁	东北	C	国有参股公司	71.4286	45.4736	81.0971	67.6620	3005
688531	日联科技	江苏	东部	C	无国有股份公司	14.2857	59.6911	77.5236	64.9584	3858
688533	上声电子	江苏	东部	C	无国有股份公司	57.1429	51.6404	86.9709	71.6224	1524
688536	思瑞浦	江苏	东部	I	国有弱相对控股公司	57.1429	57.6190	76.4954	67.9534	2867
688538	和辉光电	上海	东部	C	国有绝对控股公司	71.4286	60.1390	90.3986	77.9108	196
688550	瑞联新材	陕西	西部	C	无国有股份公司	85.7143	57.9589	85.5420	75.9052	454
688551	科威尔	安徽	中部	C	无国有股份公司	57.1429	55.2757	73.8927	65.7018	3646
688553	汇宇制药	四川	西部	C	无国有股份公司	57.1429	51.1945	88.9861	72.5747	1211
688556	高测股份	山东	东部	C	无国有股份公司	28.5714	51.7641	82.9281	66.5850	3357
688557	兰剑智能	山东	东部	C	国有参股公司	28.5714	49.9091	85.4826	67.3407	3108
688558	国盛智科	江苏	东部	C	无国有股份公司	57.1429	65.3535	81.5623	73.4472	957
688559	海目星	广东	东部	C	无国有股份公司	85.7143	61.8242	94.1302	81.9815	25
688560	明冠新材	江西	中部	C	无国有股份公司	100.0000	61.6008	82.7357	77.0649	277
688561	奇安信	北京	东部	I	国有参股公司	42.8571	56.5508	81.1189	68.6939	2598
688565	力源科技	浙江	东部	N	无国有股份公司	14.2857	39.1972	76.5358	57.2423	4847
688566	吉贝尔	江苏	东部	C	无国有股份公司	100.0000	58.2309	81.1458	75.0110	603
688567	孚能科技	江西	中部	C	国有参股公司	71.4286	51.5036	85.4524	72.1679	1353

续表

股票代码	公司简称	省份	地区	行业代码	控股类型	环境保护（*EP*）	社会责任（*SR*）	公司治理（*CG*）	上市公司质量/ESG指数（*CLCQI/ESGI*）	*CLCQI/ESGI* 排名
688568	中科星图	北京	东部	I	国有强相对控股公司	85.7143	61.4104	95.0977	82.3688	15
688569	铁科轨道	北京	东部	C	国有绝对控股公司	71.4286	55.2052	86.2910	73.9248	835
688571	杭华股份	浙江	东部	C	国有强相对控股公司	28.5714	65.6751	87.7839	74.1246	788
688575	亚辉龙	广东	东部	C	无国有股份公司	42.8571	56.4584	84.3593	70.4438	1944
688577	浙海德曼	浙江	东部	C	无国有股份公司	71.4286	43.9788	82.5596	67.9432	2873
688578	艾力斯	上海	东部	C	无国有股份公司	71.4286	48.9677	83.0046	69.9341	2140
688579	山大地纬	山东	东部	I	国有强相对控股公司	71.4286	41.7995	77.8522	64.5914	3962
688580	伟思医疗	江苏	东部	C	无国有股份公司	100.0000	52.7613	80.3164	72.6404	1185
688585	上纬新材	上海	东部	C	无国有股份公司	85.7143	56.0158	83.1869	73.9297	833
688586	江航装备	安徽	中部	C	国有绝对控股公司	57.1429	55.3568	85.2780	71.9921	1407
688588	凌志软件	江苏	东部	I	无国有股份公司	28.5714	40.9134	85.6757	64.2985	4028
688589	力合微	广东	东部	I	国有弱相对控股公司	57.1429	57.6421	88.2471	74.4249	719
688590	新致软件	上海	东部	I	无国有股份公司	100.0000	40.2990	84.1925	70.4105	1958
688595	芯海科技	广东	东部	C	国有参股公司	71.4286	62.6062	77.0027	71.4065	1608
688596	正帆科技	上海	东部	C	无国有股份公司	42.8571	55.8895	73.8773	64.4796	3982
688597	煜邦电力	北京	东部	C	国有参股公司	42.8571	68.0270	80.6172	72.4346	1269
688598	金博股份	湖南	中部	C	无国有股份公司	100.0000	54.9304	91.5358	79.5703	89
688599	天合光能	江苏	东部	C	国有参股公司	42.8571	49.6284	90.0864	71.2032	1689
688600	皖仪科技	安徽	中部	C	国有参股公司	85.7143	57.8827	76.5017	70.9063	1794
688601	力芯微	江苏	东部	C	国有参股公司	57.1429	49.5559	86.7792	70.7874	1823
688606	奥泰生物	浙江	东部	C	无国有股份公司	14.2857	61.6688	85.0493	69.7897	2186
688607	康众医疗	江苏	东部	C	国有参股公司	42.8571	46.0749	78.1102	63.3725	4241
688608	恒玄科技	上海	东部	C	无国有股份公司	42.8571	51.0554	75.8902	63.8947	4141
688609	九联科技	广东	东部	C	无国有股份公司	71.4286	67.1759	74.1511	71.4375	1592
688611	杭州柯林	浙江	东部	C	无国有股份公司	100.0000	71.4260	79.1002	78.5042	159
688613	奥精医疗	北京	东部	C	无国有股份公司	100.0000	51.7463	76.9741	70.4469	1941
688616	西力科技	浙江	东部	C	无国有股份公司	85.7143	61.3101	78.6312	73.2771	997
688617	惠泰医疗	广东	东部	C	无国有股份公司	42.8571	57.6564	79.6310	68.2625	2760
688618	三旺通信	广东	东部	C	无国有股份公司	14.2857	51.8599	82.9237	65.1876	3796
688619	罗普特	福建	东部	I	无国有股份公司	71.4286	43.9187	71.3202	61.7405	4501
688621	阳光诺和	北京	东部	M	无国有股份公司	28.5714	65.7913	84.2972	72.2475	1323

续表

股票代码	公司简称	省份	地区	行业代码	控股类型	环境保护（*EP*）	社会责任（*SR*）	公司治理（*CG*）	上市公司质量/ESG指数（*CLCQI/ESGI*）	*CLCQI/ESGI* 排名
688622	禾信仪器	广东	东部	C	国有参股公司	14.2857	46.6346	86.8884	65.5393	3689
688625	呈和科技	广东	东部	C	无国有股份公司	71.4286	53.0182	86.3543	73.1941	1015
688626	翔宇医疗	河南	中部	C	无国有股份公司	28.5714	69.7951	81.5176	72.1201	1367
688628	优利德	广东	东部	C	无国有股份公司	57.1429	54.2101	76.3847	66.6994	3313
688630	芯碁微装	安徽	中部	C	无国有股份公司	42.8571	59.6884	79.7925	69.0625	2462
688633	星球石墨	江苏	东部	C	无国有股份公司	71.4286	57.9748	82.8316	72.9914	1078
688636	智明达	四川	西部	C	无国有股份公司	14.2857	51.4514	82.9343	65.0504	3830
688639	华恒生物	安徽	中部	C	无国有股份公司	42.8571	51.8243	83.5482	68.3757	2717
688655	迅捷兴	广东	东部	C	国有参股公司	71.4286	54.2411	75.7748	67.8034	2935
688656	浩欧博	江苏	东部	C	无国有股份公司	42.8571	48.0827	87.3740	69.1704	2414
688658	悦康药业	北京	东部	C	无国有股份公司	85.7143	51.5613	81.1668	71.2596	1667
688659	元琛科技	安徽	中部	C	国有参股公司	71.4286	46.7555	72.9526	63.6312	4184
688660	电气风电	上海	东部	C	国有绝对控股公司	85.7143	54.3433	79.8757	71.5232	1553
688661	和林微纳	江苏	东部	C	无国有股份公司	42.8571	47.3293	78.5907	64.0758	4089
688662	富信科技	广东	东部	C	无国有股份公司	85.7143	59.2811	80.7757	73.7465	880
688663	新风光	山东	东部	C	国有强相对控股公司	57.1429	57.3252	88.3852	74.3900	727
688665	四方光电	湖北	中部	C	无国有股份公司	100.0000	49.7514	80.4034	71.6349	1521
688667	菱电电控	湖北	中部	C	无国有股份公司	14.2857	54.6412	78.9783	63.9911	4111
688668	鼎通科技	广东	东部	C	无国有股份公司	100.0000	57.6216	78.3751	73.2738	999
688669	聚石化学	广东	东部	C	无国有股份公司	100.0000	63.4842	78.1785	75.2177	566
688670	金迪克	江苏	东部	C	无国有股份公司	100.0000	42.2501	76.9248	67.0961	3191
688676	金盘科技	海南	东部	C	无国有股份公司	42.8571	63.9418	83.4328	72.5534	1221
688677	海泰新光	山东	东部	C	无国有股份公司	71.4286	55.4814	83.1335	72.2848	1306
688678	福立旺	江苏	东部	C	无国有股份公司	100.0000	60.8174	85.8553	78.5065	158
688679	通源环境	安徽	中部	N	无国有股份公司	71.4286	61.6661	82.6881	74.2044	764
688680	海优新材	上海	东部	C	无国有股份公司	57.1429	53.3412	82.7443	69.8931	2155
688681	科汇股份	山东	东部	C	国有参股公司	85.7143	49.0643	85.6454	72.8489	1122
688682	霍莱沃	上海	东部	I	国有参股公司	42.8571	51.1841	78.5008	65.3756	3738
688683	莱尔科技	广东	东部	C	无国有股份公司	85.7143	50.9417	82.0144	71.5089	1561
688685	迈信林	江苏	东部	C	无国有股份公司	100.0000	60.7595	82.1206	76.4322	363
688686	奥普特	广东	东部	C	无国有股份公司	100.0000	62.4790	86.9383	79.6837	84

续表

股票代码	公司简称	省份	地区	行业代码	控股类型	环境保护（*EP*）	社会责任（*SR*）	公司治理（*CG*）	上市公司质量/ESG指数（*CLCQI/ESGI*）	*CLCQI/ESGI* 排名
688687	凯因科技	北京	东部	C	无国有股份公司	71.4286	43.0589	75.2700	63.6119	4191
688689	银河微电	江苏	东部	C	无国有股份公司	100.0000	65.3992	85.0443	79.6641	85
688690	纳微科技	江苏	东部	C	无国有股份公司	14.2857	59.8233	82.2612	67.6104	3021
688696	极米科技	四川	西部	C	国有参股公司	85.7143	60.6646	89.2391	78.8856	138
688697	纽威数控	江苏	东部	C	无国有股份公司	71.4286	55.9813	78.7822	70.0665	2080
688698	伟创电气	江苏	东部	C	无国有股份公司	100.0000	49.5261	81.5065	72.1627	1354
688699	明微电子	广东	东部	I	无国有股份公司	100.0000	55.5354	80.6918	73.8179	858
688700	东威科技	江苏	东部	C	无国有股份公司	100.0000	49.6569	78.8291	70.7359	1838
688701	卓锦股份	浙江	东部	N	无国有股份公司	85.7143	45.7905	70.7344	63.5020	4215
688707	振华新材	贵州	西部	C	国有强相对控股公司	100.0000	64.4358	87.0079	80.4069	61
688711	宏微科技	江苏	东部	C	无国有股份公司	100.0000	47.6339	85.3225	73.5992	919
688718	唯赛勃	上海	东部	C	无国有股份公司	57.1429	45.7804	81.4187	66.5177	3379
688722	同益中	北京	东部	C	国有绝对控股公司	14.2857	55.8979	87.0888	68.8917	2513
688728	格科微	上海	东部	C	无国有股份公司	14.2857	69.7384	82.9083	71.4366	1595
688733	壹石通	安徽	中部	C	无国有股份公司	0.0000	61.8443	75.3804	63.1048	4297
688737	中自科技	四川	西部	C	无国有股份公司	71.4286	50.7537	83.1826	70.6571	1868
688739	成大生物	辽宁	东北	C	国有绝对控股公司	28.5714	58.1461	90.6612	73.0719	1051
688766	普冉股份	上海	东部	C	国有参股公司	85.7143	57.3261	85.2673	75.5326	514
688767	博拓生物	浙江	东部	C	无国有股份公司	85.7143	59.6032	82.5311	74.8246	630
688768	容知日新	安徽	中部	C	无国有股份公司	57.1429	60.3300	74.3378	67.7156	2972
688772	珠海冠宇	广东	东部	C	无国有股份公司	14.2857	61.8408	91.4195	73.3536	977
688776	国光电气	四川	西部	C	无国有股份公司	57.1429	54.8401	74.9676	66.1405	3525
688777	中控技术	浙江	东部	I	国有参股公司	28.5714	63.0487	84.4186	71.3544	1619
688778	厦钨新能	福建	东部	C	国有绝对控股公司	100.0000	69.3759	81.2602	78.9746	128
688779	长远锂科	湖南	中部	C	国有强相对控股公司	57.1429	70.5393	83.4427	76.2965	383
688786	悦安新材	江西	中部	C	无国有股份公司	57.1429	59.1231	76.9405	68.7246	2584
688787	海天瑞声	北京	东部	I	国有参股公司	100.0000	56.3893	80.1684	73.8288	855
688788	科思科技	广东	东部	C	无国有股份公司	100.0000	51.5431	82.0773	73.1826	1020
688789	宏华数科	浙江	东部	C	无国有股份公司	85.7143	51.0462	86.1074	73.7967	863
688793	倍轻松	广东	东部	C	无国有股份公司	85.7143	51.7500	77.8880	69.5224	2284
688798	艾为电子	上海	东部	C	无国有股份公司	85.7143	41.6559	76.0192	64.9615	3857

续表

股票代码	公司简称	省份	地区	行业代码	控股类型	环境保护（*EP*）	社会责任（*SR*）	公司治理（*CG*）	上市公司质量/ESG指数（*CLCQI/ESGI*）	*CLCQI/ESGI* 排名
688799	华纳药厂	湖南	中部	C	无国有股份公司	85.7143	43.9436	85.6840	71.0779	1732
688800	瑞可达	江苏	东部	C	国有参股公司	71.4286	57.3044	85.8177	74.3991	726
688819	天能股份	浙江	东部	C	无国有股份公司	85.7143	60.0362	80.7681	74.0065	816
688981	中芯国际	上海	东部	C	国有参股公司	14.2857	59.1234	82.1053	67.2797	3130
689009	九号公司	北京	东部	C	无国有股份公司	85.7143	62.6546	95.6730	83.1206	11
830799	艾融软件	上海	东部	I	无国有股份公司	57.1429	49.2148	82.0885	68.0881	2816
830809	安达科技	贵州	西部	C	无国有股份公司	71.4286	44.0908	79.7248	66.4232	3418
830832	齐鲁华信	山东	东部	C	无国有股份公司	14.2857	64.2294	75.8069	65.6026	3670
830839	万通液压	山东	东部	C	无国有股份公司	85.7143	51.7161	78.2639	69.7172	2217
830879	基康仪器	北京	东部	C	国有参股公司	100.0000	47.9399	78.4741	69.9397	2136
830946	森萱医药	江苏	东部	C	国有绝对控股公司	100.0000	50.7239	82.2068	72.9671	1086
830964	润农节水	河北	东部	E	无国有股份公司	71.4286	51.4529	87.0199	73.0123	1073
830974	凯大催化	浙江	东部	C	无国有股份公司	28.5714	51.0998	72.1449	60.4218	4661
831010	凯添燃气	宁夏	西部	D	无国有股份公司	71.4286	45.2358	74.8298	64.1318	4074
831039	国义招标	广东	东部	M	国有绝对控股公司	85.7143	51.1500	70.5962	65.3018	3763
831087	秋乐种业	河南	中部	A	国有绝对控股公司	28.5714	41.2436	77.8228	60.0949	4688
831152	昆工科技	云南	西部	C	国有参股公司	100.0000	46.4902	72.7812	66.3012	3461
831167	鑫汇科	广东	东部	C	无国有股份公司	100.0000	47.8823	71.5815	66.1287	3529
831195	三祥科技	山东	东部	C	国有参股公司	57.1429	45.4986	64.1131	56.9010	4854
831278	泰德股份	山东	东部	C	国有弱相对控股公司	85.7143	54.9653	78.3742	70.9151	1791
831305	海希通讯	上海	东部	C	无国有股份公司	71.4286	54.3149	76.9023	68.4494	2690
831370	新安洁	重庆	西部	N	无国有股份公司	57.1429	44.8153	79.3026	65.0161	3841
831445	龙竹科技	福建	东部	C	国有参股公司	57.1429	51.3286	78.3162	66.7532	3297
831526	凯华材料	天津	东部	C	无国有股份公司	42.8571	60.9981	67.8038	62.9271	4331
831641	格利尔	江苏	东部	C	无国有股份公司	57.1429	42.9115	82.0318	65.8508	3599
831689	克莱特	山东	东部	C	国有参股公司	42.8571	47.5345	75.6370	62.5231	4398
831726	朱老六	吉林	东北	C	国有参股公司	57.1429	46.0992	64.9814	57.5888	4834
831768	拾比佰	广东	东部	C	国有参股公司	85.7143	37.5883	81.9244	66.7858	3286
831832	科达自控	山西	中部	I	国有参股公司	100.0000	49.7488	80.6456	71.7672	1473
831834	三维股份	江苏	东部	C	无国有股份公司	42.8571	47.0830	60.4716	54.0242	4917
831855	浙江大农	浙江	东部	C	无国有股份公司	85.7143	51.1825	75.6329	68.0834	2817

续表

股票代码	公司简称	省份	地区	行业代码	控股类型	环境保护（EP）	社会责任（SR）	公司治理（CG）	上市公司质量/ESG指数（CLCQI/ESGI）	CLCQI/ESGI排名
831856	浩森科技	安徽	中部	C	国有参股公司	100.0000	45.2107	84.7469	72.4346	1270
831906	舜宇精工	浙江	东部	C	无国有股份公司	28.5714	49.1520	78.0484	62.9870	4320
831961	创远信科	上海	东部	C	无国有股份公司	57.1429	67.4028	80.9062	73.8037	862
832000	安徽凤凰	安徽	中部	C	国有参股公司	71.4286	47.0016	79.2487	67.1802	3160
832023	田野股份	广西	西部	C	无国有股份公司	100.0000	38.9767	74.1805	64.4411	3989
832089	禾昌聚合	江苏	东部	C	无国有股份公司	28.5714	38.5877	74.0034	57.0647	4849
832110	雷特科技	广东	东部	C	无国有股份公司	100.0000	44.6018	81.9127	70.6626	1865
832145	恒合股份	北京	东部	N	无国有股份公司	100.0000	45.1355	68.9944	63.7443	4168
832149	利尔达	浙江	东部	C	无国有股份公司	71.4286	45.9068	79.1349	66.7344	3301
832171	志晟信息	河北	东部	I	无国有股份公司	71.4286	65.3488	72.3447	69.8045	2181
832225	利通科技	河南	中部	C	无国有股份公司	57.1429	54.9629	86.5922	72.5770	1209
832278	鹿得医疗	江苏	东部	C	无国有股份公司	28.5714	55.4290	80.5874	66.5804	3358
832419	路斯股份	山东	东部	C	国有参股公司	85.7143	49.4975	85.0402	72.6677	1181
832491	奥迪威	广东	东部	C	无国有股份公司	85.7143	51.0786	78.9807	69.8883	2156
832566	梓橦宫	四川	西部	C	无国有股份公司	85.7143	49.0649	76.4544	67.7941	2938
832662	方盛股份	江苏	东部	C	国有参股公司	100.0000	52.9429	81.7982	73.5190	937
832735	德源药业	江苏	东部	C	国有参股公司	71.4286	51.7035	67.5591	62.3966	4417
832802	保丽洁	江苏	东部	C	无国有股份公司	57.1429	52.7895	80.3442	68.3799	2716
832876	慧为智能	广东	东部	C	无国有股份公司	14.2857	51.9404	72.6252	59.5516	4727
832885	星辰科技	广西	西部	C	无国有股份公司	14.2857	48.7780	68.0989	55.9553	4884
833075	柏星龙	广东	东部	C	无国有股份公司	14.2857	41.8713	74.1337	56.8571	4857
833171	国航远洋	福建	东部	G	无国有股份公司	71.4286	49.5744	72.8393	64.5555	3971
833230	欧康医药	四川	西部	C	无国有股份公司	100.0000	48.9323	75.5098	68.6567	2615
833266	生物谷	云南	西部	C	无国有股份公司	85.7143	58.0636	57.5376	60.5394	4648
833346	威贸电子	上海	东部	C	国有参股公司	57.1429	53.1550	66.6451	60.9733	4599
833427	华维设计	江西	中部	M	无国有股份公司	71.4286	55.9694	79.6496	70.5394	1908
833429	康比特	北京	东部	C	国有参股公司	100.0000	42.3533	79.9970	68.8220	2536
833454	同心传动	河南	中部	C	无国有股份公司	71.4286	55.0578	75.6079	67.9974	2843
833509	同惠电子	江苏	东部	C	国有参股公司	100.0000	67.0174	73.0796	73.6499	908
833523	德瑞锂电	广东	东部	C	无国有股份公司	71.4286	47.6691	74.1476	64.6082	3953
833533	骏创科技	江苏	东部	C	国有参股公司	14.2857	48.6987	71.3529	57.7172	4828

续表

股票代码	公司简称	省份	地区	行业代码	控股类型	环境保护（*EP*）	社会责任（*SR*）	公司治理（*CG*）	上市公司质量/ESG指数（*CLCQI/ESGI*）	*CLCQI/ESGI* 排名
833575	康乐卫士	北京	东部	C	国有参股公司	85.7143	63.1880	76.0148	72.4954	1239
833580	科创新材	河南	中部	C	无国有股份公司	85.7143	48.2093	72.8926	65.5356	3690
833781	瑞奇智造	四川	西部	C	无国有股份公司	14.2857	55.4855	70.0625	59.3829	4736
833819	颖泰生物	北京	东部	C	无国有股份公司	100.0000	52.0766	74.8053	69.3697	2336
833873	中设咨询	重庆	西部	M	国有参股公司	85.7143	53.9844	75.1260	68.7853	2558
833914	远航精密	江苏	东部	C	国有参股公司	28.5714	54.5988	85.2150	68.8350	2527
833943	优机股份	四川	西部	C	国有参股公司	57.1429	55.0145	73.7243	65.5177	3698
834014	特瑞斯	江苏	东部	C	国有参股公司	85.7143	44.0286	76.2525	65.9203	3579
834021	流金科技	北京	东部	L	无国有股份公司	57.1429	52.1583	74.0351	64.6890	3936
834033	康普化学	重庆	西部	C	国有参股公司	100.0000	59.2842	79.8365	74.6596	669
834062	科润智控	浙江	东部	C	无国有股份公司	14.2857	42.5947	86.8906	64.1265	4076
834407	驰诚股份	河南	中部	C	无国有股份公司	14.2857	52.9623	79.3962	63.6333	4182
834415	恒拓开源	河南	中部	I	无国有股份公司	57.1429	42.2937	67.1056	57.4252	4843
834475	三友科技	浙江	东部	C	无国有股份公司	28.5714	47.3461	65.9151	55.6816	4888
834599	同力股份	陕西	西部	C	无国有股份公司	100.0000	49.1301	79.3299	70.8270	1810
834639	晨光电缆	浙江	东部	C	无国有股份公司	42.8571	49.4059	85.5885	68.6514	2616
834682	球冠电缆	浙江	东部	C	国有参股公司	85.7143	50.1867	80.3781	70.3448	1982
834765	美之高	广东	东部	C	无国有股份公司	28.5714	41.8691	82.9190	63.1168	4292
834770	艾能聚	浙江	东部	C	无国有股份公司	85.7143	42.6329	79.4955	67.2155	3152
834950	迅安科技	江苏	东部	C	无国有股份公司	28.5714	52.0165	70.1779	59.6608	4720
835174	五新隧装	湖南	中部	C	无国有股份公司	14.2857	36.3831	75.0367	55.4328	4893
835179	凯德石英	北京	东部	C	国有参股公司	100.0000	53.1681	75.8815	70.3436	1983
835184	国源科技	北京	东部	I	无国有股份公司	28.5714	57.1795	71.3521	62.1136	4460
835185	贝特瑞	广东	东部	C	国有弱相对控股公司	14.2857	57.7626	82.9646	67.2760	3131
835207	众诚科技	河南	中部	I	国有参股公司	28.5714	63.0162	72.3340	64.6965	3935
835237	力佳科技	湖北	中部	C	国有参股公司	85.7143	50.2594	74.7222	67.2594	3137
835305	云创数据	江苏	东部	I	无国有股份公司	42.8571	54.9315	66.9478	60.3330	4669
835368	连城数控	辽宁	东北	C	国有参股公司	57.1429	44.3547	87.1463	69.1689	2415
835508	殷图网联	北京	东部	I	无国有股份公司	57.1429	52.4347	69.5238	62.3045	4435
835640	富士达	陕西	西部	C	国有弱相对控股公司	71.4286	59.1017	76.4544	69.8784	2160
835670	数字人	山东	东部	I	无国有股份公司	14.2857	51.6835	77.2141	61.9855	4475

续表

股票代码	公司简称	省份	地区	行业代码	控股类型	环境保护（*EP*）	社会责任（*SR*）	公司治理（*CG*）	上市公司质量/ESG指数（*CLCQI/ESGI*）	*CLCQI/ESGI*排名
835857	百甲科技	江苏	东部	C	国有参股公司	57.1429	43.7632	79.4902	64.7510	3918
835892	中科美菱	安徽	中部	C	国有绝对控股公司	28.5714	43.5080	73.1254	58.3039	4812
835985	海泰新能	河北	东部	C	国有参股公司	100.0000	55.3883	75.4278	70.8712	1803
836077	吉林碳谷	吉林	东北	C	国有绝对控股公司	71.4286	48.8643	71.7295	63.6966	4173
836149	旭杰科技	江苏	东部	C	无国有股份公司	28.5714	53.8078	75.6893	63.3190	4248
836239	长虹能源	四川	西部	C	国有绝对控股公司	42.8571	54.4626	78.4536	66.4971	3387
836247	华密新材	河北	东部	C	无国有股份公司	14.2857	63.0845	74.3162	64.3820	4005
836260	中寰股份	四川	西部	C	国有参股公司	71.4286	50.1776	69.6845	63.0315	4310
836263	中航泰达	北京	东部	N	无国有股份公司	85.7143	47.1269	68.2406	62.5982	4384
836270	天铭科技	浙江	东部	C	国有参股公司	14.2857	50.5327	81.7465	64.0756	4090
836395	朗鸿科技	浙江	东部	C	无国有股份公司	100.0000	47.1285	68.8480	64.3614	4009
836414	欧普泰	上海	东部	C	无国有股份公司	14.2857	45.9423	75.8026	59.1998	4749
836422	润普食品	江苏	东部	C	国有参股公司	71.4286	43.7999	74.7202	63.5689	4202
836433	大唐药业	内蒙古	西部	C	国有参股公司	42.8571	47.8662	79.7700	64.9124	3869
836675	秉扬科技	四川	西部	C	无国有股份公司	100.0000	47.3866	73.7532	67.1495	3171
836720	吉冈精密	江苏	东部	C	无国有股份公司	100.0000	61.4318	79.8098	75.3965	534
836807	奔朗新材	广东	东部	C	无国有股份公司	100.0000	49.3754	79.5036	71.0084	1758
836826	盖世食品	辽宁	东北	C	无国有股份公司	57.1429	48.5745	75.7360	64.3702	4008
836871	派特尔	广东	东部	C	无国有股份公司	14.2857	53.8581	69.4675	58.4861	4798
836892	广咨国际	广东	东部	M	国有强相对控股公司	57.1429	50.5006	71.8849	62.9262	4332
836942	恒立钻具	湖北	中部	C	国有参股公司	14.2857	43.9099	73.1818	57.0470	4850
836957	汉维科技	广东	东部	C	国有参股公司	28.5714	52.5903	80.3353	65.4482	3714
837046	亿能电力	江苏	东部	C	无国有股份公司	57.1429	44.5474	69.0356	59.2755	4745
837092	汉鑫科技	山东	东部	I	国有参股公司	57.1429	56.0738	61.6681	59.2576	4746
837212	智新电子	山东	东部	C	国有参股公司	71.4286	56.6272	73.6606	67.4757	3063
837242	建邦科技	山东	东部	L	无国有股份公司	71.4286	55.7902	73.9944	67.3664	3096
837344	三元基因	北京	东部	C	无国有股份公司	71.4286	52.3518	62.7434	59.9748	4695
837663	明阳科技	江苏	东部	C	国有参股公司	71.4286	48.0203	62.5932	58.3762	4808
837821	则成电子	广东	东部	C	无国有股份公司	71.4286	64.1199	73.0553	69.7652	2197
838030	德众汽车	湖南	中部	F	无国有股份公司	100.0000	44.2436	66.7836	62.2162	4449
838163	方大新材	河北	东部	C	国有参股公司	100.0000	53.9198	72.4046	68.6945	2597

续表

股票代码	公司简称	省份	地区	行业代码	控股类型	环境保护（*EP*）	社会责任（*SR*）	公司治理（*CG*）	上市公司质量/ESG指数（*CLCQI/ESGI*）	*CLCQI/ESGI* 排名
838171	邦德股份	山东	东部	C	国有参股公司	42.8571	56.7186	70.6584	62.9993	4316
838227	美登科技	浙江	东部	I	无国有股份公司	57.1429	42.8187	72.2664	60.4473	4659
838262	太湖雪	江苏	东部	C	无国有股份公司	42.8571	49.2410	74.6328	62.5681	4392
838275	驱动力	广东	东部	C	无国有股份公司	85.7143	48.3695	77.1938	67.9574	2862
838402	硅烷科技	河南	中部	C	国有绝对控股公司	85.7143	52.1966	81.4125	71.6171	1525
838670	恒进感应	湖北	中部	C	国有参股公司	85.7143	47.4451	70.4397	63.9190	4133
838810	春光药装	辽宁	东北	C	国有参股公司	14.2857	43.6910	76.0370	58.5408	4796
838924	广脉科技	浙江	东部	I	无国有股份公司	100.0000	53.8884	75.4585	70.3632	1977
838971	天马新材	河南	中部	C	无国有股份公司	14.2857	51.1908	72.0979	58.9992	4766
839167	同享科技	江苏	东部	C	国有参股公司	71.4286	46.5565	72.4747	63.2987	4253
839273	一致魔芋	湖北	中部	C	无国有股份公司	71.4286	43.6992	79.5708	66.2015	3505
839371	欧福蛋业	江苏	东部	C	国有参股公司	28.5714	40.6829	75.4720	58.6057	4793
839680	广道数字	广东	东部	I	无国有股份公司	28.5714	53.2482	72.1512	61.1772	4569
839725	惠丰钻石	河南	中部	C	国有参股公司	14.2857	43.8945	73.9958	57.4893	4840
839729	永顺生物	广东	东部	C	国有参股公司	85.7143	49.4659	83.5588	71.8418	1452
839790	联迪信息	江苏	东部	I	无国有股份公司	14.2857	56.0927	76.6869	63.2388	4269
839792	东和新材	辽宁	东北	C	无国有股份公司	100.0000	49.3097	65.4602	63.2615	4264
839946	华阳变速	湖北	中部	C	无国有股份公司	14.2857	54.6809	72.8397	60.6287	4639
870199	倍益康	四川	西部	C	国有参股公司	57.1429	48.5197	74.0162	63.4051	4234
870204	沪江材料	江苏	东部	C	无国有股份公司	71.4286	52.3683	47.2261	51.4461	4931
870299	灿能电力	江苏	东部	C	无国有股份公司	100.0000	54.2465	73.9208	69.6427	2250
870357	雅葆轩	安徽	中部	C	国有参股公司	14.2857	51.6960	70.9673	58.5542	4795
870436	大地电气	江苏	东部	C	无国有股份公司	85.7143	40.6691	76.5078	64.8849	3878
870508	丰安股份	浙江	东部	C	无国有股份公司	42.8571	48.9274	75.0998	62.7152	4367
870866	绿亨科技	广东	东部	C	国有参股公司	85.7143	38.5712	68.9067	59.9700	4696
871245	威博液压	江苏	东部	C	国有参股公司	42.8571	54.4319	75.7451	64.9967	3844
871396	常辅股份	江苏	东部	C	国有参股公司	57.1429	50.3498	76.3475	65.3279	3753
871553	凯腾精工	北京	东部	C	无国有股份公司	100.0000	42.8491	79.6618	68.8112	2541
871634	新威凌	湖南	中部	C	无国有股份公司	100.0000	52.5742	82.7161	73.8948	841
871642	通易航天	江苏	东部	C	国有参股公司	14.2857	43.7411	68.1192	54.2035	4912
871753	天纺标	天津	东部	M	国有绝对控股公司	71.4286	49.2092	70.5313	63.1583	4284

续表

股票代码	公司简称	省份	地区	行业代码	控股类型	环境保护（*EP*）	社会责任（*SR*）	公司治理（*CG*）	上市公司质量/ESG指数（*CLCQI/ESGI*）	*CLCQI/ESGI* 排名
871857	泓禧科技	重庆	西部	C	国有参股公司	71.4286	50.3566	81.7849	69.7494	2203
871970	大禹生物	山西	中部	C	无国有股份公司	28.5714	48.9984	74.4234	60.9394	4602
871981	晶赛科技	安徽	中部	C	无国有股份公司	57.1429	42.9087	78.9818	64.1723	4059
872190	雷神科技	山东	东部	C	无国有股份公司	85.7143	45.6748	76.5623	66.6669	3323
872351	华光源海	湖南	中部	G	无国有股份公司	14.2857	43.9129	67.1768	53.7454	4921
872374	云里物里	广东	东部	C	无国有股份公司	14.2857	43.9613	75.0668	58.1018	4817
872392	佳合科技	江苏	东部	C	无国有股份公司	85.7143	56.4362	73.8775	68.9567	2495
872541	铁大科技	上海	东部	C	无国有股份公司	42.8571	37.3477	71.9652	56.9383	4851
872808	曙光数创	北京	东部	C	国有绝对控股公司	28.5714	49.4681	66.7337	56.8745	4855
872925	锦好医疗	广东	东部	C	无国有股份公司	42.8571	70.3901	73.7545	69.4872	2297
873001	纬达光电	广东	东部	C	国有强相对控股公司	85.7143	45.5638	73.8208	65.1202	3813
873122	中纺标	北京	东部	M	国有绝对控股公司	71.4286	48.8652	62.9887	58.8895	4774
873152	天宏锂电	浙江	东部	C	无国有股份公司	57.1429	50.0864	65.7877	59.4278	4733
873167	新赣江	江西	中部	C	国有参股公司	42.8571	49.1082	65.6493	57.5807	4835
873169	七丰精工	浙江	东部	C	无国有股份公司	57.1429	57.0096	72.2505	65.4054	3729
873223	荣亿精密	浙江	东部	C	无国有股份公司	57.1429	52.5905	71.6659	63.5372	4208
873305	九菱科技	湖北	中部	C	无国有股份公司	28.5714	50.2804	75.1442	61.7846	4496
873339	恒太照明	江苏	东部	C	无国有股份公司	42.8571	50.4984	80.4735	66.2206	3500
873527	夜光明	浙江	东部	C	无国有股份公司	57.1429	51.2435	67.0917	60.5499	4646

15.2　2023年中国非金融业国有控股上市公司质量/ESG指数排名

2023 年中国非金融业国有控股上市公司质量 /ESG 指数排名如表 15-2 所示。

表15-2　2023年中国非金融业国有控股上市公司质量/ESG指数排名

（按 *CLCQI/ESGI* 从高到低排列）

股票代码	公司简称	省份	地区	行业代码	控股类型	环境保护（*EP*）	社会责任（*SR*）	公司治理（*CG*）	上市公司质量/ESG指数（*CLCQI/ESGI*）	*CLCQI/ESGI*排名
600188	兖矿能源	山东	东部	B	国有强相对控股公司	100.0000	67.9047	92.8459	84.8319	1
600111	北方稀土	内蒙古	西部	C	国有强相对控股公司	100.0000	63.0575	95.7602	84.7382	2
600019	宝钢股份	上海	东部	C	国有绝对控股公司	100.0000	67.1977	92.8712	84.5984	3
601857	中国石油	北京	东部	B	国有绝对控股公司	14.2857	100.0000	87.4034	84.5004	4
600584	长电科技	江苏	东部	C	国有弱相对控股公司	100.0000	53.4020	100.0000	83.6907	5
688119	中钢洛耐	河南	中部	C	国有强相对控股公司	100.0000	62.9938	93.5000	83.4729	6
000404	长虹华意	江西	中部	C	国有强相对控股公司	100.0000	66.6281	91.1361	83.4447	7
688015	交控科技	北京	东部	C	国有弱相对控股公司	100.0000	70.4014	87.7542	82.9053	8
688568	中科星图	北京	东部	I	国有强相对控股公司	85.7143	61.4104	95.0977	82.3688	9
600104	上汽集团	上海	东部	C	国有绝对控股公司	100.0000	71.9451	85.7945	82.3677	10
600519	贵州茅台	贵州	西部	C	国有绝对控股公司	57.1429	73.9419	92.1068	82.2527	11
601238	广汽集团	广东	东部	C	国有绝对控股公司	100.0000	57.1214	94.7001	82.0775	12
000157	中联重科	湖南	中部	C	国有弱相对控股公司	71.4286	65.4227	94.5350	82.0351	13
688128	中国电研	广东	东部	C	国有绝对控股公司	85.7143	62.2378	93.9403	82.0218	14
688012	中微公司	上海	东部	C	国有强相对控股公司	71.4286	67.9455	92.8432	81.9875	15
688165	埃夫特	安徽	中部	C	国有弱相对控股公司	100.0000	64.0737	89.8881	81.8643	16
688122	西部超导	陕西	西部	C	国有强相对控股公司	100.0000	61.8491	90.7568	81.5634	17
601186	中国铁建	北京	东部	E	国有绝对控股公司	85.7143	70.7860	87.3823	81.4068	18
002152	广电运通	广东	东部	C	国有绝对控股公司	85.7143	54.8749	97.2069	81.2414	19
000792	盐湖股份	青海	西部	C	国有强相对控股公司	71.4286	67.4542	91.7990	81.2413	20
688008	澜起科技	上海	东部	C	国有弱相对控股公司	28.5714	68.8393	98.6505	81.2086	21
688187	时代电气	湖南	中部	C	国有强相对控股公司	100.0000	59.7595	91.3716	81.1702	22
000768	中航西飞	陕西	西部	C	国有绝对控股公司	100.0000	58.3375	92.2350	81.1473	23
300185	通裕重工	山东	东部	C	国有弱相对控股公司	100.0000	57.4440	92.6621	81.0696	24
600409	三友化工	河北	东部	C	国有强相对控股公司	100.0000	61.2692	90.1141	81.0070	25
600938	中国海油	北京	东部	B	国有绝对控股公司	85.7143	69.2614	87.2663	80.8094	26
001872	招商港口	广东	东部	G	国有强相对控股公司	100.0000	59.2482	91.0069	80.7906	27
601177	杭齿前进	浙江	东部	C	国有绝对控股公司	85.7143	60.5692	92.4765	80.6327	28
000898	鞍钢股份	辽宁	东北	C	国有绝对控股公司	85.7143	60.9682	92.1481	80.5918	29
002371	北方华创	北京	东部	C	国有强相对控股公司	71.4286	63.2308	93.0344	80.4426	30
688707	振华新材	贵州	西部	C	国有强相对控股公司	100.0000	64.4358	87.0079	80.4069	31
688151	华强科技	湖北	中部	C	国有绝对控股公司	100.0000	62.1525	87.8592	80.0759	32

续表

股票代码	公司简称	省份	地区	行业代码	控股类型	环境保护（*EP*）	社会责任（*SR*）	公司治理（*CG*）	上市公司质量/ESG指数（*CLCQI/ESGI*）	*CLCQI/ESGI*排名
600802	福建水泥	福建	东部	C	国有强相对控股公司	100.0000	60.7384	88.7462	80.0688	33
688276	百克生物	吉林	东北	C	国有强相对控股公司	100.0000	61.4947	88.1218	79.9901	34
688425	铁建重工	湖南	中部	C	国有绝对控股公司	100.0000	58.0146	90.0322	79.8228	35
000779	甘咨询	甘肃	西部	M	国有强相对控股公司	100.0000	52.1384	93.7534	79.8128	36
601717	郑煤机	河南	中部	C	国有弱相对控股公司	85.7143	58.5500	91.7911	79.5490	37
600483	福能股份	福建	东部	D	国有绝对控股公司	100.0000	49.2820	94.9873	79.4917	38
000738	航发控制	江苏	东部	C	国有绝对控股公司	85.7143	54.3480	94.2610	79.4368	39
000090	天健集团	广东	东部	E	国有强相对控股公司	100.0000	53.8749	91.9556	79.4318	40
002110	三钢闽光	福建	东部	C	国有绝对控股公司	85.7143	59.8242	90.6687	79.3777	41
600900	长江电力	北京	东部	D	国有绝对控股公司	85.7143	71.3327	83.2476	79.3241	42
300188	国投智能	福建	东部	I	国有弱相对控股公司	71.4286	72.1816	85.1465	79.2370	43
601226	华电重工	北京	东部	M	国有绝对控股公司	100.0000	64.5013	84.8104	79.2212	44
603867	新化股份	浙江	东部	C	国有弱相对控股公司	100.0000	60.9145	87.0119	79.1766	45
600760	中航沈飞	山东	东部	C	国有绝对控股公司	100.0000	56.1544	90.0190	79.1645	46
688396	华润微	江苏	东部	C	国有绝对控股公司	71.4286	64.3162	89.9270	79.1134	47
000959	首钢股份	北京	东部	C	国有绝对控股公司	85.7143	65.1794	86.6719	79.0538	48
002465	海格通信	广东	东部	C	国有弱相对控股公司	100.0000	55.0913	90.4891	79.0510	49
000002	万科A	广东	东部	K	国有弱相对控股公司	100.0000	57.6559	88.8559	79.0503	50
300197	节能铁汉	广东	东部	N	国有强相对控股公司	71.4286	60.8778	91.9336	79.0136	51
000859	国风新材	安徽	中部	C	国有弱相对控股公司	100.0000	59.0619	87.8565	78.9927	52
688778	厦钨新能	福建	东部	C	国有绝对控股公司	100.0000	69.3759	81.2602	78.9746	53
600486	扬农化工	江苏	东部	C	国有强相对控股公司	100.0000	62.2153	85.7284	78.9260	54
300425	中建环能	四川	西部	C	国有弱相对控股公司	85.7143	60.3194	89.5116	78.9146	55
600436	片仔癀	福建	东部	C	国有绝对控股公司	71.4286	62.0439	91.0040	78.9104	56
603327	福蓉科技	四川	西部	C	国有绝对控股公司	100.0000	59.0349	87.5961	78.8401	57
000589	贵州轮胎	贵州	西部	C	国有弱相对控股公司	100.0000	54.0719	90.7209	78.8217	58
600428	中远海特	广东	东部	G	国有绝对控股公司	100.0000	52.0822	91.7812	78.7085	59
000565	渝三峡A	重庆	西部	C	国有强相对控股公司	100.0000	54.0850	90.4578	78.6815	60
000731	四川美丰	四川	西部	C	国有弱相对控股公司	100.0000	57.1082	88.5098	78.6682	61
601808	中海油服	天津	东部	B	国有绝对控股公司	71.4286	57.6473	93.2001	78.5795	62
002230	科大讯飞	安徽	中部	I	国有弱相对控股公司	100.0000	65.3828	83.0815	78.5788	63
300406	九强生物	北京	东部	C	国有弱相对控股公司	100.0000	57.1655	88.2774	78.5605	64

续表

股票代码	公司简称	省份	地区	行业代码	控股类型	环境保护（*EP*）	社会责任（*SR*）	公司治理（*CG*）	上市公司质量/ESG指数（*CLCQI/ESGI*）	*CLCQI/ESGI*排名
600750	江中药业	江西	中部	C	国有强相对控股公司	85.7143	58.5850	89.9628	78.5557	65
600348	华阳股份	山西	中部	B	国有绝对控股公司	85.7143	52.9401	93.4540	78.5001	66
002063	远光软件	广东	东部	I	国有弱相对控股公司	100.0000	53.2933	90.6178	78.4925	67
000400	许继电气	河南	中部	C	国有强相对控股公司	100.0000	64.7900	83.2539	78.4661	68
688192	迪哲医药	江苏	东部	C	国有弱相对控股公司	85.7143	53.3962	93.0260	78.4244	69
000919	金陵药业	江苏	东部	C	国有绝对控股公司	100.0000	53.1991	90.5471	78.4206	70
688107	安路科技	上海	东部	C	国有强相对控股公司	100.0000	68.4420	80.8163	78.4036	71
688323	瑞华泰	广东	东部	C	国有强相对控股公司	85.7143	58.5393	89.5083	78.2897	72
688295	中复神鹰	江苏	东部	C	国有绝对控股公司	57.1429	56.1709	96.0236	78.1871	73
600268	国电南自	江苏	东部	C	国有绝对控股公司	100.0000	62.5843	84.0844	78.1509	74
002068	黑猫股份	江西	中部	C	国有强相对控股公司	100.0000	62.1592	84.3404	78.1429	75
002238	天威视讯	广东	东部	I	国有绝对控股公司	85.7143	59.0557	88.8921	78.1316	76
601800	中国交建	北京	东部	E	国有绝对控股公司	57.1429	59.1899	93.9263	78.0902	77
002669	康达新材	上海	东部	C	国有弱相对控股公司	100.0000	51.3930	91.0944	78.0894	78
600664	哈药股份	黑龙江	东北	C	国有强相对控股公司	85.7143	50.6269	94.1551	78.0762	79
002106	莱宝高科	广东	东部	C	国有弱相对控股公司	100.0000	56.7025	87.6357	78.0455	80
603318	水发燃气	辽宁	东北	D	国有强相对控股公司	85.7143	52.2134	93.0217	78.0080	81
002017	东信和平	广东	东部	C	国有强相对控股公司	100.0000	57.6527	86.8065	77.9220	82
688538	和辉光电	上海	东部	C	国有绝对控股公司	71.4286	60.1390	90.3986	77.9108	83
300962	中金辐照	广东	东部	C	国有绝对控股公司	57.1429	52.3289	97.8477	77.8457	84
300087	荃银高科	安徽	中部	A	国有弱相对控股公司	100.0000	55.8642	87.7675	77.8246	85
600025	华能水电	云南	西部	D	国有绝对控股公司	42.8571	62.9864	93.4694	77.7391	86
000599	青岛双星	山东	东部	C	国有强相对控股公司	100.0000	55.3539	87.9321	77.7366	87
300534	陇神戎发	甘肃	西部	C	国有强相对控股公司	85.7143	57.8822	88.8422	77.6934	88
688439	振华风光	贵州	西部	C	国有强相对控股公司	57.1429	63.8675	90.1620	77.6570	89
600103	青山纸业	福建	东部	C	国有弱相对控股公司	100.0000	58.7846	85.3591	77.5221	90
600329	达仁堂	天津	东部	C	国有弱相对控股公司	71.4286	52.5220	94.5086	77.5053	91
002732	燕塘乳业	广东	东部	C	国有绝对控股公司	100.0000	48.5792	91.7807	77.4821	92
301269	华大九天	北京	东部	I	国有强相对控股公司	57.1429	61.2288	91.4752	77.4557	93
002911	佛燃能源	广东	东部	D	国有强相对控股公司	100.0000	54.0176	88.2383	77.4372	94
002643	万润股份	山东	东部	C	国有弱相对控股公司	100.0000	54.6430	87.8351	77.4344	95
003013	地铁设计	广东	东部	M	国有绝对控股公司	100.0000	52.6835	89.0678	77.4265	96

续表

股票代码	公司简称	省份	地区	行业代码	控股类型	环境保护（*EP*）	社会责任（*SR*）	公司治理（*CG*）	上市公司质量/ESG指数（*CLCQI/ESGI*）	*CLCQI/ESGI*排名
000425	徐工机械	江苏	东部	C	国有强相对控股公司	85.7143	60.2833	86.8279	77.4259	97
000039	中集集团	广东	东部	C	国有弱相对控股公司	85.7143	55.4842	89.8485	77.4076	98
603043	广州酒家	广东	东部	C	国有绝对控股公司	100.0000	54.9249	87.6057	77.4069	99
600028	中国石化	北京	东部	B	国有绝对控股公司	28.5714	80.6218	84.1971	77.3832	100
002179	中航光电	河南	中部	C	国有强相对控股公司	42.8571	65.1592	91.4117	77.3679	101
600029	南方航空	广东	东部	G	国有绝对控股公司	100.0000	51.4952	89.7018	77.3593	102
300958	建工修复	北京	东部	N	国有强相对控股公司	100.0000	53.5168	88.3695	77.3341	103
601888	中国中免	北京	东部	L	国有绝对控股公司	85.7143	46.3032	95.4966	77.3007	104
002066	瑞泰科技	北京	东部	C	国有强相对控股公司	85.7143	49.7677	93.1571	77.2265	105
002207	准油股份	新疆	西部	B	国有弱相对控股公司	85.7143	51.5923	91.9921	77.2244	106
600320	振华重工	上海	东部	C	国有强相对控股公司	42.8571	60.5299	93.9770	77.1585	107
600309	万华化学	山东	东部	C	国有弱相对控股公司	100.0000	53.4254	88.0898	77.1483	108
601606	长城军工	安徽	中部	C	国有绝对控股公司	85.7143	61.8616	85.3093	77.1431	109
688285	高铁电气	陕西	西部	C	国有绝对控股公司	57.1429	60.3707	91.3761	77.1009	110
603357	设计总院	安徽	中部	M	国有强相对控股公司	100.0000	57.2851	85.5301	77.0914	111
300722	新余国科	江西	中部	C	国有绝对控股公司	100.0000	61.6433	82.7443	77.0845	112
600572	康恩贝	浙江	东部	C	国有弱相对控股公司	71.4286	53.5886	92.9651	77.0297	113
000536	华映科技	福建	东部	C	国有强相对控股公司	85.7143	54.1965	89.9476	77.0114	114
603069	海汽集团	海南	东部	G	国有绝对控股公司	85.7143	50.2039	92.4838	77.0089	115
000661	长春高新	吉林	东北	C	国有弱相对控股公司	100.0000	64.6831	80.6512	76.9973	116
688475	萤石网络	浙江	东部	C	国有绝对控股公司	71.4286	61.9682	87.5306	76.9735	117
688385	复旦微电	上海	东部	C	国有弱相对控股公司	42.8571	72.6082	85.9308	76.9605	118
600184	光电股份	湖北	中部	C	国有绝对控股公司	100.0000	51.5687	88.9147	76.9521	119
688203	海正生材	浙江	东部	C	国有绝对控股公司	100.0000	51.9577	88.6560	76.9460	120
002883	中设股份	江苏	东部	M	国有弱相对控股公司	100.0000	51.5232	88.9235	76.9411	121
000498	山东路桥	山东	东部	E	国有绝对控股公司	100.0000	54.7699	86.8426	76.9329	122
000833	粤桂股份	广西	西部	S	国有绝对控股公司	85.7143	62.7723	84.2961	76.9046	123
603817	海峡环保	福建	东部	D	国有绝对控股公司	42.8571	63.0196	91.8988	76.8869	124
300981	中红医疗	河北	东部	C	国有绝对控股公司	85.7143	49.5545	92.6588	76.8779	125
603988	中电电机	江苏	东部	C	国有弱相对控股公司	85.7143	57.9216	87.3081	76.8634	126
600941	中国移动	北京	东部	I	国有绝对控股公司	42.8571	73.0622	85.4646	76.8630	127
601666	平煤股份	河南	中部	B	国有强相对控股公司	71.4286	62.8645	86.6996	76.8302	128

续表

股票代码	公司简称	省份	地区	行业代码	控股类型	环境保护（*EP*）	社会责任（*SR*）	公司治理（*CG*）	上市公司质量/ESG指数（*CLCQI/ESGI*）	*CLCQI/ESGI*排名
000985	大庆华科	黑龙江	东北	C	国有绝对控股公司	100.0000	57.9014	84.6463	76.8210	129
601001	晋控煤业	山西	中部	B	国有绝对控股公司	100.0000	56.0720	85.7830	76.8059	130
000933	神火股份	河南	中部	C	国有弱相对控股公司	85.7143	57.3981	87.5334	76.8041	131
688248	南网科技	广东	东部	M	国有绝对控股公司	57.1429	55.7395	93.7391	76.7796	132
000026	飞亚达	广东	东部	F	国有强相对控股公司	100.0000	58.6165	84.0651	76.7516	133
603712	七一二	天津	东部	C	国有强相对控股公司	57.1429	52.2118	95.9188	76.7438	134
002339	积成电子	山东	东部	C	国有弱相对控股公司	85.7143	57.9682	87.0599	76.7433	135
002116	中国海诚	上海	东部	E	国有绝对控股公司	85.7143	57.2072	87.5015	76.7198	136
002332	仙琚制药	浙江	东部	C	国有弱相对控股公司	100.0000	57.2211	84.8512	76.6956	137
000962	东方钽业	宁夏	西部	C	国有强相对控股公司	100.0000	60.0069	83.0564	76.6834	138
002281	光迅科技	湖北	中部	C	国有强相对控股公司	100.0000	62.5853	81.3909	76.6699	139
603213	镇洋发展	浙江	东部	C	国有弱相对控股公司	85.7143	55.4517	88.5013	76.6552	140
601919	中远海控	天津	东部	G	国有绝对控股公司	71.4286	51.8946	93.3547	76.6510	141
600528	中铁工业	北京	东部	C	国有强相对控股公司	85.7143	50.6625	91.4841	76.6195	142
300160	秀强股份	江苏	东部	C	国有弱相对控股公司	100.0000	56.1581	85.2897	76.5647	143
000630	铜陵有色	安徽	中部	C	国有强相对控股公司	100.0000	62.3674	81.2541	76.5183	144
600131	国网信通	四川	西部	I	国有绝对控股公司	85.7143	58.6153	86.2267	76.5114	145
002140	东华科技	安徽	中部	E	国有绝对控股公司	85.7143	60.7022	84.8770	76.4995	146
301038	深水规院	广东	东部	M	国有绝对控股公司	85.7143	50.9611	91.0561	76.4887	147
000059	华锦股份	辽宁	东北	C	国有强相对控股公司	100.0000	64.5799	79.7634	76.4729	148
688232	新点软件	江苏	东部	I	国有弱相对控股公司	71.4286	59.8542	87.9630	76.4715	149
000722	湖南发展	湖南	中部	D	国有绝对控股公司	100.0000	49.9864	89.0369	76.4656	150
002522	浙江众成	浙江	东部	C	国有弱相对控股公司	100.0000	54.2854	86.2833	76.4557	151
002507	涪陵榨菜	重庆	西部	C	国有强相对控股公司	85.7143	46.1867	93.9275	76.3969	152
600980	北矿科技	北京	东部	C	国有强相对控股公司	100.0000	65.1588	79.2309	76.3826	153
000831	中国稀土	江西	中部	C	国有强相对控股公司	85.7143	57.4128	86.7314	76.3682	154
601668	中国建筑	北京	东部	E	国有绝对控股公司	14.2857	74.9706	88.5368	76.3635	155
002578	闽发铝业	福建	东部	C	国有强相对控股公司	85.7143	52.6104	89.7636	76.3550	156
688009	中国通号	北京	东部	C	国有绝对控股公司	71.4286	61.7882	86.4870	76.3366	157
300422	博世科	安徽	中部	N	国有弱相对控股公司	57.1429	58.9134	90.8904	76.3237	158
603990	麦迪科技	江苏	东部	I	国有弱相对控股公司	71.4286	48.0104	95.2243	76.3199	159
000830	鲁西化工	山东	东部	C	国有强相对控股公司	100.0000	57.2815	84.0953	76.3009	160

续表

股票代码	公司简称	省份	地区	行业代码	控股类型	环境保护（*EP*）	社会责任（*SR*）	公司治理（*CG*）	上市公司质量/ESG指数（*CLCQI/ESGI*）	*CLCQI/ESGI*排名
688779	长远锂科	湖南	中部	C	国有强相对控股公司	57.1429	70.5393	83.4427	76.2965	161
002100	天康生物	新疆	西部	C	国有弱相对控股公司	100.0000	46.8107	90.7486	76.2954	162
002057	中钢天源	安徽	中部	C	国有强相对控股公司	100.0000	62.1518	80.9797	76.2920	163
600458	时代新材	湖南	中部	C	国有强相对控股公司	100.0000	54.7070	85.7142	76.2903	164
600546	山煤国际	山西	中部	F	国有绝对控股公司	100.0000	50.3681	88.4683	76.2864	165
300053	航宇微	广东	东部	C	国有弱相对控股公司	85.7143	56.2265	87.2923	76.2615	166
600809	山西汾酒	山西	中部	C	国有绝对控股公司	85.7143	62.1735	83.4544	76.2321	167
301215	中汽股份	江苏	东部	M	国有绝对控股公司	85.7143	53.7158	88.8336	76.2304	168
600845	宝信软件	上海	东部	I	国有绝对控股公司	85.7143	47.9683	92.4044	76.1827	169
600315	上海家化	上海	东部	C	国有弱相对控股公司	100.0000	51.3343	87.6616	76.1809	170
002061	浙江交科	浙江	东部	E	国有绝对控股公司	85.7143	61.7656	83.5698	76.1528	171
000786	北新建材	北京	东部	C	国有强相对控股公司	85.7143	53.1095	89.0132	76.1170	172
000582	北部湾港	广西	西部	G	国有绝对控股公司	100.0000	50.3087	88.1667	76.0997	173
000725	京东方A	北京	东部	C	国有弱相对控股公司	100.0000	48.1406	89.5301	76.0908	174
601669	中国电建	北京	东部	E	国有绝对控股公司	71.4286	60.2230	87.0356	76.0905	175
600476	湘邮科技	湖南	中部	I	国有强相对控股公司	100.0000	60.4991	81.5780	76.0426	176
000543	皖能电力	安徽	中部	D	国有绝对控股公司	100.0000	50.6827	87.8096	76.0343	177
600429	三元股份	北京	东部	C	国有强相对控股公司	71.4286	54.3517	90.6045	75.9984	178
688526	科前生物	湖北	中部	C	国有弱相对控股公司	85.7143	58.4281	85.3947	75.9883	179
002312	川发龙蟒	四川	西部	C	国有弱相对控股公司	85.7143	59.0735	84.9563	75.9732	180
000777	中核科技	江苏	东部	C	国有弱相对控股公司	42.8571	67.9264	87.0557	75.9406	181
600562	国睿科技	江苏	东部	C	国有绝对控股公司	100.0000	53.8543	85.6150	75.9372	182
600903	贵州燃气	贵州	西部	D	国有强相对控股公司	85.7143	57.6083	85.6790	75.8578	183
002243	力合科创	广东	东部	C	国有绝对控股公司	100.0000	48.9796	88.5087	75.8226	184
000729	燕京啤酒	北京	东部	C	国有绝对控股公司	100.0000	55.8218	84.1373	75.8131	185
601212	白银有色	甘肃	西部	C	国有绝对控股公司	71.4286	60.9023	86.0588	75.7910	186
000999	华润三九	广东	东部	C	国有绝对控股公司	57.1429	58.3536	90.1291	75.7091	187
601618	中国中冶	北京	东部	E	国有绝对控股公司	100.0000	57.2491	83.0280	75.7026	188
600495	晋西车轴	山西	中部	C	国有强相对控股公司	100.0000	48.2714	88.6997	75.6798	189
600886	国投电力	北京	东部	D	国有绝对控股公司	71.4286	49.0737	93.3794	75.6773	190
001338	永顺泰	广东	东部	C	国有绝对控股公司	100.0000	48.4219	88.5991	75.6772	191
300402	宝色股份	江苏	东部	C	国有强相对控股公司	85.7143	52.9527	88.2876	75.6630	192

续表

股票代码	公司简称	省份	地区	行业代码	控股类型	环境保护（*EP*）	社会责任（*SR*）	公司治理（*CG*）	上市公司质量/ESG指数（*CLCQI/ESGI*）	*CLCQI/ESGI*排名
300072	海新能科	北京	东部	C	国有强相对控股公司	85.7143	44.7117	93.3558	75.5662	193
002265	建设工业	云南	西部	C	国有绝对控股公司	100.0000	46.0360	89.9021	75.5588	194
002481	双塔食品	山东	东部	C	国有强相对控股公司	100.0000	54.8181	84.2803	75.5405	195
300173	福能东方	广东	东部	C	国有弱相对控股公司	100.0000	51.8011	86.1625	75.5197	196
002097	山河智能	湖南	中部	C	国有弱相对控股公司	71.4286	57.5458	87.6577	75.4956	197
601921	浙版传媒	浙江	东部	R	国有绝对控股公司	85.7143	51.9884	88.5647	75.4779	198
605599	菜百股份	北京	东部	F	国有弱相对控股公司	71.4286	59.6477	86.2829	75.4752	199
300129	泰胜风能	上海	东部	C	国有弱相对控股公司	100.0000	51.1647	86.4337	75.4462	200
000680	山推股份	山东	东部	C	国有强相对控股公司	100.0000	48.0520	88.4140	75.4459	201
000338	潍柴动力	山东	东部	C	国有弱相对控股公司	57.1429	61.1687	87.7702	75.3969	202
600433	冠豪高新	广东	东部	C	国有强相对控股公司	71.4286	54.7377	89.2591	75.3936	203
600800	渤海化学	天津	东部	C	国有强相对控股公司	100.0000	43.4554	91.2338	75.3880	204
002246	北化股份	四川	西部	C	国有强相对控股公司	42.8571	62.8993	89.2256	75.3745	205
600372	中航机载	北京	东部	C	国有绝对控股公司	85.7143	41.0961	95.3012	75.3708	206
300399	天利科技	江西	中部	I	国有强相对控股公司	100.0000	44.5440	90.4905	75.3602	207
600071	凤凰光学	江西	中部	C	国有强相对控股公司	100.0000	53.3106	84.9069	75.3575	208
000701	厦门信达	福建	东部	F	国有强相对控股公司	85.7143	57.6140	84.6958	75.3190	209
301090	华润材料	江苏	东部	C	国有绝对控股公司	100.0000	52.3125	85.3414	75.2471	210
000960	锡业股份	云南	西部	C	国有强相对控股公司	100.0000	52.4131	85.2537	75.2342	211
000523	红棉股份	广东	东部	C	国有强相对控股公司	71.4286	55.0741	88.7332	75.2220	212
300073	当升科技	北京	东部	C	国有弱相对控股公司	85.7143	54.5954	86.4245	75.2133	213
600810	神马股份	河南	中部	C	国有绝对控股公司	85.7143	47.7290	90.7209	75.1731	214
601111	中国国航	北京	东部	G	国有强相对控股公司	100.0000	51.5337	85.6730	75.1569	215
300114	中航电测	陕西	西部	C	国有绝对控股公司	85.7143	67.9510	77.8219	75.1563	216
002091	江苏国泰	江苏	东部	F	国有强相对控股公司	100.0000	50.3430	86.4253	75.1540	217
003816	中国广核	广东	东部	D	国有绝对控股公司	42.8571	58.2612	91.7453	75.1370	218
002761	浙江建投	浙江	东部	E	国有绝对控股公司	100.0000	58.1620	81.3780	75.1146	219
600905	三峡能源	北京	东部	D	国有绝对控股公司	85.7143	52.5874	87.4789	75.0904	220
301175	中科环保	北京	东部	N	国有绝对控股公司	85.7143	53.9895	86.5727	75.0827	221
300026	红日药业	天津	东部	C	国有弱相对控股公司	85.7143	50.3947	88.8482	75.0761	222
300088	长信科技	安徽	中部	C	国有弱相对控股公司	85.7143	55.5665	85.5443	75.0691	223
002722	物产金轮	江苏	东部	C	国有强相对控股公司	100.0000	53.8913	83.9911	75.0571	224

续表

股票代码	公司简称	省份	地区	行业代码	控股类型	环境保护（*EP*）	社会责任（*SR*）	公司治理（*CG*）	上市公司质量/ESG指数（*CLCQI/ESGI*）	*CLCQI/ESGI*排名
002102	能特科技	湖北	中部	C	国有弱相对控股公司	100.0000	54.1752	83.7739	75.0370	225
300772	运达股份	浙江	东部	C	国有强相对控股公司	85.7143	60.2273	82.4936	75.0224	226
002267	陕天然气	陕西	西部	D	国有绝对控股公司	71.4286	54.6145	88.6565	75.0190	227
000990	诚志股份	江西	中部	C	国有强相对控股公司	100.0000	49.2386	86.8607	75.0069	228
300579	数字认证	北京	东部	I	国有绝对控股公司	14.2857	64.5317	92.7052	75.0025	229
600549	厦门钨业	福建	东部	C	国有强相对控股公司	100.0000	56.1908	82.0846	74.8133	230
600583	海油工程	天津	东部	B	国有绝对控股公司	14.2857	67.5976	90.4095	74.8129	231
600592	龙溪股份	福建	东部	C	国有强相对控股公司	85.7143	48.0722	89.8280	74.8021	232
601969	海南矿业	海南	东部	B	国有弱相对控股公司	71.4286	52.0746	89.8308	74.7759	233
600459	贵研铂业	云南	西部	C	国有强相对控股公司	100.0000	48.7099	86.7236	74.7464	234
002083	孚日股份	山东	东部	C	国有弱相对控股公司	100.0000	41.0318	91.6065	74.7447	235
002819	东方中科	北京	东部	F	国有弱相对控股公司	42.8571	62.2105	88.4893	74.7285	236
002415	海康威视	浙江	东部	C	国有强相对控股公司	100.0000	61.5059	78.5331	74.7202	237
000811	冰轮环境	山东	东部	C	国有弱相对控股公司	85.7143	48.4915	89.4010	74.7140	238
601985	中国核电	北京	东部	D	国有绝对控股公司	71.4286	61.4072	83.7770	74.7127	239
601117	中国化学	北京	东部	E	国有强相对控股公司	100.0000	50.1390	85.7463	74.7091	240
002096	易普力	湖南	中部	C	国有绝对控股公司	57.1429	53.3425	91.4908	74.7041	241
600871	石化油服	北京	东部	B	国有绝对控股公司	100.0000	47.3935	87.4677	74.6950	242
688120	华海清科	天津	东部	C	国有强相对控股公司	100.0000	53.2992	83.6603	74.6679	243
600774	汉商集团	湖北	中部	F	国有弱相对控股公司	100.0000	52.3589	84.2529	74.6647	244
000807	云铝股份	云南	西部	C	国有强相对控股公司	71.4286	61.7951	83.4384	74.6622	245
000966	长源电力	湖北	中部	D	国有绝对控股公司	85.7143	48.8723	89.0494	74.6539	246
601568	北元集团	陕西	西部	C	国有强相对控股公司	85.7143	59.5273	82.2347	74.6351	247
300864	南大环境	江苏	东部	N	国有强相对控股公司	71.4286	56.5329	86.7201	74.6254	248
002683	广东宏大	广东	东部	B	国有弱相对控股公司	100.0000	46.2888	88.0304	74.6178	249
002396	星网锐捷	福建	东部	C	国有强相对控股公司	71.4286	56.1958	86.9018	74.6073	250
002387	维信诺	江苏	东部	C	国有弱相对控股公司	100.0000	54.5884	82.7127	74.5979	251
600668	尖峰集团	浙江	东部	C	国有弱相对控股公司	85.7143	43.6208	92.2782	74.5917	252
603016	新宏泰	江苏	东部	C	国有弱相对控股公司	100.0000	49.6091	85.8608	74.5866	253
600101	明星电力	四川	西部	D	国有强相对控股公司	100.0000	48.5532	86.4973	74.5672	254
600784	鲁银投资	山东	东部	C	国有强相对控股公司	100.0000	45.5410	88.3621	74.5385	255
000998	隆平高科	湖南	中部	A	国有弱相对控股公司	100.0000	51.4493	84.5942	74.5341	256

续表

股票代码	公司简称	省份	地区	行业代码	控股类型	环境保护（*EP*）	社会责任（*SR*）	公司治理（*CG*）	上市公司质量/ESG指数（*CLCQI/ESGI*）	*CLCQI/ESGI*排名
430139	华岭股份	上海	东部	C	国有弱相对控股公司	100.0000	50.8533	84.9712	74.5328	257
601607	上海医药	上海	东部	F	国有绝对控股公司	100.0000	57.7904	80.5549	74.5318	258
600156	华升股份	湖南	中部	C	国有强相对控股公司	85.7143	48.4570	89.0691	74.5194	259
000088	盐田港	广东	东部	G	国有绝对控股公司	100.0000	46.7049	87.5805	74.5160	260
001965	招商公路	天津	东部	G	国有绝对控股公司	85.7143	52.7517	86.2975	74.4981	261
000011	深物业A	广东	东部	K	国有绝对控股公司	85.7143	50.6902	87.5763	74.4800	262
600406	国电南瑞	江苏	东部	I	国有绝对控股公司	42.8571	63.5305	87.1590	74.4588	263
600368	五洲交通	广西	西部	G	国有绝对控股公司	71.4286	49.0464	91.1772	74.4566	264
002304	洋河股份	江苏	东部	C	国有强相对控股公司	100.0000	48.7966	86.1099	74.4393	265
000507	珠海港	广东	东部	G	国有强相对控股公司	100.0000	49.8971	85.4039	74.4361	266
600183	生益科技	广东	东部	C	国有强相对控股公司	71.4286	55.4130	87.0832	74.4332	267
688589	力合微	广东	东部	I	国有弱相对控股公司	57.1429	57.6421	88.2471	74.4249	268
300003	乐普医疗	北京	东部	C	国有弱相对控股公司	85.7143	59.8909	81.6205	74.4245	269
601000	唐山港	河北	东部	G	国有绝对控股公司	100.0000	52.2733	83.8508	74.4136	270
688663	新风光	山东	东部	C	国有强相对控股公司	57.1429	57.3252	88.3852	74.3900	271
600775	南京熊猫	江苏	东部	C	国有弱相对控股公司	71.4286	48.9152	91.1307	74.3851	272
601868	中国能建	北京	东部	E	国有绝对控股公司	100.0000	53.9151	82.7533	74.3846	273
000877	天山股份	新疆	西部	C	国有绝对控股公司	57.1429	55.5136	89.5273	74.3841	274
000823	超声电子	广东	东部	C	国有强相对控股公司	100.0000	55.6510	81.6097	74.3632	275
300321	同大股份	山东	东部	C	国有弱相对控股公司	100.0000	51.7947	83.9954	74.3256	276
001979	招商蛇口	广东	东部	K	国有绝对控股公司	85.7143	55.3357	84.3365	74.3240	277
002198	嘉应制药	广东	东部	C	国有弱相对控股公司	71.4286	51.6537	89.2446	74.3062	278
600098	广州发展	广东	东部	D	国有绝对控股公司	71.4286	54.2634	87.5397	74.2819	279
300284	苏交科	江苏	东部	M	国有弱相对控股公司	100.0000	50.2154	84.9154	74.2789	280
300393	中来股份	江苏	东部	C	国有弱相对控股公司	85.7143	48.6230	88.5092	74.2696	281
600422	昆药集团	云南	西部	C	国有强相对控股公司	85.7143	51.4116	86.7163	74.2594	282
000717	中南股份	广东	东部	C	国有绝对控股公司	85.7143	53.2609	85.5199	74.2487	283
600925	苏能股份	江苏	东部	B	国有绝对控股公司	85.7143	52.6689	85.8396	74.2173	284
002254	泰和新材	山东	东部	C	国有弱相对控股公司	42.8571	47.8183	96.7093	74.2122	285
601199	江南水务	江苏	东部	D	国有绝对控股公司	100.0000	44.1978	88.6147	74.2073	286
603970	中农立华	北京	东部	F	国有强相对控股公司	71.4286	44.9634	93.2231	74.1527	287
002461	珠江啤酒	广东	东部	C	国有绝对控股公司	85.7143	51.8321	86.2332	74.1409	288

续表

股票代码	公司简称	省份	地区	行业代码	控股类型	环境保护（EP）	社会责任（SR）	公司治理（CG）	上市公司质量/ESG指数（CLCQI/ESGI）	CLCQI/ESGI排名
301020	密封科技	山东	东部	C	国有绝对控股公司	42.8571	59.4093	89.1941	74.1357	289
600508	上海能源	上海	东部	B	国有绝对控股公司	71.4286	59.5396	83.9073	74.1307	290
688571	杭华股份	浙江	东部	C	国有强相对控股公司	28.5714	65.6751	87.7839	74.1246	291
601330	绿色动力	广东	东部	N	国有强相对控股公司	71.4286	53.0582	88.0079	74.1176	292
002893	京能热力	北京	东部	D	国有弱相对控股公司	85.7143	50.9202	86.7705	74.1173	293
600469	风神股份	河南	中部	C	国有绝对控股公司	100.0000	46.4771	86.9874	74.1100	294
000899	赣能股份	江西	中部	D	国有绝对控股公司	85.7143	49.3221	87.7449	74.0939	295
601952	苏垦农发	江苏	东部	C	国有绝对控股公司	100.0000	50.7075	84.2582	74.0896	296
000528	柳工	广西	西部	C	国有强相对控股公司	57.1429	46.5284	94.6682	74.0667	297
000537	中绿电	天津	东部	K	国有绝对控股公司	71.4286	48.5817	90.7027	74.0330	298
300730	科创信息	湖南	中部	I	国有弱相对控股公司	100.0000	54.2024	81.8802	74.0050	299
600855	航天长峰	北京	东部	C	国有强相对控股公司	100.0000	51.9463	83.3085	74.0009	300
300457	赢合科技	广东	东部	C	国有弱相对控股公司	100.0000	49.2508	85.0230	74.0004	301
002186	全聚德	北京	东部	H	国有强相对控股公司	71.4286	60.8098	82.8453	73.9912	302
300711	广哈通信	广东	东部	C	国有绝对控股公司	71.4286	56.5017	85.5833	73.9893	303
603977	国泰集团	江西	中部	C	国有绝对控股公司	71.4286	47.0516	91.5657	73.9721	304
600846	同济科技	上海	东部	E	国有弱相对控股公司	85.7143	51.0192	86.4336	73.9667	305
688509	正元地信	北京	东部	M	国有绝对控股公司	14.2857	61.0704	93.0016	73.9541	306
688569	铁科轨道	北京	东部	C	国有绝对控股公司	71.4286	55.2052	86.2910	73.9248	307
300927	江天化学	江苏	东部	C	国有绝对控股公司	100.0000	53.5048	82.1644	73.9171	308
600651	飞乐音响	上海	东部	C	国有绝对控股公司	100.0000	52.4208	82.8399	73.9092	309
601390	中国中铁	北京	东部	E	国有绝对控股公司	28.5714	76.2556	80.6571	73.9080	310
002430	杭氧股份	浙江	东部	C	国有绝对控股公司	85.7143	64.2180	77.8828	73.8833	311
300917	特发服务	广东	东部	K	国有强相对控股公司	57.1429	53.4467	89.8333	73.8290	312
002920	德赛西威	广东	东部	C	国有弱相对控股公司	57.1429	56.3149	87.9009	73.7700	313
600744	华银电力	湖南	中部	D	国有绝对控股公司	85.7143	46.8038	88.7246	73.7513	314
000756	新华制药	山东	东部	C	国有强相对控股公司	100.0000	50.7211	83.6273	73.7474	315
600389	江山股份	江苏	东部	C	国有弱相对控股公司	57.1429	55.8552	88.1400	73.7406	316
600197	伊力特	新疆	西部	C	国有强相对控股公司	85.7143	44.4611	90.1950	73.7400	317
300635	中达安	广东	东部	M	国有弱相对控股公司	100.0000	50.4692	83.7741	73.7400	318
000801	四川九洲	四川	西部	C	国有绝对控股公司	100.0000	50.7638	83.5637	73.7274	319
600339	中油工程	新疆	西部	B	国有绝对控股公司	57.1429	64.3868	82.6714	73.7189	320

续表

股票代码	公司简称	省份	地区	行业代码	控股类型	环境保护（*EP*）	社会责任（*SR*）	公司治理（*CG*）	上市公司质量/ESG指数（*CLCQI/ESGI*）	*CLCQI/ESGI*排名
000625	长安汽车	重庆	西部	C	国有强相对控股公司	71.4286	60.8575	82.3013	73.7087	321
301039	中集车辆	广东	东部	C	国有弱相对控股公司	28.5714	63.9436	88.1243	73.7058	322
000881	中广核技	辽宁	东北	C	国有弱相对控股公司	85.7143	56.5564	82.4117	73.6926	323
600252	中恒集团	广西	西部	C	国有弱相对控股公司	42.8571	50.7677	93.8723	73.6842	324
600039	四川路桥	四川	西部	E	国有绝对控股公司	71.4286	51.4772	88.1907	73.6648	325
600310	广西能源	广西	西部	D	国有绝对控股公司	100.0000	50.1616	83.8182	73.6566	326
688505	复旦张江	上海	东部	C	国有弱相对控股公司	71.4286	61.1456	82.0126	73.6507	327
300413	芒果超媒	湖南	中部	R	国有绝对控股公司	85.7143	49.1656	86.9839	73.6205	328
688485	九州一轨	北京	东部	N	国有弱相对控股公司	71.4286	63.5303	80.3782	73.5865	329
601992	金隅集团	北京	东部	C	国有强相对控股公司	100.0000	49.6883	83.9350	73.5552	330
600498	烽火通信	湖北	中部	C	国有强相对控股公司	71.4286	49.4138	89.2883	73.5462	331
300319	麦捷科技	广东	东部	C	国有弱相对控股公司	100.0000	54.4007	80.8213	73.4919	332
000019	深粮控股	广东	东部	F	国有绝对控股公司	71.4286	49.3686	89.1712	73.4660	333
002302	西部建设	新疆	西部	C	国有绝对控股公司	42.8571	52.0751	92.6369	73.4623	334
000403	派林生物	山西	中部	C	国有弱相对控股公司	57.1429	59.7973	85.0728	73.4334	335
600548	深高速	广东	东部	G	国有绝对控股公司	100.0000	52.0331	82.2182	73.4316	336
603369	今世缘	江苏	东部	C	国有强相对控股公司	42.8571	50.9242	93.2627	73.4037	337
002483	润邦股份	江苏	东部	C	国有弱相对控股公司	71.4286	55.8806	84.8846	73.3876	338
600780	通宝能源	山西	中部	D	国有绝对控股公司	85.7143	49.0431	86.6292	73.3826	339
603053	成都燃气	四川	西部	D	国有绝对控股公司	42.8571	47.5176	95.3702	73.3705	340
000970	中科三环	北京	东部	C	国有弱相对控股公司	100.0000	53.6847	81.0516	73.3680	341
300019	硅宝科技	四川	西部	C	国有弱相对控股公司	85.7143	53.1291	83.9998	73.3665	342
688297	中无人机	四川	西部	C	国有绝对控股公司	0.0000	69.2379	89.3260	73.3626	343
001219	青岛食品	山东	东部	C	国有强相对控股公司	85.7143	49.6377	86.1822	73.3448	344
000099	中信海直	广东	东部	G	国有强相对控股公司	100.0000	51.7742	82.2170	73.3403	345
000158	常山北明	河北	东部	I	国有弱相对控股公司	100.0000	56.8103	79.0009	73.3341	346
600248	陕建股份	陕西	西部	E	国有绝对控股公司	57.1429	61.2267	83.9587	73.3209	347
600282	南钢股份	江苏	东部	C	国有绝对控股公司	71.4286	61.7569	80.9396	73.2746	348
600843	上工申贝	上海	东部	C	国有弱相对控股公司	100.0000	47.2446	84.9493	73.2577	349
600151	航天机电	上海	东部	C	国有强相对控股公司	85.7143	41.3992	91.2188	73.2315	350
600026	中远海能	上海	东部	G	国有强相对控股公司	57.1429	51.0659	90.2365	73.2174	351
300042	朗科科技	广东	东部	C	国有弱相对控股公司	57.1429	61.0707	83.8273	73.1940	352

续表

股票代码	公司简称	省份	地区	行业代码	控股类型	环境保护（*EP*）	社会责任（*SR*）	公司治理（*CG*）	上市公司质量/ESG指数（*CLCQI/ESGI*）	*CLCQI/ESGI*排名
002128	电投能源	内蒙古	西部	B	国有绝对控股公司	100.0000	50.1095	82.9935	73.1848	353
600662	外服控股	上海	东部	G	国有绝对控股公司	71.4286	52.2792	86.7809	73.1701	354
002523	天桥起重	湖南	中部	C	国有强相对控股公司	100.0000	50.5319	82.6956	73.1687	355
603927	中科软	北京	东部	I	国有强相对控股公司	85.7143	50.8129	85.0735	73.1464	356
600552	凯盛科技	安徽	中部	C	国有强相对控股公司	85.7143	46.3988	87.8580	73.1329	357
601016	节能风电	北京	东部	D	国有绝对控股公司	100.0000	42.7274	87.5683	73.1171	358
600448	华纺股份	山东	东部	C	国有弱相对控股公司	71.4286	54.2546	85.4057	73.1051	359
000988	华工科技	湖北	中部	C	国有弱相对控股公司	85.7143	56.6854	81.2193	73.0819	360
000663	永安林业	福建	东部	C	国有弱相对控股公司	85.7143	45.6550	88.2274	73.0758	361
000900	现代投资	湖南	中部	G	国有强相对控股公司	71.4286	59.2717	82.1552	73.0733	362
688739	成大生物	辽宁	东北	C	国有绝对控股公司	28.5714	58.1461	90.6612	73.0719	363
600163	中闽能源	福建	东部	D	国有绝对控股公司	100.0000	50.4004	82.5396	73.0369	364
000920	沃顿科技	贵州	西部	C	国有绝对控股公司	57.1429	62.0794	82.8924	73.0329	365
600597	光明乳业	上海	东部	C	国有绝对控股公司	71.4286	50.9228	87.3798	73.0247	366
300530	领湃科技	湖南	中部	C	国有强相对控股公司	100.0000	45.8590	85.4020	73.0217	367
301238	瑞泰新材	江苏	东部	C	国有绝对控股公司	28.5714	58.1382	90.5666	73.0171	368
002935	天奥电子	四川	西部	C	国有强相对控股公司	57.1429	55.0359	87.3459	73.0171	369
600866	星湖科技	广东	东部	C	国有强相对控股公司	57.1429	60.5435	83.8400	73.0165	370
601918	新集能源	安徽	中部	B	国有强相对控股公司	100.0000	44.5415	86.2094	73.0047	371
600734	实达集团	福建	东部	C	国有弱相对控股公司	100.0000	56.4798	78.5690	72.9809	372
830946	森萱医药	江苏	东部	C	国有绝对控股公司	100.0000	50.7239	82.2068	72.9671	373
600587	新华医疗	山东	东部	C	国有强相对控股公司	100.0000	43.0044	87.1054	72.9595	374
002025	航天电器	贵州	西部	C	国有强相对控股公司	85.7143	52.1271	83.8844	72.9523	375
605006	山东玻纤	山东	东部	C	国有绝对控股公司	28.5714	65.8954	85.5110	72.9516	376
300294	博雅生物	江西	中部	C	国有弱相对控股公司	85.7143	50.5475	84.8876	72.9512	377
600995	南网储能	云南	西部	D	国有绝对控股公司	57.1429	50.9365	89.7708	72.9160	378
000709	河钢股份	河北	东部	C	国有绝对控股公司	100.0000	52.4538	80.9853	72.9008	379
000021	深科技	广东	东部	C	国有强相对控股公司	14.2857	60.2202	91.6274	72.9007	380
600298	安琪酵母	湖北	中部	C	国有强相对控股公司	85.7143	52.4372	83.5922	72.9002	381
600796	钱江生化	浙江	东部	C	国有绝对控股公司	100.0000	47.1552	84.3109	72.8754	382
600150	中国船舶	上海	东部	C	国有绝对控股公司	85.7143	47.4037	86.7320	72.8654	383
688172	燕东微	北京	东部	C	国有绝对控股公司	57.1429	69.5358	77.8104	72.8475	384

续表

股票代码	公司简称	省份	地区	行业代码	控股类型	环境保护（*EP*）	社会责任（*SR*）	公司治理（*CG*）	上市公司质量/ESG指数（*CLCQI/ESGI*）	*CLCQI/ESGI*排名
000928	中钢国际	吉林	东北	E	国有强相对控股公司	57.1429	61.7216	82.7708	72.8408	385
002627	三峡旅游	湖北	中部	N	国有强相对控股公司	85.7143	41.3583	90.4892	72.8159	386
600726	华电能源	黑龙江	东北	D	国有绝对控股公司	100.0000	48.6124	83.2738	72.8149	387
002060	广东建工	广东	东部	E	国有绝对控股公司	57.1429	49.8774	90.2504	72.8091	388
600741	华域汽车	上海	东部	C	国有绝对控股公司	85.7143	52.0402	83.6777	72.8082	389
600585	海螺水泥	安徽	中部	C	国有强相对控股公司	100.0000	52.4072	80.8434	72.8064	390
002686	亿利达	浙江	东部	C	国有强相对控股公司	100.0000	49.4812	82.6655	72.7844	391
600737	中粮糖业	新疆	西部	C	国有绝对控股公司	85.7143	47.8262	86.3028	72.7771	392
000968	蓝焰控股	山西	中部	B	国有绝对控股公司	14.2857	63.0183	89.6026	72.7664	393
300070	碧水源	北京	东部	N	国有强相对控股公司	100.0000	46.0648	84.7564	72.7387	394
600889	南京化纤	江苏	东部	C	国有绝对控股公司	71.4286	48.4183	88.4134	72.7166	395
600284	浦东建设	上海	东部	E	国有强相对控股公司	85.7143	50.3104	84.5998	72.7100	396
002544	普天科技	广东	东部	I	国有强相对控股公司	100.0000	51.0604	81.5175	72.7058	397
603078	江化微	江苏	东部	C	国有弱相对控股公司	100.0000	48.2317	83.2964	72.6941	398
600470	六国化工	安徽	中部	C	国有弱相对控股公司	85.7143	64.1664	75.7446	72.6892	399
300341	麦克奥迪	福建	东部	C	国有弱相对控股公司	71.4286	52.3608	85.8386	72.6804	400
601225	陕西煤业	陕西	西部	B	国有绝对控股公司	100.0000	50.0494	82.1047	72.6749	401
002916	深南电路	广东	东部	C	国有绝对控股公司	57.1429	55.4522	86.4167	72.6517	402
600710	苏美达	江苏	东部	F	国有绝对控股公司	57.1429	51.0004	89.2249	72.6381	403
002163	海南发展	广东	东部	E	国有强相对控股公司	85.7143	45.3864	87.6001	72.6367	404
000501	武商集团	湖北	中部	F	国有弱相对控股公司	85.7143	38.0006	92.2305	72.5984	405
601298	青岛港	山东	东部	G	国有绝对控股公司	85.7143	51.6426	83.5173	72.5809	406
000906	浙商中拓	浙江	东部	F	国有强相对控股公司	57.1429	55.0073	86.5671	72.5787	407
300847	中船汉光	河北	东部	C	国有绝对控股公司	85.7143	53.7523	82.1677	72.5770	408
002190	成飞集成	四川	西部	C	国有绝对控股公司	71.4286	50.7295	86.6622	72.5624	409
600861	北京人力	北京	东部	F	国有强相对控股公司	85.7143	46.0047	87.0111	72.5292	410
600258	首旅酒店	北京	东部	H	国有强相对控股公司	71.4286	42.3269	91.9398	72.5242	411
601518	吉林高速	吉林	东北	G	国有绝对控股公司	100.0000	43.2545	86.1452	72.5189	412
000598	兴蓉环境	四川	西部	D	国有绝对控股公司	57.1429	50.6674	89.2043	72.5103	413
000727	冠捷科技	江苏	东部	C	国有强相对控股公司	85.7143	52.9202	82.5256	72.4826	414
600135	乐凯胶片	河北	东部	C	国有强相对控股公司	100.0000	57.0910	77.2577	72.4736	415
000557	西部创业	宁夏	西部	G	国有绝对控股公司	85.7143	54.8575	81.2739	72.4722	416

续表

股票代码	公司简称	省份	地区	行业代码	控股类型	环境保护（*EP*）	社会责任（*SR*）	公司治理（*CG*）	上市公司质量/ESG指数（*CLCQI/ESGI*）	*CLCQI/ESGI*排名
000429	粤高速A	广东	东部	G	国有绝对控股公司	85.7143	42.7241	88.9769	72.4621	417
600367	红星发展	贵州	西部	C	国有强相对控股公司	85.7143	50.0267	84.2919	72.4414	418
600033	福建高速	福建	东部	G	国有绝对控股公司	71.4286	42.8914	91.4285	72.4406	419
600510	黑牡丹	江苏	东部	K	国有绝对控股公司	100.0000	58.0591	76.5357	72.4153	420
601827	三峰环境	重庆	西部	N	国有绝对控股公司	85.7143	50.9785	83.6262	72.4083	421
600449	宁夏建材	宁夏	西部	C	国有强相对控股公司	85.7143	50.9889	83.6127	72.4045	422
600624	复旦复华	上海	东部	C	国有弱相对控股公司	57.1429	49.0268	90.0271	72.3886	423
600006	东风汽车	湖北	中部	C	国有绝对控股公司	57.1429	51.7943	88.1560	72.3281	424
688375	国博电子	江苏	东部	C	国有绝对控股公司	57.1429	51.5902	88.2766	72.3230	425
300597	吉大通信	吉林	东北	I	国有弱相对控股公司	100.0000	44.1085	85.1826	72.2884	426
600815	厦工股份	福建	东部	C	国有绝对控股公司	85.7143	45.1188	87.1080	72.2724	427
601611	中国核建	上海	东部	E	国有绝对控股公司	71.4286	48.6635	87.4324	72.2629	428
000566	海南海药	海南	东部	C	国有弱相对控股公司	71.4286	47.9845	87.8413	72.2501	429
601858	中国科传	北京	东部	R	国有绝对控股公司	100.0000	42.8676	85.8834	72.2395	430
688041	海光信息	天津	东部	C	国有强相对控股公司	57.1429	58.9896	83.4131	72.2378	431
600826	兰生股份	上海	东部	L	国有绝对控股公司	100.0000	44.7829	84.6449	72.2287	432
600724	宁波富达	浙江	东部	C	国有绝对控股公司	42.8571	47.5698	93.2572	72.2266	433
000813	德展健康	新疆	西部	C	国有弱相对控股公司	71.4286	54.6992	83.5138	72.2202	434
600623	华谊集团	上海	东部	C	国有绝对控股公司	57.1429	54.7511	86.0448	72.2018	435
000858	五粮液	四川	西部	C	国有绝对控股公司	71.4286	64.4141	77.2932	72.1991	436
601088	中国神华	北京	东部	B	国有绝对控股公司	14.2857	63.0522	88.5359	72.1916	437
000060	中金岭南	广东	东部	C	国有强相对控股公司	71.4286	54.6263	83.4990	72.1865	438
002679	福建金森	福建	东部	A	国有绝对控股公司	85.7143	46.8667	85.8379	72.1856	439
600704	物产中大	浙江	东部	F	国有强相对控股公司	71.4286	49.5038	86.7286	72.1699	440
002344	海宁皮城	浙江	东部	L	国有绝对控股公司	85.7143	42.5528	88.5250	72.1536	441
600206	有研新材	北京	东部	C	国有强相对控股公司	85.7143	49.1947	84.2670	72.1364	442
000733	振华科技	贵州	西部	C	国有强相对控股公司	100.0000	49.0554	81.7409	72.1269	443
000591	太阳能	重庆	西部	D	国有强相对控股公司	100.0000	45.0279	84.2342	72.0886	444
002383	合众思壮	北京	东部	C	国有弱相对控股公司	85.7143	51.3100	82.8237	72.0830	445
600523	贵航股份	贵州	西部	C	国有绝对控股公司	85.7143	50.0245	83.6398	72.0819	446
000553	安道麦A	湖北	中部	C	国有绝对控股公司	100.0000	44.4502	84.5875	72.0807	447
002314	南山控股	广东	东部	K	国有弱相对控股公司	100.0000	49.5175	81.3332	72.0644	448

续表

股票代码	公司简称	省份	地区	行业代码	控股类型	环境保护（*EP*）	社会责任（*SR*）	公司治理（*CG*）	上市公司质量/ESG指数（*CLCQI/ESGI*）	*CLCQI/ESGI*排名
300446	航天智造	河北	东部	C	国有绝对控股公司	100.0000	46.8197	83.0472	72.0628	449
603169	兰石重装	甘肃	西部	C	国有绝对控股公司	57.1429	50.2151	88.6555	72.0501	450
600271	航天信息	北京	东部	C	国有强相对控股公司	100.0000	54.8308	77.9205	72.0471	451
300105	龙源技术	山东	东部	C	国有强相对控股公司	71.4286	56.2236	82.2177	72.0409	452
688586	江航装备	安徽	中部	C	国有绝对控股公司	57.1429	55.3568	85.2780	71.9921	453
000635	英力特	宁夏	西部	C	国有绝对控股公司	71.4286	53.9908	83.5083	71.9692	454
600858	银座股份	山东	东部	F	国有强相对控股公司	100.0000	39.3777	87.6105	71.9680	455
600853	龙建股份	黑龙江	东北	E	国有强相对控股公司	100.0000	54.8593	77.7428	71.9593	456
000006	深振业A	广东	东部	K	国有强相对控股公司	85.7143	50.8296	82.8859	71.9490	457
300323	华灿光电	湖北	中部	C	国有强相对控股公司	42.8571	52.1106	89.8519	71.9429	458
300895	铜牛信息	北京	东部	I	国有绝对控股公司	100.0000	54.9474	77.6512	71.9398	459
600027	华电国际	山东	东部	D	国有绝对控股公司	100.0000	48.2059	81.8877	71.9103	460
600307	酒钢宏兴	甘肃	西部	C	国有绝对控股公司	100.0000	55.2032	77.4095	71.8963	461
002554	惠博普	湖南	中部	B	国有强相对控股公司	85.7143	50.0957	83.2282	71.8804	462
003031	中瓷电子	河北	东部	C	国有绝对控股公司	57.1429	49.4795	88.7701	71.8557	463
300469	信息发展	浙江	东部	I	国有弱相对控股公司	85.7143	50.2074	83.1001	71.8491	464
000595	宝塔实业	宁夏	西部	C	国有弱相对控股公司	71.4286	56.2118	81.8727	71.8470	465
002039	黔源电力	贵州	西部	D	国有强相对控股公司	85.7143	50.7296	82.7296	71.8281	466
600362	江西铜业	江西	中部	C	国有强相对控股公司	100.0000	47.9742	81.8283	71.7966	467
000524	岭南控股	广东	东部	L	国有绝对控股公司	57.1429	45.9428	90.8881	71.7827	468
603128	华贸物流	上海	东部	G	国有强相对控股公司	100.0000	41.7550	85.7549	71.7794	469
002783	凯龙股份	湖北	中部	C	国有弱相对控股公司	71.4286	48.0907	86.8771	71.7570	470
600319	亚星化学	山东	东部	C	国有强相对控股公司	100.0000	44.5735	83.9196	71.7565	471
600312	平高电气	河南	中部	C	国有强相对控股公司	100.0000	41.9937	85.5320	71.7404	472
601828	美凯龙	上海	东部	L	国有弱相对控股公司	71.4286	50.8505	85.0877	71.7388	473
002542	中化岩土	北京	东部	E	国有弱相对控股公司	71.4286	40.6730	91.5617	71.7373	474
600863	内蒙华电	内蒙古	西部	D	国有绝对控股公司	100.0000	49.1432	80.9674	71.7322	475
002183	怡亚通	广东	东部	L	国有弱相对控股公司	100.0000	43.8454	84.3304	71.7277	476
002080	中材科技	江苏	东部	C	国有绝对控股公司	28.5714	47.9032	94.7297	71.7246	477
600880	博瑞传播	四川	西部	R	国有强相对控股公司	100.0000	48.9198	81.0921	71.7226	478
600761	安徽合力	安徽	中部	C	国有强相对控股公司	85.7143	54.2854	80.1632	71.6611	479
600479	千金药业	湖南	中部	C	国有弱相对控股公司	100.0000	48.9790	80.9257	71.6518	480

续表

股票代码	公司简称	省份	地区	行业代码	控股类型	环境保护（*EP*）	社会责任（*SR*）	公司治理（*CG*）	上市公司质量/ESG指数（*CLCQI/ESGI*）	*CLCQI/ESGI*排名
688269	凯立新材	陕西	西部	C	国有弱相对控股公司	71.4286	55.2360	82.1233	71.6433	481
601101	昊华能源	北京	东部	B	国有绝对控股公司	42.8571	45.5336	93.4859	71.6397	482
838402	硅烷科技	河南	中部	C	国有绝对控股公司	85.7143	52.1966	81.4125	71.6171	483
002282	博深股份	河北	东部	C	国有弱相对控股公司	71.4286	48.6352	86.2714	71.6144	484
000797	中国武夷	福建	东部	K	国有绝对控股公司	71.4286	54.0187	82.8438	71.6135	485
000422	湖北宜化	湖北	中部	C	国有弱相对控股公司	85.7143	48.7414	83.5953	71.6083	486
600756	浪潮软件	山东	东部	I	国有弱相对控股公司	57.1429	55.8241	84.2796	71.6065	487
600633	浙数文化	浙江	东部	I	国有绝对控股公司	57.1429	54.4179	85.1309	71.5826	488
600722	金牛化工	河北	东部	C	国有绝对控股公司	85.7143	50.0738	82.6862	71.5747	489
600123	兰花科创	山西	中部	B	国有强相对控股公司	100.0000	48.2763	81.2045	71.5592	490
002349	精华制药	江苏	东部	C	国有强相对控股公司	100.0000	49.4246	80.4712	71.5578	491
600636	国新文化	上海	东部	I	国有强相对控股公司	85.7143	53.5596	80.4053	71.5402	492
688660	电气风电	上海	东部	C	国有绝对控股公司	85.7143	54.3433	79.8757	71.5232	493
300396	迪瑞医疗	吉林	东北	C	国有弱相对控股公司	71.4286	50.9681	84.5928	71.5077	494
002678	珠江钢琴	广东	东部	C	国有绝对控股公司	57.1429	49.8740	87.8820	71.5053	495
002022	科华生物	上海	东部	C	国有弱相对控股公司	85.7143	46.8957	84.5705	71.4987	496
002047	宝鹰股份	广东	东部	E	国有强相对控股公司	85.7143	36.9446	90.9005	71.4973	497
600262	北方股份	内蒙古	西部	C	国有强相对控股公司	42.8571	47.2289	92.1229	71.4834	498
002182	宝武镁业	江苏	东部	C	国有弱相对控股公司	85.7143	45.6563	85.3117	71.4725	499
600237	铜峰电子	安徽	中部	C	国有弱相对控股公司	100.0000	46.1087	82.4213	71.4697	500
600075	新疆天业	新疆	西部	C	国有绝对控股公司	57.1429	56.9631	83.3049	71.4691	501
600176	中国巨石	浙江	东部	C	国有弱相对控股公司	57.1429	51.7604	86.6124	71.4673	502
300270	中威电子	浙江	东部	C	国有弱相对控股公司	100.0000	48.8411	80.6535	71.4538	503
002222	福晶科技	福建	东部	C	国有弱相对控股公司	100.0000	60.8846	72.9717	71.4441	504
300363	博腾股份	重庆	西部	C	国有弱相对控股公司	100.0000	43.9563	83.7310	71.4368	505
000428	华天酒店	湖南	中部	H	国有强相对控股公司	100.0000	39.3352	86.6620	71.4314	506
000514	渝开发	重庆	西部	K	国有绝对控股公司	100.0000	34.2230	89.9077	71.4273	507
000983	山西焦煤	山西	中部	B	国有绝对控股公司	42.8571	63.6807	81.5256	71.4131	508
002202	金风科技	新疆	西部	C	国有弱相对控股公司	28.5714	59.8622	86.5291	71.3999	509
000862	银星能源	宁夏	西部	D	国有强相对控股公司	42.8571	58.5817	84.7395	71.3960	510
000973	佛塑科技	广东	东部	C	国有弱相对控股公司	42.8571	46.7011	92.2238	71.3542	511
000607	华媒控股	浙江	东部	R	国有绝对控股公司	57.1429	53.3020	85.4119	71.3465	512

续表

股票代码	公司简称	省份	地区	行业代码	控股类型	环境保护（*EP*）	社会责任（*SR*）	公司治理（*CG*）	上市公司质量/ESG指数（*CLCQI/ESGI*）	*CLCQI/ESGI*排名
600525	长园集团	广东	东部	C	国有弱相对控股公司	100.0000	42.7352	84.3379	71.3432	513
002480	新筑股份	四川	西部	C	国有强相对控股公司	85.7143	41.4435	87.7038	71.3137	514
600529	山东药玻	山东	东部	C	国有弱相对控股公司	71.4286	42.6576	89.5151	71.3063	515
600199	金种子酒	安徽	中部	C	国有弱相对控股公司	85.7143	51.4601	81.2873	71.2905	516
601512	中新集团	江苏	东部	K	国有绝对控股公司	57.1429	48.6628	88.2551	71.2866	517
688459	哈铁科技	黑龙江	东北	C	国有绝对控股公司	42.8571	57.9004	84.9293	71.2620	518
600170	上海建工	上海	东部	E	国有强相对控股公司	85.7143	55.8803	78.4222	71.2618	519
603071	物产环能	浙江	东部	F	国有绝对控股公司	100.0000	46.2422	81.9232	71.2426	520
600035	楚天高速	湖北	中部	G	国有绝对控股公司	42.8571	51.9199	88.6897	71.2370	521
600235	民丰特纸	浙江	东部	C	国有强相对控股公司	42.8571	51.6285	88.8605	71.2290	522
000061	农产品	广东	东部	L	国有强相对控股公司	100.0000	41.8037	84.7021	71.2175	523
600195	中牧股份	北京	东部	C	国有绝对控股公司	71.4286	57.7347	79.7483	71.2115	524
000829	天音控股	江西	中部	F	国有弱相对控股公司	100.0000	55.8915	75.6732	71.1823	525
600790	轻纺城	浙江	东部	L	国有强相对控股公司	85.7143	42.3152	86.8967	71.1749	526
600977	中国电影	北京	东部	R	国有绝对控股公司	100.0000	51.2672	78.5751	71.1598	527
000568	泸州老窖	四川	西部	C	国有绝对控股公司	42.8571	62.9174	81.5465	71.1574	528
002208	合肥城建	安徽	中部	K	国有绝对控股公司	85.7143	45.9179	84.5262	71.1321	529
601958	金钼股份	陕西	西部	B	国有绝对控股公司	100.0000	55.9330	75.5531	71.1308	530
000552	甘肃能化	甘肃	西部	B	国有绝对控股公司	42.8571	58.2314	84.4580	71.1186	531
601068	中铝国际	北京	东部	E	国有绝对控股公司	85.7143	51.1007	81.1749	71.1029	532
600506	统一股份	新疆	西部	A	国有强相对控股公司	85.7143	44.0091	85.6810	71.0992	533
688072	拓荆科技	辽宁	东北	C	国有弱相对控股公司	100.0000	50.6554	78.7877	71.0626	534
000819	岳阳兴长	湖南	中部	C	国有弱相对控股公司	57.1429	54.9193	83.8656	71.0621	535
601368	绿城水务	广西	西部	D	国有绝对控股公司	100.0000	39.1419	86.1070	71.0586	536
600397	安源煤业	江西	中部	B	国有强相对控股公司	71.4286	54.5624	81.4787	71.0530	537
600887	伊利股份	内蒙古	西部	C	国有弱相对控股公司	71.4286	49.1676	84.9100	71.0520	538
600084	中信尼雅	新疆	西部	C	国有强相对控股公司	42.8571	50.7063	89.1223	71.0502	539
603637	镇海股份	浙江	东部	E	国有弱相对控股公司	100.0000	54.1434	76.5235	71.0381	540
000554	泰山石油	山东	东部	F	国有弱相对控股公司	100.0000	49.9968	79.1581	71.0359	541
000856	冀东装备	河北	东部	C	国有强相对控股公司	85.7143	51.7967	80.5902	71.0249	542
002856	美芝股份	广东	东部	E	国有强相对控股公司	71.4286	49.4638	84.6530	71.0143	543
000538	云南白药	云南	西部	C	国有强相对控股公司	71.4286	51.5736	83.2791	70.9971	544

续表

股票代码	公司简称	省份	地区	行业代码	控股类型	环境保护（*EP*）	社会责任（*SR*）	公司治理（*CG*）	上市公司质量/ESG指数（*CLCQI/ESGI*）	*CLCQI/ESGI*排名
600531	豫光金铅	河南	中部	C	国有强相对控股公司	100.0000	51.6125	78.0535	70.9938	545
000708	中信特钢	湖北	中部	C	国有弱相对控股公司	71.4286	49.4029	84.6437	70.9879	546
000883	湖北能源	湖北	中部	D	国有绝对控股公司	14.2857	62.1275	86.9274	70.9833	547
600717	天津港	天津	东部	G	国有强相对控股公司	57.1429	49.7214	87.0128	70.9739	548
300455	航天智装	北京	东部	C	国有绝对控股公司	85.7143	48.6131	82.5132	70.9682	549
600189	泉阳泉	吉林	东北	C	国有强相对控股公司	100.0000	48.8513	79.7620	70.9671	550
600893	航发动力	陕西	西部	C	国有绝对控股公司	100.0000	50.1579	78.8936	70.9467	551
600970	中材国际	江苏	东部	E	国有绝对控股公司	42.8571	53.6043	87.0889	70.9461	552
601158	重庆水务	重庆	西部	D	国有绝对控股公司	85.7143	52.6808	79.8693	70.9378	553
002449	国星光电	广东	东部	C	国有弱相对控股公司	71.4286	46.9460	86.1125	70.9358	554
601789	宁波建工	浙江	东部	E	国有弱相对控股公司	100.0000	39.2511	85.8125	70.9347	555
603693	江苏新能	江苏	东部	D	国有绝对控股公司	71.4286	45.9275	86.7534	70.9318	556
002285	世联行	广东	东部	K	国有弱相对控股公司	85.7143	44.7094	84.9008	70.9152	557
831278	泰德股份	山东	东部	C	国有弱相对控股公司	85.7143	54.9653	78.3742	70.9151	558
000698	沈阳化工	辽宁	东北	C	国有强相对控股公司	100.0000	50.6945	78.4905	70.9129	559
600231	凌钢股份	辽宁	东北	C	国有强相对控股公司	57.1429	57.6246	81.8462	70.8983	560
002338	奥普光电	吉林	东北	C	国有强相对控股公司	85.7143	49.5707	81.7765	70.8983	561
600967	内蒙一机	内蒙古	西部	C	国有绝对控股公司	42.8571	54.8058	86.2372	70.8982	562
300466	赛摩智能	江苏	东部	C	国有弱相对控股公司	85.7143	43.8468	85.3127	70.8398	563
000050	深天马A	广东	东部	C	国有绝对控股公司	42.8571	56.3024	85.1438	70.8206	564
600657	信达地产	北京	东部	K	国有绝对控股公司	100.0000	44.4339	82.2822	70.8071	565
000720	新能泰山	山东	东部	K	国有强相对控股公司	57.1429	52.0297	85.1826	70.7751	566
600010	包钢股份	内蒙古	西部	C	国有绝对控股公司	28.5714	52.1105	90.2809	70.7503	567
600300	维维股份	江苏	东部	C	国有强相对控股公司	71.4286	49.9062	83.8819	70.7451	568
300076	GQY视讯	浙江	东部	C	国有强相对控股公司	85.7143	47.0103	83.1202	70.7412	569
600876	凯盛新能	河南	中部	C	国有强相对控股公司	85.7143	43.7245	85.1814	70.7248	570
002405	四维图新	北京	东部	I	国有弱相对控股公司	14.2857	60.3137	87.6034	70.7202	571
000030	富奥股份	吉林	东北	C	国有绝对控股公司	85.7143	52.9129	79.3161	70.7148	572
002445	中南文化	江苏	东部	R	国有弱相对控股公司	100.0000	42.1439	83.5586	70.7076	573
601989	中国重工	北京	东部	C	国有绝对控股公司	71.4286	53.4381	81.5597	70.7040	574
603013	亚普股份	江苏	东部	C	国有绝对控股公司	71.4286	54.9729	80.5252	70.6722	575

续表

股票代码	公司简称	省份	地区	行业代码	控股类型	环境保护（*EP*）	社会责任（*SR*）	公司治理（*CG*）	上市公司质量/ESG指数（*CLCQI/ESGI*）	*CLCQI/ESGI*排名
000636	风华高科	广东	东部	C	国有弱相对控股公司	100.0000	46.2221	80.8963	70.6707	576
600833	第一医药	上海	东部	F	国有强相对控股公司	42.8571	49.7328	89.0338	70.6608	577
601369	陕鼓动力	陕西	西部	C	国有绝对控股公司	42.8571	61.7797	81.3280	70.6390	578
600171	上海贝岭	上海	东部	C	国有弱相对控股公司	14.2857	57.3922	89.3059	70.6341	579
600392	盛和资源	四川	西部	C	国有弱相对控股公司	42.8571	53.8653	86.3066	70.6072	580
600279	重庆港	重庆	西部	G	国有绝对控股公司	57.1429	57.6448	81.2903	70.5996	581
000969	安泰科技	北京	东部	C	国有强相对控股公司	71.4286	50.1538	83.4272	70.5817	582
300620	光库科技	广东	东部	C	国有弱相对控股公司	71.4286	51.7454	82.4124	70.5806	583
002672	东江环保	广东	东部	C	国有强相对控股公司	85.7143	46.7683	82.9512	70.5635	584
002069	獐子岛	辽宁	东北	A	国有弱相对控股公司	71.4286	46.0059	86.0179	70.5548	585
600791	京能置业	北京	东部	K	国有强相对控股公司	71.4286	46.3475	85.7729	70.5396	586
605011	杭州热电	浙江	东部	D	国有绝对控股公司	57.1429	57.1139	81.5124	70.5359	587
600640	国脉文化	上海	东部	I	国有绝对控股公司	42.8571	48.9219	89.3001	70.5234	588
600345	长江通信	湖北	中部	C	国有绝对控股公司	71.4286	50.2472	83.2570	70.5207	589
601698	中国卫通	北京	东部	I	国有绝对控股公司	71.4286	51.4784	82.4478	70.5066	590
000837	秦川机床	陕西	西部	C	国有强相对控股公司	85.7143	48.7791	81.5544	70.4991	591
600012	皖通高速	安徽	中部	G	国有绝对控股公司	71.4286	57.2062	78.7876	70.4982	592
600618	氯碱化工	上海	东部	C	国有强相对控股公司	71.4286	52.7887	81.5920	70.4945	593
300110	华仁药业	山东	东部	C	国有弱相对控股公司	85.7143	44.7806	84.0733	70.4850	594
600259	广晟有色	海南	东部	B	国有强相对控股公司	57.1429	53.8494	83.4966	70.4847	595
301217	铜冠铜箔	安徽	中部	C	国有绝对控股公司	42.8571	53.5012	86.2827	70.4666	596
002114	罗平锌电	云南	西部	C	国有强相对控股公司	85.7143	52.3140	79.2426	70.4647	597
000911	广农糖业	广西	西部	C	国有绝对控股公司	100.0000	46.5332	80.3232	70.4643	598
000657	中钨高新	海南	东部	C	国有绝对控股公司	42.8571	59.5120	82.4501	70.4625	599
601018	宁波港	浙江	东部	G	国有绝对控股公司	57.1429	49.6214	86.1286	70.4525	600
000629	钒钛股份	四川	西部	C	国有绝对控股公司	85.7143	54.7972	77.5705	70.4142	601
600824	益民集团	上海	东部	F	国有强相对控股公司	42.8571	49.1426	88.9593	70.4132	602
300557	理工光科	湖北	中部	C	国有强相对控股公司	57.1429	47.8247	87.1922	70.4087	603
600388	龙净环保	福建	东部	C	国有弱相对控股公司	71.4286	53.7092	80.8475	70.4072	604
300334	津膜科技	天津	东部	C	国有强相对控股公司	28.5714	57.0021	86.5391	70.4044	605
601598	中国外运	北京	东部	G	国有绝对控股公司	57.1429	46.3824	88.0824	70.3934	606
688321	微芯生物	广东	东部	C	国有弱相对控股公司	71.4286	58.8619	77.5083	70.3741	607

续表

股票代码	公司简称	省份	地区	行业代码	控股类型	环境保护（*EP*）	社会责任（*SR*）	公司治理（*CG*）	上市公司质量/ESG指数（*CLCQI/ESGI*）	*CLCQI/ESGI*排名
600444	国机通用	安徽	中部	C	国有强相对控股公司	71.4286	59.1202	77.3412	70.3726	608
603328	依顿电子	广东	东部	C	国有强相对控股公司	57.1429	48.0569	86.9365	70.3493	609
002644	佛慈制药	甘肃	西部	C	国有绝对控股公司	85.7143	46.3879	82.7935	70.3436	610
300106	西部牧业	新疆	西部	A	国有强相对控股公司	85.7143	43.0155	84.9375	70.3425	611
300831	派瑞股份	陕西	西部	C	国有强相对控股公司	85.7143	50.1898	80.3573	70.3344	612
000156	华数传媒	浙江	东部	R	国有绝对控股公司	28.5714	55.6156	87.2693	70.3207	613
002682	龙洲股份	福建	东部	G	国有弱相对控股公司	85.7143	45.2266	83.4811	70.3153	614
600787	中储股份	天津	东部	G	国有强相对控股公司	57.1429	59.4780	79.5771	70.2990	615
603167	渤海轮渡	山东	东部	G	国有强相对控股公司	100.0000	41.2666	83.3681	70.2958	616
002358	森源电气	河南	中部	C	国有弱相对控股公司	71.4286	54.6828	79.9544	70.2567	617
000705	浙江震元	浙江	东部	F	国有弱相对控股公司	57.1429	56.1772	81.5967	70.2545	618
601600	中国铝业	北京	东部	C	国有强相对控股公司	42.8571	52.4478	86.5356	70.2370	619
600755	厦门国贸	福建	东部	F	国有强相对控股公司	42.8571	59.6085	81.9683	70.2313	620
601968	宝钢包装	上海	东部	C	国有绝对控股公司	85.7143	44.4663	83.7941	70.2214	621
002376	新北洋	山东	东部	C	国有弱相对控股公司	57.1429	49.6367	85.6824	70.2125	622
301091	深城交	广东	东部	M	国有强相对控股公司	71.4286	51.2455	82.0523	70.2075	623
688126	沪硅产业	上海	东部	C	国有弱相对控股公司	14.2857	60.3944	86.6039	70.1987	624
601107	四川成渝	四川	西部	G	国有绝对控股公司	71.4286	51.2812	81.9751	70.1775	625
002419	天虹股份	广东	东部	F	国有强相对控股公司	42.8571	56.1207	84.0349	70.1471	626
000682	东方电子	山东	东部	I	国有弱相对控股公司	85.7143	56.6928	75.8517	70.1323	627
601333	广深铁路	广东	东部	G	国有强相对控股公司	100.0000	40.0496	83.8409	70.1298	628
002323	雅博股份	山东	东部	E	国有弱相对控股公司	28.5714	58.7538	84.9076	70.1202	629
600435	北方导航	北京	东部	C	国有强相对控股公司	71.4286	48.1606	83.8535	70.1185	630
000852	石化机械	湖北	中部	C	国有绝对控股公司	42.8571	64.5288	78.6246	70.1143	631
600650	锦江在线	上海	东部	G	国有强相对控股公司	100.0000	48.2134	78.6103	70.1104	632
600935	华塑股份	安徽	中部	C	国有绝对控股公司	42.8571	59.6830	81.6981	70.1087	633
601069	西部黄金	新疆	西部	B	国有绝对控股公司	42.8571	55.1321	84.5906	70.1068	634
002051	中工国际	北京	东部	E	国有绝对控股公司	85.7143	55.5256	76.5300	70.0969	635
300128	锦富技术	江苏	东部	C	国有弱相对控股公司	42.8571	50.5433	87.4911	70.0960	636
601928	凤凰传媒	江苏	东部	R	国有绝对控股公司	100.0000	43.0759	81.8507	70.0944	637
600713	南京医药	江苏	东部	F	国有强相对控股公司	85.7143	45.0608	83.1753	70.0891	638
600373	中文传媒	江西	中部	R	国有绝对控股公司	85.7143	48.6688	80.8709	70.0845	639

续表

股票代码	公司简称	省份	地区	行业代码	控股类型	环境保护（*EP*）	社会责任（*SR*）	公司治理（*CG*）	上市公司质量/ESG指数（*CLCQI/ESGI*）	*CLCQI/ESGI*排名
688027	国盾量子	安徽	中部	C	国有弱相对控股公司	14.2857	65.3865	83.2174	70.0835	640
600129	太极集团	重庆	西部	C	国有强相对控股公司	100.0000	49.7384	77.5830	70.0791	641
600543	莫高股份	甘肃	西部	C	国有强相对控股公司	85.7143	49.1629	80.5458	70.0786	642
600765	中航重机	贵州	西部	C	国有强相对控股公司	57.1429	48.4738	86.1684	70.0727	643
000965	天保基建	天津	东部	K	国有绝对控股公司	85.7143	41.9278	85.1163	70.0601	644
603005	晶方科技	江苏	东部	C	国有弱相对控股公司	85.7143	51.9515	78.7186	70.0497	645
601200	上海环境	上海	东部	N	国有绝对控股公司	57.1429	46.8044	87.1591	70.0333	646
600678	四川金顶	四川	西部	C	国有弱相对控股公司	57.1429	57.9074	80.0764	70.0239	647
600829	人民同泰	黑龙江	东北	F	国有弱相对控股公司	71.4286	46.4533	84.7626	70.0209	648
603903	中持股份	北京	东部	N	国有弱相对控股公司	71.4286	49.8713	82.5758	70.0145	649
603689	皖天然气	安徽	中部	D	国有绝对控股公司	100.0000	46.0532	79.7922	70.0043	650
000151	中成股份	北京	东部	F	国有绝对控股公司	28.5714	55.2860	86.9015	70.0031	651
600323	瀚蓝环境	广东	东部	N	国有强相对控股公司	28.5714	49.9445	90.2726	69.9877	652
600513	联环药业	江苏	东部	C	国有强相对控股公司	85.7143	46.9802	81.7562	69.9804	653
000423	东阿阿胶	山东	东部	C	国有强相对控股公司	85.7143	46.2761	82.2000	69.9780	654
000758	中色股份	北京	东部	B	国有强相对控股公司	100.0000	57.1586	72.6674	69.9726	655
002053	云南能投	云南	西部	C	国有绝对控股公司	57.1429	44.5520	88.4532	69.9568	656
002580	圣阳股份	山东	东部	C	国有弱相对控股公司	42.8571	49.6038	87.8192	69.9476	657
002204	大连重工	辽宁	东北	C	国有绝对控股公司	42.8571	47.8743	88.9090	69.9417	658
000937	冀中能源	河北	东部	B	国有绝对控股公司	42.8571	56.6372	83.3300	69.9402	659
600936	广西广电	广西	西部	I	国有强相对控股公司	71.4286	37.5158	90.3016	69.9393	660
600558	大西洋	四川	西部	C	国有强相对控股公司	85.7143	53.5383	77.5060	69.9381	661
603153	上海建科	上海	东部	M	国有绝对控股公司	85.7143	47.3969	81.4044	69.9328	662
600236	桂冠电力	广西	西部	D	国有绝对控股公司	14.2857	53.1337	90.7164	69.9194	663
600819	耀皮玻璃	上海	东部	C	国有强相对控股公司	100.0000	48.5053	78.0655	69.9128	664
600582	天地科技	北京	东部	C	国有绝对控股公司	57.1429	59.8935	78.6073	69.9110	665
835640	富士达	陕西	西部	C	国有弱相对控股公司	71.4286	59.1017	76.4544	69.8784	666
002160	常铝股份	江苏	东部	C	国有强相对控股公司	85.7143	41.9282	84.7699	69.8697	667
000096	广聚能源	广东	东部	F	国有绝对控股公司	71.4286	42.2583	87.1508	69.8662	668
300278	华昌达	湖北	中部	C	国有弱相对控股公司	57.1429	37.1550	92.9902	69.8632	669
601022	宁波远洋	浙江	东部	G	国有绝对控股公司	42.8571	48.2896	88.4469	69.8329	670
002817	黄山胶囊	安徽	中部	C	国有弱相对控股公司	85.7143	46.8987	81.5304	69.8277	671

续表

股票代码	公司简称	省份	地区	行业代码	控股类型	环境保护（EP）	社会责任（SR）	公司治理（CG）	上市公司质量/ESG指数（CLCQI/ESGI）	CLCQI/ESGI排名
000815	美利云	宁夏	西部	C	国有强相对控股公司	42.8571	51.9891	86.0743	69.8228	672
000548	湖南投资	湖南	中部	G	国有强相对控股公司	85.7143	37.9261	87.2274	69.8206	673
000948	南天信息	云南	西部	I	国有强相对控股公司	71.4286	48.1939	83.2449	69.7954	674
600178	东安动力	黑龙江	东北	C	国有强相对控股公司	71.4286	60.9652	75.1169	69.7950	675
000936	华西股份	江苏	东部	C	国有弱相对控股公司	85.7143	49.4310	79.8493	69.7894	676
000045	深纺织A	广东	东部	C	国有强相对控股公司	85.7143	46.6692	81.5724	69.7705	677
002696	百洋股份	广西	西部	A	国有弱相对控股公司	85.7143	52.7676	77.6386	69.7413	678
301167	建研设计	安徽	中部	M	国有弱相对控股公司	14.2857	60.0099	86.0135	69.7394	679
300212	易华录	北京	东部	I	国有弱相对控股公司	71.4286	46.8056	84.0162	69.7337	680
000878	云南铜业	云南	西部	C	国有强相对控股公司	42.8571	62.4265	79.2277	69.7102	681
600782	新钢股份	江西	中部	C	国有强相对控股公司	42.8571	58.5813	81.6660	69.7055	682
000713	丰乐种业	安徽	中部	A	国有弱相对控股公司	85.7143	39.9799	85.6425	69.6677	683
600048	保利发展	广东	东部	K	国有强相对控股公司	42.8571	47.1239	88.8602	69.6522	684
601766	中国中车	北京	东部	C	国有绝对控股公司	14.2857	63.7151	83.4848	69.6455	685
603136	天目湖	江苏	东部	N	国有弱相对控股公司	100.0000	33.5848	87.0741	69.6454	686
600992	贵绳股份	贵州	西部	C	国有弱相对控股公司	57.1429	51.7522	83.3017	69.6435	687
002159	三特索道	湖北	中部	N	国有弱相对控股公司	100.0000	39.6610	83.1865	69.6339	688
600096	云天化	云南	西部	C	国有强相对控股公司	28.5714	58.0241	84.4874	69.6337	689
000605	渤海股份	北京	东部	D	国有强相对控股公司	85.7143	39.0970	86.1359	69.6302	690
300024	机器人	辽宁	东北	C	国有弱相对控股公司	42.8571	59.3474	81.0065	69.6109	691
600050	中国联通	北京	东部	I	国有强相对控股公司	100.0000	46.7417	78.6346	69.6086	692
600638	新黄浦	上海	东部	K	国有强相对控股公司	85.7143	39.4033	85.8748	69.5937	693
002431	棕榈股份	河南	中部	E	国有弱相对控股公司	85.7143	47.9213	80.4347	69.5830	694
600097	开创国际	上海	东部	A	国有强相对控股公司	85.7143	38.9970	86.1068	69.5791	695
600862	中航高科	江苏	东部	C	国有绝对控股公司	71.4286	49.7750	81.8380	69.5750	696
002305	南国置业	湖北	中部	K	国有强相对控股公司	85.7143	41.9024	84.2451	69.5721	697
600575	淮河能源	安徽	中部	G	国有绝对控股公司	100.0000	40.3587	82.6283	69.5711	698
300626	华瑞股份	浙江	东部	C	国有弱相对控股公司	71.4286	50.5046	81.3432	69.5582	699
601728	中国电信	北京	东部	I	国有绝对控股公司	14.2857	65.6309	82.1018	69.5554	700
600502	安徽建工	安徽	中部	E	国有强相对控股公司	57.1429	48.8633	84.9776	69.5541	701
000550	江铃汽车	江西	中部	C	国有强相对控股公司	71.4286	53.4008	79.4866	69.5508	702
600018	上港集团	上海	东部	G	国有绝对控股公司	85.7143	42.6322	83.7177	69.5374	703

续表

股票代码	公司简称	省份	地区	行业代码	控股类型	环境保护（*EP*）	社会责任（*SR*）	公司治理（*CG*）	上市公司质量/ESG指数（*CLCQI/ESGI*）	*CLCQI/ESGI*排名
000049	德赛电池	广东	东部	C	国有弱相对控股公司	100.0000	48.9826	77.0551	69.5242	704
600230	沧州大化	河北	东部	C	国有强相对控股公司	85.7143	43.7441	82.9848	69.5235	705
600505	西昌电力	四川	西部	D	国有绝对控股公司	71.4286	46.1581	83.9852	69.4901	706
600688	上海石化	上海	东部	C	国有绝对控股公司	14.2857	48.1560	93.0936	69.4847	707
600419	天润乳业	新疆	西部	C	国有强相对控股公司	14.2857	52.2403	90.4764	69.4747	708
600269	赣粤高速	江西	中部	G	国有绝对控股公司	100.0000	35.4097	85.6022	69.4746	709
600560	金自天正	北京	东部	C	国有强相对控股公司	100.0000	43.3228	80.5565	69.4691	710
000155	川能动力	四川	西部	D	国有绝对控股公司	71.4286	54.2265	78.8012	69.4628	711
002125	湘潭电化	湖南	中部	C	国有强相对控股公司	42.8571	59.0362	80.9260	69.4577	712
600821	金开新能	天津	东部	D	国有弱相对控股公司	71.4286	45.7125	84.2030	69.4539	713
002967	广电计量	广东	东部	M	国有强相对控股公司	85.7143	42.0443	83.8973	69.4304	714
600550	保变电气	河北	东部	C	国有绝对控股公司	57.1429	45.7643	86.7033	69.4186	715
002389	航天彩虹	浙江	东部	C	国有强相对控股公司	57.1429	61.6101	76.6179	69.4177	716
000025	特力A	广东	东部	F	国有强相对控股公司	100.0000	41.8217	81.3800	69.3966	717
300694	蠡湖股份	江苏	东部	C	国有弱相对控股公司	57.1429	51.8778	82.7448	69.3812	718
600292	远达环保	重庆	西部	N	国有绝对控股公司	71.4286	46.1474	83.7821	69.3746	719
600754	锦江酒店	上海	东部	H	国有强相对控股公司	85.7143	38.5322	86.0101	69.3632	720
600561	江西长运	江西	中部	G	国有强相对控股公司	57.1429	41.7225	89.1055	69.3252	721
600835	上海机电	上海	东部	C	国有强相对控股公司	28.5714	52.3035	87.5636	69.3233	722
600764	中国海防	北京	东部	C	国有绝对控股公司	100.0000	49.0334	76.6538	69.3213	723
601869	长飞光纤	湖北	中部	C	国有强相对控股公司	14.2857	59.2371	85.7328	69.3146	724
600121	郑州煤电	河南	中部	B	国有弱相对控股公司	85.7143	45.6856	81.3677	69.3136	725
002021	中捷资源	浙江	东部	C	国有弱相对控股公司	85.7143	44.3373	82.1875	69.2926	726
600739	辽宁成大	辽宁	东北	F	国有弱相对控股公司	71.4286	49.8722	81.2495	69.2853	727
002077	大港股份	江苏	东部	C	国有强相对控股公司	57.1429	50.4182	83.4948	69.2828	728
000628	高新发展	四川	西部	E	国有强相对控股公司	57.1429	64.5468	74.4992	69.2802	729
600608	ST沪科	上海	东部	F	国有弱相对控股公司	85.7143	50.4494	78.2235	69.2516	730
300797	钢研纳克	北京	东部	M	国有绝对控股公司	14.2857	61.6170	84.0901	69.2441	731
600386	北巴传媒	北京	东部	F	国有绝对控股公司	85.7143	42.4874	83.2548	69.2321	732
600198	大唐电信	北京	东部	C	国有绝对控股公司	85.7143	44.5306	81.9521	69.2308	733
000065	北方国际	北京	东部	E	国有绝对控股公司	71.4286	49.6879	81.2673	69.2306	734
600637	东方明珠	上海	东部	I	国有强相对控股公司	85.7143	42.3173	83.2306	69.1593	735

续表

股票代码	公司简称	省份	地区	行业代码	控股类型	环境保护（*EP*）	社会责任（*SR*）	公司治理（*CG*）	上市公司质量/ESG指数（*CLCQI/ESGI*）	*CLCQI/ESGI*排名
000505	京粮控股	海南	东部	C	国有强相对控股公司	71.4286	51.2873	80.1116	69.1548	736
600993	马应龙	湖北	中部	C	国有弱相对控股公司	85.7143	49.1048	78.8980	69.1520	737
001213	中铁特货	北京	东部	G	国有绝对控股公司	100.0000	43.7112	79.7144	69.1418	738
601139	深圳燃气	广东	东部	D	国有强相对控股公司	71.4286	45.8627	83.5392	69.1413	739
000544	中原环保	河南	中部	D	国有绝对控股公司	57.1429	49.4639	83.8375	69.1373	740
001914	招商积余	广东	东部	K	国有绝对控股公司	71.4286	46.0422	83.4090	69.1325	741
600612	老凤祥	上海	东部	C	国有强相对控股公司	100.0000	38.1898	83.1771	69.1138	742
600141	兴发集团	湖北	中部	C	国有弱相对控股公司	100.0000	39.7770	82.1651	69.1128	743
002386	天原股份	四川	西部	C	国有强相对控股公司	14.2857	53.0807	89.2780	69.1097	744
000789	万年青	江西	中部	C	国有强相对控股公司	85.7143	53.4404	76.0514	69.1038	745
600452	涪陵电力	重庆	西部	D	国有强相对控股公司	57.1429	47.8401	84.7947	69.0954	746
600250	南京商旅	江苏	东部	F	国有绝对控股公司	71.4286	46.1540	83.2668	69.0935	747
600740	山西焦化	山西	中部	C	国有绝对控股公司	42.8571	57.4409	81.2741	69.0908	748
000886	海南高速	海南	东部	K	国有弱相对控股公司	57.1429	43.6531	87.4422	69.0861	749
600272	开开实业	上海	东部	F	国有强相对控股公司	85.7143	44.3183	81.7976	69.0715	750
000409	云鼎科技	山东	东部	I	国有强相对控股公司	28.5714	57.5754	83.7469	69.0693	751
300290	荣科科技	辽宁	东北	I	国有弱相对控股公司	85.7143	52.3248	76.6818	69.0601	752
000799	酒鬼酒	湖南	中部	C	国有强相对控股公司	71.4286	55.5224	77.2395	69.0574	753
600743	华远地产	北京	东部	K	国有绝对控股公司	100.0000	33.1053	86.2837	69.0429	754
600076	康欣新材	山东	东部	C	国有强相对控股公司	71.4286	50.0888	80.6226	69.0164	755
002912	中新赛克	广东	东部	I	国有弱相对控股公司	100.0000	49.1385	76.0317	69.0159	756
600376	首开股份	北京	东部	K	国有绝对控股公司	71.4286	41.0022	86.3998	69.0135	757
000949	新乡化纤	河南	中部	C	国有强相对控股公司	42.8571	52.7071	84.1016	68.9891	758
002237	恒邦股份	山东	东部	C	国有强相对控股公司	57.1429	49.4961	83.5309	68.9799	759
000521	长虹美菱	安徽	中部	C	国有弱相对控股公司	85.7143	50.1889	77.8831	68.9733	760
600115	中国东航	上海	东部	G	国有强相对控股公司	57.1429	51.0100	82.4280	68.9032	761
600082	海泰发展	天津	东部	F	国有弱相对控股公司	85.7143	35.2694	87.2489	68.9026	762
600960	渤海汽车	山东	东部	C	国有强相对控股公司	100.0000	41.2173	80.8635	68.9010	763
000411	英特集团	浙江	东部	F	国有绝对控股公司	85.7143	43.5896	81.9454	68.8978	764
688722	同益中	北京	东部	C	国有绝对控股公司	14.2857	55.8979	87.0888	68.8917	765
600501	航天晨光	江苏	东部	C	国有绝对控股公司	85.7143	46.9674	79.7769	68.8873	766
001208	华菱线缆	湖南	中部	C	国有绝对控股公司	71.4286	52.6984	78.6415	68.8401	767

续表

股票代码	公司简称	省份	地区	行业代码	控股类型	环境保护（*EP*）	社会责任（*SR*）	公司治理（*CG*）	上市公司质量/ESG指数（*CLCQI/ESGI*）	*CLCQI/ESGI*排名
600313	农发种业	北京	东部	A	国有强相对控股公司	85.7143	41.1967	83.3537	68.8348	768
600379	宝光股份	陕西	西部	C	国有弱相对控股公司	42.8571	43.7874	89.4933	68.8326	769
600249	两面针	广西	西部	C	国有强相对控股公司	42.8571	51.8098	84.3842	68.8305	770
600559	老白干酒	河北	东部	C	国有弱相对控股公司	85.7143	43.8525	81.6439	68.8239	771
601156	东航物流	上海	东部	G	国有强相对控股公司	42.8571	49.2182	86.0053	68.8150	772
300486	东杰智能	山西	中部	C	国有弱相对控股公司	57.1429	53.8835	80.4275	68.8086	773
000903	云内动力	云南	西部	C	国有强相对控股公司	100.0000	43.0229	79.5441	68.8073	774
601168	西部矿业	青海	西部	B	国有强相对控股公司	42.8571	44.7320	88.8376	68.8026	775
600343	航天动力	陕西	西部	C	国有强相对控股公司	57.1429	44.2185	86.5565	68.7968	776
300703	创源股份	浙江	东部	C	国有强相对控股公司	85.7143	44.3488	81.2149	68.7617	777
600658	电子城	北京	东部	K	国有强相对控股公司	71.4286	51.4017	79.3065	68.7520	778
003009	中天火箭	陕西	西部	C	国有绝对控股公司	57.1429	50.5164	82.4536	68.7445	779
430418	苏轴股份	江苏	东部	C	国有弱相对控股公司	100.0000	62.2358	67.2028	68.7441	780
000561	烽火电子	陕西	西部	C	国有强相对控股公司	57.1429	50.9251	82.1897	68.7424	781
600278	东方创业	上海	东部	F	国有绝对控股公司	14.2857	48.6724	91.3897	68.7282	782
300516	久之洋	湖北	中部	C	国有绝对控股公司	42.8571	45.9613	87.9034	68.7190	783
603060	国检集团	北京	东部	M	国有绝对控股公司	42.8571	45.5198	88.1830	68.7183	784
603111	康尼机电	江苏	东部	C	国有弱相对控股公司	100.0000	39.9219	81.3276	68.7028	785
300368	ST汇金	河北	东部	C	国有弱相对控股公司	85.7143	49.8742	77.5601	68.6855	786
600877	电科芯片	重庆	西部	C	国有强相对控股公司	85.7143	50.2808	77.2995	68.6845	787
600875	东方电气	四川	西部	C	国有绝对控股公司	71.4286	39.6238	86.6746	68.6822	788
000951	中国重汽	山东	东部	C	国有绝对控股公司	28.5714	48.5170	88.7914	68.6734	789
001896	豫能控股	河南	中部	D	国有绝对控股公司	42.8571	48.5710	86.1379	68.6614	790
600059	古越龙山	浙江	东部	C	国有强相对控股公司	100.0000	47.7912	76.2375	68.6576	791
000993	闽东电力	福建	东部	D	国有绝对控股公司	85.7143	47.3145	79.1218	68.6485	792
600099	林海股份	江苏	东部	C	国有强相对控股公司	14.2857	62.0269	82.7338	68.6416	793
600610	中毅达	贵州	西部	C	国有弱相对控股公司	71.4286	56.7377	75.6851	68.6278	794
300929	华骐环保	安徽	中部	N	国有弱相对控股公司	71.4286	51.7860	78.8335	68.6264	795
300080	易成新能	河南	中部	C	国有绝对控股公司	28.5714	59.1994	81.9005	68.6222	796
600848	上海临港	上海	东部	K	国有绝对控股公司	100.0000	43.2054	79.0881	68.6203	797
600971	恒源煤电	安徽	中部	B	国有绝对控股公司	42.8571	51.3193	84.2840	68.6037	798
600671	ST目药	浙江	东部	C	国有弱相对控股公司	85.7143	43.5143	81.4199	68.5824	799

续表

股票代码	公司简称	省份	地区	行业代码	控股类型	环境保护（*EP*）	社会责任（*SR*）	公司治理（*CG*）	上市公司质量/ESG指数（*CLCQI/ESGI*）	*CLCQI/ESGI*排名
600011	华能国际	北京	东部	D	国有绝对控股公司	71.4286	41.9765	84.9694	68.5678	800
600795	国电电力	辽宁	东北	D	国有绝对控股公司	100.0000	48.8253	75.4071	68.5628	801
600667	太极实业	江苏	东部	E	国有强相对控股公司	100.0000	42.9237	79.1446	68.5528	802
600773	西藏城投	西藏	西部	K	国有强相对控股公司	57.1429	45.0545	85.5725	68.5482	803
600032	浙江新能	浙江	东部	D	国有绝对控股公司	57.1429	47.5718	83.9482	68.5359	804
601028	玉龙股份	山东	东部	F	国有弱相对控股公司	85.7143	45.1437	80.2741	68.5225	805
600812	华北制药	河北	东部	C	国有绝对控股公司	14.2857	60.4981	83.3986	68.4722	806
603648	畅联股份	上海	东部	L	国有强相对控股公司	85.7143	47.9937	78.3669	68.4710	807
600859	王府井	北京	东部	F	国有强相对控股公司	100.0000	41.1660	80.0927	68.4591	808
600072	中船科技	上海	东部	E	国有强相对控股公司	85.7143	51.2717	76.2402	68.4486	809
300678	中科信息	四川	西部	I	国有强相对控股公司	28.5714	65.0137	77.8786	68.4452	810
600794	保税科技	江苏	东部	G	国有强相对控股公司	85.7143	44.5652	80.4522	68.4180	811
688190	云路股份	山东	东部	C	国有弱相对控股公司	14.2857	54.2806	87.2437	68.4108	812
600113	浙江东日	浙江	东部	L	国有强相对控股公司	85.7143	41.8643	82.1545	68.4089	813
600088	中视传媒	上海	东部	R	国有绝对控股公司	85.7143	47.8752	78.3126	68.3997	814
000803	山高环能	四川	西部	N	国有弱相对控股公司	57.1429	40.5241	88.1581	68.3847	815
600708	光明地产	上海	东部	K	国有绝对控股公司	71.4286	41.1902	85.1203	68.3756	816
600917	重庆燃气	重庆	西部	D	国有强相对控股公司	85.7143	43.2022	81.2280	68.3676	817
600897	厦门空港	福建	东部	G	国有绝对控股公司	57.1429	49.7640	82.1865	68.3343	818
430198	微创光电	湖北	中部	C	国有弱相对控股公司	100.0000	50.3263	73.9880	68.3076	819
600714	金瑞矿业	青海	西部	C	国有强相对控股公司	85.7143	43.4621	80.9162	68.2871	820
603108	润达医疗	上海	东部	F	国有弱相对控股公司	85.7143	42.2367	81.6850	68.2810	821
301136	招标股份	福建	东部	M	国有绝对控股公司	42.8571	44.4388	88.0728	68.2793	822
000755	山西高速	山西	中部	G	国有绝对控股公司	85.7143	35.8697	85.7261	68.2752	823
002408	齐翔腾达	山东	东部	C	国有绝对控股公司	28.5714	51.5755	86.0995	68.2633	824
600975	新五丰	湖南	中部	A	国有强相对控股公司	71.4286	44.7258	82.6624	68.2612	825
000504	南华生物	湖南	中部	M	国有弱相对控股公司	71.4286	49.2459	79.7614	68.2477	826
002573	清新环境	北京	东部	N	国有强相对控股公司	57.1429	42.2533	86.8012	68.2436	827
600356	恒丰纸业	黑龙江	东北	C	国有强相对控股公司	85.7143	43.4400	80.8410	68.2380	828
600990	四创电子	安徽	中部	C	国有强相对控股公司	71.4286	49.6924	79.4591	68.2377	829
600480	凌云股份	河北	东部	C	国有强相对控股公司	57.1429	54.3571	79.0850	68.2360	830
000828	东莞控股	广东	东部	G	国有绝对控股公司	71.4286	54.6759	76.2100	68.1949	831

续表

股票代码	公司简称	省份	地区	行业代码	控股类型	环境保护（*EP*）	社会责任（*SR*）	公司治理（*CG*）	上市公司质量/ESG指数（*CLCQI/ESGI*）	*CLCQI/ESGI*排名
600133	东湖高新	湖北	中部	E	国有弱相对控股公司	57.1429	52.8007	79.9409	68.1620	832
000401	冀东水泥	河北	东部	C	国有强相对控股公司	71.4286	50.2317	78.9712	68.1581	833
300426	唐德影视	浙江	东部	R	国有弱相对控股公司	85.7143	45.9492	79.0884	68.1523	834
000032	深桑达A	广东	东部	E	国有强相对控股公司	57.1429	48.4248	82.7049	68.1506	835
301185	鸥玛软件	山东	东部	I	国有强相对控股公司	57.1429	54.4563	78.8555	68.1445	836
001337	四川黄金	四川	西部	B	国有强相对控股公司	71.4286	42.8622	83.6084	68.1292	837
002941	新疆交建	新疆	西部	E	国有强相对控股公司	100.0000	51.3379	73.0186	68.1285	838
300317	珈伟新能	广东	东部	C	国有弱相对控股公司	85.7143	43.2349	80.7721	68.1283	839
605086	龙高股份	福建	东部	B	国有绝对控股公司	57.1429	46.8023	83.6908	68.1251	840
600929	雪天盐业	湖南	中部	C	国有强相对控股公司	14.2857	57.3805	84.7460	68.1221	841
002393	力生制药	天津	东部	C	国有绝对控股公司	42.8571	48.8391	84.9780	68.1173	842
002368	太极股份	北京	东部	I	国有强相对控股公司	100.0000	52.3024	72.3664	68.1074	843
600293	三峡新材	湖北	中部	C	国有弱相对控股公司	100.0000	42.4254	78.6415	68.1017	844
002642	荣联科技	北京	东部	I	国有弱相对控股公司	85.7143	54.1374	73.7204	68.0657	845
600161	天坛生物	北京	东部	C	国有绝对控股公司	57.1429	42.9834	86.0084	68.0631	846
600691	阳煤化工	山西	中部	C	国有弱相对控股公司	100.0000	32.0007	85.1922	68.0560	847
300168	万达信息	上海	东部	I	国有弱相对控股公司	57.1429	42.1224	86.5106	68.0379	848
600283	钱江水利	浙江	东部	D	国有绝对控股公司	100.0000	42.4609	78.4883	68.0299	849
600017	日照港	山东	东部	G	国有绝对控股公司	28.5714	49.8543	86.7578	68.0230	850
600336	澳柯玛	山东	东部	C	国有强相对控股公司	28.5714	52.4399	85.0914	68.0114	851
600839	四川长虹	四川	西部	C	国有弱相对控股公司	42.8571	55.5111	80.5366	68.0097	852
600127	金健米业	湖南	中部	C	国有弱相对控股公司	100.0000	48.6805	74.4871	68.0060	853
600961	株冶集团	湖南	中部	C	国有绝对控股公司	85.7143	36.6459	84.7265	67.9971	854
002654	万润科技	广东	东部	L	国有弱相对控股公司	57.1429	46.6063	83.5807	67.9959	855
600108	亚盛集团	甘肃	西部	A	国有弱相对控股公司	57.1429	39.2335	88.2616	67.9899	856
002092	ST中泰	新疆	西部	C	国有弱相对控股公司	57.1429	58.1879	76.1982	67.9891	857
600851	海欣股份	上海	东部	C	国有弱相对控股公司	85.7143	46.9404	78.1144	67.9635	858
300528	幸福蓝海	江苏	东部	R	国有绝对控股公司	100.0000	37.0977	81.7748	67.9603	859
002564	*ST天沃	江苏	东部	E	国有弱相对控股公司	100.0000	49.6003	73.8105	67.9559	860
600874	创业环保	天津	东部	D	国有强相对控股公司	71.4286	43.3947	82.9507	67.9539	861
688536	思瑞浦	江苏	东部	I	国有弱相对控股公司	57.1429	57.6190	76.4954	67.9534	862
600962	国投中鲁	北京	东部	C	国有强相对控股公司	57.1429	48.8754	82.0331	67.9389	863

续表

股票代码	公司简称	省份	地区	行业代码	控股类型	环境保护（*EP*）	社会责任（*SR*）	公司治理（*CG*）	上市公司质量/ESG指数（*CLCQI/ESGI*）	*CLCQI/ESGI*排名
601898	中煤能源	北京	东部	B	国有绝对控股公司	14.2857	46.8014	91.1326	67.9320	864
002789	建艺集团	广东	东部	E	国有弱相对控股公司	85.7143	46.8633	78.0610	67.9072	865
603026	石大胜华	山东	东部	C	国有弱相对控股公司	28.5714	44.7379	89.7937	67.9020	866
600229	城市传媒	山东	东部	R	国有绝对控股公司	100.0000	38.6392	80.6781	67.8967	867
002276	万马股份	浙江	东部	C	国有弱相对控股公司	28.5714	52.3863	84.9011	67.8880	868
000912	泸天化	四川	西部	C	国有强相对控股公司	14.2857	64.1172	80.0256	67.8836	869
600698	湖南天雁	湖南	中部	C	国有强相对控股公司	85.7143	47.9191	77.3324	67.8759	870
600160	巨化股份	浙江	东部	C	国有绝对控股公司	14.2857	52.7360	87.2462	67.8716	871
300569	天能重工	山东	东部	C	国有弱相对控股公司	71.4286	48.9207	79.2665	67.8617	872
000655	金岭矿业	山东	东部	B	国有绝对控股公司	14.2857	59.4367	82.9284	67.8421	873
002676	顺威股份	广东	东部	C	国有弱相对控股公司	28.5714	51.0684	85.6434	67.8350	874
600192	长城电工	甘肃	西部	C	国有强相对控股公司	71.4286	40.5067	84.5714	67.8345	875
600622	光大嘉宝	上海	东部	K	国有强相对控股公司	85.7143	39.8543	82.3703	67.8241	876
600301	华锡有色	广西	西部	B	国有绝对控股公司	42.8571	48.1691	84.8646	67.8204	877
603126	中材节能	天津	东部	M	国有绝对控股公司	28.5714	57.6037	81.4555	67.8190	878
002226	江南化工	安徽	中部	C	国有强相对控股公司	57.1429	52.5060	79.4801	67.8054	879
600746	江苏索普	江苏	东部	C	国有绝对控股公司	14.2857	47.2779	90.5964	67.8039	880
301339	通行宝	江苏	东部	I	国有绝对控股公司	85.7143	41.7575	81.1093	67.7966	881
000932	华菱钢铁	湖南	中部	C	国有强相对控股公司	28.5714	58.1782	81.0209	67.7810	882
600602	云赛智联	上海	东部	I	国有强相对控股公司	85.7143	40.5775	81.8239	67.7767	883
600511	国药股份	北京	东部	F	国有绝对控股公司	85.7143	53.3021	73.7259	67.7764	884
000901	航天科技	黑龙江	东北	C	国有强相对控股公司	42.8571	48.1864	84.7647	67.7716	885
600771	广誉远	山西	中部	C	国有弱相对控股公司	42.8571	48.0531	84.8397	67.7661	886
000089	深圳机场	广东	东部	G	国有绝对控股公司	14.2857	52.2762	87.3240	67.7534	887
002232	启明信息	吉林	东北	I	国有绝对控股公司	14.2857	58.9452	83.0498	67.7368	888
600536	中国软件	北京	东部	I	国有强相对控股公司	42.8571	49.9940	83.5205	67.7199	889
002482	广田集团	广东	东部	E	国有弱相对控股公司	42.8571	56.4887	79.3775	67.7144	890
688247	宣泰医药	上海	东部	C	国有绝对控股公司	71.4286	42.7757	82.9073	67.7134	891
000417	合肥百货	安徽	中部	F	国有强相对控股公司	85.7143	40.9407	81.4749	67.7119	892
300859	西域旅游	新疆	西部	N	国有强相对控股公司	71.4286	49.9741	78.3128	67.7058	893
002598	山东章鼓	山东	东部	C	国有强相对控股公司	85.7143	46.5681	77.8766	67.7024	894
601718	际华集团	北京	东部	C	国有绝对控股公司	85.7143	48.5089	76.6288	67.6954	895

续表

股票代码	公司简称	省份	地区	行业代码	控股类型	环境保护（*EP*）	社会责任（*SR*）	公司治理（*CG*）	上市公司质量/ESG指数（*CLCQI/ESGI*）	*CLCQI/ESGI*排名
600500	中化国际	上海	东部	C	国有绝对控股公司	28.5714	48.0089	87.3363	67.6952	896
600058	五矿发展	北京	东部	F	国有绝对控股公司	57.1429	45.3707	83.7993	67.6836	897
000975	山金国际	内蒙古	西部	B	国有弱相对控股公司	42.8571	48.5004	84.3343	67.6447	898
600509	天富能源	新疆	西部	D	国有强相对控股公司	71.4286	50.7480	77.7029	67.6413	899
002263	大东南	浙江	东部	C	国有弱相对控股公司	71.4286	48.5258	79.1129	67.6390	900
000531	穗恒运A	广东	东部	D	国有绝对控股公司	85.7143	44.4762	79.0920	67.6387	901
600798	宁波海运	浙江	东部	G	国有强相对控股公司	57.1429	42.3630	85.5956	67.6189	902
600169	太原重工	山西	中部	C	国有强相对控股公司	71.4286	47.7536	79.5543	67.6115	903
000952	广济药业	湖北	中部	C	国有弱相对控股公司	71.4286	60.3795	71.5099	67.6061	904
002155	湖南黄金	湖南	中部	B	国有强相对控股公司	57.1429	42.9981	85.1551	67.5989	905
600395	盘江股份	贵州	西部	B	国有绝对控股公司	42.8571	59.3298	77.3589	67.5986	906
600100	同方股份	北京	东部	C	国有强相对控股公司	71.4286	47.6313	79.4978	67.5376	907
000009	中国宝安	广东	东部	S	国有弱相对控股公司	85.7143	46.8037	77.4013	67.5234	908
688456	有研粉材	北京	东部	C	国有强相对控股公司	14.2857	60.0935	81.9036	67.5083	909
600009	上海机场	上海	东部	G	国有绝对控股公司	85.7143	48.9801	75.9875	67.5076	910
002307	北新路桥	新疆	西部	E	国有强相对控股公司	28.5714	53.4012	83.5575	67.5042	911
300237	美晨生态	山东	东部	E	国有弱相对控股公司	100.0000	32.2430	84.0340	67.5037	912
300277	海联讯	浙江	东部	I	国有弱相对控股公司	28.5714	46.6106	87.8636	67.4958	913
600052	东望时代	浙江	东部	R	国有弱相对控股公司	71.4286	43.8996	81.7955	67.4952	914
600202	哈空调	黑龙江	东北	C	国有强相对控股公司	85.7143	45.4702	78.1744	67.4819	915
300011	鼎汉技术	北京	东部	C	国有弱相对控股公司	57.1429	50.8273	79.9412	67.4715	916
601965	中国汽研	重庆	西部	M	国有绝对控股公司	14.2857	50.0593	88.2143	67.4672	917
601599	浙文影业	浙江	东部	C	国有弱相对控股公司	100.0000	38.9516	79.6660	67.4494	918
002033	丽江股份	云南	西部	N	国有强相对控股公司	85.7143	43.3719	79.4448	67.4462	919
600939	重庆建工	重庆	西部	E	国有绝对控股公司	71.4286	41.4260	83.2655	67.4380	920
600736	苏州高新	江苏	东部	K	国有强相对控股公司	57.1429	51.3168	79.5560	67.4310	921
000923	河钢资源	河北	东部	B	国有强相对控股公司	85.7143	47.3642	76.8681	67.4263	922
002552	宝鼎科技	浙江	东部	C	国有强相对控股公司	71.4286	48.6130	78.6474	67.4135	923
000721	西安饮食	陕西	西部	H	国有强相对控股公司	85.7143	40.9873	80.8379	67.3778	924
000761	本钢板材	辽宁	东北	C	国有绝对控股公司	42.8571	51.3135	82.0483	67.3720	925
600359	新农开发	新疆	西部	A	国有强相对控股公司	57.1429	44.3721	83.8454	67.3595	926
002181	粤传媒	广东	东部	L	国有绝对控股公司	28.5714	42.2722	90.3637	67.3524	927

续表

股票代码	公司简称	省份	地区	行业代码	控股类型	环境保护（*EP*）	社会责任（*SR*）	公司治理（*CG*）	上市公司质量/ESG指数（*CLCQI/ESGI*）	*CLCQI/ESGI*排名
600996	贵广网络	贵州	西部	I	国有强相对控股公司	71.4286	38.5445	84.9403	67.3506	928
600997	开滦股份	河北	东部	C	国有绝对控股公司	42.8571	56.9697	78.3983	67.3442	929
000551	创元科技	江苏	东部	S	国有强相对控股公司	14.2857	55.4035	84.5720	67.3344	930
300328	宜安科技	广东	东部	C	国有弱相对控股公司	28.5714	55.7759	81.7324	67.3316	931
600497	驰宏锌锗	云南	西部	B	国有强相对控股公司	14.2857	49.5864	88.2579	67.3256	932
600814	杭州解百	浙江	东部	F	国有绝对控股公司	42.8571	41.1148	88.4529	67.3250	933
600475	华光环能	江苏	东部	N	国有绝对控股公司	71.4286	59.4593	71.5598	67.3115	934
301137	哈焊华通	江苏	东部	C	国有强相对控股公司	57.1429	45.0313	83.3356	67.3098	935
600984	建设机械	陕西	西部	C	国有强相对控股公司	85.7143	43.0048	79.4018	67.2941	936
300540	蜀道装备	四川	西部	C	国有弱相对控股公司	42.8571	46.7193	84.8287	67.2932	937
600626	申达股份	上海	东部	C	国有绝对控股公司	42.8571	44.5676	86.1794	67.2831	938
835185	贝特瑞	广东	东部	C	国有弱相对控股公司	14.2857	57.7626	82.9646	67.2760	939
003008	开普检测	河南	中部	M	国有弱相对控股公司	71.4286	43.1539	81.8574	67.2683	940
300385	雪浪环境	江苏	东部	C	国有强相对控股公司	42.8571	44.0470	86.4643	67.2575	941
601121	宝地矿业	新疆	西部	B	国有绝对控股公司	42.8571	49.9641	82.6860	67.2505	942
600377	宁沪高速	江苏	东部	G	国有绝对控股公司	57.1429	46.7057	82.1595	67.2490	943
600820	隧道股份	上海	东部	E	国有强相对控股公司	42.8571	52.1882	81.2367	67.2318	944
300621	维业股份	广东	东部	E	国有弱相对控股公司	42.8571	51.0265	81.9751	67.2313	945
002109	兴化股份	陕西	西部	C	国有绝对控股公司	100.0000	42.9388	76.7079	67.2179	946
600266	城建发展	北京	东部	K	国有强相对控股公司	85.7143	46.6938	76.8975	67.2079	947
600748	上实发展	上海	东部	K	国有强相对控股公司	57.1429	44.6782	83.3510	67.1947	948
600148	长春一东	吉林	东北	C	国有绝对控股公司	85.7143	45.8682	77.3587	67.1726	949
600617	国新能源	山西	中部	D	国有强相对控股公司	85.7143	44.6082	78.1293	67.1554	950
600697	欧亚集团	吉林	东北	F	国有弱相对控股公司	71.4286	39.7134	83.8414	67.1553	951
600255	鑫科材料	安徽	中部	C	国有弱相对控股公司	57.1429	42.5250	84.5734	67.1134	952
600706	曲江文旅	陕西	西部	N	国有强相对控股公司	85.7143	43.1513	78.9604	67.1026	953
600463	空港股份	北京	东部	E	国有绝对控股公司	42.8571	48.1624	83.5497	67.0949	954
601699	潞安环能	山西	中部	B	国有绝对控股公司	14.2857	52.5434	85.9548	67.0939	955
000995	皇台酒业	甘肃	西部	C	国有弱相对控股公司	71.4286	47.9981	78.4129	67.0693	956
600461	洪城环境	江西	中部	D	国有绝对控股公司	57.1429	45.4864	82.5908	67.0594	957
600251	冠农股份	新疆	西部	C	国有强相对控股公司	42.8571	44.6915	85.6526	67.0367	958
600416	湘电股份	湖南	中部	C	国有强相对控股公司	71.4286	47.4102	78.7269	67.0362	959

续表

股票代码	公司简称	省份	地区	行业代码	控股类型	环境保护（*EP*）	社会责任（*SR*）	公司治理（*CG*）	上市公司质量/ESG指数（*CLCQI/ESGI*）	*CLCQI/ESGI*排名
000581	威孚高科	江苏	东部	C	国有弱相对控股公司	42.8571	52.5980	80.6149	67.0332	960
300140	节能环境	陕西	西部	C	国有绝对控股公司	71.4286	50.8546	76.4413	66.9847	961
600217	中再资环	陕西	西部	C	国有强相对控股公司	71.4286	38.7768	84.1134	66.9771	962
601006	大秦铁路	山西	中部	G	国有绝对控股公司	28.5714	48.1205	85.9538	66.9739	963
002778	中晟高科	江苏	东部	C	国有弱相对控股公司	28.5714	48.2142	85.8915	66.9724	964
001289	龙源电力	北京	东部	D	国有绝对控股公司	42.8571	47.5524	83.7141	66.9718	965
601872	招商轮船	上海	东部	G	国有绝对控股公司	28.5714	44.3251	88.3641	66.9712	966
600707	彩虹股份	陕西	西部	C	国有绝对控股公司	71.4286	33.7287	87.3134	66.9703	967
600979	广安爱众	四川	西部	D	国有强相对控股公司	71.4286	43.4464	81.1180	66.9640	968
300219	鸿利智汇	广东	东部	C	国有强相对控股公司	28.5714	44.0459	88.4699	66.9316	969
000915	华特达因	山东	东部	C	国有弱相对控股公司	57.1429	49.9911	79.4412	66.9038	970
000029	深深房A	广东	东部	K	国有绝对控股公司	57.1429	48.2393	80.5095	66.8783	971
000402	金融街	北京	东部	K	国有绝对控股公司	71.4286	45.4427	79.6517	66.8563	972
601098	中南传媒	湖南	中部	R	国有绝对控股公司	14.2857	49.7083	87.2605	66.8197	973
600222	太龙药业	河南	中部	C	国有弱相对控股公司	42.8571	51.1607	81.1310	66.8140	974
600332	白云山	广东	东部	C	国有强相对控股公司	71.4286	41.0776	82.3509	66.8130	975
600973	宝胜股份	江苏	东部	C	国有强相对控股公司	42.8571	54.1929	79.1863	66.8057	976
301165	锐捷网络	福建	东部	C	国有强相对控股公司	85.7143	40.9192	79.8380	66.8040	977
688029	南微医学	江苏	东部	C	国有弱相对控股公司	28.5714	55.6223	80.8489	66.7918	978
002101	广东鸿图	广东	东部	C	国有绝对控股公司	57.1429	49.9163	79.2518	66.7735	979
000600	建投能源	河北	东部	D	国有绝对控股公司	57.1429	51.4061	78.2885	66.7651	980
600316	洪都航空	江西	中部	C	国有强相对控股公司	14.2857	58.9371	81.2538	66.7462	981
000685	中山公用	广东	东部	D	国有绝对控股公司	28.5714	56.3069	80.3009	66.7300	982
002910	庄园牧场	甘肃	西部	C	国有强相对控股公司	57.1429	38.4279	86.4750	66.7253	983
603721	中广天择	湖南	中部	R	国有绝对控股公司	57.1429	43.8127	83.0262	66.7131	984
600827	百联股份	上海	东部	F	国有绝对控股公司	28.5714	49.5455	84.5621	66.7072	985
000014	沙河股份	广东	东部	K	国有强相对控股公司	57.1429	44.3293	82.6674	66.6966	986
002933	新兴装备	北京	东部	C	国有弱相对控股公司	85.7143	43.1598	78.2076	66.6916	987
600020	中原高速	河南	中部	G	国有绝对控股公司	28.5714	48.4919	85.1944	66.6863	988
300004	南风股份	广东	东部	C	国有弱相对控股公司	42.8571	47.0724	83.4733	66.6714	989
000570	苏常柴A	江苏	东部	C	国有强相对控股公司	14.2857	59.3414	80.8354	66.6575	990
600838	上海九百	上海	东部	F	国有强相对控股公司	100.0000	41.3420	76.6681	66.6371	991

续表

股票代码	公司简称	省份	地区	行业代码	控股类型	环境保护（*EP*）	社会责任（*SR*）	公司治理（*CG*）	上市公司质量/ESG指数（*CLCQI/ESGI*）	*CLCQI/ESGI*排名
003039	顺控发展	广东	东部	D	国有绝对控股公司	42.8571	51.4202	80.6395	66.6345	992
600526	菲达环保	浙江	东部	C	国有强相对控股公司	42.8571	50.4146	81.2597	66.6236	993
000897	津滨发展	天津	东部	K	国有弱相对控股公司	71.4286	44.4327	79.8696	66.6226	994
000825	太钢不锈	山西	中部	C	国有绝对控股公司	42.8571	54.2589	78.8095	66.6215	995
000860	顺鑫农业	北京	东部	C	国有强相对控股公司	71.4286	50.4689	76.0240	66.6202	996
002187	广百股份	广东	东部	F	国有绝对控股公司	100.0000	41.8473	76.3061	66.6149	997
600420	国药现代	上海	东部	C	国有绝对控股公司	14.2857	49.6103	86.9404	66.6094	998
002320	海峡股份	海南	东部	G	国有绝对控股公司	28.5714	48.3507	85.1426	66.6083	999
000596	古井贡酒	安徽	中部	C	国有绝对控股公司	71.4286	46.3266	78.6251	66.6010	1000
600540	新赛股份	新疆	西部	A	国有强相对控股公司	42.8571	41.1342	87.1099	66.5931	1001
600834	申通地铁	上海	东部	G	国有绝对控股公司	42.8571	47.9539	82.7622	66.5888	1002
000488	晨鸣纸业	山东	东部	C	国有弱相对控股公司	42.8571	52.6883	79.7241	66.5749	1003
001258	立新能源	新疆	西部	D	国有绝对控股公司	57.1429	45.3598	81.7752	66.5665	1004
300208	*ST中程	山东	东部	C	国有强相对控股公司	71.4286	42.8950	80.7277	66.5564	1005
600056	中国医药	北京	东部	F	国有绝对控股公司	57.1429	41.6923	84.0898	66.5560	1006
600547	山东黄金	山东	东部	B	国有强相对控股公司	28.5714	49.6278	84.1865	66.5294	1007
300374	中铁装配	北京	东部	C	国有弱相对控股公司	42.8571	47.6613	82.8249	66.5209	1008
002775	文科股份	广东	东部	E	国有强相对控股公司	85.7143	46.7886	75.5724	66.5123	1009
601188	龙江交通	黑龙江	东北	G	国有强相对控股公司	57.1429	41.1176	84.3752	66.5118	1010
836239	长虹能源	四川	西部	C	国有绝对控股公司	42.8571	54.4626	78.4536	66.4971	1011
000893	亚钾国际	广东	东部	C	国有弱相对控股公司	14.2857	38.9498	93.5091	66.4910	1012
600675	中华企业	上海	东部	K	国有绝对控股公司	71.4286	38.5768	83.3526	66.4887	1013
002149	西部材料	陕西	西部	C	国有强相对控股公司	71.4286	37.7242	83.8605	66.4696	1014
300013	*ST新宁	河南	中部	G	国有弱相对控股公司	100.0000	37.4069	78.8662	66.4688	1015
600619	海立股份	上海	东部	C	国有弱相对控股公司	57.1429	45.3787	81.5749	66.4630	1016
600969	郴电国际	湖南	中部	D	国有强相对控股公司	100.0000	40.3385	76.9873	66.4615	1017
002268	电科网安	四川	西部	I	国有强相对控股公司	42.8571	45.0031	84.4074	66.4609	1018
002112	三变科技	浙江	东部	C	国有弱相对控股公司	57.1429	50.6504	78.2129	66.4590	1019
600725	云维股份	云南	西部	C	国有强相对控股公司	71.4286	43.1161	80.3935	66.4499	1020
603227	雪峰科技	新疆	西部	C	国有强相对控股公司	100.0000	47.5474	72.3784	66.4497	1021
000519	中兵红箭	湖南	中部	C	国有强相对控股公司	28.5714	46.2470	86.1872	66.4465	1022
600578	京能电力	北京	东部	D	国有绝对控股公司	57.1429	46.3360	80.9129	66.4340	1023

续表

股票代码	公司简称	省份	地区	行业代码	控股类型	环境保护（*EP*）	社会责任（*SR*）	公司治理（*CG*）	上市公司质量/ESG指数（*CLCQI/ESGI*）	*CLCQI/ESGI*排名
002278	神开股份	上海	东部	C	国有弱相对控股公司	14.2857	54.2970	83.6270	66.4273	1024
601899	紫金矿业	福建	东部	B	国有弱相对控股公司	28.5714	52.7947	81.9479	66.4066	1025
002205	国统股份	新疆	西部	C	国有强相对控股公司	42.8571	55.6575	77.5216	66.4027	1026
000547	航天发展	福建	东部	C	国有弱相对控股公司	14.2857	58.1739	81.0590	66.3719	1027
000707	双环科技	湖北	中部	C	国有弱相对控股公司	100.0000	46.0847	73.1494	66.3618	1028
600674	川投能源	四川	西部	D	国有绝对控股公司	28.5714	48.1361	84.8116	66.3512	1029
000430	张家界	湖南	中部	N	国有强相对控股公司	85.7143	40.9736	78.9765	66.3492	1030
300034	钢研高纳	北京	东部	C	国有强相对控股公司	28.5714	56.8545	79.2170	66.3256	1031
600335	国机汽车	天津	东部	F	国有绝对控股公司	100.0000	45.4053	73.4977	66.3156	1032
600629	华建集团	上海	东部	M	国有绝对控股公司	14.2857	51.1184	85.4186	66.3002	1033
600287	ST舜天	江苏	东部	F	国有绝对控股公司	100.0000	48.7227	71.3306	66.2848	1034
300675	建科院	广东	东部	M	国有强相对控股公司	57.1429	44.3197	81.9238	66.2843	1035
300600	ST瑞科	江苏	东部	C	国有强相对控股公司	14.2857	61.8823	78.5393	66.2840	1036
300030	阳普医疗	广东	东部	C	国有弱相对控股公司	28.5714	47.4216	85.1399	66.2817	1037
600239	云南城投	云南	西部	K	国有强相对控股公司	100.0000	39.6043	77.1092	66.2716	1038
002777	久远银海	四川	西部	I	国有强相对控股公司	71.4286	41.6933	80.9622	66.2647	1039
600879	航天电子	湖北	中部	C	国有弱相对控股公司	42.8571	45.6164	83.6589	66.2638	1040
300479	神思电子	山东	东部	C	国有弱相对控股公司	85.7143	46.5685	75.2055	66.2334	1041
600860	京城股份	北京	东部	C	国有强相对控股公司	85.7143	51.7241	71.9186	66.2301	1042
688055	龙腾光电	江苏	东部	C	国有强相对控股公司	42.8571	49.4842	81.1268	66.2249	1043
000736	中交地产	重庆	西部	K	国有绝对控股公司	71.4286	44.5793	79.0133	66.2029	1044
600881	亚泰集团	吉林	东北	C	国有强相对控股公司	14.2857	53.0604	83.9831	66.1904	1045
600642	申能股份	上海	东部	D	国有绝对控股公司	42.8571	49.2989	81.1025	66.1467	1046
000564	供销大集	陕西	西部	F	国有弱相对控股公司	85.7143	36.4523	81.4552	66.1301	1047
600684	珠江股份	广东	东部	K	国有强相对控股公司	85.7143	43.7294	76.7725	66.1016	1048
603698	航天工程	北京	东部	M	国有绝对控股公司	42.8571	47.3305	82.2635	66.0963	1049
600223	福瑞达	山东	东部	C	国有绝对控股公司	42.8571	49.0036	81.1415	66.0648	1050
000950	重药控股	重庆	西部	F	国有绝对控股公司	42.8571	47.9412	81.8083	66.0597	1051
000822	山东海化	山东	东部	C	国有强相对控股公司	28.5714	57.0302	78.5990	66.0472	1052
601007	金陵饭店	江苏	东部	H	国有强相对控股公司	28.5714	48.7510	83.8250	66.0237	1053
300006	莱美药业	重庆	西部	C	国有弱相对控股公司	42.8571	38.8135	87.4992	65.9950	1054
601005	重庆钢铁	重庆	西部	C	国有强相对控股公司	71.4286	42.4293	79.9660	65.9744	1055

续表

股票代码	公司简称	省份	地区	行业代码	控股类型	环境保护（*EP*）	社会责任（*SR*）	公司治理（*CG*）	上市公司质量/ESG指数（*CLCQI/ESGI*）	*CLCQI/ESGI*排名
000058	深赛格	广东	东部	L	国有绝对控股公司	57.1429	52.4742	76.1297	65.9516	1056
600126	杭钢股份	浙江	东部	C	国有绝对控股公司	42.8571	49.3502	80.7076	65.9475	1057
000753	漳州发展	福建	东部	F	国有强相对控股公司	71.4286	43.9017	78.9706	65.9423	1058
600305	恒顺醋业	江苏	东部	C	国有强相对控股公司	71.4286	44.1178	78.8303	65.9407	1059
600604	市北高新	上海	东部	K	国有强相对控股公司	42.8571	48.0183	81.5403	65.9393	1060
600776	东方通信	浙江	东部	C	国有强相对控股公司	42.8571	54.0850	77.6450	65.9202	1061
000532	华金资本	广东	东部	S	国有绝对控股公司	42.8571	49.8299	80.3271	65.9061	1062
688035	德邦科技	山东	东部	C	国有弱相对控股公司	28.5714	51.3757	81.9315	65.9009	1063
601399	国机重装	四川	西部	E	国有绝对控股公司	28.5714	48.4603	83.7680	65.8907	1064
600601	方正科技	上海	东部	C	国有弱相对控股公司	28.5714	39.6542	89.3636	65.8861	1065
600185	格力地产	广东	东部	K	国有强相对控股公司	57.1429	46.3115	79.9145	65.8763	1066
600727	鲁北化工	山东	东部	C	国有强相对控股公司	71.4286	43.4882	79.1088	65.8736	1067
300773	拉卡拉	北京	东部	I	国有弱相对控股公司	85.7143	38.5727	79.5920	65.8475	1068
002136	安纳达	安徽	中部	C	国有弱相对控股公司	14.2857	55.2689	81.9077	65.8219	1069
601866	中远海发	上海	东部	G	国有强相对控股公司	28.5714	48.8474	83.3860	65.8160	1070
002046	国机精工	河南	中部	C	国有绝对控股公司	42.8571	50.7620	79.4950	65.7747	1071
600569	安阳钢铁	河南	中部	C	国有绝对控股公司	42.8571	42.6884	84.5456	65.7267	1072
603019	中科曙光	天津	东部	C	国有弱相对控股公司	42.8571	52.7577	78.1264	65.7204	1073
002712	思美传媒	浙江	东部	L	国有强相对控股公司	100.0000	49.3139	69.8958	65.7026	1074
000665	湖北广电	湖北	中部	R	国有强相对控股公司	71.4286	42.3778	79.4608	65.6785	1075
000016	深康佳A	广东	东部	C	国有弱相对控股公司	14.2857	52.8321	83.1915	65.6751	1076
600665	天地源	陕西	西部	K	国有绝对控股公司	57.1429	38.5078	84.4278	65.6273	1077
002343	慈文传媒	江西	中部	R	国有弱相对控股公司	100.0000	36.2407	78.0755	65.6257	1078
002443	金洲管道	浙江	东部	C	国有弱相对控股公司	14.2857	53.4947	82.6417	65.6047	1079
600238	海南椰岛	海南	东部	C	国有弱相对控股公司	71.4286	42.2738	79.3777	65.5964	1080
600689	上海三毛	上海	东部	C	国有弱相对控股公司	71.4286	41.3409	79.9536	65.5866	1081
000719	中原传媒	河南	中部	R	国有绝对控股公司	85.7143	42.8080	76.3126	65.5262	1082
002217	*ST合泰	福建	东部	C	国有弱相对控股公司	100.0000	47.1470	70.9210	65.5080	1083
600663	陆家嘴	上海	东部	K	国有绝对控股公司	71.4286	46.1591	76.7308	65.5005	1084
600378	昊华科技	四川	西部	C	国有绝对控股公司	14.2857	55.2713	81.2946	65.4855	1085
000927	中国铁物	天津	东部	F	国有绝对控股公司	71.4286	46.2282	76.6286	65.4685	1086
601038	一拖股份	河南	中部	C	国有强相对控股公司	42.8571	51.4479	78.4690	65.4504	1087

续表

股票代码	公司简称	省份	地区	行业代码	控股类型	环境保护（*EP*）	社会责任（*SR*）	公司治理（*CG*）	上市公司质量/ESG指数（*CLCQI/ESGI*）	*CLCQI/ESGI*排名
301289	国缆检测	上海	东部	M	国有绝对控股公司	71.4286	53.2391	72.1239	65.4447	1088
600190	ST锦港	辽宁	东北	G	国有强相对控股公司	57.1429	37.9121	84.4683	65.4411	1089
601228	广州港	广东	东部	G	国有绝对控股公司	42.8571	45.1088	82.4604	65.4270	1090
000737	北方铜业	山西	中部	C	国有绝对控股公司	57.1429	44.9709	79.9076	65.4033	1091
600579	克劳斯	山东	东部	C	国有强相对控股公司	71.4286	38.7560	81.2256	65.3815	1092
600425	青松建化	新疆	西部	C	国有强相对控股公司	28.5714	48.4369	82.8342	65.3688	1093
600008	首创环保	北京	东部	D	国有强相对控股公司	28.5714	52.0787	80.4749	65.3459	1094
300340	科恒股份	广东	东部	C	国有弱相对控股公司	57.1429	45.0496	79.7275	65.3318	1095
600805	悦达投资	江苏	东部	S	国有强相对控股公司	71.4286	35.8041	83.0089	65.3292	1096
000868	安凯客车	安徽	中部	C	国有强相对控股公司	85.7143	45.3858	74.2949	65.3187	1097
000888	峨眉山A	四川	西部	N	国有强相对控股公司	42.8571	47.6049	80.6684	65.3150	1098
831039	国义招标	广东	东部	M	国有绝对控股公司	85.7143	51.1500	70.5962	65.3018	1099
000978	桂林旅游	广西	西部	N	国有强相对控股公司	42.8571	39.5939	85.7406	65.3009	1100
000800	一汽解放	吉林	东北	C	国有绝对控股公司	57.1429	47.4702	78.0970	65.2822	1101
002030	达安基因	广东	东部	C	国有强相对控股公司	14.2857	51.5640	83.2628	65.2705	1102
002880	卫光生物	广东	东部	C	国有绝对控股公司	28.5714	43.5008	85.7545	65.2474	1103
301358	湖南裕能	湖南	中部	C	国有弱相对控股公司	28.5714	54.0157	79.0527	65.2416	1104
000503	国新健康	山东	东部	I	国有弱相对控股公司	57.1429	45.7393	79.0854	65.2200	1105
600482	中国动力	河北	东部	C	国有绝对控股公司	28.5714	48.5245	82.5039	65.2179	1106
002827	高争民爆	西藏	西部	C	国有绝对控股公司	71.4286	48.9088	74.4379	65.2018	1107
000793	华闻集团	海南	东部	R	国有弱相对控股公司	100.0000	42.5762	73.2444	65.1861	1108
600590	泰豪科技	江西	中部	C	国有弱相对控股公司	14.2857	51.2463	83.2691	65.1628	1109
688387	信科移动	湖北	中部	C	国有强相对控股公司	28.5714	53.7596	79.0324	65.1408	1110
300470	中密控股	四川	西部	C	国有弱相对控股公司	28.5714	49.5605	81.6784	65.1264	1111
873001	纬达光电	广东	东部	C	国有强相对控股公司	85.7143	45.5638	73.8208	65.1202	1112
600037	歌华有线	北京	东部	I	国有强相对控股公司	57.1429	39.9244	82.5746	65.1039	1113
300300	ST峡创	福建	东部	I	国有弱相对控股公司	71.4286	42.9136	78.0535	65.0921	1114
301058	中粮科工	江苏	东部	M	国有强相对控股公司	57.1429	51.4346	75.1552	65.0517	1115
600515	海南机场	海南	东部	K	国有弱相对控股公司	42.8571	44.1230	82.4017	65.0497	1116
600116	三峡水利	重庆	西部	D	国有绝对控股公司	28.5714	39.8845	87.6801	65.0407	1117
600328	中盐化工	内蒙古	西部	C	国有强相对控股公司	14.2857	48.2129	84.9707	65.0370	1118
000818	航锦科技	辽宁	东北	C	国有弱相对控股公司	57.1429	49.1033	76.5673	65.0124	1119

续表

股票代码	公司简称	省份	地区	行业代码	控股类型	环境保护（*EP*）	社会责任（*SR*）	公司治理（*CG*）	上市公司质量/ESG指数（*CLCQI/ESGI*）	*CLCQI/ESGI*排名
600179	安通控股	黑龙江	东北	G	国有弱相对控股公司	57.1429	41.0986	81.6228	64.9914	1120
600850	电科数字	上海	东部	I	国有强相对控股公司	71.4286	37.6617	81.1895	64.9787	1121
600600	青岛啤酒	山东	东部	C	国有强相对控股公司	42.8571	46.6879	80.6367	64.9767	1122
600731	湖南海利	湖南	中部	C	国有绝对控股公司	14.2857	55.0307	80.5082	64.9688	1123
600676	交运股份	上海	东部	G	国有强相对控股公司	57.1429	43.2790	80.1368	64.9372	1124
000027	深圳能源	广东	东部	D	国有绝对控股公司	42.8571	37.2259	86.5805	64.9341	1125
603088	宁波精达	浙江	东部	C	国有弱相对控股公司	28.5714	48.8932	81.6851	64.8965	1126
600830	香溢融通	浙江	东部	L	国有强相对控股公司	14.2857	38.3031	91.0188	64.8950	1127
600644	乐山电力	四川	西部	D	国有绝对控股公司	14.2857	44.4144	87.1100	64.8841	1128
600916	中国黄金	北京	东部	F	国有强相对控股公司	57.1429	45.8872	78.3764	64.8819	1129
688189	南新制药	湖南	中部	C	国有弱相对控股公司	71.4286	38.7502	80.2849	64.8621	1130
601991	大唐发电	北京	东部	D	国有绝对控股公司	42.8571	42.8576	82.8650	64.8616	1131
300342	天银机电	江苏	东部	C	国有弱相对控股公司	42.8571	54.2604	75.6057	64.8600	1132
600981	汇鸿集团	江苏	东部	F	国有绝对控股公司	100.0000	40.3511	74.0375	64.8435	1133
600153	建发股份	福建	东部	F	国有强相对控股公司	42.8571	55.6134	74.7140	64.8431	1134
600081	东风科技	上海	东部	C	国有绝对控股公司	14.2857	50.7588	82.9913	64.8394	1135
600062	华润双鹤	北京	东部	C	国有绝对控股公司	57.1429	37.6952	83.4464	64.8031	1136
601326	秦港股份	河北	东部	G	国有绝对控股公司	14.2857	41.4900	88.8209	64.8016	1137
000791	甘肃能源	甘肃	西部	D	国有绝对控股公司	85.7143	35.2890	79.7357	64.7772	1138
000558	莱茵体育	四川	西部	K	国有强相对控股公司	57.1429	49.4755	75.8456	64.7458	1139
002479	富春环保	浙江	东部	D	国有弱相对控股公司	42.8571	42.4351	82.9230	64.7457	1140
600742	一汽富维	吉林	东北	C	国有强相对控股公司	85.7143	41.3686	75.8000	64.7405	1141
600159	大龙地产	北京	东部	K	国有强相对控股公司	42.8571	49.8009	78.1966	64.7241	1142
600396	金山股份	辽宁	东北	D	国有绝对控股公司	71.4286	43.0453	77.2332	64.6870	1143
301048	金鹰重工	湖北	中部	C	国有绝对控股公司	28.5714	58.1561	75.3258	64.6410	1144
601798	蓝科高新	甘肃	西部	C	国有绝对控股公司	71.4286	42.3267	77.5735	64.6226	1145
601811	新华文轩	四川	西部	R	国有绝对控股公司	85.7143	38.8953	77.1509	64.6178	1146
301153	中科江南	北京	东部	I	国有强相对控股公司	28.5714	59.2132	74.6058	64.6150	1147
600326	西藏天路	西藏	西部	C	国有弱相对控股公司	57.1429	49.5827	75.5140	64.6010	1148
600218	全柴动力	安徽	中部	C	国有强相对控股公司	14.2857	49.5132	83.3450	64.5979	1149
688579	山大地纬	山东	东部	I	国有强相对控股公司	71.4286	41.7995	77.8522	64.5914	1150
300198	纳川股份	福建	东部	C	国有弱相对控股公司	71.4286	50.9821	71.9970	64.5850	1151

续表

股票代码	公司简称	省份	地区	行业代码	控股类型	环境保护（*EP*）	社会责任（*SR*）	公司治理（*CG*）	上市公司质量/ESG指数（*CLCQI/ESGI*）	*CLCQI/ESGI*排名
600895	张江高科	上海	东部	K	国有绝对控股公司	71.4286	45.4571	75.4774	64.5654	1152
000539	粤电力A	广东	东部	D	国有绝对控股公司	57.1429	46.0221	77.6423	64.5253	1153
000619	海螺新材	安徽	中部	C	国有强相对控股公司	14.2857	51.1682	82.1362	64.5124	1154
430489	佳先股份	安徽	中部	C	国有强相对控股公司	14.2857	54.0954	80.2109	64.4780	1155
600872	中炬高新	广东	东部	C	国有弱相对控股公司	14.2857	49.6439	83.0267	64.4686	1156
600118	中国卫星	北京	东部	C	国有弱相对控股公司	14.2857	50.0216	82.7177	64.4309	1157
000762	西藏矿业	西藏	西部	B	国有弱相对控股公司	14.2857	54.7513	79.7077	64.4308	1158
600686	金龙汽车	福建	东部	C	国有强相对控股公司	42.8571	51.7865	76.3883	64.4245	1159
002313	日海智能	广东	东部	C	国有弱相对控股公司	42.8571	37.1867	85.6766	64.4232	1160
002848	高斯贝尔	湖南	中部	C	国有强相对控股公司	85.7143	44.6436	73.1088	64.4065	1161
000850	华茂股份	安徽	中部	C	国有强相对控股公司	85.7143	39.5944	76.2987	64.3938	1162
600423	柳化股份	广西	西部	C	国有强相对控股公司	0.0000	45.9023	87.8656	64.3919	1163
600793	宜宾纸业	四川	西部	C	国有绝对控股公司	71.4286	50.3238	72.0401	64.3783	1164
603239	浙江仙通	浙江	东部	C	国有弱相对控股公司	42.8571	40.0870	83.7448	64.3758	1165
600299	安迪苏	北京	东部	C	国有绝对控股公司	28.5714	51.3684	79.1305	64.3578	1166
601816	京沪高铁	北京	东部	G	国有绝对控股公司	100.0000	46.3687	69.3050	64.3468	1167
603677	奇精机械	浙江	东部	C	国有弱相对控股公司	28.5714	44.4003	83.5365	64.3423	1168
600213	*ST亚星	江苏	东部	C	国有绝对控股公司	85.7143	46.2543	71.9660	64.3417	1169
600985	淮北矿业	安徽	中部	B	国有绝对控股公司	28.5714	46.4241	82.2373	64.3361	1170
000632	三木集团	福建	东部	F	国有弱相对控股公司	85.7143	39.8319	76.0400	64.3346	1171
601008	连云港	江苏	东部	G	国有绝对控股公司	85.7143	37.9918	77.1524	64.3024	1172
300775	三角防务	陕西	西部	C	国有弱相对控股公司	28.5714	49.8107	79.9999	64.2909	1173
600968	海油发展	北京	东部	B	国有绝对控股公司	28.5714	47.7440	81.3060	64.2858	1174
300523	辰安科技	北京	东部	I	国有强相对控股公司	14.2857	47.0504	84.2950	64.2585	1175
000028	国药一致	广东	东部	F	国有强相对控股公司	71.4286	39.4983	78.6462	64.2227	1176
600789	鲁抗医药	山东	东部	C	国有弱相对控股公司	42.8571	41.3955	82.5990	64.2036	1177
603701	德宏股份	浙江	东部	C	国有强相对控股公司	71.4286	41.0035	77.6457	64.1992	1178
603881	数据港	上海	东部	I	国有强相对控股公司	14.2857	48.2102	83.4335	64.1905	1179
300281	金明精机	广东	东部	C	国有弱相对控股公司	28.5714	50.1434	79.5924	64.1831	1180
600533	栖霞建设	江苏	东部	K	国有弱相对控股公司	71.4286	39.3021	78.6710	64.1677	1181
002037	保利联合	贵州	西部	C	国有强相对控股公司	71.4286	50.2801	71.6795	64.1646	1182
603028	赛福天	江苏	东部	C	国有弱相对控股公司	14.2857	39.6029	88.8457	64.1547	1183

续表

股票代码	公司简称	省份	地区	行业代码	控股类型	环境保护（*EP*）	社会责任（*SR*）	公司治理（*CG*）	上市公司质量/ESG指数（*CLCQI/ESGI*）	*CLCQI/ESGI*排名
603025	大豪科技	北京	东部	C	国有强相对控股公司	42.8571	47.5139	78.6158	64.1543	1184
600581	八一钢铁	新疆	西部	C	国有绝对控股公司	14.2857	55.3880	78.7603	64.1326	1185
601003	柳钢股份	广西	西部	C	国有绝对控股公司	28.5714	55.5190	76.0694	64.1270	1186
300183	东软载波	山东	东部	I	国有弱相对控股公司	28.5714	45.0280	82.7136	64.1095	1187
600712	南宁百货	广西	西部	F	国有弱相对控股公司	85.7143	35.9929	78.0425	64.0923	1188
002786	银宝山新	广东	东部	C	国有弱相对控股公司	28.5714	44.0894	83.2538	64.0780	1189
600807	济南高新	山东	东部	K	国有强相对控股公司	85.7143	36.3774	77.7409	64.0610	1190
600468	百利电气	天津	东部	C	国有绝对控股公司	14.2857	47.1896	83.8242	64.0482	1191
000509	华塑控股	四川	西部	Q	国有弱相对控股公司	57.1429	44.2079	77.8885	64.0257	1192
600758	辽宁能源	辽宁	东北	B	国有强相对控股公司	42.8571	43.1502	81.1198	64.0042	1193
000767	晋控电力	山西	中部	D	国有强相对控股公司	14.2857	60.7654	75.1015	64.0023	1194
000875	吉电股份	吉林	东北	D	国有强相对控股公司	14.2857	44.6495	85.3102	63.9765	1195
000529	广弘控股	广东	东部	C	国有绝对控股公司	14.2857	47.7420	83.3325	63.9711	1196
002692	远程股份	江苏	东部	C	国有弱相对控股公司	28.5714	49.8990	79.3343	63.9557	1197
000652	泰达股份	天津	东部	F	国有强相对控股公司	42.8571	47.3640	78.3331	63.9463	1198
600685	中船防务	广东	东部	C	国有强相对控股公司	14.2857	56.2183	77.8871	63.9429	1199
600648	外高桥	上海	东部	F	国有绝对控股公司	14.2857	50.7248	81.3400	63.9193	1200
603909	建发合诚	福建	东部	M	国有弱相对控股公司	42.8571	42.1638	81.5632	63.9028	1201
000977	浪潮信息	山东	东部	C	国有强相对控股公司	14.2857	64.3014	72.6075	63.8682	1202
600649	城投控股	上海	东部	K	国有强相对控股公司	28.5714	42.8268	83.6401	63.8486	1203
600628	新世界	上海	东部	F	国有强相对控股公司	85.7143	37.2044	76.7983	63.8320	1204
002258	利尔化学	四川	西部	C	国有强相对控股公司	14.2857	57.7063	76.7319	63.8283	1205
600630	龙头股份	上海	东部	C	国有强相对控股公司	28.5714	53.7665	76.6314	63.8227	1206
600488	津药药业	天津	东部	C	国有弱相对控股公司	57.1429	54.2811	71.0967	63.8159	1207
605577	龙版传媒	黑龙江	东北	R	国有绝对控股公司	85.7143	42.4048	73.4478	63.8094	1208
002401	中远海科	上海	东部	I	国有强相对控股公司	14.2857	53.8895	79.0811	63.7845	1209
603860	中公高科	北京	东部	M	国有强相对控股公司	42.8571	44.2085	79.9729	63.7438	1210
000066	中国长城	广东	东部	C	国有强相对控股公司	28.5714	50.1591	78.7830	63.7435	1211
600207	安彩高科	河南	中部	D	国有强相对控股公司	28.5714	43.6965	82.8491	63.7179	1212
836077	吉林碳谷	吉林	东北	C	国有绝对控股公司	71.4286	48.8643	71.7295	63.6966	1213
002721	ST金一	北京	东部	C	国有强相对控股公司	57.1429	44.0228	77.3848	63.6839	1214
600325	华发股份	广东	东部	K	国有强相对控股公司	42.8571	42.9957	80.5990	63.6636	1215

续表

股票代码	公司简称	省份	地区	行业代码	控股类型	环境保护（*EP*）	社会责任（*SR*）	公司治理（*CG*）	上市公司质量/ESG指数（*CLCQI/ESGI*）	*CLCQI/ESGI*排名
603000	人民网	北京	东部	I	国有绝对控股公司	14.2857	46.2558	83.7095	63.6583	1216
600350	山东高速	山东	东部	G	国有绝对控股公司	42.8571	38.6570	83.2997	63.6305	1217
000410	沈阳机床	辽宁	东北	C	国有强相对控股公司	71.4286	44.1706	74.5102	63.5832	1218
600038	中直股份	黑龙江	东北	C	国有绝对控股公司	0.0000	51.3402	82.9100	63.5696	1219
000070	ST特信	广东	东部	C	国有强相对控股公司	42.8571	47.9090	77.2340	63.5325	1220
002196	方正电机	浙江	东部	C	国有弱相对控股公司	14.2857	50.8465	80.4880	63.4933	1221
300747	锐科激光	湖北	中部	C	国有强相对控股公司	14.2857	52.5258	79.3850	63.4744	1222
000541	佛山照明	广东	东部	C	国有弱相对控股公司	85.7143	39.4388	74.7188	63.4704	1223
000778	新兴铸管	河北	东部	C	国有强相对控股公司	14.2857	52.3583	79.4593	63.4566	1224
300388	节能国祯	安徽	中部	N	国有强相对控股公司	42.8571	49.0395	76.3562	63.4454	1225
601118	海南橡胶	海南	东部	A	国有绝对控股公司	14.2857	40.7913	86.7952	63.4429	1226
600073	光明肉业	上海	东部	C	国有强相对控股公司	14.2857	50.2555	80.7712	63.4422	1227
600751	海航科技	天津	东部	F	国有弱相对控股公司	85.7143	33.6333	78.3440	63.4323	1228
002528	ST英飞拓	广东	东部	C	国有弱相对控股公司	57.1429	41.0512	78.7752	63.4086	1229
600415	小商品城	浙江	东部	L	国有绝对控股公司	85.7143	44.3962	71.4316	63.3975	1230
000972	中基健康	新疆	西部	C	国有强相对控股公司	42.8571	45.7730	78.3291	63.3873	1231
300370	安控科技	四川	西部	C	国有弱相对控股公司	71.4286	37.2652	78.5349	63.3799	1232
000601	韶能股份	广东	东部	D	国有弱相对控股公司	85.7143	41.6726	73.1029	63.3635	1233
600730	中国高科	北京	东部	P	国有弱相对控股公司	28.5714	40.6363	84.0305	63.2966	1234
000798	中水渔业	北京	东部	A	国有绝对控股公司	71.4286	41.8502	75.4227	63.2729	1235
603100	川仪股份	重庆	西部	C	国有强相对控股公司	42.8571	47.7329	76.8548	63.2624	1236
300145	中金环境	浙江	东部	C	国有弱相对控股公司	28.5714	41.8143	83.1867	63.2448	1237
600894	广日股份	广东	东部	C	国有绝对控股公司	14.2857	45.8289	83.2111	63.2348	1238
603230	内蒙新华	内蒙古	西部	R	国有绝对控股公司	100.0000	39.1868	71.8043	63.2077	1239
871753	天纺标	天津	东部	M	国有绝对控股公司	71.4286	49.2092	70.5313	63.1583	1240
600023	浙能电力	浙江	东部	D	国有绝对控股公司	28.5714	52.9619	75.8998	63.1387	1241
600403	大有能源	河南	中部	B	国有绝对控股公司	85.7143	38.1594	74.8909	63.1172	1242
300788	中信出版	北京	东部	R	国有绝对控股公司	57.1429	44.0974	76.1938	63.0550	1243
002660	茂硕电源	广东	东部	C	国有强相对控股公司	42.8571	52.0038	73.7469	63.0479	1244
600063	皖维高新	安徽	中部	C	国有强相对控股公司	57.1429	43.8290	76.3273	63.0344	1245
000008	神州高铁	北京	东部	C	国有强相对控股公司	28.5714	47.6300	79.0540	63.0073	1246

续表

股票代码	公司简称	省份	地区	行业代码	控股类型	环境保护（*EP*）	社会责任（*SR*）	公司治理（*CG*）	上市公司质量/ESG指数（*CLCQI/ESGI*）	*CLCQI/ESGI*排名
002336	*ST人乐	广东	东部	F	国有绝对控股公司	100.0000	35.0359	74.0567	62.9937	1247
601949	中国出版	北京	东部	R	国有绝对控股公司	85.7143	37.2834	75.2230	62.9933	1248
002717	岭南股份	广东	东部	N	国有弱相对控股公司	57.1429	45.3043	75.2595	62.9635	1249
601801	皖新传媒	安徽	中部	R	国有绝对控股公司	57.1429	44.6110	75.6775	62.9508	1250
600719	大连热电	辽宁	东北	D	国有强相对控股公司	85.7143	41.2316	72.6219	62.9445	1251
836892	广咨国际	广东	东部	M	国有强相对控股公司	57.1429	50.5006	71.8849	62.9262	1252
603299	苏盐井神	江苏	东部	C	国有绝对控股公司	85.7143	49.3999	67.3832	62.9222	1253
600054	黄山旅游	安徽	中部	N	国有强相对控股公司	57.1429	37.6295	80.0418	62.9076	1254
600792	云煤能源	云南	西部	C	国有绝对控股公司	85.7143	46.7714	69.0205	62.9027	1255
600598	北大荒	黑龙江	东北	A	国有绝对控股公司	42.8571	41.2494	80.2489	62.8599	1256
000957	中通客车	山东	东部	C	国有强相对控股公司	42.8571	44.7703	78.0030	62.8570	1257
601975	招商南油	江苏	东部	G	国有强相对控股公司	28.5714	47.1159	78.9183	62.7528	1258
600456	宝钛股份	陕西	西部	C	国有强相对控股公司	100.0000	36.4726	72.6424	62.7187	1259
600354	敦煌种业	甘肃	西部	A	国有弱相对控股公司	42.8571	41.2240	79.9178	62.6689	1260
600138	中青旅	北京	东部	L	国有弱相对控股公司	28.5714	41.5897	82.2604	62.6567	1261
600841	动力新科	上海	东部	C	国有绝对控股公司	28.5714	45.3345	79.8564	62.6453	1262
000909	ST数源	浙江	东部	K	国有强相对控股公司	85.7143	48.2017	67.6084	62.6266	1263
300510	金冠股份	吉林	东北	C	国有弱相对控股公司	57.1429	44.2527	75.2950	62.6150	1264
000031	大悦城	广东	东部	K	国有弱相对控股公司	42.8571	43.2914	78.4643	62.5931	1265
000759	中百集团	湖北	中部	F	国有强相对控股公司	71.4286	36.0237	77.8905	62.5910	1266
000880	潍柴重机	山东	东部	C	国有绝对控股公司	71.4286	49.6367	69.1748	62.5619	1267
000702	正虹科技	湖南	中部	C	国有强相对控股公司	42.8571	39.5706	80.7055	62.5235	1268
600168	武汉控股	湖北	中部	D	国有绝对控股公司	42.8571	42.8964	78.5138	62.4820	1269
002608	江苏国信	江苏	东部	D	国有绝对控股公司	28.5714	44.9202	79.8100	62.4747	1270
600149	廊坊发展	河北	东部	D	国有弱相对控股公司	42.8571	42.2467	78.8700	62.4505	1271
600808	马钢股份	安徽	中部	C	国有强相对控股公司	14.2857	47.3977	80.7617	62.4367	1272
002400	省广集团	广东	东部	L	国有弱相对控股公司	57.1429	46.6161	73.3921	62.3955	1273
000069	华侨城A	广东	东部	K	国有绝对控股公司	14.2857	60.8135	72.0544	62.3432	1274
600692	亚通股份	上海	东部	K	国有强相对控股公司	100.0000	36.1930	72.1294	62.3388	1275
301311	昆船智能	云南	西部	C	国有绝对控股公司	28.5714	41.6560	81.5997	62.3166	1276
600166	福田汽车	北京	东部	C	国有强相对控股公司	85.7143	35.1912	75.3127	62.3103	1277
600679	上海凤凰	上海	东部	C	国有弱相对控股公司	42.8571	45.5793	76.4627	62.2930	1278

续表

股票代码	公司简称	省份	地区	行业代码	控股类型	环境保护（*EP*）	社会责任（*SR*）	公司治理（*CG*）	上市公司质量/ESG指数（*CLCQI/ESGI*）	*CLCQI/ESGI*排名
002429	兆驰股份	广东	东部	C	国有强相对控股公司	57.1429	41.1686	76.6359	62.2730	1279
000930	中粮科技	安徽	中部	C	国有弱相对控股公司	71.4286	52.2687	66.9424	62.2552	1280
601179	中国西电	陕西	西部	C	国有绝对控股公司	14.2857	42.9775	83.0901	62.1703	1281
600391	航发科技	四川	西部	C	国有强相对控股公司	42.8571	42.4219	78.2328	62.1614	1282
601588	北辰实业	北京	东部	K	国有强相对控股公司	57.1429	39.0758	77.6790	62.1143	1283
002716	湖南白银	湖南	中部	C	国有弱相对控股公司	100.0000	42.2035	67.8843	62.1076	1284
002310	*ST东园	北京	东部	N	国有弱相对控股公司	28.5714	49.5398	76.1805	62.0954	1285
002490	ST墨龙	山东	东部	C	国有弱相对控股公司	28.5714	51.7913	74.7427	62.0926	1286
002200	ST交投	云南	西部	A	国有弱相对控股公司	85.7143	34.9865	74.8724	61.9965	1287
600085	同仁堂	北京	东部	C	国有绝对控股公司	14.2857	51.4806	77.2982	61.9608	1288
603999	读者传媒	甘肃	西部	R	国有绝对控股公司	14.2857	39.7211	84.7756	61.9575	1289
600518	康美药业	广东	东部	C	国有弱相对控股公司	28.5714	50.0104	75.6190	61.9513	1290
600551	时代出版	安徽	中部	R	国有绝对控股公司	14.2857	41.3272	83.6736	61.9136	1291
600267	海正药业	浙江	东部	C	国有强相对控股公司	28.5714	52.7795	73.7806	61.9093	1292
600757	长江传媒	湖北	中部	R	国有绝对控股公司	85.7143	42.6019	69.8407	61.8945	1293
600616	金枫酒业	上海	东部	C	国有强相对控股公司	14.2857	47.3713	79.7400	61.8655	1294
600203	福日电子	福建	东部	C	国有弱相对控股公司	14.2857	44.8833	81.2761	61.8395	1295
601727	上海电气	上海	东部	C	国有绝对控股公司	71.4286	39.0382	74.6019	61.8372	1296
600956	新天绿能	河北	东部	D	国有强相对控股公司	28.5714	33.2815	86.0161	61.8145	1297
600489	中金黄金	北京	东部	B	国有强相对控股公司	0.0000	42.2317	85.4779	61.7939	1298
600609	金杯汽车	辽宁	东北	C	国有弱相对控股公司	71.4286	48.6167	68.3791	61.7672	1299
002462	嘉事堂	北京	东部	F	国有强相对控股公司	71.4286	39.5003	74.1281	61.7384	1300
600825	新华传媒	上海	东部	R	国有绝对控股公司	28.5714	38.6328	82.3344	61.6626	1301
600136	ST明诚	湖北	中部	R	国有弱相对控股公司	57.1429	45.2260	72.8507	61.6113	1302
600831	ST广网	陕西	西部	I	国有强相对控股公司	14.2857	41.9878	82.6982	61.6083	1303
000697	炼石航空	陕西	西部	C	国有强相对控股公司	42.8571	45.0435	75.4545	61.5509	1304
600128	苏豪弘业	江苏	东部	F	国有弱相对控股公司	100.0000	44.5262	65.2066	61.4478	1305
600426	华鲁恒升	山东	东部	C	国有强相对控股公司	42.8571	40.6084	78.0027	61.4002	1306
002799	环球印务	陕西	西部	C	国有强相对控股公司	14.2857	52.3614	75.6999	61.3900	1307
601900	南方传媒	广东	东部	R	国有绝对控股公司	100.0000	37.1182	69.7638	61.3614	1308
601999	出版传媒	辽宁	东北	R	国有绝对控股公司	42.8571	53.1765	69.9201	61.3535	1309
600004	白云机场	广东	东部	G	国有绝对控股公司	14.2857	36.0718	85.8633	61.2785	1310

续表

股票代码	公司简称	省份	地区	行业代码	控股类型	环境保护（*EP*）	社会责任（*SR*）	公司治理（*CG*）	上市公司质量/ESG指数（*CLCQI/ESGI*）	*CLCQI/ESGI*排名
601106	中国一重	黑龙江	东北	C	国有绝对控股公司	42.8571	47.2022	73.5831	61.2772	1311
300266	兴源环境	浙江	东部	N	国有弱相对控股公司	57.1429	46.4612	71.4335	61.2641	1312
002470	金正大	山东	东部	C	国有弱相对控股公司	71.4286	35.4007	75.8662	61.2595	1313
600387	*ST海越	浙江	东部	F	国有弱相对控股公司	100.0000	35.6353	70.4681	61.2298	1314
600593	大连圣亚	辽宁	东北	N	国有弱相对控股公司	85.7143	40.7293	69.8217	61.2286	1315
600225	卓朗科技	天津	东部	K	国有强相对控股公司	28.5714	46.9067	76.1567	61.1607	1316
003035	南网能源	广东	东部	M	国有绝对控股公司	42.8571	41.9570	76.6967	61.1539	1317
603199	九华旅游	安徽	中部	N	国有强相对控股公司	14.2857	45.9528	79.3449	61.1517	1318
002040	南京港	江苏	东部	G	国有绝对控股公司	42.8571	36.2208	80.2131	61.0802	1319
002659	凯文教育	北京	东部	P	国有强相对控股公司	85.7143	34.3246	73.6223	61.0773	1320
600769	祥龙电业	湖北	中部	D	国有弱相对控股公司	42.8571	43.1491	75.7828	61.0685	1321
600720	中交设计	甘肃	西部	M	国有绝对控股公司	14.2857	43.4850	80.7316	61.0507	1322
002189	中光学	河南	中部	C	国有强相对控股公司	14.2857	54.7308	73.4650	60.9901	1323
000885	城发环境	河南	中部	G	国有绝对控股公司	28.5714	40.1150	80.1534	60.9818	1324
601595	上海电影	上海	东部	R	国有绝对控股公司	57.1429	38.7957	75.6252	60.8867	1325
600125	铁龙物流	辽宁	东北	G	国有强相对控股公司	57.1429	44.1121	72.0492	60.7806	1326
600021	上海电力	上海	东部	D	国有绝对控股公司	14.2857	48.1843	77.2172	60.7625	1327
002586	*ST围海	浙江	东部	E	国有弱相对控股公司	57.1429	51.9714	66.8681	60.6817	1328
603023	*ST威帝	黑龙江	东北	C	国有弱相对控股公司	100.0000	49.4642	60.5828	60.6330	1329
600963	岳阳林纸	湖南	中部	C	国有强相对控股公司	28.5714	45.6320	75.9539	60.6030	1330
600281	华阳新材	山西	中部	C	国有强相对控股公司	71.4286	35.8491	74.3178	60.5648	1331
002168	惠程科技	重庆	西部	I	国有弱相对控股公司	57.1429	32.1234	79.2507	60.5454	1332
002820	桂发祥	天津	东部	C	国有强相对控股公司	14.2857	45.0785	78.7597	60.5239	1333
002366	融发核电	四川	西部	C	国有弱相对控股公司	100.0000	42.6122	64.7436	60.5233	1334
000905	厦门港务	福建	东部	G	国有绝对控股公司	14.2857	44.1300	79.3345	60.5081	1335
000839	中信国安	北京	东部	I	国有强相对控股公司	71.4286	31.3954	76.9523	60.4550	1336
000068	华控赛格	广东	东部	M	国有强相对控股公司	28.5714	36.3783	81.4831	60.4052	1337
600119	长江投资	上海	东部	G	国有强相对控股公司	85.7143	41.0440	67.8607	60.2602	1338
601880	辽港股份	辽宁	东北	G	国有绝对控股公司	14.2857	40.3050	81.0759	60.1271	1339
831087	秋乐种业	河南	中部	A	国有绝对控股公司	28.5714	41.2436	77.8228	60.0949	1340
002059	云南旅游	云南	西部	N	国有绝对控股公司	28.5714	38.0736	79.5716	59.9473	1341
600716	凤凰股份	江苏	东部	K	国有绝对控股公司	28.5714	41.4498	77.2704	59.8633	1342
000421	南京公用	江苏	东部	D	国有绝对控股公司	14.2857	47.7173	75.8721	59.8593	1343

续表

股票代码	公司简称	省份	地区	行业代码	控股类型	环境保护（*EP*）	社会责任（*SR*）	公司治理（*CG*）	上市公司质量/ESG指数（*CLCQI/ESGI*）	*CLCQI/ESGI*排名
002561	徐家汇	上海	东部	F	国有绝对控股公司	42.8571	39.2843	76.0393	59.8569	1344
600573	惠泉啤酒	福建	东部	C	国有绝对控股公司	14.2857	45.2789	77.3686	59.8289	1345
000917	电广传媒	湖南	中部	I	国有弱相对控股公司	28.5714	43.9181	75.6201	59.8196	1346
000420	吉林化纤	吉林	东北	C	国有弱相对控股公司	57.1429	46.5534	68.7377	59.8137	1347
002178	延华智能	上海	东部	M	国有弱相对控股公司	71.4286	41.2865	69.2277	59.6684	1348
600982	宁波能源	浙江	东部	D	国有强相对控股公司	57.1429	38.2761	73.7280	59.6613	1349
600322	津投城开	天津	东部	K	国有弱相对控股公司	57.1429	36.3693	74.9072	59.6425	1350
600738	丽尚国潮	甘肃	西部	F	国有弱相对控股公司	14.2857	35.0808	83.4599	59.6098	1351
600106	重庆路桥	重庆	西部	G	国有弱相对控股公司	14.2857	37.9030	81.5399	59.5416	1352
600986	浙文互联	浙江	东部	I	国有弱相对控股公司	28.5714	41.8422	76.3778	59.5097	1353
600241	时代万恒	辽宁	东北	C	国有绝对控股公司	71.4286	35.6274	72.3978	59.4312	1354
600333	长春燃气	吉林	东北	D	国有绝对控股公司	42.8571	37.5040	76.2407	59.3445	1355
300987	川网传媒	四川	西部	I	国有绝对控股公司	85.7143	36.1795	69.2465	59.3198	1356
600777	ST新潮	山东	东部	B	国有弱相对控股公司	14.2857	41.1728	78.8667	59.2157	1357
600158	中体产业	天津	东部	R	国有弱相对控股公司	14.2857	42.8636	77.6741	59.1516	1358
300091	金通灵	江苏	东部	C	国有弱相对控股公司	0.0000	49.4734	76.0261	59.1300	1359
600064	南京高科	江苏	东部	K	国有强相对控股公司	28.5714	45.1940	73.4431	59.0688	1360
300770	新媒股份	广东	东部	I	国有强相对控股公司	14.2857	37.7519	80.7621	59.0609	1361
600418	江淮汽车	安徽	中部	C	国有强相对控股公司	14.2857	42.9298	77.4065	59.0276	1362
600022	山东钢铁	山东	东部	C	国有绝对控股公司	28.5714	43.1528	74.5718	58.9751	1363
603985	恒润股份	江苏	东部	C	国有弱相对控股公司	0.0000	46.3425	77.6527	58.9289	1364
000922	佳电股份	黑龙江	东北	C	国有强相对控股公司	14.2857	46.0843	75.2167	58.9272	1365
873122	中纺标	北京	东部	M	国有绝对控股公司	71.4286	48.8652	62.9887	58.8895	1366
600302	标准股份	陕西	西部	C	国有强相对控股公司	14.2857	40.5883	78.5183	58.8196	1367
300289	利德曼	北京	东部	C	国有强相对控股公司	28.5714	42.1550	74.8797	58.7952	1368
000419	通程控股	湖南	中部	F	国有弱相对控股公司	14.2857	34.8149	82.0759	58.7555	1369
600455	博通股份	陕西	西部	P	国有弱相对控股公司	57.1429	32.3689	75.2988	58.4577	1370
600057	厦门象屿	福建	东部	L	国有绝对控股公司	14.2857	42.5806	76.5716	58.4462	1371
835892	中科美菱	安徽	中部	C	国有绝对控股公司	28.5714	43.5080	73.1254	58.3039	1372
600733	北汽蓝谷	北京	东部	C	国有强相对控股公司	28.5714	36.3731	77.0243	57.9511	1373
000851	ST高鸿	贵州	西部	F	国有弱相对控股公司	14.2857	52.6374	69.1708	57.8956	1374
603123	翠微股份	北京	东部	F	国有绝对控股公司	14.2857	43.7400	74.4428	57.6811	1375
300410	正业科技	广东	东部	C	国有弱相对控股公司	28.5714	33.9433	77.8028	57.5288	1376
002427	尤夫股份	浙江	东部	C	国有弱相对控股公司	28.5714	43.7469	71.5609	57.5270	1377

续表

股票代码	公司简称	省份	地区	行业代码	控股类型	环境保护（*EP*）	社会责任（*SR*）	公司治理（*CG*）	上市公司质量/ESG指数（*CLCQI/ESGI*）	*CLCQI/ESGI*排名
601019	山东出版	山东	东部	R	国有绝对控股公司	28.5714	35.8711	76.4094	57.4372	1378
600358	国旅联合	江西	中部	I	国有弱相对控股公司	42.8571	37.9754	72.4410	57.4197	1379
600959	江苏有线	江苏	东部	I	国有绝对控股公司	28.5714	36.3605	75.7275	57.2335	1380
600683	京投发展	浙江	东部	K	国有强相对控股公司	85.7143	34.0292	66.2565	56.9227	1381
872808	曙光数创	北京	东部	C	国有绝对控股公司	28.5714	49.4681	66.7337	56.8745	1382
603099	长白山	吉林	东北	N	国有绝对控股公司	100.0000	36.7592	61.6031	56.7474	1383
600653	申华控股	辽宁	东北	F	国有弱相对控股公司	28.5714	39.6423	71.8258	56.2361	1384
600822	上海物贸	上海	东部	F	国有强相对控股公司	42.8571	30.5701	74.8686	56.1630	1385
002297	博云新材	湖南	中部	C	国有强相对控股公司	14.2857	38.0999	75.2414	56.1463	1386
600083	*ST博信	江苏	东部	F	国有弱相对控股公司	71.4286	36.4865	65.8653	56.1391	1387
601929	吉视传媒	吉林	东北	I	国有强相对控股公司	28.5714	33.2348	75.0635	55.7743	1388
601608	中信重工	河南	中部	C	国有绝对控股公司	14.2857	37.5712	74.8240	55.7317	1389
603066	音飞储存	江苏	东部	G	国有强相对控股公司	28.5714	35.4227	72.6705	55.2238	1390
603888	新华网	北京	东部	I	国有绝对控股公司	14.2857	39.4809	72.4925	55.1178	1391
600112	*ST天成	贵州	西部	C	国有弱相对控股公司	100.0000	28.7868	63.5465	55.0260	1392
600715	*ST文投	北京	东部	R	国有弱相对控股公司	57.1429	31.4099	69.0971	54.7112	1393
000692	惠天热电	辽宁	东北	D	国有弱相对控股公司	14.2857	35.8080	73.5283	54.4020	1394
002251	*ST步高	湖南	中部	F	国有弱相对控股公司	42.8571	35.0798	68.6378	54.3144	1395
000610	西安旅游	陕西	西部	N	国有弱相对控股公司	28.5714	39.2472	65.5218	52.6306	1396
600639	浦东金桥	上海	东部	K	国有绝对控股公司	14.2857	38.4874	64.3906	50.3140	1397
000796	ST凯撒	海南	东部	L	国有弱相对控股公司	14.2857	38.7975	61.2969	48.7210	1398

15.3　2023年中国非金融业非国有控股上市公司质量/ESG指数排名

2023 年中国非金融业非国有控股上市公司质量 /ESG 指数排名如表 15-3 所示。

表15-3　2023年中国非金融业非国有控股上市公司质量/ESG指数排名

（按 *CLCQI/ESGI* 从高到低排列）

股票代码	公司简称	省份	地区	行业代码	控股类型	环境保护（*EP*）	社会责任（*SR*）	公司治理（*CG*）	上市公司质量/ESG指数（*CLCQI/ESGI*）	*CLCQI/ESGI*排名
601633	长城汽车	河北	东部	C	国有参股公司	100.0000	69.1097	94.4430	86.1320	1
688173	希荻微	广东	东部	I	无国有股份公司	100.0000	69.3436	89.8048	83.6629	2
688200	华峰测控	北京	东部	C	国有参股公司	100.0000	71.4399	88.1846	83.5055	3
689009	九号公司	北京	东部	C	无国有股份公司	85.7143	62.6546	95.6730	83.1206	4
688389	普门科技	广东	东部	C	无国有股份公司	100.0000	54.7183	98.0456	83.0765	5
688480	赛恩斯	湖南	中部	N	无国有股份公司	100.0000	65.7800	89.7224	82.3703	6
603309	维力医疗	广东	东部	C	无国有股份公司	100.0000	51.7368	98.3732	82.2132	7
688322	奥比中光	广东	东部	C	无国有股份公司	100.0000	71.1565	85.8836	82.1407	8
603010	万盛股份	浙江	东部	C	无国有股份公司	85.7143	56.3927	97.7963	82.0968	9
688559	海目星	广东	东部	C	无国有股份公司	85.7143	61.8242	94.1302	81.9815	10
002821	凯莱英	天津	东部	C	无国有股份公司	85.7143	71.7036	87.8264	81.9722	11
300750	宁德时代	福建	东部	C	无国有股份公司	100.0000	66.8942	88.2366	81.9431	12
688180	君实生物	上海	东部	C	无国有股份公司	100.0000	56.0384	95.0240	81.8766	13
300769	德方纳米	广东	东部	C	国有参股公司	100.0000	60.8852	91.8042	81.8022	14
603687	大胜达	浙江	东部	C	国有参股公司	100.0000	66.3085	88.2771	81.7604	15
300908	仲景食品	河南	中部	C	无国有股份公司	100.0000	56.2315	94.6483	81.7376	16
603501	韦尔股份	上海	东部	C	无国有股份公司	100.0000	59.5223	92.2501	81.5704	17
300433	蓝思科技	湖南	中部	C	国有参股公司	100.0000	65.3835	88.4205	81.5155	18
688333	铂力特	陕西	西部	C	国有参股公司	100.0000	57.5164	93.3459	81.4710	19
688019	安集科技	上海	东部	C	国有参股公司	100.0000	61.7847	90.5429	81.4233	20
000035	中国天楹	江苏	东部	N	无国有股份公司	57.1429	65.2116	96.1397	81.4152	21
688432	有研硅	北京	东部	C	国有参股公司	85.7143	65.9212	90.4613	81.3976	22
300749	顶固集创	广东	东部	C	无国有股份公司	85.7143	61.0221	93.1959	81.1869	23
000925	众合科技	浙江	东部	C	无国有股份公司	100.0000	70.5323	84.2847	81.0429	24
300373	扬杰科技	江苏	东部	C	无国有股份公司	85.7143	62.1461	92.1049	80.9803	25
605117	德业股份	浙江	东部	C	无国有股份公司	100.0000	49.6622	97.0639	80.7669	26
000902	新洋丰	湖北	中部	C	无国有股份公司	100.0000	59.9629	90.4852	80.7538	27
688036	传音控股	广东	东部	C	无国有股份公司	85.7143	61.4227	91.9999	80.6693	28
688426	康为世纪	江苏	东部	C	无国有股份公司	100.0000	58.2861	91.0301	80.4667	29
300718	长盛轴承	浙江	东部	C	无国有股份公司	100.0000	60.7448	89.3940	80.4274	30
000895	双汇发展	河南	中部	C	国有参股公司	100.0000	64.1914	87.0656	80.3531	31

续表

股票代码	公司简称	省份	地区	行业代码	控股类型	环境保护（*EP*）	社会责任（*SR*）	公司治理（*CG*）	上市公司质量/ESG指数（*CLCQI/ESGI*）	*CLCQI/ESGI*排名
601127	赛力斯	重庆	西部	C	国有参股公司	100.0000	69.3485	83.5317	80.2144	32
002245	蔚蓝锂芯	江苏	东部	C	无国有股份公司	85.7143	57.0073	93.9606	80.2024	33
688099	晶晨股份	上海	东部	I	国有参股公司	85.7143	61.2862	91.2243	80.1950	34
601615	明阳智能	广东	东部	C	无国有股份公司	100.0000	61.1345	88.7074	80.1861	35
300760	迈瑞医疗	广东	东部	C	无国有股份公司	71.4286	62.8589	92.7593	80.1611	36
002979	雷赛智能	广东	东部	C	无国有股份公司	100.0000	53.8803	93.2298	80.1345	37
002311	海大集团	广东	东部	C	无国有股份公司	100.0000	65.1803	85.9962	80.1110	38
603018	华设集团	江苏	东部	M	无国有股份公司	100.0000	56.7973	91.2023	80.0403	39
002242	九阳股份	山东	东部	C	国有参股公司	85.7143	62.2739	90.2709	80.0163	40
688348	昱能科技	浙江	东部	C	无国有股份公司	57.1429	63.2504	94.8163	80.0009	41
002925	盈趣科技	福建	东部	C	无国有股份公司	42.8571	62.6987	97.6460	79.9356	42
688301	奕瑞科技	上海	东部	C	无国有股份公司	71.4286	59.7369	94.3118	79.9222	43
688025	杰普特	广东	东部	C	无国有股份公司	100.0000	65.8205	85.1814	79.8869	44
300211	亿通科技	江苏	东部	C	无国有股份公司	71.4286	75.0043	84.3781	79.8023	45
002126	银轮股份	浙江	东部	C	无国有股份公司	85.7143	48.6603	98.5114	79.7838	46
301193	家联科技	浙江	东部	C	无国有股份公司	100.0000	60.0899	88.5910	79.7565	47
688686	奥普特	广东	东部	C	无国有股份公司	100.0000	62.4790	86.9383	79.6837	48
688689	银河微电	江苏	东部	C	无国有股份公司	100.0000	65.3992	85.0443	79.6641	49
002318	久立特材	浙江	东部	C	无国有股份公司	100.0000	59.2700	88.9309	79.6565	50
688267	中触媒	辽宁	东北	C	无国有股份公司	100.0000	60.9802	87.7689	79.6160	51
603968	醋化股份	江苏	东部	C	国有参股公司	85.7143	59.9791	90.9545	79.5891	52
688598	金博股份	湖南	中部	C	无国有股份公司	100.0000	54.9304	91.5358	79.5703	53
688047	龙芯中科	北京	东部	C	国有参股公司	100.0000	59.6674	88.3334	79.4670	54
688349	三一重能	北京	东部	C	无国有股份公司	85.7143	63.9475	88.1947	79.4601	55
688037	芯源微	辽宁	东北	C	国有参股公司	71.4286	65.1753	90.0010	79.4548	56
300598	诚迈科技	江苏	东部	I	无国有股份公司	85.7143	54.9379	93.8481	79.4161	57
301363	美好医疗	广东	东部	C	无国有股份公司	100.0000	54.6864	91.3833	79.4010	58
603083	剑桥科技	上海	东部	C	无国有股份公司	85.7143	70.2847	84.0225	79.3835	59
000333	美的集团	广东	东部	C	国有参股公司	85.7143	71.7440	83.0107	79.3377	60
002938	鹏鼎控股	广东	东部	C	无国有股份公司	85.7143	61.5887	89.4676	79.3346	61
300432	富临精工	四川	西部	C	无国有股份公司	100.0000	53.7258	91.8585	79.3262	62

续表

股票代码	公司简称	省份	地区	行业代码	控股类型	环境保护（*EP*）	社会责任（*SR*）	公司治理（*CG*）	上市公司质量/ESG指数（*CLCQI/ESGI*）	*CLCQI/ESGI*排名
688326	经纬恒润	北京	东部	C	无国有股份公司	100.0000	60.6050	87.4365	79.3018	63
300723	一品红	广东	东部	C	无国有股份公司	71.4286	60.5057	92.6461	79.2752	64
688516	奥特维	江苏	东部	C	无国有股份公司	100.0000	61.6273	86.6940	79.2513	65
688139	海尔生物	山东	东部	C	国有参股公司	85.7143	69.4727	84.2805	79.2412	66
300818	耐普矿机	江西	中部	C	无国有股份公司	71.4286	55.1225	96.0054	79.2387	67
688101	三达膜	陕西	西部	C	国有参股公司	100.0000	55.1929	90.7304	79.2192	68
600988	赤峰黄金	内蒙古	西部	B	无国有股份公司	100.0000	61.7609	86.5349	79.2105	69
300680	隆盛科技	江苏	东部	C	无国有股份公司	100.0000	57.3202	89.2902	79.1716	70
001323	慕思股份	广东	东部	C	无国有股份公司	100.0000	65.1397	84.1997	79.1087	71
600383	金地集团	广东	东部	K	国有参股公司	100.0000	62.6266	85.7837	79.1003	72
300782	卓胜微	江苏	东部	C	无国有股份公司	71.4286	63.4886	90.4244	79.0973	73
603017	中衡设计	江苏	东部	M	无国有股份公司	100.0000	54.1801	91.0662	79.0495	74
002056	横店东磁	浙江	东部	C	无国有股份公司	100.0000	56.4300	89.5343	78.9944	75
002597	金禾实业	安徽	中部	C	无国有股份公司	100.0000	54.0057	91.0117	78.9585	76
003028	振邦智能	广东	东部	C	无国有股份公司	85.7143	57.4733	91.3886	78.9508	77
688486	龙迅股份	安徽	中部	C	国有参股公司	100.0000	72.3491	79.3007	78.9376	78
688501	青达环保	山东	东部	C	国有参股公司	100.0000	59.4075	87.5261	78.9320	79
002611	东方精工	广东	东部	C	国有参股公司	85.7143	55.3758	92.6445	78.9074	80
300451	创业慧康	浙江	东部	I	无国有股份公司	42.8571	65.0445	94.2527	78.8903	81
688696	极米科技	四川	西部	C	国有参股公司	85.7143	60.6646	89.2391	78.8856	82
301326	捷邦科技	广东	东部	C	国有参股公司	100.0000	46.7750	95.4739	78.8819	83
300759	康龙化成	北京	东部	M	无国有股份公司	28.5714	64.2764	97.2601	78.8470	84
002213	大为股份	广东	东部	C	无国有股份公司	100.0000	50.4530	93.0028	78.8101	85
688162	巨一科技	安徽	中部	C	国有参股公司	85.7143	61.2552	88.7219	78.8078	86
688049	炬芯科技	广东	东部	C	无国有股份公司	100.0000	54.9115	90.1250	78.7878	87
300542	新晨科技	北京	东部	I	国有参股公司	100.0000	54.0887	90.5183	78.7161	88
300215	电科院	江苏	东部	M	国有参股公司	100.0000	54.8806	90.0117	78.7147	89
301163	宏德股份	江苏	东部	C	无国有股份公司	100.0000	50.5457	92.7196	78.6868	90
603718	海利生物	上海	东部	C	无国有股份公司	85.7143	52.7229	93.8567	78.6456	91
600803	新奥股份	河北	东部	D	无国有股份公司	85.7143	62.4640	87.5939	78.6105	92
688678	福立旺	江苏	东部	C	无国有股份公司	100.0000	60.8174	85.8553	78.5065	93

续表

股票代码	公司简称	省份	地区	行业代码	控股类型	环境保护（*EP*）	社会责任（*SR*）	公司治理（*CG*）	上市公司质量/ESG指数（*CLCQI/ESGI*）	*CLCQI/ESGI*排名
688611	杭州柯林	浙江	东部	C	无国有股份公司	100.0000	71.4260	79.1002	78.5042	94
003022	联泓新科	山东	东部	C	国有参股公司	85.7143	63.2977	86.8228	78.4782	95
300142	沃森生物	云南	西部	C	无国有股份公司	71.4286	63.9025	88.9728	78.4438	96
603787	新日股份	江苏	东部	C	国有参股公司	100.0000	54.7386	89.5982	78.4375	97
003012	东鹏控股	广东	东部	C	无国有股份公司	100.0000	48.4289	93.5875	78.4232	98
300661	圣邦股份	北京	东部	C	无国有股份公司	100.0000	60.7905	85.6207	78.3681	99
688257	新锐股份	江苏	东部	C	无国有股份公司	85.7143	56.2489	91.0207	78.3199	100
301439	泓淋电力	山东	东部	C	国有参股公司	100.0000	52.2481	90.9636	78.3168	101
688259	创耀科技	江苏	东部	I	国有参股公司	100.0000	56.3715	88.2994	78.2947	102
688016	心脉医疗	上海	东部	C	无国有股份公司	71.4286	65.5547	87.6496	78.2943	103
002227	奥特迅	广东	东部	C	国有参股公司	85.7143	60.4779	88.1335	78.2121	104
002840	华统股份	浙江	东部	C	无国有股份公司	85.7143	59.7913	88.4559	78.1491	105
688181	八亿时空	北京	东部	C	无国有股份公司	71.4286	66.4247	86.8317	78.1490	106
688350	富淼科技	江苏	东部	C	无国有股份公司	100.0000	59.6368	85.8591	78.0954	107
688359	三孚新科	广东	东部	C	无国有股份公司	85.7143	58.2541	89.2903	78.0700	108
603786	科博达	上海	东部	C	无国有股份公司	100.0000	52.6160	90.2728	78.0656	109
001301	尚太科技	河北	东部	C	无国有股份公司	85.7143	68.5240	82.6614	78.0186	110
688188	柏楚电子	上海	东部	I	无国有股份公司	100.0000	63.8107	83.0402	78.0058	111
601231	环旭电子	上海	东部	C	国有参股公司	71.4286	57.7388	92.0483	77.9780	112
688100	威胜信息	湖南	中部	C	无国有股份公司	85.7143	61.2559	87.1203	77.9272	113
002298	中电兴发	安徽	中部	I	国有参股公司	100.0000	59.7807	85.4267	77.9079	114
688383	新益昌	广东	东部	C	无国有股份公司	100.0000	62.2304	83.8429	77.8942	115
688410	山外山	重庆	西部	C	国有参股公司	100.0000	54.5248	88.7193	77.8793	116
605378	野马电池	浙江	东部	C	国有参股公司	85.7143	56.5542	89.9899	77.8598	117
603919	金徽酒	甘肃	西部	C	国有参股公司	85.7143	58.4753	88.7569	77.8541	118
688114	华大智造	广东	东部	C	国有参股公司	85.7143	62.7371	85.9016	77.7753	119
301155	海力风电	江苏	东部	C	国有参股公司	100.0000	53.8758	88.9350	77.7708	120
688169	石头科技	北京	东部	C	无国有股份公司	100.0000	60.9608	84.3736	77.7418	121
300625	三雄极光	广东	东部	C	无国有股份公司	85.7143	51.5950	92.9079	77.7290	122
002165	红宝丽	江苏	东部	C	国有参股公司	57.1429	63.3066	90.6352	77.7209	123
300712	永福股份	福建	东部	E	无国有股份公司	100.0000	61.4703	83.9713	77.6988	124

续表

股票代码	公司简称	省份	地区	行业代码	控股类型	环境保护（*EP*）	社会责任（*SR*）	公司治理（*CG*）	上市公司质量/ESG指数（*CLCQI/ESGI*）	*CLCQI/ESGI*排名
002860	星帅尔	浙江	东部	C	无国有股份公司	100.0000	53.0418	89.2988	77.6790	125
601163	三角轮胎	山东	东部	C	国有参股公司	85.7143	58.5489	88.3626	77.6629	126
605567	春雪食品	山东	东部	C	无国有股份公司	85.7143	56.9510	89.3603	77.6525	127
688153	唯捷创芯	天津	东部	C	无国有股份公司	85.7143	59.6416	87.6475	77.6521	128
300498	温氏股份	广东	东部	A	无国有股份公司	85.7143	61.1789	86.6470	77.6399	129
605399	晨光新材	江西	中部	C	无国有股份公司	85.7143	59.3297	87.8179	77.6367	130
688330	宏力达	上海	东部	C	无国有股份公司	100.0000	55.0608	87.9257	77.6304	131
301218	华是科技	浙江	东部	I	无国有股份公司	100.0000	64.2128	82.0502	77.6021	132
688300	联瑞新材	江苏	东部	C	无国有股份公司	85.7143	65.6776	83.6234	77.5515	133
300907	康平科技	江苏	东部	C	无国有股份公司	100.0000	51.9502	89.7500	77.5451	134
002012	凯恩股份	浙江	东部	C	国有参股公司	100.0000	58.8952	85.1757	77.4599	135
688065	凯赛生物	上海	东部	C	国有参股公司	100.0000	59.2956	84.8843	77.4398	136
300395	菲利华	湖北	中部	C	无国有股份公司	71.4286	49.1872	96.4660	77.4147	137
002404	嘉欣丝绸	浙江	东部	C	无国有股份公司	71.4286	51.5030	94.9911	77.4140	138
300568	星源材质	广东	东部	C	无国有股份公司	100.0000	51.3719	89.8210	77.3817	139
603727	博迈科	天津	东部	B	无国有股份公司	71.4286	57.6067	91.0405	77.3775	140
002841	视源股份	广东	东部	C	无国有股份公司	100.0000	59.8898	84.3752	77.3678	141
603931	格林达	浙江	东部	C	无国有股份公司	100.0000	54.4379	87.8431	77.3669	142
688220	翱捷科技	上海	东部	C	国有参股公司	85.7143	62.9391	85.0123	77.3569	143
603660	苏州科达	江苏	东部	C	无国有股份公司	100.0000	56.1351	86.7264	77.3468	144
002497	雅化集团	四川	西部	C	无国有股份公司	100.0000	58.8397	84.9708	77.3278	145
002032	苏泊尔	浙江	东部	C	无国有股份公司	100.0000	58.3398	85.2802	77.3230	146
300910	瑞丰新材	河南	中部	C	国有参股公司	71.4286	56.1975	91.8369	77.3223	147
300562	乐心医疗	广东	东部	C	国有参股公司	100.0000	57.8320	85.5997	77.3210	148
603993	洛阳钼业	河南	中部	B	国有参股公司	100.0000	54.0349	87.9209	77.2687	149
300017	网宿科技	上海	东部	I	无国有股份公司	71.4286	50.3264	95.4708	77.2660	150
603337	杰克股份	浙江	东部	C	无国有股份公司	100.0000	49.8481	90.5605	77.2551	151
003029	吉大正元	吉林	东北	I	国有参股公司	100.0000	53.3212	88.3251	77.2412	152
688319	欧林生物	四川	西部	C	无国有股份公司	100.0000	62.3197	82.5724	77.2267	153
688175	高凌信息	广东	东部	C	国有参股公司	85.7143	64.2059	83.9644	77.2239	154
300456	赛微电子	北京	东部	C	国有参股公司	85.7143	51.4752	92.0514	77.2160	155

续表

股票代码	公司简称	省份	地区	行业代码	控股类型	环境保护（*EP*）	社会责任（*SR*）	公司治理（*CG*）	上市公司质量/ESG指数（*CLCQI/ESGI*）	*CLCQI/ESGI*排名
300589	江龙船艇	广东	东部	C	无国有股份公司	100.0000	51.8637	89.2000	77.2123	156
603618	杭电股份	浙江	东部	C	国有参股公司	85.7143	63.7987	84.1726	77.1959	157
300766	每日互动	浙江	东部	I	无国有股份公司	85.7143	64.4331	83.7090	77.1630	158
688307	中润光学	浙江	东部	C	国有参股公司	100.0000	55.5062	86.7680	77.1496	159
301237	和顺科技	浙江	东部	C	无国有股份公司	100.0000	54.7691	87.2273	77.1442	160
603266	天龙股份	浙江	东部	C	无国有股份公司	100.0000	51.0729	89.5620	77.1346	161
600580	卧龙电驱	浙江	东部	C	国有参股公司	85.7143	57.7933	87.7878	77.0824	162
300499	高澜股份	广东	东部	C	无国有股份公司	100.0000	56.9916	85.6973	77.0806	163
300329	海伦钢琴	浙江	东部	C	无国有股份公司	100.0000	49.7268	90.3014	77.0701	164
688560	明冠新材	江西	中部	C	无国有股份公司	100.0000	61.6008	82.7357	77.0649	165
688390	固德威	江苏	东部	C	无国有股份公司	85.7143	53.3295	90.5710	77.0508	166
300939	秋田微	广东	东部	C	无国有股份公司	85.7143	57.0205	88.2103	77.0443	167
300628	亿联网络	福建	东部	C	无国有股份公司	71.4286	59.2964	89.3469	77.0374	168
603166	福达股份	广西	西部	C	国有参股公司	85.7143	52.9934	90.7230	77.0168	169
300942	易瑞生物	广东	东部	C	国有参股公司	100.0000	56.5405	85.8595	77.0119	170
001368	通达创智	福建	东部	C	无国有股份公司	100.0000	52.8229	88.2148	77.0062	171
688238	和元生物	上海	东部	M	国有参股公司	100.0000	57.0060	85.4771	76.9645	172
603610	麒盛科技	浙江	东部	C	无国有股份公司	100.0000	50.4746	89.5962	76.9440	173
688258	卓易信息	江苏	东部	I	无国有股份公司	85.7143	51.9161	91.2717	76.9415	174
688296	和达科技	浙江	东部	I	国有参股公司	100.0000	65.6969	79.8904	76.9336	175
002583	海能达	广东	东部	C	无国有股份公司	100.0000	63.1896	81.4047	76.8890	176
600438	通威股份	四川	西部	C	无国有股份公司	71.4286	64.3508	85.8218	76.8676	177
688183	生益电子	广东	东部	C	国有参股公司	71.4286	64.1912	85.9195	76.8655	178
688191	智洋创新	山东	东部	I	无国有股份公司	71.4286	62.9751	86.6921	76.8648	179
301021	英诺激光	广东	东部	C	国有参股公司	42.8571	58.0087	95.0419	76.8618	180
002655	共达电声	山东	东部	C	无国有股份公司	85.7143	54.6894	89.3555	76.8583	181
603378	亚士创能	上海	东部	C	无国有股份公司	85.7143	47.9787	93.5701	76.8275	182
300387	富邦股份	湖北	中部	C	无国有股份公司	71.4286	65.0039	85.3106	76.8151	183
301278	快可电子	江苏	东部	C	无国有股份公司	85.7143	55.6365	88.6711	76.8133	184
002557	洽洽食品	安徽	中部	C	无国有股份公司	71.4286	53.8616	92.3971	76.8128	185
688121	卓然股份	上海	东部	C	无国有股份公司	85.7143	52.2321	90.8288	76.8085	186

续表

股票代码	公司简称	省份	地区	行业代码	控股类型	环境保护（*EP*）	社会责任（*SR*）	公司治理（*CG*）	上市公司质量/ESG指数（*CLCQI/ESGI*）	*CLCQI/ESGI*排名
603259	药明康德	江苏	东部	M	无国有股份公司	85.7143	52.4559	90.6784	76.8041	187
002838	道恩股份	山东	东部	C	无国有股份公司	71.4286	53.7677	92.4305	76.7983	188
300207	欣旺达	广东	东部	C	无国有股份公司	71.4286	55.9876	90.9943	76.7854	189
002335	科华数据	福建	东部	C	无国有股份公司	100.0000	51.7453	88.4959	76.7836	190
002174	游族网络	福建	东部	I	无国有股份公司	85.7143	59.2807	86.2530	76.7588	191
601996	丰林集团	广西	西部	C	国有参股公司	85.7143	53.8454	89.6899	76.7468	192
688198	佰仁医疗	北京	东部	C	无国有股份公司	100.0000	69.4974	77.1210	76.7407	193
603986	兆易创新	北京	东部	C	无国有股份公司	28.5714	65.7750	92.4419	76.7214	194
600031	三一重工	北京	东部	C	国有参股公司	85.7143	60.9700	85.0694	76.6991	195
002765	蓝黛科技	重庆	西部	C	国有参股公司	85.7143	49.0073	92.6647	76.6896	196
300593	新雷能	北京	东部	C	无国有股份公司	85.7143	57.8183	87.0508	76.6858	197
002294	信立泰	广东	东部	C	国有参股公司	85.7143	57.5382	87.2169	76.6791	198
300349	金卡智能	浙江	东部	I	国有参股公司	100.0000	61.5666	82.0268	76.6631	199
002628	成都路桥	四川	西部	E	国有参股公司	71.4286	52.1061	93.1716	76.6244	200
688310	迈得医疗	浙江	东部	C	无国有股份公司	100.0000	65.0152	79.7501	76.6179	201
000967	盈峰环境	浙江	东部	N	国有参股公司	85.7143	53.6278	89.5817	76.6111	202
603589	口子窖	安徽	中部	C	无国有股份公司	100.0000	47.5701	90.8129	76.5966	203
300988	津荣天宇	天津	东部	C	无国有股份公司	100.0000	50.4277	88.9895	76.5940	204
002015	协鑫能科	江苏	东部	D	国有参股公司	71.4286	57.5966	89.5878	76.5749	205
301226	祥明智能	江苏	东部	C	无国有股份公司	85.7143	65.1301	82.1904	76.5717	206
301171	易点天下	陕西	西部	I	无国有股份公司	100.0000	54.0012	86.6381	76.5514	207
002402	和而泰	广东	东部	C	无国有股份公司	100.0000	51.0985	88.4543	76.5343	208
688268	华特气体	广东	东部	C	无国有股份公司	42.8571	69.4322	87.0967	76.4901	209
300660	江苏雷利	江苏	东部	C	国有参股公司	85.7143	51.3089	90.8206	76.4808	210
688403	汇成股份	安徽	中部	C	无国有股份公司	100.0000	53.7203	86.6871	76.4800	211
688685	迈信林	江苏	东部	C	无国有股份公司	100.0000	60.7595	82.1206	76.4322	212
300346	南大光电	江苏	东部	C	国有参股公司	57.1429	62.3092	88.9134	76.4249	213
605365	立达信	福建	东部	C	无国有股份公司	100.0000	55.8197	85.2458	76.4221	214
688360	德马科技	浙江	东部	C	无国有股份公司	57.1429	60.3276	90.1602	76.4170	215
300898	熊猫乳品	浙江	东部	C	无国有股份公司	85.7143	54.6790	88.5332	76.4024	216
000408	藏格矿业	青海	西部	C	国有参股公司	85.7143	57.8686	86.4531	76.3746	217

续表

股票代码	公司简称	省份	地区	行业代码	控股类型	环境保护（EP）	社会责任（SR）	公司治理（CG）	上市公司质量/ESG指数（CLCQI/ESGI）	CLCQI/ESGI排名
688018	乐鑫科技	上海	东部	I	无国有股份公司	57.1429	58.8222	91.0202	76.3632	218
600718	东软集团	辽宁	东北	I	国有参股公司	100.0000	52.8939	86.9896	76.3571	219
001332	锡装股份	江苏	东部	C	无国有股份公司	85.7143	55.5392	87.8442	76.3245	220
002746	仙坛股份	山东	东部	C	国有参股公司	100.0000	49.7648	88.9066	76.3163	221
000513	丽珠集团	广东	东部	C	国有参股公司	28.5714	63.9746	92.8419	76.3113	222
300966	共同药业	湖北	中部	C	无国有股份公司	85.7143	62.5931	83.2884	76.2877	223
002815	崇达技术	广东	东部	C	国有参股公司	100.0000	55.7294	85.0471	76.2812	224
301062	上海艾录	上海	东部	C	国有参股公司	100.0000	55.6395	85.0777	76.2666	225
003017	大洋生物	浙江	东部	C	无国有股份公司	57.1429	63.1488	88.0871	76.2643	226
300796	贝斯美	浙江	东部	C	无国有股份公司	71.4286	56.3606	89.7837	76.2501	227
688001	华兴源创	江苏	东部	C	无国有股份公司	85.7143	62.2316	83.4365	76.2426	228
688195	腾景科技	福建	东部	C	国有参股公司	100.0000	67.7545	77.3243	76.2425	229
003042	中农联合	山东	东部	C	无国有股份公司	71.4286	53.4638	91.5989	76.2346	230
605020	永和股份	浙江	东部	C	无国有股份公司	100.0000	56.7864	84.2883	76.2338	231
301260	格力博	江苏	东部	C	无国有股份公司	57.1429	53.6021	94.1025	76.2314	232
688023	安恒信息	浙江	东部	I	国有参股公司	85.7143	59.0478	85.4235	76.2211	233
603496	恒为科技	上海	东部	C	无国有股份公司	100.0000	61.0672	81.5362	76.2184	234
300779	惠城环保	山东	东部	C	无国有股份公司	85.7143	52.7666	89.4002	76.2099	235
300998	宁波方正	浙江	东部	C	无国有股份公司	100.0000	47.0209	90.4480	76.2037	236
300922	天秦装备	河北	东部	C	国有参股公司	85.7143	52.3328	89.6579	76.1997	237
688393	安必平	广东	东部	C	无国有股份公司	85.7143	59.6234	84.9916	76.1850	238
688033	天宜上佳	北京	东部	C	无国有股份公司	100.0000	60.4841	81.8370	76.1798	239
603583	捷昌驱动	浙江	东部	C	无国有股份公司	100.0000	53.0847	86.5288	76.1705	240
300453	三鑫医疗	江西	中部	C	无国有股份公司	100.0000	46.1197	90.9424	76.1602	241
300795	米奥会展	浙江	东部	L	无国有股份公司	100.0000	52.8342	86.6649	76.1577	242
688298	东方生物	浙江	东部	C	无国有股份公司	42.8571	62.6534	90.8038	76.1565	243
688155	先惠技术	上海	东部	C	无国有股份公司	57.1429	65.3653	86.4632	76.1469	244
688290	景业智能	浙江	东部	C	国有参股公司	100.0000	55.8843	84.6920	76.1401	245
300218	安利股份	安徽	中部	C	国有参股公司	57.1429	52.1547	94.8542	76.1382	246
301117	佳缘科技	四川	西部	I	无国有股份公司	100.0000	56.9683	83.9663	76.1204	247
301259	艾布鲁	湖南	中部	N	无国有股份公司	85.7143	60.1682	84.4318	76.0678	248

续表

股票代码	公司简称	省份	地区	行业代码	控股类型	环境保护（*EP*）	社会责任（*SR*）	公司治理（*CG*）	上市公司质量/ESG指数（*CLCQI/ESGI*）	*CLCQI/ESGI*排名
002515	金字火腿	浙江	东部	C	国有参股公司	100.0000	62.8558	80.1040	76.0568	249
605500	森林包装	浙江	东部	C	无国有股份公司	100.0000	49.2312	88.7692	76.0540	250
301234	五洲医疗	安徽	中部	C	国有参股公司	100.0000	52.4602	86.7102	76.0517	251
300716	泉为科技	广东	东部	C	国有参股公司	100.0000	51.0992	87.5714	76.0490	252
688358	祥生医疗	江苏	东部	C	无国有股份公司	100.0000	52.0108	86.9904	76.0485	253
002810	山东赫达	山东	东部	C	无国有股份公司	100.0000	54.5406	85.3773	76.0467	254
002067	景兴纸业	浙江	东部	C	无国有股份公司	100.0000	53.3895	86.1067	76.0450	255
688271	联影医疗	上海	东部	C	国有参股公司	42.8571	64.9692	89.1054	76.0329	256
002847	盐津铺子	湖南	中部	C	无国有股份公司	57.1429	56.8587	91.6493	76.0219	257
002105	信隆健康	广东	东部	C	无国有股份公司	100.0000	60.7049	81.3702	76.0003	258
002595	豪迈科技	山东	东部	C	无国有股份公司	100.0000	53.5407	85.9291	76.0002	259
688209	英集芯	广东	东部	C	国有参股公司	71.4286	62.0139	85.6953	75.9801	260
600337	美克家居	江西	中部	F	国有参股公司	57.1429	61.3008	88.7448	75.9792	261
300398	飞凯材料	上海	东部	C	无国有股份公司	71.4286	67.7035	82.0539	75.9687	262
001211	双枪科技	浙江	东部	C	无国有股份公司	71.4286	50.7366	92.8467	75.9663	263
688357	建龙微纳	河南	中部	C	无国有股份公司	57.1429	65.0669	86.3166	75.9618	264
301257	普蕊斯	上海	东部	M	无国有股份公司	85.7143	60.8006	83.8189	75.9520	265
688103	国力股份	江苏	东部	C	无国有股份公司	100.0000	53.4447	85.8900	75.9451	266
600702	舍得酒业	四川	西部	C	国有参股公司	42.8571	55.4196	95.0101	75.9381	267
002162	悦心健康	上海	东部	C	国有参股公司	85.7143	50.3063	90.4552	75.9290	268
605111	新洁能	江苏	东部	C	无国有股份公司	100.0000	59.4017	82.0616	75.9245	269
605369	拱东医疗	浙江	东部	C	无国有股份公司	71.4286	62.0914	85.5353	75.9193	270
301051	信濠光电	广东	东部	C	无国有股份公司	85.7143	60.5222	83.9131	75.9064	271
688550	瑞联新材	陕西	西部	C	无国有股份公司	85.7143	57.9589	85.5420	75.9052	272
600507	方大特钢	江西	中部	C	无国有股份公司	71.4286	60.5138	86.5019	75.8988	273
300248	新开普	河南	中部	I	无国有股份公司	85.7143	57.0430	86.1060	75.8948	274
300037	新宙邦	广东	东部	C	无国有股份公司	14.2857	70.7898	90.3159	75.8788	275
002044	美年健康	江苏	东部	Q	无国有股份公司	85.7143	45.9605	93.1200	75.8736	276
002972	科安达	广东	东部	C	无国有股份公司	85.7143	55.9865	86.7235	75.8646	277
300745	欣锐科技	广东	东部	C	无国有股份公司	85.7143	56.6285	86.3015	75.8572	278
600588	用友网络	北京	东部	I	无国有股份公司	100.0000	58.3412	82.6080	75.8538	279

续表

股票代码	公司简称	省份	地区	行业代码	控股类型	环境保护（*EP*）	社会责任（*SR*）	公司治理（*CG*）	上市公司质量/ESG指数（*CLCQI/ESGI*）	*CLCQI/ESGI*排名
300529	健帆生物	广东	东部	C	无国有股份公司	85.7143	56.3584	86.4552	75.8472	280
300632	光莆股份	福建	东部	C	无国有股份公司	100.0000	51.1897	87.1307	75.8383	281
002262	恩华药业	江苏	东部	C	无国有股份公司	85.7143	51.9221	89.2545	75.8341	282
300763	锦浪科技	浙江	东部	C	无国有股份公司	85.7143	53.9456	87.9201	75.8085	283
002138	顺络电子	广东	东部	C	国有参股公司	57.1429	57.7781	90.6685	75.8043	284
300298	三诺生物	湖南	中部	C	无国有股份公司	71.4286	53.1620	91.0008	75.8000	285
300151	昌红科技	广东	东部	C	国有参股公司	100.0000	50.3329	87.5741	75.7823	286
688420	美腾科技	天津	东部	C	无国有股份公司	100.0000	59.5437	81.6989	75.7747	287
603992	松霖科技	福建	东部	C	无国有股份公司	85.7143	57.1607	85.8096	75.7729	288
002946	新乳业	四川	西部	C	无国有股份公司	100.0000	51.4198	86.8591	75.7694	289
600998	九州通	湖北	中部	F	国有参股公司	57.1429	56.5117	91.4054	75.7664	290
300308	中际旭创	山东	东部	C	无国有股份公司	42.8571	57.4647	93.3729	75.7535	291
002212	天融信	广东	东部	I	国有参股公司	71.4286	46.8802	94.9049	75.7486	292
002594	比亚迪	广东	东部	C	国有参股公司	42.8571	57.7246	93.1967	75.7475	293
300741	华宝股份	西藏	西部	C	无国有股份公司	100.0000	52.5751	86.0492	75.7284	294
601678	滨化股份	山东	东部	C	国有参股公司	100.0000	53.0954	85.6921	75.7141	295
300107	建新股份	河北	东部	C	无国有股份公司	28.5714	66.2801	90.2813	75.7099	296
300274	阳光电源	安徽	中部	C	无国有股份公司	28.5714	61.2315	93.4880	75.7066	297
300347	泰格医药	浙江	东部	M	无国有股份公司	100.0000	49.3958	88.0322	75.7062	298
603626	科森科技	江苏	东部	C	无国有股份公司	85.7143	54.0684	87.6468	75.7011	299
300857	协创数据	广东	东部	C	无国有股份公司	71.4286	58.7407	87.2671	75.6990	300
600699	均胜电子	浙江	东部	C	无国有股份公司	100.0000	49.1433	88.1352	75.6745	301
002469	三维化学	山东	东部	C	无国有股份公司	71.4286	59.8420	86.5111	75.6687	302
300812	易天股份	广东	东部	C	无国有股份公司	100.0000	54.4613	84.7237	75.6595	303
300662	科锐国际	北京	东部	L	无国有股份公司	100.0000	50.1442	87.4516	75.6489	304
300428	立中集团	河北	东部	C	无国有股份公司	85.7143	56.2025	86.1703	75.6360	305
688279	峰岹科技	广东	东部	I	无国有股份公司	100.0000	57.9017	82.4909	75.6356	306
301322	绿通科技	广东	东部	C	无国有股份公司	100.0000	47.6340	89.0128	75.6289	307
002511	中顺洁柔	广东	东部	C	无国有股份公司	100.0000	45.8171	90.1362	75.6109	308
300283	温州宏丰	浙江	东部	C	国有参股公司	100.0000	54.2922	84.7266	75.6019	309
300480	光力科技	河南	中部	C	无国有股份公司	57.1429	54.2114	92.5695	75.6015	310

续表

股票代码	公司简称	省份	地区	行业代码	控股类型	环境保护（*EP*）	社会责任（*SR*）	公司治理（*CG*）	上市公司质量/ESG指数（*CLCQI/ESGI*）	*CLCQI/ESGI*排名
300640	德艺文创	福建	东部	C	无国有股份公司	71.4286	48.5771	93.5501	75.5974	311
300229	拓尔思	北京	东部	I	国有参股公司	85.7143	62.4855	82.0966	75.5945	312
002990	盛视科技	广东	东部	I	无国有股份公司	100.0000	57.1225	82.9046	75.5904	313
300960	通业科技	广东	东部	C	国有参股公司	85.7143	62.5811	82.0009	75.5753	314
300408	三环集团	广东	东部	C	国有参股公司	85.7143	55.0657	86.7747	75.5705	315
688388	嘉元科技	广东	东部	C	无国有股份公司	100.0000	60.9272	80.4366	75.5646	316
603351	威尔药业	江苏	东部	C	无国有股份公司	100.0000	53.4302	85.1720	75.5452	317
603355	莱克电气	江苏	东部	C	无国有股份公司	71.4286	54.7586	89.5060	75.5367	318
688766	普冉股份	上海	东部	C	国有参股公司	85.7143	57.3261	85.2673	75.5326	319
300932	三友联众	广东	东部	C	无国有股份公司	71.4286	54.6256	89.5573	75.5183	320
300264	佳创视讯	广东	东部	I	国有参股公司	71.4286	54.9773	89.3097	75.5052	321
002120	韵达股份	浙江	东部	G	无国有股份公司	85.7143	54.1641	87.2258	75.5031	322
688003	天准科技	江苏	东部	C	无国有股份公司	85.7143	61.5348	82.4742	75.4694	323
603876	鼎胜新材	江苏	东部	C	无国有股份公司	57.1429	58.8438	89.3814	75.4694	324
002001	新和成	浙江	东部	C	无国有股份公司	85.7143	47.7495	91.2152	75.4521	325
002407	多氟多	河南	中部	C	国有参股公司	71.4286	57.3963	87.6141	75.4193	326
688302	海创药业	四川	西部	C	无国有股份公司	57.1429	59.1917	89.0647	75.4170	327
002715	登云股份	广东	东部	C	无国有股份公司	100.0000	51.1513	86.3865	75.4155	328
600487	亨通光电	江苏	东部	C	国有参股公司	100.0000	56.8793	82.7258	75.4070	329
600219	南山铝业	山东	东部	C	国有参股公司	42.8571	59.9173	91.1804	75.4060	330
300793	佳禾智能	广东	东部	C	无国有股份公司	85.7143	51.9724	88.4337	75.4003	331
836720	吉冈精密	江苏	东部	C	无国有股份公司	100.0000	61.4318	79.8098	75.3965	332
603819	神力股份	江苏	东部	C	无国有股份公司	85.7143	57.8807	84.5860	75.3520	333
300669	沪宁股份	浙江	东部	C	无国有股份公司	100.0000	63.0587	78.6920	75.3512	334
603345	安井食品	福建	东部	C	无国有股份公司	85.7143	49.9247	89.6365	75.3452	335
300435	中泰股份	浙江	东部	D	无国有股份公司	100.0000	59.3388	81.0241	75.3319	336
300638	广和通	广东	东部	C	国有参股公司	100.0000	50.7197	86.5034	75.3288	337
300655	晶瑞电材	江苏	东部	C	无国有股份公司	100.0000	59.6260	80.8238	75.3222	338
688131	皓元医药	上海	东部	M	无国有股份公司	100.0000	55.0840	83.6989	75.3138	339
002766	索菱股份	广东	东部	C	国有参股公司	85.7143	53.0425	87.5939	75.3129	340
301330	熵基科技	广东	东部	C	无国有股份公司	100.0000	55.4469	83.4578	75.3082	341

续表

股票代码	公司简称	省份	地区	行业代码	控股类型	环境保护（*EP*）	社会责任（*SR*）	公司治理（*CG*）	上市公司质量/ESG指数（*CLCQI/ESGI*）	*CLCQI/ESGI*排名
601636	旗滨集团	湖南	中部	C	无国有股份公司	85.7143	53.0445	87.5833	75.3078	342
688098	申联生物	上海	东部	C	无国有股份公司	100.0000	60.6059	80.1574	75.2987	343
002216	三全食品	河南	中部	C	无国有股份公司	100.0000	54.6241	83.9555	75.2939	344
688130	晶华微	浙江	东部	I	国有参股公司	100.0000	49.4926	87.2193	75.2930	345
605066	天正电气	浙江	东部	C	无国有股份公司	100.0000	52.6081	85.2133	75.2802	346
300700	岱勒新材	湖南	中部	C	无国有股份公司	85.7143	51.3631	88.5931	75.2748	347
605158	华达新材	浙江	东部	C	无国有股份公司	71.4286	57.7722	87.1044	75.2705	348
600196	复星医药	上海	东部	C	无国有股份公司	71.4286	61.7778	84.5241	75.2534	349
603928	兴业股份	江苏	东部	C	无国有股份公司	71.4286	54.9124	88.8866	75.2498	350
688416	恒烁股份	安徽	中部	C	国有参股公司	71.4286	67.8556	80.6495	75.2495	351
601012	隆基绿能	陕西	西部	C	国有参股公司	85.7143	51.3062	88.5784	75.2467	352
002795	永和智控	浙江	东部	C	无国有股份公司	100.0000	44.3691	90.3824	75.2395	353
688669	聚石化学	广东	东部	C	无国有股份公司	100.0000	63.4842	78.1785	75.2177	354
300241	瑞丰光电	广东	东部	C	国有参股公司	100.0000	43.4157	90.9297	75.2068	355
300905	宝丽迪	江苏	东部	C	无国有股份公司	85.7143	58.3230	84.0215	75.1963	356
300254	仟源医药	山西	中部	C	无国有股份公司	57.1429	59.3200	88.5762	75.1932	357
600797	浙大网新	浙江	东部	I	国有参股公司	57.1429	63.6158	85.8013	75.1706	358
002475	立讯精密	广东	东部	C	国有参股公司	42.8571	63.0262	88.7445	75.1543	359
002494	华斯股份	河北	东部	C	国有参股公司	85.7143	45.6531	91.9782	75.1380	360
000062	深圳华强	广东	东部	F	国有参股公司	100.0000	53.6792	84.2513	75.1259	361
300357	我武生物	浙江	东部	C	无国有股份公司	71.4286	64.2002	82.7445	75.1224	362
000063	中兴通讯	广东	东部	C	国有参股公司	71.4286	60.2159	85.2669	75.1152	363
300884	狄耐克	福建	东部	C	国有参股公司	85.7143	53.3521	87.0212	75.1063	364
002785	万里石	福建	东部	C	无国有股份公司	100.0000	47.3588	88.2210	75.0971	365
300645	正元智慧	浙江	东部	I	无国有股份公司	100.0000	54.0213	83.9728	75.0925	366
002691	冀凯股份	河北	东部	C	国有参股公司	85.7143	57.9783	84.0509	75.0918	367
603507	振江股份	江苏	东部	C	无国有股份公司	57.1429	58.8079	88.6792	75.0706	368
600779	水井坊	四川	西部	C	无国有股份公司	85.7143	49.6337	89.3188	75.0686	369
301121	紫建电子	重庆	西部	C	无国有股份公司	100.0000	51.2297	85.6765	75.0525	370
601138	工业富联	广东	东部	C	无国有股份公司	100.0000	54.0192	83.8868	75.0445	371
688205	德科立	江苏	东部	C	国有参股公司	85.7143	52.4456	87.4717	75.0368	372

续表

股票代码	公司简称	省份	地区	行业代码	控股类型	环境保护（*EP*）	社会责任（*SR*）	公司治理（*CG*）	上市公司质量/ESG指数（*CLCQI/ESGI*）	*CLCQI/ESGI*排名
002753	永东股份	山西	中部	C	无国有股份公司	71.4286	52.2732	90.1784	75.0366	373
002410	广联达	北京	东部	I	无国有股份公司	71.4286	51.4446	90.6938	75.0300	374
688226	威腾电气	江苏	东部	C	国有参股公司	85.7143	55.7127	85.3776	75.0286	375
688566	吉贝尔	江苏	东部	C	无国有股份公司	100.0000	58.2309	81.1458	75.0110	376
002530	金财互联	江苏	东部	I	无国有股份公司	100.0000	52.4160	84.8455	75.0106	377
603767	中马传动	浙江	东部	C	无国有股份公司	100.0000	56.3720	82.3280	75.0106	378
002484	江海股份	江苏	东部	C	无国有股份公司	71.4286	56.6002	87.3698	75.0063	379
301216	万凯新材	浙江	东部	C	无国有股份公司	85.7143	58.4453	83.5967	75.0055	380
688517	金冠电气	河南	中部	C	无国有股份公司	85.7143	66.2465	78.6217	74.9996	381
688136	科兴制药	山东	东部	C	无国有股份公司	71.4286	56.0613	87.6814	74.9891	382
300970	华绿生物	江苏	东部	A	国有参股公司	100.0000	54.8570	83.2229	74.9726	383
688211	中科微至	江苏	东部	C	国有参股公司	100.0000	50.0282	86.2820	74.9650	384
300610	晨化股份	江苏	东部	C	无国有股份公司	85.7143	55.4337	85.4270	74.9581	385
002466	天齐锂业	四川	西部	C	无国有股份公司	71.4286	58.3472	86.1508	74.9473	386
688005	容百科技	浙江	东部	C	无国有股份公司	57.1429	57.7073	89.1531	74.9460	387
688277	天智航	北京	东部	C	无国有股份公司	100.0000	51.6074	85.2386	74.9438	388
300230	永利股份	上海	东部	C	无国有股份公司	100.0000	53.9421	83.7490	74.9417	389
301273	瑞晨环保	上海	东部	C	无国有股份公司	85.7143	57.0137	84.3657	74.9273	390
603458	勘设股份	贵州	西部	M	无国有股份公司	100.0000	56.8720	81.8565	74.9262	391
300872	天阳科技	西藏	西部	I	无国有股份公司	100.0000	51.3915	85.3213	74.9137	392
002801	微光股份	浙江	东部	C	无国有股份公司	85.7143	56.9608	84.3723	74.9125	393
300727	润禾材料	浙江	东部	C	无国有股份公司	42.8571	69.4945	84.1453	74.8887	394
688150	莱特光电	陕西	西部	C	无国有股份公司	14.2857	69.5460	89.3015	74.8855	395
300594	朗进科技	山东	东部	C	国有参股公司	71.4286	59.6678	85.1903	74.8813	396
688230	芯导科技	上海	东部	C	国有参股公司	85.7143	61.3109	81.5188	74.8656	397
688052	纳芯微	江苏	东部	I	无国有股份公司	57.1429	60.9142	86.9264	74.8438	398
301087	可孚医疗	湖南	中部	C	无国有股份公司	71.4286	51.1662	90.5038	74.8281	399
688272	富吉瑞	北京	东部	C	无国有股份公司	71.4286	59.7617	85.0335	74.8279	400
688767	博拓生物	浙江	东部	C	无国有股份公司	85.7143	59.6032	82.5311	74.8246	401
688419	耐科装备	安徽	中部	C	无国有股份公司	100.0000	61.8049	78.5258	74.8209	402
002802	洪汇新材	江苏	东部	C	无国有股份公司	100.0000	56.6830	81.7745	74.8150	403

续表

股票代码	公司简称	省份	地区	行业代码	控股类型	环境保护（*EP*）	社会责任（*SR*）	公司治理（*CG*）	上市公司质量/ESG指数（*CLCQI/ESGI*）	*CLCQI/ESGI*排名
601702	华峰铝业	上海	东部	C	无国有股份公司	100.0000	46.5010	88.2498	74.8127	404
002422	科伦药业	四川	西部	C	国有参股公司	85.7143	57.1401	84.0745	74.8114	405
002027	分众传媒	广东	东部	L	无国有股份公司	100.0000	49.9761	86.0269	74.8064	406
300732	设研院	河南	中部	M	国有参股公司	85.7143	57.6976	83.7079	74.8049	407
002088	鲁阳节能	山东	东部	C	无国有股份公司	57.1429	49.5044	94.0893	74.7899	408
601137	博威合金	浙江	东部	C	无国有股份公司	71.4286	45.7542	93.8597	74.7797	409
300715	凯伦股份	江苏	东部	C	无国有股份公司	85.7143	49.6425	88.7803	74.7755	410
603214	爱婴室	上海	东部	F	国有参股公司	85.7143	50.3413	88.3165	74.7650	411
688219	会通股份	安徽	中部	C	无国有股份公司	57.1429	57.0426	89.2427	74.7627	412
603506	南都物业	浙江	东部	K	无国有股份公司	100.0000	44.1663	89.6429	74.7618	413
300143	盈康生命	山东	东部	Q	无国有股份公司	85.7143	50.7965	88.0148	74.7584	414
300833	浩洋股份	广东	东部	C	无国有股份公司	100.0000	50.9730	85.3019	74.7566	415
603393	新天然气	新疆	西部	D	无国有股份公司	71.4286	61.2667	83.9317	74.7486	416
002738	中矿资源	北京	东部	C	国有参股公司	100.0000	56.9902	81.4437	74.7406	417
300717	华信新材	江苏	东部	C	无国有股份公司	100.0000	47.1439	87.6968	74.7336	418
300386	飞天诚信	北京	东部	I	无国有股份公司	85.7143	55.7154	84.8276	74.7270	419
002695	煌上煌	江西	中部	C	无国有股份公司	71.4286	54.4404	88.2275	74.7221	420
301248	杰创智能	广东	东部	I	无国有股份公司	85.7143	56.1384	84.5076	74.6991	421
301388	欣灵电气	浙江	东部	C	无国有股份公司	100.0000	53.2581	83.7252	74.6892	422
603839	安正时尚	浙江	东部	C	国有参股公司	100.0000	44.6974	89.1398	74.6710	423
834033	康普化学	重庆	西部	C	国有参股公司	100.0000	59.2842	79.8365	74.6596	424
300935	盈建科	北京	东部	I	无国有股份公司	71.4286	60.3628	84.3316	74.6522	425
300417	南华仪器	广东	东部	C	国有参股公司	100.0000	64.3344	76.5933	74.6434	426
688378	奥来德	吉林	东北	C	无国有股份公司	100.0000	56.1685	81.7867	74.6417	427
688293	奥浦迈	上海	东部	M	无国有股份公司	71.4286	55.5897	87.3497	74.6416	428
688303	大全能源	新疆	西部	C	无国有股份公司	100.0000	54.4383	82.8843	74.6398	429
300649	杭州园林	浙江	东部	E	无国有股份公司	100.0000	46.5691	87.8773	74.6317	430
300316	晶盛机电	浙江	东部	C	无国有股份公司	85.7143	53.6735	85.9396	74.6239	431
002079	苏州固锝	江苏	东部	C	无国有股份公司	71.4286	52.1249	89.5114	74.6179	432
300481	濮阳惠成	河南	中部	C	无国有股份公司	85.7143	57.5856	83.3483	74.5679	433
300327	中颖电子	上海	东部	C	国有参股公司	85.7143	55.2924	84.7926	74.5597	434

续表

股票代码	公司简称	省份	地区	行业代码	控股类型	环境保护（*EP*）	社会责任（*SR*）	公司治理（*CG*）	上市公司质量/ESG指数（*CLCQI/ESGI*）	*CLCQI/ESGI*排名
605056	咸亨国际	浙江	东部	F	无国有股份公司	85.7143	55.1415	84.8499	74.5384	435
688046	药康生物	江苏	东部	M	国有参股公司	100.0000	47.9302	86.8332	74.5338	436
300265	通光线缆	江苏	东部	C	国有参股公司	71.4286	55.2925	87.3137	74.5177	437
002540	亚太科技	江苏	东部	C	无国有股份公司	100.0000	50.2377	85.3347	74.5173	438
300896	爱美客	北京	东部	C	无国有股份公司	85.7143	57.9801	82.9952	74.5118	439
003021	兆威机电	广东	东部	C	无国有股份公司	71.4286	56.7893	86.3094	74.4893	440
301301	川宁生物	新疆	西部	C	无国有股份公司	57.1429	61.4287	85.9531	74.4885	441
002191	劲嘉股份	广东	东部	C	无国有股份公司	85.7143	51.9795	86.7662	74.4857	442
301356	天振股份	浙江	东部	C	无国有股份公司	85.7143	57.1333	83.4799	74.4820	443
300423	昇辉科技	山东	东部	C	无国有股份公司	100.0000	47.5492	86.9814	74.4820	444
603505	金石资源	浙江	东部	B	无国有股份公司	100.0000	48.6552	86.2709	74.4784	445
688218	江苏北人	江苏	东部	C	国有参股公司	100.0000	50.5192	85.0709	74.4707	446
601567	三星医疗	浙江	东部	C	无国有股份公司	71.4286	57.2983	85.9445	74.4667	447
301318	维海德	广东	东部	C	无国有股份公司	100.0000	57.6075	80.5428	74.4612	448
600933	爱柯迪	浙江	东部	C	无国有股份公司	85.7143	51.2158	87.1877	74.4502	449
600873	梅花生物	西藏	西部	C	无国有股份公司	85.7143	50.3869	87.6810	74.4314	450
688112	鼎阳科技	广东	东部	C	国有参股公司	100.0000	53.8848	82.8466	74.4253	451
301105	鸿铭股份	广东	东部	C	无国有股份公司	100.0000	50.7120	84.8592	74.4217	452
688212	澳华内镜	上海	东部	C	无国有股份公司	71.4286	60.5590	83.7671	74.4104	453
002985	北摩高科	北京	东部	C	无国有股份公司	85.7143	55.5438	84.3464	74.4023	454
603899	晨光股份	上海	东部	C	无国有股份公司	57.1429	60.1691	86.5976	74.4022	455
688800	瑞可达	江苏	东部	C	国有参股公司	71.4286	57.3044	85.8177	74.3991	456
003000	劲仔食品	湖南	中部	C	无国有股份公司	71.4286	57.1179	85.9070	74.3830	457
002849	威星智能	浙江	东部	C	无国有股份公司	85.7143	53.6591	85.4837	74.3682	458
603087	甘李药业	北京	东部	C	国有参股公司	100.0000	42.2679	90.1211	74.3604	459
002194	武汉凡谷	湖北	中部	C	国有参股公司	85.7143	54.5926	84.8645	74.3543	460
002824	和胜股份	广东	东部	C	无国有股份公司	85.7143	58.0351	82.6680	74.3511	461
688161	威高骨科	山东	东部	C	国有参股公司	71.4286	53.3649	88.2033	74.3324	462
688513	苑东生物	四川	西部	C	无国有股份公司	71.4286	60.8873	83.4079	74.3277	463
688028	沃尔德	北京	东部	C	国有参股公司	85.7143	53.6817	85.3877	74.3233	464
300825	阿尔特	北京	东部	M	国有参股公司	57.1429	60.1800	86.4408	74.3197	465

续表

股票代码	公司简称	省份	地区	行业代码	控股类型	环境保护（EP）	社会责任（SR）	公司治理（CG）	上市公司质量/ESG指数（CLCQI/ESGI）	CLCQI/ESGI排名
300171	东富龙	上海	东部	C	无国有股份公司	85.7143	55.0599	84.4875	74.3105	466
000590	启迪药业	湖南	中部	C	国有参股公司	85.7143	44.8354	90.9680	74.2962	467
688058	宝兰德	北京	东部	I	无国有股份公司	85.7143	61.3333	80.4382	74.2791	468
601011	宝泰隆	黑龙江	东北	C	国有参股公司	85.7143	54.4510	84.7448	74.2389	469
688351	微电生理	上海	东部	C	无国有股份公司	71.4286	59.2018	84.2971	74.2269	470
300948	冠中生态	山东	东部	N	国有参股公司	100.0000	64.4337	75.7725	74.2267	471
601500	通用股份	江苏	东部	C	国有参股公司	57.1429	53.2586	90.6723	74.2245	472
603586	金麒麟	山东	东部	C	无国有股份公司	85.7143	64.9066	78.0555	74.2193	473
688045	必易微	广东	东部	I	无国有股份公司	100.0000	51.2934	84.1208	74.2191	474
688087	英科再生	山东	东部	C	无国有股份公司	85.7143	51.9522	86.2988	74.2190	475
300725	药石科技	江苏	东部	C	无国有股份公司	28.5714	59.4032	91.9358	74.2130	476
002352	顺丰控股	广东	东部	G	国有参股公司	85.7143	55.5678	83.9796	74.2089	477
688679	通源环境	安徽	中部	N	无国有股份公司	71.4286	61.6661	82.6881	74.2044	478
300851	交大思诺	北京	东部	I	国有参股公司	71.4286	61.7021	82.6647	74.2042	479
600778	友好集团	新疆	西部	F	国有参股公司	85.7143	40.8486	93.3347	74.2025	480
002123	梦网科技	辽宁	东北	I	无国有股份公司	71.4286	53.2254	88.0557	74.2024	481
300701	森霸传感	河南	中部	C	国有参股公司	100.0000	58.9801	79.1927	74.1990	482
001331	胜通能源	山东	东部	D	国有参股公司	100.0000	52.2768	83.4582	74.1989	483
300720	海川智能	广东	东部	C	无国有股份公司	100.0000	51.8593	83.7094	74.1909	484
688289	圣湘生物	湖南	中部	C	无国有股份公司	57.1429	67.1946	81.7418	74.1904	485
688498	源杰科技	陕西	西部	C	无国有股份公司	100.0000	62.8270	76.7278	74.1897	486
603917	合力科技	浙江	东部	C	无国有股份公司	85.7143	46.9048	89.4503	74.1858	487
300820	英杰电气	四川	西部	C	无国有股份公司	100.0000	52.7102	83.1504	74.1813	488
688081	兴图新科	湖北	中部	C	无国有股份公司	100.0000	58.1025	79.7072	74.1748	489
300226	上海钢联	上海	东部	I	无国有股份公司	100.0000	49.4749	85.1961	74.1741	490
603348	文灿股份	广东	东部	C	无国有股份公司	100.0000	43.0464	89.2866	74.1739	491
688110	东芯股份	上海	东部	C	无国有股份公司	85.7143	63.5461	78.8334	74.1709	492
300339	润和软件	江苏	东部	I	国有参股公司	71.4286	55.6053	86.4793	74.1683	493
300407	凯发电气	天津	东部	C	无国有股份公司	100.0000	42.3944	89.6868	74.1658	494
301080	百普赛斯	北京	东部	M	无国有股份公司	100.0000	44.4006	88.3957	74.1579	495
000723	美锦能源	山西	中部	C	无国有股份公司	85.7143	51.4625	86.4722	74.1430	496

续表

股票代码	公司简称	省份	地区	行业代码	控股类型	环境保护（*EP*）	社会责任（*SR*）	公司治理（*CG*）	上市公司质量/ESG指数（*CLCQI/ESGI*）	*CLCQI/ESGI*排名
688168	安博通	北京	东部	I	无国有股份公司	85.7143	56.0133	83.5481	74.1276	497
688102	斯瑞新材	陕西	西部	C	无国有股份公司	42.8571	56.7481	90.8410	74.1101	498
300389	艾比森	广东	东部	C	无国有股份公司	71.4286	58.5071	84.5187	74.1056	499
300972	万辰集团	福建	东部	A	无国有股份公司	85.7143	56.0238	83.4937	74.1013	500
002085	万丰奥威	浙江	东部	C	无国有股份公司	85.7143	51.9204	86.0884	74.0922	501
688286	敏芯股份	江苏	东部	C	国有参股公司	100.0000	59.5646	78.6220	74.0897	502
002249	大洋电机	广东	东部	C	无国有股份公司	42.8571	54.2551	92.3747	74.0811	503
300596	利安隆	天津	东部	C	无国有股份公司	85.7143	47.3661	88.9444	74.0690	504
002882	金龙羽	广东	东部	C	无国有股份公司	100.0000	64.1396	75.6700	74.0674	505
300605	恒锋信息	福建	东部	I	国有参股公司	85.7143	49.7636	87.4120	74.0653	506
688010	福光股份	福建	东部	C	国有参股公司	71.4286	63.5033	81.2622	74.0633	507
003025	思进智能	浙江	东部	C	无国有股份公司	57.1429	61.6344	85.0473	74.0623	508
002831	裕同科技	广东	东部	C	无国有股份公司	100.0000	50.0759	84.5864	74.0491	509
688313	仕佳光子	河南	中部	C	国有参股公司	100.0000	51.6073	83.5796	74.0314	510
002601	龙佰集团	河南	中部	C	无国有股份公司	71.4286	48.5507	90.7052	74.0235	511
300691	联合光电	广东	东部	C	无国有股份公司	57.1429	54.8052	89.3186	74.0213	512
300739	明阳电路	广东	东部	C	无国有股份公司	85.7143	58.6454	81.6780	74.0202	513
300817	双飞集团	浙江	东部	C	无国有股份公司	85.7143	56.0475	83.3189	74.0135	514
688007	光峰科技	广东	东部	C	无国有股份公司	28.5714	64.7946	88.1352	74.0096	515
002382	蓝帆医疗	山东	东部	C	国有参股公司	57.1429	59.3407	86.4098	74.0089	516
605338	巴比食品	上海	东部	C	无国有股份公司	100.0000	51.3640	83.6913	74.0076	517
688819	天能股份	浙江	东部	C	无国有股份公司	85.7143	60.0362	80.7681	74.0065	518
300075	数字政通	北京	东部	I	无国有股份公司	85.7143	59.5398	81.0828	74.0059	519
300260	新莱应材	江苏	东部	C	无国有股份公司	71.4286	55.2508	86.4015	74.0015	520
001313	粤海饲料	广东	东部	C	无国有股份公司	100.0000	52.4169	83.0051	73.9987	521
603288	海天味业	广东	东部	C	国有参股公司	85.7143	62.2995	79.2922	73.9869	522
002099	海翔药业	浙江	东部	C	无国有股份公司	100.0000	50.9591	83.9081	73.9851	523
300835	龙磁科技	安徽	中部	C	无国有股份公司	85.7143	50.5181	86.7329	73.9559	524
688127	蓝特光学	浙江	东部	C	国有参股公司	85.7143	47.8416	88.3916	73.9314	525
002170	芭田股份	广东	东部	C	无国有股份公司	100.0000	50.6050	84.0331	73.9300	526
688585	上纬新材	上海	东部	C	无国有股份公司	85.7143	56.0158	83.1869	73.9297	527

续表

股票代码	公司简称	省份	地区	行业代码	控股类型	环境保护（*EP*）	社会责任（*SR*）	公司治理（*CG*）	上市公司质量/ESG指数（*CLCQI/ESGI*）	*CLCQI/ESGI*排名
000913	钱江摩托	浙江	东部	C	国有参股公司	100.0000	57.6610	79.5357	73.9260	528
300360	炬华科技	浙江	东部	C	无国有股份公司	85.7143	57.2865	82.3636	73.9217	529
603396	金辰股份	辽宁	东北	C	无国有股份公司	85.7143	58.2207	81.7272	73.8986	530
871634	新威凌	湖南	中部	C	无国有股份公司	100.0000	52.5742	82.7161	73.8948	531
300272	开能健康	上海	东部	C	无国有股份公司	57.1429	54.6966	89.1426	73.8866	532
300849	锦盛新材	浙江	东部	C	无国有股份公司	100.0000	49.5659	84.5942	73.8749	533
301096	百诚医药	浙江	东部	M	无国有股份公司	85.7143	64.8510	77.4540	73.8690	534
688233	神工股份	辽宁	东北	C	无国有股份公司	100.0000	49.2987	84.7459	73.8648	535
688088	虹软科技	浙江	东部	I	无国有股份公司	85.7143	54.5512	83.9935	73.8608	536
601689	拓普集团	浙江	东部	C	国有参股公司	57.1429	50.0647	92.0385	73.8581	537
603889	新澳股份	浙江	东部	C	无国有股份公司	85.7143	58.5317	81.4501	73.8551	538
002233	塔牌集团	广东	东部	C	无国有股份公司	85.7143	53.3612	84.7365	73.8529	539
300085	银之杰	广东	东部	I	无国有股份公司	85.7143	54.6294	83.9241	73.8500	540
300035	中科电气	湖南	中部	C	国有参股公司	85.7143	49.6895	87.0558	73.8434	541
300552	万集科技	北京	东部	I	国有参股公司	100.0000	62.1272	76.5223	73.8318	542
688787	海天瑞声	北京	东部	I	国有参股公司	100.0000	56.3893	80.1684	73.8288	543
301127	天源环保	湖北	中部	N	国有参股公司	100.0000	53.3976	82.0684	73.8268	544
300791	仙乐健康	广东	东部	C	无国有股份公司	100.0000	49.2332	84.7131	73.8238	545
688699	明微电子	广东	东部	I	无国有股份公司	100.0000	55.5354	80.6918	73.8179	546
605259	绿田机械	浙江	东部	C	无国有股份公司	71.4286	51.4523	88.4839	73.8173	547
001283	豪鹏科技	广东	东部	C	国有参股公司	100.0000	53.7645	81.8082	73.8121	548
603918	金桥信息	上海	东部	I	无国有股份公司	100.0000	62.8956	75.9929	73.8095	549
831961	创远信科	上海	东部	C	无国有股份公司	57.1429	67.4028	80.9062	73.8037	550
688789	宏华数科	浙江	东部	C	无国有股份公司	85.7143	51.0462	86.1074	73.7967	551
300475	香农芯创	安徽	中部	F	国有参股公司	85.7143	47.0151	88.6478	73.7830	552
300699	光威复材	山东	东部	C	无国有股份公司	28.5714	57.3811	92.4335	73.7790	553
002773	康弘药业	四川	西部	C	无国有股份公司	71.4286	49.6442	89.5501	73.7709	554
300595	欧普康视	安徽	中部	C	无国有股份公司	100.0000	50.7882	83.6149	73.7641	555
002458	益生股份	山东	东部	A	国有参股公司	85.7143	54.2923	83.9749	73.7599	556
603098	森特股份	北京	东部	E	无国有股份公司	85.7143	55.3507	83.2940	73.7559	557
301103	何氏眼科	辽宁	东北	Q	无国有股份公司	100.0000	53.7117	81.7380	73.7550	558

续表

股票代码	公司简称	省份	地区	行业代码	控股类型	环境保护（*EP*）	社会责任（*SR*）	公司治理（*CG*）	上市公司质量/ESG指数（*CLCQI/ESGI*）	*CLCQI/ESGI*排名
002688	金河生物	内蒙古	西部	C	国有参股公司	85.7143	45.6152	89.4839	73.7529	559
601311	骆驼股份	湖北	中部	C	无国有股份公司	57.1429	55.6639	88.2795	73.7504	560
301196	唯科科技	福建	东部	C	无国有股份公司	71.4286	56.1327	85.3833	73.7502	561
300768	迪普科技	浙江	东部	I	无国有股份公司	100.0000	52.6051	82.4326	73.7497	562
688288	鸿泉物联	浙江	东部	C	无国有股份公司	85.7143	52.7891	84.9106	73.7485	563
002613	北玻股份	河南	中部	C	国有参股公司	85.7143	49.7359	86.8533	73.7483	564
688662	富信科技	广东	东部	C	无国有股份公司	85.7143	59.2811	80.7757	73.7465	565
002625	光启技术	广东	东部	C	国有参股公司	85.7143	48.6756	87.5156	73.7415	566
688223	晶科能源	江西	中部	C	无国有股份公司	57.1429	53.2674	89.7846	73.7394	567
603861	白云电器	广东	东部	C	无国有股份公司	28.5714	53.9414	94.5398	73.7335	568
300866	安克创新	湖南	中部	C	无国有股份公司	57.1429	53.2519	89.7783	73.7305	569
301158	德石股份	山东	东部	C	无国有股份公司	57.1429	55.7724	88.1579	73.7215	570
301230	泓博医药	上海	东部	M	无国有股份公司	100.0000	42.8805	88.5536	73.7127	571
002978	安宁股份	四川	西部	B	无国有股份公司	71.4286	57.5340	84.4230	73.7124	572
002272	川润股份	四川	西部	C	国有参股公司	71.4286	58.8182	83.6018	73.7102	573
002706	良信股份	上海	东部	C	无国有股份公司	85.7143	56.0959	82.7348	73.7091	574
300580	贝斯特	江苏	东部	C	无国有股份公司	71.4286	57.0623	84.6766	73.6868	575
002837	英维克	广东	东部	C	无国有股份公司	85.7143	61.3288	79.3615	73.6854	576
002989	中天精装	广东	东部	E	国有参股公司	57.1429	57.3972	87.0488	73.6801	577
300977	深圳瑞捷	广东	东部	M	国有参股公司	85.7143	49.1824	87.0726	73.6752	578
301211	亨迪药业	湖北	中部	C	无国有股份公司	85.7143	45.3514	89.4844	73.6608	579
603758	秦安股份	重庆	西部	C	无国有股份公司	100.0000	44.1645	87.6393	73.6592	580
833509	同惠电子	江苏	东部	C	国有参股公司	100.0000	67.0174	73.0796	73.6499	581
603726	朗迪集团	浙江	东部	C	无国有股份公司	85.7143	47.6789	87.9797	73.6479	582
002843	泰嘉股份	湖南	中部	C	国有参股公司	100.0000	46.8397	85.9128	73.6459	583
600180	瑞茂通	山东	东部	F	无国有股份公司	85.7143	43.0236	90.9381	73.6457	584
430047	诺思兰德	北京	东部	C	无国有股份公司	85.7143	66.5374	75.9682	73.6420	585
688236	春立医疗	北京	东部	C	无国有股份公司	100.0000	57.4946	79.1216	73.6400	586
603551	奥普科技	浙江	东部	C	无国有股份公司	100.0000	44.4021	87.4310	73.6278	587
600351	亚宝药业	山西	中部	C	国有参股公司	85.7143	44.5542	89.9194	73.6211	588
688208	道通科技	广东	东部	C	无国有股份公司	71.4286	47.7502	90.4580	73.6073	589

续表

股票代码	公司简称	省份	地区	行业代码	控股类型	环境保护（*EP*）	社会责任（*SR*）	公司治理（*CG*）	上市公司质量/ESG指数（*CLCQI/ESGI*）	*CLCQI/ESGI*排名
688399	硕世生物	江苏	东部	C	无国有股份公司	71.4286	55.0883	85.7761	73.6006	590
688711	宏微科技	江苏	东部	C	无国有股份公司	100.0000	47.6339	85.3225	73.5992	591
001207	联科科技	山东	东部	C	无国有股份公司	57.1429	59.5571	85.5252	73.5981	592
300786	国林科技	山东	东部	C	无国有股份公司	100.0000	51.1100	83.1007	73.5939	593
002984	森麒麟	山东	东部	C	无国有股份公司	57.1429	48.4649	92.5683	73.5895	594
300177	中海达	广东	东部	C	国有参股公司	85.7143	50.1981	86.2676	73.5880	595
605090	九丰能源	江西	中部	D	无国有股份公司	100.0000	46.2269	86.1940	73.5861	596
301032	新柴股份	浙江	东部	C	无国有股份公司	57.1429	47.7090	93.0408	73.5849	597
300651	金陵体育	江苏	东部	C	国有参股公司	100.0000	49.8537	83.8573	73.5703	598
300894	火星人	浙江	东部	C	无国有股份公司	85.7143	55.8808	82.6141	73.5674	599
603095	越剑智能	浙江	东部	C	无国有股份公司	85.7143	44.8023	89.6626	73.5667	600
002436	兴森科技	广东	东部	C	无国有股份公司	100.0000	56.8816	79.3679	73.5609	601
300990	同飞股份	河北	东部	C	无国有股份公司	71.4286	56.2012	84.9781	73.5512	602
430300	辰光医疗	上海	东部	C	无国有股份公司	85.7143	59.9402	79.9835	73.5414	603
300243	瑞丰高材	山东	东部	C	无国有股份公司	100.0000	49.1383	84.2409	73.5309	604
002562	兄弟科技	浙江	东部	C	无国有股份公司	100.0000	51.2191	82.8960	73.5195	605
832662	方盛股份	江苏	东部	C	国有参股公司	100.0000	52.9429	81.7982	73.5190	606
000938	紫光股份	北京	东部	C	国有参股公司	100.0000	53.5713	81.3982	73.5190	607
688135	利扬芯片	广东	东部	C	无国有股份公司	71.4286	54.7170	85.8465	73.5094	608
688159	有方科技	广东	东部	C	无国有股份公司	71.4286	63.5960	80.1883	73.5050	609
603359	东珠生态	江苏	东部	N	无国有股份公司	100.0000	50.3313	83.4305	73.5028	610
002078	太阳纸业	山东	东部	C	无国有股份公司	57.1429	66.1074	81.1811	73.5015	611
600330	天通股份	浙江	东部	C	国有参股公司	85.7143	49.6143	86.4739	73.4971	612
002139	拓邦股份	广东	东部	C	无国有股份公司	71.4286	48.0656	90.0501	73.4934	613
003030	祖名股份	浙江	东部	C	无国有股份公司	57.1429	55.4882	87.8977	73.4789	614
300421	力星股份	江苏	东部	C	国有参股公司	28.5714	56.2921	92.5761	73.4762	615
688398	赛特新材	福建	东部	C	无国有股份公司	71.4286	48.2326	89.9100	73.4748	616
300911	亿田智能	浙江	东部	C	无国有股份公司	71.4286	53.4961	86.5477	73.4677	617
301122	采纳股份	江苏	东部	C	国有参股公司	85.7143	54.9447	83.0237	73.4651	618
600186	莲花控股	河南	中部	C	国有参股公司	100.0000	49.3525	83.9788	73.4617	619
300982	苏文电能	江苏	东部	E	无国有股份公司	85.7143	57.2006	81.5759	73.4584	620

续表

股票代码	公司简称	省份	地区	行业代码	控股类型	环境保护（*EP*）	社会责任（*SR*）	公司治理（*CG*）	上市公司质量/ESG指数（*CLCQI/ESGI*）	*CLCQI/ESGI*排名
002701	奥瑞金	北京	东部	C	国有参股公司	85.7143	57.3986	81.4328	73.4490	621
300541	先进数通	北京	东部	I	无国有股份公司	71.4286	61.7269	81.2731	73.4475	622
688558	国盛智科	江苏	东部	C	无国有股份公司	57.1429	65.3535	81.5623	73.4472	623
688311	盟升电子	四川	西部	C	无国有股份公司	100.0000	61.0287	76.5106	73.4409	624
688283	坤恒顺维	四川	西部	C	无国有股份公司	42.8571	73.8637	78.7174	73.4326	625
601089	福元医药	北京	东部	C	无国有股份公司	14.2857	60.6050	92.3468	73.4310	626
688371	菲沃泰	江苏	东部	C	国有参股公司	100.0000	53.3631	81.3122	73.3988	627
688193	仁度生物	上海	东部	C	无国有股份公司	57.1429	60.7152	84.4243	73.3980	628
300643	万通智控	浙江	东部	C	国有参股公司	100.0000	55.7074	79.8071	73.3915	629
002663	普邦股份	广东	东部	E	国有参股公司	100.0000	53.2332	81.3676	73.3838	630
603659	璞泰来	上海	东部	C	国有参股公司	85.7143	57.2714	81.3630	73.3661	631
605068	明新旭腾	浙江	东部	C	无国有股份公司	85.7143	54.5210	83.1051	73.3616	632
688206	概伦电子	上海	东部	I	无国有股份公司	71.4286	56.4303	84.4861	73.3608	633
688772	珠海冠宇	广东	东部	C	无国有股份公司	14.2857	61.8408	91.4195	73.3536	634
600682	南京新百	江苏	东部	F	国有参股公司	85.7143	47.4405	87.5874	73.3487	635
300382	斯莱克	江苏	东部	C	国有参股公司	100.0000	52.5400	81.7403	73.3462	636
688060	云涌科技	江苏	东部	I	无国有股份公司	100.0000	58.7315	77.7881	73.3395	637
002296	辉煌科技	河南	中部	C	无国有股份公司	71.4286	58.8986	82.8683	73.3349	638
002987	京北方	北京	东部	I	无国有股份公司	71.4286	50.1382	88.4319	73.3288	639
603238	诺邦股份	浙江	东部	C	无国有股份公司	85.7143	47.3678	87.5973	73.3287	640
003038	鑫铂股份	安徽	中部	C	无国有股份公司	100.0000	52.2729	81.8731	73.3257	641
300697	电工合金	江苏	东部	C	国有参股公司	85.7143	54.6416	82.9623	73.3253	642
301220	亚香股份	江苏	东部	C	无国有股份公司	14.2857	68.0104	87.4250	73.3160	643
002363	隆基机械	山东	东部	C	国有参股公司	71.4286	56.8293	84.1443	73.3125	644
688061	灿瑞科技	上海	东部	C	无国有股份公司	85.7143	61.0792	78.8299	73.3056	645
300326	凯利泰	上海	东部	C	无国有股份公司	85.7143	52.2401	84.4310	73.2925	646
600210	紫江企业	上海	东部	C	无国有股份公司	100.0000	50.2371	83.1042	73.2903	647
300576	容大感光	广东	东部	C	国有参股公司	100.0000	52.9727	81.3463	73.2809	648
688160	步科股份	上海	东部	C	无国有股份公司	100.0000	51.5778	82.2272	73.2772	649
688616	西力科技	浙江	东部	C	无国有股份公司	85.7143	61.3101	78.6312	73.2771	650
688668	鼎通科技	广东	东部	C	无国有股份公司	100.0000	57.6216	78.3751	73.2738	651

续表

股票代码	公司简称	省份	地区	行业代码	控股类型	环境保护（*EP*）	社会责任（*SR*）	公司治理（*CG*）	上市公司质量/ESG指数（*CLCQI/ESGI*）	*CLCQI/ESGI*排名
603680	今创集团	江苏	东部	C	国有参股公司	71.4286	50.4219	88.0978	73.2443	652
603215	比依股份	浙江	东部	C	国有参股公司	85.7143	55.4245	82.3163	73.2440	653
605050	福然德	上海	东部	G	无国有股份公司	85.7143	52.2583	84.3308	73.2438	654
300964	本川智能	江苏	东部	C	国有参股公司	85.7143	51.5656	84.7617	73.2383	655
300578	会畅通讯	上海	东部	I	国有参股公司	100.0000	44.7935	86.4728	73.2378	656
300983	尤安设计	上海	东部	M	无国有股份公司	71.4286	49.8247	88.4477	73.2277	657
301187	欧圣电气	江苏	东部	C	国有参股公司	57.1429	50.5147	90.5908	73.2194	658
603797	联泰环保	广东	东部	N	无国有股份公司	71.4286	54.9559	85.1559	73.2131	659
688355	明志科技	江苏	东部	C	国有参股公司	85.7143	53.1759	83.6837	73.2091	660
300829	金丹科技	河南	中部	C	无国有股份公司	71.4286	54.7373	85.2846	73.2075	661
300577	开润股份	安徽	中部	C	无国有股份公司	57.1429	55.1277	87.6321	73.2066	662
001201	东瑞股份	广东	东部	A	无国有股份公司	100.0000	51.0503	82.4286	73.2034	663
688625	呈和科技	广东	东部	C	无国有股份公司	71.4286	53.0182	86.3543	73.1941	664
300007	汉威科技	河南	中部	C	无国有股份公司	71.4286	57.6421	83.4108	73.1935	665
002899	英派斯	山东	东部	C	国有参股公司	71.4286	49.9265	88.3043	73.1845	666
688788	科思科技	广东	东部	C	无国有股份公司	100.0000	51.5431	82.0773	73.1826	667
301023	江南奕帆	江苏	东部	C	无国有股份公司	85.7143	55.8365	81.9363	73.1792	668
603568	伟明环保	浙江	东部	N	无国有股份公司	85.7143	44.8760	88.9089	73.1779	669
688109	品茗科技	浙江	东部	I	无国有股份公司	85.7143	53.2652	83.5529	73.1684	670
600801	华新水泥	湖北	中部	C	国有参股公司	42.8571	53.2309	91.3645	73.1670	671
003027	同兴环保	安徽	中部	N	无国有股份公司	85.7143	54.6865	82.6426	73.1651	672
688082	盛美上海	上海	东部	C	国有参股公司	42.8571	58.4150	88.0459	73.1562	673
603015	弘讯科技	浙江	东部	C	国有参股公司	85.7143	54.4641	82.7642	73.1541	674
688217	睿昂基因	上海	东部	C	无国有股份公司	85.7143	51.8782	84.4082	73.1533	675
301297	富乐德	安徽	中部	M	无国有股份公司	100.0000	60.6465	76.2224	73.1486	676
301028	东亚机械	福建	东部	C	无国有股份公司	85.7143	55.4628	82.1184	73.1485	677
002049	紫光国微	河北	东部	C	无国有股份公司	57.1429	57.6100	85.9365	73.1429	678
002367	康力电梯	江苏	东部	C	无国有股份公司	14.2857	67.7179	87.2916	73.1402	679
603609	禾丰股份	辽宁	东北	C	无国有股份公司	100.0000	52.1062	81.6379	73.1380	680
002008	大族激光	广东	东部	C	国有参股公司	85.7143	65.5316	75.6801	73.1315	681
600114	东睦股份	浙江	东部	C	无国有股份公司	85.7143	47.6482	87.0185	73.1085	682

续表

股票代码	公司简称	省份	地区	行业代码	控股类型	环境保护（*EP*）	社会责任（*SR*）	公司治理（*CG*）	上市公司质量/ESG指数（*CLCQI/ESGI*）	*CLCQI/ESGI*排名
300995	奇德新材	广东	东部	C	无国有股份公司	100.0000	53.9118	80.4248	73.1028	683
603316	诚邦股份	浙江	东部	E	无国有股份公司	57.1429	49.8192	90.8191	73.1016	684
688063	派能科技	上海	东部	C	无国有股份公司	85.7143	51.7940	84.3527	73.0933	685
300484	蓝海华腾	广东	东部	C	无国有股份公司	85.7143	53.8515	83.0282	73.0850	686
002612	朗姿股份	北京	东部	C	无国有股份公司	57.1429	50.9284	90.0814	73.0840	687
001203	大中矿业	内蒙古	西部	B	无国有股份公司	100.0000	47.5889	84.4051	73.0789	688
688085	三友医疗	上海	东部	C	无国有股份公司	57.1429	62.2007	82.8842	73.0709	689
300582	英飞特	浙江	东部	C	国有参股公司	85.7143	52.6187	83.7778	73.0658	690
300390	天华新能	江苏	东部	C	国有参股公司	71.4286	58.4377	82.6598	73.0590	691
300855	图南股份	江苏	东部	C	无国有股份公司	71.4286	56.6137	83.8204	73.0589	692
300488	恒锋工具	浙江	东部	C	国有参股公司	100.0000	43.7305	86.8187	73.0560	693
600882	妙可蓝多	上海	东部	C	无国有股份公司	100.0000	55.4126	79.3834	73.0553	694
002677	浙江美大	浙江	东部	C	无国有股份公司	57.1429	48.1819	91.7658	73.0491	695
000963	华东医药	浙江	东部	F	国有参股公司	85.7143	53.9792	82.8673	73.0412	696
301107	瑜欣电子	重庆	西部	C	国有参股公司	85.7143	59.8800	79.1115	73.0407	697
603255	鼎际得	辽宁	东北	C	无国有股份公司	100.0000	53.1527	80.7772	73.0309	698
300369	绿盟科技	北京	东部	I	国有参股公司	85.7143	50.6245	84.9780	73.0279	699
002768	国恩股份	山东	东部	C	无国有股份公司	85.7143	44.8902	88.6249	73.0267	700
603896	寿仙谷	浙江	东部	C	无国有股份公司	100.0000	52.4847	81.1833	73.0205	701
002286	保龄宝	山东	东部	C	无国有股份公司	14.2857	54.4633	95.4995	73.0155	702
830964	润农节水	河北	东部	E	无国有股份公司	71.4286	51.4529	87.0199	73.0123	703
688522	纳睿雷达	广东	东部	C	国有参股公司	85.7143	52.7036	83.6064	73.0012	704
002414	高德红外	湖北	中部	C	国有参股公司	42.8571	70.3570	80.1604	72.9989	705
300650	太龙股份	福建	东部	F	国有参股公司	57.1429	47.5983	92.0392	72.9952	706
688633	星球石墨	江苏	东部	C	无国有股份公司	71.4286	57.9748	82.8316	72.9914	707
003019	宸展光电	福建	东部	C	无国有股份公司	100.0000	54.5093	79.8322	72.9859	708
301212	联盛化学	浙江	东部	C	无国有股份公司	100.0000	56.7273	78.4138	72.9821	709
002448	中原内配	河南	中部	C	国有参股公司	71.4286	58.9446	82.1925	72.9794	710
002623	亚玛顿	江苏	东部	C	无国有股份公司	100.0000	51.9126	81.4635	72.9744	711
688511	天微电子	四川	西部	C	无国有股份公司	71.4286	57.1851	83.2980	72.9716	712
301073	君亭酒店	浙江	东部	H	无国有股份公司	57.1429	46.9416	92.4124	72.9707	713

续表

股票代码	公司简称	省份	地区	行业代码	控股类型	环境保护（*EP*）	社会责任（*SR*）	公司治理（*CG*）	上市公司质量/ESG指数（*CLCQI/ESGI*）	*CLCQI/ESGI*排名
301071	力量钻石	河南	中部	C	无国有股份公司	100.0000	53.6850	80.3099	72.9602	714
301076	新瀚新材	江苏	东部	C	无国有股份公司	85.7143	63.4081	76.7169	72.9586	715
688222	成都先导	四川	西部	M	无国有股份公司	100.0000	57.3020	77.9863	72.9482	716
300592	华凯易佰	湖南	中部	F	无国有股份公司	85.7143	40.1852	91.4760	72.9480	717
300258	精锻科技	江苏	东部	C	无国有股份公司	71.4286	47.4000	89.4790	72.9463	718
002702	海欣食品	福建	东部	C	国有参股公司	85.7143	48.2316	86.3418	72.9405	719
688281	华秦科技	陕西	西部	C	无国有股份公司	42.8571	60.9641	86.0281	72.9386	720
688207	格灵深瞳	北京	东部	I	国有参股公司	100.0000	61.5528	75.2582	72.9355	721
601126	四方股份	北京	东部	C	国有参股公司	71.4286	53.5727	85.5266	72.9329	722
002274	华昌化工	江苏	东部	C	国有参股公司	100.0000	47.6475	84.0931	72.9278	723
688502	茂莱光学	江苏	东部	C	国有参股公司	71.4286	55.1594	84.4854	72.9156	724
301029	怡合达	广东	东部	C	国有参股公司	100.0000	48.7216	83.3855	72.9146	725
300887	谱尼测试	北京	东部	M	无国有股份公司	100.0000	58.8790	76.9191	72.9131	726
688201	信安世纪	北京	东部	I	国有参股公司	14.2857	67.4004	87.0760	72.9105	727
688073	毕得医药	上海	东部	M	无国有股份公司	85.7143	49.4676	85.4764	72.8971	728
300689	澄天伟业	广东	东部	C	无国有股份公司	100.0000	54.4551	79.7046	72.8968	729
301288	清研环境	广东	东部	C	无国有股份公司	85.7143	60.3687	78.5383	72.8965	730
300206	理邦仪器	广东	东部	C	国有参股公司	71.4286	57.7029	82.8281	72.8943	731
301359	东南电子	浙江	东部	C	无国有股份公司	100.0000	57.8347	77.5470	72.8930	732
605336	帅丰电器	浙江	东部	C	无国有股份公司	85.7143	56.3645	81.0649	72.8847	733
300440	运达科技	四川	西部	I	国有参股公司	71.4286	55.4339	84.2267	72.8694	734
002741	光华科技	广东	东部	C	无国有股份公司	100.0000	52.6063	80.8213	72.8639	735
688435	英方软件	上海	东部	I	无国有股份公司	100.0000	49.0813	83.0425	72.8518	736
688320	禾川科技	浙江	东部	C	无国有股份公司	100.0000	53.5444	80.2014	72.8513	737
300213	佳讯飞鸿	北京	东部	C	国有参股公司	57.1429	55.1780	86.9515	72.8499	738
688681	科汇股份	山东	东部	C	国有参股公司	85.7143	49.0643	85.6454	72.8489	739
603182	嘉华股份	山东	东部	C	无国有股份公司	85.7143	50.9672	84.4343	72.8488	740
603855	华荣股份	上海	东部	C	无国有股份公司	100.0000	48.5495	83.3741	72.8481	741
300980	祥源新材	湖北	中部	C	无国有股份公司	100.0000	51.7191	81.3567	72.8479	742
300604	长川科技	浙江	东部	C	国有参股公司	85.7143	64.2026	76.0045	72.8448	743
301070	开勒股份	上海	东部	C	无国有股份公司	100.0000	50.0666	82.4001	72.8433	744

续表

股票代码	公司简称	省份	地区	行业代码	控股类型	环境保护（*EP*）	社会责任（*SR*）	公司治理（*CG*）	上市公司质量/ESG指数（*CLCQI/ESGI*）	*CLCQI/ESGI*排名
603565	中谷物流	上海	东部	G	国有参股公司	100.0000	47.6759	83.8997	72.8314	745
000555	神州信息	广东	东部	I	国有参股公司	71.4286	51.4270	86.6925	72.8232	746
688084	晶品特装	北京	东部	C	无国有股份公司	28.5714	65.8859	85.2735	72.8176	747
600460	士兰微	浙江	东部	C	国有参股公司	57.1429	59.3487	84.2213	72.8080	748
688062	迈威生物	上海	东部	C	无国有股份公司	71.4286	57.6045	82.7205	72.8007	749
000726	鲁泰A	山东	东部	C	国有参股公司	85.7143	55.1965	81.6478	72.7965	750
688176	亚虹医药	江苏	东部	C	无国有股份公司	71.4286	58.3973	82.2051	72.7947	751
001215	千味央厨	河南	中部	C	无国有股份公司	71.4286	40.8061	93.3952	72.7923	752
605116	奥锐特	浙江	东部	C	无国有股份公司	85.7143	51.7318	83.8410	72.7901	753
603216	梦天家居	浙江	东部	C	国有参股公司	100.0000	44.1619	86.0605	72.7900	754
002980	华盛昌	广东	东部	C	无国有股份公司	42.8571	48.3033	93.8140	72.7896	755
603856	东宏股份	山东	东部	C	无国有股份公司	71.4286	49.4967	87.8362	72.7766	756
300738	奥飞数据	广东	东部	I	无国有股份公司	85.7143	53.1712	82.8928	72.7724	757
603777	来伊份	上海	东部	F	无国有股份公司	57.1429	54.9418	86.9603	72.7721	758
603051	鹿山新材	广东	东部	C	国有参股公司	100.0000	45.4676	85.1850	72.7654	759
300397	天和防务	陕西	西部	C	无国有股份公司	71.4286	50.6649	87.0558	72.7563	760
002749	国光股份	四川	西部	C	无国有股份公司	85.7143	52.4585	83.3141	72.7547	761
000718	苏宁环球	吉林	东北	K	国有参股公司	100.0000	42.4874	87.0582	72.7526	762
300912	凯龙高科	江苏	东部	N	国有参股公司	71.4286	46.0057	90.0123	72.7516	763
002474	榕基软件	福建	东部	I	国有参股公司	71.4286	63.7750	78.6968	72.7473	764
002098	浔兴股份	福建	东部	C	国有参股公司	100.0000	48.9098	82.9591	72.7460	765
300601	康泰生物	广东	东部	C	无国有股份公司	100.0000	48.5667	83.1553	72.7338	766
688133	泰坦科技	上海	东部	M	国有参股公司	85.7143	48.8213	85.5742	72.7247	767
300531	优博讯	广东	东部	C	国有参股公司	100.0000	48.0872	83.4386	72.7218	768
301086	鸿富瀚	广东	东部	C	无国有股份公司	100.0000	51.4289	81.3107	72.7210	769
688166	博瑞医药	江苏	东部	C	无国有股份公司	100.0000	50.8016	81.7010	72.7161	770
600295	鄂尔多斯	内蒙古	西部	C	国有参股公司	100.0000	54.7513	79.1853	72.7149	771
300496	中科创达	北京	东部	I	无国有股份公司	85.7143	54.9616	81.6455	72.7130	772
001230	劲旅环境	安徽	中部	N	国有参股公司	100.0000	42.0093	87.2869	72.7110	773
301368	丰立智能	浙江	东部	C	无国有股份公司	71.4286	67.1587	76.4634	72.7033	774
603983	丸美股份	广东	东部	C	无国有股份公司	57.1429	54.0497	87.3794	72.6903	775

续表

股票代码	公司简称	省份	地区	行业代码	控股类型	环境保护（*EP*）	社会责任（*SR*）	公司治理（*CG*）	上市公司质量/ESG指数（*CLCQI/ESGI*）	*CLCQI/ESGI*排名
002451	摩恩电气	上海	东部	C	国有参股公司	85.7143	49.7846	84.8912	72.6862	776
688178	万德斯	江苏	东部	N	无国有股份公司	85.7143	52.4466	83.1874	72.6808	777
002755	奥赛康	北京	东部	C	无国有股份公司	57.1429	56.5311	85.7674	72.6723	778
002006	精工科技	浙江	东部	C	国有参股公司	42.8571	54.9336	89.3781	72.6704	779
832419	路斯股份	山东	东部	C	国有参股公司	85.7143	49.4975	85.0402	72.6677	780
300993	玉马遮阳	山东	东部	C	无国有股份公司	85.7143	52.4916	83.1104	72.6542	781
002439	启明星辰	北京	东部	I	无国有股份公司	71.4286	64.4983	78.0503	72.6449	782
688580	伟思医疗	江苏	东部	C	无国有股份公司	100.0000	52.7613	80.3164	72.6404	783
300275	梅安森	重庆	西部	I	无国有股份公司	85.7143	53.4942	82.4455	72.6394	784
301049	超越科技	安徽	中部	N	国有参股公司	100.0000	46.9804	83.9818	72.6332	785
301209	联合化学	山东	东部	C	无国有股份公司	85.7143	57.9511	79.5954	72.6318	786
688186	广大特材	江苏	东部	C	无国有股份公司	42.8571	57.0040	87.9873	72.6301	787
002156	通富微电	江苏	东部	C	国有参股公司	28.5714	55.7426	91.3811	72.6267	788
300131	英唐智控	广东	东部	F	无国有股份公司	85.7143	45.7910	87.3227	72.6258	789
603163	圣晖集成	江苏	东部	E	无国有股份公司	71.4286	56.6727	82.9901	72.6229	790
300556	丝路视觉	广东	东部	I	无国有股份公司	71.4286	46.5800	89.4040	72.6181	791
603700	宁水集团	浙江	东部	C	无国有股份公司	85.7143	46.4902	86.8531	72.6122	792
002279	久其软件	北京	东部	I	国有参股公司	100.0000	61.5782	74.6517	72.6108	793
300464	星徽股份	广东	东部	F	无国有股份公司	85.7143	45.3693	87.5625	72.6100	794
300979	华利集团	广东	东部	C	无国有股份公司	71.4286	50.9729	86.5893	72.6075	795
300676	华大基因	广东	东部	M	无国有股份公司	28.5714	59.2233	89.1295	72.6066	796
301206	三元生物	山东	东部	C	无国有股份公司	28.5714	67.9177	83.5957	72.6060	797
603755	日辰股份	山东	东部	C	无国有股份公司	85.7143	50.3476	84.3564	72.5891	798
002416	爱施德	广东	东部	F	无国有股份公司	100.0000	50.5666	81.6173	72.5878	799
300897	山科智能	浙江	东部	C	无国有股份公司	71.4286	52.2812	85.7093	72.5814	800
600645	中源协和	天津	东部	M	无国有股份公司	85.7143	46.7380	86.6323	72.5775	801
832225	利通科技	河南	中部	C	无国有股份公司	57.1429	54.9629	86.5922	72.5770	802
688553	汇宇制药	四川	西部	C	无国有股份公司	57.1429	51.1945	88.9861	72.5747	803
688006	杭可科技	浙江	东部	C	无国有股份公司	100.0000	52.0800	80.6293	72.5741	804
603717	天域生态	重庆	西部	E	无国有股份公司	100.0000	42.7177	86.5822	72.5714	805
301099	雅创电子	上海	东部	F	国有参股公司	85.7143	47.1282	86.3726	72.5713	806

续表

股票代码	公司简称	省份	地区	行业代码	控股类型	环境保护（EP）	社会责任（SR）	公司治理（CG）	上市公司质量/ESG指数（CLCQI/ESGI）	CLCQI/ESGI排名
300828	锐新科技	天津	东部	C	国有参股公司	100.0000	50.9174	81.3605	72.5694	807
301366	一博科技	广东	东部	C	无国有股份公司	57.1429	64.9339	80.2322	72.5689	808
300571	平治信息	浙江	东部	I	国有参股公司	100.0000	49.9417	81.9783	72.5676	809
688077	大地熊	安徽	中部	C	无国有股份公司	42.8571	65.0887	82.7237	72.5648	810
600276	恒瑞医药	江苏	东部	C	国有参股公司	85.7143	60.1506	78.0641	72.5594	811
688676	金盘科技	海南	东部	C	无国有股份公司	42.8571	63.9418	83.4328	72.5534	812
605098	行动教育	上海	东部	P	无国有股份公司	100.0000	47.4105	83.5587	72.5510	813
300644	南京聚隆	江苏	东部	C	国有参股公司	42.8571	60.1476	85.8414	72.5501	814
605169	洪通燃气	新疆	西部	D	无国有股份公司	85.7143	46.1132	86.9797	72.5499	815
301256	华融化学	四川	西部	C	国有参股公司	71.4286	55.6081	83.5269	72.5455	816
603578	三星新材	浙江	东部	C	无国有股份公司	71.4286	38.8686	94.1702	72.5405	817
301047	义翘神州	北京	东部	M	无国有股份公司	42.8571	55.0560	89.0525	72.5342	818
002772	众兴菌业	甘肃	西部	A	国有参股公司	85.7143	48.4505	85.4582	72.5311	819
002428	云南锗业	云南	西部	C	国有参股公司	100.0000	44.9262	85.0957	72.5268	820
002360	同德化工	山西	中部	C	无国有股份公司	57.1429	50.9981	89.0221	72.5258	821
605088	冠盛股份	浙江	东部	C	无国有股份公司	71.4286	51.2804	86.2426	72.5244	822
688148	芳源股份	广东	东部	C	无国有股份公司	57.1429	61.2143	82.5141	72.5221	823
003041	真爱美家	浙江	东部	C	无国有股份公司	28.5714	55.4353	91.3627	72.5090	824
300748	金力永磁	江西	中部	C	国有参股公司	85.7143	55.0425	81.2030	72.4979	825
833575	康乐卫士	北京	东部	C	国有参股公司	85.7143	63.1880	76.0148	72.4954	826
300525	博思软件	福建	东部	I	国有参股公司	100.0000	40.3815	87.9271	72.4934	827
000612	焦作万方	河南	中部	C	国有参股公司	85.7143	48.0139	85.6662	72.4927	828
688225	亚信安全	江苏	东部	I	无国有股份公司	71.4286	53.8541	84.5436	72.4908	829
301361	众智科技	河南	中部	C	国有参股公司	85.7143	51.5135	83.4262	72.4855	830
688053	思科瑞	四川	西部	M	国有参股公司	42.8571	65.1881	82.5141	72.4843	831
300883	龙利得	安徽	中部	C	无国有股份公司	85.7143	50.6116	83.9945	72.4825	832
301002	崧盛股份	广东	东部	C	无国有股份公司	100.0000	50.7198	81.3264	72.4815	833
688138	清溢光电	广东	东部	C	无国有股份公司	71.4286	55.9438	83.1913	72.4784	834
300415	伊之密	广东	东部	C	无国有股份公司	71.4286	48.9896	87.6111	72.4753	835
601865	福莱特	浙江	东部	C	无国有股份公司	71.4286	58.4025	81.6163	72.4727	836
603920	世运电路	广东	东部	C	国有参股公司	100.0000	49.0674	82.3605	72.4718	837

续表

股票代码	公司简称	省份	地区	行业代码	控股类型	环境保护（*EP*）	社会责任（*SR*）	公司治理（*CG*）	上市公司质量/ESG指数（*CLCQI/ESGI*）	*CLCQI/ESGI*排名
300971	博亚精工	湖北	中部	C	无国有股份公司	85.7143	58.9771	78.6393	72.4650	838
000882	华联股份	北京	东部	L	无国有股份公司	85.7143	44.5784	87.8021	72.4650	839
601956	东贝集团	湖北	中部	C	国有参股公司	85.7143	50.4080	84.0900	72.4637	840
688039	当虹科技	浙江	东部	I	国有参股公司	85.7143	55.5295	80.8279	72.4621	841
300765	新诺威	河北	东部	C	无国有股份公司	28.5714	66.2298	84.4081	72.4620	842
002373	千方科技	北京	东部	I	国有参股公司	85.7143	48.3568	85.3747	72.4524	843
300783	三只松鼠	安徽	中部	F	无国有股份公司	71.4286	64.5254	77.6818	72.4517	844
301306	西测测试	陕西	西部	M	无国有股份公司	100.0000	54.1850	79.0416	72.4376	845
003006	百亚股份	重庆	西部	C	无国有股份公司	100.0000	46.5827	83.8792	72.4375	846
002812	恩捷股份	云南	西部	C	无国有股份公司	28.5714	51.0852	94.0000	72.4370	847
300841	康华生物	四川	西部	C	无国有股份公司	100.0000	40.5629	87.7068	72.4358	848
603667	五洲新春	浙江	东部	C	无国有股份公司	71.4286	57.2318	82.2926	72.4349	849
688597	煜邦电力	北京	东部	C	国有参股公司	42.8571	68.0270	80.6172	72.4346	850
831856	浩淼科技	安徽	中部	C	国有参股公司	100.0000	45.2107	84.7469	72.4346	851
300378	鼎捷软件	上海	东部	I	无国有股份公司	71.4286	45.9990	89.4157	72.4211	852
002657	中科金财	北京	东部	I	无国有股份公司	85.7143	62.8006	76.1209	72.4181	853
300885	海昌新材	江苏	东部	C	国有参股公司	71.4286	54.1245	84.2364	72.4164	854
300403	汉宇集团	广东	东部	C	无国有股份公司	85.7143	46.9649	86.1931	72.4154	855
605488	福莱新材	浙江	东部	C	国有参股公司	85.7143	49.3614	84.6595	72.4107	856
603658	安图生物	河南	中部	C	无国有股份公司	57.1429	55.2309	86.1147	72.4082	857
603006	联明股份	上海	东部	C	无国有股份公司	85.7143	46.8683	86.2265	72.3999	858
300217	东方电热	江苏	东部	C	无国有股份公司	42.8571	52.6915	90.2920	72.3883	859
600711	盛屯矿业	福建	东部	B	无国有股份公司	42.8571	53.0730	90.0469	72.3871	860
688466	金科环境	北京	东部	N	无国有股份公司	57.1429	60.2186	82.8925	72.3817	861
300098	高新兴	广东	东部	I	无国有股份公司	28.5714	56.7689	90.2731	72.3765	862
603893	瑞芯微	福建	东部	C	国有参股公司	85.7143	52.2013	82.7823	72.3721	863
300222	科大智能	上海	东部	C	国有参股公司	85.7143	52.1769	82.7899	72.3678	864
300695	兆丰股份	浙江	东部	C	无国有股份公司	100.0000	44.0837	85.3226	72.3567	865
603967	中创物流	山东	东部	G	国有参股公司	71.4286	59.8691	80.4703	72.3557	866
300673	佩蒂股份	浙江	东部	C	无国有股份公司	57.1429	53.6327	87.0355	72.3553	867
300155	安居宝	广东	东部	C	国有参股公司	85.7143	58.3679	78.8137	72.3477	868

续表

股票代码	公司简称	省份	地区	行业代码	控股类型	环境保护（*EP*）	社会责任（*SR*）	公司治理（*CG*）	上市公司质量/ESG指数（*CLCQI/ESGI*）	*CLCQI/ESGI*排名
300659	中孚信息	山东	东部	I	无国有股份公司	57.1429	53.5014	87.1036	72.3467	869
603898	好莱客	广东	东部	C	无国有股份公司	57.1429	57.6400	84.4679	72.3456	870
603600	永艺股份	浙江	东部	C	无国有股份公司	100.0000	49.0341	82.1474	72.3430	871
300458	全志科技	广东	东部	C	无国有股份公司	85.7143	52.8547	82.3012	72.3363	872
300959	线上线下	江苏	东部	I	国有参股公司	100.0000	50.7450	81.0026	72.3122	873
430556	雅达股份	广东	东部	C	无国有股份公司	100.0000	52.7238	79.7270	72.3032	874
301312	智立方	广东	东部	C	无国有股份公司	85.7143	54.3293	81.2959	72.2994	875
000935	四川双马	四川	西部	C	无国有股份公司	57.1429	57.7139	84.3314	72.2964	876
300343	联创股份	山东	东部	C	无国有股份公司	85.7143	60.1319	77.5963	72.2956	877
002264	新华都	福建	东部	I	无国有股份公司	85.7143	43.3991	88.2353	72.2905	878
300359	全通教育	广东	东部	I	国有参股公司	85.7143	49.5184	84.3311	72.2850	879
688677	海泰新光	山东	东部	C	无国有股份公司	71.4286	55.4814	83.1335	72.2848	880
603386	骏亚科技	广东	东部	C	无国有股份公司	71.4286	57.0327	82.1448	72.2840	881
000670	盈方微	湖北	中部	C	国有参股公司	100.0000	45.7775	84.1106	72.2830	882
002241	歌尔股份	山东	东部	C	无国有股份公司	42.8571	63.6607	83.1199	72.2829	883
301123	奕东电子	广东	东部	C	无国有股份公司	100.0000	48.6532	82.2704	72.2773	884
600641	万业企业	上海	东部	K	无国有股份公司	85.7143	49.1158	84.5724	72.2768	885
601619	嘉泽新能	宁夏	西部	D	国有参股公司	100.0000	47.7265	82.8512	72.2725	886
002567	唐人神	湖南	中部	C	无国有股份公司	57.1429	50.1157	89.1188	72.2701	887
300648	星云股份	福建	东部	C	无国有股份公司	71.4286	49.6790	86.7869	72.2633	888
688282	*ST导航	北京	东部	C	国有参股公司	57.1429	60.0261	82.7997	72.2633	889
601677	明泰铝业	河南	中部	C	国有参股公司	71.4286	55.7724	82.8881	72.2517	890
603737	三棵树	福建	东部	C	无国有股份公司	100.0000	45.8464	84.0068	72.2500	891
000559	万向钱潮	浙江	东部	C	国有参股公司	71.4286	51.3874	85.6750	72.2497	892
300002	神州泰岳	北京	东部	I	无国有股份公司	85.7143	52.4349	82.4091	72.2487	893
688621	阳光诺和	北京	东部	M	无国有股份公司	28.5714	65.7913	84.2972	72.2475	894
002201	正威新材	江苏	东部	C	国有参股公司	85.7143	49.8282	84.0639	72.2465	895
603209	兴通股份	福建	东部	G	无国有股份公司	28.5714	46.6743	96.4387	72.2345	896
002516	旷达科技	江苏	东部	C	国有参股公司	100.0000	48.5879	82.2243	72.2291	897
603979	金诚信	北京	东部	B	国有参股公司	71.4286	52.5250	84.9000	72.2216	898
002353	杰瑞股份	山东	东部	C	无国有股份公司	71.4286	53.6071	84.2091	72.2204	899

续表

股票代码	公司简称	省份	地区	行业代码	控股类型	环境保护（EP）	社会责任（SR）	公司治理（CG）	上市公司质量/ESG指数（CLCQI/ESGI）	CLCQI/ESGI排名
688280	精进电动	北京	东部	C	无国有股份公司	57.1429	54.3458	86.3348	72.2195	900
002240	盛新锂能	四川	西部	C	国有参股公司	28.5714	59.8289	88.0393	72.2189	901
001270	铖昌科技	浙江	东部	C	无国有股份公司	71.4286	50.6718	86.0666	72.2146	902
603272	联翔股份	浙江	东部	C	无国有股份公司	100.0000	53.0067	79.3606	72.2007	903
000931	中关村	北京	东部	C	国有参股公司	85.7143	50.1494	83.7598	72.1916	904
000100	TCL科技	广东	东部	C	国有参股公司	100.0000	54.9167	78.1236	72.1889	905
300066	三川智慧	江西	中部	C	无国有股份公司	100.0000	61.5023	73.9200	72.1818	906
688105	诺唯赞	江苏	东部	M	国有参股公司	42.8571	59.6277	85.4997	72.1803	907
002731	萃华珠宝	辽宁	东北	C	无国有股份公司	85.7143	52.7303	82.0953	72.1795	908
688215	瑞晟智能	浙江	东部	C	无国有股份公司	42.8571	48.3521	92.6705	72.1777	909
603315	福鞍股份	辽宁	东北	C	无国有股份公司	100.0000	46.0112	83.7661	72.1753	910
300642	透景生命	上海	东部	C	国有参股公司	85.7143	58.7056	78.2818	72.1734	911
688308	欧科亿	湖南	中部	C	无国有股份公司	28.5714	64.3083	85.1033	72.1719	912
688567	孚能科技	江西	中部	C	国有参股公司	71.4286	51.5036	85.4524	72.1679	913
688698	伟创电气	江苏	东部	C	无国有股份公司	100.0000	49.5261	81.5065	72.1627	914
301373	凌玮科技	广东	东部	C	无国有股份公司	85.7143	48.6726	84.6306	72.1537	915
002328	新朋股份	上海	东部	C	无国有股份公司	100.0000	49.6494	81.4068	72.1511	916
002871	伟隆股份	山东	东部	C	无国有股份公司	85.7143	53.1571	81.7554	72.1419	917
688488	艾迪药业	江苏	东部	C	无国有股份公司	100.0000	52.6434	79.4834	72.1411	918
002460	赣锋锂业	江西	中部	C	无国有股份公司	0.0000	58.8713	93.6992	72.1395	919
301129	瑞纳智能	安徽	中部	C	无国有股份公司	100.0000	50.1810	81.0428	72.1369	920
002693	双成药业	海南	东部	C	无国有股份公司	57.1429	55.6721	85.3270	72.1294	921
002952	亚世光电	辽宁	东北	C	无国有股份公司	100.0000	51.4827	80.1990	72.1284	922
002558	巨人网络	重庆	西部	I	无国有股份公司	100.0000	41.0334	86.8425	72.1250	923
688626	翔宇医疗	河南	中部	C	无国有股份公司	28.5714	69.7951	81.5176	72.1201	924
688079	美迪凯	浙江	东部	C	无国有股份公司	100.0000	55.8748	77.3484	72.0978	925
002218	拓日新能	广东	东部	C	国有参股公司	42.8571	63.2061	83.0481	72.0843	926
002074	国轩高科	安徽	中部	C	国有参股公司	100.0000	41.6417	86.3721	72.0793	927
300049	福瑞股份	内蒙古	西部	C	国有参股公司	100.0000	46.5161	83.2552	72.0710	928
002646	天佑德酒	青海	西部	C	无国有股份公司	85.7143	42.7413	88.2546	72.0709	929
002354	天娱数科	辽宁	东北	I	国有参股公司	100.0000	38.6398	88.2618	72.0679	930

续表

股票代码	公司简称	省份	地区	行业代码	控股类型	环境保护（*EP*）	社会责任（*SR*）	公司治理（*CG*）	上市公司质量/ESG指数（*CLCQI/ESGI*）	*CLCQI/ESGI*排名
002459	晶澳科技	河北	东部	C	无国有股份公司	85.7143	46.7912	85.6680	72.0657	931
301030	仕净科技	江苏	东部	C	无国有股份公司	85.7143	52.2485	82.1897	72.0627	932
603499	翔港科技	上海	东部	C	国有参股公司	85.7143	56.5350	79.4501	72.0563	933
688182	灿勤科技	江苏	东部	C	无国有股份公司	85.7143	55.0699	80.3818	72.0558	934
603042	华脉科技	江苏	东部	C	无国有股份公司	71.4286	52.8382	84.3949	72.0534	935
301133	金钟股份	广东	东部	C	国有参股公司	57.1429	54.4226	85.9808	72.0516	936
300616	尚品宅配	广东	东部	C	无国有股份公司	100.0000	47.1359	82.8168	72.0468	937
300233	金城医药	山东	东部	C	无国有股份公司	85.7143	46.2400	85.9836	72.0464	938
600273	嘉化能源	浙江	东部	C	无国有股份公司	71.4286	50.2315	86.0384	72.0450	939
301188	力诺特玻	山东	东部	C	国有参股公司	71.4286	51.7039	85.0905	72.0390	940
603739	蔚蓝生物	山东	东部	C	无国有股份公司	42.8571	51.5869	90.3529	72.0352	941
002999	天禾股份	广东	东部	F	国有参股公司	85.7143	42.0469	88.6227	72.0303	942
300434	金石亚药	四川	西部	C	无国有股份公司	71.4286	52.7869	84.3851	72.0301	943
300627	华测导航	上海	东部	C	无国有股份公司	57.1429	46.9524	90.6781	72.0206	944
301308	江波龙	广东	东部	C	国有参股公司	100.0000	50.8357	80.4110	72.0186	945
300221	银禧科技	广东	东部	C	国有参股公司	42.8571	60.9598	84.3568	72.0179	946
688273	麦澜德	江苏	东部	C	无国有股份公司	85.7143	54.9632	80.3726	72.0135	947
001317	三羊马	重庆	西部	G	无国有股份公司	85.7143	42.1207	88.5451	72.0134	948
688026	洁特生物	广东	东部	C	无国有股份公司	71.4286	54.9770	82.9553	72.0102	949
603187	海容冷链	山东	东部	C	无国有股份公司	85.7143	45.5696	86.3386	72.0070	950
688113	联测科技	江苏	东部	C	国有参股公司	71.4286	62.4770	78.1738	72.0054	951
603162	海通发展	福建	东部	G	国有参股公司	85.7143	51.6187	82.4836	72.0040	952
003004	声迅股份	北京	东部	I	无国有股份公司	100.0000	53.6767	78.5740	72.0025	953
601579	会稽山	浙江	东部	C	国有参股公司	100.0000	47.5190	82.4906	72.0015	954
601686	友发集团	天津	东部	C	无国有股份公司	71.4286	53.3586	83.9514	71.9916	955
300512	中亚股份	浙江	东部	C	无国有股份公司	85.7143	58.5836	78.0261	71.9900	956
002830	名雕股份	广东	东部	E	无国有股份公司	100.0000	45.5000	83.7508	71.9879	957
300448	浩云科技	广东	东部	I	无国有股份公司	85.7143	51.6225	82.4511	71.9874	958
002292	奥飞娱乐	广东	东部	C	国有参股公司	100.0000	50.1677	80.7758	71.9854	959
300762	上海瀚讯	上海	东部	C	国有参股公司	42.8571	52.0693	89.9534	71.9844	960
002420	毅昌科技	广东	东部	C	国有参股公司	71.4286	50.0058	86.0681	71.9823	961

续表

股票代码	公司简称	省份	地区	行业代码	控股类型	环境保护（EP）	社会责任（SR）	公司治理（CG）	上市公司质量/ESG指数（CLCQI/ESGI）	CLCQI/ESGI排名
300162	雷曼光电	广东	东部	C	国有参股公司	71.4286	50.2076	85.9222	71.9727	962
301277	新天地	河南	中部	C	国有参股公司	71.4286	54.6752	83.0636	71.9641	963
600288	大恒科技	北京	东部	C	国有参股公司	100.0000	50.4772	80.5366	71.9621	964
002864	盘龙药业	陕西	西部	C	无国有股份公司	57.1429	50.0586	88.5836	71.9558	965
300902	国安达	福建	东部	C	无国有股份公司	57.1429	59.9513	82.2882	71.9558	966
603408	建霖家居	福建	东部	C	无国有股份公司	71.4286	49.6157	86.2580	71.9502	967
300863	卡倍亿	浙江	东部	C	无国有股份公司	57.1429	43.2200	92.9109	71.9423	968
300801	泰和科技	山东	东部	C	无国有股份公司	85.7143	52.6725	81.6872	71.9348	969
300792	壹网壹创	浙江	东部	I	无国有股份公司	100.0000	48.8977	81.4849	71.9309	970
300973	立高食品	广东	东部	C	无国有股份公司	28.5714	49.9670	93.7911	71.9307	971
002543	万和电气	广东	东部	C	国有参股公司	100.0000	43.6901	84.7896	71.9258	972
300802	矩子科技	上海	东部	C	无国有股份公司	71.4286	53.9149	83.4708	71.9220	973
605128	上海沿浦	上海	东部	C	无国有股份公司	100.0000	49.3649	81.1640	71.9179	974
000739	普洛药业	浙江	东部	C	无国有股份公司	100.0000	49.6982	80.9323	71.9072	975
688409	富创精密	辽宁	东北	C	国有参股公司	85.7143	53.0468	81.3627	71.8873	976
002378	章源钨业	江西	中部	C	无国有股份公司	42.8571	56.0041	87.2702	71.8857	977
002937	兴瑞科技	浙江	东部	C	无国有股份公司	57.1429	57.7271	83.5707	71.8827	978
002828	贝肯能源	新疆	西部	B	无国有股份公司	85.7143	55.3890	79.8622	71.8818	979
002283	天润工业	山东	东部	C	无国有股份公司	85.7143	56.8189	78.9447	71.8776	980
300654	世纪天鸿	山东	东部	R	国有参股公司	71.4286	50.2673	85.7071	71.8753	981
300358	楚天科技	湖南	中部	C	国有参股公司	57.1429	53.6243	86.1674	71.8748	982
603236	移远通信	上海	东部	C	无国有股份公司	71.4286	56.4511	81.7381	71.8567	983
300077	国民技术	广东	东部	C	无国有股份公司	100.0000	53.4591	78.4471	71.8566	984
301116	益客食品	江苏	东部	C	国有参股公司	71.4286	43.7038	89.8282	71.8447	985
002782	可立克	广东	东部	C	无国有股份公司	100.0000	51.4722	79.6850	71.8421	986
839729	永顺生物	广东	东部	C	国有参股公司	85.7143	49.4659	83.5588	71.8418	987
002048	宁波华翔	浙江	东部	C	无国有股份公司	85.7143	53.6451	80.8921	71.8379	988
603661	恒林股份	浙江	东部	C	无国有股份公司	85.7143	58.3029	77.9150	71.8307	989
002549	凯美特气	湖南	中部	N	国有参股公司	85.7143	52.3905	81.6660	71.8244	990
605228	神通科技	浙江	东部	C	无国有股份公司	100.0000	38.2024	88.0944	71.8227	991
300381	溢多利	广东	东部	C	无国有股份公司	100.0000	49.3588	80.9894	71.8197	992

续表

股票代码	公司简称	省份	地区	行业代码	控股类型	环境保护（*EP*）	社会责任（*SR*）	公司治理（*CG*）	上市公司质量/ESG指数（*CLCQI/ESGI*）	*CLCQI/ESGI*排名
002779	中坚科技	浙江	东部	C	无国有股份公司	85.7143	49.3169	83.6122	71.8191	993
002718	友邦吊顶	浙江	东部	C	无国有股份公司	71.4286	49.5772	86.0322	71.8126	994
002757	南兴股份	广东	东部	C	国有参股公司	85.7143	46.8986	85.1255	71.8050	995
002734	利民股份	江苏	东部	C	无国有股份公司	71.4286	63.6299	77.0524	71.7921	996
603657	春光科技	浙江	东部	C	无国有股份公司	100.0000	42.5084	85.2873	71.7860	997
300570	太辰光	广东	东部	C	无国有股份公司	71.4286	51.3221	84.8619	71.7797	998
300490	华自科技	湖南	中部	C	无国有股份公司	85.7143	47.4151	84.7487	71.7785	999
300161	华中数控	湖北	中部	C	国有参股公司	85.7143	50.6991	82.6550	71.7763	1000
600243	青海华鼎	青海	西部	C	国有参股公司	100.0000	45.9328	83.0801	71.7705	1001
301041	金百泽	广东	东部	C	国有参股公司	71.4286	56.1694	81.7584	71.7693	1002
688032	禾迈股份	浙江	东部	C	国有参股公司	57.1429	51.3671	87.4089	71.7677	1003
831832	科达自控	山西	中部	I	国有参股公司	100.0000	49.7488	80.6456	71.7672	1004
688068	热景生物	北京	东部	C	无国有股份公司	85.7143	48.5161	84.0097	71.7574	1005
600763	通策医疗	浙江	东部	Q	无国有股份公司	85.7143	51.1549	82.3169	71.7499	1006
603102	百合股份	山东	东部	C	无国有股份公司	100.0000	51.8605	79.2547	71.7413	1007
000534	万泽股份	广东	东部	C	无国有股份公司	85.7143	51.5627	82.0407	71.7408	1008
688022	瀚川智能	江苏	东部	C	无国有股份公司	71.4286	53.1764	83.6035	71.7365	1009
301042	安联锐视	广东	东部	C	国有参股公司	85.7143	59.1776	77.1863	71.7361	1010
301065	本立科技	浙江	东部	C	无国有股份公司	57.1429	59.7384	82.0077	71.7270	1011
603989	艾华集团	湖南	中部	C	无国有股份公司	71.4286	52.5166	84.0026	71.7251	1012
688521	芯原股份	上海	东部	I	国有参股公司	57.1429	63.2530	79.7635	71.7228	1013
002793	罗欣药业	山东	东部	C	无国有股份公司	85.7143	41.1533	88.6298	71.7215	1014
300170	汉得信息	上海	东部	I	无国有股份公司	14.2857	64.3266	86.8680	71.7203	1015
001322	箭牌家居	广东	东部	C	国有参股公司	71.4286	51.8602	84.4101	71.7195	1016
300608	思特奇	北京	东部	I	国有参股公司	100.0000	62.3784	72.5170	71.7168	1017
002300	太阳电缆	福建	东部	C	国有参股公司	71.4286	55.7468	81.9287	71.7151	1018
603788	宁波高发	浙江	东部	C	国有参股公司	85.7143	48.2694	84.0858	71.7129	1019
603073	彩蝶实业	浙江	东部	C	无国有股份公司	57.1429	55.4565	84.6933	71.7053	1020
300414	中光防雷	四川	西部	C	国有参股公司	85.7143	48.3357	84.0281	71.7043	1021
300224	正海磁材	山东	东部	C	国有参股公司	71.4286	54.1747	82.9082	71.7035	1022
000953	河化股份	广西	西部	C	国有参股公司	100.0000	48.5710	81.2714	71.6991	1023

续表

股票代码	公司简称	省份	地区	行业代码	控股类型	环境保护（*EP*）	社会责任（*SR*）	公司治理（*CG*）	上市公司质量/ESG指数（*CLCQI/ESGI*）	*CLCQI/ESGI*排名
301000	肇民科技	上海	东部	C	无国有股份公司	71.4286	58.8431	79.9265	71.6975	1024
301296	新巨丰	山东	东部	C	无国有股份公司	57.1429	48.9954	88.7866	71.6953	1025
301069	凯盛新材	山东	东部	C	国有参股公司	71.4286	54.2107	82.8662	71.6930	1026
301314	科瑞思	广东	东部	C	无国有股份公司	100.0000	49.6266	80.5851	71.6911	1027
000681	视觉中国	江苏	东部	R	国有参股公司	85.7143	52.1474	81.5695	71.6862	1028
300830	金现代	山东	东部	I	无国有股份公司	85.7143	57.3011	78.2818	71.6818	1029
688179	阿拉丁	上海	东部	M	无国有股份公司	100.0000	50.5201	79.9991	71.6815	1030
603212	赛伍技术	江苏	东部	C	国有参股公司	85.7143	44.2168	86.5902	71.6719	1031
603955	大千生态	江苏	东部	E	国有参股公司	71.4286	47.9688	86.7958	71.6697	1032
300046	台基股份	湖北	中部	C	国有参股公司	85.7143	60.6744	76.1114	71.6687	1033
002709	天赐材料	广东	东部	C	无国有股份公司	28.5714	61.5075	85.9701	71.6683	1034
600539	狮头股份	山西	中部	L	国有参股公司	71.4286	49.7772	85.6404	71.6671	1035
001225	和泰机电	浙江	东部	C	无国有股份公司	71.4286	55.4904	81.9961	71.6624	1036
300870	欧陆通	广东	东部	C	无国有股份公司	85.7143	41.9578	87.9802	71.6457	1037
603178	圣龙股份	浙江	东部	C	无国有股份公司	85.7143	52.3230	81.3644	71.6349	1038
688665	四方光电	湖北	中部	C	无国有股份公司	100.0000	49.7514	80.4034	71.6349	1039
003011	海象新材	浙江	东部	C	无国有股份公司	100.0000	56.7392	75.9559	71.6345	1040
002381	双箭股份	浙江	东部	C	国有参股公司	57.1429	50.3028	87.8427	71.6337	1041
688533	上声电子	江苏	东部	C	无国有股份公司	57.1429	51.6404	86.9709	71.6224	1042
002315	焦点科技	江苏	东部	I	无国有股份公司	85.7143	52.5855	81.1547	71.6114	1043
688106	金宏气体	江苏	东部	C	国有参股公司	100.0000	51.9215	78.9747	71.6086	1044
600177	雅戈尔	浙江	东部	C	无国有股份公司	100.0000	47.2400	81.9536	71.6085	1045
300606	金太阳	广东	东部	C	无国有股份公司	85.7143	48.1470	83.9696	71.6061	1046
301036	双乐股份	江苏	东部	C	无国有股份公司	42.8571	50.3811	90.3196	71.5949	1047
002743	富煌钢构	安徽	中部	C	国有参股公司	100.0000	54.8622	77.0678	71.5890	1048
603885	吉祥航空	上海	东部	G	国有参股公司	57.1429	49.1166	88.5108	71.5860	1049
300780	德恩精工	四川	西部	C	无国有股份公司	85.7143	59.4104	76.7570	71.5814	1050
300602	飞荣达	广东	东部	C	国有参股公司	100.0000	49.4777	80.4748	71.5783	1051
300348	长亮科技	广东	东部	I	无国有股份公司	85.7143	42.8181	87.3078	71.5771	1052
300504	天邑股份	四川	西部	C	国有参股公司	85.7143	58.5336	77.2836	71.5642	1053
000659	珠海中富	广东	东部	C	无国有股份公司	100.0000	48.0643	81.3258	71.5517	1054

续表

股票代码	公司简称	省份	地区	行业代码	控股类型	环境保护（*EP*）	社会责任（*SR*）	公司治理（*CG*）	上市公司质量/ESG指数（*CLCQI/ESGI*）	*CLCQI/ESGI*排名
688309	恒誉环保	山东	东部	C	无国有股份公司	57.1429	59.0454	82.1081	71.5396	1055
603080	新疆火炬	新疆	西部	D	无国有股份公司	85.7143	38.5366	89.9598	71.5371	1056
688092	爱科科技	浙江	东部	C	无国有股份公司	71.4286	52.1855	83.8682	71.5353	1057
688356	键凯科技	北京	东部	C	无国有股份公司	14.2857	61.7725	88.1425	71.5273	1058
002472	双环传动	浙江	东部	C	无国有股份公司	85.7143	49.1023	83.2138	71.5248	1059
301022	海泰科	山东	东部	C	无国有股份公司	71.4286	49.8393	85.3396	71.5234	1060
688115	思林杰	广东	东部	C	国有参股公司	85.7143	56.0358	78.7965	71.5221	1061
601233	桐昆股份	浙江	东部	C	国有参股公司	100.0000	46.5394	82.2389	71.5202	1062
002442	龙星化工	河北	东部	C	无国有股份公司	85.7143	57.3091	77.9809	71.5191	1063
300647	超频三	广东	东部	C	国有参股公司	71.4286	48.6776	86.0689	71.5179	1064
603221	爱丽家居	江苏	东部	C	国有参股公司	85.7143	44.7787	85.9486	71.5157	1065
300618	寒锐钴业	江苏	东部	C	无国有股份公司	100.0000	44.1318	83.7601	71.5142	1066
002962	五方光电	湖北	中部	C	无国有股份公司	100.0000	49.2890	80.4741	71.5119	1067
688683	莱尔科技	广东	东部	C	无国有股份公司	85.7143	50.9417	82.0144	71.5089	1068
688125	安达智能	广东	东部	C	无国有股份公司	85.7143	51.0129	81.9675	71.5081	1069
300858	科拓生物	北京	东部	C	无国有股份公司	57.1429	58.0611	82.6705	71.5044	1070
002492	恒基达鑫	广东	东部	G	无国有股份公司	100.0000	48.6259	80.8608	71.4925	1071
301195	北路智控	江苏	东部	I	无国有股份公司	71.4286	48.4033	86.1931	71.4902	1072
300928	华安鑫创	北京	东部	M	无国有股份公司	85.7143	49.5468	82.8555	71.4833	1073
688448	磁谷科技	江苏	东部	C	无国有股份公司	71.4286	60.7310	78.3351	71.4830	1074
688048	长光华芯	江苏	东部	C	国有参股公司	85.7143	51.5541	81.5745	71.4814	1075
002861	瀛通通讯	湖北	中部	C	国有参股公司	71.4286	54.2280	82.4657	71.4788	1076
688118	普元信息	上海	东部	I	无国有股份公司	85.7143	54.9010	79.4370	71.4771	1077
688199	久日新材	天津	东部	C	无国有股份公司	85.7143	47.4418	84.1812	71.4757	1078
300315	掌趣科技	北京	东部	I	国有参股公司	85.7143	50.9772	81.9307	71.4753	1079
002055	得润电子	广东	东部	C	国有参股公司	71.4286	55.0131	81.9470	71.4683	1080
300709	精研科技	江苏	东部	C	无国有股份公司	85.7143	61.8789	74.9775	71.4667	1081
300805	电声股份	广东	东部	L	无国有股份公司	100.0000	40.8727	85.7455	71.4655	1082
002026	山东威达	山东	东部	C	国有参股公司	100.0000	51.1742	79.1755	71.4575	1083
300122	智飞生物	重庆	西部	C	无国有股份公司	71.4286	60.3827	78.5051	71.4546	1084
300853	申昊科技	浙江	东部	C	无国有股份公司	100.0000	58.2339	74.6722	71.4516	1085

续表

股票代码	公司简称	省份	地区	行业代码	控股类型	环境保护（*EP*）	社会责任（*SR*）	公司治理（*CG*）	上市公司质量/ESG指数（*CLCQI/ESGI*）	*CLCQI/ESGI*排名
002244	滨江集团	浙江	东部	K	无国有股份公司	71.4286	49.7343	85.2685	71.4476	1086
300083	创世纪	广东	东部	C	国有参股公司	100.0000	46.3840	82.1940	71.4411	1087
688609	九联科技	广东	东部	C	无国有股份公司	71.4286	67.1759	74.1511	71.4375	1088
002293	罗莱生活	江苏	东部	C	无国有股份公司	85.7143	42.5532	87.2213	71.4367	1089
688728	格科微	上海	东部	C	无国有股份公司	14.2857	69.7384	82.9083	71.4366	1090
603161	科华控股	江苏	东部	C	无国有股份公司	100.0000	48.7728	80.6638	71.4356	1091
002747	埃斯顿	江苏	东部	C	无国有股份公司	14.2857	60.5939	88.7240	71.4346	1092
002463	沪电股份	江苏	东部	C	无国有股份公司	71.4286	48.7786	85.8290	71.4213	1093
300867	圣元环保	福建	东部	N	无国有股份公司	28.5714	60.6943	86.0298	71.4165	1094
300353	东土科技	北京	东部	C	国有参股公司	57.1429	57.7824	82.6880	71.4165	1095
002355	兴民智通	山东	东部	C	无国有股份公司	100.0000	51.8908	78.6350	71.4111	1096
603297	永新光学	浙江	东部	C	国有参股公司	14.2857	68.1744	83.8524	71.4084	1097
002277	友阿股份	湖南	中部	F	国有参股公司	100.0000	44.2647	83.4815	71.4075	1098
301055	张小泉	浙江	东部	C	国有参股公司	57.1429	47.3017	89.3396	71.4067	1099
688595	芯海科技	广东	东部	C	国有参股公司	71.4286	62.6062	77.0027	71.4065	1100
300559	佳发教育	四川	西部	I	无国有股份公司	100.0000	49.4992	80.1370	71.4001	1101
300065	海兰信	北京	东部	C	国有参股公司	85.7143	55.1813	79.1152	71.3982	1102
300126	锐奇股份	上海	东部	C	无国有股份公司	100.0000	38.7337	86.9734	71.3922	1103
002664	信质集团	浙江	东部	C	无国有股份公司	85.7143	50.9001	81.8156	71.3850	1104
688496	清越科技	江苏	东部	C	国有参股公司	71.4286	63.0664	76.6706	71.3849	1105
603456	九洲药业	浙江	东部	C	无国有股份公司	42.8571	52.9029	88.3280	71.3821	1106
002862	实丰文化	广东	东部	C	国有参股公司	71.4286	55.8284	81.2554	71.3733	1107
002137	实益达	广东	东部	C	国有参股公司	100.0000	44.4873	83.2462	71.3560	1108
688777	中控技术	浙江	东部	I	国有参股公司	28.5714	63.0487	84.4186	71.3544	1109
000816	智慧农业	江苏	东部	C	无国有股份公司	100.0000	47.1008	81.5778	71.3531	1110
688325	赛微微电	广东	东部	I	无国有股份公司	71.4286	51.9816	83.6656	71.3525	1111
002923	润都股份	广东	东部	C	无国有股份公司	28.5714	58.9266	87.0322	71.3491	1112
603636	南威软件	福建	东部	I	无国有股份公司	42.8571	55.5157	86.5996	71.3460	1113
300826	测绘股份	江苏	东部	M	无国有股份公司	57.1429	51.8920	86.3013	71.3422	1114
301160	翔楼新材	江苏	东部	C	无国有股份公司	100.0000	45.5746	82.5165	71.3352	1115
002487	大金重工	辽宁	东北	C	国有参股公司	42.8571	54.1603	87.4386	71.3331	1116

续表

股票代码	公司简称	省份	地区	行业代码	控股类型	环境保护（*EP*）	社会责任（*SR*）	公司治理（*CG*）	上市公司质量/ESG指数（*CLCQI/ESGI*）	*CLCQI/ESGI*排名
603779	威龙股份	山东	东部	C	无国有股份公司	71.4286	59.0552	79.1244	71.3306	1117
300615	欣天科技	广东	东部	C	无国有股份公司	100.0000	41.6115	85.0297	71.3304	1118
603171	税友股份	浙江	东部	I	无国有股份公司	85.7143	50.6471	81.8771	71.3303	1119
002591	恒大高新	江西	中部	C	国有参股公司	85.7143	47.2983	84.0000	71.3258	1120
002809	红墙股份	广东	东部	C	国有参股公司	57.1429	56.0014	83.6560	71.3256	1121
000810	创维数字	四川	西部	C	国有参股公司	71.4286	55.6248	81.2930	71.3227	1122
300287	飞利信	北京	东部	I	无国有股份公司	100.0000	42.3865	84.5202	71.3214	1123
002879	长缆科技	湖南	中部	C	无国有股份公司	57.1429	53.9393	84.9582	71.3200	1124
002900	哈三联	黑龙江	东北	C	国有参股公司	85.7143	49.0543	82.8682	71.3179	1125
603235	天新药业	江西	中部	C	无国有股份公司	71.4286	53.4178	82.6715	71.3084	1126
002590	万安科技	浙江	东部	C	无国有股份公司	57.1429	59.9784	81.0889	71.3057	1127
300117	*ST嘉寓	北京	东部	E	国有参股公司	71.4286	53.5369	82.5888	71.3046	1128
300986	志特新材	江西	中部	C	国有参股公司	100.0000	40.6659	85.5819	71.3031	1129
300416	苏试试验	江苏	东部	M	无国有股份公司	71.4286	45.8766	87.4523	71.2984	1130
603639	海利尔	山东	东部	C	无国有股份公司	85.7143	46.1124	84.7022	71.2970	1131
300800	力合科技	湖南	中部	C	国有参股公司	57.1429	54.7434	84.3984	71.2936	1132
300746	汉嘉设计	浙江	东部	M	国有参股公司	100.0000	43.1541	83.9804	71.2931	1133
600361	创新新材	北京	东部	C	无国有股份公司	71.4286	51.8268	83.6551	71.2926	1134
603151	邦基科技	山东	东部	C	无国有股份公司	71.4286	48.3562	85.8633	71.2923	1135
600201	生物股份	内蒙古	西部	C	无国有股份公司	100.0000	45.7832	82.3049	71.2918	1136
301258	富士莱	江苏	东部	C	无国有股份公司	71.4286	56.5428	80.6490	71.2898	1137
688069	德林海	江苏	东部	N	无国有股份公司	100.0000	48.4201	80.6207	71.2884	1138
603976	正川股份	重庆	西部	C	国有参股公司	100.0000	44.6892	82.9934	71.2876	1139
301120	新特电气	北京	东部	C	无国有股份公司	85.7143	52.1649	80.8333	71.2875	1140
300573	兴齐眼药	辽宁	东北	C	无国有股份公司	71.4286	60.8439	77.8994	71.2829	1141
002890	弘宇股份	山东	东部	C	无国有股份公司	85.7143	53.1749	80.1681	71.2751	1142
300223	北京君正	北京	东部	C	无国有股份公司	85.7143	54.9020	79.0646	71.2727	1143
600703	三安光电	湖北	中部	C	国有参股公司	100.0000	52.1347	78.2129	71.2642	1144
688256	寒武纪	北京	东部	I	国有参股公司	100.0000	62.5486	71.5832	71.2628	1145
301157	华塑科技	浙江	东部	C	国有参股公司	100.0000	49.8382	79.6665	71.2599	1146
002630	华西能源	四川	西部	C	国有参股公司	57.1429	57.3455	82.6809	71.2597	1147

续表

股票代码	公司简称	省份	地区	行业代码	控股类型	环境保护（*EP*）	社会责任（*SR*）	公司治理（*CG*）	上市公司质量/ESG指数（*CLCQI/ESGI*）	*CLCQI/ESGI*排名
688658	悦康药业	北京	东部	C	无国有股份公司	85.7143	51.5613	81.1668	71.2596	1148
600446	金证股份	广东	东部	I	无国有股份公司	57.1429	56.0613	83.4970	71.2591	1149
600596	新安股份	浙江	东部	C	国有参股公司	85.7143	51.0450	81.4933	71.2585	1150
002432	九安医疗	天津	东部	C	无国有股份公司	14.2857	55.2842	91.7784	71.2562	1151
600338	西藏珠峰	西藏	西部	B	无国有股份公司	71.4286	53.9860	82.2134	71.2553	1152
300657	弘信电子	福建	东部	C	国有参股公司	100.0000	50.1701	79.4421	71.2527	1153
300136	信维通信	广东	东部	C	无国有股份公司	85.7143	49.8328	82.2536	71.2524	1154
603833	欧派家居	广东	东部	C	无国有股份公司	57.1429	54.3736	84.5579	71.2519	1155
601566	九牧王	福建	东部	C	无国有股份公司	100.0000	51.8571	78.3655	71.2510	1156
301200	大族数控	广东	东部	C	无国有股份公司	57.1429	55.4585	83.8551	71.2451	1157
300947	德必集团	上海	东部	L	无国有股份公司	71.4286	47.4081	86.3511	71.2288	1158
002940	昂利康	浙江	东部	C	无国有股份公司	42.8571	55.6509	86.2952	71.2259	1159
688275	万润新能	湖北	中部	C	无国有股份公司	42.8571	58.2451	84.6435	71.2254	1160
603948	建业股份	浙江	东部	C	国有参股公司	85.7143	54.4990	79.2297	71.2224	1161
688317	之江生物	上海	东部	C	无国有股份公司	71.4286	54.5430	81.7825	71.2133	1162
601216	君正集团	内蒙古	西部	C	无国有股份公司	57.1429	56.7941	82.9435	71.2112	1163
002853	皮阿诺	广东	东部	C	无国有股份公司	100.0000	41.9407	84.5986	71.2085	1164
688599	天合光能	江苏	东部	C	国有参股公司	42.8571	49.6284	90.0864	71.2032	1165
300613	富瀚微	上海	东部	I	无国有股份公司	85.7143	44.8308	85.3470	71.2030	1166
603321	梅轮电梯	浙江	东部	C	无国有股份公司	28.5714	54.9138	89.3163	71.2010	1167
003043	华亚智能	江苏	东部	C	无国有股份公司	100.0000	46.4823	81.6937	71.2003	1168
600566	济川药业	湖北	中部	C	国有参股公司	14.2857	49.7431	95.2009	71.1992	1169
688143	长盈通	湖北	中部	C	国有参股公司	14.2857	64.2935	85.9380	71.1972	1170
002993	奥海科技	广东	东部	C	无国有股份公司	71.4286	45.9190	87.2360	71.1943	1171
300108	*ST吉药	吉林	东北	C	无国有股份公司	100.0000	50.5746	79.0528	71.1802	1172
603061	金海通	天津	东部	C	国有参股公司	71.4286	53.9054	82.1179	71.1746	1173
002955	鸿合科技	广东	东部	C	无国有股份公司	100.0000	34.1794	89.4745	71.1738	1174
300138	晨光生物	河北	东部	C	无国有股份公司	71.4286	48.3453	85.6516	71.1721	1175
002271	东方雨虹	北京	东部	C	无国有股份公司	100.0000	47.6140	80.9131	71.1671	1176
603733	仙鹤股份	浙江	东部	C	无国有股份公司	100.0000	52.7727	77.6155	71.1589	1177
688078	龙软科技	北京	东部	I	无国有股份公司	57.1429	45.3023	90.1601	71.1581	1178

续表

股票代码	公司简称	省份	地区	行业代码	控股类型	环境保护（*EP*）	社会责任（*SR*）	公司治理（*CG*）	上市公司质量/ESG指数（*CLCQI/ESGI*）	*CLCQI/ESGI*排名
603877	太平鸟	浙江	东部	C	无国有股份公司	100.0000	42.9560	83.8579	71.1564	1179
300757	罗博特科	江苏	东部	C	无国有股份公司	85.7143	50.6504	81.5437	71.1481	1180
002023	海特高新	四川	西部	C	国有参股公司	28.5714	52.6650	90.6468	71.1456	1181
301227	森鹰窗业	黑龙江	东北	C	无国有股份公司	14.2857	56.9804	90.4900	71.1412	1182
300816	艾可蓝	安徽	中部	N	无国有股份公司	85.7143	46.1648	84.3749	71.1353	1183
301068	大地海洋	浙江	东部	C	无国有股份公司	100.0000	49.5450	79.6249	71.1345	1184
688202	美迪西	上海	东部	M	无国有股份公司	85.7143	59.1406	76.1066	71.1293	1185
603198	迎驾贡酒	安徽	中部	C	无国有股份公司	57.1429	49.5946	87.3748	71.1285	1186
300121	阳谷华泰	山东	东部	C	无国有股份公司	42.8571	59.5852	83.6053	71.1235	1187
600613	神奇制药	上海	东部	C	无国有股份公司	85.7143	46.7086	84.0008	71.1199	1188
002121	科陆电子	广东	东部	C	国有参股公司	71.4286	56.3007	80.4887	71.1169	1189
002064	华峰化学	浙江	东部	C	无国有股份公司	85.7143	51.1251	81.1794	71.1139	1190
300664	鹏鹞环保	江苏	东部	N	无国有股份公司	100.0000	39.4589	85.9902	71.1052	1191
002563	森马服饰	浙江	东部	C	无国有股份公司	71.4286	47.6546	85.9546	71.0970	1192
603298	杭叉集团	浙江	东部	C	国有参股公司	71.4286	48.1201	85.6519	71.0934	1193
301119	正强股份	浙江	东部	C	国有参股公司	100.0000	55.5916	75.6944	71.0890	1194
600655	豫园股份	上海	东部	F	国有参股公司	57.1429	48.0687	88.2726	71.0883	1195
603822	嘉澳环保	浙江	东部	C	无国有股份公司	71.4286	55.5628	80.8999	71.0848	1196
300130	新国都	广东	东部	C	无国有股份公司	28.5714	58.1183	87.0625	71.0829	1197
603165	荣晟环保	浙江	东部	C	无国有股份公司	71.4286	51.8827	83.2359	71.0816	1198
688799	华纳药厂	湖南	中部	C	无国有股份公司	85.7143	43.9436	85.6840	71.0779	1199
605018	长华集团	浙江	东部	C	无国有股份公司	71.4286	49.6376	84.6513	71.0742	1200
600060	海信视像	山东	东部	C	国有参股公司	100.0000	47.4657	80.8349	71.0722	1201
688418	震有科技	广东	东部	C	无国有股份公司	71.4286	51.7655	83.2735	71.0612	1202
300429	强力新材	江苏	东部	C	国有参股公司	42.8571	59.4775	83.5330	71.0460	1203
000012	南玻A	广东	东部	C	无国有股份公司	71.4286	48.6488	85.2082	71.0344	1204
605598	上海港湾	上海	东部	E	无国有股份公司	100.0000	43.4635	83.3117	71.0336	1205
603617	君禾股份	浙江	东部	C	国有参股公司	71.4286	54.1792	81.6766	71.0277	1206
002517	恺英网络	福建	东部	I	国有参股公司	85.7143	35.7266	90.8144	71.0237	1207
688401	路维光电	广东	东部	C	无国有股份公司	85.7143	55.4943	78.2314	71.0217	1208
300463	迈克生物	四川	西部	C	无国有股份公司	71.4286	55.0047	81.1313	71.0167	1209

续表

股票代码	公司简称	省份	地区	行业代码	控股类型	环境保护（*EP*）	社会责任（*SR*）	公司治理（*CG*）	上市公司质量/ESG指数（*CLCQI/ESGI*）	*CLCQI/ESGI*排名
300842	帝科股份	江苏	东部	C	无国有股份公司	85.7143	50.7205	81.2556	71.0142	1210
601966	玲珑轮胎	山东	东部	C	无国有股份公司	85.7143	44.6130	85.1409	71.0135	1211
300522	世名科技	江苏	东部	C	国有参股公司	71.4286	52.8704	82.4773	71.0100	1212
300235	方直科技	广东	东部	I	无国有股份公司	71.4286	59.6794	78.1439	71.0098	1213
300735	光弘科技	广东	东部	C	国有参股公司	71.4286	52.8894	82.4641	71.0094	1214
836807	奔朗新材	广东	东部	C	无国有股份公司	100.0000	49.3754	79.5036	71.0084	1215
000650	仁和药业	江西	中部	C	无国有股份公司	85.7143	49.2447	82.1748	71.0032	1216
300445	康斯特	北京	东部	C	无国有股份公司	14.2857	65.1795	85.0189	71.0018	1217
300985	致远新能	吉林	东北	C	无国有股份公司	85.7143	53.9045	79.1963	70.9960	1218
300666	江丰电子	浙江	东部	C	无国有股份公司	14.2857	57.0682	90.1374	70.9780	1219
300401	花园生物	浙江	东部	C	国有参股公司	85.7143	53.0423	79.7072	70.9752	1220
300976	达瑞电子	广东	东部	C	无国有股份公司	85.7143	55.2117	78.3095	70.9657	1221
605389	长龄液压	江苏	东部	C	无国有股份公司	100.0000	43.8098	82.9428	70.9520	1222
603322	超讯通信	广东	东部	I	无国有股份公司	85.7143	45.3557	84.5447	70.9455	1223
601116	三江购物	浙江	东部	F	无国有股份公司	57.1429	41.3411	92.2928	70.9447	1224
301003	江苏博云	江苏	东部	C	无国有股份公司	100.0000	54.2377	76.2881	70.9417	1225
605368	蓝天燃气	河南	中部	D	无国有股份公司	100.0000	44.7642	82.3088	70.9373	1226
301150	中一科技	湖北	中部	C	无国有股份公司	85.7143	50.2760	81.3789	70.9264	1227
300135	宝利国际	江苏	东部	C	国有参股公司	85.7143	51.3737	80.6765	70.9243	1228
300238	冠昊生物	广东	东部	C	国有参股公司	100.0000	48.1029	80.1601	70.9241	1229
600496	精工钢构	安徽	中部	C	国有参股公司	100.0000	47.5993	80.4786	70.9230	1230
688021	奥福环保	山东	东部	C	无国有股份公司	57.1429	63.5953	78.0875	70.9207	1231
000790	华神科技	四川	西部	C	国有参股公司	57.1429	49.1019	87.3105	70.9207	1232
300991	创益通	广东	东部	C	国有参股公司	85.7143	51.2173	80.7680	70.9198	1233
002833	弘亚数控	广东	东部	C	无国有股份公司	100.0000	49.2746	79.3867	70.9088	1234
688600	皖仪科技	安徽	中部	C	国有参股公司	85.7143	57.8827	76.5017	70.9063	1235
300521	爱司凯	广东	东部	C	无国有股份公司	71.4286	43.3993	88.3125	70.9045	1236
601777	力帆科技	重庆	西部	C	无国有股份公司	57.1429	44.9179	89.9290	70.8965	1237
300767	震安科技	云南	西部	C	无国有股份公司	28.5714	52.5320	90.2584	70.8855	1238
605198	安德利	山东	东部	C	无国有股份公司	85.7143	53.6846	79.1319	70.8836	1239
603508	思维列控	河南	中部	C	无国有股份公司	57.1429	47.5126	88.2459	70.8789	1240

续表

股票代码	公司简称	省份	地区	行业代码	控股类型	环境保护（*EP*）	社会责任（*SR*）	公司治理（*CG*）	上市公司质量/ESG指数（*CLCQI/ESGI*）	*CLCQI/ESGI*排名
835985	海泰新能	河北	东部	C	国有参股公司	100.0000	55.3883	75.4278	70.8712	1241
301093	华兰股份	江苏	东部	C	无国有股份公司	100.0000	49.0468	79.4453	70.8613	1242
002648	卫星化学	浙江	东部	C	无国有股份公司	85.7143	49.8876	81.4923	70.8529	1243
300729	乐歌股份	浙江	东部	C	无国有股份公司	14.2857	53.3688	92.2359	70.8374	1244
603606	东方电缆	浙江	东部	C	国有参股公司	85.7143	55.4415	77.9181	70.8309	1245
002600	领益智造	广东	东部	C	无国有股份公司	14.2857	62.9799	86.1047	70.8291	1246
834599	同力股份	陕西	西部	C	无国有股份公司	100.0000	49.1301	79.3299	70.8270	1247
601222	林洋能源	江苏	东部	C	无国有股份公司	100.0000	40.1559	85.0376	70.8252	1248
300404	博济医药	广东	东部	M	国有参股公司	85.7143	46.1575	83.8071	70.8205	1249
301316	慧博云通	浙江	东部	I	无国有股份公司	85.7143	51.1249	80.6426	70.8186	1250
300532	今天国际	广东	东部	I	无国有股份公司	85.7143	47.2491	83.0993	70.8132	1251
601933	永辉超市	福建	东部	F	无国有股份公司	85.7143	48.7095	82.1655	70.8108	1252
688386	泛亚微透	江苏	东部	C	无国有股份公司	42.8571	65.0042	79.5656	70.7982	1253
002539	云图控股	四川	西部	C	无国有股份公司	85.7143	44.3550	84.9018	70.7917	1254
688368	晶丰明源	上海	东部	I	无国有股份公司	28.5714	60.8751	84.7778	70.7912	1255
301255	通力科技	浙江	东部	C	无国有股份公司	57.1429	53.3863	84.3442	70.7888	1256
301205	联特科技	湖北	中部	C	国有参股公司	85.7143	57.0917	76.7911	70.7886	1257
688601	力芯微	江苏	东部	C	国有参股公司	57.1429	49.5559	86.7792	70.7874	1258
600696	岩石股份	上海	东部	C	无国有股份公司	100.0000	42.0935	83.7300	70.7842	1259
300548	博创科技	浙江	东部	C	国有参股公司	85.7143	42.2874	86.1919	70.7775	1260
300061	旗天科技	上海	东部	L	无国有股份公司	85.7143	46.5311	83.4896	70.7766	1261
002548	金新农	广东	东部	C	无国有股份公司	71.4286	40.7463	89.7632	70.7738	1262
603311	金海高科	浙江	东部	C	无国有股份公司	57.1429	51.2171	85.6966	70.7734	1263
002908	德生科技	广东	东部	I	无国有股份公司	100.0000	48.9941	79.2997	70.7628	1264
300021	大禹节水	甘肃	西部	C	国有参股公司	57.1429	41.9021	91.5992	70.7596	1265
600132	重庆啤酒	重庆	西部	C	无国有股份公司	14.2857	49.2748	94.6972	70.7582	1266
001205	盛航股份	江苏	东部	G	无国有股份公司	100.0000	31.7414	90.2661	70.7559	1267
002971	和远气体	湖北	中部	C	国有参股公司	85.7143	46.9228	83.1807	70.7438	1268
688700	东威科技	江苏	东部	C	无国有股份公司	100.0000	49.6569	78.8291	70.7359	1269
300249	依米康	四川	西部	I	无国有股份公司	71.4286	50.1074	83.7294	70.7316	1270
300631	久吾高科	江苏	东部	C	国有参股公司	100.0000	44.7385	81.9502	70.7311	1271

续表

股票代码	公司简称	省份	地区	行业代码	控股类型	环境保护（*EP*）	社会责任（*SR*）	公司治理（*CG*）	上市公司质量/ESG指数（*CLCQI/ESGI*）	*CLCQI/ESGI*排名
002453	华软科技	江苏	东部	C	无国有股份公司	71.4286	58.2476	78.5466	70.7302	1272
688367	工大高科	安徽	中部	C	国有参股公司	14.2857	64.6274	84.8707	70.7271	1273
300141	和顺电气	江苏	东部	C	国有参股公司	57.1429	41.9232	91.5231	70.7251	1274
603806	福斯特	浙江	东部	C	无国有股份公司	85.7143	55.0751	77.9566	70.7238	1275
301098	金埔园林	江苏	东部	E	国有参股公司	85.7143	49.8871	81.2477	70.7182	1276
300653	正海生物	山东	东部	C	无国有股份公司	71.4286	55.2828	80.4105	70.7176	1277
300543	朗科智能	广东	东部	C	无国有股份公司	85.7143	57.9250	76.1293	70.7163	1278
301300	远翔新材	福建	东部	C	国有参股公司	57.1429	51.3366	85.5117	70.7135	1279
603615	茶花股份	福建	东部	C	无国有股份公司	100.0000	52.2377	77.1449	70.7129	1280
603790	雅运股份	上海	东部	C	无国有股份公司	57.1429	53.5852	84.0758	70.7108	1281
002446	盛路通信	广东	东部	C	无国有股份公司	57.1429	52.8891	84.5185	70.7106	1282
300345	华民股份	湖南	中部	C	无国有股份公司	71.4286	40.4068	89.8425	70.6986	1283
605376	博迁新材	江苏	东部	C	无国有股份公司	100.0000	52.0975	77.1897	70.6884	1284
300482	万孚生物	广东	东部	C	国有参股公司	100.0000	50.6393	78.1149	70.6870	1285
002188	中天服务	浙江	东部	L	无国有股份公司	85.7143	44.2247	84.7870	70.6829	1286
300062	中能电气	福建	东部	C	国有参股公司	85.7143	50.9786	80.4799	70.6779	1287
300814	中富电路	广东	东部	C	无国有股份公司	85.7143	57.8296	76.1094	70.6720	1288
832110	雷特科技	广东	东部	C	无国有股份公司	100.0000	44.6018	81.9127	70.6626	1289
002917	金奥博	广东	东部	C	国有参股公司	71.4286	50.3552	83.4365	70.6573	1290
688737	中自科技	四川	西部	C	无国有股份公司	71.4286	50.7537	83.1826	70.6571	1291
688379	华光新材	浙江	东部	C	无国有股份公司	42.8571	52.0014	87.5816	70.6561	1292
300040	九洲集团	黑龙江	东北	C	国有参股公司	85.7143	47.9358	82.3728	70.6540	1293
002195	岩山科技	上海	东部	I	无国有股份公司	100.0000	51.0734	77.7771	70.6531	1294
002034	旺能环境	浙江	东部	N	无国有股份公司	85.7143	51.6715	79.9900	70.6510	1295
600690	海尔智家	山东	东部	C	国有参股公司	14.2857	73.3942	79.1532	70.6508	1296
002185	华天科技	甘肃	西部	C	国有参股公司	85.7143	45.0432	84.2061	70.6499	1297
301063	海锅股份	江苏	东部	C	无国有股份公司	85.7143	44.5108	84.5364	70.6452	1298
300227	光韵达	广东	东部	C	国有参股公司	100.0000	48.9659	79.0952	70.6404	1299
603815	交建股份	安徽	中部	E	无国有股份公司	71.4286	47.3403	85.3196	70.6377	1300
002506	协鑫集成	上海	东部	C	国有参股公司	57.1429	51.2586	85.4124	70.6316	1301
002559	亚威股份	江苏	东部	C	无国有股份公司	100.0000	42.9514	82.9046	70.6305	1302

续表

股票代码	公司简称	省份	地区	行业代码	控股类型	环境保护（*EP*）	社会责任（*SR*）	公司治理（*CG*）	上市公司质量/ESG指数（*CLCQI/ESGI*）	*CLCQI/ESGI*排名
300862	蓝盾光电	安徽	中部	C	无国有股份公司	85.7143	56.3859	76.9431	70.6252	1303
603987	康德莱	上海	东部	C	无国有股份公司	57.1429	50.4995	85.8592	70.6117	1304
300115	长盈精密	广东	东部	C	无国有股份公司	100.0000	47.1697	80.1842	70.6107	1305
300731	科创新源	广东	东部	C	国有参股公司	71.4286	49.6207	83.8189	70.6105	1306
688520	神州细胞	北京	东部	C	无国有股份公司	85.7143	46.2019	83.3734	70.5974	1307
300092	科新机电	四川	西部	C	无国有股份公司	85.7143	45.6766	83.6909	70.5882	1308
600216	浙江医药	浙江	东部	C	国有参股公司	57.1429	51.5656	85.1290	70.5832	1309
300837	浙矿股份	浙江	东部	C	无国有股份公司	85.7143	49.5050	81.2430	70.5818	1310
301166	优宁维	上海	东部	F	无国有股份公司	85.7143	52.0468	79.6052	70.5707	1311
603308	应流股份	安徽	中部	C	无国有股份公司	85.7143	41.3535	86.3926	70.5611	1312
603668	天马科技	福建	东部	C	无国有股份公司	85.7143	57.5573	76.0787	70.5598	1313
002930	宏川智慧	广东	东部	G	国有参股公司	57.1429	49.8129	86.1981	70.5578	1314
603773	沃格光电	江西	中部	C	国有参股公司	71.4286	46.4737	85.7163	70.5526	1315
301317	鑫磊股份	浙江	东部	C	无国有股份公司	57.1429	45.1797	89.1336	70.5507	1316
002641	公元股份	浙江	东部	C	无国有股份公司	57.1429	50.4757	85.7632	70.5505	1317
002527	新时达	上海	东部	C	无国有股份公司	71.4286	46.5893	85.6330	70.5473	1318
688083	中望软件	广东	东部	I	无国有股份公司	85.7143	55.7405	77.2062	70.5440	1319
603186	华正新材	浙江	东部	C	无国有股份公司	42.8571	51.6102	87.6261	70.5437	1320
002963	豪尔赛	北京	东部	E	国有参股公司	85.7143	43.8150	84.7898	70.5411	1321
833427	华维设计	江西	中部	M	无国有股份公司	71.4286	55.9694	79.6496	70.5394	1322
002653	海思科	西藏	西部	C	无国有股份公司	85.7143	46.7960	82.8867	70.5377	1323
002326	永太科技	浙江	东部	C	无国有股份公司	71.4286	49.0928	84.0108	70.5313	1324
601609	金田股份	浙江	东部	C	无国有股份公司	100.0000	47.8565	79.5956	70.5274	1325
688337	普源精电	江苏	东部	C	无国有股份公司	85.7143	50.4785	80.5208	70.5254	1326
301222	浙江恒威	浙江	东部	C	无国有股份公司	42.8571	49.8586	88.6964	70.5192	1327
688129	东来技术	上海	东部	C	无国有股份公司	57.1429	49.0448	86.6102	70.5156	1328
603596	伯特利	安徽	中部	C	无国有股份公司	85.7143	38.0867	88.3797	70.5106	1329
300041	回天新材	湖北	中部	C	无国有股份公司	100.0000	45.8967	80.8092	70.5089	1330
002303	美盈森	广东	东部	C	国有参股公司	100.0000	48.3255	79.2518	70.5024	1331
002774	快意电梯	广东	东部	C	国有参股公司	100.0000	35.1483	87.6311	70.4990	1332
300189	神农种业	海南	东部	A	国有参股公司	85.7143	45.9098	83.3743	70.4957	1333

续表

股票代码	公司简称	省份	地区	行业代码	控股类型	环境保护（*EP*）	社会责任（*SR*）	公司治理（*CG*）	上市公司质量/ESG指数（*CLCQI/ESGI*）	*CLCQI/ESGI*排名
300137	先河环保	河北	东部	C	国有参股公司	85.7143	46.8564	82.7712	70.4953	1334
601218	吉鑫科技	江苏	东部	C	无国有股份公司	85.7143	43.7458	84.7482	70.4940	1335
300443	金雷股份	山东	东部	C	无国有股份公司	100.0000	53.4740	75.9529	70.4900	1336
300437	清水源	河南	中部	C	无国有股份公司	14.2857	63.5688	85.0953	70.4801	1337
000426	兴业银锡	内蒙古	西部	B	国有参股公司	57.1429	51.7068	84.8391	70.4732	1338
002891	中宠股份	山东	东部	C	国有参股公司	71.4286	46.4878	85.5603	70.4718	1339
300193	佳士科技	广东	东部	C	无国有股份公司	57.1429	56.4510	81.8059	70.4654	1340
688613	奥精医疗	北京	东部	C	无国有股份公司	100.0000	51.7463	76.9741	70.4469	1341
605499	东鹏饮料	广东	东部	C	无国有股份公司	42.8571	52.9694	86.5835	70.4459	1342
002009	天奇股份	江苏	东部	C	无国有股份公司	100.0000	49.9280	78.1287	70.4456	1343
688575	亚辉龙	广东	东部	C	无国有股份公司	42.8571	56.4584	84.3593	70.4438	1344
002977	天箭科技	四川	西部	C	无国有股份公司	85.7143	41.9909	85.7669	70.4401	1345
603101	汇嘉时代	新疆	西部	F	国有参股公司	100.0000	42.6475	82.7373	70.4321	1346
301075	多瑞医药	西藏	西部	C	国有参股公司	57.1429	50.5164	85.5190	70.4305	1347
601515	东峰集团	广东	东部	C	无国有股份公司	42.8571	48.1015	89.6456	70.4263	1348
002637	赞宇科技	浙江	东部	C	无国有股份公司	71.4286	56.0986	79.3614	70.4261	1349
000037	深南电A	广东	东部	D	国有参股公司	100.0000	49.9209	78.0930	70.4235	1350
301081	严牌股份	浙江	东部	C	无国有股份公司	57.1429	46.9757	87.7526	70.4197	1351
300785	值得买	北京	东部	I	无国有股份公司	71.4286	56.3597	79.1786	70.4170	1352
688525	佰维存储	广东	东部	C	国有参股公司	28.5714	63.7515	82.2658	70.4164	1353
002518	科士达	广东	东部	C	无国有股份公司	42.8571	51.3442	87.5628	70.4157	1354
605162	新中港	浙江	东部	D	国有参股公司	85.7143	62.5144	72.6622	70.4157	1355
688590	新致软件	上海	东部	I	无国有股份公司	100.0000	40.2990	84.1925	70.4105	1356
002438	江苏神通	江苏	东部	C	无国有股份公司	85.7143	54.6786	77.6219	70.4010	1357
301309	万得凯	浙江	东部	C	无国有股份公司	100.0000	48.9986	78.6387	70.4008	1358
002981	朝阳科技	广东	东部	C	国有参股公司	85.7143	48.6628	81.4418	70.3964	1359
300708	聚灿光电	江苏	东部	C	国有参股公司	57.1429	53.7480	83.3921	70.3917	1360
603738	泰晶科技	湖北	中部	C	无国有股份公司	100.0000	51.6305	76.9421	70.3889	1361
300808	久量股份	广东	东部	C	国有参股公司	85.7143	46.1596	83.0198	70.3882	1362
300005	探路者	北京	东部	C	无国有股份公司	100.0000	44.4994	81.4788	70.3881	1363
001300	三柏硕	山东	东部	C	国有参股公司	85.7143	51.1775	79.8220	70.3857	1364

续表

股票代码	公司简称	省份	地区	行业代码	控股类型	环境保护（*EP*）	社会责任（*SR*）	公司治理（*CG*）	上市公司质量/ESG指数（*CLCQI/ESGI*）	*CLCQI/ESGI*排名
002850	科达利	广东	东部	C	无国有股份公司	28.5714	51.7317	89.8544	70.3832	1365
002960	青鸟消防	河北	东部	C	无国有股份公司	57.1429	50.9908	85.1220	70.3782	1366
688017	绿的谐波	江苏	东部	C	无国有股份公司	28.5714	63.1337	82.5759	70.3707	1367
688031	星环科技	上海	东部	I	国有参股公司	85.7143	53.7217	78.1708	70.3680	1368
838924	广脉科技	浙江	东部	I	无国有股份公司	100.0000	53.8884	75.4585	70.3632	1369
002675	东诚药业	山东	东部	C	无国有股份公司	71.4286	49.6328	83.3576	70.3610	1370
300941	创识科技	福建	东部	I	无国有股份公司	85.7143	55.5153	77.0063	70.3553	1371
688070	纵横股份	四川	西部	C	无国有股份公司	71.4286	55.7577	79.4323	70.3459	1372
834682	球冠电缆	浙江	东部	C	国有参股公司	85.7143	50.1867	80.3781	70.3448	1373
835179	凯德石英	北京	东部	C	国有参股公司	100.0000	53.1681	75.8815	70.3436	1374
300633	开立医疗	广东	东部	C	无国有股份公司	100.0000	41.1228	83.5406	70.3403	1375
601339	百隆东方	浙江	东部	C	无国有股份公司	85.7143	48.3830	81.5166	70.3396	1376
000848	承德露露	河北	东部	C	无国有股份公司	71.4286	44.3909	86.6541	70.3394	1377
605287	德才股份	山东	东部	E	国有参股公司	100.0000	46.7721	79.9112	70.3214	1378
600380	健康元	广东	东部	C	无国有股份公司	14.2857	61.8151	85.9175	70.3185	1379
301040	中环海陆	江苏	东部	C	无国有股份公司	100.0000	52.7987	76.0606	70.3129	1380
600884	杉杉股份	浙江	东部	C	国有参股公司	57.1429	54.4513	82.7991	70.3118	1381
600729	重庆百货	重庆	西部	F	国有参股公司	28.5714	47.1717	92.6219	70.3093	1382
603886	元祖股份	上海	东部	C	无国有股份公司	100.0000	51.9464	76.5883	70.3048	1383
688213	思特威	上海	东部	C	国有参股公司	42.8571	54.2354	85.5126	70.3000	1384
002364	中恒电气	浙江	东部	C	国有参股公司	85.7143	42.6458	85.0799	70.2914	1385
300299	富春股份	福建	东部	I	无国有股份公司	85.7143	42.4150	85.2213	70.2884	1386
300253	卫宁健康	上海	东部	I	无国有股份公司	42.8571	46.6817	90.2937	70.2858	1387
605299	舒华体育	福建	东部	C	无国有股份公司	100.0000	44.2294	81.4544	70.2802	1388
600256	广汇能源	新疆	西部	B	国有参股公司	57.1429	44.2285	89.2469	70.2801	1389
603998	方盛制药	湖南	中部	C	无国有股份公司	85.7143	47.2421	82.1338	70.2797	1390
300901	中胤时尚	浙江	东部	M	国有参股公司	100.0000	56.7500	73.4738	70.2731	1391
002129	TCL中环	天津	东部	C	国有参股公司	100.0000	46.1215	80.2334	70.2709	1392
300706	阿石创	福建	东部	C	国有参股公司	100.0000	44.3019	81.3871	70.2686	1393
300181	佐力药业	浙江	东部	C	国有参股公司	71.4286	53.7786	80.5361	70.2602	1394
300920	润阳科技	浙江	东部	C	无国有股份公司	85.7143	57.9311	75.2950	70.2596	1395

续表

股票代码	公司简称	省份	地区	行业代码	控股类型	环境保护（*EP*）	社会责任（*SR*）	公司治理（*CG*）	上市公司质量/ESG指数（*CLCQI/ESGI*）	*CLCQI/ESGI*排名
002615	哈尔斯	浙江	东部	C	国有参股公司	28.5714	54.2763	87.9996	70.2537	1396
430564	天润科技	陕西	西部	I	无国有股份公司	100.0000	56.4430	73.6266	70.2497	1397
601058	赛轮轮胎	山东	东部	C	无国有股份公司	42.8571	50.1131	88.0439	70.2495	1398
603360	百傲化学	辽宁	东北	C	无国有股份公司	85.7143	47.6586	81.8077	70.2462	1399
300679	电连技术	广东	东部	C	无国有股份公司	57.1429	53.3122	83.4029	70.2451	1400
002317	众生药业	广东	东部	C	无国有股份公司	71.4286	54.6107	79.9671	70.2385	1401
300063	天龙集团	广东	东部	L	无国有股份公司	71.4286	57.7327	77.9743	70.2352	1402
688157	松井股份	湖南	中部	C	无国有股份公司	57.1429	55.4768	82.0066	70.2348	1403
300892	品渥食品	上海	东部	F	国有参股公司	85.7143	44.5698	83.7511	70.2339	1404
300465	高伟达	北京	东部	I	国有参股公司	85.7143	51.1479	79.5627	70.2327	1405
603063	禾望电气	广东	东部	C	无国有股份公司	85.7143	50.4377	80.0059	70.2279	1406
301156	美农生物	上海	东部	C	无国有股份公司	42.8571	51.1215	87.3529	70.2223	1407
688228	开普云	广东	东部	I	国有参股公司	100.0000	57.1276	73.1396	70.2214	1408
301189	奥尼电子	广东	东部	C	无国有股份公司	100.0000	51.8904	76.4709	70.2206	1409
300989	蕾奥规划	广东	东部	M	无国有股份公司	100.0000	40.4222	83.7457	70.2079	1410
688108	赛诺医疗	天津	东部	C	无国有股份公司	85.7143	55.1746	76.9550	70.2078	1411
002050	三花智控	浙江	东部	C	无国有股份公司	57.1429	69.4255	73.0688	70.2011	1412
301024	霍普股份	上海	东部	M	无国有股份公司	85.7143	50.6112	79.8415	70.1982	1413
600983	惠而浦	安徽	中部	C	国有参股公司	71.4286	48.9793	83.4581	70.1876	1414
605268	王力安防	浙江	东部	C	无国有股份公司	100.0000	48.5792	78.5169	70.1870	1415
301059	金三江	广东	东部	C	无国有股份公司	71.4286	56.8492	78.4446	70.1846	1416
688327	云从科技	广东	东部	I	无国有股份公司	57.1429	59.3137	79.4567	70.1753	1417
300460	惠伦晶体	广东	东部	C	国有参股公司	57.1429	58.6618	79.8669	70.1727	1418
002767	先锋电子	浙江	东部	C	国有参股公司	100.0000	52.2545	76.1387	70.1654	1419
603908	牧高笛	浙江	东部	C	无国有股份公司	100.0000	44.9886	80.7585	70.1632	1420
301033	迈普医学	广东	东部	C	无国有股份公司	100.0000	48.9166	78.2536	70.1603	1421
603836	海程邦达	山东	东部	L	无国有股份公司	85.7143	44.6887	83.5403	70.1596	1422
688197	首药控股	北京	东部	C	国有参股公司	85.7143	52.3530	78.6547	70.1551	1423
600212	绿能慧充	山东	东部	S	无国有股份公司	85.7143	44.1336	83.8846	70.1547	1424
300459	汤姆猫	浙江	东部	I	无国有股份公司	100.0000	47.0395	79.4325	70.1517	1425
300682	朗新集团	江苏	东部	I	无国有股份公司	57.1429	53.1768	83.3057	70.1443	1426

续表

股票代码	公司简称	省份	地区	行业代码	控股类型	环境保护（*EP*）	社会责任（*SR*）	公司治理（*CG*）	上市公司质量/ESG指数（*CLCQI/ESGI*）	*CLCQI/ESGI*排名
300478	杭州高新	浙江	东部	C	国有参股公司	100.0000	53.8475	75.0648	70.1322	1427
688239	航宇科技	贵州	西部	C	国有参股公司	28.5714	50.7300	90.0281	70.1281	1428
603300	华铁应急	浙江	东部	L	无国有股份公司	100.0000	43.8266	81.4162	70.1182	1429
002887	绿茵生态	天津	东部	N	无国有股份公司	85.7143	51.4599	79.1479	70.1137	1430
000545	金浦钛业	吉林	东北	C	国有参股公司	100.0000	48.7467	78.2766	70.1135	1431
688196	卓越新能	福建	东部	C	无国有股份公司	14.2857	59.1341	87.2335	70.1039	1432
002094	青岛金王	山东	东部	C	国有参股公司	100.0000	45.3401	80.4105	70.0948	1433
300692	中环环保	安徽	中部	N	无国有股份公司	85.7143	49.4130	80.4157	70.0946	1434
300876	蒙泰高新	广东	东部	C	无国有股份公司	100.0000	44.5858	80.8628	70.0796	1435
003023	彩虹集团	四川	西部	C	国有参股公司	71.4286	48.1115	83.8106	70.0777	1436
688697	纽威数控	江苏	东部	C	无国有股份公司	71.4286	55.9813	78.7822	70.0665	1437
301035	润丰股份	山东	东部	C	无国有股份公司	57.1429	51.5394	84.1999	70.0630	1438
000766	通化金马	吉林	东北	C	国有参股公司	71.4286	47.9810	83.8667	70.0629	1439
300774	倍杰特	北京	东部	N	无国有股份公司	71.4286	44.0522	86.3648	70.0618	1440
300931	通用电梯	江苏	东部	C	无国有股份公司	28.5714	56.9391	85.9531	70.0601	1441
603883	老百姓	湖南	中部	F	无国有股份公司	42.8571	46.5194	89.9793	70.0561	1442
000623	吉林敖东	吉林	东北	C	国有参股公司	57.1429	46.6863	87.2757	70.0561	1443
603179	新泉股份	江苏	东部	C	无国有股份公司	100.0000	47.1718	79.1723	70.0549	1444
002614	奥佳华	福建	东部	C	无国有股份公司	85.7143	48.2985	81.0527	70.0549	1445
300566	激智科技	浙江	东部	C	无国有股份公司	85.7143	42.2233	84.9157	70.0532	1446
002093	国脉科技	福建	东部	I	国有参股公司	57.1429	50.8182	84.6407	70.0531	1447
688071	华依科技	上海	东部	C	无国有股份公司	100.0000	54.6904	74.3825	70.0520	1448
002942	新农股份	浙江	东部	C	无国有股份公司	85.7143	51.2436	79.1710	70.0507	1449
001255	博菲电气	浙江	东部	C	无国有股份公司	57.1429	59.1759	79.3167	70.0501	1450
002903	宇环数控	湖南	中部	C	无国有股份公司	100.0000	46.0147	79.8915	70.0454	1451
002119	康强电子	浙江	东部	C	国有参股公司	57.1429	55.9662	81.3509	70.0454	1452
300674	宇信科技	北京	东部	I	无国有股份公司	57.1429	48.4125	86.1508	70.0416	1453
300681	英搏尔	广东	东部	C	无国有股份公司	71.4286	52.5350	80.9277	70.0403	1454
300182	捷成股份	北京	东部	R	无国有股份公司	57.1429	43.7195	89.1311	70.0382	1455
002134	天津普林	天津	东部	C	无国有股份公司	57.1429	52.1662	83.7537	70.0370	1456
301056	森赫股份	浙江	东部	C	国有参股公司	42.8571	54.2531	85.0183	70.0344	1457

续表

股票代码	公司简称	省份	地区	行业代码	控股类型	环境保护（*EP*）	社会责任（*SR*）	公司治理（*CG*）	上市公司质量/ESG指数（*CLCQI/ESGI*）	*CLCQI/ESGI*排名
300450	先导智能	江苏	东部	C	无国有股份公司	100.0000	43.8556	81.2301	70.0260	1458
002666	德联集团	广东	东部	C	无国有股份公司	71.4286	43.0607	86.9292	70.0251	1459
300890	翔丰华	广东	东部	C	无国有股份公司	14.2857	61.1703	85.7868	70.0209	1460
603611	诺力股份	浙江	东部	C	国有参股公司	100.0000	44.0169	81.1153	70.0193	1461
603713	密尔克卫	上海	东部	G	无国有股份公司	57.1429	52.5436	83.4802	70.0187	1462
603703	盛洋科技	浙江	东部	C	国有参股公司	71.4286	42.5350	87.2419	70.0132	1463
002763	汇洁股份	广东	东部	C	国有参股公司	85.7143	46.9716	81.8090	70.0065	1464
002158	汉钟精机	上海	东部	C	无国有股份公司	42.8571	49.3178	88.0685	69.9846	1465
603379	三美股份	浙江	东部	C	无国有股份公司	71.4286	57.1200	77.8965	69.9780	1466
002090	金智科技	江苏	东部	C	无国有股份公司	71.4286	50.2545	82.2643	69.9773	1467
603605	珀莱雅	浙江	东部	C	无国有股份公司	57.1429	53.9368	82.5110	69.9732	1468
002953	日丰股份	广东	东部	C	无国有股份公司	85.7143	46.0817	82.3140	69.9728	1469
688013	天臣医疗	江苏	东部	C	无国有股份公司	28.5714	62.7195	82.1132	69.9712	1470
603566	普莱柯	河南	中部	C	国有参股公司	100.0000	41.7404	82.4760	69.9709	1471
002932	明德生物	湖北	中部	C	无国有股份公司	85.7143	51.4312	78.8970	69.9657	1472
300617	安靠智电	江苏	东部	C	国有参股公司	100.0000	44.9014	80.4499	69.9630	1473
300084	海默科技	甘肃	西部	B	无国有股份公司	85.7143	40.4202	85.8852	69.9554	1474
300014	亿纬锂能	广东	东部	C	无国有股份公司	57.1429	51.0112	84.3301	69.9498	1475
002273	水晶光电	浙江	东部	C	国有参股公司	57.1429	44.4922	88.4767	69.9488	1476
830879	基康仪器	北京	东部	C	国有参股公司	100.0000	47.9399	78.4741	69.9397	1477
002151	北斗星通	北京	东部	C	国有参股公司	100.0000	45.5544	79.9909	69.9390	1478
688578	艾力斯	上海	东部	C	无国有股份公司	71.4286	48.9677	83.0046	69.9341	1479
002028	思源电气	上海	东部	C	无国有股份公司	71.4286	49.4819	82.6738	69.9321	1480
605183	确成股份	江苏	东部	C	无国有股份公司	42.8571	57.2787	82.8938	69.9248	1481
603810	丰山集团	江苏	东部	C	无国有股份公司	71.4286	45.2769	85.3361	69.9246	1482
300172	中电环保	江苏	东部	N	无国有股份公司	100.0000	51.1054	76.4233	69.9197	1483
002606	大连电瓷	辽宁	东北	C	无国有股份公司	42.8571	55.3576	84.1054	69.9188	1484
002851	麦格米特	广东	东部	C	无国有股份公司	28.5714	57.4319	85.3785	69.9165	1485
605055	迎丰股份	浙江	东部	C	无国有股份公司	85.7143	47.1138	81.5532	69.9155	1486
603290	斯达半导	浙江	东部	C	无国有股份公司	100.0000	38.6870	84.2879	69.8988	1487
605589	圣泉集团	山东	东部	C	无国有股份公司	57.1429	56.2589	80.8955	69.8974	1488

续表

股票代码	公司简称	省份	地区	行业代码	控股类型	环境保护（*EP*）	社会责任（*SR*）	公司治理（*CG*）	上市公司质量/ESG指数（*CLCQI/ESGI*）	*CLCQI/ESGI*排名
000301	东方盛虹	江苏	东部	C	国有参股公司	85.7143	51.9349	78.4507	69.8965	1489
688680	海优新材	上海	东部	C	无国有股份公司	57.1429	53.3412	82.7443	69.8931	1490
832491	奥迪威	广东	东部	C	无国有股份公司	85.7143	51.0786	78.9807	69.8883	1491
002214	大立科技	浙江	东部	C	无国有股份公司	100.0000	48.6351	77.9368	69.8875	1492
603065	宿迁联盛	江苏	东部	C	国有参股公司	100.0000	52.3936	75.5338	69.8813	1493
605255	天普股份	浙江	东部	C	无国有股份公司	100.0000	49.7983	77.1802	69.8785	1494
002103	广博股份	浙江	东部	L	国有参股公司	57.1429	43.0369	89.2748	69.8783	1495
603313	梦百合	江苏	东部	C	无国有股份公司	71.4286	49.2162	82.7205	69.8648	1496
003007	直真科技	北京	东部	I	无国有股份公司	71.4286	55.7706	78.5404	69.8598	1497
300032	金龙机电	浙江	东部	C	国有参股公司	85.7143	49.0721	80.2010	69.8572	1498
002441	众业达	广东	东部	F	无国有股份公司	71.4286	52.2713	80.7530	69.8520	1499
002649	博彦科技	北京	东部	I	无国有股份公司	71.4286	49.1563	82.7278	69.8478	1500
301111	粤万年青	广东	东部	C	国有参股公司	71.4286	49.5559	82.4671	69.8444	1501
688231	隆达股份	江苏	东部	C	国有参股公司	71.4286	53.8751	79.7177	69.8439	1502
300535	达威股份	四川	西部	C	无国有股份公司	71.4286	48.9184	82.8526	69.8333	1503
300641	正丹股份	江苏	东部	C	无国有股份公司	42.8571	57.5467	82.5551	69.8324	1504
301067	显盈科技	广东	东部	C	无国有股份公司	71.4286	45.1338	85.2172	69.8092	1505
002529	海源复材	江西	中部	C	无国有股份公司	100.0000	48.7600	77.7143	69.8088	1506
300899	上海凯鑫	上海	东部	N	无国有股份公司	42.8571	57.3602	82.6245	69.8053	1507
832171	志晟信息	河北	东部	I	无国有股份公司	71.4286	65.3488	72.3447	69.8045	1508
300371	汇中股份	河北	东部	C	无国有股份公司	14.2857	68.1553	80.9325	69.7958	1509
002792	通宇通讯	广东	东部	C	国有参股公司	42.8571	54.6476	84.3306	69.7942	1510
688606	奥泰生物	浙江	东部	C	无国有股份公司	14.2857	61.6688	85.0493	69.7897	1511
000869	张裕A	山东	东部	C	无国有股份公司	57.1429	55.0497	81.4676	69.7889	1512
300665	飞鹿股份	湖南	中部	C	国有参股公司	85.7143	44.6906	82.8611	69.7868	1513
300052	中青宝	广东	东部	I	国有参股公司	85.7143	42.0192	84.5602	69.7863	1514
300965	*ST恒宇	北京	东部	C	无国有股份公司	71.4286	57.2337	77.4677	69.7819	1515
603859	能科科技	北京	东部	M	无国有股份公司	85.7143	44.1222	83.2024	69.7755	1516
688158	优刻得	上海	东部	I	国有参股公司	57.1429	51.4371	83.7416	69.7752	1517
301198	喜悦智行	浙江	东部	C	无国有股份公司	57.1429	56.4448	80.5537	69.7745	1518
688234	天岳先进	山东	东部	C	无国有股份公司	71.4286	53.0399	80.1192	69.7724	1519

续表

股票代码	公司简称	省份	地区	行业代码	控股类型	环境保护（*EP*）	社会责任（*SR*）	公司治理（*CG*）	上市公司质量/ESG指数（*CLCQI/ESGI*）	*CLCQI/ESGI*排名
837821	则成电子	广东	东部	C	无国有股份公司	71.4286	64.1199	73.0553	69.7652	1520
300507	苏奥传感	江苏	东部	C	无国有股份公司	71.4286	57.1545	77.4734	69.7573	1521
300918	南山智尚	山东	东部	C	无国有股份公司	100.0000	44.6768	80.2096	69.7522	1522
603218	日月股份	浙江	东部	C	无国有股份公司	85.7143	47.0927	81.2686	69.7516	1523
000703	恒逸石化	广西	西部	C	国有参股公司	57.1429	49.5142	84.9223	69.7515	1524
605133	嵘泰股份	江苏	东部	C	无国有股份公司	85.7143	53.1265	77.4261	69.7501	1525
871857	泓禧科技	重庆	西部	C	国有参股公司	71.4286	50.3566	81.7849	69.7494	1526
603067	振华股份	湖北	中部	C	无国有股份公司	85.7143	47.2910	81.1312	69.7454	1527
002975	博杰股份	广东	东部	C	无国有股份公司	100.0000	54.2013	74.1327	69.7434	1528
300420	五洋自控	江苏	东部	C	无国有股份公司	28.5714	50.2269	89.6484	69.7432	1529
603225	新凤鸣	浙江	东部	C	无国有股份公司	100.0000	38.0684	84.3978	69.7427	1530
603601	再升科技	重庆	西部	C	无国有股份公司	28.5714	43.7695	93.7561	69.7423	1531
600227	赤天化	贵州	西部	C	国有参股公司	42.8571	42.4192	92.0047	69.7350	1532
600512	腾达建设	浙江	东部	E	无国有股份公司	100.0000	49.6895	76.9881	69.7348	1533
300845	捷安高科	河南	中部	I	国有参股公司	100.0000	42.7706	81.3873	69.7327	1534
300057	万顺新材	广东	东部	C	无国有股份公司	42.8571	46.3938	89.4699	69.7320	1535
002832	比音勒芬	广东	东部	C	无国有股份公司	85.7143	43.2720	83.6410	69.7192	1536
830839	万通液压	山东	东部	C	无国有股份公司	85.7143	51.7161	78.2639	69.7172	1537
002714	牧原股份	河南	中部	A	国有参股公司	42.8571	62.1384	79.4199	69.7151	1538
300239	东宝生物	内蒙古	西部	C	国有参股公司	85.7143	52.5708	77.7117	69.7127	1539
300861	美畅股份	陕西	西部	C	无国有股份公司	57.1429	50.7975	84.0338	69.7120	1540
300900	广联航空	黑龙江	东北	C	国有参股公司	42.8571	49.4578	87.4775	69.7086	1541
002234	民和股份	山东	东部	A	国有参股公司	71.4286	44.3536	85.5288	69.7074	1542
603688	石英股份	江苏	东部	C	无国有股份公司	71.4286	55.3270	78.5431	69.7060	1543
300854	中兰环保	广东	东部	N	无国有股份公司	100.0000	40.4053	82.8439	69.7060	1544
603192	汇得科技	上海	东部	C	无国有股份公司	71.4286	50.7921	81.4286	69.7058	1545
300663	科蓝软件	北京	东部	I	国有参股公司	71.4286	45.5073	84.7859	69.7027	1546
002029	七匹狼	福建	东部	C	国有参股公司	100.0000	42.6232	81.4256	69.7022	1547
301263	泰恩康	广东	东部	F	无国有股份公司	100.0000	47.5162	78.3072	69.6996	1548
603558	健盛集团	浙江	东部	C	无国有股份公司	71.4286	49.4521	82.2633	69.6959	1549
688116	天奈科技	江苏	东部	C	无国有股份公司	42.8571	54.5188	84.2324	69.6951	1550

续表

股票代码	公司简称	省份	地区	行业代码	控股类型	环境保护（*EP*）	社会责任（*SR*）	公司治理（*CG*）	上市公司质量/ESG指数（*CLCQI/ESGI*）	*CLCQI/ESGI*排名
002395	双象股份	江苏	东部	C	国有参股公司	57.1429	50.7047	84.0603	69.6941	1551
300558	贝达药业	浙江	东部	C	无国有股份公司	14.2857	54.6113	89.3643	69.6929	1552
688528	秦川物联	四川	西部	C	国有参股公司	57.1429	48.4260	85.5068	69.6921	1553
000533	顺钠股份	广东	东部	C	国有参股公司	57.1429	46.2389	86.8973	69.6914	1554
603536	惠发食品	山东	东部	C	国有参股公司	85.7143	51.2765	78.4954	69.6907	1555
688518	联赢激光	广东	东部	C	国有参股公司	100.0000	49.4927	77.0278	69.6877	1556
002723	小崧股份	广东	东部	C	无国有股份公司	85.7143	51.9687	78.0469	69.6862	1557
600493	凤竹纺织	福建	东部	C	国有参股公司	57.1429	54.2682	81.7716	69.6825	1558
300584	海辰药业	江苏	东部	C	无国有股份公司	85.7143	47.5516	80.8481	69.6810	1559
300288	朗玛信息	贵州	西部	I	无国有股份公司	85.7143	51.8784	78.0698	69.6672	1560
605189	富春染织	安徽	中部	C	无国有股份公司	57.1429	51.7391	83.3473	69.6640	1561
603081	大丰实业	浙江	东部	C	无国有股份公司	57.1429	56.7220	80.1526	69.6509	1562
870299	灿能电力	江苏	东部	C	无国有股份公司	100.0000	54.2465	73.9208	69.6427	1563
603090	宏盛股份	江苏	东部	C	无国有股份公司	42.8571	57.4979	82.2116	69.6264	1564
605300	佳禾食品	江苏	东部	C	无国有股份公司	85.7143	51.4271	78.2691	69.6189	1565
605007	五洲特纸	浙江	东部	C	无国有股份公司	100.0000	43.6011	80.6441	69.6147	1566
301231	荣信文化	陕西	西部	R	无国有股份公司	100.0000	42.4311	81.3821	69.6110	1567
605580	恒盛能源	浙江	东部	D	无国有股份公司	85.7143	50.9136	78.5670	69.6030	1568
603725	天安新材	广东	东部	C	无国有股份公司	71.4286	49.0730	82.3218	69.5954	1569
688376	美埃科技	江苏	东部	C	无国有股份公司	28.5714	60.0544	83.1014	69.5819	1570
002036	联创电子	江西	中部	C	国有参股公司	71.4286	50.1259	81.6255	69.5809	1571
605296	神农集团	云南	西部	A	无国有股份公司	57.1429	50.9324	83.7014	69.5764	1572
300333	兆日科技	广东	东部	I	国有参股公司	100.0000	41.1813	82.0872	69.5614	1573
603132	金徽股份	甘肃	西部	B	无国有股份公司	28.5714	56.3489	85.4102	69.5549	1574
688400	凌云光	北京	东部	C	国有参股公司	71.4286	48.7461	82.4187	69.5343	1575
688210	统联精密	广东	东部	C	无国有股份公司	42.8571	56.0154	82.9821	69.5313	1576
300409	道氏技术	广东	东部	C	国有参股公司	71.4286	46.9146	83.5761	69.5298	1577
603203	快克智能	江苏	东部	C	无国有股份公司	71.4286	47.2778	83.3353	69.5245	1578
688793	倍轻松	广东	东部	C	无国有股份公司	85.7143	51.7500	77.8880	69.5224	1579
300607	拓斯达	广东	东部	C	无国有股份公司	71.4286	50.3938	81.3452	69.5205	1580
002397	梦洁股份	湖南	中部	C	国有参股公司	85.7143	47.1414	80.8082	69.5154	1581

续表

股票代码	公司简称	省份	地区	行业代码	控股类型	环境保护（*EP*）	社会责任（*SR*）	公司治理（*CG*）	上市公司质量/ESG指数（*CLCQI/ESGI*）	*CLCQI/ESGI*排名
002337	赛象科技	天津	东部	C	无国有股份公司	14.2857	61.2342	84.8260	69.5148	1582
301229	纽泰格	江苏	东部	C	无国有股份公司	85.7143	41.4110	84.4494	69.5125	1583
301095	广立微	浙江	东部	I	无国有股份公司	57.1429	49.7089	84.3607	69.5108	1584
300424	航新科技	广东	东部	C	无国有股份公司	57.1429	40.2626	90.3714	69.5105	1585
605319	无锡振华	江苏	东部	C	无国有股份公司	71.4286	51.6684	80.5126	69.5088	1586
688314	康拓医疗	陕西	西部	C	无国有股份公司	100.0000	47.0215	78.2644	69.5030	1587
603678	火炬电子	福建	东部	C	无国有股份公司	42.8571	56.6520	82.5254	69.5029	1588
000586	汇源通信	四川	西部	C	无国有股份公司	100.0000	52.7622	74.6085	69.5015	1589
301057	汇隆新材	浙江	东部	C	无国有股份公司	71.4286	48.7378	82.3631	69.5008	1590
872925	锦好医疗	广东	东部	C	无国有股份公司	42.8571	70.3901	73.7545	69.4872	1591
002859	洁美科技	浙江	东部	C	无国有股份公司	57.1429	55.6718	80.5019	69.4755	1592
603356	华菱精工	安徽	中部	C	无国有股份公司	57.1429	46.5782	86.2813	69.4713	1593
605289	罗曼股份	上海	东部	E	无国有股份公司	100.0000	52.5583	74.6792	69.4690	1594
600143	金发科技	广东	东部	C	无国有股份公司	57.1429	50.1994	83.9665	69.4657	1595
601366	利群股份	山东	东部	F	无国有股份公司	85.7143	41.4076	84.3579	69.4609	1596
600576	祥源文旅	浙江	东部	R	无国有股份公司	100.0000	42.6511	80.9587	69.4551	1597
603937	丽岛新材	江苏	东部	C	无国有股份公司	85.7143	48.5081	79.8265	69.4538	1598
603232	格尔软件	上海	东部	I	国有参股公司	57.1429	55.6450	80.4740	69.4508	1599
601002	晋亿实业	浙江	东部	C	无国有股份公司	42.8571	56.4456	82.5617	69.4506	1600
603697	有友食品	重庆	西部	C	无国有股份公司	57.1429	60.8196	77.1602	69.4393	1601
300856	科思股份	江苏	东部	C	无国有股份公司	28.5714	55.3105	85.8590	69.4383	1602
300656	民德电子	广东	东部	C	无国有股份公司	42.8571	52.1606	85.2565	69.4330	1603
688252	天德钰	广东	东部	I	无国有股份公司	14.2857	54.1382	89.1809	69.4264	1604
603168	莎普爱思	浙江	东部	C	无国有股份公司	85.7143	45.5306	81.6614	69.4209	1605
600987	航民股份	浙江	东部	C	国有参股公司	100.0000	48.9726	76.8524	69.4092	1606
603237	五芳斋	浙江	东部	C	国有参股公司	100.0000	41.1188	81.8464	69.4071	1607
603118	共进股份	广东	东部	C	国有参股公司	71.4286	50.2582	81.2076	69.3974	1608
002698	博实股份	黑龙江	东北	C	国有参股公司	85.7143	46.3741	81.0791	69.3958	1609
002418	康盛股份	浙江	东部	C	无国有股份公司	57.1429	47.8660	85.3190	69.3928	1610
600399	抚顺特钢	辽宁	东北	C	国有参股公司	71.4286	49.4665	81.6975	69.3898	1611
603200	上海洗霸	上海	东部	N	无国有股份公司	100.0000	45.1583	79.2333	69.3837	1612

续表

股票代码	公司简称	省份	地区	行业代码	控股类型	环境保护（*EP*）	社会责任（*SR*）	公司治理（*CG*）	上市公司质量/ESG指数（*CLCQI/ESGI*）	*CLCQI/ESGI*排名
300563	神宇股份	江苏	东部	C	国有参股公司	71.4286	47.1555	83.1548	69.3824	1613
600400	红豆股份	江苏	东部	C	国有参股公司	28.5714	56.7012	84.8609	69.3761	1614
301182	凯旺科技	河南	中部	C	国有参股公司	85.7143	48.2441	79.8433	69.3707	1615
300624	万兴科技	西藏	西部	I	无国有股份公司	57.1429	52.9355	82.0511	69.3698	1616
833819	颖泰生物	北京	东部	C	无国有股份公司	100.0000	52.0766	74.8053	69.3697	1617
002042	华孚时尚	安徽	中部	C	国有参股公司	42.8571	65.1647	76.8651	69.3692	1618
301367	怡和嘉业	北京	东部	C	无国有股份公司	28.5714	52.6575	87.4199	69.3682	1619
000639	西王食品	山东	东部	C	国有参股公司	85.7143	47.6339	80.2242	69.3666	1620
688171	纬德信息	广东	东部	I	无国有股份公司	42.8571	58.4868	81.1061	69.3644	1621
600955	维远股份	山东	东部	C	无国有股份公司	85.7143	49.6049	78.9625	69.3625	1622
301118	恒光股份	湖南	中部	C	国有参股公司	71.4286	57.8675	76.2999	69.3615	1623
002818	富森美	四川	西部	L	无国有股份公司	57.1429	45.8303	86.5572	69.3613	1624
002319	乐通股份	广东	东部	C	无国有股份公司	42.8571	60.8089	79.6162	69.3577	1625
603392	万泰生物	北京	东部	C	无国有股份公司	42.8571	62.8763	78.2979	69.3563	1626
603258	电魂网络	浙江	东部	I	无国有股份公司	85.7143	51.1747	77.9514	69.3558	1627
300196	长海股份	江苏	东部	C	国有参股公司	42.8571	53.5919	84.2052	69.3557	1628
605298	必得科技	江苏	东部	C	国有参股公司	100.0000	50.3292	75.8888	69.3541	1629
603969	银龙股份	天津	东部	C	无国有股份公司	57.1429	56.2054	79.9384	69.3523	1630
688185	康希诺	天津	东部	C	无国有股份公司	71.4286	47.5504	82.8439	69.3497	1631
300144	宋城演艺	浙江	东部	R	无国有股份公司	85.7143	39.1924	85.5647	69.3494	1632
002184	海得控制	上海	东部	C	无国有股份公司	100.0000	51.1791	75.3349	69.3469	1633
300279	和晶科技	江苏	东部	C	国有参股公司	28.5714	51.0923	88.3741	69.3452	1634
002965	祥鑫科技	广东	东部	C	无国有股份公司	85.7143	50.3956	78.4262	69.3443	1635
603719	良品铺子	湖北	中部	F	无国有股份公司	100.0000	42.9121	80.5865	69.3418	1636
300454	深信服	广东	东部	I	无国有股份公司	57.1429	52.3228	82.3807	69.3367	1637
002845	同兴达	广东	东部	C	无国有股份公司	71.4286	44.8899	84.5126	69.3363	1638
603301	振德医疗	浙江	东部	C	无国有股份公司	85.7143	47.7660	80.0843	69.3359	1639
301179	泽宇智能	江苏	东部	I	无国有股份公司	85.7143	36.7255	87.1069	69.3342	1640
603089	正裕工业	浙江	东部	C	无国有股份公司	85.7143	47.9932	79.9330	69.3322	1641
300869	康泰医学	河北	东部	C	无国有股份公司	28.5714	48.8938	89.7220	69.3170	1642
603261	立航科技	四川	西部	C	无国有股份公司	100.0000	42.7486	80.6318	69.3095	1643

续表

股票代码	公司简称	省份	地区	行业代码	控股类型	环境保护（*EP*）	社会责任（*SR*）	公司治理（*CG*）	上市公司质量/ESG指数（*CLCQI/ESGI*）	*CLCQI/ESGI*排名
002334	英威腾	广东	东部	C	无国有股份公司	14.2857	54.2892	88.8629	69.3044	1644
001311	多利科技	安徽	中部	C	无国有股份公司	85.7143	44.2469	82.2583	69.2999	1645
603906	龙蟠科技	江苏	东部	C	国有参股公司	57.1429	50.8888	83.2259	69.2996	1646
603035	常熟汽饰	江苏	东部	C	无国有股份公司	100.0000	39.4694	82.6941	69.2960	1647
300838	浙江力诺	浙江	东部	C	无国有股份公司	85.7143	53.4395	76.3987	69.2945	1648
688152	麒麟信安	湖南	中部	I	国有参股公司	28.5714	54.4270	86.1523	69.2904	1649
002889	东方嘉盛	广东	东部	L	国有参股公司	100.0000	49.9374	76.0161	69.2869	1650
600966	博汇纸业	山东	东部	C	无国有股份公司	42.8571	51.1303	85.6451	69.2861	1651
000407	胜利股份	山东	东部	D	无国有股份公司	85.7143	57.8230	73.5938	69.2861	1652
300452	山河药辅	安徽	中部	C	无国有股份公司	57.1429	51.6679	82.6970	69.2814	1653
300916	朗特智能	广东	东部	C	无国有股份公司	85.7143	46.3777	80.8526	69.2726	1654
002873	新天药业	贵州	西部	C	无国有股份公司	28.5714	52.7756	87.1583	69.2657	1655
300843	胜蓝股份	广东	东部	C	无国有股份公司	85.7143	42.5791	83.2564	69.2651	1656
301130	西点药业	吉林	东北	C	国有参股公司	57.1429	54.1782	81.0688	69.2645	1657
301379	天山电子	广西	西部	C	无国有股份公司	28.5714	60.3860	82.3111	69.2633	1658
301025	读客文化	上海	东部	R	国有参股公司	100.0000	45.2287	78.9659	69.2613	1659
000716	黑芝麻	广西	西部	C	无国有股份公司	57.1429	58.3512	78.4021	69.2584	1660
000672	上峰水泥	甘肃	西部	C	国有参股公司	71.4286	52.3884	79.5856	69.2509	1661
300335	迪森股份	广东	东部	D	国有参股公司	71.4286	46.2616	83.4752	69.2458	1662
002915	中欣氟材	浙江	东部	C	无国有股份公司	85.7143	57.2253	73.8987	69.2446	1663
688312	燕麦科技	广东	东部	C	无国有股份公司	85.7143	52.2546	77.0532	69.2398	1664
300787	海能实业	江西	中部	C	无国有股份公司	71.4286	50.6147	80.6942	69.2398	1665
000004	国华网安	广东	东部	I	无国有股份公司	71.4286	46.5536	83.2750	69.2379	1666
300018	中元股份	湖北	中部	C	无国有股份公司	71.4286	47.0323	82.9659	69.2354	1667
688004	博汇科技	北京	东部	I	国有参股公司	100.0000	50.6236	75.4792	69.2318	1668
300096	ST易联众	福建	东部	I	国有参股公司	100.0000	47.0746	77.7262	69.2255	1669
688345	博力威	广东	东部	C	无国有股份公司	42.8571	51.3246	85.4093	69.2244	1670
300149	睿智医药	广东	东部	M	无国有股份公司	100.0000	47.3433	77.5474	69.2212	1671
002976	瑞玛精密	江苏	东部	C	无国有股份公司	71.4286	48.3530	82.0979	69.2202	1672
601700	风范股份	江苏	东部	C	国有参股公司	14.2857	59.2865	85.5223	69.2161	1673
603336	宏辉果蔬	广东	东部	C	无国有股份公司	85.7143	48.7826	79.2128	69.2124	1674

续表

股票代码	公司简称	省份	地区	行业代码	控股类型	环境保护（*EP*）	社会责任（*SR*）	公司治理（*CG*）	上市公司质量/ESG指数（*CLCQI/ESGI*）	*CLCQI/ESGI*排名
688287	观典防务	北京	东部	M	国有参股公司	100.0000	54.5507	72.9310	69.2048	1675
002054	德美化工	广东	东部	C	国有参股公司	85.7143	54.5597	75.4831	69.1830	1676
301017	漱玉平民	山东	东部	F	无国有股份公司	100.0000	42.8401	80.3301	69.1756	1677
603103	横店影视	浙江	东部	R	无国有股份公司	100.0000	40.7935	81.6296	69.1740	1678
688038	中科通达	湖北	中部	I	国有参股公司	100.0000	47.2594	77.5143	69.1736	1679
688656	浩欧博	江苏	东部	C	无国有股份公司	42.8571	48.0827	87.3740	69.1704	1680
835368	连城数控	辽宁	东北	C	国有参股公司	57.1429	44.3547	87.1463	69.1689	1681
300082	奥克股份	辽宁	东北	C	无国有股份公司	71.4286	54.7658	77.9064	69.1594	1682
300158	振东制药	山西	中部	C	无国有股份公司	100.0000	46.3386	78.0693	69.1566	1683
300751	迈为股份	江苏	东部	C	国有参股公司	28.5714	50.6961	88.2652	69.1466	1684
603002	宏昌电子	广东	东部	C	国有参股公司	57.1429	44.0794	87.2710	69.1411	1685
300043	星辉娱乐	广东	东部	I	国有参股公司	71.4286	37.4201	88.9042	69.1372	1686
300050	世纪鼎利	广东	东部	I	国有参股公司	100.0000	44.2208	79.3760	69.1341	1687
002603	以岭药业	河北	东部	C	无国有股份公司	14.2857	54.7608	88.2453	69.1298	1688
600654	中安科	湖北	中部	I	国有参股公司	100.0000	40.6961	81.6102	69.1292	1689
000593	德龙汇能	四川	西部	D	国有参股公司	85.7143	40.8445	84.1000	69.1220	1690
002084	海鸥住工	广东	东部	C	国有参股公司	57.1429	53.1930	81.4358	69.1215	1691
002729	好利科技	福建	东部	C	国有参股公司	42.8571	49.1670	86.5922	69.1199	1692
002756	永兴材料	浙江	东部	C	无国有股份公司	85.7143	51.5354	77.2890	69.1177	1693
300069	金利华电	山西	中部	C	无国有股份公司	71.4286	49.1605	81.3970	69.1174	1694
605333	沪光股份	江苏	东部	C	无国有股份公司	100.0000	43.5877	79.7453	69.1156	1695
688392	骄成超声	上海	东部	C	无国有股份公司	85.7143	49.7251	78.4346	69.1143	1696
002409	雅克科技	江苏	东部	C	国有参股公司	100.0000	49.6647	75.8736	69.1131	1697
000576	甘化科工	广东	东部	C	无国有股份公司	100.0000	48.7909	76.4264	69.1114	1698
300154	瑞凌股份	广东	东部	C	无国有股份公司	100.0000	39.2521	82.4744	69.0991	1699
300996	普联软件	山东	东部	I	无国有股份公司	71.4286	43.4165	85.0144	69.0965	1700
301053	远信工业	浙江	东部	C	无国有股份公司	85.7143	54.1629	75.5778	69.0962	1701
300240	飞力达	江苏	东部	G	国有参股公司	42.8571	56.9257	81.6118	69.0962	1702
002372	伟星新材	浙江	东部	C	无国有股份公司	42.8571	46.2109	88.4293	69.0957	1703
300755	华致酒行	云南	西部	F	无国有股份公司	100.0000	36.5667	84.1738	69.0939	1704
300119	瑞普生物	天津	东部	C	无国有股份公司	42.8571	53.9628	83.4780	69.0856	1705

续表

股票代码	公司简称	省份	地区	行业代码	控股类型	环境保护（*EP*）	社会责任（*SR*）	公司治理（*CG*）	上市公司质量/ESG指数（*CLCQI/ESGI*）	*CLCQI/ESGI*排名
300492	华图山鼎	四川	西部	M	无国有股份公司	85.7143	43.9625	82.0481	69.0848	1706
002256	兆新股份	广东	东部	D	国有参股公司	85.7143	43.0146	82.6331	69.0748	1707
300111	向日葵	浙江	东部	C	国有参股公司	85.7143	43.1177	82.5570	69.0689	1708
002760	凤形股份	江西	中部	C	无国有股份公司	100.0000	48.6847	76.4094	69.0648	1709
300588	熙菱信息	新疆	西部	I	国有参股公司	71.4286	56.1951	76.8215	69.0630	1710
688630	芯碁微装	安徽	中部	C	无国有股份公司	42.8571	59.6884	79.7925	69.0625	1711
301303	真兰仪表	上海	东部	C	无国有股份公司	42.8571	48.8265	86.7019	69.0610	1712
688255	凯尔达	浙江	东部	C	无国有股份公司	85.7143	47.5542	79.7145	69.0584	1713
002836	新宏泽	广东	东部	C	无国有股份公司	57.1429	48.0184	84.5951	69.0481	1714
605305	中际联合	北京	东部	C	国有参股公司	14.2857	54.5863	88.1874	69.0369	1715
603188	亚邦股份	江苏	东部	C	无国有股份公司	71.4286	50.6878	80.2665	69.0302	1716
600481	双良节能	江苏	东部	C	无国有股份公司	85.7143	44.1883	81.7992	69.0269	1717
300832	新产业	广东	东部	C	国有参股公司	28.5714	51.6737	87.4211	69.0245	1718
301092	争光股份	浙江	东部	C	无国有股份公司	14.2857	56.8815	86.7032	69.0239	1719
603818	曲美家居	北京	东部	C	无国有股份公司	42.8571	45.3094	88.8714	69.0233	1720
300667	必创科技	北京	东部	C	无国有股份公司	57.1429	50.1723	83.1762	69.0215	1721
002478	常宝股份	江苏	东部	C	无国有股份公司	71.4286	46.5756	82.8437	69.0084	1722
603289	泰瑞机器	浙江	东部	C	国有参股公司	85.7143	44.0802	81.8247	69.0031	1723
300379	东方通	北京	东部	I	国有参股公司	85.7143	43.6033	82.1234	69.0005	1724
301128	强瑞技术	广东	东部	C	无国有股份公司	71.4286	49.7474	80.8064	68.9980	1725
002725	跃岭股份	浙江	东部	C	无国有股份公司	85.7143	54.1926	75.3797	68.9977	1726
688235	百济神州	北京	东部	C	国有参股公司	57.1429	50.1247	83.1588	68.9953	1727
301319	唯特偶	广东	东部	C	无国有股份公司	28.5714	59.7386	82.2265	68.9902	1728
688428	诺诚健华	北京	东部	C	国有参股公司	14.2857	56.7988	86.6795	68.9819	1729
001316	润贝航科	广东	东部	F	无国有股份公司	71.4286	48.6712	81.4555	68.9783	1730
300228	富瑞特装	江苏	东部	C	国有参股公司	71.4286	45.4626	83.4795	68.9685	1731
603368	柳药集团	广西	西部	F	无国有股份公司	85.7143	43.4795	82.1334	68.9626	1732
603333	尚纬股份	四川	西部	C	国有参股公司	100.0000	50.6224	74.9844	68.9593	1733
603217	元利科技	山东	东部	C	无国有股份公司	85.7143	41.6699	83.2778	68.9587	1734
872392	佳合科技	江苏	东部	C	无国有股份公司	85.7143	56.4362	73.8775	68.9567	1735
002534	西子洁能	浙江	东部	C	国有参股公司	85.7143	44.4095	81.5227	68.9523	1736

续表

股票代码	公司简称	省份	地区	行业代码	控股类型	环境保护（*EP*）	社会责任（*SR*）	公司治理（*CG*）	上市公司质量/ESG指数（*CLCQI/ESGI*）	*CLCQI/ESGI*排名
603757	大元泵业	浙江	东部	C	无国有股份公司	71.4286	45.7705	83.2446	68.9471	1737
688177	百奥泰	广东	东部	C	无国有股份公司	85.7143	50.6584	77.5367	68.9470	1738
002968	新大正	重庆	西部	K	无国有股份公司	28.5714	49.6233	88.5800	68.9443	1739
603040	新坐标	浙江	东部	C	无国有股份公司	71.4286	56.3839	76.4854	68.9442	1740
001366	播恩集团	江西	中部	C	无国有股份公司	85.7143	43.5087	82.0653	68.9354	1741
300761	立华股份	江苏	东部	A	无国有股份公司	57.1429	50.9381	82.5278	68.9329	1742
002846	英联股份	广东	东部	C	无国有股份公司	85.7143	46.6976	80.0285	68.9313	1743
300332	天壕能源	北京	东部	D	无国有股份公司	42.8571	41.7954	90.9231	68.9218	1744
603170	宝立食品	上海	东部	C	无国有股份公司	28.5714	47.6539	89.7754	68.9124	1745
603324	盛剑环境	上海	东部	C	国有参股公司	71.4286	54.6445	77.5323	68.9112	1746
688184	帕瓦股份	浙江	东部	C	无国有股份公司	57.1429	54.9012	79.9591	68.9072	1747
688499	利元亨	广东	东部	C	无国有股份公司	57.1429	45.8425	85.7078	68.8984	1748
603106	恒银科技	天津	东部	C	国有参股公司	71.4286	44.7062	83.8162	68.8890	1749
688117	圣诺生物	四川	西部	C	无国有股份公司	85.7143	47.9718	79.1372	68.8870	1750
002892	科力尔	湖南	中部	C	国有参股公司	42.8571	51.4536	84.7082	68.8840	1751
300707	威唐工业	江苏	东部	C	无国有股份公司	71.4286	55.7317	76.7788	68.8773	1752
300257	开山股份	上海	东部	C	无国有股份公司	57.1429	41.1484	88.6525	68.8751	1753
002947	恒铭达	江苏	东部	C	无国有股份公司	71.4286	52.9065	78.5546	68.8652	1754
300078	思创医惠	浙江	东部	C	无国有股份公司	71.4286	38.8125	87.4923	68.8480	1755
002906	华阳集团	广东	东部	C	国有参股公司	71.4286	43.7130	84.3657	68.8435	1756
300827	上能电气	江苏	东部	C	无国有股份公司	42.8571	46.5559	87.7499	68.8427	1757
603057	紫燕食品	上海	东部	C	无国有股份公司	28.5714	48.2717	89.2540	68.8419	1758
300009	安科生物	安徽	中部	C	无国有股份公司	42.8571	58.8757	79.8961	68.8351	1759
833914	远航精密	江苏	东部	C	国有参股公司	28.5714	54.5988	85.2150	68.8350	1760
600570	恒生电子	浙江	东部	I	国有参股公司	14.2857	57.6874	85.8468	68.8349	1761
688391	钜泉科技	上海	东部	I	无国有股份公司	42.8571	60.0724	79.1321	68.8337	1762
300952	恒辉安防	江苏	东部	C	无国有股份公司	14.2857	51.1117	90.0283	68.8332	1763
603011	合锻智能	安徽	中部	C	国有参股公司	100.0000	41.7068	80.4125	68.8243	1764
833429	康比特	北京	东部	C	国有参股公司	100.0000	42.3533	79.9970	68.8220	1765
002982	湘佳股份	湖南	中部	A	无国有股份公司	85.7143	48.5820	78.6216	68.8170	1766
301097	天益医疗	浙江	东部	C	无国有股份公司	28.5714	53.6296	85.7947	68.8146	1767

续表

股票代码	公司简称	省份	地区	行业代码	控股类型	环境保护（*EP*）	社会责任（*SR*）	公司治理（*CG*）	上市公司质量/ESG指数（*CLCQI/ESGI*）	*CLCQI/ESGI*排名
002412	汉森制药	湖南	中部	C	无国有股份公司	100.0000	38.1725	82.6397	68.8122	1768
871553	凯腾精工	北京	东部	C	无国有股份公司	100.0000	42.8491	79.6618	68.8112	1769
301391	卡莱特	广东	东部	C	无国有股份公司	57.1429	53.2525	80.8328	68.8107	1770
002858	力盛体育	上海	东部	R	国有参股公司	100.0000	44.1560	78.8293	68.8107	1771
600867	通化东宝	吉林	东北	C	无国有股份公司	14.2857	50.4800	90.3828	68.8071	1772
300834	星辉环材	广东	东部	C	无国有股份公司	28.5714	47.2694	89.8216	68.8033	1773
301223	中荣股份	广东	东部	C	无国有股份公司	42.8571	58.8424	79.8511	68.7987	1774
002855	捷荣技术	广东	东部	C	国有参股公司	42.8571	53.3710	83.3282	68.7961	1775
300943	春晖智控	浙江	东部	C	无国有股份公司	71.4286	48.9454	80.9494	68.7959	1776
300302	同有科技	北京	东部	I	无国有股份公司	42.8571	58.3944	80.1302	68.7954	1777
003037	三和管桩	广东	东部	C	国有参股公司	100.0000	46.4351	77.3504	68.7950	1778
600478	科力远	湖南	中部	C	无国有股份公司	42.8571	41.5261	90.8613	68.7936	1779
300476	胜宏科技	广东	东部	C	无国有股份公司	100.0000	47.7359	76.5191	68.7930	1780
688382	益方生物	上海	东部	C	无国有股份公司	100.0000	50.8245	74.5457	68.7887	1781
833873	中设咨询	重庆	西部	M	国有参股公司	85.7143	53.9844	75.1260	68.7853	1782
300150	世纪瑞尔	北京	东部	I	国有参股公司	71.4286	54.4107	77.4496	68.7839	1783
603580	艾艾精工	上海	东部	C	无国有股份公司	100.0000	44.7434	78.3978	68.7790	1784
605398	新炬网络	上海	东部	I	无国有股份公司	85.7143	44.7458	80.9822	68.7727	1785
002398	垒知集团	福建	东部	C	无国有股份公司	100.0000	43.4264	79.2224	68.7716	1786
603728	鸣志电器	上海	东部	C	无国有股份公司	14.2857	58.8353	85.0000	68.7710	1787
600530	交大昂立	上海	东部	C	国有参股公司	71.4286	48.2570	81.3390	68.7693	1788
300244	迪安诊断	浙江	东部	Q	无国有股份公司	42.8571	55.5612	81.8813	68.7668	1789
603511	爱慕股份	北京	东部	C	无国有股份公司	42.8571	46.2032	87.8311	68.7640	1790
688163	赛伦生物	上海	东部	C	无国有股份公司	100.0000	45.2290	78.0576	68.7618	1791
603116	红蜻蜓	浙江	东部	C	无国有股份公司	85.7143	49.2563	78.0881	68.7596	1792
300951	博硕科技	广东	东部	C	无国有股份公司	71.4286	51.8614	79.0082	68.7489	1793
002301	齐心集团	广东	东部	C	国有参股公司	100.0000	51.0325	74.3395	68.7481	1794
002065	东华软件	北京	东部	I	无国有股份公司	28.5714	60.6017	81.2356	68.7473	1795
601388	怡球资源	江苏	东部	C	无国有股份公司	100.0000	49.7884	75.1240	68.7441	1796
603997	继峰股份	浙江	东部	C	无国有股份公司	57.1429	41.9100	87.9186	68.7380	1797
688291	金橙子	北京	东部	I	无国有股份公司	71.4286	51.1138	79.4609	68.7362	1798

续表

股票代码	公司简称	省份	地区	行业代码	控股类型	环境保护（*EP*）	社会责任（*SR*）	公司治理（*CG*）	上市公司质量/ESG指数（*CLCQI/ESGI*）	*CLCQI/ESGI*排名
301239	普瑞眼科	四川	西部	Q	国有参股公司	100.0000	39.0000	81.9693	68.7331	1799
002127	南极电商	江苏	东部	L	无国有股份公司	42.8571	54.3422	82.5898	68.7299	1800
300515	三德科技	湖南	中部	C	无国有股份公司	57.1429	54.8850	79.6450	68.7288	1801
688786	悦安新材	江西	中部	C	无国有股份公司	57.1429	59.1231	76.9405	68.7246	1802
600363	联创光电	江西	中部	C	国有参股公司	28.5714	50.0559	87.9048	68.7243	1803
605179	一鸣食品	浙江	东部	C	无国有股份公司	100.0000	41.1852	80.5575	68.7215	1804
002330	得利斯	山东	东部	C	国有参股公司	85.7143	44.3836	81.1137	68.7182	1805
002345	潮宏基	广东	东部	C	无国有股份公司	100.0000	39.9820	81.3112	68.7149	1806
300447	全信股份	江苏	东部	C	国有参股公司	71.4286	49.7654	80.2775	68.7134	1807
430685	新芝生物	浙江	东部	C	国有参股公司	85.7143	62.7412	69.4131	68.7081	1808
603096	新经典	天津	东部	R	无国有股份公司	42.8571	49.9561	85.3357	68.7050	1809
301235	华康医疗	湖北	中部	M	国有参股公司	57.1429	43.3576	86.9357	68.7041	1810
300314	戴维医疗	浙江	东部	C	无国有股份公司	42.8571	55.9038	81.5421	68.7002	1811
838163	方大新材	河北	东部	C	国有参股公司	100.0000	53.9198	72.4046	68.6945	1812
688561	奇安信	北京	东部	I	国有参股公司	42.8571	56.5508	81.1189	68.6939	1813
688369	致远互联	北京	东部	I	无国有股份公司	85.7143	48.4328	78.4925	68.6938	1814
603191	望变电气	重庆	西部	C	国有参股公司	42.8571	44.1245	89.0212	68.6909	1815
430476	海能技术	山东	东部	C	国有参股公司	85.7143	46.0457	80.0054	68.6904	1816
300474	景嘉微	湖南	中部	C	国有参股公司	71.4286	49.8311	80.1782	68.6817	1817
300865	大宏立	四川	西部	C	无国有股份公司	85.7143	40.5822	83.4629	68.6797	1818
002440	闰土股份	浙江	东部	C	无国有股份公司	57.1429	50.0702	82.6096	68.6741	1819
600527	江南高纤	江苏	东部	C	无国有股份公司	42.8571	59.7163	79.0677	68.6737	1820
002322	理工能科	浙江	东部	I	国有参股公司	14.2857	51.8602	89.2571	68.6710	1821
002687	乔治白	浙江	东部	C	无国有股份公司	85.7143	48.1946	78.5952	68.6669	1822
300950	德固特	山东	东部	C	无国有股份公司	57.1429	56.6255	78.4072	68.6572	1823
833230	欧康医药	四川	西部	C	无国有股份公司	100.0000	48.9323	75.5098	68.6567	1824
834639	晨光电缆	浙江	东部	C	无国有股份公司	42.8571	49.4059	85.5885	68.6514	1825
603197	保隆科技	上海	东部	C	无国有股份公司	42.8571	54.9307	82.0685	68.6491	1826
002248	华东数控	山东	东部	C	国有参股公司	100.0000	51.4200	73.9072	68.6460	1827
600828	茂业商业	四川	西部	F	无国有股份公司	100.0000	37.6831	82.6447	68.6437	1828
002907	华森制药	重庆	西部	C	无国有股份公司	85.7143	43.6920	81.3995	68.6334	1829

续表

股票代码	公司简称	省份	地区	行业代码	控股类型	环境保护（*EP*）	社会责任（*SR*）	公司治理（*CG*）	上市公司质量/ESG指数（*CLCQI/ESGI*）	*CLCQI/ESGI*排名
605388	均瑶健康	湖北	中部	C	无国有股份公司	57.1429	39.6599	89.1584	68.6324	1830
002886	沃特股份	广东	东部	C	无国有股份公司	28.5714	50.6701	87.3390	68.6282	1831
688331	荣昌生物	山东	东部	C	国有参股公司	28.5714	52.6088	86.1016	68.6261	1832
300622	博士眼镜	广东	东部	F	无国有股份公司	100.0000	37.6985	82.5906	68.6193	1833
002560	通达股份	河南	中部	C	无国有股份公司	100.0000	56.3634	70.7061	68.6156	1834
300133	华策影视	浙江	东部	R	无国有股份公司	100.0000	44.3453	78.3532	68.6151	1835
301199	迈赫股份	山东	东部	C	国有参股公司	85.7143	45.7763	80.0370	68.6135	1836
300338	*ST开元	湖南	中部	P	无国有股份公司	100.0000	44.2538	78.4056	68.6119	1837
301077	星华新材	浙江	东部	C	无国有股份公司	42.8571	53.1663	83.1164	68.6079	1838
688395	正弦电气	广东	东部	C	无国有股份公司	28.5714	58.8555	82.0710	68.5956	1839
603208	江山欧派	浙江	东部	C	无国有股份公司	57.1429	43.8596	86.3909	68.5802	1840
301015	百洋医药	山东	东部	F	无国有股份公司	100.0000	41.3956	80.1629	68.5780	1841
301201	诚达药业	浙江	东部	C	无国有股份公司	42.8571	53.1278	83.0727	68.5705	1842
300719	安达维尔	北京	东部	C	无国有股份公司	85.7143	52.5270	75.6584	68.5680	1843
002073	软控股份	山东	东部	C	国有参股公司	71.4286	50.9159	79.2804	68.5676	1844
603045	福达合金	浙江	东部	C	无国有股份公司	42.8571	47.3656	86.7324	68.5665	1845
301004	嘉益股份	浙江	东部	C	无国有股份公司	14.2857	49.3119	90.6866	68.5653	1846
603663	三祥新材	福建	东部	C	无国有股份公司	100.0000	48.7042	75.4810	68.5610	1847
002062	宏润建设	浙江	东部	E	无国有股份公司	100.0000	55.1793	71.3576	68.5594	1848
600868	梅雁吉祥	广东	东部	D	无国有股份公司	28.5714	64.6592	78.3101	68.5584	1849
300214	日科化学	山东	东部	C	国有参股公司	71.4286	43.4958	83.9775	68.5540	1850
300377	赢时胜	广东	东部	I	无国有股份公司	100.0000	45.3571	77.5902	68.5496	1851
603156	养元饮品	河北	东部	C	无国有股份公司	71.4286	51.3342	78.9789	68.5482	1852
300886	华业香料	安徽	中部	C	国有参股公司	28.5714	61.5768	80.2473	68.5451	1853
002169	智光电气	广东	东部	C	无国有股份公司	71.4286	53.8971	77.3305	68.5386	1854
300813	泰林生物	浙江	东部	C	国有参股公司	71.4286	52.9798	77.9113	68.5370	1855
000838	财信发展	重庆	西部	K	无国有股份公司	71.4286	43.6471	83.8416	68.5322	1856
300132	青松股份	福建	东部	C	国有参股公司	42.8571	46.1754	87.4272	68.5321	1857
603155	新亚强	江苏	东部	C	国有参股公司	42.8571	49.5808	85.2565	68.5301	1858
300685	艾德生物	福建	东部	C	无国有股份公司	71.4286	49.9896	79.7987	68.5285	1859
002221	东华能源	江苏	东部	F	国有参股公司	14.2857	70.3291	77.2040	68.5060	1860

续表

股票代码	公司简称	省份	地区	行业代码	控股类型	环境保护（*EP*）	社会责任（*SR*）	公司治理（*CG*）	上市公司质量/ESG指数（*CLCQI/ESGI*）	*CLCQI/ESGI*排名
300120	经纬辉开	天津	东部	C	无国有股份公司	71.4286	42.7617	84.3519	68.5030	1861
300048	合康新能	北京	东部	C	无国有股份公司	100.0000	43.0184	78.9898	68.5008	1862
600370	三房巷	江苏	东部	C	国有参股公司	85.7143	39.8466	83.6051	68.5005	1863
603866	桃李面包	辽宁	东北	C	无国有股份公司	71.4286	50.8394	79.2056	68.4997	1864
300324	旋极信息	北京	东部	I	国有参股公司	100.0000	36.7932	82.9461	68.4980	1865
002266	浙富控股	浙江	东部	N	无国有股份公司	28.5714	50.8899	86.9582	68.4956	1866
600721	百花医药	新疆	西部	M	国有参股公司	71.4286	43.3376	83.9715	68.4953	1867
002512	达华智能	福建	东部	C	无国有股份公司	85.7143	45.6682	79.8908	68.4952	1868
000921	海信家电	广东	东部	C	无国有股份公司	71.4286	48.3371	80.7770	68.4882	1869
002508	老板电器	浙江	东部	C	无国有股份公司	57.1429	59.8426	76.0459	68.4845	1870
600130	波导股份	浙江	东部	C	国有参股公司	100.0000	40.5426	80.5348	68.4840	1871
002822	ST中装	广东	东部	E	国有参股公司	57.1429	48.2231	83.4315	68.4797	1872
600745	闻泰科技	湖北	中部	C	国有参股公司	85.7143	44.3971	80.6682	68.4779	1873
301113	雅艺科技	浙江	东部	C	无国有股份公司	85.7143	50.3213	76.8937	68.4754	1874
688270	臻镭科技	浙江	东部	C	无国有股份公司	71.4286	47.0197	81.5917	68.4752	1875
300086	康芝药业	海南	东部	C	国有参股公司	42.8571	49.5296	85.1811	68.4707	1876
002493	荣盛石化	浙江	东部	C	无国有股份公司	42.8571	58.7030	79.3395	68.4685	1877
600865	百大集团	浙江	东部	F	无国有股份公司	85.7143	42.3559	81.9448	68.4656	1878
300068	南都电源	浙江	东部	C	无国有股份公司	71.4286	49.3019	80.1170	68.4628	1879
603722	阿科力	江苏	东部	C	国有参股公司	42.8571	54.3783	82.0728	68.4581	1880
603929	亚翔集成	江苏	东部	E	无国有股份公司	100.0000	43.7743	78.4169	68.4503	1881
831305	海希通讯	上海	东部	C	无国有股份公司	71.4286	54.3149	76.9023	68.4494	1882
300591	万里马	广东	东部	C	无国有股份公司	85.7143	41.4026	82.5140	68.4450	1883
300520	科大国创	安徽	中部	I	国有参股公司	100.0000	44.7792	77.7653	68.4436	1884
600844	丹化科技	江苏	东部	C	国有参股公司	100.0000	39.0233	81.4243	68.4415	1885
000887	中鼎股份	安徽	中部	C	无国有股份公司	57.1429	54.0243	79.6600	68.4358	1886
605167	利柏特	江苏	东部	M	国有参股公司	71.4286	41.2028	85.2016	68.4248	1887
300113	顺网科技	浙江	东部	I	国有参股公司	100.0000	39.6151	81.0083	68.4199	1888
300824	北鼎股份	广东	东部	C	无国有股份公司	85.7143	48.8658	77.7142	68.4173	1889
603009	北特科技	上海	东部	C	无国有股份公司	85.7143	41.6873	82.2796	68.4158	1890
603608	*ST天创	广东	东部	C	国有参股公司	100.0000	53.0063	72.4679	68.4096	1891

续表

股票代码	公司简称	省份	地区	行业代码	控股类型	环境保护（*EP*）	社会责任（*SR*）	公司治理（*CG*）	上市公司质量/ESG指数（*CLCQI/ESGI*）	*CLCQI/ESGI*排名
300174	元力股份	福建	东部	C	无国有股份公司	42.8571	49.8875	84.8399	68.4083	1892
603569	长久物流	北京	东部	L	无国有股份公司	85.7143	41.9864	82.0734	68.4070	1893
002384	东山精密	江苏	东部	C	无国有股份公司	14.2857	56.5252	85.8079	68.4067	1894
301027	华蓝集团	广西	西部	M	无国有股份公司	71.4286	48.0412	80.8091	68.4023	1895
002388	新亚制程	浙江	东部	C	国有参股公司	100.0000	47.7574	75.7933	68.4014	1896
603281	江瀚新材	湖北	中部	C	无国有股份公司	100.0000	51.6532	73.2899	68.3881	1897
002577	雷柏科技	广东	东部	C	无国有股份公司	71.4286	60.0557	73.1362	68.3872	1898
001269	欧晶科技	内蒙古	西部	C	国有参股公司	71.4286	50.1218	79.4502	68.3831	1899
002589	瑞康医药	山东	东部	F	国有参股公司	85.7143	48.2956	78.0100	68.3804	1900
832802	保丽洁	江苏	东部	C	无国有股份公司	57.1429	52.7895	80.3442	68.3799	1901
688639	华恒生物	安徽	中部	C	无国有股份公司	42.8571	51.8243	83.5482	68.3757	1902
603800	道森股份	江苏	东部	C	国有参股公司	71.4286	48.7912	80.2760	68.3715	1903
001209	洪兴股份	广东	东部	C	国有参股公司	71.4286	35.5040	88.7280	68.3696	1904
002869	金溢科技	广东	东部	C	无国有股份公司	28.5714	51.3126	86.4595	68.3693	1905
688315	诺禾致源	北京	东部	M	无国有股份公司	100.0000	45.3720	77.2469	68.3660	1906
300047	天源迪科	广东	东部	I	无国有股份公司	100.0000	41.7519	79.5474	68.3643	1907
300234	开尔新材	浙江	东部	C	无国有股份公司	57.1429	43.7079	86.0800	68.3560	1908
688261	东微半导	江苏	东部	C	国有参股公司	100.0000	54.0530	71.7042	68.3559	1909
603662	柯力传感	浙江	东部	C	无国有股份公司	42.8571	49.8289	84.7773	68.3533	1910
600439	瑞贝卡	河南	中部	C	无国有股份公司	71.4286	51.0895	78.7754	68.3507	1911
000785	居然之家	湖北	中部	L	国有参股公司	100.0000	40.5110	80.3102	68.3495	1912
603086	先达股份	山东	东部	C	无国有股份公司	85.7143	38.9698	83.8858	68.3481	1913
300304	云意电气	江苏	东部	C	国有参股公司	100.0000	51.5460	73.2835	68.3470	1914
300997	欢乐家	广东	东部	C	无国有股份公司	100.0000	37.5775	82.1723	68.3469	1915
603127	昭衍新药	北京	东部	M	无国有股份公司	57.1429	50.6722	81.6196	68.3403	1916
300101	振芯科技	四川	西部	C	无国有股份公司	42.8571	47.3646	86.3165	68.3374	1917
002456	欧菲光	广东	东部	C	国有参股公司	100.0000	40.2176	80.4698	68.3346	1918
603538	美诺华	浙江	东部	C	无国有股份公司	42.8571	59.8240	78.3780	68.3320	1919
002922	伊戈尔	广东	东部	C	国有参股公司	100.0000	42.7418	78.8471	68.3256	1920
688508	芯朋微	江苏	东部	I	国有参股公司	42.8571	53.4934	82.3923	68.3242	1921
603489	八方股份	江苏	东部	C	无国有股份公司	71.4286	48.5428	80.3474	68.3239	1922

续表

股票代码	公司简称	省份	地区	行业代码	控股类型	环境保护（*EP*）	社会责任（*SR*）	公司治理（*CG*）	上市公司质量/ESG指数（*CLCQI/ESGI*）	*CLCQI/ESGI*排名
300245	天玑科技	上海	东部	I	国有参股公司	85.7143	49.0635	77.4100	68.3192	1923
603936	博敏电子	广东	东部	C	国有参股公司	57.1429	44.4009	85.5629	68.3142	1924
300565	科信技术	广东	东部	C	无国有股份公司	42.8571	50.9994	83.9338	68.2991	1925
001228	永泰运	浙江	东部	L	无国有股份公司	100.0000	41.3686	79.6697	68.2973	1926
001238	浙江正特	浙江	东部	C	国有参股公司	85.7143	51.4900	75.8193	68.2935	1927
002909	集泰股份	广东	东部	C	无国有股份公司	0.0000	64.1558	83.3382	68.2905	1928
300102	乾照光电	福建	东部	C	国有参股公司	28.5714	47.0578	89.0228	68.2899	1929
002865	钧达股份	海南	东部	C	国有参股公司	100.0000	50.8494	73.6148	68.2854	1930
002927	泰永长征	贵州	西部	C	无国有股份公司	100.0000	52.8720	72.3178	68.2800	1931
600728	佳都科技	广东	东部	I	国有参股公司	100.0000	39.3330	80.9297	68.2779	1932
300468	四方精创	广东	东部	I	无国有股份公司	57.1429	53.4756	79.7204	68.2770	1933
002829	星网宇达	北京	东部	C	无国有股份公司	85.7143	44.8341	80.0129	68.2704	1934
002728	特一药业	广东	东部	C	无国有股份公司	100.0000	42.6774	78.7742	68.2629	1935
688617	惠泰医疗	广东	东部	C	无国有股份公司	42.8571	57.6564	79.6310	68.2625	1936
002803	吉宏股份	福建	东部	I	国有参股公司	57.1429	46.7082	84.0003	68.2623	1937
300418	昆仑万维	北京	东部	I	无国有股份公司	71.4286	47.6365	80.8054	68.2586	1938
002566	益盛药业	吉林	东北	C	国有参股公司	71.4286	39.0856	86.2374	68.2534	1939
300891	惠云钛业	广东	东部	C	无国有股份公司	14.2857	52.7974	87.8985	68.2518	1940
300668	杰恩设计	广东	东部	M	无国有股份公司	57.1429	49.8234	81.9965	68.2506	1941
002206	海利得	浙江	东部	C	无国有股份公司	85.7143	47.8766	78.0141	68.2360	1942
605266	健之佳	云南	西部	F	无国有股份公司	85.7143	46.7086	78.7560	68.2352	1943
000981	山子高科	甘肃	西部	C	国有参股公司	85.7143	43.6697	80.6805	68.2301	1944
300195	长荣股份	天津	东部	C	国有参股公司	14.2857	63.2131	81.2196	68.2239	1945
300364	中文在线	北京	东部	R	无国有股份公司	71.4286	49.8780	79.3067	68.2188	1946
002491	通鼎互联	江苏	东部	C	国有参股公司	85.7143	55.2365	73.2941	68.2159	1947
300923	研奥股份	吉林	东北	C	国有参股公司	71.4286	47.3136	80.9150	68.2059	1948
688510	航亚科技	江苏	东部	C	国有参股公司	100.0000	47.4278	75.6419	68.2028	1949
603317	天味食品	四川	西部	C	无国有股份公司	71.4286	41.3341	84.7088	68.1996	1950
002973	侨银股份	广东	东部	N	无国有股份公司	71.4286	49.2182	79.6913	68.1994	1951
301010	晶雪节能	江苏	东部	C	国有参股公司	71.4286	49.0350	79.7876	68.1883	1952
000876	新希望	四川	西部	C	无国有股份公司	57.1429	55.4285	78.2937	68.1758	1953

续表

股票代码	公司简称	省份	地区	行业代码	控股类型	环境保护（*EP*）	社会责任（*SR*）	公司治理（*CG*）	上市公司质量/ESG指数（*CLCQI/ESGI*）	*CLCQI/ESGI*排名
603307	扬州金泉	江苏	东部	C	无国有股份公司	100.0000	42.2526	78.8786	68.1716	1954
600067	冠城大通	福建	东部	K	无国有股份公司	100.0000	54.0314	71.3802	68.1701	1955
300822	贝仕达克	广东	东部	C	无国有股份公司	85.7143	43.2884	80.8129	68.1695	1956
603915	国茂股份	江苏	东部	C	无国有股份公司	71.4286	52.9952	77.2180	68.1611	1957
300724	捷佳伟创	广东	东部	C	无国有股份公司	28.5714	46.5919	89.0838	68.1604	1958
301149	隆华新材	山东	东部	C	无国有股份公司	85.7143	47.6782	77.9990	68.1582	1959
002199	东晶电子	浙江	东部	C	国有参股公司	42.8571	59.1625	78.4490	68.1396	1960
603768	常青股份	安徽	中部	C	无国有股份公司	71.4286	50.1064	79.0081	68.1345	1961
603633	徕木股份	上海	东部	C	国有参股公司	28.5714	45.9068	89.4702	68.1332	1962
603159	上海亚虹	上海	东部	C	无国有股份公司	85.7143	47.4349	78.0961	68.1265	1963
605366	宏柏新材	江西	中部	C	无国有股份公司	71.4286	58.5172	73.6407	68.1263	1964
300485	赛升药业	北京	东部	C	无国有股份公司	57.1429	52.5315	80.0321	68.1180	1965
600615	丰华股份	重庆	西部	C	国有参股公司	100.0000	38.7154	81.0075	68.1045	1966
301266	宇邦新材	江苏	东部	C	无国有股份公司	57.1429	49.4896	81.9388	68.1020	1967
002342	巨力索具	河北	东部	C	国有参股公司	100.0000	42.9599	78.3014	68.1017	1968
300355	蒙草生态	内蒙古	西部	N	无国有股份公司	57.1429	52.8520	79.7909	68.0975	1969
301135	瑞德智能	广东	东部	C	无国有股份公司	57.1429	51.2406	80.8141	68.0962	1970
002587	奥拓电子	广东	东部	C	国有参股公司	85.7143	44.9680	79.6042	68.0926	1971
830799	艾融软件	上海	东部	I	无国有股份公司	57.1429	49.2148	82.0885	68.0881	1972
831855	浙江大农	浙江	东部	C	无国有股份公司	85.7143	51.1825	75.6329	68.0834	1973
002884	凌霄泵业	广东	东部	C	无国有股份公司	71.4286	48.8215	79.7322	68.0831	1974
000034	神州数码	广东	东部	F	国有参股公司	14.2857	56.7498	85.0685	68.0787	1975
300967	晓鸣股份	宁夏	西部	A	无国有股份公司	14.2857	48.7006	90.1894	68.0779	1976
002498	汉缆股份	山东	东部	C	国有参股公司	100.0000	50.6811	73.3165	68.0624	1977
300930	屹通新材	浙江	东部	C	无国有股份公司	85.7143	49.9988	76.3418	68.0590	1978
001278	一彬科技	浙江	东部	C	无国有股份公司	100.0000	48.3573	74.7751	68.0514	1979
002639	雪人股份	福建	东部	C	国有参股公司	71.4286	45.2114	81.9666	68.0485	1980
603808	歌力思	广东	东部	C	无国有股份公司	85.7143	39.8970	82.7383	68.0415	1981
605100	华丰股份	山东	东部	C	无国有股份公司	71.4286	47.1346	80.7272	68.0399	1982
300938	信测标准	广东	东部	M	无国有股份公司	42.8571	49.2089	84.6011	68.0394	1983
603848	好太太	广东	东部	C	无国有股份公司	85.7143	49.4374	76.6604	68.0377	1984

续表

股票代码	公司简称	省份	地区	行业代码	控股类型	环境保护（*EP*）	社会责任（*SR*）	公司治理（*CG*）	上市公司质量/ESG指数（*CLCQI/ESGI*）	*CLCQI/ESGI*排名
605118	力鼎光电	福建	东部	C	无国有股份公司	57.1429	50.9330	80.9024	68.0372	1985
002620	瑞和股份	广东	东部	E	国有参股公司	100.0000	52.1929	72.3070	68.0363	1986
300502	新易盛	四川	西部	C	无国有股份公司	71.4286	48.6500	79.7469	68.0312	1987
301178	天亿马	广东	东部	I	无国有股份公司	57.1429	46.0262	84.0108	68.0294	1988
600577	精达股份	安徽	中部	C	无国有股份公司	57.1429	51.9229	80.2464	68.0228	1989
833454	同心传动	河南	中部	C	无国有股份公司	71.4286	55.0578	75.6079	67.9974	1990
300634	彩讯股份	广东	东部	I	无国有股份公司	100.0000	49.8860	73.7034	67.9970	1991
688076	诺泰生物	江苏	东部	C	无国有股份公司	28.5714	57.6220	81.7655	67.9959	1992
300547	川环科技	四川	西部	C	国有参股公司	42.8571	48.7256	84.8257	67.9938	1993
002385	大北农	北京	东部	C	无国有股份公司	57.1429	55.4604	77.9389	67.9918	1994
300163	ST先锋	浙江	东部	C	国有参股公司	57.1429	48.3768	82.4394	67.9878	1995
603630	拉芳家化	广东	东部	C	国有参股公司	28.5714	47.5666	88.1282	67.9760	1996
001333	光华股份	浙江	东部	C	无国有股份公司	28.5714	49.4783	86.9031	67.9712	1997
605033	美邦股份	陕西	西部	C	无国有股份公司	28.5714	54.9592	83.4134	67.9702	1998
001268	联合精密	广东	东部	C	无国有股份公司	100.0000	47.2516	75.3274	67.9681	1999
300925	法本信息	广东	东部	I	无国有股份公司	57.1429	49.0707	81.9611	67.9676	2000
002605	姚记科技	上海	东部	I	无国有股份公司	42.8571	47.7043	85.4270	67.9671	2001
002547	春兴精工	江苏	东部	C	无国有股份公司	100.0000	48.6053	74.4628	67.9664	2002
838275	驱动力	广东	东部	C	无国有股份公司	85.7143	48.3695	77.1938	67.9574	2003
300587	天铁股份	浙江	东部	C	无国有股份公司	57.1429	52.4530	79.7899	67.9573	2004
000691	亚太实业	甘肃	西部	C	无国有股份公司	42.8571	43.3458	88.1759	67.9535	2005
300702	天宇股份	浙江	东部	C	无国有股份公司	42.8571	47.9493	85.2419	67.9510	2006
002520	日发精机	浙江	东部	C	无国有股份公司	71.4286	43.9294	82.6047	67.9507	2007
001267	汇绿生态	湖北	中部	E	无国有股份公司	85.7143	47.3438	77.8340	67.9505	2008
002269	美邦服饰	上海	东部	C	无国有股份公司	85.7143	48.6134	77.0229	67.9487	2009
603380	易德龙	江苏	东部	C	无国有股份公司	57.1429	54.9215	78.1944	67.9438	2010
688577	浙海德曼	浙江	东部	C	无国有股份公司	71.4286	43.9788	82.5596	67.9432	2011
300375	鹏翎股份	天津	东部	C	国有参股公司	42.8571	46.6628	86.0452	67.9425	2012
300350	华鹏飞	广东	东部	I	国有参股公司	85.7143	42.0477	81.1879	67.9415	2013
603176	汇通集团	河北	东部	E	无国有股份公司	85.7143	40.6955	82.0459	67.9401	2014
300383	光环新网	北京	东部	I	国有参股公司	57.1429	49.3059	81.7509	67.9343	2015

续表

股票代码	公司简称	省份	地区	行业代码	控股类型	环境保护（*EP*）	社会责任（*SR*）	公司治理（*CG*）	上市公司质量/ESG指数（*CLCQI/ESGI*）	*CLCQI/ESGI*排名
002800	天顺股份	新疆	西部	G	无国有股份公司	57.1429	43.4207	85.4889	67.9304	2016
300123	亚光科技	湖南	中部	C	无国有股份公司	71.4286	56.7085	74.4356	67.9304	2017
300713	英可瑞	广东	东部	C	国有参股公司	71.4286	50.0147	78.6911	67.9281	2018
002913	奥士康	湖南	中部	C	无国有股份公司	71.4286	50.6857	78.2610	67.9264	2019
301181	标榜股份	江苏	东部	C	无国有股份公司	71.4286	42.1643	83.6790	67.9238	2020
002629	仁智股份	浙江	东部	B	国有参股公司	42.8571	48.8416	84.6157	67.9189	2021
300868	杰美特	广东	东部	C	无国有股份公司	85.7143	50.8402	75.5482	67.9170	2022
600883	博闻科技	云南	西部	C	国有参股公司	71.4286	41.3863	84.1525	67.9119	2023
688067	爱威科技	湖南	中部	C	无国有股份公司	100.0000	46.7042	75.5658	67.9077	2024
688097	博众精工	江苏	东部	C	无国有股份公司	100.0000	42.2069	78.4228	67.9050	2025
301132	满坤科技	江西	中部	C	无国有股份公司	57.1429	50.9623	80.6364	67.9011	2026
603629	利通电子	江苏	东部	C	无国有股份公司	57.1429	50.1551	81.1390	67.8950	2027
603219	富佳股份	浙江	东部	C	无国有股份公司	85.7143	46.8788	78.0224	67.8913	2028
001696	宗申动力	重庆	西部	C	国有参股公司	85.7143	46.5802	78.2123	67.8912	2029
002674	兴业科技	福建	东部	C	无国有股份公司	100.0000	40.5614	79.4385	67.8877	2030
603110	东方材料	安徽	中部	C	无国有股份公司	85.7143	51.8038	74.8786	67.8860	2031
603500	祥和实业	浙江	东部	C	国有参股公司	57.1429	52.0325	79.9266	67.8853	2032
601208	东材科技	四川	西部	C	无国有股份公司	71.4286	56.6480	74.3921	67.8853	2033
600346	恒力石化	辽宁	东北	C	国有参股公司	100.0000	49.7108	73.6038	67.8808	2034
300179	四方达	河南	中部	C	无国有股份公司	71.4286	49.0379	79.2159	67.8749	2035
600117	ST西钢	青海	西部	C	国有参股公司	100.0000	45.6818	76.1535	67.8731	2036
002661	克明食品	湖南	中部	C	国有参股公司	57.1429	44.4997	84.6871	67.8671	2037
002969	嘉美包装	安徽	中部	C	无国有股份公司	57.1429	44.3146	84.7950	67.8616	2038
000890	法尔胜	江苏	东部	C	国有参股公司	100.0000	43.4875	77.5251	67.8594	2039
600353	旭光电子	四川	西部	C	国有参股公司	71.4286	51.7008	77.4927	67.8591	2040
688170	德龙激光	江苏	东部	C	无国有股份公司	57.1429	49.7336	81.3412	67.8587	2041
603585	苏利股份	江苏	东部	C	无国有股份公司	57.1429	55.5998	77.6001	67.8543	2042
002638	勤上股份	广东	东部	C	无国有股份公司	100.0000	46.4183	75.6368	67.8466	2043
002609	捷顺科技	广东	东部	I	无国有股份公司	100.0000	43.6874	77.3740	67.8463	2044
603173	福斯达	浙江	东部	C	无国有股份公司	57.1429	48.0467	82.3815	67.8405	2045
001259	利仁科技	北京	东部	C	无国有股份公司	85.7143	45.1897	78.9958	67.8355	2046

续表

股票代码	公司简称	省份	地区	行业代码	控股类型	环境保护（*EP*）	社会责任（*SR*）	公司治理（*CG*）	上市公司质量/ESG指数（*CLCQI/ESGI*）	*CLCQI/ESGI*排名
002885	京泉华	广东	东部	C	无国有股份公司	57.1429	47.3997	82.7757	67.8308	2047
002579	中京电子	广东	东部	C	无国有股份公司	85.7143	46.2883	78.2722	67.8221	2048
000926	福星股份	湖北	中部	K	无国有股份公司	57.1429	48.1407	82.2872	67.8215	2049
301276	嘉曼服饰	北京	东部	C	无国有股份公司	100.0000	39.2049	80.1803	67.8209	2050
002790	瑞尔特	福建	东部	C	无国有股份公司	71.4286	39.6461	85.0899	67.8184	2051
300586	美联新材	广东	东部	C	无国有股份公司	57.1429	50.0771	81.0493	67.8184	2052
002148	北纬科技	北京	东部	I	国有参股公司	42.8571	54.4029	80.8875	67.8149	2053
301286	侨源股份	四川	西部	C	无国有股份公司	57.1429	54.8029	78.0339	67.8139	2054
688655	迅捷兴	广东	东部	C	国有参股公司	71.4286	54.2411	75.7748	67.8034	2055
002150	通润装备	江苏	东部	C	无国有股份公司	57.1429	45.4552	83.9476	67.7948	2056
832566	梓橦宫	四川	西部	C	无国有股份公司	85.7143	49.0649	76.4544	67.7941	2057
603190	亚通精工	山东	东部	C	无国有股份公司	57.1429	41.2159	86.6393	67.7914	2058
301088	戎美股份	江苏	东部	F	无国有股份公司	85.7143	52.1386	74.4915	67.7903	2059
601877	正泰电器	浙江	东部	C	无国有股份公司	57.1429	48.6629	81.8972	67.7897	2060
300819	聚杰微纤	江苏	东部	C	无国有股份公司	71.4286	44.3150	82.0581	67.7851	2061
300307	慈星股份	浙江	东部	C	无国有股份公司	85.7143	44.4124	79.3932	67.7820	2062
000518	四环生物	江苏	东部	C	国有参股公司	85.7143	42.7648	80.4337	67.7776	2063
002010	传化智联	浙江	东部	L	国有参股公司	85.7143	47.1940	77.5898	67.7637	2064
300906	日月明	江西	中部	C	国有参股公司	100.0000	46.0491	75.7207	67.7635	2065
002392	北京利尔	北京	东部	C	无国有股份公司	42.8571	51.6751	82.5246	67.7605	2066
002486	嘉麟杰	上海	东部	C	国有参股公司	14.2857	57.8406	83.7956	67.7603	2067
300823	建科智能	天津	东部	C	无国有股份公司	100.0000	50.6754	72.7700	67.7599	2068
300313	ST天山	新疆	西部	A	国有参股公司	100.0000	41.8390	78.3931	67.7598	2069
002724	海洋王	广东	东部	C	无国有股份公司	85.7143	42.6199	80.4924	67.7593	2070
300614	百川畅银	河南	中部	N	无国有股份公司	57.1429	48.3064	82.0568	67.7527	2071
300112	万讯自控	广东	东部	C	国有参股公司	42.8571	55.4425	80.1114	67.7519	2072
300190	维尔利	江苏	东部	N	国有参股公司	85.7143	41.4548	81.2070	67.7445	2073
003036	泰坦股份	浙江	东部	C	无国有股份公司	57.1429	46.9601	82.8983	67.7444	2074
600989	宝丰能源	宁夏	西部	C	国有参股公司	14.2857	54.2630	86.0415	67.7434	2075
300860	锋尚文化	北京	东部	R	无国有股份公司	100.0000	42.7744	77.7511	67.7342	2076
603933	睿能科技	福建	东部	C	国有参股公司	57.1429	53.3471	78.8105	67.7315	2077

续表

股票代码	公司简称	省份	地区	行业代码	控股类型	环境保护（*EP*）	社会责任（*SR*）	公司治理（*CG*）	上市公司质量/ESG指数（*CLCQI/ESGI*）	*CLCQI/ESGI*排名
301191	菲菱科思	广东	东部	C	无国有股份公司	100.0000	48.3529	74.1955	67.7310	2078
605555	德昌股份	浙江	东部	C	无国有股份公司	100.0000	47.0936	74.9916	67.7281	2079
000520	凤凰航运	湖北	中部	G	无国有股份公司	57.1429	47.2180	82.7027	67.7271	2080
688489	三未信安	北京	东部	C	无国有股份公司	57.1429	48.5475	81.8469	67.7217	2081
603959	ST百利	湖南	中部	E	国有参股公司	85.7143	49.4854	76.0453	67.7162	2082
688768	容知日新	安徽	中部	C	无国有股份公司	57.1429	60.3300	74.3378	67.7156	2083
002357	富临运业	四川	西部	G	国有参股公司	42.8571	46.8302	85.5153	67.7097	2084
300994	久祺股份	浙江	东部	C	无国有股份公司	57.1429	41.6963	86.1838	67.7091	2085
605016	百龙创园	山东	东部	C	无国有股份公司	57.1429	48.9919	81.5399	67.7084	2086
603801	志邦家居	安徽	中部	C	无国有股份公司	57.1429	48.8806	81.6089	67.7074	2087
688089	嘉必优	湖北	中部	C	无国有股份公司	42.8571	64.9988	73.9474	67.7064	2088
002634	棒杰股份	浙江	东部	C	无国有股份公司	85.7143	39.4107	82.4368	67.7054	2089
001308	康冠科技	广东	东部	C	无国有股份公司	28.5714	52.5128	84.4879	67.7050	2090
603685	晨丰科技	浙江	东部	C	无国有股份公司	57.1429	51.1178	80.1796	67.7043	2091
002771	真视通	北京	东部	I	无国有股份公司	71.4286	49.1971	78.7968	67.7001	2092
301162	国能日新	北京	东部	I	国有参股公司	85.7143	43.5329	79.8011	67.6986	2093
688244	永信至诚	北京	东部	I	国有参股公司	42.8571	54.0280	80.9115	67.6968	2094
603838	四通股份	广东	东部	C	无国有股份公司	42.8571	52.6035	81.8170	67.6963	2095
603950	长源东谷	湖北	中部	C	无国有股份公司	100.0000	39.6160	79.6898	67.6950	2096
300956	英力股份	安徽	中部	C	无国有股份公司	57.1429	48.8720	81.5812	67.6892	2097
600382	广东明珠	广东	东部	F	无国有股份公司	71.4286	41.5794	83.6228	67.6882	2098
300250	初灵信息	浙江	东部	I	国有参股公司	85.7143	52.8318	73.8634	67.6875	2099
300815	玉禾田	安徽	中部	N	无国有股份公司	57.1429	48.2477	81.9627	67.6805	2100
002135	东南网架	浙江	东部	C	无国有股份公司	57.1429	42.1665	85.8255	67.6766	2101
301398	星源卓镁	浙江	东部	C	无国有股份公司	57.1429	53.5655	78.5660	67.6735	2102
002536	飞龙股份	河南	中部	C	无国有股份公司	42.8571	47.2005	85.2132	67.6732	2103
300561	汇金科技	广东	东部	I	国有参股公司	85.7143	55.5729	72.0929	67.6730	2104
001212	中旗新材	广东	东部	C	无国有股份公司	42.8571	54.1540	80.7870	67.6725	2105
002340	格林美	广东	东部	C	国有参股公司	42.8571	50.5491	83.0660	67.6642	2106
300296	利亚德	北京	东部	C	无国有股份公司	14.2857	51.5040	87.6518	67.6635	2107
688529	豪森智能	辽宁	东北	C	国有参股公司	71.4286	45.4736	81.0971	67.6620	2108

续表

股票代码	公司简称	省份	地区	行业代码	控股类型	环境保护（*EP*）	社会责任（*SR*）	公司治理（*CG*）	上市公司质量/ESG指数（*CLCQI/ESGI*）	*CLCQI/ESGI*排名
688066	航天宏图	北京	东部	I	无国有股份公司	14.2857	55.3109	85.2244	67.6608	2109
003032	传智教育	江苏	东部	P	无国有股份公司	57.1429	50.8600	80.2591	67.6578	2110
000677	恒天海龙	山东	东部	C	国有参股公司	71.4286	48.4864	79.1703	67.6568	2111
688246	嘉和美康	北京	东部	I	国有参股公司	71.4286	52.2681	76.7613	67.6554	2112
600051	宁波联合	浙江	东部	F	国有参股公司	100.0000	41.8792	78.1617	67.6467	2113
301109	军信股份	湖南	中部	N	国有参股公司	42.8571	53.0332	81.4289	67.6332	2114
002998	优彩资源	江苏	东部	C	国有参股公司	71.4286	46.4132	80.4436	67.6314	2115
605566	福莱蒽特	浙江	东部	C	无国有股份公司	57.1429	46.6241	82.8753	67.6141	2116
603798	康普顿	山东	东部	C	无国有股份公司	57.1429	33.9006	90.9662	67.6109	2117
688690	纳微科技	江苏	东部	C	无国有股份公司	14.2857	59.8233	82.2612	67.6104	2118
002570	贝因美	浙江	东部	C	国有参股公司	100.0000	33.9270	83.1549	67.6097	2119
600381	ST春天	青海	西部	C	国有参股公司	100.0000	39.5386	79.5774	67.6061	2120
002533	金杯电工	湖南	中部	C	无国有股份公司	57.1429	54.5516	77.8131	67.6046	2121
300493	润欣科技	上海	东部	I	国有参股公司	71.4286	46.8316	80.1093	67.5940	2122
688167	炬光科技	陕西	西部	C	国有参股公司	42.8571	54.8396	80.1961	67.5874	2123
603206	嘉环科技	江苏	东部	I	无国有股份公司	71.4286	42.1088	83.0931	67.5821	2124
605151	西上海	上海	东部	C	无国有股份公司	85.7143	37.1944	83.6189	67.5798	2125
600847	万里股份	重庆	西部	C	无国有股份公司	100.0000	38.4442	80.2261	67.5798	2126
301139	元道通信	新疆	西部	I	无国有股份公司	71.4286	41.3088	83.5939	67.5776	2127
300999	金龙鱼	上海	东部	C	国有参股公司	14.2857	61.9429	80.8458	67.5738	2128
300538	同益股份	广东	东部	F	无国有股份公司	85.7143	39.7752	81.9398	67.5596	2129
300231	银信科技	北京	东部	I	无国有股份公司	57.1429	55.6656	77.0222	67.5594	2130
688011	新光光电	黑龙江	东北	C	无国有股份公司	57.1429	50.8619	80.0745	67.5569	2131
601155	新城控股	江苏	东部	K	国有参股公司	85.7143	46.4821	77.6664	67.5567	2132
300639	凯普生物	广东	东部	C	无国有股份公司	14.2857	58.4551	83.0246	67.5514	2133
001210	金房能源	北京	东部	D	无国有股份公司	85.7143	43.2726	79.6935	67.5482	2134
688380	中微半导	广东	东部	C	无国有股份公司	57.1429	50.4655	80.3020	67.5433	2135
300022	吉峰科技	四川	西部	F	国有参股公司	85.7143	41.8361	80.5972	67.5425	2136
600167	联美控股	辽宁	东北	D	无国有股份公司	85.7143	46.0063	77.9321	67.5363	2137
688306	均普智能	浙江	东部	C	无国有股份公司	71.4286	42.0281	83.0553	67.5331	2138
002662	京威股份	北京	东部	C	无国有股份公司	71.4286	43.1166	82.3375	67.5193	2139

续表

股票代码	公司简称	省份	地区	行业代码	控股类型	环境保护（*EP*）	社会责任（*SR*）	公司治理（*CG*）	上市公司质量/ESG指数（*CLCQI/ESGI*）	*CLCQI/ESGI*排名
003003	天元股份	广东	东部	C	无国有股份公司	100.0000	46.2465	75.1462	67.5166	2140
603679	华体科技	四川	西部	C	无国有股份公司	85.7143	45.6478	78.1225	67.5155	2141
600491	龙元建设	浙江	东部	E	国有参股公司	85.7143	41.9298	80.4760	67.5087	2142
300031	宝通科技	江苏	东部	I	国有参股公司	57.1429	49.3608	80.9181	67.4955	2143
301246	宏源药业	湖北	中部	C	无国有股份公司	28.5714	48.6691	86.5367	67.4865	2144
002872	ST天圣	重庆	西部	F	国有参股公司	100.0000	36.7424	81.1394	67.4865	2145
603306	华懋科技	福建	东部	C	无国有股份公司	28.5714	52.0934	84.3469	67.4806	2146
002031	巨轮智能	广东	东部	C	无国有股份公司	57.1429	53.9808	77.9440	67.4768	2147
837212	智新电子	山东	东部	C	国有参股公司	71.4286	56.6272	73.6606	67.4757	2148
688147	微导纳米	江苏	东部	C	无国有股份公司	14.2857	59.3698	82.2936	67.4695	2149
300269	联建光电	广东	东部	L	无国有股份公司	100.0000	47.7581	74.0809	67.4598	2150
300683	海特生物	湖北	中部	C	无国有股份公司	100.0000	47.0293	74.5234	67.4481	2151
603260	合盛硅业	浙江	东部	C	无国有股份公司	100.0000	43.1047	77.0195	67.4474	2152
603211	晋拓股份	上海	东部	C	无国有股份公司	57.1429	53.4882	78.1807	67.4345	2153
605028	世茂能源	浙江	东部	D	无国有股份公司	71.4286	58.0196	72.6970	67.4331	2154
600557	康缘药业	江苏	东部	C	无国有股份公司	85.7143	51.1686	74.4554	67.4309	2155
002035	华帝股份	广东	东部	C	无国有股份公司	57.1429	52.2460	78.9584	67.4275	2156
600152	维科技术	浙江	东部	C	国有参股公司	71.4286	41.9969	82.8707	67.4207	2157
002457	青龙管业	宁夏	西部	C	国有参股公司	85.7143	50.3138	74.9695	67.4145	2158
300740	水羊股份	湖南	中部	C	无国有股份公司	100.0000	47.7019	74.0308	67.4126	2159
603520	司太立	浙江	东部	C	无国有股份公司	71.4286	41.5524	83.1348	67.4104	2160
603882	金域医学	广东	东部	Q	无国有股份公司	14.2857	51.2006	87.3470	67.3897	2161
605058	澳弘电子	江苏	东部	C	无国有股份公司	71.4286	55.2762	74.3616	67.3884	2162
605196	华通线缆	河北	东部	C	无国有股份公司	71.4286	48.3502	78.7682	67.3879	2163
301161	唯万密封	上海	东部	C	无国有股份公司	85.7143	38.0757	82.6949	67.3801	2164
603577	汇金通	山东	东部	C	无国有股份公司	57.1429	45.9219	82.8918	67.3774	2165
603150	万朗磁塑	安徽	中部	C	无国有股份公司	42.8571	50.2043	82.7592	67.3748	2166
300146	汤臣倍健	广东	东部	C	无国有股份公司	42.8571	41.3526	88.3904	67.3738	2167
001330	博纳影业	新疆	西部	R	国有参股公司	71.4286	42.0328	82.7599	67.3722	2168
688262	国芯科技	江苏	东部	I	国有参股公司	85.7143	49.5277	75.3891	67.3702	2169
688305	科德数控	辽宁	东北	C	国有参股公司	14.2857	50.8119	87.5580	67.3696	2170

续表

股票代码	公司简称	省份	地区	行业代码	控股类型	环境保护（*EP*）	社会责任（*SR*）	公司治理（*CG*）	上市公司质量/ESG指数（*CLCQI/ESGI*）	*CLCQI/ESGI*排名
837242	建邦科技	山东	东部	L	无国有股份公司	71.4286	55.7902	73.9944	67.3664	2171
000603	盛达资源	北京	东部	B	国有参股公司	85.7143	37.3444	83.1151	67.3553	2172
603109	神驰机电	重庆	西部	C	无国有股份公司	100.0000	39.1383	79.3734	67.3538	2173
300344	立方数科	安徽	中部	I	国有参股公司	57.1429	55.3505	76.8399	67.3489	2174
000626	远大控股	江苏	东部	F	国有参股公司	71.4286	53.9637	75.1236	67.3482	2175
002805	丰元股份	山东	东部	C	国有参股公司	14.2857	49.6623	88.2486	67.3471	2176
002866	传艺科技	江苏	东部	C	国有参股公司	85.7143	38.3972	82.4251	67.3442	2177
002043	兔宝宝	浙江	东部	C	无国有股份公司	71.4286	45.6721	80.3894	67.3423	2178
688557	兰剑智能	山东	东部	C	国有参股公司	28.5714	49.9091	85.4826	67.3407	2179
002658	雪迪龙	北京	东部	C	无国有股份公司	57.1429	42.9350	84.7052	67.3294	2180
300176	派生科技	广东	东部	C	无国有股份公司	71.4286	35.8122	86.6343	67.3260	2181
603533	掌阅科技	北京	东部	I	无国有股份公司	100.0000	45.2539	75.4239	67.3220	2182
603809	豪能股份	四川	西部	C	无国有股份公司	100.0000	34.2359	82.4316	67.3199	2183
002943	宇晶股份	湖南	中部	C	无国有股份公司	14.2857	54.8242	84.9138	67.3196	2184
688080	映翰通	北京	东部	C	无国有股份公司	57.1429	53.0070	78.2596	67.3095	2185
688363	华熙生物	山东	东部	C	无国有股份公司	0.0000	55.1687	87.2662	67.3055	2186
300109	新开源	河南	中部	C	无国有股份公司	42.8571	56.9176	78.3575	67.3035	2187
688156	路德环境	湖北	中部	N	国有参股公司	57.1429	55.1998	76.8482	67.3007	2188
002467	二六三	北京	东部	I	国有参股公司	85.7143	49.9786	74.9758	67.3006	2189
603385	惠达卫浴	河北	东部	C	无国有股份公司	57.1429	44.2029	83.8410	67.2978	2190
002823	凯中精密	广东	东部	C	无国有股份公司	100.0000	47.9292	73.6691	67.2932	2191
688981	中芯国际	上海	东部	C	国有参股公司	14.2857	59.1234	82.1053	67.2797	2192
001318	阳光乳业	江西	中部	C	国有参股公司	42.8571	46.6876	84.8080	67.2708	2193
603105	芯能科技	浙江	东部	C	无国有股份公司	42.8571	51.3965	81.7984	67.2636	2194
603619	中曼石油	上海	东部	B	无国有股份公司	85.7143	41.2230	80.4770	67.2618	2195
600520	文一科技	安徽	中部	C	国有参股公司	85.7143	50.6468	74.4795	67.2616	2196
835237	力佳科技	湖北	中部	C	国有参股公司	85.7143	50.2594	74.7222	67.2594	2197
300743	天地数码	浙江	东部	C	无国有股份公司	14.2857	46.1337	90.3318	67.2579	2198
002324	普利特	上海	东部	C	国有参股公司	42.8571	55.2145	79.3509	67.2538	2199
300483	首华燃气	上海	东部	B	无国有股份公司	42.8571	59.8286	76.4127	67.2527	2200
301378	通达海	江苏	东部	I	无国有股份公司	85.7143	41.7445	80.1248	67.2506	2201

续表

股票代码	公司简称	省份	地区	行业代码	控股类型	环境保护（*EP*）	社会责任（*SR*）	公司治理（*CG*）	上市公司质量/ESG指数（*CLCQI/ESGI*）	*CLCQI/ESGI*排名
300184	力源信息	湖北	中部	F	无国有股份公司	57.1429	42.4447	84.8713	67.2491	2202
300305	裕兴股份	江苏	东部	C	无国有股份公司	57.1429	44.7330	83.3885	67.2345	2203
002949	华阳国际	广东	东部	M	无国有股份公司	85.7143	40.8907	80.6072	67.2172	2204
300957	贝泰妮	云南	西部	C	无国有股份公司	14.2857	53.0662	85.8447	67.2163	2205
834770	艾能聚	浙江	东部	C	无国有股份公司	85.7143	42.6329	79.4955	67.2155	2206
603868	飞科电器	上海	东部	C	无国有股份公司	57.1429	44.4420	83.5386	67.2152	2207
002592	ST八菱	广西	西部	C	无国有股份公司	85.7143	46.4126	77.0885	67.2145	2208
301148	嘉戎技术	福建	东部	N	无国有股份公司	71.4286	49.6882	77.5486	67.1855	2209
002379	宏创控股	山东	东部	C	国有参股公司	100.0000	47.7283	73.5952	67.1823	2210
002733	雄韬股份	广东	东部	C	无国有股份公司	57.1429	50.8164	79.4209	67.1815	2211
832000	安徽凤凰	安徽	中部	C	国有参股公司	71.4286	47.0016	79.2487	67.1802	2212
002826	易明医药	西藏	西部	C	国有参股公司	100.0000	38.5070	79.4595	67.1802	2213
300405	科隆股份	辽宁	东北	C	国有参股公司	42.8571	48.9786	83.1735	67.1736	2214
300012	华测检测	广东	东部	M	无国有股份公司	14.2857	54.9553	84.5605	67.1712	2215
002252	上海莱士	上海	东部	C	国有参股公司	85.7143	34.6363	84.5003	67.1693	2216
603811	诚意药业	浙江	东部	C	无国有股份公司	85.7143	43.7709	78.6865	67.1689	2217
000910	大亚圣象	江苏	东部	C	无国有股份公司	71.4286	38.4147	84.6740	67.1587	2218
603332	苏州龙杰	江苏	东部	C	无国有股份公司	85.7143	44.9602	77.8958	67.1502	2219
836675	秉扬科技	四川	西部	C	无国有股份公司	100.0000	47.3866	73.7532	67.1495	2220
605122	四方新材	重庆	西部	C	国有参股公司	85.7143	50.9860	74.0447	67.1411	2221
000526	学大教育	福建	东部	P	无国有股份公司	85.7143	46.6219	76.8025	67.1305	2222
002901	大博医疗	福建	东部	C	无国有股份公司	42.8571	51.3372	81.5914	67.1290	2223
603766	隆鑫通用	重庆	西部	C	无国有股份公司	57.1429	40.9785	85.5857	67.1289	2224
688093	世华科技	江苏	东部	C	无国有股份公司	85.7143	54.6523	71.6850	67.1265	2225
300752	隆利科技	广东	东部	C	无国有股份公司	14.2857	55.2623	84.2810	67.1249	2226
300444	双杰电气	北京	东部	C	无国有股份公司	85.7143	53.5116	72.4051	67.1233	2227
301282	金禄电子	广东	东部	C	无国有股份公司	42.8571	51.1959	81.6644	67.1197	2228
601360	三六零	天津	东部	I	无国有股份公司	42.8571	47.9715	83.7163	67.1197	2229
002261	拓维信息	湖南	中部	I	无国有股份公司	71.4286	43.0102	81.6756	67.1180	2230
603871	嘉友国际	北京	东部	G	无国有股份公司	28.5714	46.5439	87.2122	67.1142	2231
002167	东方锆业	广东	东部	C	无国有股份公司	71.4286	49.1740	77.7411	67.1114	2232

续表

股票代码	公司简称	省份	地区	行业代码	控股类型	环境保护（*EP*）	社会责任（*SR*）	公司治理（*CG*）	上市公司质量/ESG指数（*CLCQI/ESGI*）	*CLCQI/ESGI*排名
300487	蓝晓科技	陕西	西部	C	无国有股份公司	57.1429	43.9152	83.6787	67.1079	2233
000007	全新好	广东	东部	K	无国有股份公司	100.0000	45.5561	74.8405	67.1069	2234
603079	圣达生物	浙江	东部	C	无国有股份公司	57.1429	52.4207	78.2526	67.1004	2235
600673	东阳光	广东	东部	S	无国有股份公司	71.4286	50.3501	76.9675	67.0975	2236
002825	纳尔股份	上海	东部	C	国有参股公司	42.8571	47.0519	84.2601	67.0969	2237
688670	金迪克	江苏	东部	C	无国有股份公司	100.0000	42.2501	76.9248	67.0961	2238
002075	沙钢股份	江苏	东部	C	国有参股公司	57.1429	44.8483	83.0551	67.0915	2239
603613	国联股份	北京	东部	I	无国有股份公司	57.1429	45.1059	82.8825	67.0867	2240
300992	泰福泵业	浙江	东部	C	无国有股份公司	14.2857	44.3724	91.1246	67.0774	2241
600331	宏达股份	四川	西部	C	无国有股份公司	71.4286	50.7144	76.6960	67.0757	2242
300889	爱克股份	广东	东部	C	无国有股份公司	71.4286	46.3801	79.4501	67.0735	2243
002852	道道全	湖南	中部	C	国有参股公司	42.8571	53.9308	79.8366	67.0716	2244
001218	丽臣实业	湖南	中部	C	无国有股份公司	28.5714	45.6510	87.7007	67.0704	2245
603588	高能环境	北京	东部	N	无国有股份公司	42.8571	49.9129	82.3725	67.0601	2246
002413	雷科防务	北京	东部	C	国有参股公司	71.4286	47.9504	78.4209	67.0570	2247
002703	浙江世宝	浙江	东部	C	无国有股份公司	85.7143	54.6042	71.5788	67.0513	2248
603530	神马电力	江苏	东部	C	无国有股份公司	57.1429	53.6931	77.3384	67.0430	2249
002108	沧州明珠	河北	东部	C	无国有股份公司	57.1429	47.9942	80.9606	67.0406	2250
301365	矩阵股份	广东	东部	M	无国有股份公司	42.8571	49.7154	82.4436	67.0301	2251
603528	多伦科技	江苏	东部	C	无国有股份公司	71.4286	44.7680	80.3905	67.0264	2252
002004	华邦健康	重庆	西部	C	国有参股公司	42.8571	47.7458	83.6896	67.0261	2253
002624	完美世界	浙江	东部	I	国有参股公司	14.2857	54.1304	84.8169	67.0235	2254
688123	聚辰股份	上海	东部	C	无国有股份公司	28.5714	50.6354	84.4388	67.0209	2255
300710	万隆光电	浙江	东部	C	无国有股份公司	28.5714	53.6558	82.5123	67.0185	2256
300919	中伟股份	贵州	西部	C	国有参股公司	42.8571	48.0735	83.4583	67.0135	2257
603277	银都股份	浙江	东部	C	无国有股份公司	57.1429	51.1194	78.9221	67.0132	2258
002321	华英农业	河南	中部	A	国有参股公司	100.0000	41.5143	77.2416	67.0129	2259
600565	ST迪马	重庆	西部	K	无国有股份公司	100.0000	51.0112	71.1968	67.0121	2260
300537	广信材料	江苏	东部	C	国有参股公司	100.0000	43.9600	75.6775	67.0086	2261
001296	长江材料	重庆	西部	C	国有参股公司	100.0000	39.3700	78.5762	66.9964	2262
603030	全筑股份	上海	东部	E	国有参股公司	71.4286	45.6434	79.7775	66.9957	2263

续表

股票代码	公司简称	省份	地区	行业代码	控股类型	环境保护（*EP*）	社会责任（*SR*）	公司治理（*CG*）	上市公司质量/ESG指数（*CLCQI/ESGI*）	*CLCQI/ESGI*排名
300164	通源石油	陕西	西部	B	无国有股份公司	85.7143	32.1990	85.7252	66.9899	2264
002931	锋龙股份	浙江	东部	C	国有参股公司	42.8571	57.9857	77.0918	66.9812	2265
002572	索菲亚	广东	东部	C	无国有股份公司	85.7143	44.6516	77.7667	66.9712	2266
002082	万邦德	浙江	东部	C	无国有股份公司	14.2857	43.9422	91.1954	66.9658	2267
002045	国光电器	广东	东部	C	无国有股份公司	71.4286	44.9547	80.1506	66.9598	2268
300809	华辰装备	江苏	东部	C	无国有股份公司	71.4286	50.1343	76.8511	66.9580	2269
688141	杰华特	浙江	东部	C	无国有股份公司	28.5714	53.6707	82.3898	66.9563	2270
003005	竞业达	北京	东部	I	无国有股份公司	71.4286	50.4814	76.6186	66.9516	2271
300020	*ST银江	浙江	东部	I	国有参股公司	100.0000	43.4460	75.8938	66.9477	2272
300153	科泰电源	上海	东部	C	国有参股公司	28.5714	48.9481	85.3776	66.9467	2273
605123	派克新材	江苏	东部	C	无国有股份公司	42.8571	50.8036	81.5924	66.9428	2274
300777	中简科技	江苏	东部	C	无国有股份公司	71.4286	52.4583	75.3409	66.9408	2275
603283	赛腾股份	江苏	东部	C	无国有股份公司	85.7143	52.6216	72.6391	66.9405	2276
688095	福昕软件	福建	东部	I	无国有股份公司	57.1429	50.2864	79.3160	66.9383	2277
002391	长青股份	江苏	东部	C	无国有股份公司	42.8571	55.9121	78.3277	66.9352	2278
301180	万祥科技	江苏	东部	C	国有参股公司	71.4286	39.7716	83.4025	66.9343	2279
688260	昀冢科技	江苏	东部	C	无国有股份公司	71.4286	42.4001	81.7247	66.9315	2280
002568	百润股份	上海	东部	C	无国有股份公司	100.0000	43.4957	75.8289	66.9294	2281
300236	上海新阳	上海	东部	C	无国有股份公司	42.8571	61.5221	74.7395	66.9252	2282
300194	福安药业	重庆	西部	C	国有参股公司	100.0000	41.2092	77.2613	66.9169	2283
600567	山鹰国际	安徽	中部	C	无国有股份公司	42.8571	52.4810	80.4767	66.9162	2284
000036	华联控股	广东	东部	K	无国有股份公司	57.1429	47.5116	81.0400	66.9153	2285
603226	菲林格尔	上海	东部	C	国有参股公司	100.0000	51.0669	70.9831	66.9141	2286
300472	新元科技	江西	中部	C	无国有股份公司	100.0000	43.5940	75.7246	66.9064	2287
002468	申通快递	浙江	东部	G	无国有股份公司	28.5714	42.8646	89.1691	66.9027	2288
002581	未名医药	山东	东部	C	国有参股公司	71.4286	41.7335	82.0950	66.9019	2289
300696	爱乐达	四川	西部	C	无国有股份公司	57.1429	59.9899	73.0747	66.9018	2290
002287	奇正藏药	西藏	西部	C	无国有股份公司	85.7143	42.5382	78.9542	66.8846	2291
300513	恒实科技	北京	东部	I	国有参股公司	71.4286	40.5828	82.7869	66.8797	2292
300821	东岳硅材	山东	东部	C	无国有股份公司	14.2857	55.4191	83.7329	66.8783	2293
001288	运机集团	四川	西部	C	国有参股公司	71.4286	45.0264	79.9537	66.8766	2294

续表

股票代码	公司简称	省份	地区	行业代码	控股类型	环境保护（*EP*）	社会责任（*SR*）	公司治理（*CG*）	上市公司质量/ESG指数（*CLCQI/ESGI*）	*CLCQI/ESGI*排名
002399	海普瑞	广东	东部	C	无国有股份公司	42.8571	40.6244	87.9311	66.8663	2295
300881	盛德鑫泰	江苏	东部	C	无国有股份公司	14.2857	56.7074	82.8792	66.8597	2296
301089	拓新药业	河南	中部	C	无国有股份公司	57.1429	48.2966	80.4308	66.8550	2297
301009	可靠股份	浙江	东部	C	无国有股份公司	57.1429	48.5381	80.2702	66.8512	2298
002444	巨星科技	浙江	东部	C	无国有股份公司	100.0000	43.0491	75.9675	66.8493	2299
603196	日播时尚	上海	东部	C	无国有股份公司	100.0000	36.6347	80.0330	66.8403	2300
300811	铂科新材	广东	东部	C	无国有股份公司	14.2857	51.2183	86.3333	66.8383	2301
002346	柘中股份	上海	东部	C	无国有股份公司	28.5714	50.9309	83.9182	66.8379	2302
300688	创业黑马	北京	东部	L	无国有股份公司	85.7143	49.8710	74.1869	66.8291	2303
300263	隆华科技	河南	中部	C	国有参股公司	57.1429	45.8405	81.9303	66.8201	2304
600398	海澜之家	江苏	东部	C	无国有股份公司	14.2857	50.1277	86.9459	66.7935	2305
300015	爱尔眼科	湖南	中部	Q	无国有股份公司	42.8571	50.3372	81.6132	66.7910	2306
000795	英洛华	浙江	东部	C	国有参股公司	71.4286	42.1127	81.6461	66.7876	2307
831768	拾比佰	广东	东部	C	国有参股公司	85.7143	37.5883	81.9244	66.7858	2308
000573	粤宏远A	广东	东部	K	国有参股公司	85.7143	45.5484	76.8568	66.7846	2309
300411	金盾股份	浙江	东部	C	国有参股公司	42.8571	51.1919	81.0426	66.7763	2310
301011	华立科技	广东	东部	C	无国有股份公司	71.4286	46.5095	78.8252	66.7750	2311
301349	信德新材	辽宁	东北	C	无国有股份公司	28.5714	52.1854	82.9917	66.7674	2312
003002	壶化股份	山西	中部	C	无国有股份公司	100.0000	41.8015	76.6041	66.7628	2313
002133	广宇集团	浙江	东部	K	无国有股份公司	71.4286	42.1245	81.5847	66.7580	2314
688519	南亚新材	上海	东部	C	无国有股份公司	85.7143	53.0862	72.0105	66.7574	2315
603799	华友钴业	浙江	东部	C	国有参股公司	42.8571	49.8750	81.8400	66.7540	2316
831445	龙竹科技	福建	东部	C	国有参股公司	57.1429	51.3286	78.3162	66.7532	2317
002876	三利谱	广东	东部	C	无国有股份公司	28.5714	51.6524	83.2917	66.7459	2318
603813	原尚股份	广东	东部	G	无国有股份公司	57.1429	51.5135	78.1742	66.7398	2319
832149	利尔达	浙江	东部	C	无国有股份公司	71.4286	45.9068	79.1349	66.7344	2320
002970	锐明技术	广东	东部	I	无国有股份公司	57.1429	47.2486	80.8770	66.7337	2321
300201	海伦哲	江苏	东部	C	国有参股公司	85.7143	45.3653	76.8785	66.7325	2322
001202	炬申股份	广东	东部	G	国有参股公司	71.4286	49.2099	77.0157	66.7250	2323
603599	广信股份	安徽	中部	C	国有参股公司	85.7143	42.6725	78.5711	66.7209	2324
002374	中锐股份	山东	东部	C	无国有股份公司	85.7143	42.6524	78.5659	66.7110	2325

续表

股票代码	公司简称	省份	地区	行业代码	控股类型	环境保护（EP）	社会责任（SR）	公司治理（CG）	上市公司质量/ESG指数（CLCQI/ESGI）	CLCQI/ESGI排名
300975	商络电子	江苏	东部	F	无国有股份公司	100.0000	44.5908	74.7318	66.7093	2326
603843	正平股份	青海	西部	E	无国有股份公司	85.7143	50.3738	73.6479	66.7086	2327
688628	优利德	广东	东部	C	无国有股份公司	57.1429	54.2101	76.3847	66.6994	2328
300054	鼎龙股份	湖北	中部	C	无国有股份公司	28.5714	51.5629	83.2559	66.6949	2329
603228	景旺电子	广东	东部	C	无国有股份公司	71.4286	53.3016	74.3448	66.6880	2330
002550	千红制药	江苏	东部	C	无国有股份公司	71.4286	55.9837	72.6309	66.6842	2331
605337	李子园	浙江	东部	C	无国有股份公司	42.8571	46.6134	83.7853	66.6823	2332
603319	湘油泵	湖南	中部	C	无国有股份公司	57.1429	50.3698	78.7889	66.6776	2333
872190	雷神科技	山东	东部	C	无国有股份公司	85.7143	45.6748	76.5623	66.6669	2334
300365	恒华科技	北京	东部	I	无国有股份公司	57.1429	50.7145	78.5495	66.6666	2335
301192	泰祥股份	湖北	中部	C	国有参股公司	100.0000	48.9358	71.8875	66.6657	2336
688503	聚和材料	江苏	东部	C	无国有股份公司	14.2857	53.3301	84.6441	66.6484	2337
301290	东星医疗	江苏	东部	C	无国有股份公司	85.7143	44.2066	77.4620	66.6478	2338
300560	中富通	福建	东部	I	无国有股份公司	71.4286	49.2243	76.8593	66.6439	2339
603699	纽威股份	江苏	东部	C	无国有股份公司	42.8571	44.9935	84.7386	66.6397	2340
002038	双鹭药业	北京	东部	C	国有参股公司	71.4286	54.2342	73.6545	66.6348	2341
600360	ST华微	吉林	东北	C	无国有股份公司	100.0000	55.6497	67.5560	66.6332	2342
002626	金达威	福建	东部	C	国有参股公司	57.1429	48.2324	80.0486	66.6223	2343
603429	集友股份	安徽	中部	C	无国有股份公司	100.0000	32.2941	82.3930	66.6191	2344
000546	金圆股份	吉林	东北	N	无国有股份公司	57.1429	49.1548	79.4458	66.6137	2345
300473	德尔股份	辽宁	东北	C	国有参股公司	57.1429	51.1079	78.1998	66.6119	2346
301083	百胜智能	江西	中部	C	国有参股公司	57.1429	53.4461	76.7093	66.6105	2347
000997	新大陆	福建	东部	I	国有参股公司	85.7143	45.1514	76.7888	66.6083	2348
300204	舒泰神	北京	东部	C	国有参股公司	57.1429	49.7228	79.0721	66.6069	2349
301177	迪阿股份	广东	东部	F	国有参股公司	57.1429	45.8416	81.5380	66.6048	2350
300320	海达股份	江苏	东部	C	无国有股份公司	28.5714	48.9011	84.7858	66.6047	2351
603029	天鹅股份	山东	东部	C	国有参股公司	100.0000	37.8810	78.8002	66.5984	2352
002224	三力士	浙江	东部	C	无国有股份公司	57.1429	48.9375	79.5400	66.5894	2353
002748	ST世龙	江西	中部	C	国有参股公司	71.4286	50.2224	76.1220	66.5878	2354
688556	高测股份	山东	东部	C	无国有股份公司	28.5714	51.7641	82.9281	66.5850	2355
832278	鹿得医疗	江苏	东部	C	无国有股份公司	28.5714	55.4290	80.5874	66.5804	2356

续表

股票代码	公司简称	省份	地区	行业代码	控股类型	环境保护（*EP*）	社会责任（*SR*）	公司治理（*CG*）	上市公司质量/ESG指数（*CLCQI/ESGI*）	*CLCQI/ESGI*排名
002341	ST新纶	广东	东部	C	无国有股份公司	71.4286	46.8391	78.2532	66.5758	2357
300439	美康生物	浙江	东部	C	国有参股公司	42.8571	49.2047	81.9403	66.5745	2358
300875	捷强装备	天津	东部	C	无国有股份公司	42.8571	51.0986	80.7102	66.5608	2359
003026	中晶科技	浙江	东部	C	无国有股份公司	42.8571	48.4942	82.3538	66.5533	2360
300609	汇纳科技	上海	东部	I	无国有股份公司	42.8571	50.5547	81.0381	66.5508	2361
002176	江特电机	江西	中部	C	国有参股公司	85.7143	47.6573	75.0890	66.5504	2362
688332	中科蓝讯	广东	东部	C	无国有股份公司	28.5714	52.6224	82.3139	66.5476	2363
603681	永冠新材	上海	东部	C	无国有股份公司	85.7143	44.2989	77.2146	66.5441	2364
002076	星光股份	广东	东部	C	国有参股公司	100.0000	48.6461	71.8451	66.5409	2365
603021	山东华鹏	山东	东部	C	国有参股公司	85.7143	37.8591	81.2906	66.5320	2366
002223	鱼跃医疗	江苏	东部	C	无国有股份公司	28.5714	51.9353	82.7222	66.5317	2367
603711	香飘飘	浙江	东部	C	无国有股份公司	42.8571	52.6000	79.6978	66.5295	2368
600265	景谷林业	云南	西部	A	无国有股份公司	57.1429	48.6527	79.5976	66.5214	2369
002739	万达电影	北京	东部	R	国有参股公司	71.4286	39.3940	82.8902	66.5204	2370
688718	唯赛勃	上海	东部	C	无国有股份公司	57.1429	45.7804	81.4187	66.5177	2371
002095	生意宝	浙江	东部	I	无国有股份公司	100.0000	39.5085	77.6105	66.5138	2372
605069	正和生态	北京	东部	N	无国有股份公司	57.1429	53.6147	76.4178	66.5092	2373
002726	龙大美食	山东	东部	C	无国有股份公司	71.4286	51.7340	75.0084	66.5044	2374
002929	润建股份	广西	西部	I	无国有股份公司	42.8571	47.4502	82.9215	66.5001	2375
600467	好当家	山东	东部	A	无国有股份公司	71.4286	48.1515	77.2773	66.4984	2376
688132	邦彦技术	广东	东部	C	国有参股公司	42.8571	54.4613	78.4358	66.4869	2377
603033	三维股份	浙江	东部	C	无国有股份公司	14.2857	48.0595	87.7043	66.4868	2378
603112	华翔股份	山西	中部	C	国有参股公司	57.1429	46.7174	80.7507	66.4783	2379
603189	网达软件	上海	东部	I	国有参股公司	71.4286	50.1699	75.9486	66.4740	2380
300384	三联虹普	北京	东部	M	无国有股份公司	71.4286	48.2883	77.1298	66.4652	2381
001336	楚环科技	浙江	东部	C	无国有股份公司	100.0000	40.1109	77.1314	66.4611	2382
300301	*ST长方	广东	东部	C	国有参股公司	85.7143	40.4273	79.5224	66.4583	2383
300913	兆龙互连	浙江	东部	C	无国有股份公司	14.2857	64.6841	77.0690	66.4559	2384
002514	宝馨科技	江苏	东部	C	无国有股份公司	57.1429	47.7275	80.0518	66.4474	2385
605168	三人行	陕西	西部	L	无国有股份公司	71.4286	44.3599	79.5947	66.4459	2386
002455	百川股份	江苏	东部	C	国有参股公司	71.4286	48.5114	76.9490	66.4438	2387

续表

股票代码	公司简称	省份	地区	行业代码	控股类型	环境保护（*EP*）	社会责任（*SR*）	公司治理（*CG*）	上市公司质量/ESG指数（*CLCQI/ESGI*）	*CLCQI/ESGI*排名
300391	长药控股	湖北	中部	C	国有参股公司	100.0000	45.8786	73.4281	66.4430	2388
002652	扬子新材	江苏	东部	C	国有参股公司	100.0000	44.0522	74.5889	66.4422	2389
688353	华盛锂电	江苏	东部	C	无国有股份公司	42.8571	51.9130	79.9664	66.4368	2390
300670	大烨智能	江苏	东部	C	无国有股份公司	71.4286	43.3288	80.2262	66.4323	2391
430718	合肥高科	安徽	中部	C	无国有股份公司	100.0000	46.5886	72.9525	66.4299	2392
301026	浩通科技	江苏	东部	C	无国有股份公司	14.2857	60.9992	79.3566	66.4245	2393
830809	安达科技	贵州	西部	C	无国有股份公司	71.4286	44.0908	79.7248	66.4232	2394
301208	中亦科技	北京	东部	I	无国有股份公司	57.1429	50.0013	78.5604	66.4230	2395
300044	赛为智能	广东	东部	I	无国有股份公司	100.0000	41.0435	76.4671	66.4221	2396
600285	羚锐制药	河南	中部	C	无国有股份公司	14.2857	64.3772	77.1936	66.4171	2397
603665	康隆达	浙江	东部	C	无国有股份公司	28.5714	43.5284	87.8529	66.4112	2398
301106	骏成科技	江苏	东部	C	无国有股份公司	100.0000	41.7321	76.0087	66.4110	2399
688328	深科达	广东	东部	C	无国有股份公司	57.1429	56.3605	74.4918	66.4109	2400
688339	亿华通	北京	东部	C	无国有股份公司	42.8571	50.9622	80.5244	66.4109	2401
002996	顺博合金	重庆	西部	C	无国有股份公司	85.7143	40.1507	79.5530	66.3783	2402
002024	ST易购	江苏	东部	F	无国有股份公司	85.7143	44.2003	76.9672	66.3735	2403
300276	三丰智能	湖北	中部	C	无国有股份公司	100.0000	44.3942	74.2375	66.3686	2404
300039	上海凯宝	上海	东部	C	无国有股份公司	14.2857	42.9250	90.7484	66.3639	2405
002565	顺灏股份	上海	东部	C	国有参股公司	71.4286	46.1381	78.3130	66.3633	2406
002870	香山股份	广东	东部	C	无国有股份公司	14.2857	45.5312	89.0829	66.3601	2407
300936	中英科技	江苏	东部	C	无国有股份公司	85.7143	51.1256	72.5331	66.3586	2408
603960	克来机电	上海	东部	C	无国有股份公司	57.1429	47.0475	80.3094	66.3511	2409
603012	创力集团	上海	东部	C	无国有股份公司	57.1429	55.2509	75.0889	66.3510	2410
002350	北京科锐	北京	东部	C	国有参股公司	14.2857	57.4255	81.4827	66.3430	2411
600352	浙江龙盛	浙江	东部	C	无国有股份公司	85.7143	40.0992	79.5124	66.3380	2412
603267	鸿远电子	北京	东部	C	无国有股份公司	28.5714	58.3209	78.2993	66.3341	2413
300758	七彩化学	辽宁	东北	C	无国有股份公司	57.1429	51.9201	77.1708	66.3303	2414
300933	中辰股份	江苏	东部	C	国有参股公司	57.1429	52.7961	76.6078	66.3272	2415
605099	共创草坪	江苏	东部	C	无国有股份公司	14.2857	48.1631	87.3434	66.3245	2416
300286	安科瑞	上海	东部	C	无国有股份公司	85.7143	44.3221	76.7996	66.3239	2417
600308	华泰股份	山东	东部	C	无国有股份公司	71.4286	43.7070	79.7867	66.3230	2418

续表

股票代码	公司简称	省份	地区	行业代码	控股类型	环境保护（*EP*）	社会责任（*SR*）	公司治理（*CG*）	上市公司质量/ESG指数（*CLCQI/ESGI*）	*CLCQI/ESGI*排名
603696	安记食品	福建	东部	C	国有参股公司	14.2857	45.4531	89.0649	66.3228	2419
001206	依依股份	天津	东部	C	无国有股份公司	57.1429	42.8699	82.9039	66.3159	2420
002957	科瑞技术	广东	东部	C	无国有股份公司	85.7143	38.4779	80.5018	66.3147	2421
002713	东易日盛	北京	东部	E	无国有股份公司	85.7143	47.7922	74.5688	66.3116	2422
600055	万东医疗	北京	东部	C	无国有股份公司	57.1429	58.7779	72.7695	66.3098	2423
603036	如通股份	江苏	东部	C	无国有股份公司	100.0000	42.9764	75.0325	66.3096	2424
688050	爱博医疗	北京	东部	C	无国有股份公司	28.5714	58.4959	78.1433	66.3095	2425
003010	若羽臣	广东	东部	I	国有参股公司	71.4286	41.9849	80.8562	66.3085	2426
688229	博睿数据	北京	东部	I	无国有股份公司	42.8571	58.4343	75.5806	66.3070	2427
002255	海陆重工	江苏	东部	C	无国有股份公司	85.7143	40.9274	78.9258	66.3052	2428
831152	昆工科技	云南	西部	C	国有参股公司	100.0000	46.4902	72.7812	66.3012	2429
603222	济民医疗	浙江	东部	C	无国有股份公司	57.1429	49.8521	78.4314	66.2998	2430
301082	久盛电气	浙江	东部	C	无国有股份公司	14.2857	49.7626	86.2800	66.2995	2431
001319	铭科精技	广东	东部	C	无国有股份公司	85.7143	46.2292	75.5351	66.2959	2432
688455	科捷智能	山东	东部	C	无国有股份公司	14.2857	64.0219	77.1985	66.2954	2433
300807	天迈科技	河南	中部	C	国有参股公司	57.1429	50.6937	77.8836	66.2931	2434
300285	国瓷材料	山东	东部	C	无国有股份公司	28.5714	51.4163	82.6131	66.2900	2435
001226	拓山重工	安徽	中部	C	无国有股份公司	28.5714	49.1508	84.0523	66.2887	2436
603330	天洋新材	上海	东部	C	无国有股份公司	28.5714	47.3047	85.2259	66.2881	2437
603050	科林电气	河北	东部	C	国有参股公司	71.4286	38.8460	82.8161	66.2878	2438
603926	铁流股份	浙江	东部	C	无国有股份公司	85.7143	42.7813	77.7108	66.2858	2439
300436	广生堂	福建	东部	C	无国有股份公司	100.0000	48.6336	71.3837	66.2828	2440
002370	亚太药业	浙江	东部	C	无国有股份公司	85.7143	38.8993	80.1673	66.2782	2441
002351	漫步者	广东	东部	C	无国有股份公司	28.5714	49.0565	84.0900	66.2764	2442
301115	建科股份	江苏	东部	M	无国有股份公司	28.5714	50.3653	83.2507	66.2729	2443
300839	博汇股份	浙江	东部	C	无国有股份公司	42.8571	44.7470	84.2275	66.2723	2444
300549	优德精密	江苏	东部	C	国有参股公司	85.7143	51.4479	72.1665	66.2698	2445
603278	大业股份	山东	东部	C	国有参股公司	42.8571	50.9135	80.2954	66.2679	2446
603922	金鸿顺	江苏	东部	C	无国有股份公司	57.1429	44.9984	81.4593	66.2663	2447
600233	圆通速递	辽宁	东北	G	无国有股份公司	85.7143	39.3881	79.8300	66.2637	2448
002020	京新药业	浙江	东部	C	国有参股公司	28.5714	48.9052	84.1604	66.2622	2449

续表

股票代码	公司简称	省份	地区	行业代码	控股类型	环境保护（*EP*）	社会责任（*SR*）	公司治理（*CG*）	上市公司质量/ESG指数（*CLCQI/ESGI*）	*CLCQI/ESGI*排名
603138	海量数据	北京	东部	I	无国有股份公司	100.0000	43.4511	74.6342	66.2567	2450
688381	帝奥微	江苏	东部	C	无国有股份公司	28.5714	52.4522	81.8913	66.2556	2451
600371	万向德农	黑龙江	东北	A	无国有股份公司	71.4286	40.5551	81.6657	66.2533	2452
300489	光智科技	黑龙江	东北	C	无国有股份公司	57.1429	47.4640	79.8605	66.2500	2453
688002	睿创微纳	山东	东部	C	无国有股份公司	28.5714	50.4713	83.1092	66.2322	2454
300503	昊志机电	广东	东部	C	无国有股份公司	57.1429	45.7860	80.8861	66.2267	2455
300100	双林股份	浙江	东部	C	无国有股份公司	42.8571	46.3827	83.0976	66.2233	2456
873339	恒太照明	江苏	东部	C	无国有股份公司	42.8571	50.4984	80.4735	66.2206	2457
603052	可川科技	江苏	东部	C	无国有股份公司	85.7143	52.1781	71.5989	66.2132	2458
603602	纵横通信	浙江	东部	I	无国有股份公司	57.1429	42.3660	83.0378	66.2131	2459
000955	欣龙控股	海南	东部	C	国有参股公司	85.7143	58.9436	67.2814	66.2065	2460
839273	一致魔芋	湖北	中部	C	无国有股份公司	71.4286	43.6992	79.5708	66.2015	2461
688366	昊海生科	上海	东部	C	无国有股份公司	28.5714	54.8898	80.2230	66.1912	2462
300567	精测电子	湖北	中部	C	无国有股份公司	71.4286	46.9693	77.4679	66.1894	2463
000821	京山轻机	湖北	中部	C	无国有股份公司	100.0000	33.6243	80.7642	66.1888	2464
300380	安硕信息	上海	东部	I	无国有股份公司	85.7143	43.1511	77.2804	66.1786	2465
300051	琏升科技	江苏	东部	I	无国有股份公司	100.0000	38.3658	77.7246	66.1765	2466
301013	利和兴	广东	东部	C	国有参股公司	57.1429	44.7948	81.4194	66.1731	2467
000735	罗牛山	海南	东部	A	无国有股份公司	85.7143	51.0291	72.2524	66.1704	2468
000651	格力电器	广东	东部	C	国有参股公司	0.0000	74.6920	72.7761	66.1690	2469
603656	泰禾智能	安徽	中部	C	国有参股公司	71.4286	50.3349	75.2676	66.1572	2470
600660	福耀玻璃	福建	东部	C	无国有股份公司	28.5714	54.6938	80.2829	66.1556	2471
301112	信邦智能	广东	东部	C	国有参股公司	71.4286	42.4072	80.3023	66.1517	2472
300789	唐源电气	四川	西部	I	无国有股份公司	28.5714	53.4507	81.0648	66.1505	2473
000690	宝新能源	广东	东部	D	无国有股份公司	28.5714	46.1465	85.7078	66.1477	2474
002316	亚联发展	吉林	东北	I	国有参股公司	100.0000	48.5179	71.2088	66.1461	2475
300555	ST路通	江苏	东部	C	无国有股份公司	100.0000	47.4215	71.9026	66.1440	2476
688253	英诺特	北京	东部	C	无国有股份公司	42.8571	47.8858	81.9941	66.1425	2477
300306	远方信息	浙江	东部	C	无国有股份公司	57.1429	50.3838	77.8054	66.1416	2478
688776	国光电气	四川	西部	C	无国有股份公司	57.1429	54.8401	74.9676	66.1405	2479
002878	元隆雅图	北京	东部	L	国有参股公司	85.7143	44.3174	76.4636	66.1375	2480

续表

股票代码	公司简称	省份	地区	行业代码	控股类型	环境保护（*EP*）	社会责任（*SR*）	公司治理（*CG*）	上市公司质量/ESG指数（*CLCQI/ESGI*）	*CLCQI/ESGI*排名
300008	天海防务	上海	东部	E	国有参股公司	14.2857	56.5459	81.6588	66.1320	2481
831167	鑫汇科	广东	东部	C	无国有股份公司	100.0000	47.8823	71.5815	66.1287	2482
603579	荣泰健康	上海	东部	C	无国有股份公司	57.1429	45.9016	80.6189	66.1202	2483
603444	吉比特	福建	东部	I	无国有股份公司	42.8571	48.4692	81.5609	66.1084	2484
688020	方邦股份	广东	东部	C	无国有股份公司	14.2857	59.5384	79.7115	66.1083	2485
688051	佳华科技	北京	东部	I	无国有股份公司	42.8571	50.8727	80.0170	66.1005	2486
002406	远东传动	河南	中部	C	无国有股份公司	28.5714	56.6880	78.9051	66.0957	2487
688468	科美诊断	北京	东部	C	无国有股份公司	85.7143	46.1950	75.1512	66.0729	2488
002762	金发拉比	广东	东部	C	国有参股公司	71.4286	50.7591	74.8346	66.0676	2489
300672	国科微	湖南	中部	C	国有参股公司	100.0000	50.6533	69.6939	66.0603	2490
300545	联得装备	广东	东部	C	国有参股公司	85.7143	40.7079	78.6199	66.0602	2491
002306	中科云网	北京	东部	I	无国有股份公司	100.0000	36.3740	78.7396	66.0377	2492
603338	浙江鼎力	浙江	东部	C	无国有股份公司	57.1429	45.7946	80.5298	66.0338	2493
002538	司尔特	安徽	中部	C	无国有股份公司	71.4286	49.8456	75.3365	66.0239	2494
600516	方大炭素	甘肃	西部	C	无国有股份公司	57.1429	41.9163	82.9577	66.0117	2495
300187	永清环保	湖南	中部	N	无国有股份公司	42.8571	41.2609	85.9721	66.0117	2496
000078	海王生物	广东	东部	F	无国有股份公司	57.1429	38.2577	85.2829	66.0101	2497
000042	中洲控股	广东	东部	K	国有参股公司	100.0000	40.6720	75.9328	65.9983	2498
301131	聚赛龙	广东	东部	C	无国有股份公司	14.2857	57.4505	80.8342	65.9951	2499
300261	雅本化学	江苏	东部	C	无国有股份公司	42.8571	56.2124	76.4264	65.9946	2500
300612	宣亚国际	北京	东部	L	国有参股公司	57.1429	44.8638	81.0411	65.9892	2501
688506	百利天恒	四川	西部	C	无国有股份公司	57.1429	56.3297	73.7417	65.9876	2502
002787	华源控股	江苏	东部	C	国有参股公司	42.8571	46.6047	82.5276	65.9875	2503
002348	高乐股份	广东	东部	C	无国有股份公司	85.7143	46.4081	74.8583	65.9864	2504
600191	华资实业	内蒙古	西部	C	无国有股份公司	85.7143	39.3045	79.3774	65.9856	2505
600410	华胜天成	北京	东部	I	无国有股份公司	28.5714	38.0858	90.5419	65.9852	2506
301100	风光股份	辽宁	东北	C	无国有股份公司	42.8571	47.7976	81.7571	65.9813	2507
002144	宏达高科	浙江	东部	C	无国有股份公司	57.1429	48.5920	78.6405	65.9738	2508
603008	喜临门	浙江	东部	C	国有参股公司	57.1429	48.2663	78.8458	65.9727	2509
300778	新城市	广东	东部	M	国有参股公司	85.7143	49.7912	72.6749	65.9696	2510
603823	百合花	浙江	东部	C	无国有股份公司	71.4286	44.1859	78.8333	65.9663	2511

续表

股票代码	公司简称	省份	地区	行业代码	控股类型	环境保护（*EP*）	社会责任（*SR*）	公司治理（*CG*）	上市公司质量/ESG指数（*CLCQI/ESGI*）	*CLCQI/ESGI*排名
300255	常山药业	河北	东部	C	国有参股公司	42.8571	50.4418	80.0338	65.9589	2512
300055	万邦达	北京	东部	E	国有参股公司	100.0000	45.0191	73.0708	65.9456	2513
301085	亚康股份	北京	东部	F	无国有股份公司	57.1429	44.9984	80.8711	65.9429	2514
603982	泉峰汽车	江苏	东部	C	无国有股份公司	57.1429	39.6356	84.2803	65.9409	2515
002635	安洁科技	江苏	东部	C	国有参股公司	57.1429	50.8354	77.1386	65.9329	2516
603390	通达电气	广东	东部	C	国有参股公司	57.1429	59.2511	71.7740	65.9279	2517
300442	润泽科技	上海	东部	I	无国有股份公司	85.7143	41.8854	77.6296	65.9276	2518
834014	特瑞斯	江苏	东部	C	国有参股公司	85.7143	44.0286	76.2525	65.9203	2519
300134	大富科技	安徽	中部	C	国有参股公司	28.5714	63.8164	74.0434	65.9168	2520
000510	新金路	四川	西部	C	国有参股公司	100.0000	43.8318	73.7683	65.9137	2521
300506	*ST名家	广东	东部	E	国有参股公司	85.7143	45.8606	75.0713	65.9118	2522
002551	尚荣医疗	广东	东部	C	国有参股公司	100.0000	43.0309	74.2723	65.9106	2523
000836	ST富通	天津	东部	C	国有参股公司	100.0000	48.5952	70.7136	65.9008	2524
301265	华新环保	北京	东部	C	无国有股份公司	14.2857	50.1481	85.2984	65.8945	2525
430510	丰光精密	山东	东部	C	无国有股份公司	85.7143	58.2352	67.1308	65.8757	2526
002545	东方铁塔	山东	东部	C	国有参股公司	42.8571	48.7237	80.9630	65.8686	2527
000622	*ST恒立	湖南	中部	C	国有参股公司	100.0000	45.0349	72.9124	65.8640	2528
002788	鹭燕医药	福建	东部	F	国有参股公司	85.7143	36.9430	80.6587	65.8638	2529
688372	伟测科技	上海	东部	C	无国有股份公司	57.1429	50.5356	77.1870	65.8546	2530
002863	今飞凯达	浙江	东部	C	国有参股公司	57.1429	45.1836	80.5919	65.8541	2531
831641	格利尔	江苏	东部	C	无国有股份公司	57.1429	42.9115	82.0318	65.8508	2532
000159	国际实业	新疆	西部	F	无国有股份公司	85.7143	36.8539	80.6728	65.8403	2533
301190	善水科技	江西	中部	C	无国有股份公司	85.7143	46.7207	74.3922	65.8394	2534
603958	哈森股份	江苏	东部	C	无国有股份公司	42.8571	42.5051	84.8621	65.8367	2535
002730	电光科技	浙江	东部	C	无国有股份公司	14.2857	52.0829	83.9597	65.8354	2536
300147	香雪制药	广东	东部	C	国有参股公司	71.4286	33.7855	85.2113	65.8340	2537
002131	利欧股份	浙江	东部	I	国有参股公司	100.0000	34.4403	79.5926	65.8300	2538
603365	水星家纺	上海	东部	C	无国有股份公司	42.8571	48.9975	80.6930	65.8160	2539
000982	中银绒业	宁夏	西部	C	国有参股公司	100.0000	43.8664	73.5549	65.8084	2540
301108	洁雅股份	安徽	中部	C	无国有股份公司	42.8571	57.0490	75.5533	65.8072	2541
002115	三维通信	浙江	东部	L	无国有股份公司	71.4286	50.1975	74.7160	65.8058	2542

续表

股票代码	公司简称	省份	地区	行业代码	控股类型	环境保护（*EP*）	社会责任（*SR*）	公司治理（*CG*）	上市公司质量/ESG指数（*CLCQI/ESGI*）	*CLCQI/ESGI*排名
002377	国创高新	湖北	中部	K	国有参股公司	71.4286	54.7031	71.8448	65.8036	2543
688329	艾隆科技	江苏	东部	C	无国有股份公司	42.8571	53.9081	77.5362	65.7984	2544
603535	嘉诚国际	广东	东部	G	国有参股公司	28.5714	43.6675	86.6417	65.7937	2545
300259	新天科技	河南	中部	C	无国有股份公司	42.8571	52.2489	78.5807	65.7922	2546
002173	创新医疗	浙江	东部	Q	无国有股份公司	71.4286	37.0728	83.0421	65.7915	2547
688216	气派科技	广东	东部	C	无国有股份公司	42.8571	52.6870	78.2894	65.7853	2548
300169	天晟新材	江苏	东部	C	国有参股公司	57.1429	48.9358	78.0680	65.7792	2549
600537	亿晶光电	浙江	东部	C	无国有股份公司	42.8571	43.5739	84.0705	65.7754	2550
301037	保立佳	上海	东部	C	无国有股份公司	42.8571	48.4185	80.9813	65.7719	2551
000608	阳光股份	广西	西部	K	国有参股公司	71.4286	36.2350	83.5289	65.7660	2552
000688	国城矿业	四川	西部	B	国有参股公司	85.7143	41.8561	77.3391	65.7576	2553
603966	法兰泰克	江苏	东部	C	无国有股份公司	71.4286	40.3610	80.8772	65.7517	2554
688335	复洁环保	上海	东部	C	无国有股份公司	42.8571	52.3469	78.4419	65.7501	2555
300203	聚光科技	浙江	东部	C	无国有股份公司	42.8571	46.3123	82.2757	65.7466	2556
002111	威海广泰	山东	东部	C	国有参股公司	100.0000	41.4698	74.9646	65.7450	2557
301072	中捷精工	江苏	东部	C	国有参股公司	14.2857	50.6787	84.6774	65.7387	2558
300909	汇创达	广东	东部	C	无国有股份公司	57.1429	50.7252	76.8540	65.7378	2559
002145	中核钛白	甘肃	西部	C	国有参股公司	57.1429	43.8062	81.2395	65.7282	2560
605339	南侨食品	上海	东部	C	无国有股份公司	57.1429	40.1307	83.5643	65.7204	2561
300293	蓝英装备	辽宁	东北	C	国有参股公司	100.0000	43.1249	73.8641	65.7190	2562
300623	捷捷微电	江苏	东部	C	无国有股份公司	85.7143	41.7582	77.3241	65.7151	2563
002250	联化科技	浙江	东部	C	国有参股公司	42.8571	44.7021	83.2423	65.7147	2564
003015	日久光电	江苏	东部	C	无国有股份公司	71.4286	51.3101	73.8376	65.7121	2565
600193	创兴资源	上海	东部	E	无国有股份公司	71.4286	42.0878	79.7035	65.7105	2566
300984	金沃股份	浙江	东部	C	无国有股份公司	28.5714	49.7117	82.6357	65.7059	2567
688059	华锐精密	湖南	中部	C	无国有股份公司	28.5714	48.8214	83.2005	65.7049	2568
605288	凯迪股份	江苏	东部	C	无国有股份公司	100.0000	42.2697	74.3819	65.7044	2569
300781	因赛集团	广东	东部	L	国有参股公司	71.4286	54.8468	71.5712	65.7034	2570
002394	联发股份	江苏	东部	C	国有参股公司	71.4286	47.2717	76.3896	65.7022	2571
688551	科威尔	安徽	中部	C	无国有股份公司	57.1429	55.2757	73.8927	65.7018	2572
300511	雪榕生物	上海	东部	A	国有参股公司	71.4286	39.5881	81.2768	65.7010	2573

续表

股票代码	公司简称	省份	地区	行业代码	控股类型	环境保护（*EP*）	社会责任（*SR*）	公司治理（*CG*）	上市公司质量/ESG指数（*CLCQI/ESGI*）	*CLCQI/ESGI*排名
300246	宝莱特	广东	东部	C	国有参股公司	42.8571	51.5736	78.8434	65.7004	2574
300949	奥雅股份	广东	东部	M	无国有股份公司	71.4286	49.9093	74.6952	65.6935	2575
603995	甬金股份	浙江	东部	C	无国有股份公司	42.8571	51.4059	78.9192	65.6833	2576
002333	罗普斯金	江苏	东部	C	无国有股份公司	14.2857	54.8256	81.9219	65.6746	2577
300637	扬帆新材	浙江	东部	C	国有参股公司	85.7143	45.8997	74.6097	65.6716	2578
603416	信捷电气	江苏	东部	C	无国有股份公司	71.4286	42.1656	79.5818	65.6708	2579
002476	宝莫股份	山东	东部	C	无国有股份公司	85.7143	43.9392	75.8407	65.6625	2580
603201	常润股份	江苏	东部	C	无国有股份公司	100.0000	34.1814	79.4526	65.6624	2581
300693	盛弘股份	广东	东部	C	无国有股份公司	28.5714	49.2255	82.8575	65.6577	2582
300771	智莱科技	广东	东部	C	无国有股份公司	28.5714	52.0850	81.0118	65.6434	2583
300599	雄塑科技	广东	东部	C	无国有股份公司	28.5714	52.8454	80.5214	65.6398	2584
603683	晶华新材	上海	东部	C	无国有股份公司	14.2857	49.4404	85.2848	65.6394	2585
605060	联德股份	浙江	东部	C	无国有股份公司	71.4286	49.5004	74.8449	65.6327	2586
300684	中石科技	北京	东部	C	无国有股份公司	57.1429	49.0675	77.7040	65.6251	2587
002895	川恒股份	贵州	西部	C	无国有股份公司	85.7143	37.8547	79.6304	65.6173	2588
603097	江苏华辰	江苏	东部	C	无国有股份公司	57.1429	43.6350	81.1335	65.6100	2589
002505	鹏都农牧	湖南	中部	F	国有参股公司	14.2857	49.3700	85.2686	65.6058	2590
830832	齐鲁华信	山东	东部	C	无国有股份公司	14.2857	64.2294	75.8069	65.6026	2591
002014	永新股份	安徽	中部	C	无国有股份公司	28.5714	47.4813	83.8523	65.5944	2592
600611	大众交通	上海	东部	G	无国有股份公司	100.0000	37.0545	77.4941	65.5908	2593
300291	百纳千成	北京	东部	R	国有参股公司	85.7143	42.5099	76.6157	65.5886	2594
688362	甬矽电子	浙江	东部	C	国有参股公司	85.7143	44.0355	75.6444	65.5883	2595
603220	中贝通信	湖北	中部	I	无国有股份公司	100.0000	38.3569	76.6568	65.5862	2596
600079	人福医药	湖北	中部	C	国有参股公司	28.5714	50.8404	81.6961	65.5842	2597
300303	聚飞光电	广东	东部	C	无国有股份公司	57.1429	45.8358	79.6711	65.5759	2598
300124	汇川技术	广东	东部	C	无国有股份公司	42.8571	55.6497	76.0180	65.5730	2599
300318	博晖创新	北京	东部	C	无国有股份公司	42.8571	50.1855	79.4941	65.5724	2600
603477	巨星农牧	四川	西部	A	无国有股份公司	85.7143	43.8226	75.7244	65.5578	2601
603709	中源家居	浙江	东部	C	无国有股份公司	71.4286	44.5437	77.8622	65.5574	2602
600869	远东股份	青海	西部	C	国有参股公司	100.0000	39.0506	76.1596	65.5555	2603
300963	中洲特材	上海	东部	C	无国有股份公司	85.7143	39.2480	78.6214	65.5500	2604

续表

股票代码	公司简称	省份	地区	行业代码	控股类型	环境保护（*EP*）	社会责任（*SR*）	公司治理（*CG*）	上市公司质量/ESG指数（*CLCQI/ESGI*）	*CLCQI/ESGI*排名
603655	朗博科技	江苏	东部	C	无国有股份公司	57.1429	46.4498	79.2313	65.5489	2605
603828	ST柯利达	江苏	东部	E	无国有股份公司	85.7143	50.7056	71.3234	65.5462	2606
300509	新美星	江苏	东部	C	国有参股公司	57.1429	43.3935	81.1682	65.5445	2607
688622	禾信仪器	广东	东部	C	国有参股公司	14.2857	46.6346	86.8884	65.5393	2608
833580	科创新材	河南	中部	C	无国有股份公司	85.7143	48.2093	72.8926	65.5356	2609
001229	魅视科技	广东	东部	C	无国有股份公司	42.8571	46.2944	81.8995	65.5335	2610
002593	日上集团	福建	东部	C	国有参股公司	28.5714	48.6908	82.9708	65.5328	2611
300945	曼卡龙	浙江	东部	F	无国有股份公司	71.4286	35.3149	83.6864	65.5306	2612
002122	汇洲智能	浙江	东部	C	国有参股公司	100.0000	40.3369	75.2954	65.5304	2613
000710	贝瑞基因	四川	西部	M	国有参股公司	71.4286	52.4088	72.8038	65.5280	2614
601113	华鼎股份	浙江	东部	C	国有参股公司	57.1429	42.9719	81.4048	65.5271	2615
833943	优机股份	四川	西部	C	国有参股公司	57.1429	55.0145	73.7243	65.5177	2616
000048	京基智农	广东	东部	C	无国有股份公司	28.5714	49.9808	82.1034	65.5073	2617
002650	ST加加	湖南	中部	C	无国有股份公司	85.7143	53.3800	69.5256	65.4935	2618
603181	皇马科技	浙江	东部	C	无国有股份公司	57.1429	47.7190	78.3200	65.4920	2619
300852	四会富仕	广东	东部	C	无国有股份公司	57.1429	47.4292	78.4966	65.4876	2620
603129	春风动力	浙江	东部	C	国有参股公司	14.2857	52.3664	83.1372	65.4823	2621
300790	宇瞳光学	广东	东部	C	无国有股份公司	71.4286	40.5539	80.2606	65.4800	2622
002219	新里程	甘肃	西部	Q	国有参股公司	71.4286	44.8728	77.5000	65.4733	2623
002180	纳思达	广东	东部	C	无国有股份公司	14.2857	53.6302	82.3135	65.4715	2624
300430	诚益通	北京	东部	C	无国有股份公司	14.2857	44.1555	88.3181	65.4580	2625
301268	铭利达	广东	东部	C	无国有股份公司	100.0000	35.8347	78.0220	65.4542	2626
836957	汉维科技	广东	东部	C	国有参股公司	28.5714	52.5903	80.3353	65.4482	2627
002177	御银股份	广东	东部	C	国有参股公司	42.8571	43.2778	83.6629	65.4475	2628
603032	德新科技	新疆	西部	C	国有参股公司	28.5714	48.4602	82.9564	65.4442	2629
600277	ST亿利	内蒙古	西部	C	国有参股公司	100.0000	49.3712	69.3887	65.4437	2630
603515	欧普照明	上海	东部	C	无国有股份公司	14.2857	55.8904	80.8122	65.4369	2631
301159	三维天地	北京	东部	I	无国有股份公司	71.4286	50.0588	74.1335	65.4368	2632
301138	华研精机	广东	东部	C	无国有股份公司	42.8571	45.1406	82.4567	65.4361	2633
300292	吴通控股	江苏	东部	I	国有参股公司	42.8571	39.2856	86.1820	65.4358	2634
603115	海星股份	江苏	东部	C	无国有股份公司	28.5714	44.1757	85.6558	65.4293	2635

续表

股票代码	公司简称	省份	地区	行业代码	控股类型	环境保护（*EP*）	社会责任（*SR*）	公司治理（*CG*）	上市公司质量/ESG指数（*CLCQI/ESGI*）	*CLCQI/ESGI*排名
300686	智动力	广东	东部	C	国有参股公司	85.7143	38.4328	78.9125	65.4248	2636
001266	宏英智能	上海	东部	C	无国有股份公司	71.4286	52.1851	72.7470	65.4185	2637
301345	涛涛车业	浙江	东部	C	无国有股份公司	42.8571	45.8443	81.9674	65.4133	2638
873169	七丰精工	浙江	东部	C	无国有股份公司	57.1429	57.0096	72.2505	65.4054	2639
002454	松芝股份	上海	东部	C	国有参股公司	28.5714	51.7475	80.7922	65.4045	2640
603041	美思德	江苏	东部	C	无国有股份公司	28.5714	48.6173	82.7731	65.3984	2641
300210	森远股份	辽宁	东北	C	无国有股份公司	71.4286	60.4402	67.4520	65.3955	2642
600066	宇通客车	河南	中部	C	国有参股公司	57.1429	51.4032	75.7886	65.3891	2643
300471	厚普股份	四川	西部	C	国有参股公司	28.5714	43.2717	86.1559	65.3880	2644
601778	晶科科技	江西	中部	D	国有参股公司	42.8571	36.4418	87.8973	65.3839	2645
688682	霍莱沃	上海	东部	I	国有参股公司	42.8571	51.1841	78.5008	65.3756	2646
002005	ST德豪	安徽	中部	C	国有参股公司	100.0000	35.8978	77.8263	65.3687	2647
301045	天禄科技	江苏	东部	C	国有参股公司	71.4286	49.2018	74.5523	65.3672	2648
001217	华尔泰	安徽	中部	C	无国有股份公司	57.1429	51.1671	75.8972	65.3662	2649
688075	安旭生物	浙江	东部	C	无国有股份公司	71.4286	47.8826	75.3823	65.3620	2650
300583	赛托生物	山东	东部	C	无国有股份公司	14.2857	49.9235	84.4545	65.3518	2651
301152	天力锂能	河南	中部	C	无国有股份公司	85.7143	43.5968	75.4928	65.3513	2652
002888	惠威科技	广东	东部	C	无国有股份公司	85.7143	44.1303	75.1506	65.3498	2653
688111	金山办公	北京	东部	I	无国有股份公司	14.2857	59.5428	78.3245	65.3470	2654
603195	公牛集团	浙江	东部	C	无国有股份公司	14.2857	52.3298	82.9078	65.3433	2655
600157	永泰能源	山西	中部	D	国有参股公司	71.4286	43.0534	78.4107	65.3374	2656
871396	常辅股份	江苏	东部	C	国有参股公司	57.1429	50.3498	76.3475	65.3279	2657
000517	荣安地产	浙江	东部	K	国有参股公司	71.4286	44.5412	77.4407	65.3246	2658
301007	德迈仕	辽宁	东北	C	无国有股份公司	28.5714	49.7415	81.9200	65.3227	2659
001339	智微智能	广东	东部	C	无国有股份公司	14.2857	54.0446	81.7755	65.3207	2660
600211	西藏药业	西藏	西部	C	国有参股公司	71.4286	41.5996	79.3005	65.3180	2661
002780	三夫户外	北京	东部	F	国有参股公司	57.1429	49.5124	76.8567	65.3148	2662
301061	匠心家居	江苏	东部	C	无国有股份公司	42.8571	43.1968	83.4719	65.3141	2663
002526	山东矿机	山东	东部	C	国有参股公司	71.4286	40.2932	80.1130	65.3076	2664
002052	*ST同洲	广东	东部	C	无国有股份公司	100.0000	41.3007	74.2598	65.2981	2665
600297	广汇汽车	辽宁	东北	F	无国有股份公司	85.7143	42.8536	75.8659	65.2964	2666

续表

股票代码	公司简称	省份	地区	行业代码	控股类型	环境保护（*EP*）	社会责任（*SR*）	公司治理（*CG*）	上市公司质量/ESG指数（*CLCQI/ESGI*）	*CLCQI/ESGI*排名
688251	井松智能	安徽	中部	C	国有参股公司	28.5714	49.6534	81.9226	65.2932	2667
300148	天舟文化	湖南	中部	I	国有参股公司	85.7143	36.3762	79.9723	65.2879	2668
300844	山水比德	广东	东部	M	国有参股公司	71.4286	38.5837	81.1579	65.2840	2669
300846	首都在线	北京	东部	I	无国有股份公司	57.1429	41.6088	81.8295	65.2836	2670
600811	东方集团	黑龙江	东北	C	无国有股份公司	85.7143	36.9870	79.5499	65.2693	2671
300247	融捷健康	安徽	中部	C	无国有股份公司	71.4286	37.4525	81.8471	65.2671	2672
301283	聚胶股份	广东	东部	C	无国有股份公司	28.5714	54.3280	78.8917	65.2624	2673
688030	山石网科	江苏	东部	I	无国有股份公司	14.2857	48.5886	85.1247	65.2532	2674
300590	移为通信	上海	东部	C	国有参股公司	42.8571	38.7242	86.2071	65.2531	2675
002986	宇新股份	广东	东部	C	无国有股份公司	28.5714	44.8928	84.8756	65.2512	2676
002513	蓝丰生化	江苏	东部	C	国有参股公司	28.5714	43.9933	85.4397	65.2467	2677
002161	远望谷	广东	东部	C	国有参股公司	28.5714	51.0392	80.9457	65.2410	2678
000683	远兴能源	内蒙古	西部	C	国有参股公司	14.2857	54.4394	81.3739	65.2380	2679
003020	立方制药	安徽	中部	F	无国有股份公司	14.2857	50.1547	84.0995	65.2375	2680
002690	美亚光电	安徽	中部	C	无国有股份公司	42.8571	52.3782	77.4832	65.2339	2681
300879	大叶股份	浙江	东部	C	国有参股公司	14.2857	45.8609	86.8058	65.2231	2682
002633	申科股份	浙江	东部	C	无国有股份公司	71.4286	44.8460	77.0604	65.2222	2683
301236	软通动力	北京	东部	I	无国有股份公司	42.8571	55.0423	75.7532	65.2148	2684
688057	金达莱	江西	中部	N	无国有股份公司	42.8571	47.3987	80.6124	65.2121	2685
600232	金鹰股份	浙江	东部	C	无国有股份公司	85.7143	41.1485	76.7969	65.2117	2686
300025	华星创业	浙江	东部	I	无国有股份公司	57.1429	43.3945	80.5604	65.2106	2687
300191	潜能恒信	北京	东部	B	无国有股份公司	85.7143	43.5260	75.2625	65.1999	2688
688618	三旺通信	广东	东部	C	无国有股份公司	14.2857	51.8599	82.9237	65.1876	2689
002215	诺普信	广东	东部	C	无国有股份公司	42.8571	49.2803	79.3486	65.1755	2690
300733	西菱动力	四川	西部	C	无国有股份公司	71.4286	35.6560	82.8237	65.1755	2691
688266	泽璟制药	江苏	东部	C	国有参股公司	42.8571	52.9619	76.9949	65.1696	2692
603229	奥翔药业	浙江	东部	C	国有参股公司	42.8571	42.3100	83.7498	65.1566	2693
002632	道明光学	浙江	东部	C	无国有股份公司	57.1429	38.9865	83.2595	65.1523	2694
688377	迪威尔	江苏	东部	C	无国有股份公司	14.2857	53.0546	82.0832	65.1434	2695
002016	世荣兆业	广东	东部	K	国有参股公司	85.7143	38.3389	78.4584	65.1422	2696
002531	天顺风能	江苏	东部	C	无国有股份公司	42.8571	51.4021	77.9302	65.1380	2697

续表

股票代码	公司简称	省份	地区	行业代码	控股类型	环境保护（*EP*）	社会责任（*SR*）	公司治理（*CG*）	上市公司质量/ESG指数（*CLCQI/ESGI*）	*CLCQI/ESGI*排名
002291	遥望科技	广东	东部	C	无国有股份公司	100.0000	40.4899	74.4696	65.1297	2698
002791	坚朗五金	广东	东部	C	无国有股份公司	71.4286	40.6851	79.5270	65.1225	2699
002588	史丹利	山东	东部	C	无国有股份公司	14.2857	49.2231	84.4818	65.1216	2700
300093	金刚光伏	甘肃	西部	C	无国有股份公司	100.0000	40.0505	74.7334	65.1211	2701
603279	景津装备	山东	东部	C	无国有股份公司	28.5714	45.2124	84.4319	65.1190	2702
003033	征和工业	山东	东部	C	无国有股份公司	57.1429	45.2603	79.1962	65.1133	2703
002737	葵花药业	黑龙江	东北	C	无国有股份公司	42.8571	48.3169	79.8473	65.1127	2704
002058	威尔泰	上海	东部	C	无国有股份公司	85.7143	50.5233	70.6422	65.1078	2705
300873	海晨股份	江苏	东部	G	无国有股份公司	14.2857	54.7914	80.9032	65.1023	2706
002231	奥维通信	辽宁	东北	C	国有参股公司	100.0000	45.9903	70.9179	65.1014	2707
300572	安车检测	广东	东部	C	无国有股份公司	42.8571	40.5001	84.7960	65.0985	2708
002236	大华股份	浙江	东部	C	国有参股公司	28.5714	55.5347	77.8228	65.0968	2709
300753	爱朋医疗	江苏	东部	C	国有参股公司	57.1429	46.4910	78.3551	65.0815	2710
301019	宁波色母	浙江	东部	C	无国有股份公司	57.1429	60.4129	69.4813	65.0735	2711
300961	深水海纳	广东	东部	N	无国有股份公司	57.1429	50.9456	75.4996	65.0700	2712
605155	西大门	浙江	东部	C	无国有股份公司	85.7143	39.6860	77.4474	65.0576	2713
603331	百达精工	浙江	东部	C	无国有股份公司	14.2857	56.5122	79.7208	65.0543	2714
688636	智明达	四川	西部	C	无国有股份公司	14.2857	51.4514	82.9343	65.0504	2715
603527	众源新材	安徽	中部	C	无国有股份公司	28.5714	45.9466	83.8193	65.0391	2716
301006	迈拓股份	江苏	东部	C	无国有股份公司	28.5714	46.7393	83.3071	65.0348	2717
300056	中创环保	福建	东部	C	国有参股公司	28.5714	49.1012	81.8032	65.0344	2718
002259	ST升达	四川	西部	D	无国有股份公司	42.8571	48.6006	79.5164	65.0300	2719
002192	融捷股份	广东	东部	B	无国有股份公司	28.5714	50.2656	81.0459	65.0254	2720
603557	ST起步	浙江	东部	C	无国有股份公司	100.0000	39.0723	75.1817	65.0253	2721
300500	启迪设计	江苏	东部	M	无国有股份公司	57.1429	42.7943	80.5996	65.0221	2722
831370	新安洁	重庆	西部	N	无国有股份公司	57.1429	44.8153	79.3026	65.0161	2723
002681	奋达科技	广东	东部	C	国有参股公司	85.7143	42.6747	75.4404	64.9998	2724
871245	威博液压	江苏	东部	C	国有参股公司	42.8571	54.4319	75.7451	64.9967	2725
000788	北大医药	重庆	西部	C	国有参股公司	57.1429	33.6540	86.3547	64.9883	2726
600620	天宸股份	上海	东部	S	国有参股公司	71.4286	46.5472	75.5514	64.9876	2727
600405	动力源	北京	东部	C	国有参股公司	14.2857	55.0725	80.5070	64.9828	2728

续表

股票代码	公司简称	省份	地区	行业代码	控股类型	环境保护（*EP*）	社会责任（*SR*）	公司治理（*CG*）	上市公司质量/ESG指数（*CLCQI/ESGI*）	*CLCQI/ESGI*排名
300978	东箭科技	广东	东部	C	无国有股份公司	14.2857	43.0335	88.1631	64.9800	2729
603031	安孚科技	安徽	中部	C	国有参股公司	28.5714	45.4943	83.9788	64.9685	2730
002796	世嘉科技	江苏	东部	C	国有参股公司	85.7143	46.0537	73.2324	64.9680	2731
000757	浩物股份	四川	西部	F	国有参股公司	85.7143	41.1111	76.3727	64.9653	2732
603612	索通发展	山东	东部	C	无国有股份公司	14.2857	43.3379	87.9362	64.9618	2733
688798	艾为电子	上海	东部	C	无国有股份公司	85.7143	41.6559	76.0192	64.9615	2734
688531	日联科技	江苏	东部	C	无国有股份公司	14.2857	59.6911	77.5236	64.9584	2735
300400	劲拓股份	广东	东部	C	无国有股份公司	57.1429	54.9718	72.7319	64.9570	2736
002019	亿帆医药	浙江	东部	C	无国有股份公司	28.5714	40.0336	87.4311	64.9560	2737
603901	永创智能	浙江	东部	C	无国有股份公司	42.8571	37.3901	86.5086	64.9520	2738
600200	江苏吴中	江苏	东部	C	无国有股份公司	14.2857	44.9669	86.8669	64.9438	2739
301018	申菱环境	广东	东部	C	无国有股份公司	28.5714	56.4919	76.9170	64.9337	2740
600635	大众公用	上海	东部	D	国有参股公司	14.2857	48.3227	84.7103	64.9322	2741
600261	阳光照明	浙江	东部	C	国有参股公司	28.5714	51.4270	80.1300	64.9281	2742
300903	科翔股份	广东	东部	C	国有参股公司	85.7143	47.7280	72.0766	64.9184	2743
836433	大唐药业	内蒙古	西部	C	国有参股公司	42.8571	47.8662	79.7700	64.9124	2744
600538	国发股份	广西	西部	F	国有参股公司	28.5714	43.6374	85.0526	64.9092	2745
002735	王子新材	广东	东部	C	无国有股份公司	85.7143	38.6721	77.8173	64.9062	2746
301101	明月镜片	江苏	东部	C	无国有股份公司	85.7143	38.6554	77.8151	64.8991	2747
300575	中旗股份	江苏	东部	C	无国有股份公司	28.5714	52.0787	79.6608	64.8981	2748
002488	金固股份	浙江	东部	C	国有参股公司	57.1429	51.6827	74.7139	64.8959	2749
603938	三孚股份	河北	东部	C	无国有股份公司	14.2857	55.2199	80.2358	64.8853	2750
870436	大地电气	江苏	东部	C	无国有股份公司	85.7143	40.6691	76.5078	64.8849	2751
002369	卓翼科技	广东	东部	C	国有参股公司	71.4286	48.4665	74.1409	64.8836	2752
603567	珍宝岛	黑龙江	东北	C	无国有股份公司	14.2857	53.6317	81.2352	64.8790	2753
600661	昂立教育	上海	东部	P	国有参股公司	85.7143	36.3273	79.2587	64.8783	2754
600503	华丽家族	上海	东部	K	无国有股份公司	100.0000	41.0283	73.6652	64.8758	2755
002193	如意集团	山东	东部	C	国有参股公司	57.1429	46.6275	77.8937	64.8754	2756
002758	浙农股份	浙江	东部	F	无国有股份公司	42.8571	47.7820	79.7270	64.8592	2757
002290	禾盛新材	江苏	东部	C	无国有股份公司	57.1429	51.1153	74.9993	64.8543	2758
300893	松原股份	浙江	东部	C	无国有股份公司	57.1429	50.0267	75.6891	64.8526	2759

续表

股票代码	公司简称	省份	地区	行业代码	控股类型	环境保护（*EP*）	社会责任（*SR*）	公司治理（*CG*）	上市公司质量/ESG指数（*CLCQI/ESGI*）	*CLCQI/ESGI*排名
605507	国邦医药	浙江	东部	C	国有参股公司	57.1429	44.2799	79.3393	64.8489	2760
603131	上海沪工	上海	东部	C	无国有股份公司	100.0000	41.2075	73.4915	64.8430	2761
001309	德明利	广东	东部	C	国有参股公司	28.5714	45.5947	83.6676	64.8325	2762
002107	沃华医药	山东	东部	C	国有参股公司	71.4286	39.9662	79.4435	64.8250	2763
301285	鸿日达	江苏	东部	C	无国有股份公司	42.8571	44.4620	81.7623	64.8167	2764
002228	合兴包装	福建	东部	C	无国有股份公司	42.8571	48.8314	78.9784	64.8148	2765
301169	零点有数	北京	东部	L	无国有股份公司	71.4286	44.0846	76.7936	64.8090	2766
605277	新亚电子	浙江	东部	C	无国有股份公司	57.1429	42.3076	80.5086	64.8017	2767
300097	智云股份	辽宁	东北	C	无国有股份公司	71.4286	52.0902	71.6651	64.7903	2768
600089	特变电工	新疆	西部	C	无国有股份公司	28.5714	46.1398	83.2394	64.7877	2769
300519	新光药业	浙江	东部	C	国有参股公司	85.7143	54.3630	67.6083	64.7830	2770
300118	东方日升	浙江	东部	C	无国有股份公司	42.8571	45.7229	80.8829	64.7743	2771
300081	恒信东方	北京	东部	M	国有参股公司	71.4286	43.0505	77.3848	64.7722	2772
603529	爱玛科技	天津	东部	C	无国有股份公司	71.4286	48.2441	74.0752	64.7696	2773
000989	ST九芝	湖南	中部	C	国有参股公司	85.7143	50.9222	69.7660	64.7655	2774
300915	海融科技	上海	东部	C	无国有股份公司	57.1429	46.6484	77.6740	64.7619	2775
002651	利君股份	四川	西部	C	国有参股公司	42.8571	51.6122	77.1033	64.7568	2776
688336	三生国健	上海	东部	C	国有参股公司	28.5714	50.1464	80.6335	64.7568	2777
600888	新疆众和	新疆	西部	C	无国有股份公司	28.5714	55.1743	77.4288	64.7540	2778
300067	安诺其	上海	东部	C	无国有股份公司	42.8571	37.3230	86.1912	64.7539	2779
835857	百甲科技	江苏	东部	C	国有参股公司	57.1429	43.7632	79.4902	64.7510	2780
605377	华旺科技	浙江	东部	C	无国有股份公司	14.2857	52.1707	81.9308	64.7503	2781
300508	维宏股份	上海	东部	I	国有参股公司	57.1429	43.0265	79.9427	64.7420	2782
600681	百川能源	湖北	中部	D	国有参股公司	85.7143	41.3270	75.8232	64.7386	2783
300603	立昂技术	新疆	西部	I	无国有股份公司	85.7143	41.5558	75.6747	64.7370	2784
300412	迦南科技	浙江	东部	C	国有参股公司	42.8571	50.6011	77.7062	64.7345	2785
301419	阿莱德	上海	东部	C	无国有股份公司	28.5714	50.6175	80.2877	64.7315	2786
002616	长青集团	广东	东部	N	国有参股公司	71.4286	40.3329	79.0395	64.7311	2787
002622	皓宸医疗	吉林	东北	C	无国有股份公司	85.7143	41.7496	75.5399	64.7307	2788
601890	亚星锚链	江苏	东部	C	无国有股份公司	42.8571	40.8802	83.8621	64.7179	2789
603039	泛微网络	上海	东部	I	国有参股公司	0.0000	42.1973	90.8068	64.7128	2790

续表

股票代码	公司简称	省份	地区	行业代码	控股类型	环境保护（*EP*）	社会责任（*SR*）	公司治理（*CG*）	上市公司质量/ESG指数（*CLCQI/ESGI*）	*CLCQI/ESGI*排名
603056	德邦股份	上海	东部	G	无国有股份公司	71.4286	41.2602	78.4100	64.7094	2791
603488	展鹏科技	江苏	东部	C	无国有股份公司	71.4286	43.7100	76.8422	64.7046	2792
835207	众诚科技	河南	中部	I	国有参股公司	28.5714	63.0162	72.3340	64.6965	2793
834021	流金科技	北京	东部	L	无国有股份公司	57.1429	52.1583	74.0351	64.6890	2794
300553	集智股份	浙江	东部	C	无国有股份公司	85.7143	49.7506	70.3567	64.6803	2795
002347	泰尔股份	安徽	中部	C	国有参股公司	57.1429	48.8884	76.0794	64.6689	2796
002950	奥美医疗	湖北	中部	C	无国有股份公司	85.7143	50.4455	69.8858	64.6646	2797
301176	逸豪新材	江西	中部	C	国有参股公司	14.2857	52.3857	81.6314	64.6608	2798
601279	英利汽车	吉林	东北	C	国有参股公司	42.8571	45.5387	80.7744	64.6502	2799
603638	艾迪精密	山东	东部	C	无国有股份公司	71.4286	47.0308	74.6232	64.6464	2800
603038	华立股份	广东	东部	C	无国有股份公司	85.7143	37.1808	78.2923	64.6455	2801
300310	宜通世纪	广东	东部	I	无国有股份公司	85.7143	44.9562	73.3271	64.6360	2802
300074	华平股份	上海	东部	I	国有参股公司	85.7143	41.5907	75.4385	64.6194	2803
600854	春兰股份	江苏	东部	C	国有参股公司	85.7143	41.2471	75.6506	64.6158	2804
002881	美格智能	广东	东部	C	国有参股公司	85.7143	46.7466	72.1419	64.6108	2805
833523	德瑞锂电	广东	东部	C	无国有股份公司	71.4286	47.6691	74.1476	64.6082	2806
603650	彤程新材	上海	东部	C	国有参股公司	42.8571	47.7165	79.3028	64.6030	2807
002154	报喜鸟	浙江	东部	C	无国有股份公司	57.1429	45.8485	77.8916	64.6017	2808
603686	福龙马	福建	东部	C	国有参股公司	42.8571	49.0157	78.4709	64.6002	2809
603367	辰欣药业	山东	东部	C	无国有股份公司	28.5714	53.3189	78.3270	64.5986	2810
300139	晓程科技	北京	东部	C	无国有股份公司	71.4286	47.6734	74.1254	64.5975	2811
688278	特宝生物	福建	东部	C	无国有股份公司	28.5714	51.5896	79.4241	64.5967	2812
601100	恒立液压	江苏	东部	C	无国有股份公司	42.8571	44.1765	81.5335	64.5909	2813
603949	雪龙集团	浙江	东部	C	无国有股份公司	71.4286	49.9338	72.6722	64.5894	2814
601882	海天精工	浙江	东部	C	无国有股份公司	28.5714	42.0011	85.4979	64.5814	2815
300539	横河精密	浙江	东部	C	无国有股份公司	28.5714	50.9257	79.8105	64.5769	2816
002808	ST恒久	江苏	东部	C	无国有股份公司	71.4286	52.1332	71.2148	64.5576	2817
605218	伟时电子	江苏	东部	C	无国有股份公司	71.4286	39.1933	79.4477	64.5567	2818
833171	国航远洋	福建	东部	G	无国有股份公司	71.4286	49.5744	72.8393	64.5555	2819
300036	超图软件	北京	东部	I	国有参股公司	14.2857	44.0775	86.6972	64.5392	2820
603291	联合水务	江苏	东部	D	国有参股公司	42.8571	46.3082	80.0779	64.5364	2821

续表

股票代码	公司简称	省份	地区	行业代码	控股类型	环境保护（EP）	社会责任（SR）	公司治理（CG）	上市公司质量/ESG指数（CLCQI/ESGI）	CLCQI/ESGI排名
301280	珠城科技	浙江	东部	C	无国有股份公司	14.2857	46.3796	85.2257	64.5355	2822
301197	工大科雅	河北	东部	I	国有参股公司	28.5714	40.5086	86.3526	64.5291	2823
002992	宝明科技	广东	东部	C	无国有股份公司	85.7143	33.2853	80.5418	64.5193	2824
002997	瑞鹄模具	安徽	中部	C	无国有股份公司	71.4286	41.0367	78.2038	64.5178	2825
600693	东百集团	福建	东部	F	国有参股公司	28.5714	35.7706	89.3456	64.5170	2826
301213	观想科技	四川	西部	I	国有参股公司	85.7143	42.4855	74.6360	64.4911	2827
688596	正帆科技	上海	东部	C	无国有股份公司	42.8571	55.8895	73.8773	64.4796	2828
000892	欢瑞世纪	重庆	西部	R	无国有股份公司	85.7143	37.5826	77.7108	64.4663	2829
300698	万马科技	浙江	东部	C	无国有股份公司	71.4286	42.5992	77.1104	64.4633	2830
300721	怡达股份	江苏	东部	C	无国有股份公司	57.1429	45.5909	77.7865	64.4536	2831
002270	华明装备	山东	东部	C	无国有股份公司	42.8571	44.0644	81.3402	64.4453	2832
832023	田野股份	广西	西部	C	无国有股份公司	100.0000	38.9767	74.1805	64.4411	2833
301267	华厦眼科	福建	东部	Q	无国有股份公司	14.2857	44.3634	86.3328	64.4388	2834
300159	新研股份	新疆	西部	C	无国有股份公司	85.7143	41.8114	74.9657	64.4366	2835
688265	南模生物	上海	东部	M	国有参股公司	100.0000	33.6356	77.5593	64.4301	2836
300394	天孚通信	江苏	东部	C	无国有股份公司	14.2857	53.5508	80.4506	64.4192	2837
603730	岱美股份	上海	东部	C	无国有股份公司	28.5714	48.8054	80.8645	64.4145	2838
002284	亚太股份	浙江	东部	C	国有参股公司	57.1429	44.2072	78.5892	64.4108	2839
002495	佳隆股份	广东	东部	C	国有参股公司	100.0000	47.2865	68.8015	64.3911	2840
002556	辉隆股份	安徽	中部	F	国有参股公司	71.4286	47.7994	73.6634	64.3875	2841
836247	华密新材	河北	东部	C	无国有股份公司	14.2857	63.0845	74.3162	64.3820	2842
836826	盖世食品	辽宁	东北	C	无国有股份公司	57.1429	48.5745	75.7360	64.3702	2843
836395	朗鸿科技	浙江	东部	C	无国有股份公司	100.0000	47.1285	68.8480	64.3614	2844
002868	绿康生化	福建	东部	C	无国有股份公司	14.2857	50.5101	82.2613	64.3508	2845
600421	华嵘控股	湖北	中部	C	无国有股份公司	42.8571	52.4550	75.8244	64.3484	2846
301327	华宝新能	广东	东部	C	无国有股份公司	14.2857	53.7419	80.1923	64.3440	2847
002203	海亮股份	浙江	东部	C	无国有股份公司	14.2857	47.0098	84.4718	64.3415	2848
000700	模塑科技	江苏	东部	C	无国有股份公司	57.1429	43.3809	78.9833	64.3384	2849
002685	华东重机	江苏	东部	C	无国有股份公司	71.4286	43.6206	76.2147	64.3282	2850
002835	同为股份	广东	东部	C	无国有股份公司	100.0000	45.7332	69.6604	64.3199	2851
600187	国中水务	黑龙江	东北	D	无国有股份公司	85.7143	42.4382	74.3509	64.3178	2852

续表

股票代码	公司简称	省份	地区	行业代码	控股类型	环境保护（*EP*）	社会责任（*SR*）	公司治理（*CG*）	上市公司质量/ESG指数（*CLCQI/ESGI*）	*CLCQI/ESGI*排名
300192	科德教育	江苏	东部	P	国有参股公司	85.7143	43.2873	73.8099	64.3174	2853
301219	腾远钴业	江西	中部	C	国有参股公司	57.1429	45.6184	77.5078	64.3100	2854
300736	百邦科技	北京	东部	O	无国有股份公司	100.0000	33.7748	77.2503	64.3089	2855
688588	凌志软件	江苏	东部	I	无国有股份公司	28.5714	40.9134	85.6757	64.2985	2856
301228	实朴检测	上海	东部	M	国有参股公司	85.7143	38.5751	76.7365	64.2778	2857
688090	瑞松科技	广东	东部	C	无国有股份公司	28.5714	48.3028	80.9276	64.2733	2858
300536	*ST农尚	湖北	中部	E	无国有股份公司	85.7143	41.2228	75.0394	64.2711	2859
002694	顾地科技	湖北	中部	C	无国有股份公司	85.7143	50.0341	69.4298	64.2698	2860
300687	赛意信息	广东	东部	I	无国有股份公司	28.5714	58.1759	74.6166	64.2578	2861
603776	永安行	江苏	东部	M	无国有股份公司	71.4286	47.2689	73.7562	64.2529	2862
605180	华生科技	浙江	东部	C	无国有股份公司	85.7143	40.3579	75.5352	64.2411	2863
605208	永茂泰	上海	东部	C	无国有股份公司	71.4286	37.7733	79.7576	64.2302	2864
300921	南凌科技	广东	东部	I	国有参股公司	85.7143	36.4762	77.9827	64.2286	2865
603388	ST元成	浙江	东部	E	无国有股份公司	71.4286	43.7899	75.9224	64.2267	2866
300271	华宇软件	北京	东部	I	国有参股公司	42.8571	44.0273	80.9648	64.2259	2867
300232	洲明科技	广东	东部	C	无国有股份公司	42.8571	47.3545	78.8378	64.2206	2868
002719	麦趣尔	新疆	西部	C	国有参股公司	85.7143	45.4402	72.2632	64.2203	2869
603007	ST花王	江苏	东部	E	国有参股公司	100.0000	46.0740	69.2446	64.2105	2870
300840	酷特智能	山东	东部	C	无国有股份公司	42.8571	43.7243	81.1253	64.2081	2871
688137	近岸蛋白	江苏	东部	M	国有参股公司	85.7143	49.8995	69.3996	64.2060	2872
301031	中熔电气	陕西	西部	C	无国有股份公司	28.5714	53.2415	77.6594	64.2043	2873
301396	宏景科技	广东	东部	I	无国有股份公司	42.8571	40.6456	83.0754	64.2031	2874
605089	味知香	江苏	东部	C	无国有股份公司	42.8571	48.6753	77.9644	64.2025	2875
002631	德尔未来	江苏	东部	C	国有参股公司	14.2857	45.4874	85.1819	64.1992	2876
002166	莱茵生物	广西	西部	C	无国有股份公司	14.2857	50.2299	82.1242	64.1774	2877
688221	前沿生物	江苏	东部	C	无国有股份公司	57.1429	42.7096	79.1132	64.1749	2878
871981	晶赛科技	安徽	中部	C	无国有股份公司	57.1429	42.9087	78.9818	64.1723	2879
603398	沐邦高科	江西	中部	C	国有参股公司	14.2857	46.5127	84.4578	64.1598	2880
600172	黄河旋风	河南	中部	C	国有参股公司	85.7143	42.5692	73.9752	64.1570	2881
301207	华兰疫苗	河南	中部	C	无国有股份公司	28.5714	48.0183	80.8899	64.1530	2882
300376	ST易事特	广东	东部	C	无国有股份公司	71.4286	47.2037	73.6144	64.1521	2883

续表

股票代码	公司简称	省份	地区	行业代码	控股类型	环境保护（*EP*）	社会责任（*SR*）	公司治理（*CG*）	上市公司质量/ESG指数（*CLCQI/ESGI*）	*CLCQI/ESGI*排名
002003	伟星股份	浙江	东部	C	无国有股份公司	42.8571	43.8303	80.9501	64.1489	2884
000560	我爱我家	云南	西部	K	无国有股份公司	57.1429	38.9617	81.4438	64.1450	2885
603682	锦和商管	上海	东部	L	国有参股公司	57.1429	46.3451	76.7370	64.1404	2886
002496	辉丰股份	江苏	东部	C	无国有股份公司	71.4286	52.0121	70.5223	64.1343	2887
002596	海南瑞泽	海南	东部	C	无国有股份公司	42.8571	39.4536	83.7056	64.1326	2888
831010	凯添燃气	宁夏	西部	D	无国有股份公司	71.4286	45.2358	74.8298	64.1318	2889
834062	科润智控	浙江	东部	C	无国有股份公司	14.2857	42.5947	86.8906	64.1265	2890
603991	至正股份	广东	东部	C	无国有股份公司	71.4286	43.9991	75.6024	64.1238	2891
605358	立昂微	浙江	东部	C	无国有股份公司	14.2857	49.3795	82.5641	64.1216	2892
002585	双星新材	江苏	东部	C	国有参股公司	100.0000	52.3294	65.0970	64.1186	2893
301078	孩子王	江苏	东部	F	无国有股份公司	71.4286	42.3522	76.6408	64.1186	2894
000572	海马汽车	海南	东部	C	无国有股份公司	85.7143	40.6211	75.1328	64.1119	2895
300969	恒帅股份	浙江	东部	C	无国有股份公司	57.1429	40.1300	80.6377	64.1105	2896
688316	青云科技	北京	东部	I	无国有股份公司	71.4286	39.7426	78.2787	64.1061	2897
300441	鲍斯股份	浙江	东部	C	无国有股份公司	14.2857	52.4124	80.5755	64.0895	2898
002421	达实智能	广东	东部	I	无国有股份公司	85.7143	37.4203	77.1270	64.0884	2899
688661	和林微纳	江苏	东部	C	无国有股份公司	42.8571	47.3293	78.5907	64.0758	2900
836270	天铭科技	浙江	东部	C	国有参股公司	14.2857	50.5327	81.7465	64.0756	2901
603516	淳中科技	北京	东部	C	无国有股份公司	85.7143	39.2441	75.9411	64.0745	2902
600732	爱旭股份	上海	东部	C	无国有股份公司	85.7143	48.1839	70.2455	64.0708	2903
002918	蒙娜丽莎	广东	东部	C	无国有股份公司	57.1429	47.4182	75.9202	64.0668	2904
600759	洲际油气	海南	东部	B	无国有股份公司	42.8571	49.1143	77.4361	64.0656	2905
002524	光正眼科	新疆	西部	Q	无国有股份公司	85.7143	38.7435	76.2374	64.0622	2906
300225	金力泰	上海	东部	C	无国有股份公司	71.4286	44.2717	75.3034	64.0548	2907
600182	S佳通	黑龙江	东北	C	国有参股公司	28.5714	49.0871	80.0218	64.0496	2908
603183	建研院	江苏	东部	M	无国有股份公司	57.1429	43.1937	78.5726	64.0470	2909
300268	ST佳沃	湖南	中部	C	无国有股份公司	71.4286	44.9581	74.8477	64.0445	2910
688056	莱伯泰科	北京	东部	C	无国有股份公司	28.5714	49.4585	79.7524	64.0314	2911
603353	和顺石油	湖南	中部	F	无国有股份公司	100.0000	45.9457	68.9945	64.0280	2912
603286	日盈电子	江苏	东部	C	国有参股公司	28.5714	44.9453	82.5949	64.0152	2913
600770	综艺股份	江苏	东部	S	国有参股公司	42.8571	44.7079	80.1395	64.0102	2914

续表

股票代码	公司简称	省份	地区	行业代码	控股类型	环境保护（*EP*）	社会责任（*SR*）	公司治理（*CG*）	上市公司质量/ESG指数（*CLCQI/ESGI*）	*CLCQI/ESGI*排名
001299	美能能源	陕西	西部	D	无国有股份公司	85.7143	34.3666	78.9198	64.0056	2915
300514	友讯达	广东	东部	C	无国有股份公司	71.4286	46.4498	73.8038	63.9924	2916
688667	菱电电控	湖北	中部	C	无国有股份公司	14.2857	54.6412	78.9783	63.9911	2917
300806	斯迪克	江苏	东部	C	无国有股份公司	14.2857	46.3335	84.2317	63.9727	2918
301336	趣睡科技	四川	西部	C	国有参股公司	57.1429	44.8880	77.3557	63.9708	2919
002295	精艺股份	广东	东部	C	无国有股份公司	71.4286	39.7360	78.0216	63.9623	2920
603160	汇顶科技	广东	东部	C	无国有股份公司	28.5714	38.4138	86.6534	63.9614	2921
300629	新劲刚	广东	东部	C	无国有股份公司	85.7143	44.7609	72.2245	63.9612	2922
603916	苏博特	江苏	东部	C	无国有股份公司	42.8571	47.2030	78.4578	63.9585	2923
300200	高盟新材	北京	东部	C	无国有股份公司	28.5714	51.5634	78.2743	63.9552	2924
688408	中信博	江苏	东部	C	无国有股份公司	42.8571	45.8717	79.2844	63.9472	2925
001234	泰慕士	江苏	东部	C	国有参股公司	28.5714	54.3161	76.5014	63.9436	2926
301270	汉仪股份	北京	东部	I	国有参股公司	71.4286	43.8703	75.3413	63.9352	2927
300705	九典制药	湖南	中部	C	无国有股份公司	57.1429	42.4836	78.8143	63.9314	2928
600499	科达制造	广东	东部	C	无国有股份公司	42.8571	43.8314	80.5523	63.9305	2929
002471	中超控股	江苏	东部	C	国有参股公司	0.0000	51.0283	83.7520	63.9235	2930
300940	南极光	广东	东部	C	无国有股份公司	28.5714	49.1038	79.7769	63.9208	2931
002759	天际股份	广东	东部	C	无国有股份公司	14.2857	51.4157	80.9000	63.9191	2932
838670	恒进感应	湖北	中部	C	国有参股公司	85.7143	47.4451	70.4397	63.9190	2933
002299	圣农发展	福建	东部	A	无国有股份公司	14.2857	48.8708	82.5054	63.9113	2934
301168	通灵股份	江苏	东部	C	国有参股公司	57.1429	38.4618	81.3256	63.9050	2935
002175	东方智造	广西	西部	C	国有参股公司	85.7143	42.9955	73.2446	63.9044	2936
003040	楚天龙	广东	东部	C	国有参股公司	57.1429	48.7751	74.7578	63.9024	2937
301298	东利机械	河北	东部	C	无国有股份公司	14.2857	48.1106	82.9722	63.9020	2938
603185	弘元绿能	江苏	东部	C	无国有股份公司	14.2857	44.1869	85.4635	63.8989	2939
688608	恒玄科技	上海	东部	C	无国有股份公司	42.8571	51.0554	75.8902	63.8947	2940
600817	宇通重工	河南	中部	C	无国有股份公司	85.7143	42.9860	73.2305	63.8933	2941
601015	陕西黑猫	陕西	西部	C	国有参股公司	85.7143	43.7029	72.7093	63.8575	2942
301233	盛帮股份	四川	西部	C	无国有股份公司	57.1429	52.3962	72.3586	63.8502	2943
002275	桂林三金	广西	西部	C	无国有股份公司	85.7143	43.9816	72.4961	63.8378	2944
603303	得邦照明	浙江	东部	C	无国有股份公司	14.2857	51.3325	80.8049	63.8376	2945

续表

股票代码	公司简称	省份	地区	行业代码	控股类型	环境保护（EP）	社会责任（SR）	公司治理（CG）	上市公司质量/ESG指数（CLCQI/ESGI）	CLCQI/ESGI排名
300311	任子行	广东	东部	I	国有参股公司	85.7143	47.0344	70.5523	63.8372	2946
300491	通合科技	河北	东部	C	无国有股份公司	85.7143	39.9726	75.0371	63.8322	2947
002146	荣盛发展	河北	东部	K	无国有股份公司	71.4286	44.6938	74.6211	63.8273	2948
002813	路畅科技	广东	东部	C	无国有股份公司	85.7143	49.6097	68.8737	63.8154	2949
688318	财富趋势	广东	东部	I	无国有股份公司	71.4286	49.4284	71.5808	63.8123	2950
300501	海顺新材	上海	东部	C	无国有股份公司	28.5714	50.5341	78.6454	63.7990	2951
300946	恒而达	福建	东部	C	无国有股份公司	42.8571	48.4628	77.3609	63.7962	2952
301377	鼎泰高科	广东	东部	C	无国有股份公司	42.8571	41.4508	81.8075	63.7876	2953
002132	恒星科技	河南	中部	C	无国有股份公司	85.7143	43.2476	72.8529	63.7772	2954
603439	贵州三力	贵州	西部	C	无国有股份公司	71.4286	43.2943	75.3945	63.7628	2955
300099	尤洛卡	山东	东部	C	国有参股公司	14.2857	45.0187	84.6867	63.7628	2956
300658	延江股份	福建	东部	C	无国有股份公司	85.7143	42.3899	73.3520	63.7515	2957
000711	*ST京蓝	黑龙江	东北	E	无国有股份公司	100.0000	44.9339	69.1264	63.7464	2958
832145	恒合股份	北京	东部	N	无国有股份公司	100.0000	45.1355	68.9944	63.7443	2959
301079	邵阳液压	湖南	中部	C	无国有股份公司	71.4286	41.1600	76.6982	63.7329	2960
300477	合纵科技	湖南	中部	C	无国有股份公司	57.1429	51.3198	72.7555	63.6917	2961
002124	ST天邦	浙江	东部	A	无国有股份公司	100.0000	45.5958	68.5876	63.6817	2962
002327	富安娜	广东	东部	C	国有参股公司	28.5714	49.2481	79.2461	63.6794	2963
603956	威派格	上海	东部	C	无国有股份公司	28.5714	46.9036	80.6835	63.6493	2964
300152	新动力	河北	东部	N	国有参股公司	85.7143	43.8428	72.2341	63.6452	2965
834407	驰诚股份	河南	中部	C	无国有股份公司	14.2857	52.9623	79.3962	63.6333	2966
300871	回盛生物	湖北	中部	C	国有参股公司	14.2857	51.7232	80.1826	63.6321	2967
688659	元琛科技	安徽	中部	C	国有参股公司	71.4286	46.7555	72.9526	63.6312	2968
600603	广汇物流	四川	西部	S	无国有股份公司	57.1429	37.8046	81.2443	63.6303	2969
600110	诺德股份	吉林	东北	C	无国有股份公司	42.8571	39.9579	82.4529	63.6201	2970
301060	兰卫医学	上海	东部	Q	国有参股公司	14.2857	47.3476	82.9442	63.6196	2971
300888	稳健医疗	广东	东部	C	无国有股份公司	28.5714	47.1499	80.4677	63.6168	2972
603880	南卫股份	江苏	东部	C	无国有股份公司	100.0000	38.1434	73.2063	63.6136	2973
688687	凯因科技	北京	东部	C	无国有股份公司	71.4286	43.0589	75.2700	63.6119	2974
002403	爱仕达	浙江	东部	C	无国有股份公司	14.2857	53.5082	79.0026	63.6078	2975
300001	特锐德	山东	东部	C	无国有股份公司	28.5714	44.9806	81.8258	63.6046	2976

续表

股票代码	公司简称	省份	地区	行业代码	控股类型	环境保护（*EP*）	社会责任（*SR*）	公司治理（*CG*）	上市公司质量/ESG指数（*CLCQI/ESGI*）	*CLCQI/ESGI*排名
301016	雷尔伟	江苏	东部	C	国有参股公司	57.1429	57.0980	68.8900	63.5881	2977
300546	雄帝科技	广东	东部	C	国有参股公司	42.8571	47.2072	77.7675	63.5804	2978
600522	中天科技	江苏	东部	C	国有参股公司	42.8571	50.6415	75.5711	63.5744	2979
603058	永吉股份	贵州	西部	C	无国有股份公司	42.8571	45.9708	78.5407	63.5729	2980
600606	绿地控股	上海	东部	E	国有参股公司	57.1429	45.5780	76.1911	63.5717	2981
603517	绝味食品	湖南	中部	C	无国有股份公司	57.1429	42.8491	77.9264	63.5710	2982
836422	润普食品	江苏	东部	C	国有参股公司	71.4286	43.7999	74.7202	63.5689	2983
601908	京运通	北京	东部	C	无国有股份公司	57.1429	43.1936	77.7003	63.5672	2984
603590	康辰药业	北京	东部	C	无国有股份公司	14.2857	50.3585	80.9276	63.5642	2985
600735	新华锦	山东	东部	C	国有参股公司	42.8571	37.8845	83.6329	63.5434	2986
002541	鸿路钢构	安徽	中部	C	无国有股份公司	57.1429	37.5793	81.2288	63.5429	2987
301389	隆扬电子	江苏	东部	C	国有参股公司	14.2857	48.4598	82.0929	63.5406	2988
873223	荣亿精密	浙江	东部	C	无国有股份公司	57.1429	52.5905	71.6659	63.5372	2989
000516	国际医学	陕西	西部	Q	国有参股公司	57.1429	44.8390	76.5861	63.5303	2990
300094	国联水产	广东	东部	C	无国有股份公司	14.2857	55.6466	77.4981	63.5288	2991
600007	中国国贸	北京	东部	K	无国有股份公司	71.4286	35.6257	79.8283	63.5174	2992
002288	*ST超华	广东	东部	C	国有参股公司	57.1429	44.0193	77.0780	63.5139	2993
603320	迪贝电气	浙江	东部	C	国有参股公司	28.5714	53.4011	76.2816	63.5024	2994
688701	卓锦股份	浙江	东部	N	无国有股份公司	85.7143	45.7905	70.7344	63.5020	2995
301386	未来电器	江苏	东部	C	国有参股公司	28.5714	43.8857	82.3185	63.4923	2996
603020	爱普股份	上海	东部	C	国有参股公司	42.8571	42.9670	80.3051	63.4920	2997
002375	亚厦股份	浙江	东部	E	无国有股份公司	28.5714	52.3268	76.9310	63.4835	2998
603519	立霸股份	江苏	东部	C	国有参股公司	14.2857	37.3919	89.0321	63.4834	2999
300351	永贵电器	浙江	东部	C	无国有股份公司	42.8571	44.3670	79.3899	63.4786	3000
600666	ST瑞德	黑龙江	东北	C	国有参股公司	100.0000	44.3485	68.9523	63.4457	3001
300438	鹏辉能源	广东	东部	C	无国有股份公司	14.2857	49.8985	80.9833	63.4339	3002
301050	雷电微力	四川	西部	C	无国有股份公司	85.7143	38.7208	75.1016	63.4296	3003
003001	中岩大地	北京	东部	E	国有参股公司	14.2857	57.2269	76.3017	63.4239	3004
870199	倍益康	四川	西部	C	国有参股公司	57.1429	48.5197	74.0162	63.4051	3005
603387	基蛋生物	江苏	东部	C	无国有股份公司	85.7143	46.0445	70.3827	63.3975	3006
300058	蓝色光标	北京	东部	L	无国有股份公司	28.5714	46.7978	80.2494	63.3735	3007

续表

股票代码	公司简称	省份	地区	行业代码	控股类型	环境保护（*EP*）	社会责任（*SR*）	公司治理（*CG*）	上市公司质量/ESG指数（*CLCQI/ESGI*）	*CLCQI/ESGI*排名
605222	起帆电缆	上海	东部	C	无国有股份公司	42.8571	46.3472	77.9372	63.3727	3008
688607	康众医疗	江苏	东部	C	国有参股公司	42.8571	46.0749	78.1102	63.3725	3009
002365	永安药业	湖北	中部	C	国有参股公司	85.7143	50.9140	67.2281	63.3668	3010
000597	东北制药	辽宁	东北	C	无国有股份公司	28.5714	54.0439	75.5831	63.3432	3011
002553	南方精工	江苏	东部	C	无国有股份公司	42.8571	46.5265	77.7693	63.3431	3012
000668	荣丰控股	山东	东部	K	国有参股公司	57.1429	39.4903	79.6189	63.3263	3013
000637	茂化实华	广东	东部	C	国有参股公司	71.4286	43.9304	74.1862	63.3209	3014
836149	旭杰科技	江苏	东部	C	无国有股份公司	28.5714	53.8078	75.6893	63.3190	3015
002081	金螳螂	江苏	东部	E	无国有股份公司	57.1429	50.5478	72.5687	63.3188	3016
601886	江河集团	北京	东部	E	国有参股公司	57.1429	46.1173	75.3839	63.3165	3017
300027	华谊兄弟	浙江	东部	R	国有参股公司	71.4286	36.0672	79.1676	63.3086	3018
002896	中大力德	浙江	东部	C	国有参股公司	57.1429	51.6616	71.8277	63.3011	3019
839167	同享科技	江苏	东部	C	国有参股公司	71.4286	46.5565	72.4747	63.2987	3020
300166	东方国信	北京	东部	I	无国有股份公司	57.1429	45.2483	75.8995	63.2959	3021
600226	亨通股份	浙江	东部	I	无国有股份公司	14.2857	44.2623	84.3007	63.2858	3022
300016	北陆药业	北京	东部	C	国有参股公司	14.2857	54.8553	77.5566	63.2841	3023
301043	绿岛风	广东	东部	C	国有参股公司	71.4286	41.0575	75.9443	63.2823	3024
301008	宏昌科技	浙江	东部	C	无国有股份公司	14.2857	50.8714	80.0766	63.2757	3025
301012	扬电科技	江苏	东部	C	国有参股公司	42.8571	50.1418	75.3350	63.2696	3026
300352	北信源	北京	东部	I	国有参股公司	71.4286	46.8180	72.2526	63.2681	3027
839792	东和新材	辽宁	东北	C	无国有股份公司	100.0000	49.3097	65.4602	63.2615	3028
002362	汉王科技	北京	东部	C	无国有股份公司	57.1429	48.9336	73.4817	63.2560	3029
603826	坤彩科技	福建	东部	C	无国有股份公司	85.7143	41.0349	73.2913	63.2438	3030
002537	海联金汇	山东	东部	C	无国有股份公司	71.4286	39.1215	77.1027	63.2418	3031
839790	联迪信息	江苏	东部	I	无国有股份公司	14.2857	56.0927	76.6869	63.2388	3032
002007	华兰生物	河南	中部	C	无国有股份公司	42.8571	50.9380	74.7438	63.2231	3033
300968	格林精密	广东	东部	C	无国有股份公司	28.5714	45.9028	80.5443	63.2225	3034
301299	卓创资讯	山东	东部	I	无国有股份公司	28.5714	42.4157	82.7422	63.2108	3035
002697	红旗连锁	四川	西部	F	无国有股份公司	100.0000	40.5405	70.9483	63.2108	3036
603256	宏和科技	上海	东部	C	无国有股份公司	71.4286	41.4066	75.5587	63.1924	3037
001216	华瓷股份	湖南	中部	C	无国有股份公司	71.4286	46.1788	72.5157	63.1891	3038

续表

股票代码	公司简称	省份	地区	行业代码	控股类型	环境保护（*EP*）	社会责任（*SR*）	公司治理（*CG*）	上市公司质量/ESG指数（*CLCQI/ESGI*）	*CLCQI/ESGI*排名
300848	美瑞新材	山东	东部	C	无国有股份公司	14.2857	54.2902	77.7279	63.1805	3039
000863	三湘印象	上海	东部	K	国有参股公司	71.4286	43.6444	74.1118	63.1799	3040
000530	冰山冷热	辽宁	东北	C	无国有股份公司	42.8571	47.8004	76.6555	63.1764	3041
603233	大参林	广东	东部	F	国有参股公司	85.7143	38.9216	74.4947	63.1661	3042
688299	长阳科技	浙江	东部	C	无国有股份公司	14.2857	49.3141	80.8647	63.1641	3043
605188	国光连锁	江西	中部	F	无国有股份公司	85.7143	36.9745	75.7199	63.1584	3044
002921	联诚精密	山东	东部	C	无国有股份公司	14.2857	56.8813	76.0280	63.1524	3045
002521	齐峰新材	山东	东部	C	无国有股份公司	57.1429	40.6529	78.5575	63.1494	3046
300652	雷迪克	浙江	东部	C	无国有股份公司	14.2857	49.9072	80.4388	63.1374	3047
000571	新大洲A	海南	东部	S	无国有股份公司	71.4286	34.7958	79.6525	63.1303	3048
688365	光云科技	浙江	东部	I	无国有股份公司	71.4286	50.0143	69.9512	63.1210	3049
834765	美之高	广东	东部	C	无国有股份公司	28.5714	41.8691	82.9190	63.1168	3050
001231	农心科技	陕西	西部	C	无国有股份公司	14.2857	50.4583	80.0438	63.1131	3051
002700	ST浩源	新疆	西部	D	无国有股份公司	71.4286	43.9571	73.7907	63.1127	3052
603895	天永智能	上海	东部	C	无国有股份公司	71.4286	44.3094	73.5655	63.1121	3053
002532	天山铝业	浙江	东部	C	无国有股份公司	42.8571	47.1776	76.9262	63.1073	3054
688733	壹石通	安徽	中部	C	无国有股份公司	0.0000	61.8443	75.3804	63.1048	3055
300180	华峰超纤	上海	东部	C	无国有股份公司	28.5714	46.3973	79.9933	63.0925	3056
002928	华夏航空	贵州	西部	G	无国有股份公司	71.4286	40.4626	75.9644	63.0852	3057
603559	*ST通脉	吉林	东北	I	无国有股份公司	85.7143	42.4050	72.1126	63.0751	3058
688515	裕太微	江苏	东部	C	无国有股份公司	14.2857	51.0212	79.6050	63.0687	3059
688373	盟科药业	上海	东部	C	无国有股份公司	0.0000	52.0932	81.4968	63.0559	3060
002086	东方海洋	山东	东部	A	无国有股份公司	57.1429	49.0556	73.0265	63.0483	3061
300671	富满微	广东	东部	I	国有参股公司	57.1429	42.1431	77.4240	63.0476	3062
600477	杭萧钢构	浙江	东部	C	无国有股份公司	28.5714	46.3149	79.9523	63.0411	3063
605003	众望布艺	浙江	东部	C	无国有股份公司	28.5714	44.6252	81.0142	63.0338	3064
836260	中寰股份	四川	西部	C	国有参股公司	71.4286	50.1776	69.6845	63.0315	3065
002602	世纪华通	浙江	东部	I	国有参股公司	28.5714	46.4964	79.8183	63.0309	3066
300810	中科海讯	北京	东部	I	国有参股公司	42.8571	58.1126	69.8124	63.0219	3067
605258	协和电子	江苏	东部	C	无国有股份公司	85.7143	51.6421	66.1328	63.0192	3068
600366	宁波韵升	浙江	东部	C	国有参股公司	57.1429	42.5045	77.1248	63.0095	3069

续表

股票代码	公司简称	省份	地区	行业代码	控股类型	环境保护（EP）	社会责任（SR）	公司治理（CG）	上市公司质量/ESG指数（CLCQI/ESGI）	CLCQI/ESGI排名
838171	邦德股份	山东	东部	C	国有参股公司	42.8571	56.7186	70.6584	62.9993	3070
603556	海兴电力	浙江	东部	C	无国有股份公司	57.1429	40.8471	78.1603	62.9989	3071
831906	舜宇精工	浙江	东部	C	无国有股份公司	28.5714	49.1520	78.0484	62.9870	3072
002229	鸿博股份	福建	东部	C	无国有股份公司	57.1429	49.7161	72.4908	62.9849	3073
603707	健友股份	江苏	东部	C	国有参股公司	14.2857	41.8669	85.2754	62.9834	3074
000929	兰州黄河	甘肃	西部	C	国有参股公司	28.5714	39.7710	83.9966	62.9751	3075
300955	嘉亨家化	福建	东部	C	无国有股份公司	28.5714	45.4497	80.3649	62.9653	3076
300354	东华测试	江苏	东部	C	无国有股份公司	14.2857	48.7971	80.8189	62.9580	3077
002253	川大智胜	四川	西部	I	国有参股公司	85.7143	48.4032	68.0632	62.9473	3078
601021	春秋航空	上海	东部	G	无国有股份公司	14.2857	45.8708	82.6284	62.9290	3079
831526	凯华材料	天津	东部	C	无国有股份公司	42.8571	60.9981	67.8038	62.9271	3080
603055	台华新材	浙江	东部	C	无国有股份公司	14.2857	46.2810	82.3544	62.9218	3081
300937	药易购	四川	西部	F	无国有股份公司	42.8571	35.2871	84.1151	62.8995	3082
002798	帝欧家居	四川	西部	C	国有参股公司	42.8571	40.0003	81.1151	62.8991	3083
000695	滨海能源	天津	东部	C	国有参股公司	28.5714	45.7415	80.0450	62.8914	3084
301279	金道科技	浙江	东部	C	无国有股份公司	71.4286	36.2535	78.2899	62.8910	3085
600228	返利科技	江西	中部	I	无国有股份公司	100.0000	42.5051	69.1114	62.8880	3086
002117	东港股份	山东	东部	C	国有参股公司	57.1429	39.8058	78.6208	62.8878	3087
301046	能辉科技	上海	东部	M	无国有股份公司	28.5714	48.4678	78.3024	62.8872	3088
300953	震裕科技	浙江	东部	C	无国有股份公司	42.8571	42.4287	79.5454	62.8857	3089
002239	奥特佳	江苏	东部	C	无国有股份公司	14.2857	46.6720	82.0350	62.8830	3090
603180	金牌家居	福建	东部	C	无国有股份公司	57.1429	39.4257	78.8333	62.8716	3091
300337	银邦股份	江苏	东部	C	国有参股公司	42.8571	45.9759	77.2547	62.8673	3092
002956	西麦食品	广西	西部	C	无国有股份公司	14.2857	42.6299	84.5622	62.8583	3093
301335	天元宠物	浙江	东部	C	无国有股份公司	28.5714	47.3366	78.9376	62.8406	3094
300533	冰川网络	广东	东部	I	无国有股份公司	71.4286	40.5442	75.4561	62.8342	3095
605008	长鸿高科	浙江	东部	C	无国有股份公司	14.2857	41.0174	85.5210	62.8212	3096
603690	至纯科技	上海	东部	C	国有参股公司	28.5714	46.4610	79.4509	62.8165	3097
603113	金能科技	山东	东部	C	国有参股公司	42.8571	40.2819	80.7740	62.8101	3098
300880	迦南智能	浙江	东部	C	国有参股公司	71.4286	50.3520	69.1283	62.7866	3099
002705	新宝股份	广东	东部	C	无国有股份公司	28.5714	39.3374	83.9199	62.7812	3100

续表

股票代码	公司简称	省份	地区	行业代码	控股类型	环境保护（*EP*）	社会责任（*SR*）	公司治理（*CG*）	上市公司质量/ESG指数（*CLCQI/ESGI*）	*CLCQI/ESGI*排名
002209	达意隆	广东	东部	C	国有参股公司	57.1429	46.8555	73.9295	62.7749	3101
002857	三晖电气	河南	中部	C	国有参股公司	42.8571	48.5470	75.4365	62.7672	3102
688091	上海谊众	上海	东部	C	无国有股份公司	42.8571	44.3815	78.0845	62.7657	3103
002555	三七互娱	安徽	中部	I	无国有股份公司	14.2857	53.6786	77.3379	62.7519	3104
600327	大东方	江苏	东部	F	无国有股份公司	14.2857	44.0802	83.4212	62.7383	3105
605009	豪悦护理	浙江	东部	C	无国有股份公司	42.8571	40.1347	80.7252	62.7317	3106
603716	塞力医疗	湖北	中部	F	国有参股公司	85.7143	42.0509	71.6860	62.7166	3107
870508	丰安股份	浙江	东部	C	无国有股份公司	42.8571	48.9274	75.0998	62.7152	3108
603037	凯众股份	上海	东部	C	国有参股公司	71.4286	50.5516	68.8599	62.7089	3109
002425	凯撒文化	广东	东部	I	国有参股公司	42.8571	37.1183	82.5525	62.6810	3110
603789	星光农机	浙江	东部	C	无国有股份公司	57.1429	42.5606	76.4883	62.6791	3111
600137	浪莎股份	四川	西部	C	国有参股公司	57.1429	36.3883	80.4068	62.6739	3112
600094	大名城	上海	东部	K	无国有股份公司	14.2857	43.0363	83.9680	62.6737	3113
300010	豆神教育	北京	东部	I	无国有股份公司	42.8571	52.0741	73.0144	62.6696	3114
002902	铭普光磁	广东	东部	C	无国有股份公司	14.2857	55.4821	75.9935	62.6438	3115
603329	上海雅仕	上海	东部	G	无国有股份公司	28.5714	39.2121	83.7205	62.6276	3116
603628	清源股份	福建	东部	C	国有参股公司	42.8571	47.5944	75.7720	62.6184	3117
000055	方大集团	广东	东部	C	无国有股份公司	28.5714	43.8584	80.7329	62.6107	3118
600965	福成股份	河北	东部	C	无国有股份公司	71.4286	37.9214	76.6966	62.5985	3119
836263	中航泰达	北京	东部	N	无国有股份公司	85.7143	47.1269	68.2406	62.5982	3120
001256	炜冈科技	浙江	东部	C	无国有股份公司	42.8571	46.8537	76.1893	62.5887	3121
300199	翰宇药业	广东	东部	C	无国有股份公司	57.1429	41.4211	77.0488	62.5885	3122
301183	东田微	湖北	中部	C	国有参股公司	57.1429	43.8667	75.4887	62.5864	3123
603305	旭升集团	浙江	东部	C	无国有股份公司	0.0000	54.8603	78.8707	62.5800	3124
000820	神雾节能	江西	中部	C	国有参股公司	100.0000	34.4970	73.6404	62.5762	3125
838262	太湖雪	江苏	东部	C	无国有股份公司	42.8571	49.2410	74.6328	62.5681	3126
605177	东亚药业	浙江	东部	C	无国有股份公司	14.2857	46.9378	81.2919	62.5673	3127
600586	金晶科技	山东	东部	C	无国有股份公司	85.7143	38.8567	73.4452	62.5661	3128
300518	新迅达	广西	西部	I	无国有股份公司	100.0000	41.3168	69.2510	62.5489	3129
831689	克莱特	山东	东部	C	国有参股公司	42.8571	47.5345	75.6370	62.5231	3130
001223	欧克科技	江西	中部	C	无国有股份公司	28.5714	55.7385	72.9965	62.5137	3131

续表

股票代码	公司简称	省份	地区	行业代码	控股类型	环境保护（*EP*）	社会责任（*SR*）	公司治理（*CG*）	上市公司质量/ESG指数（*CLCQI/ESGI*）	*CLCQI/ESGI*排名
002325	*ST洪涛	广东	东部	E	国有参股公司	85.7143	49.7901	66.3682	62.5005	3132
300690	双一科技	山东	东部	C	无国有股份公司	14.2857	59.8361	72.9339	62.4849	3133
000715	中兴商业	辽宁	东北	F	国有参股公司	71.4286	38.5584	76.0729	62.4784	3134
600208	新湖中宝	浙江	东部	K	无国有股份公司	71.4286	39.6319	75.3775	62.4716	3135
605005	合兴股份	浙江	东部	C	无国有股份公司	42.8571	48.5154	74.9185	62.4713	3136
603912	佳力图	江苏	东部	C	无国有股份公司	14.2857	49.7616	79.3090	62.4651	3137
301333	诺思格	北京	东部	M	无国有股份公司	42.8571	32.6937	84.9722	62.4632	3138
300175	朗源股份	山东	东部	C	无国有股份公司	85.7143	42.7860	70.7415	62.4544	3139
301321	翰博高新	安徽	中部	C	无国有股份公司	28.5714	47.0201	78.4209	62.4457	3140
300497	富祥药业	江西	中部	C	无国有股份公司	42.8571	44.2777	77.5526	62.4369	3141
300776	帝尔激光	湖北	中部	C	无国有股份公司	57.1429	45.0152	74.4835	62.4355	3142
600234	*ST科新	山西	中部	C	无国有股份公司	71.4286	40.0719	75.0245	62.4315	3143
603280	南方路机	福建	东部	C	无国有股份公司	14.2857	52.2984	77.5860	62.4053	3144
832735	德源药业	江苏	东部	C	国有参股公司	71.4286	51.7035	67.5591	62.3966	3145
301110	青木科技	广东	东部	I	无国有股份公司	42.8571	40.5828	79.8146	62.3877	3146
688237	超卓航科	湖北	中部	C	国有参股公司	57.1429	43.4672	75.3812	62.3874	3147
603863	松炀资源	广东	东部	C	无国有股份公司	42.8571	42.1073	78.8353	62.3827	3148
002842	翔鹭钨业	广东	东部	C	国有参股公司	85.7143	45.0943	69.1361	62.3793	3149
603607	京华激光	浙江	东部	C	无国有股份公司	28.5714	51.1399	75.6728	62.3762	3150
002452	长高电新	湖南	中部	C	无国有股份公司	85.7143	34.8536	75.6328	62.3682	3151
300564	筑博设计	西藏	西部	M	国有参股公司	71.4286	44.8022	71.8671	62.3505	3152
300527	中船应急	湖北	中部	C	国有参股公司	14.2857	49.2195	79.4456	62.3505	3153
002390	信邦制药	贵州	西部	C	国有参股公司	28.5714	39.5539	82.9925	62.3469	3154
002041	登海种业	山东	东部	A	无国有股份公司	57.1429	41.2847	76.6853	62.3408	3155
600490	鹏欣资源	上海	东部	C	无国有股份公司	14.2857	37.2616	87.0368	62.3404	3156
603616	韩建河山	北京	东部	C	国有参股公司	42.8571	46.9082	75.6767	62.3258	3157
835508	殷图网联	北京	东部	I	无国有股份公司	57.1429	52.4347	69.5238	62.3045	3158
002235	安妮股份	福建	东部	I	无国有股份公司	57.1429	37.4033	79.0551	62.2858	3159
300461	田中精机	浙江	东部	C	无国有股份公司	14.2857	42.9732	83.2908	62.2791	3160
603076	乐惠国际	浙江	东部	C	无国有股份公司	85.7143	33.6150	76.2404	62.2689	3161
300850	新强联	河南	中部	C	无国有股份公司	14.2857	42.4838	83.5755	62.2644	3162

续表

股票代码	公司简称	省份	地区	行业代码	控股类型	环境保护（*EP*）	社会责任（*SR*）	公司治理（*CG*）	上市公司质量/ESG指数（*CLCQI/ESGI*）	*CLCQI/ESGI*排名
603177	德创环保	浙江	东部	N	无国有股份公司	28.5714	43.8589	80.0951	62.2601	3163
000782	恒申新材	广东	东部	C	无国有股份公司	28.5714	52.1097	74.8362	62.2554	3164
300095	华伍股份	江西	中部	C	国有参股公司	42.8571	46.5346	75.7816	62.2527	3165
603778	国晟科技	北京	东部	E	国有参股公司	14.2857	46.1536	81.2143	62.2502	3166
600408	安泰集团	山西	中部	C	国有参股公司	42.8571	56.2017	69.6165	62.2454	3167
605186	健麾信息	上海	东部	C	国有参股公司	28.5714	44.5214	79.6265	62.2342	3168
838030	德众汽车	湖南	中部	F	无国有股份公司	100.0000	44.2436	66.7836	62.2162	3169
000961	ST中南	江苏	东部	K	无国有股份公司	71.4286	42.8622	72.8326	62.2026	3170
300926	博俊科技	江苏	东部	C	无国有股份公司	14.2857	47.5764	80.2028	62.1919	3171
603335	迪生力	广东	东部	C	无国有股份公司	42.8571	49.8304	73.5586	62.1836	3172
000153	丰原药业	安徽	中部	C	国有参股公司	85.7143	46.1323	68.1082	62.1772	3173
603878	武进不锈	江苏	东部	C	无国有股份公司	28.5714	47.9544	77.2852	62.1481	3174
301125	腾亚精工	江苏	东部	C	无国有股份公司	42.8571	50.0363	73.3569	62.1447	3175
300619	金银河	广东	东部	C	无国有股份公司	14.2857	49.7865	78.6805	62.1281	3176
835184	国源科技	北京	东部	I	无国有股份公司	28.5714	57.1795	71.3521	62.1136	3177
605080	浙江自然	浙江	东部	C	无国有股份公司	14.2857	46.3129	80.7972	62.0766	3178
603366	日出东方	江苏	东部	C	无国有股份公司	57.1429	43.1194	75.0115	62.0624	3179
002435	ST长康	江苏	东部	C	国有参股公司	14.2857	53.0309	76.4954	62.0618	3180
600257	大湖股份	湖南	中部	A	无国有股份公司	14.2857	48.8402	79.1527	62.0566	3181
001222	源飞宠物	浙江	东部	C	无国有股份公司	28.5714	42.1471	80.8137	62.0562	3182
603269	海鸥股份	江苏	东部	C	无国有股份公司	42.8571	38.3613	80.5638	62.0222	3183
001298	好上好	广东	东部	F	无国有股份公司	28.5714	51.0592	75.0622	62.0121	3184
603706	东方环宇	新疆	西部	D	无国有股份公司	14.2857	49.0365	78.9346	62.0054	3185
002153	石基信息	北京	东部	I	国有参股公司	14.2857	49.7618	78.4580	61.9971	3186
300220	金运激光	湖北	中部	C	无国有股份公司	85.7143	34.9306	74.9061	61.9955	3187
835670	数字人	山东	东部	I	无国有股份公司	14.2857	51.6835	77.2141	61.9855	3188
002959	小熊电器	广东	东部	C	无国有股份公司	0.0000	50.1123	80.8100	61.9848	3189
002727	一心堂	云南	西部	F	国有参股公司	57.1429	43.5984	74.5509	61.9767	3190
600885	宏发股份	湖北	中部	C	无国有股份公司	42.8571	44.6108	76.4634	61.9544	3191
688096	京源环保	江苏	东部	C	无国有股份公司	57.1429	47.1506	72.2463	61.9524	3192
600605	汇通能源	上海	东部	F	无国有股份公司	42.8571	46.3254	75.1500	61.8321	3193

续表

股票代码	公司简称	省份	地区	行业代码	控股类型	环境保护（*EP*）	社会责任（*SR*）	公司治理（*CG*）	上市公司质量/ESG指数（*CLCQI/ESGI*）	*CLCQI/ESGI*排名
002546	新联电子	江苏	东部	C	无国有股份公司	42.8571	53.1576	70.7957	61.8285	3194
603825	华扬联众	湖南	中部	I	国有参股公司	28.5714	45.5721	78.2146	61.8254	3195
002689	远大智能	辽宁	东北	C	国有参股公司	57.1429	42.2235	75.1347	61.8166	3196
300045	华力创通	北京	东部	C	无国有股份公司	14.2857	58.1346	72.7479	61.7870	3197
873305	九菱科技	湖北	中部	C	无国有股份公司	28.5714	50.2804	75.1442	61.7846	3198
601086	国芳集团	甘肃	西部	F	国有参股公司	14.2857	44.6765	81.2991	61.7799	3199
603829	洛凯股份	江苏	东部	C	无国有股份公司	100.0000	41.2532	67.8770	61.7710	3200
002983	芯瑞达	安徽	中部	C	无国有股份公司	42.8571	39.0381	79.6539	61.7587	3201
688619	罗普特	福建	东部	I	无国有股份公司	71.4286	43.9187	71.3202	61.7405	3202
002806	华锋股份	广东	东部	C	国有参股公司	14.2857	46.9847	79.7537	61.7377	3203
300877	金春股份	安徽	中部	C	无国有股份公司	28.5714	55.7571	71.5724	61.7370	3204
002424	ST百灵	贵州	西部	C	国有参股公司	71.4286	51.9981	66.0510	61.6702	3205
003018	金富科技	广东	东部	C	无国有股份公司	71.4286	39.2122	74.1802	61.6662	3206
002811	郑中设计	广东	东部	E	无国有股份公司	42.8571	42.1467	77.4551	61.6374	3207
603963	*ST大药	云南	西部	C	无国有股份公司	28.5714	50.2967	74.8375	61.6216	3208
002489	浙江永强	浙江	东部	C	国有参股公司	28.5714	51.2144	74.2138	61.5998	3209
000415	渤海租赁	新疆	西部	L	国有参股公司	42.8571	33.3488	82.9741	61.5935	3210
002356	赫美集团	广东	东部	F	无国有股份公司	71.4286	32.3848	78.3924	61.5934	3211
002011	盾安环境	浙江	东部	C	国有参股公司	71.4286	38.7789	74.2961	61.5783	3212
603890	春秋电子	江苏	东部	C	无国有股份公司	14.2857	50.4974	77.2258	61.5769	3213
002645	华宏科技	江苏	东部	C	无国有股份公司	42.8571	46.6798	74.4235	61.5565	3214
603587	地素时尚	上海	东部	C	无国有股份公司	14.2857	48.2792	78.5917	61.5517	3215
301066	万事利	浙江	东部	C	国有参股公司	71.4286	37.5670	75.0140	61.5490	3216
301001	凯淳股份	上海	东部	I	国有参股公司	57.1429	38.9096	76.7526	61.5466	3217
002210	飞马国际	广东	东部	L	国有参股公司	85.7143	36.8893	72.8419	61.5457	3218
002434	万里扬	浙江	东部	C	无国有股份公司	28.5714	46.5152	77.0979	61.5413	3219
300505	川金诺	云南	西部	C	无国有股份公司	14.2857	36.2633	86.2106	61.5365	3220
002919	名臣健康	广东	东部	C	无国有股份公司	42.8571	45.9697	74.8061	61.5185	3221
600768	宁波富邦	浙江	东部	C	无国有股份公司	100.0000	35.2159	71.2480	61.5119	3222
603399	永杉锂业	辽宁	东北	C	无国有股份公司	28.5714	52.5352	73.1671	61.4863	3223
605303	园林股份	浙江	东部	E	无国有股份公司	14.2857	39.6930	83.9321	61.4838	3224

续表

股票代码	公司简称	省份	地区	行业代码	控股类型	环境保护（*EP*）	社会责任（*SR*）	公司治理（*CG*）	上市公司质量/ESG指数（*CLCQI/ESGI*）	*CLCQI/ESGI*排名
301221	光庭信息	湖北	中部	I	国有参股公司	14.2857	48.3461	78.4126	61.4766	3225
002668	TCL智家	广东	东部	C	无国有股份公司	57.1429	54.5157	66.6374	61.4453	3226
002898	赛隆药业	广东	东部	C	国有参股公司	85.7143	42.0011	69.4006	61.4422	3227
605136	丽人丽妆	上海	东部	F	无国有股份公司	14.2857	43.1420	81.6386	61.4295	3228
300517	海波重科	湖北	中部	E	无国有股份公司	28.5714	48.4470	75.6338	61.4122	3229
002197	ST证通	广东	东部	I	国有参股公司	57.1429	52.2336	68.0054	61.3990	3230
603139	康惠制药	陕西	西部	C	无国有股份公司	100.0000	32.4399	72.7973	61.3925	3231
603268	松发股份	广东	东部	C	无国有股份公司	28.5714	52.9386	72.7019	61.3717	3232
000889	ST中嘉	河北	东部	I	国有参股公司	14.2857	51.5719	76.1438	61.3578	3233
603377	ST东时	北京	东部	P	国有参股公司	57.1429	33.9436	79.5693	61.3577	3234
300737	科顺股份	广东	东部	C	无国有股份公司	57.1429	37.3603	77.3881	61.3538	3235
603666	亿嘉和	江苏	东部	C	无国有股份公司	42.8571	43.1340	76.3014	61.3484	3236
688370	丛麟科技	上海	东部	N	无国有股份公司	28.5714	48.0816	75.6993	61.3203	3237
601020	华钰矿业	西藏	西部	B	无国有股份公司	100.0000	39.0191	68.4725	61.3165	3238
300251	光线传媒	北京	东部	R	无国有股份公司	85.7143	35.4335	73.3267	61.3028	3239
600340	华夏幸福	河北	东部	K	无国有股份公司	42.8571	37.3477	79.8839	61.2936	3240
002519	银河电子	江苏	东部	C	无国有股份公司	42.8571	46.5014	74.0566	61.2924	3241
300125	ST聆达	辽宁	东北	C	无国有股份公司	42.8571	47.7827	73.2406	61.2920	3242
603869	ST智知	广西	西部	I	无国有股份公司	71.4286	42.9976	71.0720	61.2816	3243
002437	誉衡药业	黑龙江	东北	C	国有参股公司	0.0000	48.7698	80.3764	61.2765	3244
301126	达嘉维康	湖南	中部	F	无国有股份公司	28.5714	39.0521	81.3498	61.2678	3245
605166	聚合顺	浙江	东部	C	无国有股份公司	14.2857	44.4160	80.5143	61.2570	3246
688338	赛科希德	北京	东部	C	无国有股份公司	14.2857	44.6886	80.3363	61.2545	3247
600568	ST中珠	湖北	中部	C	国有参股公司	71.4286	33.5996	76.9845	61.2442	3248
603900	莱绅通灵	江苏	东部	F	无国有股份公司	28.5714	42.8797	78.8709	61.2440	3249
430478	峆一药业	安徽	中部	C	国有参股公司	57.1429	52.9215	67.2602	61.2299	3250
300677	英科医疗	山东	东部	C	无国有股份公司	14.2857	45.7691	79.5835	61.2187	3251
603518	锦泓集团	江苏	东部	C	无国有股份公司	57.1429	40.4702	75.1235	61.1968	3252
002361	神剑股份	安徽	中部	C	无国有股份公司	14.2857	49.4244	77.2173	61.1966	3253
839680	广道数字	广东	东部	I	无国有股份公司	28.5714	53.2482	72.1512	61.1772	3254
603879	ST永悦	江苏	东部	C	无国有股份公司	85.7143	50.9460	63.2159	61.1713	3255

续表

股票代码	公司简称	省份	地区	行业代码	控股类型	环境保护（*EP*）	社会责任（*SR*）	公司治理（*CG*）	上市公司质量/ESG指数（*CLCQI/ESGI*）	*CLCQI/ESGI*排名
300205	ST天喻	湖北	中部	C	国有参股公司	100.0000	43.4223	65.3756	61.1544	3256
300071	福石控股	北京	东部	L	国有参股公司	71.4286	33.6389	76.7849	61.1482	3257
600355	精伦电子	湖北	中部	C	无国有股份公司	14.2857	49.1285	77.2818	61.1285	3258
002875	安奈儿	广东	东部	C	无国有股份公司	57.1429	41.6013	74.2375	61.1054	3259
002607	中公教育	安徽	中部	P	无国有股份公司	57.1429	43.2099	73.2097	61.1031	3260
600462	*ST九有	湖北	中部	L	国有参股公司	42.8571	41.0248	77.1690	61.0873	3261
600080	金花股份	陕西	西部	C	无国有股份公司	14.2857	37.3625	84.6904	61.0851	3262
002582	好想你	河南	中部	C	国有参股公司	14.2857	48.8283	77.3911	61.0836	3263
301052	果麦文化	浙江	东部	R	无国有股份公司	42.8571	39.8508	77.9063	61.0820	3264
300467	迅游科技	四川	西部	I	无国有股份公司	57.1429	42.5912	73.5552	61.0766	3265
000908	*ST景峰	湖南	中部	C	国有参股公司	28.5714	47.0351	75.8961	61.0623	3266
605178	时空科技	北京	东部	E	无国有股份公司	85.7143	49.7639	63.7449	61.0485	3267
300636	同和药业	江西	中部	C	无国有股份公司	28.5714	38.5520	81.2596	61.0431	3268
300449	汉邦高科	北京	东部	C	国有参股公司	57.1429	35.7154	77.8538	61.0343	3269
603059	倍加洁	江苏	东部	C	无国有股份公司	71.4286	37.8432	73.8859	61.0252	3270
301380	挖金客	北京	东部	I	无国有股份公司	28.5714	43.1100	78.2897	61.0050	3271
002671	龙泉股份	山东	东部	C	国有参股公司	14.2857	45.9680	79.0337	60.9859	3272
301102	兆讯传媒	天津	东部	L	无国有股份公司	57.1429	33.1534	79.3901	60.9825	3273
300756	金马游乐	广东	东部	C	无国有股份公司	14.2857	44.6805	79.8380	60.9777	3274
833346	威贸电子	上海	东部	C	国有参股公司	57.1429	53.1550	66.6451	60.9733	3275
300551	古鳌科技	上海	东部	C	无国有股份公司	100.0000	33.5360	71.3326	60.9706	3276
600892	大晟文化	广东	东部	I	无国有股份公司	57.1429	41.2208	74.2023	60.9528	3277
871970	大禹生物	山西	中部	C	无国有股份公司	28.5714	48.9984	74.4234	60.9394	3278
600162	香江控股	广东	东部	K	无国有股份公司	28.5714	37.4312	81.7678	60.9304	3279
301151	冠龙节能	上海	东部	C	国有参股公司	42.8571	41.5580	76.5096	60.9113	3280
002331	皖通科技	安徽	中部	I	无国有股份公司	71.4286	42.3470	70.7797	60.8932	3281
300322	硕贝德	广东	东部	C	无国有股份公司	28.5714	44.5780	77.1509	60.8924	3282
002867	周大生	广东	东部	C	无国有股份公司	71.4286	39.3500	72.6850	60.8921	3283
300280	紫天科技	福建	东部	L	无国有股份公司	85.7143	39.4456	69.9907	60.8723	3284
301338	凯格精机	广东	东部	C	无国有股份公司	28.5714	53.0775	71.6957	60.8669	3285
002072	凯瑞德	湖北	中部	I	国有参股公司	85.7143	43.0055	67.6773	60.8459	3286

续表

股票代码	公司简称	省份	地区	行业代码	控股类型	环境保护（*EP*）	社会责任（*SR*）	公司治理（*CG*）	上市公司质量/ESG指数（*CLCQI/ESGI*）	*CLCQI/ESGI*排名
002991	甘源食品	江西	中部	C	无国有股份公司	14.2857	42.1459	81.2092	60.8447	3287
002617	露笑科技	浙江	东部	C	国有参股公司	28.5714	54.4748	70.7613	60.8420	3288
600563	法拉电子	福建	东部	C	国有参股公司	14.2857	41.6740	81.4773	60.8270	3289
000812	陕西金叶	陕西	西部	C	国有参股公司	100.0000	33.3879	71.1400	60.8128	3290
300419	浩丰科技	北京	东部	I	无国有股份公司	57.1429	33.5840	78.7815	60.7985	3291
001314	亿道信息	广东	东部	C	国有参股公司	14.2857	46.3099	78.4750	60.7983	3292
002329	皇氏集团	广西	西部	C	国有参股公司	71.4286	36.2338	74.4734	60.7851	3293
600749	西藏旅游	西藏	西部	N	国有参股公司	28.5714	37.8655	81.2228	60.7826	3294
688292	浩瀚深度	北京	东部	I	无国有股份公司	57.1429	47.6341	69.7767	60.7634	3295
000592	平潭发展	福建	东部	A	国有参股公司	14.2857	37.9313	83.7397	60.7613	3296
600521	华海药业	浙江	东部	C	国有参股公司	42.8571	37.3110	78.9181	60.7495	3297
301328	维峰电子	广东	东部	C	无国有股份公司	28.5714	49.7533	73.5787	60.7391	3298
002225	濮耐股份	河南	中部	C	国有参股公司	28.5714	50.9588	72.8046	60.7352	3299
000010	美丽生态	广东	东部	E	国有参股公司	71.4286	38.1939	73.0895	60.7100	3300
600221	海航控股	海南	东部	G	国有参股公司	28.5714	42.6313	78.0566	60.7092	3301
603759	海天股份	四川	西部	D	无国有股份公司	28.5714	46.4793	75.6061	60.7083	3302
002599	盛通股份	北京	东部	C	无国有股份公司	14.2857	45.5096	78.7717	60.6814	3303
002576	通达动力	江苏	东部	C	无国有股份公司	14.2857	52.0730	74.5850	60.6759	3304
300267	尔康制药	湖南	中部	C	国有参股公司	14.2857	46.1876	78.2956	60.6568	3305
300295	三六五网	江苏	东部	I	国有参股公司	71.4286	44.4858	68.9738	60.6485	3306
603816	顾家家居	浙江	东部	C	无国有股份公司	42.8571	40.5708	76.6546	60.6455	3307
300798	锦鸡股份	江苏	东部	C	无国有股份公司	42.8571	51.9077	69.4242	60.6367	3308
605588	冠石科技	江苏	东部	C	无国有股份公司	14.2857	53.2628	73.7504	60.6332	3309
839946	华阳变速	湖北	中部	C	无国有股份公司	14.2857	54.6809	72.8397	60.6287	3310
603022	新通联	上海	东部	C	无国有股份公司	28.5714	49.0150	73.8370	60.6228	3311
601010	文峰股份	江苏	东部	F	国有参股公司	28.5714	41.4689	78.6273	60.6162	3312
000826	启迪环境	湖北	中部	N	国有参股公司	85.7143	32.7403	73.7411	60.5882	3313
603803	瑞斯康达	北京	东部	C	无国有股份公司	14.2857	54.6367	72.7621	60.5706	3314
873527	夜光明	浙江	东部	C	无国有股份公司	57.1429	51.2435	67.0917	60.5499	3315
833266	生物谷	云南	西部	C	无国有股份公司	85.7143	58.0636	57.5376	60.5394	3316
002501	利源股份	吉林	东北	C	国有参股公司	57.1429	37.7019	75.6407	60.5123	3317

续表

股票代码	公司简称	省份	地区	行业代码	控股类型	环境保护（*EP*）	社会责任（*SR*）	公司治理（*CG*）	上市公司质量/ESG指数（*CLCQI/ESGI*）	*CLCQI/ESGI*排名
300550	和仁科技	浙江	东部	I	无国有股份公司	57.1429	33.7941	78.0787	60.4855	3318
002211	宏达新材	上海	东部	C	国有参股公司	85.7143	46.2332	64.9563	60.4790	3319
600375	*ST汉马	安徽	中部	C	无国有股份公司	71.4286	32.2591	76.4434	60.4774	3320
002571	德力股份	安徽	中部	C	国有参股公司	28.5714	38.4614	80.2853	60.4756	3321
000751	锌业股份	辽宁	东北	C	国有参股公司	14.2857	58.7822	69.9248	60.4610	3322
838227	美登科技	浙江	东部	I	无国有股份公司	57.1429	42.8187	72.2664	60.4473	3323
603897	长城科技	浙江	东部	C	无国有股份公司	28.5714	43.8248	76.7889	60.4297	3324
830974	凯大催化	浙江	东部	C	无国有股份公司	28.5714	51.0998	72.1449	60.4218	3325
300103	达刚控股	陕西	西部	N	无国有股份公司	14.2857	52.5085	73.8102	60.4022	3326
300836	佰奥智能	江苏	东部	C	无国有股份公司	57.1429	33.8851	77.8558	60.3948	3327
300157	新锦动力	北京	东部	B	无国有股份公司	57.1429	40.7372	73.4891	60.3913	3328
603358	华达科技	江苏	东部	C	无国有股份公司	85.7143	38.1854	69.9108	60.3872	3329
300726	宏达电子	湖南	中部	C	国有参股公司	42.8571	41.5271	75.5287	60.3610	3330
301331	恩威医药	西藏	西部	C	无国有股份公司	28.5714	40.0755	79.0066	60.3372	3331
835305	云创数据	江苏	东部	I	无国有股份公司	42.8571	54.9315	66.9478	60.3330	3332
300252	金信诺	广东	东部	C	国有参股公司	14.2857	48.0871	76.4971	60.3324	3333
301408	华人健康	安徽	中部	F	国有参股公司	42.8571	37.9484	77.7501	60.3302	3334
603077	和邦生物	四川	西部	C	国有参股公司	42.8571	40.1277	76.3527	60.3244	3335
603486	科沃斯	江苏	东部	C	无国有股份公司	28.5714	47.4973	74.2594	60.3239	3336
003016	欣贺股份	福建	东部	C	无国有股份公司	71.4286	37.9811	72.5076	60.3154	3337
300799	ST左江	北京	东部	I	无国有股份公司	100.0000	45.4611	62.5515	60.3147	3338
688227	品高股份	广东	东部	I	无国有股份公司	42.8571	44.0739	73.7276	60.2617	3339
603676	卫信康	西藏	西部	C	无国有股份公司	14.2857	47.5667	76.5777	60.1946	3340
603708	家家悦	山东	东部	F	无国有股份公司	28.5714	43.5741	76.5093	60.1882	3341
000017	深中华A	广东	东部	C	无国有股份公司	28.5714	37.4645	80.3736	60.1752	3342
600215	派斯林	吉林	东北	K	国有参股公司	14.2857	46.6008	77.1360	60.1637	3343
603669	灵康药业	西藏	西部	C	无国有股份公司	85.7143	39.5493	68.6057	60.1468	3344
300611	美力科技	浙江	东部	C	无国有股份公司	14.2857	42.0038	79.9578	60.1067	3345
603887	城地香江	上海	东部	I	无国有股份公司	42.8571	44.3428	73.2716	60.1051	3346
605318	法狮龙	浙江	东部	C	无国有股份公司	71.4286	35.2256	73.8723	60.1016	3347
000633	合金投资	新疆	西部	C	无国有股份公司	57.1429	46.4541	69.3140	60.0959	3348

续表

股票代码	公司简称	省份	地区	行业代码	控股类型	环境保护（*EP*）	社会责任（*SR*）	公司治理（*CG*）	上市公司质量/ESG指数（*CLCQI/ESGI*）	*CLCQI/ESGI*排名
601616	广电电气	上海	东部	C	无国有股份公司	28.5714	42.7039	76.8888	60.0924	3349
603068	博通集成	上海	东部	C	无国有股份公司	28.5714	43.2238	76.5397	60.0823	3350
300262	*ST巴安	上海	东部	N	国有参股公司	71.4286	40.7294	70.2921	60.0588	3351
300462	华铭智能	上海	东部	C	国有参股公司	14.2857	41.4808	80.1663	60.0383	3352
603130	云中马	浙江	东部	C	无国有股份公司	28.5714	42.2040	77.1049	60.0363	3353
002280	ST联络	浙江	东部	F	无国有股份公司	100.0000	41.6320	64.3730	59.9764	3354
837344	三元基因	北京	东部	C	无国有股份公司	71.4286	52.3518	62.7434	59.9748	3355
870866	绿亨科技	广东	东部	C	国有参股公司	85.7143	38.5712	68.9067	59.9700	3356
002130	沃尔核材	广东	东部	C	无国有股份公司	71.4286	34.2367	74.2409	59.9582	3357
300882	万胜智能	浙江	东部	C	国有参股公司	42.8571	55.2909	66.0323	59.9553	3358
600556	天下秀	广西	西部	I	无国有股份公司	28.5714	34.9945	81.5335	59.9486	3359
605199	葫芦娃	海南	东部	C	无国有股份公司	42.8571	42.9850	73.8396	59.9423	3360
603978	深圳新星	广东	东部	C	无国有股份公司	57.1429	35.0098	76.2558	59.9084	3361
002708	光洋股份	江苏	东部	C	无国有股份公司	28.5714	41.6931	77.1724	59.8946	3362
002897	意华股份	浙江	东部	C	无国有股份公司	85.7143	39.6622	67.9857	59.8453	3363
002380	科远智慧	江苏	东部	I	无国有股份公司	28.5714	51.2422	70.9288	59.8027	3364
300079	数码视讯	北京	东部	C	无国有股份公司	14.2857	42.5337	79.0451	59.7902	3365
002769	普路通	广东	东部	L	国有参股公司	14.2857	36.5608	82.8246	59.7784	3366
603027	千禾味业	四川	西部	C	无国有股份公司	14.2857	43.9623	78.0686	59.7531	3367
300209	*ST有树	湖南	中部	F	国有参股公司	71.4286	35.1233	73.2802	59.7401	3368
300165	天瑞仪器	江苏	东部	C	国有参股公司	28.5714	44.7111	74.8794	59.6897	3369
002640	跨境通	山西	中部	F	国有参股公司	100.0000	30.4012	70.9834	59.6813	3370
834950	迅安科技	江苏	东部	C	无国有股份公司	28.5714	52.0165	70.1779	59.6608	3371
301302	华如科技	北京	东部	I	无国有股份公司	14.2857	42.1539	78.9587	59.6097	3372
603939	益丰药房	湖南	中部	F	无国有股份公司	28.5714	43.6727	75.3611	59.5912	3373
430090	同辉信息	北京	东部	I	无国有股份公司	100.0000	42.3024	63.2334	59.5842	3374
603383	顶点软件	福建	东部	I	无国有股份公司	28.5714	41.8165	76.4853	59.5598	3375
832876	慧为智能	广东	东部	C	无国有股份公司	14.2857	51.9404	72.6252	59.5516	3376
600857	宁波中百	浙江	东部	F	无国有股份公司	28.5714	35.7803	80.1589	59.4677	3377
300494	盛天网络	湖北	中部	I	国有参股公司	42.8571	40.8439	74.3066	59.4497	3378
873152	天宏锂电	浙江	东部	C	无国有股份公司	57.1429	50.0864	65.7877	59.4278	3379

续表

股票代码	公司简称	省份	地区	行业代码	控股类型	环境保护（*EP*）	社会责任（*SR*）	公司治理（*CG*）	上市公司质量/ESG指数（*CLCQI/ESGI*）	*CLCQI/ESGI*排名
600535	天士力	天津	东部	C	无国有股份公司	42.8571	42.5550	73.1469	59.4108	3380
600976	健民集团	湖北	中部	F	无国有股份公司	14.2857	44.8142	76.8717	59.3930	3381
833781	瑞奇智造	四川	西部	C	无国有股份公司	14.2857	55.4855	70.0625	59.3829	3382
300585	奥联电子	江苏	东部	C	国有参股公司	85.7143	32.7774	71.5158	59.3772	3383
002745	木林森	广东	东部	C	无国有股份公司	42.8571	35.2976	77.6799	59.3638	3384
002104	恒宝股份	江苏	东部	C	无国有股份公司	28.5714	48.3732	71.9274	59.3479	3385
002750	*ST龙津	云南	西部	C	无国有股份公司	28.5714	42.6558	75.5654	59.3477	3386
603282	亚光股份	浙江	东部	C	无国有股份公司	28.5714	41.3520	76.3768	59.3376	3387
002752	昇兴股份	福建	东部	C	无国有股份公司	28.5714	42.6429	75.4657	59.2883	3388
837046	亿能电力	江苏	东部	C	无国有股份公司	57.1429	44.5474	69.0356	59.2755	3389
837092	汉鑫科技	山东	东部	I	国有参股公司	57.1429	56.0738	61.6681	59.2576	3390
300127	银河磁体	四川	西部	C	国有参股公司	14.2857	48.3725	74.3034	59.2258	3391
836414	欧普泰	上海	东部	C	无国有股份公司	14.2857	45.9423	75.8026	59.1998	3392
002995	天地在线	北京	东部	I	国有参股公司	42.8571	42.7974	72.5592	59.1723	3393
000506	*ST中润	山东	东部	B	无国有股份公司	100.0000	34.4247	67.4777	59.1614	3394
000669	ST金鸿	吉林	东北	D	无国有股份公司	85.7143	39.1538	67.0244	59.1386	3395
600246	万通发展	北京	东部	K	无国有股份公司	85.7143	36.0478	68.8810	59.0727	3396
000678	襄阳轴承	湖北	中部	C	国有参股公司	57.1429	37.6250	73.0549	59.0632	3397
002665	ST航高	甘肃	西部	C	国有参股公司	85.7143	42.1552	64.9583	59.0528	3398
600165	*ST宁科	宁夏	西部	C	无国有股份公司	57.1429	48.4268	66.1415	59.0415	3399
300554	三超新材	江苏	东部	C	无国有股份公司	57.1429	48.5105	66.0745	59.0339	3400
002877	智能自控	江苏	东部	C	无国有股份公司	14.2857	48.1417	74.0885	59.0268	3401
002575	群兴玩具	广东	东部	C	无国有股份公司	85.7143	43.6794	63.9243	59.0176	3402
603339	四方科技	江苏	东部	C	无国有股份公司	14.2857	44.4635	76.3992	59.0103	3403
838971	天马新材	河南	中部	C	无国有股份公司	14.2857	51.1908	72.0979	58.9992	3404
301369	联动科技	广东	东部	C	无国有股份公司	14.2857	52.6409	71.1600	58.9909	3405
603326	我乐家居	江苏	东部	C	国有参股公司	42.8571	39.8413	74.0847	58.9767	3406
300427	*ST红相	福建	东部	C	无国有股份公司	28.5714	39.2201	76.9539	58.9088	3407
600753	庚星股份	福建	东部	F	国有参股公司	28.5714	39.3711	76.8353	58.8965	3408
430425	乐创技术	四川	西部	I	无国有股份公司	42.8571	48.8167	68.2121	58.8882	3409
603070	万控智造	浙江	东部	C	无国有股份公司	28.5714	39.5325	76.6923	58.8743	3410

续表

股票代码	公司简称	省份	地区	行业代码	控股类型	环境保护（*EP*）	社会责任（*SR*）	公司治理（*CG*）	上市公司质量/ESG指数（*CLCQI/ESGI*）	*CLCQI/ESGI*排名
000020	深华发A	广东	东部	C	无国有股份公司	71.4286	33.8082	72.5330	58.8689	3411
002247	聚力文化	浙江	东部	I	无国有股份公司	42.8571	35.7636	76.4652	58.8588	3412
600107	美尔雅	湖北	中部	C	国有参股公司	28.5714	37.5347	77.9132	58.8466	3413
002636	金安国纪	上海	东部	C	国有参股公司	14.2857	44.8048	75.8552	58.8306	3414
300581	晨曦航空	陕西	西部	C	国有参股公司	28.5714	49.3346	70.3029	58.7908	3415
600694	大商股份	辽宁	东北	F	国有参股公司	71.4286	29.2799	75.2349	58.7700	3416
002621	*ST美吉	辽宁	东北	P	国有参股公司	100.0000	32.4051	68.0477	58.7680	3417
600571	信雅达	浙江	东部	I	无国有股份公司	14.2857	41.5682	77.7899	58.7619	3418
002171	楚江新材	安徽	中部	C	国有参股公司	28.5714	40.8757	75.5248	58.7023	3419
605138	盛泰集团	浙江	东部	C	无国有股份公司	14.2857	48.0288	73.5634	58.6985	3420
600836	*ST易连	上海	东部	C	国有参股公司	71.4286	39.4024	68.5221	58.6209	3421
603122	合富中国	上海	东部	F	国有参股公司	14.2857	39.0237	79.1377	58.6126	3422
603466	风语筑	上海	东部	R	国有参股公司	14.2857	36.6974	80.6077	58.6069	3423
839371	欧福蛋业	江苏	东部	C	国有参股公司	28.5714	40.6829	75.4720	58.6057	3424
002426	胜利精密	江苏	东部	C	无国有股份公司	28.5714	36.2038	78.2886	58.5872	3425
870357	雅葆轩	安徽	中部	C	国有参股公司	14.2857	51.6960	70.9673	58.5542	3426
838810	春光药装	辽宁	东北	C	国有参股公司	14.2857	43.6910	76.0370	58.5408	3427
600303	ST曙光	辽宁	东北	C	无国有股份公司	28.5714	42.0990	74.3712	58.4960	3428
836871	派特尔	广东	东部	C	无国有股份公司	14.2857	53.8581	69.4675	58.4861	3429
688500	慧辰股份	北京	东部	I	无国有股份公司	14.2857	45.0649	75.0359	58.4711	3430
000584	*ST工智	江苏	东部	C	无国有股份公司	71.4286	37.9898	69.1408	58.4667	3431
300116	*ST保力	陕西	西部	C	国有参股公司	57.1429	49.1718	64.5942	58.4512	3432
002816	*ST和科	广东	东部	C	无国有股份公司	100.0000	33.5252	66.7429	58.4424	3433
002535	林州重机	河南	中部	C	无国有股份公司	100.0000	34.0691	66.3733	58.4295	3434
603001	奥康国际	浙江	东部	C	无国有股份公司	42.8571	33.3435	77.1912	58.4111	3435
603389	亚振家居	江苏	东部	C	国有参股公司	85.7143	43.0566	63.1732	58.3865	3436
837663	明阳科技	江苏	东部	C	国有参股公司	71.4286	48.0203	62.5932	58.3762	3437
002485	ST雪发	山东	东部	N	无国有股份公司	100.0000	37.2848	64.1850	58.3515	3438
002309	*ST中利	江苏	东部	C	国有参股公司	85.7143	33.7922	68.9650	58.3294	3439
603598	引力传媒	北京	东部	L	国有参股公司	14.2857	40.9798	77.3560	58.3173	3440
002610	ST爱康	浙江	东部	C	无国有股份公司	28.5714	49.0017	69.5683	58.2703	3441

续表

股票代码	公司简称	省份	地区	行业代码	控股类型	环境保护（*EP*）	社会责任（*SR*）	公司治理（*CG*）	上市公司质量/ESG指数（*CLCQI/ESGI*）	*CLCQI/ESGI*排名
603085	天成自控	浙江	东部	C	无国有股份公司	71.4286	37.7304	68.7328	58.1515	3442
600594	益佰制药	贵州	西部	C	国有参股公司	42.8571	33.1617	76.8035	58.1342	3443
300366	创意信息	四川	西部	I	国有参股公司	14.2857	36.5828	79.7882	58.1160	3444
872374	云里物里	广东	东部	C	无国有股份公司	14.2857	43.9613	75.0668	58.1018	3445
000638	万方发展	吉林	东北	I	国有参股公司	57.1429	49.0490	64.0058	58.0846	3446
300242	佳云科技	广东	东部	I	国有参股公司	71.4286	34.4227	70.5953	58.0182	3447
002289	ST宇顺	广东	东部	C	无国有股份公司	85.7143	37.0696	66.2645	57.9913	3448
600545	卓郎智能	新疆	西部	C	国有参股公司	71.4286	35.0560	70.1182	57.9775	3449
300331	苏大维格	江苏	东部	C	国有参股公司	57.1429	34.4073	72.9879	57.9002	3450
002667	威领股份	湖南	中部	C	国有参股公司	28.5714	38.8516	75.2641	57.8504	3451
000679	大连友谊	辽宁	东北	F	国有参股公司	85.7143	32.7323	68.6604	57.7909	3452
603121	华培动力	上海	东部	C	无国有股份公司	14.2857	32.9096	81.4767	57.7591	3453
833533	骏创科技	江苏	东部	C	国有参股公司	14.2857	48.6987	71.3529	57.7172	3454
600595	中孚实业	河南	中部	C	国有参股公司	42.8571	38.3892	72.6617	57.6859	3455
605001	威奥股份	山东	东部	C	无国有股份公司	0.0000	44.0822	76.7835	57.6597	3456
000615	ST美谷	湖北	中部	K	无国有股份公司	42.8571	42.7096	69.8131	57.6313	3457
603595	东尼电子	浙江	东部	C	国有参股公司	28.5714	43.5228	71.8635	57.6151	3458
831726	朱老六	吉林	东北	C	国有参股公司	57.1429	46.0992	64.9814	57.5888	3459
873167	新赣江	江西	中部	C	国有参股公司	42.8571	49.1082	65.6493	57.5807	3460
000861	海印股份	广东	东部	L	国有参股公司	28.5714	41.9761	72.7719	57.5733	3461
000631	顺发恒业	浙江	东部	K	国有参股公司	57.1429	35.6206	71.5271	57.5214	3462
839725	惠丰钻石	河南	中部	C	国有参股公司	14.2857	43.8945	73.9958	57.4893	3463
600589	广东榕泰	广东	东部	C	无国有股份公司	14.2857	47.7876	71.4889	57.4731	3464
834415	恒拓开源	河南	中部	I	无国有股份公司	57.1429	42.2937	67.1056	57.4252	3465
605081	太和水	上海	东部	N	国有参股公司	71.4286	34.2614	69.5746	57.4004	3466
002707	众信旅游	北京	东部	L	无国有股份公司	14.2857	44.5821	73.3654	57.3833	3467
688565	力源科技	浙江	东部	N	无国有股份公司	14.2857	39.1972	76.5358	57.2423	3468
832089	禾昌聚合	江苏	东部	C	无国有股份公司	28.5714	38.5877	74.0034	57.0647	3469
836942	恒立钻具	湖北	中部	C	国有参股公司	14.2857	43.9099	73.1818	57.0470	3470
872541	铁大科技	上海	东部	C	无国有股份公司	42.8571	37.3477	71.9652	56.9383	3471
600105	永鼎股份	江苏	东部	C	无国有股份公司	14.2857	38.9121	76.1526	56.9317	3472

续表

股票代码	公司简称	省份	地区	行业代码	控股类型	环境保护（*EP*）	社会责任（*SR*）	公司治理（*CG*）	上市公司质量/ESG指数（*CLCQI/ESGI*）	*CLCQI/ESGI*排名
831195	三祥科技	山东	东部	C	国有参股公司	57.1429	45.4986	64.1131	56.9010	3473
301313	凡拓数创	广东	东部	I	无国有股份公司	14.2857	41.4330	74.4426	56.8736	3474
833075	柏星龙	广东	东部	C	无国有股份公司	14.2857	41.8713	74.1337	56.8571	3475
603363	*ST傲农	福建	东部	C	国有参股公司	57.1429	37.3583	69.0421	56.7628	3476
000980	众泰汽车	浙江	东部	C	无国有股份公司	14.2857	46.6928	70.7554	56.6865	3477
603158	腾龙股份	江苏	东部	C	国有参股公司	14.2857	42.2916	73.5123	56.6624	3478
300167	*ST迪威	广东	东部	I	国有参股公司	85.7143	33.4831	66.1184	56.6557	3479
300256	星星科技	江西	中部	C	无国有股份公司	14.2857	41.8253	73.7929	56.6535	3480
001260	坤泰股份	山东	东部	C	国有参股公司	42.8571	42.1456	68.3844	56.6481	3481
603980	吉华集团	浙江	东部	C	国有参股公司	14.2857	42.3738	73.3943	56.6263	3482
605286	同力日升	江苏	东部	C	无国有股份公司	28.5714	41.0124	71.6577	56.6232	3483
000620	新华联	北京	东部	K	无国有股份公司	42.8571	40.7343	69.2161	56.6116	3484
002574	明牌珠宝	浙江	东部	C	国有参股公司	57.1429	41.3966	66.1673	56.5951	3485
300495	*ST美尚	广东	东部	N	国有参股公司	100.0000	36.8451	61.1756	56.5424	3486
000676	智度股份	广东	东部	I	国有参股公司	28.5714	37.0870	73.8793	56.4712	3487
002164	宁波东力	浙江	东部	C	无国有股份公司	85.7143	34.4102	65.1651	56.4558	3488
603421	鼎信通讯	山东	东部	I	无国有股份公司	0.0000	48.5542	71.6134	56.3814	3489
600365	ST通葡	吉林	东北	C	无国有股份公司	57.1429	38.1142	67.6302	56.2509	3490
002951	*ST金时	四川	西部	C	无国有股份公司	14.2857	49.2317	68.2845	56.2162	3491
605108	同庆楼	安徽	中部	H	无国有股份公司	14.2857	39.9279	74.0557	56.1340	3492
600070	*ST富润	浙江	东部	I	无国有股份公司	71.4286	32.6414	68.2665	56.1139	3493
000809	*ST和展	辽宁	东北	N	国有参股公司	57.1429	41.2418	65.3455	56.0890	3494
600078	澄星股份	江苏	东部	C	国有参股公司	14.2857	38.8101	74.5472	56.0131	3495
600173	卧龙地产	浙江	东部	K	无国有股份公司	28.5714	35.9210	73.7301	55.9811	3496
832885	星辰科技	广西	西部	C	无国有股份公司	14.2857	48.7780	68.0989	55.9553	3497
601799	星宇股份	江苏	东部	C	无国有股份公司	14.2857	42.0267	72.2981	55.9019	3498
834475	三友科技	浙江	东部	C	无国有股份公司	28.5714	47.3461	65.9151	55.6816	3499
301186	超达装备	江苏	东部	C	无国有股份公司	14.2857	42.9919	71.0886	55.5745	3500
603858	步长制药	山东	东部	C	无国有股份公司	14.2857	43.9763	70.2848	55.4769	3501
603729	龙韵股份	上海	东部	L	无国有股份公司	14.2857	43.9194	70.3194	55.4760	3502
000525	ST红太阳	江苏	东部	C	国有参股公司	28.5714	43.6296	67.9012	55.4732	3503

续表

股票代码	公司简称	省份	地区	行业代码	控股类型	环境保护（*EP*）	社会责任（*SR*）	公司治理（*CG*）	上市公司质量/ESG指数（*CLCQI/ESGI*）	*CLCQI/ESGI*排名
835174	五新隧装	湖南	中部	C	无国有股份公司	14.2857	36.3831	75.0367	55.4328	3504
300029	ST天龙	江苏	东部	C	无国有股份公司	14.2857	50.7574	65.6610	55.3072	3505
600289	*ST信通	黑龙江	东北	I	无国有股份公司	42.8571	32.9115	71.8224	55.3070	3506
002157	正邦科技	江西	中部	A	国有参股公司	28.5714	41.2807	68.8404	55.1676	3507
301005	超捷股份	上海	东部	C	无国有股份公司	0.0000	53.5662	66.0689	55.0861	3508
600898	*ST美讯	山东	东部	C	无国有股份公司	57.1429	26.3586	72.8745	55.0207	3509
600280	中央商场	江苏	东部	F	无国有股份公司	28.5714	36.9166	71.2640	54.9732	3510
000752	ST西发	西藏	西部	C	国有参股公司	85.7143	35.8086	61.1912	54.7596	3511
600804	*ST鹏博	山东	东部	I	无国有股份公司	28.5714	42.5679	67.0548	54.6360	3512
002742	ST三圣	重庆	西部	C	无国有股份公司	42.8571	39.2224	66.4899	54.5830	3513
002656	ST摩登	广东	东部	C	无国有股份公司	100.0000	24.4371	65.2079	54.4173	3514
002905	金逸影视	广东	东部	R	国有参股公司	0.0000	33.8735	77.0926	54.2567	3515
000056	皇庭国际	广东	东部	L	无国有股份公司	71.4286	33.0401	64.6158	54.2456	3516
871642	通易航天	江苏	东部	C	国有参股公司	14.2857	43.7411	68.1192	54.2035	3517
600785	新华百货	宁夏	西部	F	无国有股份公司	28.5714	35.1784	70.9446	54.1891	3518
603048	浙江黎明	浙江	东部	C	国有参股公司	14.2857	45.5682	66.8609	54.1509	3519
603003	*ST龙宇	上海	东部	F	国有参股公司	28.5714	48.7007	62.2233	54.1252	3520
002141	*ST贤丰	广东	东部	C	无国有股份公司	14.2857	40.8812	69.6833	54.0628	3521
831834	三维股份	江苏	东部	C	无国有股份公司	42.8571	47.0830	60.4716	54.0242	3522
002510	天汽模	天津	东部	C	无国有股份公司	14.2857	47.5768	65.2035	53.9424	3523
603223	恒通股份	山东	东部	G	无国有股份公司	14.2857	34.6608	73.3509	53.9028	3524
002584	西陇科学	广东	东部	C	国有参股公司	0.0000	45.5797	68.7549	53.7681	3525
872351	华光源海	湖南	中部	G	无国有股份公司	14.2857	43.9129	67.1768	53.7454	3526
000802	北京文化	北京	东部	R	国有参股公司	42.8571	32.6961	69.0807	53.7237	3527
000609	*ST中迪	北京	东部	S	国有参股公司	85.7143	35.1913	58.4610	53.0420	3528
002502	ST鼎龙	广东	东部	R	无国有股份公司	14.2857	32.4241	72.6124	52.7138	3529
300878	维康药业	浙江	东部	C	国有参股公司	42.8571	44.5054	59.6936	52.6941	3530
002988	豪美新材	广东	东部	C	无国有股份公司	14.2857	46.5215	63.3453	52.5510	3531
002172	澳洋健康	江苏	东部	C	国有参股公司	14.2857	31.6176	72.3373	52.2803	3532
603117	ST万林	江苏	东部	L	无国有股份公司	28.5714	30.7573	69.6959	51.9549	3533
600818	中路股份	上海	东部	C	无国有股份公司	28.5714	31.8242	68.6249	51.7393	3534

续表

股票代码	公司简称	省份	地区	行业代码	控股类型	环境保护（*EP*）	社会责任（*SR*）	公司治理（*CG*）	上市公司质量/ESG指数（*CLCQI/ESGI*）	*CLCQI/ESGI*排名
870204	沪江材料	江苏	东部	C	无国有股份公司	71.4286	52.3683	47.2261	51.4461	3535
000656	*ST金科	重庆	西部	K	国有参股公司	14.2857	33.6959	67.3987	50.2914	3536
002569	ST步森	浙江	东部	C	无国有股份公司	28.5714	44.1755	57.4340	49.9072	3537
000971	*ST高升	湖北	中部	I	无国有股份公司	42.8571	38.8974	57.9913	49.7950	3538
000023	*ST深天	广东	东部	C	国有参股公司	28.5714	41.3090	54.4786	47.2785	3539

15.4　2023年中国金融业上市公司质量/ESG指数总排名

2023 年中国金融业上市公司质量 /ESG 指数总排名如表 15-4 所示。

表15-4　2023年中国金融业上市公司质量/ESG指数总排名

（按股票代码从低到高排列）

股票代码	公司简称	省份	地区	控股类型	环境保护（*EP*）	社会责任（*SR*）	公司治理（*CG*）	上市公司质量/ESG指数（*CLCQI/ESGI*）	*CLCQI/ESGI*排名
000001	平安银行	广东	东部	国有弱相对控股公司	85.7143	66.7161	85.6439	79.0262	14
000166	申万宏源	新疆	西部	国有绝对控股公司	85.7143	50.1110	82.9857	71.7524	62
000563	陕国投A	陕西	西部	国有绝对控股公司	71.4286	55.6985	95.6292	79.2334	12
000567	海德股份	海南	东部	无国有股份公司	14.2857	53.4033	77.6222	62.8120	116
000617	中油资本	新疆	西部	国有绝对控股公司	85.7143	46.8724	81.9232	70.0345	78
000627	天茂集团	湖北	中部	国有参股公司	28.5714	45.7859	84.1879	65.1855	110
000686	东北证券	吉林	东北	国有弱相对控股公司	85.7143	52.3536	90.6708	76.7641	25
000712	锦龙股份	广东	东部	无国有股份公司	28.5714	44.0970	77.1958	60.7488	119
000728	国元证券	安徽	中部	国有绝对控股公司	85.7143	52.6526	88.8768	75.8821	29
000750	国海证券	广西	西部	国有强相对控股公司	85.7143	52.2707	80.6904	71.2459	66
000776	广发证券	广东	东部	国有参股公司	85.7143	50.1785	82.3644	71.4343	65
000783	长江证券	湖北	中部	国有参股公司	71.4286	48.8414	85.0757	71.0290	69

续表

股票代码	公司简称	省份	地区	控股类型	环境保护（*EP*）	社会责任（*SR*）	公司治理（*CG*）	上市公司质量/ESG指数（*CLCQI/ESGI*）	*CLCQI/ESGI*排名
000958	电投产融	河北	东部	国有绝对控股公司	85.7143	54.0762	87.4588	75.6004	31
000987	越秀资本	广东	东部	国有绝对控股公司	85.7143	61.0821	100.0000	84.9502	5
001227	兰州银行	甘肃	西部	国有弱相对控股公司	57.1429	43.2504	86.1416	68.2298	95
001236	弘业期货	江苏	东部	国有强相对控股公司	85.7143	56.1207	85.2855	75.1207	34
002142	宁波银行	浙江	东部	国有弱相对控股公司	71.4286	39.1996	86.2299	68.2892	92
002423	中粮资本	河南	中部	国有绝对控股公司	28.5714	44.9951	75.9678	60.3877	120
002500	山西证券	山西	中部	国有绝对控股公司	28.5714	47.7585	82.3293	64.8537	111
002647	仁东控股	广东	东部	国有参股公司	14.2857	44.1858	84.8494	63.5608	115
002670	国盛金控	江西	中部	国有绝对控股公司	14.2857	51.8064	73.0858	59.7580	122
002673	西部证券	陕西	西部	国有强相对控股公司	28.5714	47.6869	86.7255	67.2466	104
002736	国信证券	广东	东部	国有绝对控股公司	85.7143	49.9544	92.4250	76.8892	22
002797	第一创业	广东	东部	国有弱相对控股公司	85.7143	49.5983	88.9042	74.8281	38
002807	江阴银行	江苏	东部	国有参股公司	85.7143	41.8829	94.0167	74.9396	37
002839	张家港行	江苏	东部	国有参股公司	42.8571	43.3384	99.1347	73.9782	49
002926	华西证券	四川	西部	国有强相对控股公司	71.4286	50.9062	96.4402	78.0022	18
002936	郑州银行	河南	中部	国有弱相对控股公司	85.7143	49.6240	87.8172	74.2393	47
002939	长城证券	广东	东部	国有绝对控股公司	85.7143	55.0909	91.8414	78.3660	16
002945	华林证券	西藏	西部	无国有股份公司	71.4286	57.2505	78.9337	70.5941	72
002948	青岛银行	山东	东部	国有参股公司	85.7143	38.8577	84.1782	68.4696	89
002958	青农商行	山东	东部	国有弱相对控股公司	85.7143	31.9635	87.6898	67.9880	99
002961	瑞达期货	福建	东部	国有参股公司	28.5714	46.5290	91.8369	69.6526	80
002966	苏州银行	江苏	东部	国有弱相对控股公司	85.7143	40.4465	87.8347	71.0368	68
300033	同花顺	浙江	东部	无国有股份公司	85.7143	97.8448	80.2940	86.9788	4
300059	东方财富	上海	东部	国有参股公司	85.7143	74.4231	83.4469	80.5153	9
300803	指南针	北京	东部	无国有股份公司	14.2857	61.3629	90.2957	72.5682	58
600000	浦发银行	上海	东部	国有强相对控股公司	85.7143	50.2421	81.3310	70.8882	70
600015	华夏银行	北京	东部	国有绝对控股公司	85.7143	45.7105	79.6782	68.3931	91
600016	民生银行	北京	东部	无国有股份公司	85.7143	54.0447	82.6591	72.9496	56
600030	中信证券	广东	东部	国有弱相对控股公司	85.7143	55.1644	82.5910	73.3040	52
600036	招商银行	广东	东部	国有强相对控股公司	85.7143	69.4920	85.9408	80.1611	10
600053	九鼎投资	江西	中部	国有参股公司	0.0000	46.9946	77.3046	58.9656	123

续表

股票代码	公司简称	省份	地区	控股类型	环境保护（*EP*）	社会责任（*SR*）	公司治理（*CG*）	上市公司质量/ESG指数（*CLCQI/ESGI*）	*CLCQI/ESGI*排名
600061	国投资本	上海	东部	国有绝对控股公司	85.7143	43.9986	93.2526	75.2598	32
600095	湘财股份	黑龙江	东北	国有参股公司	42.8571	50.8255	84.7554	68.6901	84
600109	国金证券	四川	西部	国有参股公司	85.7143	49.2243	88.2693	74.3481	44
600120	浙江东方	浙江	东部	国有绝对控股公司	85.7143	53.9240	76.9278	69.7551	79
600155	华创云信	北京	东部	国有参股公司	57.1429	47.7678	87.7193	70.6786	71
600318	新力金融	安徽	中部	国有参股公司	14.2857	50.9958	75.4721	60.7868	118
600369	西南证券	重庆	西部	国有绝对控股公司	100.0000	49.6110	95.6170	79.9532	11
600390	五矿资本	湖南	中部	国有绝对控股公司	85.7143	56.0246	86.6371	75.8304	30
600517	国网英大	上海	东部	国有绝对控股公司	100.0000	55.8597	85.1767	76.3981	27
600599	ST熊猫	湖南	中部	无国有股份公司	14.2857	37.1074	65.7868	50.5989	124
600621	华鑫股份	上海	东部	国有绝对控股公司	42.8571	62.2321	80.1372	70.1424	76
600643	爱建集团	上海	东部	国有参股公司	57.1429	50.2327	80.3525	67.4896	102
600705	中航产融	黑龙江	东北	国有绝对控股公司	85.7143	44.0887	84.1823	70.3028	74
600783	鲁信创投	山东	东部	国有绝对控股公司	85.7143	50.9326	76.0109	68.2038	97
600816	建元信托	上海	东部	国有绝对控股公司	57.1429	45.9561	79.3998	65.4688	107
600837	海通证券	上海	东部	国有弱相对控股公司	85.7143	56.4553	88.2387	76.8621	23
600864	哈投股份	黑龙江	东北	国有绝对控股公司	85.7143	48.5168	75.1897	66.9066	105
600901	江苏金租	江苏	东部	国有绝对控股公司	85.7143	49.1209	86.6421	73.4169	51
600906	财达证券	河北	东部	国有绝对控股公司	71.4286	47.3789	93.5521	75.1791	33
600908	无锡银行	江苏	东部	国有弱相对控股公司	85.7143	40.7447	82.6238	68.2751	94
600909	华安证券	安徽	中部	国有绝对控股公司	85.7143	48.4169	94.1388	77.2937	21
600918	中泰证券	山东	东部	国有绝对控股公司	85.7143	55.6467	79.9295	72.0090	60
600919	江苏银行	江苏	东部	国有强相对控股公司	71.4286	49.5829	80.8176	68.9465	83
600926	杭州银行	浙江	东部	国有强相对控股公司	71.4286	40.0137	81.8661	66.1740	106
600927	永安期货	浙江	东部	国有绝对控股公司	57.1429	47.4799	87.1690	70.2752	75
600928	西安银行	陕西	西部	无国有股份公司	71.4286	37.7680	72.5715	60.2760	121
600958	东方证券	上海	东部	国有强相对控股公司	85.7143	57.9227	88.9152	77.7477	19
600999	招商证券	广东	东部	国有绝对控股公司	85.7143	56.0209	88.3683	76.7813	24
601009	南京银行	江苏	东部	国有参股公司	85.7143	51.2083	81.3580	71.2412	67
601059	信达证券	北京	东部	国有绝对控股公司	57.1429	34.0996	92.4146	68.4772	88
601066	中信建投	北京	东部	国有绝对控股公司	85.7143	56.8263	86.7567	76.1768	28

续表

股票代码	公司简称	省份	地区	控股类型	环境保护（*EP*）	社会责任（*SR*）	公司治理（*CG*）	上市公司质量/ESG指数（*CLCQI/ESGI*）	*CLCQI/ESGI*排名
601077	渝农商行	重庆	西部	国有强相对控股公司	85.7143	44.7771	80.4688	68.5012	86
601099	太平洋	云南	西部	无国有股份公司	28.5714	53.9303	77.4826	64.3482	113
601108	财通证券	浙江	东部	国有强相对控股公司	71.4286	49.8823	98.7903	78.9363	15
601128	常熟银行	江苏	东部	国有弱相对控股公司	85.7143	43.7490	87.3694	71.9367	61
601136	首创证券	北京	东部	国有绝对控股公司	71.4286	44.9956	82.5197	68.2771	93
601162	天风证券	湖北	中部	国有弱相对控股公司	85.7143	44.5062	87.3451	72.1884	59
601166	兴业银行	福建	东部	国有强相对控股公司	85.7143	63.1204	79.1467	74.1942	48
601169	北京银行	北京	东部	国有参股公司	85.7143	51.8301	81.5865	71.5845	64
601187	厦门银行	福建	东部	国有弱相对控股公司	57.1429	43.6676	78.0042	63.9002	114
601198	东兴证券	北京	东部	国有绝对控股公司	28.5714	50.2227	85.9380	67.7010	101
601211	国泰君安	上海	东部	国有强相对控股公司	85.7143	54.5001	88.7437	76.4555	26
601229	上海银行	上海	东部	国有强相对控股公司	85.7143	49.5885	76.4234	67.9603	100
601236	红塔证券	云南	西部	国有绝对控股公司	85.7143	54.1895	86.1947	74.9448	36
601288	农业银行	北京	东部	国有绝对控股公司	85.7143	82.4459	91.6734	87.8479	3
601318	中国平安	广东	东部	国有弱相对控股公司	85.7143	65.7695	83.7892	77.6748	20
601319	中国人保	北京	东部	国有绝对控股公司	100.0000	58.1859	88.7855	79.1971	13
601328	交通银行	上海	东部	国有弱相对控股公司	85.7143	58.2645	82.3616	74.2629	46
601336	新华保险	北京	东部	国有强相对控股公司	85.7143	63.3603	79.6427	74.5510	40
601375	中原证券	河南	中部	国有弱相对控股公司	85.7143	53.7966	85.6351	74.4996	41
601377	兴业证券	福建	东部	国有强相对控股公司	85.7143	64.9860	92.6882	82.2950	6
601398	工商银行	北京	东部	国有绝对控股公司	85.7143	100.0000	82.4412	88.9141	2
601456	国联证券	江苏	东部	国有强相对控股公司	85.7143	47.8069	96.0860	78.1511	17
601519	大智慧	上海	东部	无国有股份公司	71.4286	70.3282	66.6506	68.4155	90
601528	瑞丰银行	浙江	东部	国有弱相对控股公司	85.7143	44.7381	88.9303	73.1414	53
601555	东吴证券	江苏	东部	国有强相对控股公司	85.7143	37.6841	79.2390	65.3423	109
601577	长沙银行	湖南	中部	国有强相对控股公司	85.7143	42.2676	81.5411	68.2127	96
601601	中国太保	上海	东部	国有强相对控股公司	85.7143	63.6796	93.0457	82.0344	8
601628	中国人寿	北京	东部	国有绝对控股公司	57.1429	59.5967	84.1084	72.8327	57
601658	邮储银行	北京	东部	国有绝对控股公司	85.7143	57.0004	75.5721	70.0862	77
601665	齐鲁银行	山东	东部	国有参股公司	57.1429	38.7198	83.8582	65.3882	108
601688	华泰证券	江苏	东部	国有弱相对控股公司	85.7143	52.4469	84.6831	73.5035	50

续表

股票代码	公司简称	省份	地区	控股类型	环境保护（*EP*）	社会责任（*SR*）	公司治理（*CG*）	上市公司质量/ESG指数（*CLCQI/ESGI*）	*CLCQI/ESGI*排名
601696	中银证券	上海	东部	国有绝对控股公司	85.7143	44.4791	82.1294	69.3103	81
601788	光大证券	上海	东部	国有弱相对控股公司	57.1429	61.7196	86.9060	75.1144	35
601818	光大银行	北京	东部	国有绝对控股公司	85.7143	46.6799	79.5708	68.6733	85
601825	沪农商行	上海	东部	国有绝对控股公司	85.7143	42.0430	92.7726	74.3114	45
601838	成都银行	四川	西部	国有强相对控股公司	71.4286	39.9934	89.5586	70.3978	73
601860	紫金银行	江苏	东部	国有弱相对控股公司	71.4286	41.3669	86.2919	69.0818	82
601878	浙商证券	浙江	东部	国有绝对控股公司	28.5714	41.3005	85.9899	64.6067	112
601881	中国银河	北京	东部	国有强相对控股公司	42.8571	62.4759	76.3008	68.1177	98
601901	方正证券	湖南	中部	国有弱相对控股公司	42.8571	54.9181	69.7503	61.8697	117
601916	浙商银行	浙江	东部	国有弱相对控股公司	85.7143	49.7278	88.1785	74.4744	42
601939	建设银行	北京	东部	国有绝对控股公司	85.7143	92.9204	88.7060	89.8819	1
601963	重庆银行	重庆	西部	国有强相对控股公司	85.7143	56.7023	78.7530	71.7314	63
601988	中国银行	北京	东部	国有绝对控股公司	85.7143	82.0078	81.6714	82.1935	7
601990	南京证券	江苏	东部	国有绝对控股公司	85.7143	50.9721	87.5446	74.5612	39
601995	中金公司	北京	东部	国有强相对控股公司	85.7143	56.5956	83.7966	74.4680	43
601997	贵阳银行	贵州	西部	国有弱相对控股公司	42.8571	44.9766	88.1105	68.4883	87
601998	中信银行	北京	东部	国有绝对控股公司	85.7143	53.5519	83.2243	73.0880	55
603093	南华期货	浙江	东部	无国有股份公司	57.1429	60.9732	83.7532	73.1192	54
603323	苏农银行	江苏	东部	国有参股公司	85.7143	34.6380	84.8342	67.3535	103

附一　中国上市公司治理分类指数报告系列

[1] 高明华，等 . 中国上市公司高管薪酬指数报告 2009[M]. 北京：经济科学出版社，2010.

[2] 高明华，等 . 中国上市公司信息披露指数报告 2010[M]. 北京：经济科学出版社，2010.

[3] 高明华，等 . 中国上市公司高管薪酬指数报告 2011[M]. 北京：经济科学出版社，2011.

[4] 高明华，等 . 中国上市公司财务治理指数报告 2011[M]. 北京：经济科学出版社，2011.

[5] 高明华，等 . 中国上市公司信息披露指数报告 2012[M]. 北京：经济科学出版社，2012.

[6] 高明华，等 . 中国上市公司企业家能力指数报告 2012[M]. 北京：经济科学出版社，2012.

[7] 高明华，杜雯翠，等 . 中国上市公司高管薪酬指数报告 2013[M]. 北京：经济科学出版社,2013.

[8] 高明华，张会丽，等 . 中国上市公司财务治理指数报告 2013[M]. 北京：经济科学出版社,2013.

[9] 高明华，苏然，方芳，等 . 中国上市公司董事会治理指数报告 2013[M]. 北京：经济科学出版社，2013.

[10] 高明华，张祚禄，杨丹，等 . 中国上市公司自愿性信息披露指数报告 2014[M]. 北京：经济科学出版社，2014.

[11] 高明华，万峰，等 . 中国上市公司企业家能力指数报告 2014[M]. 北京：经济科学出版社，2014.

[12] 高明华，张会丽，等 . 中国上市公司财务治理指数报告 2015[M]. 北京：经济科学出版社，2015.

[13] 高明华，蔡卫星，等 . 中国上市公司董事会治理指数报告 2015[M]. 北京：经济科学出版社，2015.

[14] 高明华，蔡卫星，赵旋，等 . 中国上市公司中小投资者权益保护指数报告 2015[M]. 北京：经济科学出版社，2015.

[15] 高明华，张惠琳，等 . 中国公司治理分类指数报告 No.15（2016）[M]. 北京：中国出版集团东方出版中心，2016.

[16] 高明华，曹向东，等 . 中国公司治理分类指数报告 No.16（2017）[M]. 北京：中国出版集团东方出版中心，2018.

[17] 高明华，程恒森，等 . 中国上市公司治理分类指数报告 No.17（2018）[M]. 北京：社会科学文献出版社，2018.

[18] 高明华，刘波波，等 . 中国上市公司治理分类指数报告 No.18（2019）[M]. 北京：社会科学文献出版社，2019.

[19] 高明华，郭传孜，邵梦影，等 . 中国上市公司治理分类指数报告 . No.19，2020[M]. 北京：中国纺织出版社有限公司，2020.

[20] 高明华，周炳羽，朱玥，等 . 中国上市公司治理分类指数报告 . No.20，2021[M]. 北京：中国纺织出版社有限公司，2021.

[21] 高明华，谭祖坤，薛佳安，等 . 中国上市公司治理分类指数报告 . No.21，2022[M]. 北京：中国纺织出版社有限公司，2022.

[22] 高明华，李扬，陈柯谚，等 . 中国上市公司治理分类指数报告 . No.22，2023[M]. 北京：中国纺织出版社有限公司，2023.

[23] 高明华，赵璐瑶，郑欣圆，等 . 中国上市公司治理分类指数报告 . No.23，2024[M]. 北京：中国纺织出版社有限公司，2024.

附二　中国上市公司质量/ESG指数报告系列

[1] 高明华，等 . 中国上市公司质量指数报告 . No.1，2021[M]. 北京：中国纺织出版社有限公司，2021.

[2] 高明华，薛佳安，谭祖坤，等 . 中国上市公司质量 /ESG 指数报告 . No.2，2022[M]. 北京：中国纺织出版社有限公司，2022.

[3] 高明华，邵梦影，蔡慧莹，等 . 中国上市公司质量 /ESG 指数报告 . No.3，2023[M]. 北京：中国纺织出版社有限公司，2023.

[4] 高明华，郑欣圆，赵璐瑶，等 . 中国上市公司质量 /ESG 指数报告 . No.4，2024[M]. 北京：中国纺织出版社有限公司，2024.

后　记

本报告是《中国上市公司质量 /ESG 指数报告》的第 4 部年度报告，得到了北京师范大学“双一流”建设项目的部分支持。

“中国上市公司质量指数”自 2021 年开始开发，是基于我们历年开发的“中国上市公司治理分类指数”以及出版 23 部《中国上市公司治理分类指数报告》，进一步通过指标体系扩充和完善而成。

开发“中国上市公司质量指数”直接起因于 2020 年 10 月 5 日《国务院关于进一步提高上市公司质量的意见》（国发〔2020〕14 号）。2020 年 10 月 31 日，我和其他公司治理专家共同发起成立“中国公司治理 50 人论坛”，中国上市公司协会会长、中国企业改革与发展研究会时任会长宋志平先生当选为“中国公司治理 50 人论坛”学术委员会主任，我和国务院国资委研究中心原主任楚序平先生为执行主任。在当日举行的“中国公司治理 50 人论坛”成立大会上，我们共同探讨了“中国上市公司质量指数”的开发问题。宋志平会长认为，上市公司质量应该包括公司治理、社会责任、企业创新、绩效与价值四个方面，这在很大程度上与我的想法不谋而合，之后的具体指标设计就是围绕这四个维度展开的。尤其是企业创新，在国内首次纳入中国上市公司质量（或 ESG）评估体系。

在 2021 年指标体系设计中，楚序平、杜雯翠（首都经济贸易大学经济学院院长、教授、博士生导师）、焦豪（北京师范大学经济与工商管理学院数字经济与企业管理系主任、教授、博士生导师）都贡献了他们的智慧，做出了重要贡献。宋志平会长特别关心本指数的开发，指标体系开发过程中及指数计算出来后，我与课题组其他成员几次前去拜访宋志平会长，他提出了很多宝贵的意见，对指标体系的完善和指数计算的客观性助益很大。

2022 年 3 月，我们开始着手当年度的“中国上市公司质量指数”的开发研究工作。考虑到 E（环境保护）、S（社会责任）、G（公司治理）信息披露逐渐成为国际国内的共识，但关于 ESG 信息披露的内容尚未形成统一认识，而我们基于 30 多年公司治理研究和 16 年（目前 18 年）开发“中国上市公司治理分类指数”的成果，认为广义的公司治理已经包含了社会责任，社会责任又包含了环境保护，我们的“中国上市公司治理分类指数”又是基于广义的公司治理，在此基础上再通过对指标体系的适当扩充而形成的“中国上市公司质量指数”其实已经涵盖了“E”“S”“G”的全部内容，只是指标体系的组合不同而已，因此，通过对“中国上市公司质量指数”指标体系的重新组合，再进一步补充和完善相关指标，2022 年度“中国上市公司质量指数”事实上也就是“中国上市公司 ESG 指数”，于是，2022 年度报告的名称就直接改成了《中国上市公司质量 /ESG 指数报告》。

具体说，2022 年度“中国上市公司质量 /ESG 指数”是在 2021 年“中国上市公司质量指数”的基础上，对原来的四个维度，即公司治理、社会责任（含环境保护）、企业创新、绩效与价值，进行优化调整，把原来的“绩效与价值”作为企业的经济责任，把原来的“企业创新”作为企业的创新责任，纳入社会责任维度中；同时把原来“社会责任”中的“环境保护”独立出来；原来的“公司治理”维度保持不变。在此基础上，对有关维度的指标体系再进行扩充和完善，指标数目从2021年的122个扩充到2022年度的132个，从而形成了环境保护（EP）、社会责任（SR）、公司治理（CG）三个维度构成的新的“中国上市公司质量指标体系”，也即ESG指标体系。指标体系调整和完善的具体原因参见本报告第1章和第2章。

对ESG指标体系达成共识是不太容易的，尤其在关于社会责任的认识上，差异性很大，环境保护在不同行业更是存在很大不同（这种不同在四年的评价中已得到证实），因此，课题组经过多轮讨论，本着继承、发展、客观（科学）、可行（数据基本可得）、可比（横向）、可持续（纵向）的原则，经过上市公司各种公开渠道尝试搜集数据以确定数据的可获得性和可比较性，最终形成了132个具体指标和本报告的指数计算结果。

2023年和本年度（2024年度）的上市公司质量/ESG研究延续了2022年研究的基本原则，即科学（客观）、可行（数据基本可得）、可比（横向）和可持续（纵向），只是对个别指标的评分标准略作调整，比如从0/1变量变为程度变量，以使评价结果更加精准。

特别需要提醒的是，“中国上市公司质量/ESG指数”是一种相对值，是把通过具体指标而计算出来的各维度最高值记为100分重新计算的结果，这是不同于“中国上市公司治理分类指数”的地方。“相对”意味着不存在绝对的、统一的、共识的上市公司质量/ESG标准（主要是“E”和“S”），是不同公司彼此比较的结果，它只是说明“A公司的质量或ESG水平比B公司高”，或者“B公司的质量或ESG水平比A公司低”，不能说明不同公司之间的具体差距有多大。

本报告放弃了已经出版的23部《中国上市公司治理分类指数报告》以大量文字叙述兼及图表展示的写作模式，除了导论和指标体系外，全书其他章节主要采用表格和图形的方式，兼及简单的文字说明。这样做的好处是：①有利于使用者一目了然地浏览所有公司的评价结果；②有利于每家被评价公司容易找到自己的位次；③有利于学者通过全部公司的评价结果进行深入研究。

还有两点需要特别予以说明：①不同行业的上市公司治理标准基本上不存在差别，但由于不同行业的社会责任和环境保护存在一定差异，尤其是环境保护存在很大差异，这导致部分指标数据在某些行业的公司是缺失的，或披露为0，因此特别提醒，行业比较是需要慎重的。尤其是金融业与其他行业差异很大，为此，本报告把金融业和非金融业分开进行计算和分析，对金融业和非金融业不作比较。②在社会责任维度中的企业经济责任和企业创新责任两个方面，既考虑了相对指标或效率指标，如研发投入强度使用研发投入金额与营业总收入的比例来衡量，盈利能力使用总资产净利率来衡量等；也考虑了绝对指标，如研发投入绝对额、净利润绝对额等，目的是考虑企业规模的差异性，以期能够综合反映企业的质量或ESG水平。

本报告是集体智慧的结晶。由我设计研究框架、基本思路、指标体系和数据库构架，通过研究团队深入讨论确定。然后开发数据库、采集和录入数据、审核数据、计算各分项指数和总指数，撰写初稿、校对、定稿。数据库由30人的集体共同完成，报告写作由高明华负责完成，吴雪、卢慧珊、曹向东、程恒森、王留洋、杨晓茵对书稿进行了校对。

中国上市公司质量/ESG指数报告的评价对象原则上是截至2023年12月31日的全部A股上市公

司。截至到2023年12月31日，沪深北三市共有A股上市公司5346家。考虑到年报的完整性，剔除截至2024年3月31日上市不满一年，以及截至2024年7月10日本报告开始撰写日前终止上市及暂停上市的公司，得到最终样本5061家，基本等同于对全部A股上市公司的评价。上市公司质量/ESG指数数据全部采自每家公司的各种官方公开渠道。尽管每家公司指数计算指标有132个，但有的指标是通过几个数据计算而得，所以最终的数据量近120万。基于指标特性，绝大部分指标数据无法实现计算机采集，而只能通过手工采集和整理，并录入数据库系统，可以想象，工作量非常庞大，指标的精准化讨论、数据库修正、数据采集和录入、数据审核的持续时间长达半年。以下同学为此做出了很大贡献：

数据试录入（按姓氏字母顺序）：蔡慧莹、陈柯谚、李扬、邵梦影、谭祖坤、吴雪、赵璐瑶、郑欣圆。试录入人员必须是之前参与过数据采集、录入和审核的有经验人员。在试录入过程中，试录入人员彼此核查，以保证把问题发现在正式录入之前。

数据采集和录入（按工作量多少排序）：吴雪、赵璐瑶、谭祖坤、郑欣圆、李扬、邵梦影、蔡慧莹、陈柯谚、李艳芳、冷沐晗、程恒森、徐子怡、曹向东、张宇浩、赵智勇、马文聿、唐晓颖、王留洋、郭子佳、温佳棋、王婷婷、杨晓茵、周静予、关晓莹、李萌宇、李莹珏、卢慧珊、彭羊梓仪、李艾乐、张家轩。

数据审核（按工作量多少排序）：吴雪、赵璐瑶、谭祖坤、郑欣圆、李扬、邵梦影、蔡慧莹、陈柯谚、程恒森、曹向东。

数据库建设是本报告工作量最大的一项工作，因此，本报告的主要贡献应该归功于全体数据采集和审核人员。

特别需要提及的是，博士生赵璐瑶和郑欣圆作为数据采集及培训的总指挥，在数据采集、录入的培训和协调、与技术人员的交流等工作中付出了大量心血。她们精心制作了培训视频，通过视频会议和微信群耐心答疑。数据采集完成后，她们两人在整理基础数据、最终数据库的完善、指数计算、核实、补充等工作中，不辞辛苦，任劳任怨，做了大量工作。

由于数据量庞大，为减轻手工采集数据的工作量，本年度开始尝试运用AI采集部分数据，并得到了北京智慧星光信息技术有限公司的技术支持。他们派出专业技术人员，自2023年11月开始开发和测试。但由于我们的指标及评分标准的复杂性，最终只对少部分简单的指标使用了AI技术，绝大部分指标仍是人工采集。尽管如此，我们在利用AI进行数据采集的尝试中获得了大量有益的经验，目前仍然在继续开发和测试，希望在未来能够替代大部分人工。在此，对于北京智慧星光信息技术有限公司的支持，包括董事长兼CEO李青龙先生、副总裁亓鹏先生、骆飞先生、赵冲先生，尤其是具体负责技术开发的刘国东先生的辛勤付出，表示由衷的感谢！

在研究过程中，研究团队就数据库开发、数据采集、录入、审核，甚至后续的数据运用，都多次进行深入讨论，每周二晚是雷打不动的讨论时间，同时通过邮件、微信和电话反复进行沟通和校正。研究团队的团结和协作精神使我非常欣慰和感动！

中国公司治理50人论坛的所有专家，北京师范大学经济与工商管理学院、北京师范大学公司治理与企业发展研究中心的各位同仁对本指数开发给予了大力支持，在此表示衷心的感谢！

感谢中国纺织出版社有限公司，尤其感谢本书编辑史岩女士，她对本报告出版付出了很多心血。

ESG（主要是其中的“E”和“S”）至今仍未形成共识的评价体系，“中国上市公司质量/ESG指数”

尽管是第四年开发，但作为对中国上市公司质量 /ESG 的全景式、多维度和客观性的评估，仍具有尝试的意味。如果通过本指数评估，能够对中国上市公司质量 /ESG 水平的提高有所裨益，将是对我们极大的鼓励。当然，本指数报告纰漏甚至错误难以避免，希望广大读者批评指正，并电邮至 mhgao@bnu.edu.cn。

北京师范大学公司治理与企业发展研究中心

北京师范大学经济与工商管理学院

中国公司治理 50 人论坛

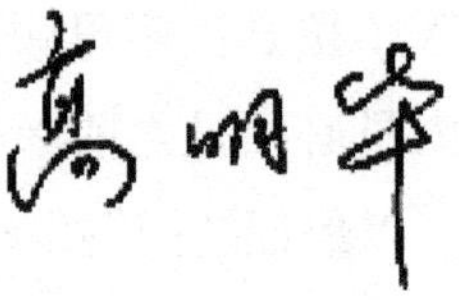

2024 年 8 月 15 日